Entscheidungen des
Bundesarbeitsgerichts

Herausgegeben
von den Mitgliedern des Gerichtshofes

Berlin 1957

Walter de Gruyter & Co.
vorm. G. J. Göschen'sche Verlagshandlung / J. Guttentag, Verlagsbuchhandlung / Georg Reimer / Karl J. Trübner / Veit & Comp.

Entscheidungen des
Bundesarbeitsgerichts

3. Band

Berlin 1957

Walter de Gruyter & Co.

vorm. G. J. Göschen'sche Verlagshandlung / J. Guttentag, Verlagsbuchhandlung / Georg Reimer / Karl J. Trübner / Veit & Comp.

ZITIERWEISE

Für die Zitierung dieser Sammlung wird die Abkürzung BAG empfohlen, z. B. BAG 1,70 (= Band 1 Seite 70).

Archiv-Nr. 28 19 57

Satz und Druck: Berliner Buchdruckerei Union G. m. b. H., Berlin SW 61

INHALT

Berichtigungen

Band 1: S. 151, 2. Zeile von oben lies: „beim Zeitakkord" statt „beim Stückakkord"

Band 2: S. 358, 9. Zeile von unten lies: „1956" statt „1955"

1. Eine Betriebsvereinbarung über betriebliche Ruhegelder, die eine Veränderung der betrieblichen Ruhegeldleistungen gegenüber dem bisherigen Stand vorsieht, wirkt nicht hinsichtlich derjenigen früheren Arbeitnehmer, die beim Inkrafttreten der neuen Betriebsvereinbarung bereits im Ruhestand leben und bisher Bezüge nach der früheren Regelung erhielten.

2. Die Leistungen an die Ruhegeldempfänger können auf Grund Vertrages zwischen Arbeitgeber und Ruhegeldempfänger oder dann geändert werden, wenn sich das Unternehmen in einer Notlage befindet, die die Fortzahlung des Ruhegelds in der bisherigen Höhe nicht mehr tragbar erscheinen läßt.

BetrVG. § 57; BGB. § 242.

Großer Senat (II. S.). Beschluß vom 16. März 1956 i. S. B. (Bekl.) w. 1. S. 2. H. (Kl.) GS. 1/55 (2 AZR 211/54 u. 2 AZR 1/55).

I. Arbeitsgericht Berlin. — II. Landesarbeitsgericht Berlin.

Gründe:

Der Kläger S., der seit dem Jahre 1910 eine Unfallrente bezieht, stand vom 13. Juni 1933 bis Anfang 1947 als Pförtner in den Diensten der B. V.-Ges., eines Eigenbetriebes der Beklagten.

Der Kläger H., der auf Grund eines im Jahre 1919 beim Rangieren im Dienste der Beklagten erlittenen Unfalles eine Unfallrente erhält, war bei der Beklagten vom 16. Februar 1916 bis zum 11. Januar 1949 mit einigen kurzen Unterbrechungen als Schaffner, Fahrer, Wagenwäscher und zuletzt als Hofarbeiter tätig.

Seit dem Ausscheiden aus ihren Diensten hat die Beklagte den Klägern Ruhegeld gewährt, und zwar zunächst auf Grund der zwischen der Direktion der BVG. und dem Betriebsrat vereinbarten Richtlinien für die vorläufige Ruhegeldeinrichtung vom 5. Juni 1946. Diese Richtlinien sahen keine Anrechnung von Unfallrenten auf das Ruhegeld vor. Auf Grund von Vereinbarungen, die am 9. November 1949 und später, insbesondere am 7. Mai 1952, zwischen dem Betriebsrat und der Beklagten geschlossen wurden, nach denen unter bestimmten Voraussetzungen und in bestimmtem Umfange Unfallrenten auf das Ruhegeld anzurechnen sind, hat die Beklagte das Ruhegeld der Kläger entsprechend gekürzt. Die Kläger halten diese Kürzung für unzulässig und haben Klage auf Zahlung der von der Beklagten einbehaltenen Differenzbeträge erhoben. Das Arbeitsgericht hat in beiden Fällen den Klagen stattgegeben. Das Landesarbeitsgericht hat die Berufungen der Beklagten zurückgewiesen, aber die Revision gemäß § 69 Abs. 3 Satz 1 ArbGG. wegen der grundsätzlichen Bedeutung der Rechtssache zugelassen. Mit der Revision begehrt die Beklagte Aufhebung der angefochtenen Entscheidungen und Abweisung der Klagen, während die Kläger um Zurückweisung der Revision bitten.

Der Zweite Senat des Bundesarbeitsgerichts ist der Ansicht, daß das Urteil in beiden Rechtssachen von der Entscheidung der folgenden beiden Rechtsfragen abhängt:

1. Wirkt eine Betriebsvereinbarung über betriebliche Ruhegelder, die eine Veränderung der betrieblichen Ruhegeldleistungen gegenüber dem bisherigen Stand vorsieht, auch hinsichtlich derjenigen früheren Arbeitnehmer, die beim Inkrafttreten der neuen Betriebsvereinbarung bereits im Ruhestand leben und bisher Bezüge nach der früheren Regelung erhielten?
2. In welchem Umfang sind die Arbeitsgerichte bei Bejahung der Frage zu 1 zur Nachprüfung derartiger Betriebsvereinbarungen befugt?

Der Zweite Senat hat in der Sitzung vom 22. Dezember 1955 beschlossen, über diese beiden Rechtsfragen die Entscheidung des Großen Senats herbeizuführen.

Beide Sachen sind zum Zwecke der gemeinschaftlichen Beschlußfassung vor dem Großen Senat verbunden worden.

Der Große Senat sieht die Voraussetzungen des § 45 Abs. 2 Satz 2 ArbGG. für die Entscheidung der Rechtsfragen durch ihn als gegeben an. Es handelt sich bei den zu entscheidenden Fragen um Probleme von grundsätzlicher Bedeutung, deren Klärung im Interesse der Fortbildung des Rechts und der Sicherheit einer einheitlichen Rechtsprechung erforderlich ist und die im übrigen für die Entscheidung der beiden Rechtsstreite auch tragend sind.

I.

1. Die Beantwortung der dem Großen Senat vorgelegten ersten Frage hängt zunächst davon ab, ob Betriebsvereinbarungen über betriebliche Ruhegelder nach geltendem Recht zulässig sind.

Der Begriff der Betriebsvereinbarung ist im Betriebsverfassungsgesetz nicht näher bestimmt. Er wurde erstmalig in § 3 der Schlichtungsverordnung vom 30. Oktober 1923 (RGBl. S. 1043) erwähnt, und zwar als ein Fall der Gesamtvereinbarungen, bei deren Abschluß Schlichtungsausschüsse und Schlichter Hilfe zu leisten haben. Der Begriff der Betriebsvereinbarung ist im allgemeinen aus den Vorschriften des Betriebsrätegesetzes 1920 entwickelt worden. Dieses Gesetz erwähnte zwar die Betriebsvereinbarung nicht namentlich, wies aber dem Betriebsrat die Aufgabe zu, mit dem Arbeitgeber über bestimmte Gegenstände Vereinbarungen zu treffen (§§ 66 Nr. 5, 76, 78 Nr. 2, 3). Das Betriebsverfassungsgesetz geht in § 52 von der Betriebsvereinbarung als einem feststehenden Begriff aus, ohne ihn im einzelnen zu definieren. Ihrem Sinn und Inhalt nach kann die Betriebsvereinbarung als die Rechtsform bezeichnet werden, in der der Arbeitgeber und der Betriebsrat die betriebliche Ordnung und Rechtsverhältnisse des Arbeitgebers zu den Arbeitnehmern gemeinsam gestalten; sie ist damit das Kernstück der Mitbestimmung der Belegschaft (Sitzler, AR.-Blattei, Betriebsvereinbarung, I A I 1). Hierbei kann für den vorliegenden Fall dahingestellt bleiben, ob die Betriebsvereinbarung nur generelle Regeln (so Fitting-Kraegeloh, BetrVG., 3. Aufl., § 52 Anm. 7; Götz Hueck, Die Betriebsvereinbarung, S. 65; Siebert, BB. 1952, S. 950) aufstellen oder ob sie auch Einzelfälle regeln kann (so Dietz, BetrVG., 2. Aufl., § 52, Anm. 3 c), da es sich im vorliegenden Fall jedenfalls um die Aufstellung genereller Regeln handelt. Ebenso ist für die Entscheidung der dem Großen Senat vorgelegten Frage unerheblich, ob die Betriebsvereinbarung ihrer Rechtsnatur nach eine Gesamtvereinbarung ist, sei es ein Vertrag (so die herrschende Lehre, u. a. Dietz, RdA. 1949, S. 162; Erdmann, BetrVG., 2. Aufl., § 52, Anm. 8; Flatow, Betriebsvereinbarung und Arbeitsordnung, 2. Aufl., 1923, S. 7; Flatow-Kahn-Freund, BRG., 13. Aufl., 1931, S. 309; Götz Hueck, Die Betriebsvereinbarung, 1952, S. 50; Kaskel-Dersch, Arbeitsrecht, 4. Aufl. 1932, S. 130; Mansfeld, BRG., 2. Aufl. 1930, S. 310; Nipperdey, Lehrbuch, Bd. 2, S. 355, 374; Zigan, Betriebsvereinbarung nach KRG. 22, 1948, S. 24), sei es eine rechtsetzende Vereinbarung (Jacobi, Grundlehren des Arbeitsrechts 1927), oder ob sie eine autonome Betriebssatzung darstellt (so neuerdings in erster Linie Herschel, RdA. 1948, S. 47; ferner Fitting, AR.-Blattei, Betriebsverfassung, XIV A VII; Fitting-Kraegeloh, BetrVG., § 52, Anm. 7; Galperin, BB. 1949, S. 374; Galperin BetrVG., 2. Aufl., § 52, Anm. 19, sowie LAG. Frankfurt/M. vom 4. 8. 1949, AP. 50, Nr. 102, dagegen Dietz in der Anmerkung hierzu; LAG. Stuttgart vom 15. 12. 1949, RdA. 1950, S. 274).

Aus der anerkannten Bestimmung des Begriffs der Betriebsvereinbarung ergibt sich jedenfalls, daß grundsätzlich jede Regelung allgemeiner Natur, die die innerbetrieblichen Verhältnisse, sei es auf dem Gebiet der Ordnung des Betriebes, sei es hinsichtlich der Regelung der Arbeitsbedingungen, betrifft, zum Gegenstand einer Betriebsvereinbarung gemacht werden kann. Daraus folgt auch die Zulässigkeit von Betriebsvereinbarungen über betriebliche Ruhegelder. Derartige Ruhegeldvereinbarungen fallen zwar nicht unter die erzwingbaren Betriebsvereinbarungen, da sie in dem einer Erweiterung nicht fähigen Katalog des § 56 BetrVG. nicht enthalten sind. Wohl aber können sie im Wege der fakultativen Betriebsvereinbarung gemäß § 57 Betr.VG. abgeschlossen werden. Die darin enthaltene Aufzählung ist nicht erschöpfend. Die funktionelle Zuständigkeit des Betriebsrats im Rahmen der im Zweiten Abschnitt des Vierten Teiles des Gesetzes geregelten Mitbestimmung in sozialen Angelegenheiten ist vielmehr eine umfassende. Durch freiwillige Betriebsvereinbarungen können sämtliche sozialen Angelegenheiten geregelt werden (Ausschußbericht des Bundestages, 20. Ausschuß, vom 8. Juli 1952, B.T.-Drucksache Nr. 3585, S. 11; Dietz, BetrVG., 2. Aufl., § 57, Anm. 2; Erdmann, BetrVG., 2. Aufl., § 57, Anm. 1; Fitting-Kraegeloh, Betr.VG., § 57, Anm. 3; Galperin, BetrVG., § 57, Anm. 2; Nikisch, BB. 1953, S. 178). In diesen Rahmen fallen unzweifelhaft auch Betriebsvereinbarungen über Gewährung von Ruhegeld. Eine Einschränkung ergibt sich auch nicht durch die Bestimmung des § 59 BetrVG., nach der Betriebsvereinbarungen nicht zulässig sind, soweit Arbeitsentgelte und sonstige Arbeitsbedingungen üblicherweise durch Tarifvertrag geregelt werden, es sei denn, daß ein Tarifvertrag den Abschluß ergänzender Betriebsvereinbarungen ausdrücklich zuläßt. Eine Regelung von Ruhegeldansprüchen durch Tarifvertrag ist aber verhältnismäßig selten, also nicht üblich, und kommt auch im vorliegenden Fall nicht in Frage.

2. Soweit eine Betriebsvereinbarung Vorschriften über die Arbeitsverhältnisse oder die Ordnung des Betriebes enthält, hat sie normative Wirkung. Sie schafft objektives Recht. Das ist heute allgemein anerkannt (vgl. z. B. Dietz, BetrVG., 2. Aufl., § 52, Anm. 13 ff., Vorbem. 17 vor § 56; Fitting-Kraegeloh, BetrVG., § 52, Anm. 9 ff.; Herschel, RdA., 1948, S. 47; Galperin, BetrVG., 2. Aufl., § 52, Anm. 55 f.; Götz-Hueck, Die Betriebsvereinbarung, S. 74 ff.; Hueck-Nipperdey, Lehrbuch, 3.—5. Aufl., 2. Bd., S. 398; Nipperdey, Soziale Betriebspraxis, V A VI 1; Sitzler, a. a. O., E II 1). Ihre Bestimmungen begründen somit für den einzelnen Arbeitnehmer unmittelbar Rechte und Pflichten gegenüber

dem Arbeitgeber, deren Einhaltung notfalls im Wege des Prozesses zwischen Arbeitgeber und Arbeitnehmer erzwungen werden kann. Diese normativen Bestimmungen gehen nicht in die Einzelarbeitsverträge ein, werden also nicht Bestandteil der einzelnen Arbeitsverhältnisse, sondern bestimmen den Inhalt des Arbeitsverhältnisses als übergeordnete Normen, wie das bei gesetzlichen Bestimmungen der Fall ist (RAG. ARS. 29, 381; Götz Hueck, RdA., 1952, S. 370; derselbe, Die Betriebsvereinbarung, S. 99 ff.; Nikisch, NJW. 54, 530; Nipperdey, Soziale Betriebspraxis, V A Betriebsverfassung VI; Sitzler, a. a. O., E II 1). Der Große Senat hatte keine Veranlassung, hier zu der Frage Stellung zu nehmen, ob die Betriebsvereinbarung auch unabdingbare Wirkung hat (vgl. die Übersicht über den Meinungsstand bei Dietz, BetrVG., 2. Aufl., Vorbem. 18 vor § 56).

Aus dem Wesen und Zweck der Betriebsvereinbarung ergibt sich, daß sie nach den jeweils in Frage kommenden betrieblichen und sozialen Gegebenheiten gestaltet werden kann. Sie kann durch Vereinbarung zwischen Arbeitgeber und Betriebsrat mit unmittelbarer Wirkung für die Belegschaft aufgehoben und abgeändert werden. Das gilt sowohl zu Gunsten, wie auch zu Lasten der Arbeitnehmer und folgt aus dem normativen Charakter der Betriebsvereinbarung, nicht etwa aus einer arbeitsvertraglichen Vereinbarung. Denn das Wesen der Normenwirkung besteht gerade darin, daß sie ohne Rücksicht auf den Willen der Normunterworfenen eintritt.

Mit dem Ablauf der Betriebsvereinbarung, sei es auf Grund einer Befristung, sei es auf Grund einer Kündigung, findet die Normenwirkung der Betriebsvereinbarung ihr Ende. Eine Nachwirkung der Normen, die in einer aufgehobenen oder abgeänderten Betriebsvereinbarung enthalten waren, findet nicht statt (zutr. u. a. Galperin, BetrVG., 2. Aufl., § 52, Anm. 59; derselbe BB. 1949, S. 376; Götz Hueck, Die Betriebsvereinbarung, S. 123; Nipperdey, RdA. 1952, S. 476), da die Normen nicht in die Arbeitsverträge „eingegangen" sind, was dem Wesen der normativen Wirkung widerspricht. Wenn die Partner einer Betriebsvereinbarung nicht mehr den Willen haben, die Normen einer Betriebsvereinbarung weiter gelten zu lassen und sie aufheben, so ist damit ihre Wirkung beendet (so mit Recht Galperin, BetrVG., § 52, Anm. 59; Götz Hueck, Die Betriebsvereinbarung, S. 120, 123). Eine Nachwirkung der Betriebsvereinbarung kann auch nicht, wie Dietz, BetrVG., Vorbem. vor § 56, Anm. 19, Fitting-Kraegeloh, BetrVG., 3. Aufl., § 52, Anm. 14 und Meisinger, BetrVG., § 52, Anm. 13, annehmen, aus § 4 Abs. 5 TVG. gefolgert werden. Diese Bestimmung ordnet für den Tarifvertrag die Nachwirkung ausdrücklich an; es ist aber kein Grund einzusehen, diese Bestimmung auf das Recht der Betriebsvereinbarung zu übertragen, für die es an einer ausdrücklichen entsprechenden Regelung fehlt (so auch Nikisch, NJW. 54, 530, Anm. 9). Eine Nachwirkung kann daher nur in Frage kommen, wenn die Parteien ausdrücklich eine solche vorsehen oder sie sich aus dem besonderen Sinn der konkreten Betriebsvereinbarung ergeben würde.

3. Hat die Betriebsvereinbarung somit normative Wirkung, so bleibt festzustellen, welche Personen unter diese Wirkung fallen können, welches der persönliche Geltungsbereich der Betriebsvereinbarung sein kann, welche Rechtsverhältnisse der Betriebsvereinbarung unterworfen sein können. Auf die Beantwortung dieser Rechtsfrage kommt es bei der dem Großen Senat unterbreiteten Fragestellung an, d. h. darauf, ob sich eine Aufhebung oder Änderung einer Betriebsvereinbarung über betriebliche Ruhegelder auch auf frühere Arbeitnehmer auswirken kann, die während der Geltung einer Ruhegeldbetriebsvereinbarung in den Ruhestand getreten sind und seit Erfüllung der entsprechenden Voraussetzungen Bezüge nach dieser Regelung erhalten haben.

Die Meinungen im Schrifttum sind geteilt. Sie beschäftigen sich aber zum Teil nicht mit der primären, eigentlichen Kernfrage nach dem zulässigen persönlichen normativen Geltungsbereich der Betriebsvereinbarung.

Dietz hält es in einer Anmerkung zu dem Urteil des Landesarbeitsgerichts Bremen vom 27. Oktober 1948 — Sa. 24/48 (RdA. 1949, S. 272) für zulässig, Ansprüche, auch wenn sie schon „entstanden" sind, durch Betriebsvereinbarung zu verändern und auch zu verschlechtern, soweit sie ausschließlich auf einer Bestimmung der Betriebsvereinbarung beruhen. Er begründet diese Auffassung damit, daß derartige Ansprüche auch nach ihrer Entstehung Ausfluß des Arbeitsverhältnisses bleiben, das durch die Betriebsvereinbarung gestaltet wird (über die Aufgabe dieser Ansicht durch Dietz s. unten). Auch Tophoven vertritt in einer Anmerkung zu dem Urteil des Landesarbeitsgerichts Heidelberg vom 30. Januar 1950 — Sa. 155/49 (AP. 50, Nr. 268) die Auffassung, daß man „schmälernde Eingriffe" durch Betriebsvereinbarung zulassen müsse, wenn die Ansprüche ausschließlich auf einer Bestimmung der Betriebsvereinbarung beruhen und diese geändert wird; zurückhaltender aber jetzt in Hueck-Nipperdey-Tophoven, TVG., 3. Aufl., § 4, Anm. 19. Dieser Ansicht scheinen auch

Neumann-Duesberg, RdA., 1949, S. 48 f. und Götz Hueck, Betriebsvereinbarung, S. 117, s. aber S. 98 und S. 115, Anm. 26, zuzuneigen.

Demgegenüber will Herschel, Tariffähigkeit und Tarifmacht 1932, insbesondere S. 45 ff., alle fälligen Ansprüche aus bestehenden oder beendeten Arbeitsverhältnissen der kollektivrechtlichen Normengewalt entziehen mit der Begründung, daß die Verfügung über entstandene subjektive Rechte aus dem Arbeitsverhältnis nicht mehr zum Inhalt des Arbeitsverhältnisses gehöre und daher nicht Gegenstand einer Kollektivnorm sein könne. Nikisch hat sich insbesondere mit der Frage beschäftigt, inwieweit auf Betriebsvereinbarung beruhende Ruhegeldvereinbarungen durch spätere Betriebsvereinbarungen mit Wirkung für Ruhegeldempfänger geändert werden können. Er vertritt in Arbeitsrecht 2. Aufl., S. 476, und NJW. 1954, 529 ff., 531 den Standpunkt, daß dann, wenn ein Arbeitnehmer die Voraussetzungen für eine Pensionierung erfüllt, so lange die Betriebsvereinbarung noch in Kraft ist, ihm der Anspruch nicht mehr entzogen werden kann, und zwar auch dann nicht, wenn er noch über diesen Zeitpunkt hinaus im Betrieb beschäftigt wird, aber die Betriebsvereinbarung aufgehoben wird. Siebert stellt in seinem Beitrag „Kollektivnorm und Individualrecht im Arbeitsverhältnis" in der Festschrift für Nipperdey (S. 119 ff., 133) auf die Individualsphäre des Arbeitnehmers ab. Der Tarifvertrag und die Betriebsvereinbarung seien nach dem Sinn unserer Arbeitsverfassung nicht legitimiert, bereits entstandene Ansprüche des Arbeitnehmers zu beeinträchtigen, soweit sie in seine Individualsphäre gehören. Wenn die Ansprüche auf Lohn, Ruhegeld und bestimmte Fürsorgeleistungen entstanden seien, so habe die Kollektivgestaltung damit ihren Schutzzweck erfüllt, und insoweit seien die Ansprüche dann nicht mehr mit dem Arbeitsprozeß und dem Arbeitsverhältnis verknüpft. Derartige Ansprüche seien zwar Entgelt für die Arbeitsleistung und hätten ihre Grundlage im Arbeitsverhältnis; sie lösten sich aber vom Arbeitsverhältnis, sobald der Entgeltgedanke seiner Funktion als Rechtfertigungs- und Bemessungsgrundlage für die Vergütungsansprüche genügt habe. Nach ihrer Entstehung träten diese Ansprüche in den privaten Bereich des Arbeitnehmers über. Das Kollektiv würde sich in die privaten Angelegenheiten des Arbeitnehmers einmischen, wenn es die entstandenen Ansprüche zu Lasten des Arbeitnehmers noch normativ bestimmen wollte. Dadurch würde der Arbeitnehmer der Kollektivmacht in einem Maße unterworfen, wie es mit unserer Sozialordnung nicht zu vereinbaren sei. Der Anspruch auf

Ruhegeld entstehe, so führt Siebert S. 137 weiter aus, als Quellrecht bereits mit der Beendigung des Arbeitsverhältnisses und sei von diesem Zeitpunkt ab als Individualanspruch geschützt, obwohl die konkreten Einzelansprüche erst jeweils nacheinander fällig würden. Neuerdings hat Dietz in seinem Kommentar zum Betriebsverfassungsgesetz, 2. Aufl., Vorbem. 12a zu § 56, unter Aufgabe seiner früheren Auffassung den Standpunkt vertreten, daß das Rechtsverhältnis von Alterspensionären nicht mehr durch eine Betriebsvereinbarung gestaltet werden könne, da sie nicht mehr zu den Betriebsangehörigen gehören. (Vgl. weiter Hueck-Nipperdey, Lehrbuch, Bd. 2, S. 70, Anm. 40; Nipperdey, ArbRS. 14, 393; Borrmann, Betrieb 1956, 137 und aus der Rechtsprechung RAG. ArbRS. 4, 177; 11, 35; 14, 389).

Der Große Senat hatte angesichts der Fragestellung des Zweiten Senats keine Veranlassung, zu dem gesamten Problem des Verhältnisses von Kollektivmacht zu erworbenen Ansprüchen, insbesondere auch im Hinblick auf das Tarifvertragsrecht, Stellung zu nehmen. Er beschränkt sich auf die Entscheidung der ihm vorgelegten, die Betriebsvereinbarung und das Ruhestandsverhältnis betreffenden Frage.

Die Betriebsvereinbarung kann ihrem Begriff, ihrem Wesen und ihrem vom Gesetz gewollten Zweck nach in ihrem normativen Teil nur die Ordnung im Betrieb und die Rechtsverhältnisse der im Betrieb tätigen Arbeitnehmer regeln. Ihre normative Wirkung kann sich nur auf die Personen erstrecken, die in einem Arbeitsverhältnis zum Arbeitgeber stehen (§ 4 Abs. 1 BetrVG.), die also aktive Betriebsangehörige sind. Ihre künftige Ruhegeldberechtigung, ihre Anwartschaften, die Überleitung ihrer Arbeitsverhältnisse in spätere Pensionsverhältnisse kann die Betriebsvereinbarung ordnen. Der Pensionär dagegen ist aus dem Betrieb als solchem rechtlich ausgeschieden. Zwischen ihm und dem Arbeitgeber besteht kein die Betriebszugehörigkeit vermittelndes Arbeitsverhältnis mehr, mögen ihn in Nachwirkung des Arbeitsverhältnisses (so Nikisch, Arbeitsrecht, 2. Aufl., S. 479) auch noch gewisse Beziehungen, auch rechtlicher Art, mit dem Unternehmen als Folge seiner früheren Betriebszugehörigkeit verbinden. Es handelt sich um das vom aktiven Arbeitsverhältnis durchaus zu unterscheidende Ruhestandsverhältnis, auf dem der Ruhegeldanspruch, aber auch die dem Ruhegeldempfänger gegenüber dem Arbeitgeber obliegende Treuepflicht beruht.

Die Betriebsvereinbarung wird zwischen dem Arbeitgeber und dem Betriebsrat abgeschlossen, wobei hier dahingestellt bleiben kann, ob dieser kraft Amtes oder als Organ oder als gesetzlicher Vertreter der

Belegschaft handelt. Jedenfalls fehlt es dem Betriebsrat an dem Recht zur Vertretung der Interessen der ausgeschiedenen Belegschaftsmitglieder. Er wird nur von den Mitgliedern der aktiven Belegschaft zur Vertretung ihrer Interessen gewählt, soweit sie Arbeitnehmer im Sinne des Betriebsverfassungsgesetzes sind. Dem steht nicht entgegen, daß einzelne Gruppen von Arbeitnehmern gemäß § 18 BetrVG. nicht wahlberechtigt sind. Den Jugendlichen steht das Wahlrecht nicht zu, weil sie nach Ansicht des Gesetzgebers die für die Ausübung des Wahlrechts erforderliche Reife und Erfahrung noch nicht haben. Diejenigen, denen die bürgerlichen Ehrenrechte aberkannt sind, sind nicht wahlberechtigt, weil das Wahlrecht ein Ehrenrecht ist, das dem nicht zusteht, der dessen nicht würdig ist. Auch wenn diese Belegschaftsmitglieder aus besonderen Gründen nicht wahlberechtigt sind, so gehören sie doch zum Betrieb und werden vom Betriebsrat mit betreut. Anders ist es hingegen mit den Pensionären. Sie sind aus dem Betrieb ausgeschieden; der Betriebsrat ist zur Vertretung ihrer Interessen nicht mehr befugt und auch der Sache nach nicht legitimiert. Er würde dazu auch praktisch gar nicht in der Lage sein, weil es insoweit an dem erforderlichen persönlichen Konnex zwischen den Mitgliedern des Betriebsrats und den Pensionären fehlt, wie er innerhalb der Belegschaft besteht. Die Gefahr wäre nicht von der Hand zu weisen, daß dem Betriebsrat die Belegschaftsmitglieder näher stehen als die Pensionäre, so daß deren Interessen hintan stehen könnten. Ein Vorgehen der Pensionäre gegen den Betriebsrat nach § 23 BetrVG. ist nicht möglich.

Der Große Senat hält dieses Ergebnis auch aus folgenden Erwägungen für richtig und gerecht:

Zwar vermag sich der Große Senat nicht der vom Landesarbeitsgericht Stuttgart in seinem Urteil vom 27. November 1952 (BB. 1953, S. 148) vertretenen Auffassung, daß bereits „Anwartschaften" auf Ruhegelder „mitbestimmungsfrei" seien, d. h., durch Betriebsvereinbarung nicht mehr geändert werden könnten, anzuschließen. Daß diese Ansicht nicht richtig sein kann, ergibt sich schon daraus, daß eine solche Anwartschaft, soweit man überhaupt von einer solchen sprechen kann, normalerweise von selbst hinfällig wird, wenn der Arbeitnehmer aus dem Betrieb ausscheidet, ohne die Voraussetzungen erfüllt zu haben (so mit Recht Nikisch, NJW. 54, 531). Ist der Arbeitnehmer aber während der Geltungsdauer einer Ruhegeldvereinbarung aus dem Betrieb ausgeschieden und hat er zu diesem Zeitpunkt die Voraussetzungen für die Gewährung von Ruhegeld erfüllt, so können die entsprechenden

Bestimmungen hinsichtlich seiner Person nicht mehr gegen seinen Willen geändert werden. Mit diesem Augenblick ist auf Grund der betrieblichen Ruhegeldvereinbarung der Anspruch des bisherigen Arbeitnehmers gegenüber dem bisherigen Arbeitgeber auf Zahlung von Ruhegeld nach den Bestimmungen dieser Ruhegeldvereinbarung existent geworden. Auf Grund der kollektivrechtlichen Regelung der Betriebsvereinbarung hat der ausscheidende Arbeitnehmer, der die Voraussetzungen der betrieblichen Ruhegeldregelung erfüllt hat, mit seinem Ausscheiden einen individuellen Einzelanspruch gegen den Arbeitgeber erworben, der zwar in der Betriebsvereinbarung wurzelt, aber nunmehr zu einem selbständigen schuldrechtlichen Anspruch geworden ist. Dieser Anspruch besteht nach seinem Sinn und Zweck schlechthin als Daueranspruch auch über die Geltungsdauer der Betriebsvereinbarung hinaus weiter und dauert normalerweise bis zum Tode des Ruhegeldempfängers, gegebenenfalls — z. B. wenn mit dem Ruhegeld eine Witwen- oder Waisenrente verbunden ist — noch darüber hinaus. Eine Beendigung oder Änderung der Betriebsvereinbarung ist auf diese Ansprüche ohne Einfluß. Der Arbeitnehmer, der einen Anspruch auf Ruhegeld erworben hat, behält diesen Anspruch in dem einmal erworbenen Umfang, auch wenn die Betriebsvereinbarung nach Eintritt des Pensionsfalles verschlechtert oder gar aufgehoben wird. Etwas anderes kann nur gelten, wenn sich dies aus dem unzweideutigen Wortlaut oder Sinn der Betriebsvereinbarung selbst ergibt, z. B. wenn diese die Dauer der Zahlung von Ruhegeldbezügen auf eine bestimmte Zeit begrenzt. Ein allgemeiner Vorbehalt späterer Änderung in der Betriebsvereinbarung genügt jedoch gegenüber dem bereits in den Ruhestand getretenen Arbeitnehmer nicht. Denn ein solcher Vorbehalt ist inhaltlos, solange nicht eine neue Betriebsvereinbarung, die eine konkrete Abänderung enthält, geschlossen wird. Um diesem allgemeinen Änderungsvorbehalt einen Inhalt zu geben, bedarf es einer neuen Normensetzung durch eine zweite Betriebsvereinbarung. Da aber der in den Ruhestand getretene Arbeitnehmer nicht mehr den Normen einer Betriebsvereinbarung unterworfen ist, kann eine solche Normenunterwerfung nicht durch einen allgemeinen Änderungsvorbehalt in der ersten Betriebsvereinbarung herbeigeführt werden.

Eine normative Wirkung der Betriebsvereinbarung auf die Ruhestandsverhältnisse kann auch nicht durch eine Vereinbarung der Rückwirkung der Betriebsvereinbarung auf einen Zeitpunkt, zu dem der Pensionär noch aktiv im Betrieb tätig war, herbeigeführt werden. Denn Voraussetzung der Rückwirkung auf ausgeschiedene Arbeitnehmer ist, daß auch bei Abschluß der Betriebsvereinbarung Gebundenheit an die Betriebsvereinbarung bestand (vgl. Hueck-Nipperdey-Tophoven, TVG., 3. Aufl., § 4, Anm. 19; Borrmann, Betrieb, 1956, 137).

Da die Betriebsvereinbarung keine normative Wirkung für die Ruhestandsverhältnisse haben kann, so hat der Pensionär auf der anderen Seite auch keinen Anspruch auf Verbesserungen der Ruhegeldansprüche, die durch eine nach seinem Ausscheiden inkrafttretende Betriebsvereinbarung eingeführt werden. Sieht eine Betriebsvereinbarung derartige Verbesserungen auch für bereits ausgeschiedene Belegschaftsmitglieder vor, so würde sich ein etwaiger Anspruch des Pensionärs nicht aus der normativen Wirkung der Betriebsvereinbarung, sondern möglicherweise aus dem Gesichtspunkt des Vertrages zu Gunsten Dritter gemäß § 328 BGB. oder einfacher daraus herleiten, daß das entsprechende Angebot des Arbeitgebers von den Pensionären ausdrücklich oder stillschweigend angenommen wird.

4. Gegen diese Ergebnisse spricht auch nicht etwa der Grundsatz der Gleichbehandlung. Soweit er aus § 51 BetrVG. hervorgeht, bezieht er sich nur auf aktive Betriebsangehörige. Aber allgemein bedeutet er nicht, daß überhaupt keine unterschiedlichen Behandlungen der Betriebsangehörigen zulässig sind; er besagt nur, daß nach einer bestimmten, nach außen erkennbaren, sachlich begründeten Regel verfahren werden muß. Es ist also nur erforderlich, daß diese Regeln bei der Aufstellung der Grundsätze für eine Ruhegeldvereinbarung zu Gunsten der aktiven Betriebsangehörigen beachtet werden. Ergeben sich infolge Änderungen dieser Grundsätze unterschiedliche Behandlungen bereits im Ruhestand befindlicher Arbeitnehmer gegenüber neu in den Ruhestand tretenden Betriebsangehörigen, so bedeutet dies keinen Verstoß gegen den Grundsatz der Gleichbehandlung. Ebensowenig wie ein bereits vor Einführung einer Ruhegeldvereinbarung ausgeschiedener Arbeitnehmer aus dem Grundsatz der Gleichbehandlung Anspruch darauf erheben kann, daß er von den Bestimmungen einer solchen Ruhegeldvereinbarung erfaßt wird, ebensowenig können sich bereits im Ruhestand befindliche frühere Arbeitnehmer, denen Ansprüche auf Grund einer während ihrer Betriebszugehörigkeit getroffenen Ruhegeldvereinbarung zustehen, aus dem Gesichtspunkt der Gleichbehandlung auf Verbesserungen berufen, die durch eine nach ihrem Ausscheiden abgeschlossene Betriebsvereinbarung eingeführt werden.

5. Gegen den Standpunkt des Großen Senats, daß Änderungen einer Betriebsvereinbarung über Ruhegeld weder zu Gunsten noch zu Lasten eines bereits im Ruhestand befindlichen früheren Arbeitnehmers normativ wirken, können auch nicht praktische Bedenken geltend gemacht werden. Zwar mag es auch vom betrieblichen Standpunkt aus erwünscht erscheinen, alle Ruhegeldempfänger nach einheitlichen Gesichtspunkten zu behandeln. Dieser Gedanke läßt sich aber in der Praxis sowieso nicht vollkommen durchführen, da die Höhe des Ruhegeldes im allgemeinen von verschiedenen Faktoren — z. B. der Höhe des Gehaltes und der Dauer der Betriebszugehörigkeit — abhängig ist und daher zwangsläufig unterschiedlich sein wird. Im übrigen kann derartigen praktischen Bedenken auch dadurch Rechnung getragen werden, daß die Betriebsvereinbarung die Höhe des Ruhegeldes von vornherein nicht starr, sondern beweglich gestaltet, z. B. diese in Prozentsätzen des jeweiligen Lohnes ausdrückt. Auf diese Weise kann eine möglichst einheitliche Behandlung der Ruhegeldempfänger erreicht werden.

6. Zur Änderung der dem früheren Arbeitnehmer erwachsenen Ansprüche aus einer Ruhegeldbetriebsvereinbarung bedarf es daher einer einzelvertraglichen Vereinbarung zwischen dem betreffenden früheren Arbeitnehmer und seinem früheren Arbeitgeber.

Sie kann ferner ausnahmsweise vom Arbeitgeber durchgeführt werden, wie der Zweite Senat in seiner Entscheidung vom 10. Mai 1955 (AP. Nr. 2 zu § 242 BGB. Ruhegehalt) mit Recht festgestellt hat, wenn sich der Betrieb in einer Notlage befindet, die die Fortzahlung des Ruhegeldes in der bisherigen Höhe als nicht mehr tragbar erscheinen läßt (vgl. auch RAG. 14, 196 und 288, 20, 110; RG. 148, 81; BAG., AP. Nr. 3 zu § 242 BGB. Ruhegehalt). Bei der Nachprüfung der Zulässigkeit einer solchen Herabsetzung muß das Gericht die Gründe erforschen, die zu dieser Herabsetzung führen sollen, und feststellen, ob sie eine Herabsetzung nach den Grundsätzen von Treu und Glauben (§ 242 BGB.) rechtfertigen. Hierbei wird neben anderen Faktoren auch die Einstellung des Betriebsrats zu berücksichtigen sein. Hat dieser auf Grund seiner Kenntnis der finanziellen Lage des Unternehmens sich für die aktive Belegschaft mit einer Herabsetzung der zukünftigen Ruhegeldansprüche einverstanden erklärt, so wird dies als ein Indiz zu werten sein, daß die Herabsetzung der Ruhegeldbezüge auch für die bereits ausgeschiedenen Belegschaftsmitglieder berechtigt ist.

II.

Die zweite, dem Großen Senat vom Zweiten Senat vorgelegte Frage hat zur Voraussetzung, daß die erste Frage bejaht wird. Da der Große Senat die erste, ihm vorgelegte Frage jedoch verneint hat, erledigt sich damit die zweite Frage von selbst.

2

Reichen die Gründe, die vor der fristlosen Kündigung entstanden sind, zur fristlosen Kündigung nicht aus, so bringen später entstandene, nunmehr ausreichende Gründe den Arbeitsvertrag nicht von selbst zur Beendigung; erforderlich ist vielmehr eine neue Kündigung.

BGB. § 626.

II. Senat. Urteil vom 3. Mai 1956 i. S. W. (Bekl.) w. L. (Kl.)
2 AZR 388/54.

I. Arbeitsgericht Emden. — II. Landesarbeitsgericht Hannover.

Die Beklagte wollte ihren bis dahin verpachteten Hof in U. am 1. Mai 1953 wieder in eigene Bewirtschaftung nehmen. Zu diesem Zweck stellte sie den damals etwa 25 Jahre alten, fachlich vorgebildeten Kläger auf Grund des schriftlichen Vertrages vom 25. August 1952 für die Zeit vom 1. Mai 1953 ab als „Gutsverwalter" gegen ein monatliches Gehalt von 375.— DM und eine Prämie ein. Bis zu dem letzteren Zeitpunkt sollte er auf Grund einer mündlichen Absprache die Bestellung durchführen und die Übernahme vorbereiten; für diese seine seit August 1952 ausgeübte Tätigkeit erhielt er freie Unterkunft und Verpflegung und ein monatliches Gehalt von 375.— DM.

Mit ihrem Schreiben vom 24. März 1953, das dem Kläger am 30. März 1953 zuging, kündigte die Beklagte dem Kläger wegen verschiedener Vorkommnisse fristlos.

Mit der am 7. April 1953 zur Niederschrift erklärten Klage hat der Kläger die Feststellung verlangt, daß das Arbeitsverhältnis durch die ihm am 30. März 1953 erklärte fristlose Kündigung nicht gelöst sei.

Das Arbeitsgericht hat die Klage abgewiesen. Das Landesarbeitsgericht hat ihr dagegen stattgegeben. In der Berufungsinstanz hat die Beklagte behauptet, vom Kläger mehrfach, zuletzt im Anschluß an die Güteverhandlung am 17. April 1953, beleidigt worden zu sein, und hilfsweise mit der Widerklage um die Feststellung gebeten, daß das

Arbeitsverhältnis zwischen den Parteien am 17. April 1953 erloschen ist. Diese Widerklage hat das Landesarbeitsgericht zugelassen, aber als unbegründet abgewiesen.

Ihre zunächst in vollem Umfange eingelegte Revision hat die Beklagte im Laufe des Revisionsverfahrens auf die durch die Widerklage gewünschte Feststellung beschränkt.

Die Revision blieb erfolglos.

Aus den Gründen:

1. ...

2. Das Landesarbeitsgericht sieht in den Beziehungen der Parteien schon vor dem 1. Mai 1953, also dem für das Inkrafttreten des schriftlichen Vertrages vorgesehenen Zeitpunkt, ein Arbeitsverhältnis auf unbestimmte Zeit und hält dieses Arbeitsverhältnis fristgemäß nur nach den Kündigungsvorschriften des § 622 BGB. und fristlos nach § 626 BGB. aus einem wichtigen Grunde für kündbar.

Gegen diese auch von der Revision nicht in Zweifel gezogene Ansicht bestehen keine rechtlichen Bedenken. Dafür, daß die Parteien für die Zeit bis zum 1. Mai 1953 lediglich ein Probearbeitsverhältnis mit täglicher Kündigung vereinbart hatten, wie der Kläger früher einmal bei seiner am 6. März 1953 erklärten, im gegenseitigen Einvernehmen wieder rückgängig gemachten Kündigung und nunmehr auch die Beklagte zunächst im Rechtsstreit behauptet hatten, ist mangels dahingehender zweifelsfreier Parteivereinbarung kein genügender Anhalt ersichtlich. Auf Grund der mündlichen Absprache arbeitete der Kläger einfachhin für die Beklagte, und zwar offensichtlich im Hinblick auf den schriftlich vereinbarten, aber erst am 1. Mai 1953 in Kraft tretenden Anstellungsvertrag; in dieses schriftlich vereinbarte Anstellungsverhältnis sollte offenbar seine vorherige, nur mündlich vereinbarte Tätigkeit einmünden. Das rechtliche Ergebnis des Landesarbeitsgerichts, daß die Beklagte den Kläger nur aus wichtigem Grunde fristlos und nicht mit täglicher Kündigungsfrist entlassen konnte, ist daher rechtlich nicht zu beanstanden. Es kommt somit nur darauf an, ob das vorläufige Vertragsverhältnis auf Grund einer fristlosen Kündigung wegen eines wichtigen Grundes auch wirksam aufgelöst ist. Die Frage, welche Wirkung diese etwaige Lösung oder das Weiterbestehen des vorläufigen Vertragsverhältnisses auf das endgültige, am 1. Mai 1953 beginnende Vertragsverhältnis hat, braucht bei dem eindeutigen Begehren der Parteien hier nicht entschieden zu werden.

3. Da durch die eingeschränkte Revision nur noch die Frage, ob das Vertragsverhältnis zum 17. April 1953 beendet wurde, zur Entscheidung

gestellt ist, ist zunächst zu prüfen, ob die am 30. März 1953 erklärte fristlose Kündigung, deren von dem Landesarbeitsgericht festgestellte Unwirksamkeit die eingeschränkte Revision insoweit nicht mehr bekämpft, als jener Zeitpunkt in Rede steht, mit dem Eintritt der neuen, möglicherweise zureichenden wichtigen Gründe, also am 17. April 1953, das Vertragsverhältnis von selbst, ohne daß es einer erneuten Kündigung bedurfte, beendet hat, oder ob hierzu noch eine besondere Kündigung, deren Wirkung sich auf die Zukunft erstreckte, erforderlich war. Der Ansicht des Landesarbeitsgerichts, daß eine neue Kündigungserklärung erforderlich war, ist beizutreten.

Der gegenteilige Standpunkt der Revision kann nicht auf die früher vielfach (RGZ. 88, 128; 122, 39; RAG. ARS. 20, 284; 31, 40; Hueck in Hueck-Nipperdey, Lehrbuch des Arbeitsrechts 3.—5. Aufl. Bd. 1 S. 327) vertretene Rechtsansicht gestützt werden, daß auch nach der Erklärung der fristlosen Entlassung eingetretene Tatsachen zur Rechtfertigung der fristlosen Entlassung verwertet werden dürfen. Dieser in ihren Rechtsfolgen nicht immer klaren Ansicht kann allgemein nicht gefolgt werden. Jedenfalls gründet auch sie sich nicht auf die grundsätzliche Erwägung, daß der neu entstandene Grund geeignet sei, rückwirkend die Unwirksamkeit der ohne genügenden Grund ausgesprochenen fristlosen Entlassung zu heilen; vielmehr liegt ihr offenbar der Gedanke zugrunde, daß der neue wichtige Grund nur eine neue fristlose Kündigung stützen kann; in der nachträglichen Geltendmachung dieses nachträglich entstandenen Grundes wird dann der Ausspruch einer neuen Kündigung gesehen, die selbst erst für die Zukunft wirkt (Hueck in Anm. zu RAG. 20, 284; Dersch in Anm. zu RAG. ARS. 31, 42). Daher hat der erkennende Senat bereits in seinem Urteil vom 15. Dezember 1955 (BAG. 2, 245, 251 = AP. Nr. 1 zu § 67 HGB.) ausgesprochen, daß Kündigungsgründe, die erst nach der fristlosen Entlassung entstanden sind, nur eine neue Kündigung mit der Wirkung „ex nunc" rechtfertigen können. An dieser Rechtsansicht wird festgehalten.

4. Waren hiernach die nach dem 30. März 1953 durch die Beleidigungen möglicherweise entstandenen neuen Kündigungsgründe nicht geeignet, von selbst das Arbeitsverhältnis der Parteien zur Beendigung zu bringen, so kommt es darauf an, ob die Beklagte zeitlich nach den ihr zugefügten Beleidigungen bis zum 17. April 1953 dem Kläger eine fristlose Entlassung, wenn auch nur durch eine schlüssige Handlung, ausgesprochen hat.

Zuzugeben ist der Revision freilich, daß zur Kündigung jedes Verhalten genügt, durch das der Kündigende dem anderen Teil eindeutig seinen Willen kundgibt, das Arbeitsverhältnis zu lösen (AP. Nr. 1 § 620 BGB. Kündigungserklärung). Es geht aber nicht an, aus einer einmal erklärten und im Rechtsstreit aufrechterhaltenen Kündigung in jedem Falle ohne weiteres eine anhaltende (fortlaufende), stillschweigende Kündigungserklärung zu entnehmen, die sofort wirksam wird, sobald später einmal ein genügender wichtiger Grund für die fristlose Entlassung eintritt. Ein solches Ergebnis würde weder den Erfordernissen der Rechtssicherheit genügen, noch, wie die Revision meint, der Billigkeit entsprechen. Die fristlose Kündigung greift in den Bestand des Arbeitsverhältnisses entscheidend ein, indem sie seine sofortige Beendigung bewirkt. Es geht nicht an, dieses Ergebnis praktisch im Ungewissen zu belassen. Erfährt der Partner des Arbeitsverhältnisses den neuen, nach einer fristlosen Entlassung eingetretenen wichtigen Grund alsbald, so ist es ihm zumutbar und durch die Rechtssicherheit auch geboten, daß er von diesem neuen Kündigungsgrunde durch eine zweite fristlose Entlassung eindeutig Gebrauch macht. Erfährt er den neuen nachträglichen Kündigungsgrund erst einige Zeit, nachdem er sich ereignet hat, was nicht selten vorkommt, so kann dies allerdings unter Umständen zu einer gewissen Härte für ihn führen, da ja die fristlose Entlassung nur für die Zukunft wirkt. Indes beendet ein wichtiger Grund nach unserer Rechtsordnung nicht von selbst das Arbeitsverhältnis, sondern er gewährt nur die Möglichkeit einer fristlosen Kündigung; die Rechtslage ist im Ergebnis nicht anders, als wenn der Partner des Arbeitsverhältnisses erstmalig wegen einer längere Zeit zurückliegenden, ihm zunächst verborgen gebliebenen Tatsache fristlos kündigt. Regelmäßig kann diese mögliche Härte aber auch dadurch gemildert werden, daß in dem Verhalten des Betreffenden im Prozeß, z. B. in dem nach dem Entstehen des neuen Kündigungsgrundes gestellten Antrage auf Abweisung der die Kündigung bekämpfenden Klage, eine erneute Kündigung enthalten sein kann, die dann auf den zunächst unbekannten und bisher noch nicht in den Prozeß eingeführten, aber bereits entstandenen Kündigungsgrund gestützt wird (BAG. 2, 251).

5. Eine besondere fristlose Entlassung sieht die Beklagte in ihrem in der Güteverhandlung am 17. April 1953 gezeigten Verhalten.

Die beleidigenden Äußerungen, die der Kläger gegenüber den Zeugen H. und W. getan hat, liegen jedoch zeitlich nach der Güteverhandlung. Schon deshalb kann das in der Güteverhandlung von der

Beklagten zutage gelegte Verhalten eine fristlose Entlassung wegen dieser Beleidigungen nicht enthalten.

Die gegenüber dem Zeugen G. vom Kläger getane Äußerung liegt allerdings zeitlich vor der Güteverhandlung. Ohne Rechtsirrtum stellt das Landesarbeitsgericht aber fest, daß es zu einer Kündigung des Arbeitsverhältnisses am 17. April 1953 nicht gekommen ist. Dabei geht es davon aus, daß eine Kündigung klar und als solche erkennbar ausgesprochen sein muß. Es zieht in Betracht, daß nach der Verhandlungsniederschrift vom 17. April 1953 die Beklagte erklärt hat, es seien wichtige Entlassungspunkte gegeben, die zur fristlosen Kündigung des Klägers geführt hätten. Daraus entnimmt es, daß die von der Beklagten im Gütetermin abgegebenen Erklärungen sich auf die am 30. März 1953 zugegangene Kündigung und nicht auf spätere Ereignisse bezogen hätten. Die so gefundene Auslegung des Verhaltens der Beklagten läßt einen Rechtsirrtum oder einen Verstoß gegen Auslegungsgrundsätze nicht erkennen, ist daher mit der Revision nicht angreifbar und bindet das Revisionsgericht nach § 561 Abs. 2 ZPO. in jedem Falle. Auch die von der Beklagten in der Revisionsbegründung erhobenen prozessualen Rügen beziehen sich nicht auf diese Auslegung.

6. Hiernach fehlt es an einer eindeutigen Kündigungserklärung in der Zeit nach dem 30. März 1953 bis zum 17. April 1953. Mangels einer solchen Kündigungserklärung ist eine fristlose Entlassung eben nicht vorhanden und es braucht auf die weitere Frage, ob der Beklagten ein wichtiger Grund zur fristlosen Entlassung durch die angeblichen Beleidigungen erwachsen war und ob dieser Grund etwa verwirkt ist, nicht mehr eingegangen zu werden. Da die Beklagte durch ihre Widerklage auch nur die Frage, ob das Arbeitsverhältnis zum 17. April 1953 beendet ist, zur Entscheidung gestellt hat, liegt auch die Frage, ob das spätere Verhalten der Beklagten im Rechtsstreit, insbesondere ihr schriftsätzliches Vorbringen und ihre gestellten Anträge eine fristlose Entlassung zu einem späteren Zeitpunkt enthalten, außerhalb des Rahmens des vorliegenden Rechtsstreits.

3

Für die Zulässigkeit einer Aufrechnung gemäß § 767 ZPO. ist grundsätzlich nicht der Zeitpunkt der Ausübung, sondern der Zeitpunkt der Entstehung des Rechtes zur Aufrechnung maßgebend.

ZPO. § 767; BGB. § 387.

II. Senat. Urteil vom 6. Mai 1956 i. S. K. (Kl.) 2. K. (Bekl.)
2 AZR 13/56.

I. Arbeitsgericht Düsseldorf. — II. Landesarbeitsgericht Düsseldorf.

Die jetzige Klägerin ist durch rechtskräftiges Urteil des Landesarbeitsgerichts Düsseldorf vom 3. Juni 1955 verurteilt worden, an die jetzige Beklagte 2000,— DM zu zahlen. Gegen diese Urteilsforderung will sie mit einem Schadenersatzanspruch aufrechnen, der nach ihrer Behauptung nach der letzten mündlichen Verhandlung des Vorprozesses entstanden ist. Die jetzige Beklagte habe nämlich durch schuldhaftes Verhalten im Jahre 1953 eine Geschäftsbeziehung, die zwischen der jetzigen Klägerin und einer anderen Firma bestanden habe, zerstört. Hierdurch sei der Klägerin monatlich ein Schaden von rund 2000,— DM, nach der letzten mündlichen Verhandlung des Vorprozesses jedenfalls ein Schaden in Höhe von mindestens 5000,— DM entstanden.

Das Arbeitsgericht hat die Klage abgewiesen. Das Landesarbeitsgericht hat die Berufung zurückgewiesen, aber die Revision gemäß § 69 Abs. 3 Satz 1 ArbGG. zugelassen.

Die Revision der Klägerin blieb ohne Erfolg aus den folgenden

Gründen:

Das Landesarbeitsgericht hat die Klage abgewiesen, weil die Klägerin den Schadenersatzanspruch, mit dem sie in diesem Rechtsstreit aufrechnen will, auf Grund des gleichen Sachverhalts bereits rechtzeitig im Vorprozeß hätte geltend machen können und müssen. Die von der Klägerin in diesem Rechtsstreit geltend gemachte Einwendung gegen den durch das im Vorprozeß ergangene Urteil festgestellten Anspruch der Beklagten sei im Wege der Vollstreckungsgegenklage nicht zulässig, da gemäß dem Sinn des § 767 Abs. 2, 3 ZPO. der Anspruch bereits vor Schluß der letzten mündlichen Verhandlung entstanden sei.

Demgegenüber macht die Revision im wesentlichen geltend, daß die Klägerin in diesem Rechtsstreit nur solche Schadenersatzansprüche zur Aufrechnung gestellt habe, die ihr als fällige Ansprüche erst nach der letzten mündlichen Verhandlung des Vorprozesses aus dem Verhalten der Beklagten entstanden seien. Eine Aufrechnungserklärung hinsichtlich dieser Ansprüche habe sie in dieser Verhandlung noch gar nicht abgeben können, da die Ansprüche in diesem Zeitpunkt überhaupt noch nicht entstanden gewesen seien und die Voraussetzungen des § 387 BGB. somit noch nicht vorgelegen hätten.

Dieser Angriff der Revision ist jedoch nicht berechtigt. Nach § 767 ZPO. können Einwendungen, die den durch das Urteil festgestellten Anspruch selbst betreffen, im Wege der Vollstreckungsklage nur insoweit geltend gemacht werden, als die Gründe, auf denen sie beruhen, erst nach Schluß der mündlichen Verhandlung entstanden sind, in der die Einwendungen spätestens hätten geltend gemacht werden müssen. Einwendung im Sinne dieser Bestimmung ist im vorliegenden Fall die von der Klägerin geltend gemachte Aufrechnung mit den ihr nach ihrer Behauptung gegen die Beklagte zustehenden Schadenersatzansprüchen. In Schrifttum und Rechtsprechung ist nun umstritten, ob im Falle der Aufrechnung der Zeitpunkt der Ausübung oder schon der Zeitpunkt der Entstehung des Gestaltungsrechts maßgebend ist. Nach der herrschenden Meinung kommt es allein auf die Zeit der Entstehung des Gestaltungsrechts an (vgl. z. B. RG. in RGZ. 64, 228; Seuff A Bd. 89, Nr. 78; Warneyer, Rechtsprechung 1913, Nr. 389; OLG. Naumburg, JW. 1936, S. 1863 in Anmerkung von Herriger; Abraham, Aufrechnung und Eingriffsrecht in der Vollstreckungsinstanz, S. 42 ff.; Baumbach-Lauterbach, Zivilprozeßordnung, 23. Aufl., § 767, Anm. 4 B; Eccius, Gruchots Beiträge, Bd. 42, S. 255 ff.; Oertmann, Die Aufrechnung im deutschen Zivilprozeß, S. 109; Stein-Jonas, Zivilprozeßordnung, 18. Aufl., § 767 Anm. II 2 c). Demgegenüber vertreten Rosenberg, Lehrbuch, 6. Aufl., S. 904, und Lent, Deutsches Recht, 1942, S. 868 ff., die Auffassung, daß der Zeitpunkt der Ausübung des Gestaltungsrechts maßgebend ist, da erst der Ausübung, nicht schon der bloßen Entstehung eine nach außen hin wirkende Rechtsfolge zukomme. Der Senat tritt der herrschenden Meinung bei, daß der Zeitpunkt der Entstehung des Gestaltungsrechts maßgebend ist. Die von Rosenberg vertretene Ansicht würde, worauf Stein-Jonas a. a. O. mit Recht hinweisen, dazu führen, daß dem Schuldner die nachträgliche Geltendmachung der Aufrechnung auch dann zu gestatten wäre, wenn sie im Vorprozeß nur deshalb unterblieben ist, weil er sie nicht hat erklären wollen. Ein solches Ergebnis würde, wie Stein-Jonas mit Recht betonen, der im Sinne des Gesetzes liegenden scharfen Umgrenzung der Vollstreckungsgegenklage widersprechen und auch praktisch nicht befriedigen. Ein Abstellen auf den Zeitpunkt der Ausübung des Gestaltungsrechts würde nicht zuletzt mit dem Grundgedanken des § 767 ZPO. unvereinbar sein, der darauf abzielt, im Interesse eines energischen Fortgangs der Vollstreckung Schikanen und Verzögerungen und schon früher gegebene Angriffsmöglichkeiten des Schuldners tunlichst auszuschließen (siehe Reichsgericht, a. a. O., und Oertmann, a. a. O.).

Der Schadenersatzanspruch, mit dem die Klägerin aufrechnen will, ist nun aber nach ihrer eigenen Darstellung bereits spätestens im Jahre 1954 entstanden, nämlich in dem Augenblick, in dem die andere Firma auf Grund der angeblichen Äußerungen der Beklagten die Geschäftsverbindung mit der Klägerin löste. Der aus einer unerlaubten Handlung, auf welche die Klägerin ihre Gegenansprüche gegen die Beklagte stützt, erwachsene Schaden stellt eine Einheit dar, da aus dem schädigenden Verhalten auch alle Schadensfolgen fließen, so daß nicht etwa eine Summe verschiedener selbständiger Einzelschäden in Rede steht (vgl. u. a. RGZ. 70, 157; 85, 424; 86, 181; RGR. Kommentar, BGB., 10. Aufl., § 198 Anm. 2). Der einmal entstandene Schadenersatzanspruch umfaßt als einheitlicher Anspruch auch die späteren schädigenden Folgen des Verhaltens des Verpflichteten, soweit sie sich voraussehen und erwarten lassen (RGZ. 83, 360; 87, 311). Nur soweit schädigende Handlungen, wenn auch gleichartiger Natur, immer wieder vorgenommen werden, beispielsweise schädigende Immissionen aus Zuführung von Abwässern, entsteht jeweils ein neuer selbständiger Schadenersatzanspruch (RG. JW. 1912, S. 31, Nr. 51). Davon kann aber im vorliegenden Fall keine Rede sein. Vielmehr ist hier der Schaden, auf den die Klägerin ihren Schadenersatzanspruch stützt, durch e i n e Handlung der Beklagten, nämlich durch ihre angeblich unwahren Angaben gegenüber der anderen Firma entstanden. Diese Handlung führt nicht etwa zu einem in jedem Monat neu in Erscheinung tretenden Schadenersatzanspruch der Klägerin, vielmehr handelt es sich um einen einheitlichen Anspruch, der grundsätzlich auf Kapitalzahlung geht, da die Folgen der schädigenden Handlung insgesamt doch erfaßt werden können, selbst wenn sie sich über längere Zeit erstrecken (vgl. Staudinger, Kommentar, BGB., 9. Aufl., Bd. II, 1. Teil, § 249 Anm. 3 c, 3. Teil, Vorbem. VII vor § 823). Dieser Schadenersatzanspruch braucht bei Erhebung einer Schadenersatzklage — und ebenso bei der Aufrechnung — nicht ziffernmäßig bestimmt zu werden; vielmehr genügt es, wenn der Kläger die für die Feststellung des Betrages erforderlichen Tatsachen namhaft macht, auf Grund deren durch richterliches Ermessen — notfalls unter Zuziehung von Sachverständigen — die Abschätzung des Schadens erfolgen kann (§ 287 ZPO.; siehe auch RGZ. 21, 387). Unter diesen Umständen ist daher auch nicht näher zu prüfen, wie es sich dann verhält, wenn die Grundlage für die aufrechenbaren Ansprüche selbst schon vor dem Schluß der mündlichen Verhandlung des Vorprozesses gegeben war, die einzelnen Ansprüche, mit denen aufgerechnet wird, jedoch erst später fällig wurden.

Die Klägerin hat schließlich auch noch nicht einmal vorgetragen, daß ihr die Aufrechnungsmöglichkeit im Laufe des Vorprozesses nicht bekannt gewesen sei und sie diese Möglichkeit auch nicht kennen konnte (siehe Stein-Jonas, Zivilprozeßordnung, 18. Aufl., § 767 Anm. II 2 c), und es ist für die von ihr erhobene Vollstreckungsgegenklage um so weniger Raum, als der von ihr wegen des ihr angeblich bis zum Schluß der mündlichen Verhandlung des Vorprozesses entstandenen Schadenersatzanspruchs geltend gemachte Einwand der Aufrechnung bereits im Vorprozeß wegen verspäteten Vorbringens gemäß § 67 ArbGG. und § 529 ZPO. nicht zugelassen worden ist (vgl. Rosenberg, a. a. O., S. 904).

4

Die nachträgliche Zulassung der Revision in einer als „Berichtigungsbeschluß" bezeichneten Entscheidung ist jedenfalls dann unbeachtlich, wenn diese nach ihrer Begründung in Wille und Erklärung inhaltlich gar keinen Berichtigungsbeschluß im Sinne des § 319 ZPO. darstellt, vielmehr bewußt die ausdrückliche Zulassung der Revision in dem Urteil unterlassen wurde. Der nachträglich ergangene Beschluß kann auch nicht als Urteilsergänzung nach § 321 ZPO. angesehen werden.

ArbGG. § 72 Abs. 1; ZPO. §§ 319, 321.

II. Senat. Beschluß vom 7. März 1955 i. S. R. (Bekl.) w. St. H. (Kl.) 2 AZR 523/54.

I. Arbeitsgericht Stuttgart. — II. Landesarbeitsgericht Stuttgart.

Aus den Gründen:

Das Landesarbeitsgericht wollte im Hinblick auf die grundsätzlichen Fragen, die in dem herausgegebenen Zwischenurteil sowie in dem Endurteil zur Erörterung anstehen, das Urteil revisibel machen und hatte deshalb auf Grund der vom Beklagten in der letzten Berufungsverhandlung erhobenen Widerklage den Streitwert neu mit 6000,— DM festgesetzt, dabei aber übersehen, daß sich im vorliegenden Fall, in dem es um Zahlungsansprüche geht, die Zulässigkeit der Revision nicht nach dem im Urteil festgesetzten Streitwert, sondern wie im ordentlichen Gerichtsverfahren nach der Beschwer der Parteien richtet.

Um doch noch gegen das Urteil das Revisionsverfahren zu eröffnen, hat es dann durch Berichtigungsbeschluß gemäß § 519 ZPO. die Revision zugelassen.

Trotzdem ist die Revision unzulässig. Die Entscheidung des Landesarbeitsgerichts vom 23. Oktober 1954 bezeichnet sich zwar selbst in der Überschrift als „Berichtigungsbeschluß" und weist auf § 319 ZPO. hin (offensichtlich aus Versehen wird § 519 ZPO. zitiert). Die Gründe des Beschlusses, die zur Auslegung der Beschlußformel mit heranzuziehen sind, ergeben aber eindeutig, daß das Landesarbeitsgericht in seinem Urteil gar nicht etwas anderes ausgesprochen hat, als es auch aussprechen wollte. Wille und Erklärung stimmten vielmehr im Zeitpunkt des Erlasses des Urteils vom 16. Oktober 1954 dahin überein, die Revision nicht ausdrücklich zuzulassen. Es ist unerheblich, ob diese Entschließung auf Grund des irrtümlichen Gedankenganges, die Revision sei wegen des Streitwertes an sich schon gegeben, zustandegekommen ist. Das Gericht kann eine Entscheidung zumindest dann nicht in der Form eines Berichtigungsbeschlusses nach § 319 ZPO. nachholen, wenn es diese Frage bewußt nicht entschieden hat. Dann liegt eine „offenbare Unrichtigkeit" des Urteils auch bei weitester Auslegung dieses Begriffes nicht mehr vor (Rosenberg, 5. Aufl. § 57 Anm. I 3a S. 241; Stein-Jonas, 18. Aufl., § 319 Anm. I 1). Diese Grundsätze müssen auch für die nachträgliche Zulassung der Revision gelten (Urteil des RAG. vom 21. Juni 1930 in ARS. 9 S. 413 = JW. 31 S. 1291; Beschluß des RG. vom 28. Oktober 1935 in JW. 36 S. 102; Dersch-Volkmar, ArbGG., 6. Aufl., § 61 Anm. 68, § 69 Anm. 15; Dietz-Nikisch, ArbGG., § 61 Anm. 27, § 69 Anm. 27). Ein gleichwohl ergangener Berichtigungsbeschluß ist jedenfalls dann unbeachtlich und nicht als Entscheidung nach § 319 ZPO. anzusehen, wenn sich aus seiner eigenen Begründung unmittelbar ergibt, daß eine Berichtigung weder beabsichtigt war, noch, entgegen der Überschrift, nach dem wirklichen Inhalt des Beschlusses ausgesprochen worden ist (vgl. die vorstehend zitierten Urteile des RAG. und RG. sowie RAG. Bd. 26 S. 231). Da ein Berichtigungsbeschluß somit gar nicht vorliegt, geht die Entscheidung vom 23. Oktober 1954 ins Leere. Sie erwächst auch nicht in formelle Rechtskraft, weil eindeutig eben überhaupt keine Berichtigung erfolgte. Der Beschluß ist, so wie er abgefaßt wurde, letztlich in sich widerspruchsvoll.

Die Entscheidung des Landesarbeitsgerichts läßt sich auch nicht anderweit halten. Sie kann nämlich nicht als Urteilsergänzung nach § 321 ZPO. angesehen werden. Der Beschluß stellt zwar der Sache nach eine Urteilsergänzung dar. Aber abgesehen davon, daß das Landesarbeitsgericht eine Entscheidung nach § 321 ZPO. nicht erlassen wollte, sind auch deren formelle und materielle Voraussetzungen nicht gegeben. Einmal liegt weder ein Parteiantrag auf Ergänzung vor, noch hat eine mündliche Verhandlung stattgefunden, noch ist die Entscheidung in Form eines Urteils ergangen. Zum anderen läßt die Vorschrift des § 321 ZPO. eine Urteilsergänzung nur zu, soweit über Sachanträge der Parteien, über die Kosten oder die vorläufige Vollstreckbarkeit (§ 716 ZPO.) nicht entschieden oder (im arbeitsgerichtlichen Verfahren) die notwendige Streitwertfestsetzung (§§ 61 Abs. 2, 69 Abs. 2 ArbGG.) unterblieben ist. Ein Antrag auf Zulassung der Revision, der hier nicht einmal vorliegt, stellt aber einen Prozeßantrag dar, der nicht unter die Bestimmung des § 321 ZPO. fällt. Das Gericht wäre noch nicht einmal gehalten, über einen solchen Antrag, der substantiell nur eine Anregung sein kann, zu entscheiden. Nach der Fassung des § 69 Abs. 1 Satz 3 ArbGG. liegt es bei ihm, ob es dieserhalb tätig werden will. Eine nachträgliche Zulassung der Revision würde auch die formelle Rechtskraft des Urteils ohne gesetzliche Grundlage beeinträchtigen (so die herrschende Meinung und das RAG in ständiger Rechtsprechung; vgl. z. B. ARS. 29 S. 104; Stein-Jonas, 18. Aufl., § 321, Anm. VI; Dersch-Volkmar, a. a. O., und Dietz-Nikisch, a. a. O., mit weiteren Literaturnachweisen). Die Möglichkeit, gemäß § 72 Abs. 1 Satz 2, 3 ArbGG. ein ohne Zulassung der Revision ergangenes Urteil, das auch nicht nach seinem Streit- oder Beschwerdewert revisionsfähig ist, unter Berufung auf bestimmte abweichende Entscheidungen mit der Revision angreifen zu können, liegt anders. Die nachträgliche Zulassung der Revision wegen Grundsätzlichkeit der Rechtssache würde einen Weg zur dritten Instanz eröffnen, obwohl er beim Ergehen des Urteils verschlossen blieb. Der „Berichtigungsbeschluß" des Landesarbeitsgerichts ist daher weder als Entscheidung nach § 319 ZPO. noch als solche nach § 321 ZPO. anzusehen.

5

1. Nach deutschem Arbeitsrecht steht auch ohne ausdrückliche gesetzliche oder tarifliche oder auf Betriebsvereinbarung oder Arbeitsvertrag beruhende Bestimmung jedem Arbeitnehmer ein Urlaubsanspruch zu, dessen Höhe nach §§ 612, 315 BGB. zu ermitteln ist.

2. Das gilt auch für Heimarbeiter.

BGB. §§ 242, 315, 612, 618; Art. 20, 28 GG.

I. Senat. Urteil vom 20. April 1956 i. S. M. (Bekl.) w. L. (Kl.)
1 AZR. 476/54.

I. Arbeitsgericht Iserlohn. — II. Landesarbeitsgericht Hamm/W.

Die Klägerin war vom 1. Juli 1953 ab als Heimarbeiterin in dem handwerklichen Strickereibetrieb der Beklagten tätig. Am 19. März 1954 wurde ihr zum 3. April 1954 gekündigt. Sie erbat Urlaub in der Kündigungsfrist. Dieser wurde ihr mit der Begründung versagt, daß die Klägerin als Heimarbeiterin überhaupt keinen Urlaubsanspruch habe.

Die Klägerin hat eine Urlaubsabgeltung für 9 Urlaubstage in Höhe von je 6,40 DM eingeklagt. Das Arbeitsgericht hat ihr einen Urlaubsanspruch dem Grunde nach zugebilligt, hat die Höhe des Urlaubsanspruchs aus § 4 der Tarifordnung für die Strickereiindustrie und das Strickereihandwerk im Wirtschaftsgebiet Westfalen-Niederrhein vom 5. April 1941 in der Fassung vom 1. August 1946 entnommen und ist so zu einem Urlaubsanspruch von 2¼ Arbeitstagen gekommen. Es hat demgemäß der Klage nur in Höhe von 14,40 DM entsprochen.

Im Berufungsrechtszuge haben die Parteien nur über den Grund des Urlaubsanspruchs gestritten, waren sich aber über die Höhe eines etwa bestehenden Urlaubsanspruchs einig. Das Landesarbeitsgericht hat die Berufung der Beklagten zurückgewiesen.

Die Revision der Beklagten blieb erfolglos.

Aus den Gründen:

Der Senat hatte zuerst die grundsätzliche Frage zu prüfen, ob ein Urlaubsanspruch eines Arbeitnehmers auch dann gegeben ist, wenn eine ausdrückliche gesetzliche Regelung fehlt und weder eine Tarifordnung, noch ein Tarifvertrag, noch eine Betriebsvereinbarung, noch der Arbeitsvertrag den Urlaubsanspruch ausdrücklich vorsieht. Der Senat ist zu der Auffassung gekommen, daß auch beim Fehlen solcher ausdrücklichen Vorschriften ein Anspruch auf Urlaub im deutschen Arbeitsrecht gegeben ist. Der Anspruch ergibt sich aus den §§ 618 und 242 des Bürgerlichen Gesetzbuches, durch die die arbeitsvertragliche Fürsorgepflicht des Arbeitgebers statuiert ist. Er wurzelt weiter in den Prinzipien des sozialen Rechtsstaats, die in den Art. 20 und 28 des Grundgesetzes festgelegt sind, und schließlich in der allgemeinen Rechtsüberzeugung und dem Rechtsgeltungswillen des Volkes einschließlich der beiden Sozialpartner. Nach § 618 BGB. insbesondere hat der Arbeitgeber, der die Dienstleistung zu regeln hat, dafür zu sorgen, daß der Arbeitnehmer gegen Gefahr für Leben und Gesundheit geschützt ist. Dazu gehört aber auch, daß er jeden Arbeitnehmer einmal im Jahr eine bestimmte Zeit von der Arbeit unter Fortzahlung der Vergütung ausspannen lassen muß. Was die Urlaubsdauer und die

Höhe des Urlaubsgeldes betrifft, so sind mangels ausdrücklicher Regelung die §§ 612 und 315 des Bürgerlichen Gesetzbuches anzuwenden, d. h., es ist auf die üblichen Bedingungen in verwandten Arbeitsstellen abzustellen. Wenn solche nicht zu ermitteln sind, sind die Dauer des Urlaubs und die Höhe des Urlaubsgeldes und die sonstigen Bestimmungen über den Urlaub nach billigem Ermessen, im Streitfall von den Gerichten festzusetzen.

Der Senat hatte weiter zu prüfen, ob auch die Heimarbeiter einen solchen Urlaubsanspruch ohne ausdrückliche gesetzliche oder vertragliche Grundlage haben. Auch diese Frage hat der Senat bejaht. Er steht auf dem Standpunkt, daß die Heimarbeit in ihren wesentlichen Merkmalen den für die Betriebsarbeiter geltenden Vorschriften entspricht und deshalb die Grundsätze des Arbeitsvertragsrechts angewendet werden können, soweit dies mit den Besonderheiten des Heimarbeitsrechts vereinbar ist.

Mit Recht hat sich der Vorderrichter auf den Standpunkt gestellt, daß die Heimarbeiter in wesentlichen Punkten tatsächlich und rechtlich den Betriebsarbeitern gleichstehen. Sie sind — insoweit folgt der Senat den zutreffenden Ausführungen im angefochtenen Urteil — ebenso wie diese darauf angewiesen, ihren Lebensunterhalt durch ihrer Hände Arbeit zu verdienen. Sie hängen wirtschaftlich ebenso wie die Arbeitnehmer von ihrem Unternehmer ab. Sie arbeiten ebenso wie die Betriebsarbeiter nicht mit eigenem Kapital und eigenem Risiko. Sie leisten ihre Arbeit ebenso wie die Betriebsarbeiter nicht für sich, sondern für ihre Unternehmer. Es ist sogar möglich, daß sie genau dieselbe Arbeit verrichten wie die Betriebsarbeiter, nur mit dem Unterschied, daß ihre Arbeitsstätte nicht im Betriebe liegt. Das Entgelt, das sie bekommen, entspricht jedenfalls dem Grunde und der Berechnungsart nach dem Akkordverdienst von Betriebsarbeitern. In zahlreichen Tarifverträgen, und zwar auch für den Wirtschaftszweig der Beklagten, werden den Heimarbeitern ausdrücklich derselbe Lohn und vielfach auch dieselben sonstigen Arbeitsbedingungen zuerkannt wie den Betriebsarbeitern (wird ausgeführt). Die Heimarbeiter arbeiten allerdings nicht im Betrieb ihres Auftraggebers und sind auch in der Gestaltung der Arbeitszeit und in der Weisungsgebundenheit freier, als dies üblicherweise bei Betriebsarbeitern der Fall ist. Es ist aber auch im Rahmen eines normalen Arbeitsverhältnisses durchaus möglich, daß die Arbeitnehmer ihre Arbeit zu Hause verrichten, wenn der Arbeitgeber sie etwa wegen Raummangels oder aus sonstigen Gründen nicht im Betriebe arbeiten läßt. Die größere Freiheit in der Arbeitsgestaltung findet man auch in manchen anderen Arbeitsverhältnissen, beispielsweise bei Fernkraftfahrern, bei Handlungsreisenden und bei sonstigen Außenberufen. Jedenfalls aber sind diese Unterschiede zu der regelmäßigen Form der Betriebsarbeit gegenüber den oben genannten vielfachen Parallelen zur Betriebsarbeit nicht so wesentlich, daß sie den Ausschlag für eine andere Gesamtbeurteilung der Heimarbeit geben und den Urlaubsanspruch ausschließen könnten.

Auch die neuere Rechtsentwicklung geht dahin, die Heimarbeiter den Betriebsarbeitern gleichzustellen. Die Heimarbeiter unterliegen ebenso wie die Betriebsarbeiter der Sozialversicherungspflicht (§§ 466 ff. RVO., § 75 c AVAVG.). Nach einjähriger Tätigkeit gelten für sie die Kündigungsfristen und die gleichen Grundsätze für die fristlose Kündigung wie bei Betriebsarbeitern (§ 29 Heimarbeitsgesetz). Sie genießen denselben Pfändungsschutz wie diese (§ 27 HAG.). Heimarbeiterinnen stehen wie die Betriebsarbeiterinnen unter Mutterschutz (§ 1 b MuSchG. vom 24. Januar 1952, BGBl. S. 69). Das Bundesgesetz zur Regelung der Lohnzahlungen an Feiertagen vom 2. August 1951 (BGBl. S. 479) billigt auch den Heimarbeitern einen Anspruch auf Bezahlung der gesetzlichen Feiertage zu.

Mit dieser weitgehenden tatsächlichen und rechtlichen Gleichbehandlung der Heimarbeiter wäre es nicht zu vereinbaren, den Heimarbeitern den den Betriebsarbeitern zustehenden Urlaub zu versagen. Es entspricht vielmehr der heutigen Rechtsüberzeugung und dem allgemeinen Rechtsgeltungswillen, auch in diesem Punkte den Heimarbeiter dem Betriebsarbeiter gleichzustellen. In Baden, Baden-Württemberg, Bayern, Bremen, Hamburg, Hessen, Niedersachsen, Rheinland-Pfalz, Schleswig-Holstein sowie in Berlin haben die Länderurlaubsgesetze (deren Gültigkeit in d i e s e m Zusammenhang nicht zur Erörterung steht) auch den Heimarbeitern einen Urlaub gewährt. Wenn, wie erwähnt, das Bundesgesetz zur Regelung der Lohnzahlung an Feiertagen vom 2. August 1951 (BGBl. 479) auch den Heimarbeitern Anspruch auf Bezahlung gesetzlicher Feiertage zubilligt, so liegt es nahe, auf dem sehr verwandten Gebiete des Urlaubs ebenfalls eine Gleichstellung vorzunehmen. Die Erste Rechtsverordnung zur Durchführung des Heimarbeitergesetzes vom 9. August 1951 (BGBl. S. 511) geht, wenn sie in § 12 Abs. 3 bestimmt, daß Urlaubsgelder in den Entgeltbelegen gesondert auszuweisen seien, ersichtlich gleichfalls davon aus, daß dem Heimarbeiter Urlaub zustehe. In zahlreichen Tarifverträgen ist ein Urlaub für Heimarbeiter vorgesehen, gerade auch für Heimarbeiter in ähnlichen Wirtschaftszweigen, wie sie hier in Rede stehen (wird ausgeführt). Es sei auch auf die Bekanntmachung einer bindenden Festsetzung betreffend Urlaub für Heimarbeiter und Gleichgestellte in der Handstrickerei und Handhäkelei vom 16. April 1956, abgedruckt im Bundesanzeiger 1956 Nr. 83 S. 5 verwiesen, die für die Heimarbeiter der Handstrickerei- und Handhäkeleibetriebe einen Urlaubsanspruch gewährt.

Es ist also der allgemeine Urlaubsanspruch, der für das deutsche Arbeitsrecht zu bejahen ist, auch dem Heimarbeiter zuzusprechen.

Dieser Anspruch geht genau wie beim Betriebsarbeiter auf Gewährung von Freizeit unter Fortzahlung des üblichen Entgelts. Das hat der Vorderrichter verkannt. Auch beim Heimarbeiter kommt durchaus eine Freizeitgewährung in Frage. In den Länderurlaubsgesetzen ist der den Heimarbeitern gewährte Urlaub als echter Urlaub, d. h. als Freizeit unter Fortzahlung des Entgelts, festgelegt worden. In einzelnen Länderurlaubsgesetzen sind Vorkehrungen getroffen worden, damit der Heimarbeiter auch während der Urlaubszeit wirklich keine Berufsarbeit verrichtet. Es ist ihm verboten, in dieser Zeit Arbeit anzunehmen, und sein Auftraggeber darf ihm während dieser Zeit keine Arbeit geben (vgl. z. B. § 2 der Württemberg-Badischen Verordnung Nr. 27 vom 26. Mai 1948, RegBl. 48, 76). Auch in Tarifverträgen und in bindenden Festsetzungen des Entgelts für Heimarbeiter ist bei der Urlaubsregelung ähnliche Vorsorge getroffen, so z. B. auch in der oben erwähnten bindenden Festsetzung betreffend Urlaub für Heimarbeiter und Gleichgestellte in der Handstrickerei und Handhäkelei vom 16. April 1956 (Bundesanzeiger 1956 Nr. 83 S. 5).

6

Die Bestimmung in Landesurlaubsgesetzen und Tarifverträgen, daß Urlaubsjahr das Kalenderjahr sei, besagt mangels abweichender Sonderbestimmung, daß für den im Vorjahr bereits urlaubsberechtigt gewordenen Arbeitnehmer der Urlaubsanspruch am Kalenderersten entsteht. Das bedeutet zugleich, daß es für alle Umstände, die die Dauer des Urlaubs beeinflussen, wie Lebensalter und Betriebszugehörigkeit, auf den Kalenderersten als den maßgebenden Stichtag ankommt.

Hessisches Urlaubsgesetz vom 29. 5. 1947, § 2.

I. Senat. Urteil vom 2. Mai 1956 i. S. N. (Kl.) w. Sch. (Bekl.) 1 AZR 416/55 (1 AZR 415/55).

I. Arbeitsgericht Offenbach. — II. Landesarbeitsgericht Frankfurt/M.

Der am 11. März 1936 geborene Kläger war vom 4. September 1950 bis 30. September 1953 bei der Beklagten als Bauschlosserlehrling, danach als Geselle tätig. Die Beklagte hat ihm für das Jahr 1954 nur den Urlaub eines Erwachsenen gewährt, während er den Urlaub eines Jugendlichen erstrebt. Eingeklagt ist eine Urlaubsabgeltung für 12 streitige Urlaubstage in Höhe von 115,20 DM. Das Arbeitsgericht hat der Klage stattgegeben, das Landesarbeitsgericht hat sie dagegen abgewiesen.

Auf die Revision des Klägers ist der Klage stattgegeben worden, aus den folgenden

Gründen:

Maßgebend für die Entscheidung ist die zwischen dem Landesinnungsverband des Schlosser-, Mechaniker-, Schmiede- und Landmaschinenhandwerks und der IG Metall — Bezirk Hessen — abgeschlossene Urlaubsvereinbarung vom 1. Januar 1950. Wenn in § 3 Ziff. 3 dieser Urlaubsvereinbarung das Hessische Urlaubsgesetz erwähnt worden ist, so ist das nicht in dem Sinne geschehen, daß für den Jugendurlaub nur das Hessische Urlaubsgesetz zu gelten habe und nicht auch die allgemeinen Bestimmungen der tariflichen Urlaubsvereinbarung. Die tarifliche Urlaubsvereinbarung verweist für den Urlaub des Jugendlichen nicht schlechthin auf das Hessische Urlaubsgesetz, sondern bestimmt selbst, daß die Jugendlichen einen Urlaub von 24 Tagen erhalten, und betont, daß dies gleichzeitig der gesetzliche Mindesturlaub nach dem Hessischen Urlaubsgesetz sei. Es gelten also für den Urlaub der Jugendlichen auch alle allgemeinen Berechnungsvorschriften der tariflichen Urlaubsvereinbarung, jedenfalls soweit sie nicht etwa ungünstiger als die gesetzliche Regelung sind. Der entgegengesetzten Auslegung, die das angefochtene Urteil der tariflichen Urlaubsvereinbarung gegeben hat, konnte der Senat nicht folgen.

Es handelt sich hier nicht um eine Erfüllung von Wartefristen. Der Kläger ist vom 4. September 1950 an ununterbrochen im Betriebe der Beklagten tätig und ist auch im gesamten Urlaubs-/Kalenderjahr 1954 im Betriebe der Beklagten tätig geblieben. Er hat also alle Wartefristen, ob man sie nun nach dem Jugendschutzgesetz oder der tarifvertraglichen Urlaubsvereinbarung berechnet, zweifelsfrei erfüllt. Es geht vielmehr allein um die Frage des Stichtages.

Dazu heißt es in § 3 Ziff. 4, daß Stichtag für die Berechnung des Lebensalters und der Betriebszugehörigkeit der 1. Januar ist. Wenn das Landesarbeitsgericht diese Bestimmung nur auf die in § 3 Ziff. 2 wegen erhöhten Lebensalters und längerer Betriebszugehörigkeit gewährten

Zusatzurlaubstage beziehen will, dagegen nicht auf den in § 3 Ziff. 3 geregelten Jugendurlaub, so steht dieser Auslegung zunächst die von den Tarifparteien gewählte Reihenfolge der Bestimmungen entgegen.

Wenn nämlich in Ziff. 1 der Zusatzurlaub für lange Betriebszugehörigkeit, in Ziff. 2 der Zusatzurlaub für erhöhtes Lebensalter geregelt ist, in Ziff. 3 der Jugendurlaub auf die gesetzliche Mindestdauer von 24 Tagen begrenzt wird und dann in Ziff. 4 gesagt wird, daß Stichtag für die Berechnung der Betriebszugehörigkeit und des Lebensalters schlechthin der 1. Januar sein solle, so ist schon aus dieser Reihenfolge zu entnehmen, daß Ziff. 4 sich auf alle in den vorangegangenen Ziffern geregelten Urlaubsarten, bei denen es auf einen Stichtag ankommt, beziehen soll.

Es entspricht auch der allgemeinen Rechtsentwicklung, wenn der Tarifvertrag es nicht nur bei den Zusatzurlaubstagen für längere Betriebszugehörigkeit und für erhöhtes Lebensalter, sondern auch für die Abgrenzung des Jugendurlaubs vom Urlaub des Erwachsenen auf den Beginn des neuen Urlaubsjahres und damit des Kalenderjahres abstellt, zumal wenn — wie hier (vgl. § 2 Ziff. 2 des Tarifvertrages) — das Urlaubsjahr gleich dem Kalenderjahr ist. Alle Länderurlaubsgesetze, die sich überhaupt mit dem Stichtag für den Jugendurlaub beschäftigen, haben es auf den Jahresanfang abgestellt, so das Bremer Urlaubsgesetz vom 4. Mai 1948 in § 3 Abs. 3, das Niedersächsische Jugendarbeitsschutzgesetz vom 9. Dezember 1948, § 23 Abs. 2, Satz 2, das Badische Urlaubsgesetz vom 13. Juli 1949, § 3 Abs. 3, das Rheinland-Pfälzische Urlaubsgesetz vom 8. Oktober 1948, § 2 Abs. 1 und das Bayerische Urlaubsgesetz vom 1. Mai 1950 (seine Gültigkeit einstweilen nur unterstellt) in Art. 4 Abs. 3. Die Tarifpraxis geht ebenfalls diesen Weg. Auch der Entwurf eines Bundesgesetzes zum Schutz der arbeitenden Jugend (Jugendarbeitsschutzgesetz) hat den Kalenderersten (bei Arbeitsantritt während des Kalenderjahres den Antrittstag) als maßgebenden Stichtag vorgesehen (vgl. RdA. 56, 136). Es spricht somit nichts für die Annahme des angefochtenen Urteils, daß die Tarifpartner hier entgegen dem von ihnen gewählten Wortlaut und der Reihenfolge der getroffenen Anordnungen die Bestimmung des § 3 Ziff. 4 nicht auf den in § 3 Ziff. 3 geregelten Jugendurlaub hätten angewendet wissen wollen.

Hiermit überein stimmt § 2 Ziff. 3 der tariflichen Urlaubsvereinbarung, in der wie in § 4 des Hessischen Urlaubsgesetzes bestimmt ist, daß das Urlaubsjahr das Kalenderjahr ist. Eine derartige Bestimmung besagt mangels einer abweichenden Regelung, daß — jedenfalls für den Arbeitnehmer, der bereits im Vorjahr urlaubsberechtigt geworden ist —

am Kalenderersten der Urlaubsanspruch für das gesamte Kalenderjahr entsteht (vgl. Dersch, Urlaubsgesetze, Note 320e folgende, insbesondere 323). Vollzieht sich aber an diesem Tage bereits die Entstehung des Urlaubsanspruchs für das gesamte Kalenderjahr, so kommt es auch mangels abweichender Regelung für alle Umstände, die die Urlaubsdauer bestimmen, wie Lebensalter und Betriebszugehörigkeit, maßgebend auf den 1. Januar an, was sich für die wegen Betriebszugehörigkeit und höheren Lebensalters gewährten Zusatzurlaubstage praktisch zu Gunsten des Arbeitgebers, für den Jugendurlaub dagegen praktisch zu Gunsten des Arbeitnehmers auswirkt. Selbst wenn also die Parteien in § 3 Ziff. 4 nicht ausdrücklich bestimmt hätten, daß Stichtag für das Lebensalter der 1. Januar sein solle, so würde mangels einer abweichenden Regelung das gleiche aus der Bestimmung des § 2 Ziff. 3 herzuleiten sein.

Wenn der Berufungsrichter zum Ausgangspunkt seiner gegenteiligen Auslegung macht, daß die Tarifparteien nicht in die aus dem Jugendschutzgesetz sich nach seiner Auffassung ergebende Wartefrist von 3 Monaten hätten eingreifen, sie insbesondere nicht auf 6 Monate auch für die Jugendlichen hätten durch § 2 Ziffer 3 der Urlaubsvereinbarung verlängern wollen, und daß darum auch § 3 Ziffer 4 als außerhalb einer tariflichen Urlaubsregelung für Jugendliche stehend betrachtet werden müsse, so kann dem nicht zugestimmt werden. Nach § 3 Abs. 1 Satz 2 HUG. ist die Bestimmung über die Wartezeiten der tarifvertraglichen Regelung ausdrücklich vorbehalten. Als eine Ausfüllung dieses Vorbehalts muß § 2 Ziffer 3 der Urlaubsvereinbarung angesehen werden. Sie erfaßt daher nach § 2 Ziffer 1 jeden Arbeitnehmer. Dem kann auch nicht entgegengehalten werden, daß eine solche tarifvertragliche Vereinbarung hinsichtlich der Jugendlichen über den gesetzlichen Rahmen hinausginge, weil sie die Jugendlichen ungünstiger stelle, als sie bei der Fortgeltung des Reichsjugendschutzgesetzes gestanden haben würden. Es besteht kein Zweifel, daß das Hessische Urlaubsgesetz, das 1947 erlassen ist, eine Regelung, wie sie der Tarifvertrag vorsieht, hätte treffen können und daher auch diese Regelung den Tarifparteien ohne Beschränkung durch das frühere Jugendschutzgesetz delegieren konnte. Es kommt daher auf die Frage der Günstigkeit in diesem Zusammenhang nicht an. Darüber hinaus ist aber die von den Tarifparteien getroffene Regelung einer erstmaligen Wartezeit von 6 Monaten ohne Erneuerung einer Wartezeit in den späteren Urlaubsjahren nicht einmal ungünstiger, denn das Jugendschutzgesetz verlangt eine alljährliche Wiederholung der Wartefrist auch im zweiten und den folgenden Urlaubsjahren, die durch die tarifliche Regelung beseitigt ist.

Bei dieser Rechtslage konnte es dahingestellt bleiben, ob der Schlußsatz in § 21 Abs. 2 des Jugendschutzgesetzes, daß maßgebend für die Urlaubsdauer das Alter des Jugendlichen bei Beginn des Kalenderjahres sei, sich nur auf die Abgrenzung des Urlaubs der 14—16jährigen von dem Urlaub der 16—18jährigen bezieht, oder auch auf die Abgrenzung des Urlaubs der 16—18jährigen von dem Urlaub der Erwachsenen und ob die Ausführungsverordnung zum Jugendschutzgesetz vom 12. Dezember 1938 Nr. 54 letzter Satz sich auf alle Jugendlichen bezieht oder nur für die Jugendlichen des Baugwerbes, Baunebengewerbes und ähnlicher Saisonbetriebe und schließlich, ob durch eine Ausführungsverordnung das Jugendschutzgesetz etwa hätte geändert werden können. Es konnte auch dahingestellt bleiben, ob bereits durch das Hessische Urlaubsgesetz das Jugendschutzgesetz geändert worden ist. Denn auf jeden Fall geht hier die tarifliche Norm schon auf Grund des § 3 Abs. 1 S. 2 des Hessischen Urlaubsgesetzes dem Jugendschutzgesetze vor.

7

1. Angestellte des Bundes, die überwiegend bei Behörden, deren Beamte die Ministerialzulage bekommen, beschäftigt sind und ihre Vergütung nach TO. A erhalten, erhalten eine widerrufliche Ministerialzulage als Dienstaufwandsentschädigung, ohne daß hierauf ein Rechtsanspruch besteht.

2. Die Gewährung von Ministerialzulagen an Angestellte ist grundsätzlich so zu handhaben, wie sie gegenüber den Beamten der gleichen Behörde gehandhabt wird.

3. Zulagen, die in dem Besoldungsgesetz für Beamte nicht vorgesehen sind, dürfen nur dann gewährt werden, soweit der Bundeshaushaltsplan dies bestimmt oder besondere Mittel dafür zur Verfügung stellt. Zu diesen Zulagen gehören die Ministerialzulagen.

4. Sind für Beamte oder Angestellte Ministerialzulagen im Bundeshaushaltsplan nicht vorgesehen, oder stellt dieser hierfür Mittel nicht zur Verfügung, so ist es dem Dienstherrn kraft Gesetzes verwehrt, gleichwohl an solche Angestellte oder Beamte Ministerialzulagen zu zahlen.

5. Der privatrechtliche arbeitsrechtliche Grundsatz der Gleichbehandlung kann keine Anwendung finden, wenn er mit einer positiven Bestimmung eines Gesetzes in Widerspruch steht.

6. Wohl aber kann das betr. Gesetz wegen Verstoßes gegen Art. 3 GG. verfassungswidrig sein. Es steht jedoch dem Gesetzgeber des Haushaltsplans frei, die Ministerialzulagen nach seinem pflichtmäßigen Ermessen für einzelne Beamten- oder Angestelltengruppen vorzusehen, für andere nicht. Nur dann wäre der Bundeshaushaltsplan möglicherweise verfassungswidrig, wenn er Ministerialzulagen willkürlich ungleich vorsehen würde.

7. § 15 des Besoldungsgesetzes steht nicht im Widerspruch zu Art. 110 Abs. 2 Satz 4 GG. Denn für die Gewährung oder Nichtgewährung von Zulagen bleibt Rechtsgrundlage § 15 des Besoldungsgesetzes.

Gesetz: § 15 des Besoldungsgesetzes vom 16. Dezember 1927; § 191 Ziff. 2 Bundesbeamtengesetz vom 14. Juli 1953; § 6 des Gesetzes zur vorläufigen Regelung der Rechtsverhältnisse der im Dienste des Bundes stehenden Personen vom 17. Mai 1950; Nr. I Abs. 1, Abs. 2 der gemeinsamen Dienstordnung für die Angestellten der Verwaltung und der Betriebe des Reichs vom 30. April 1938; Art. 3 Abs. 1 GG.; Art. 110 Abs. 2 Satz 4 GG.

I. Senat. Urteil vom 4. Mai 1956 i. S. Sch. (Kl.) w. B. D. (Bekl.)
1 AZR 506/55.

I. Arbeitsgericht Berlin. — II. Landesarbeitsgericht Berlin.

Der Kläger war in der Zeit vom 10. April 1953 bis 28. Februar 1954 als Mitglied eines Aufnahme- und später eines Beschwerdeausschusses in den Notaufnahmelagern B. und G. tätig. Außerdem war er als Sachbearbeiter für Verwaltungsstreitverfahren und in Vertretung des Leiters als Überprüfungsstelle für die Abfassung von Beschlüssen der Ausschüsse eingesetzt.

Nach dem Anstellungsvertrag der Parteien vom 21. März 1953 war auf das Dienstverhältnis die Allgemeine Tarifordnung (ATO.), die Tarifordnung A für Angestellte im öffentlichen Dienst (TO. A) mit den dazu gehörigen Dienstordnungen und die von der Verwaltung des vereinigten Wirtschaftsgebietes abgeschlossenen Tarifvereinbarungen maßgebend.

Der Kläger erhielt eine Vergütung nach Vergütungsgruppe III TO. A. Die Zahlung einer Ministerialzulage an den Kläger war in dem Vertrag nicht vorgesehen. Gleichwohl fordert der Kläger von der Beklagten die Zahlung dieser Zulage mit der Begründung, sie stehe ihm zu, weil sie auch an die in Bonn im Ministerium tätigen Beamten und Angestellten des Bundesministeriums gezahlt würde.

Die Klage hatte in keiner Instanz Erfolg.

Aus den Gründen:

Durch den schriftlichen Anstellungsvertrag der Parteien vom 21. März 1953 steht zunächst fest, daß der Kläger keinen vertraglichen Rechtsanspruch auf eine sogenannte Ministerialzulage hat. Denn nach diesem Vertrag bestimmen sich die Rechte und Pflichten der Parteien u. a. nach der ATO. und TO. A sowie den dazugehörigen Dienstordnungen. Damit unterliegt das Dienstverhältnis der Parteien auch kraft Vertrages der auf Grund des § 16 Abs. 2 AOGÖ. erlassenen Gemeinsamen Dienstordnung für die Angestellten der Verwaltung und der Betriebe des Reichs vom 30. April 1938 (GDO.-Reich), die gemäß § 6 des Gesetzes zur vorläufigen Regelung der Rechtsverhältnisse der im Dienste des Bundes stehenden Personen vom 17. Mai 1950 (BGBl. I S. 207) und der Ziff. 13 g der 1. VO. zur Durchführung des Gesetzes zur vorläufigen Regelung der Rechtsverhältnisse der im Dienste des Bundes stehenden Personen vom 17. Juni 1950 (BGBl. I S. 274) i. V. mit § 191 Ziff. 2 des Bundesbeamtengesetzes vom 14. Juli 1953 (BGBl. I S. 551) auf Bundesangestellte anzuwenden ist. Nach Nr. I Abs. 1 GDO. erhalten Angestellte, die überwiegend bei Behörden, deren Beamte die Ministerialzulage bekommen, beschäftigt sind und ihre Vergütung nach TO. A erhalten, eine widerrufliche Ministerialzulage als Dienstaufwandsentschädigung. Aber Nr. I Abs. 2 GDO. bestimmt hierzu ausdrücklich, daß ein Rechtsanspruch auf Ministerialzulage nicht besteht (vgl. Böhm-Jund, Die Dienstverhältnisse der Angestellten und Arbeiter bei öffentlichen Verwaltungen und Betrieben, Bd. 2, S. 4 f., S. 87 f.). Daraus folgt wiederum, daß der Dienstvertrag der Parteien die Frage der Zahlung einer Ministerialzulage an den Kläger nicht nur offenläßt, sondern einen Rechtsanspruch auf diese Zulage ausdrücklich ausschließt.

Der Anspruch rechtfertigt sich aber auch nicht aus sonstigen gesetzlichen, tariflichen oder dienstordnungsmäßigen Bestimmungen. Aus den bisherigen Ausführungen ergibt sich schon, daß selbst dann, wenn der Dienstvertrag die Frage eines Anspruchs auf Zahlung der Ministerialzulage offengelassen hätte, die einschlägigen, das Dienstverhältnis der Parteien regelnden objektiv-rechtlichen Bestimmungen einen solchen Rechtsanspruch ausdrücklich unmittelbar ausschließen. Es gilt ganz allgemein der Satz, daß ein Rechtsanspruch auf Ministerialzulage kraft Gesetzes grundsätzlich ausgeschlossen ist.

Aber auch dann, wenn man die Versagung des Rechtsanspruchs auf Ministerialzulage einschränkend dahin auslegt, daß die Beklagte nur aus besonderen sachlich anerkennungswürdigen Gründen die Zulage verweigern, sie aber im übrigen gewähren muß, kann die Revision nicht durchdringen. Denn der Kläger muß sich so behandeln lassen, wie Beamte hinsichtlich der Ministerialzulage zu behandeln sind. Er und die übrigen Angestellten der Aufnahmeausschüsse können nur unter den gleichen Voraussetzungen Ministerialzulage widerruflich gewährt bekommen wie die Beamten. Daher muß auch für sie § 15 des für die Bundesbeamten fortgeltenden Besoldungsgesetzes vom 16. Dezember 1927 (RGBl. I S. 349) nebst den Änderungen und Ergänzungen, die dieses Gesetz inzwischen gefunden hat, gelten (§ 2 b des Gesetzes zur vorläufigen Regelung der Rechtsverhältnisse der im Dienste des Bundes stehenden Personen vom 17. Mai 1950, BGBl. I S. 207; 2. Gesetz zur Änderung und Ergänzung des Besoldungsrechts vom 20. August 1952, BGBl. I S. 582; 3. Gesetz zur Änderung und Ergänzung des Besoldungsrechts vom 27. März 1953, BGBl. I S. 81). Gemäß § 15 Besoldungsgesetz dürfen jedoch Zulagen, die in dem Besoldungsgesetz nicht vorgesehen sind, nur dann gewährt werden, soweit der Bundeshaushaltsplan dies bestimmt oder besondere Mittel dazu zur Verfügung stellt. Zu diesen Zulagen, die in dem Besoldungsgesetz nicht vorgesehen sind, gehören aber auch die Ministerialzulagen, die nicht zum planmäßigen Diensteinkommen gehören. An diesem Zulagencharakter ändert sich nichts dadurch, daß die Ministerialzulage als Aufwandsentschädigung angesehen wird. Unstreitig hat nun aber der Haushaltsplan für die in dem Notaufnahmelager beschäftigten Bediensteten der Aufnahmeausschüsse keine Ministerialzulage vorgesehen oder besondere Mittel zur Verfügung gestellt. Das Gesetz verwehrt es also der Beklagten, an den Kläger Ministerialzulage zu zahlen (vgl. Nr. 75 a der Besoldungsvorschriften; RGZ Bd. 127, 37 ff.; Bochalli, Bundesbeamtengesetz 1954, § 83 Anm. 1 d; Ambrosius, Das Besoldungsrecht der Beamten, 5. Aufl., 1954, S. 318; Fischbach, Bundesbeamtengesetz 1954, § 83 Anm. 5).

Die Revision meint demgegenüber, es komme nicht darauf an, ob der Haushaltsplan Mittel zur Verfügung stelle. Zwar hat sie mit Recht ausgeführt, daß der Haushaltsplan in die Rechtsbeziehungen der Parteien nicht gestaltend eingreifen kann. Denn der Haushaltsplan ist ein Verwaltungs-, genauer Regierungsakt, der in die Form des Gesetzes gekleidet ist, um ihn auf diese Weise der Zuständigkeit des parlamentarischen Gesetzgebers zu unterstellen und ihm die Publizität des Gesetzes zu geben (Gesetz nur im formellen Sinne). Es fehlt ihm der Charakter eines allgemeinen Rechtssatzes (BAG. 1, 91; Forsthoff, Lehrbuch des Verwaltungsrechts, 3. Aufl., 1. Bd. S. 105; Heinig, Das Budget 3 Bde., 1949/51).

Hier kommt es aber auf etwas anderes an. Denn der Anspruch des Klägers wird nicht etwa deshalb verneint, weil der Haushaltsplan keine Mittel für eine Zahlung der Ministerialzulage an den Kläger vorsieht oder zur Verfügung stellt. Vielmehr ist der Anspruch deshalb zu versagen, weil ein materielles Gesetz, eben § 15 des Besoldungsgesetzes, es verbietet, an Beamte im Besoldungsgesetz nicht vorgesehene Zulagen zu gewähren, wenn der Haushaltsplan keine Mittel vorsieht oder zur Verfügung stellt. Die Gewährung von Ministerialzulage an Angestellte hat sich aber, wie schon hervorgehoben, nach den Regeln zu richten, die für die Beamten gelten. Sie dürfen insoweit nicht anders und nicht besser behandelt werden als diese.

Zu Unrecht beruft sich der Kläger schließlich auf den im Arbeitsvertragsrecht entwickelten Grundsatz der Gleichbehandlung, der auch für Arbeitnehmer im öffentlichen Dienst gilt. Dieser aus den Regeln des Arbeitsvertragsrechts, insbesondere aus der Fürsorgepflicht des Arbeitgebers entwickelte privatrechtliche Grundsatz (RAG in ARS 33, 172) kann dann keine Anwendung finden, wenn er mit einer positiven Bestimmung eines Gesetzes in Widerspruch steht. § 15 des Besoldungsgesetzes schließt aber in Verbindung mit den bereits genannten Vorschriften die Zahlung von Zulagen an Angestellte aus, wenn solche Zulagen weder im Besoldungsgesetz noch im Bundeshaushaltsplan vorgesehen, noch auch Mittel hierzu in diesem bereitgestellt sind. Gegenüber dieser klaren gesetzlichen Regelung kann sich der Kläger nicht auf den privatrechtlichen, arbeitsvertraglichen Gleichbehandlungsgrundsatz berufen.

Es könnte somit lediglich erwogen werden, ob der in der Form des Gesetzes erlassene jeweilige Bundeshaushaltsplan seinerseits insoweit verfassungswidrig ist, als er dadurch gegen den Gleichheitsgrundsatz des Art. 3 Abs. 1 GG. verstößt, daß er Ministerialzulagen willkürlich ungleich vorsieht.

Von einer solchen Verfassungswidrigkeit kann im vorliegenden Fall jedoch keine Rede sein. Gemäß Art. 3 Abs. 1 GG. sind alle Menschen vor dem Gesetz gleich. Dieser Grundsatz bedeutet für den Gesetzgeber die allgemeine Weisung bei steter Orientierung am Gerechtigkeitsgedanken „Gleiches gleich, Ungleiches seiner Eigenart entsprechend verschieden" zu behandeln. Nach dieser Formel bleibt dem Gesetzgeber immer noch ein weiter Spielraum für die Betätigung seines Ermessens. Er muß ihm auch bleiben, wenn anders es ihm gelingen soll, der vielfältigen Lebensverhältnisse durch eine einheitliche und daher gewisse tatsächliche Verschiedenheiten notwendig vernachlässigende Regelung

Herr zu werden. Es lassen sich viele Regelungen denken, die sich hiernach noch im Rahmen des Gleichheitssatzes halten. Es muß dem Gesetzgeber freistehen, unter diesen verschieden möglichen Regelungen die geeignetste auszuwählen. Es ist nicht Sache der Gerichte, die vom Gesetzgeber gewählte Lösung auf ihre Zweckmäßigkeit zu prüfen oder zu untersuchen, ob sie vom Standpunkt einer beteiligten Interessentengruppe aus als die „gerechteste" denkbare Lösung angesehen werden kann. Auch das Bundesverfassungsgericht kann daher nur die Überschreitung gewisser äußerster Grenzen beanstanden. Es kann dem Gesetzgeber erst dann entgegentreten, wenn für eine von ihm angeordnete Differenzierung zwischen verschiedenen Personengruppen sachlich einleuchtende Gründe schlechterdings nicht mehr erkennbar sind, so daß ihre Aufrechterhaltung einen Verstoß gegen das allgemeine Gerechtigkeitsempfinden darstellen würde (BVerfGE. 3, 135 ff. und 182).

Prüft man den hier zur Entscheidung stehenden Fall an Hand dieser Grundsätze, so ergibt sich, daß der Gesetzgeber des Bundeshaushaltsplans den Gleichheitssatz nicht verletzt hat. Es mußte dem Gesetzgeber des Haushaltsplans freistehen, die Ministerialzulage nach seinem pflichtmäßigen Ermessen für einzelne Beamtengruppen und Angestelltengruppen vorzusehen, für andere nicht. Die Tätigkeit des Klägers bietet keinen Anlaß, dem Gesetzgeber den Vorwurf zu machen, daß er für diese Tätigkeit in seinem Haushaltsplan keine Ministerialzulage vorgesehen hat.

Auch widerspricht § 15 des Besoldungsgesetzes nicht Art. 110 Abs. 2 Satz 4 GG. Nach dieser Verfassungsvorschrift dürfen in das Bundeshaushaltsgesetz keine Vorschriften aufgenommen werden, die über das Rechnungsjahr hinausgehen oder sich nicht auf die Einnahmen und Ausgaben des Bundes oder seiner Verwaltung beziehen. Das Haushaltsgesetz soll hiernach nur Vorschriften enthalten, die die Aufstellung und den Vollzug des Haushaltsplanes ermöglichen. Was mit dem Budgetrecht nichts zu tun hat, gehört grundsätzlich nicht in das Haushaltsgesetz. Daher ist es auch nicht zur Aufnahme besoldungsrechtlicher Normen bestimmt. Gegen diesen Grundsatz ist aber hier auch nicht verstoßen. Die Ministerialzulage hat ihre echte Rechtsgrundlage nicht im Haushaltsplan; in Wahrheit bleibt die Rechtsgrundlage für die Gewährung oder Nichtgewährung der Zulagen § 15 Besoldungsgesetz selbst.

Da somit eine Verfassungswidrigkeit gesetzlicher Bestimmungen nach der Auffassung des Senats nicht vorliegt, kam eine Vorlage der Sache an das Bundesverfassungsgericht gemäß § 80 BVerfG. i. V. mit Art. 100 GG. nicht in Frage.

8

Bei wiederholten Erkrankungen, die auf dasselbe Grundleiden zurückzuführen sind, behält der Handlungsgehilfe auch für den neuen Krankheitsfall seinen Gehaltsanspruch bis zur Dauer von sechs Wochen, wenn das Leiden zwar vom medizinischen Standpunkt aus nicht völlig ausgeheilt ist, praktisch aber eine Ausheilung anzunehmen ist, weil er zwischen den beiden Erkrankungen im Sinne des Arbeitslebens längere Zeit voll arbeitsfähig war.

HGB. § 63 Abs. 1.

II. Senat. Urteil vom 7. Mai 1956 i. S. L. (Kl.) w. G. u. L. (Bkl.)
2 AZR 259/55.

I. Arbeitsgericht Kaiserslautern. — II. Landesarbeitsgericht Mainz.

Der Kläger war seit dem 1. November 1943 bei der Beklagten als kaufmännischer Angestellter beschäftigt. Vom 25. Februar 1948 bis Mai 1951 mußte er seine Arbeit wegen einer Tuberkulose-Erkrankung unterbrechen. Die Beklagte zahlte während der ersten sechs Wochen der Erkrankung das Gehalt weiter. Am 28. Dezember 1953 erkrankte der Kläger erneut an einem Lungenleiden und mußte eine Heilanstalt aufsuchen. Er beansprucht Gehalt für die ersten sechs Wochen der erneuten Arbeitsunfähigkeit. Das Arbeitsgericht hat die Beklagte verurteilt, das Landesarbeitsgericht hat den Kläger mit der Klage abgewiesen. Auf die Revision des Klägers ist das Urteil des Arbeitsgerichts wieder hergestellt worden.

Aus den Gründen:

Die Revision ist zulässig. Der Kläger stützt ihre Statthaftigkeit darauf, daß das angefochtene Urteil von dem Urteil des Landesarbeitsgerichts Frankfurt/Main vom 18. Februar 1955 — I LA. 531/54 — (Betrieb 1955 S. 484) abweiche und auf dieser Abweichung beruhe. Das trifft zu. Während das angefochtene Urteil meint, ein neuer Gehaltsanspruch nach § 63 Abs. 1 HGB. sei nur dann begründet, wenn das die Arbeitsbehinderung bedingende Grundleiden im medizinischen Sinne tatsächlich ausgeheilt sei, hat das Landesarbeitsgericht Frankfurt/Main in dem vom Kläger angezogenen Urteil entschieden, daß es nicht auf vollkommene Ausheilung im medizinischen Sinne ankomme; vielmehr müsse das Gehalt für die Dauer von sechs Wochen erneut gezahlt werden, wenn nur eine relative Ausheilung des Grundleidens erfolgt sei, die den Handlungsgehilfen in die Lage versetze, für einen längeren Zeitraum seiner Arbeit wieder voll zu genügen. Eine Divergenz liegt bei diesen Ausführungen vor; die angefochtene Entscheidung weicht in der Beurteilung zur Frage der Ausheilung von der angezogenen Entscheidung ab, und beide Entscheidungen beruhen auch auf dieser Abweichung (BAG. 1, 18—20).

Die Revision ist auch begründet. Das Landesarbeitsgericht hat unter Bezugnahme auf das von ihm eingeholte fachärztliche Gutachten der Universitäts-Klinik in M. angenommen, die Tuberkulose des Klägers sei nie richtig ausgeheilt worden; sie sei in der Zeit vom Mai 1951 bis Dezember 1953, in der der Kläger bei der Beklagten gearbeitet hat, lediglich gebessert gewesen. Bei der im Dezember 1953 eingetretenen Arbeitsunfähigkeit des Klägers habe es sich also nicht um eine neue Erkrankung, sondern nur um eine Verschlechterung eines fortbestehenden, nie behobenen Leidens gehandelt. Ein nochmaliger Anspruch auf Zahlung des Gehalts für die Dauer von sechs Wochen gemäß § 63 Abs. 1 HGB. sei deshalb nicht begründet.

Diese Ausführungen werden dem festgestellten Sachverhalt nicht gerecht. Nach § 63 Abs. 1 HGB. behält der Handlungsgehilfe, der durch unverschuldetes Unglück an der Leistung der Dienste verhindert ist, seinen Anspruch auf Gehalt, jedoch nicht über die Dauer von sechs Wochen hinaus. Als unverschuldetes Unglück im Sinne dieser Bestimmung ist regelmäßig auch eine Krankheit und die im Gefolge der Krankheit auftretende Dienstverhinderung aufzufassen. Das gilt in gleicher Weise für wiederholte Erkrankungen, wenn die Arbeitsbehinderung auf einer neuen selbständigen Erkrankung beruht. § 63 Abs. 1 HGB. soll seiner Fassung nach bei jedem zur Verhinderung seiner Dienstleistungen führenden unverschuldeten Unglück des Handlungsgehilfen und somit auch bei jedem neuen Unglück zur Anwendung kommen (RAG. ARS. 28, 269 — 270). Bei wiederholten Erkrankungen, die auf dasselbe Grundleiden zurückzuführen sind, entsteht dagegen entsprechend der Tragweite der Vorschrift ein neuer Anspruch nur dann, wenn die neue Erkrankung als ein neues unverschuldetes Unglück anzusehen ist.

Den Begriff des zur Gehaltsfortzahlung führenden unverschuldeten Unglücks hat nun das Landesarbeitsgericht in seiner Entscheidung des vorliegenden Falles verkannt. Denn ein neues unverschuldetes Unglück im Sinne des § 63 Abs. 1 HGB. ist nicht nur dann anzunehmen, wenn das Grundleiden, auf das die einzelnen Krankheitsfälle zurückzuführen sind, im medizinischen Sinne völlig ausgeheilt ist und nunmehr eine medizinisch neue Erkrankung eintritt. Vielmehr liegt auch dann ein neues Unglück vor, wenn das Grundleiden zwar vom medizinischen Standpunkt aus nicht völlig ausgeheilt, praktisch eine Ausheilung der Krankheit aber doch deshalb anzunehmen ist, weil der Handlungsgehilfe zwischen den beiden Erkrankungen im Sinne des Arbeitslebens längere Zeit voll arbeitsfähig war. Die Belange des Arbeitgebers, die durch die für den einzelnen Fall erfolgende zeitliche Begrenzung der Pflicht zur Gehaltsfortzahlung geschützt sind, werden dann nicht mehr berührt. Je länger der Handlungsgehilfe zwischenzeitlich seine Dienste verrichtet hat, desto eher ist es gerechtfertigt, eine Ausheilung anzunehmen, während nahe aufeinanderfolgende Erkrankungen auf Grund desselben Grundleidens wenigstens in der Regel dagegen sprechen (vgl. RAG., ARS. 28, 269—270; 46, 122—124; 46; 336—341).

Der Kläger war seit Beendigung seiner ersten Erkrankung mehr als 2½ Jahre lang voll arbeitsfähig. Wenn auch sein altes Leiden nach den Feststellungen des Landesarbeitsgerichts im medizinischen Sinne nicht voll ausgeheilt war, so war doch für ihn die zweite Erkrankung nach dem Vorstehend Gesagten ein neues Unglück im Sinne des § 63 Abs. 1 HGB.; der Kläger behält deshalb seinen Anspruch auf Gehalt bis zur Dauer von sechs Wochen. Eine von dem Gesetz nicht gewollte und durch seine Interessenabwägung nicht gedeckte Belastung der Beklagten tritt bei einer zwischenzeitlichen tatsächlichen vollen Arbeitsfähigkeit von mehr als 2½ Jahren nicht ein.

9

Der Begriff „unmittelbarer Zusammenhang" zwischen gesundheitlicher Schädigung und Kündigungsgrund ist nicht streng im Sinne der im Schadensersatzrecht des Bürgerlichen Rechts entwickelten Kausalitätslehre zu verstehen, sondern nach allgemeiner Lebensanschauung weiter auszulegen. Ein solcher unmittelbarer Zusammenhang ist daher auch dann gegeben, wenn einem Schwerbeschädigten wegen eines Verhaltens außerordentlich gekündigt werden soll, das durch die gesundheitliche Schädigung hervorgerufen ist.

SchwBeschG. § 19 Abs. 3 Satz 2.

III. Senat. Urteil vom 17. Mai 1956 i. S. B. (Kl.) w. AOK. (Bekl.)
3 AZR 350/54.

I. Arbeitsgericht Rottweil. — II. Landesarbeitsgericht Tübingen.

Der Kläger ist 42 Jahre alt und verheiratet. Er war im 2. Weltkrieg verwundet und verschüttet und ist demzufolge u. a. wegen Hirnverletzung mit Hirnleistungsschwäche anerkannt als Schwerbeschädigter im

Sinne des Schwerbeschädigtengesetzes mit einer 60 %igen Minderung seiner Erwerbsfähigkeit.

Seit dem 1. Juni 1946 stand der Kläger als Kassenangestellter im Dienste der Beklagten. Diese hat ihm mit dem Schreiben vom 19. März 1954 wegen während des Dienstes erfolgter fortgesetzter unsittlicher Belästigung der 15 Jahre jüngeren Mitangestellten Z. außerordentlich mit sechs Wochen Frist gekündigt, ohne daß eine Zustimmung der Hauptfürsorgestelle vorlag.

Der Kläger verlangt unter Berufung auf § 19 Abs. 3 SchwBeschG. die Feststellung, daß sein Arbeitsverhältnis nicht aufgelöst sei. Das Arbeitsgericht hat die Klage abgewiesen, das Landesarbeitsgericht die Berufung des Klägers zurückgewiesen. Die Revision des Klägers führte zur Zurückverweisung an das Landesarbeitsgericht.

Aus den Gründen:

Das angefochtene Urteil beruht auf der Auffassung, daß die Beklagte dem Kläger außerordentlich kündigen durfte, ohne vorher die Hauptfürsorgestelle anrufen zu müssen. Diese Auffassung ist nicht frei von Rechtsirrtum.

Das Reichsarbeitsgericht hat zwar in der auch im angefochtenen Urteil erwähnten Entscheidung vom 15. Mai 1929 (ARS. 6, 575) dargelegt, das die Zustimmung der Hauptfürsorgestelle zur fristlosen Entlassung eines Schwerbeschädigten nur dann notwendig sei, wenn dessen Krankheit als solche oder die durch sie hervorgerufene Minderung oder Aufhebung seiner Arbeitskraft, nicht aber wenn sein Verhalten den Kündigungsgrund bilde. Diese Ansicht entsprach der früheren Fassung des Gesetzes, weil damals zu einer fristlosen Entlassung die Zustimmung der Hauptfürsorgestelle nur eingeholt zu werden brauchte, „wenn es sich um eine Krankheit handelt, die eine Folge der Kriegsbeschädigung ist" (§ 13 Abs. 2 SchwBeschG. 1923). Durch das am 1. Mai 1953 in Kraft getretene neue Schwerbeschädigtengesetz hat sich indessen die Rechtslage geändert. § 19 Abs. 3 Satz 2 dieses Gesetzes bestimmt, daß eine fristlose Entlassung nur mit Zustimmung der Hauptfürsorgestelle zulässig ist, „wenn die Kündigung aus einem Grunde erfolgt, der im unmittelbaren Zusammenhang mit der gesundheitlichen Schädigung steht, wegen der der Schutz dieses Gesetzes gewährt wird". Die Ansicht des angefochtenen Urteils, mit dieser Neufassung sei eine sachliche Änderung nicht verbunden, läßt sich nicht halten.

In den veröffentlichten Gesetzesmaterialien ist lediglich die Bemerkung zu finden, § 19 Abs. 3 entspreche dem § 13 Abs. 2 SchwBeschG.

1920/23 (vgl. die Begründung der Bundesregierung zum Entwurf des jetzt geltenden Gesetzes, Bundestagsdrucksache Nr. 3430 der Wahlperiode 1949, S. 33). Die beiden Fassungen unterscheiden sich zunächst schon dadurch, daß früher lediglich von „Kriegsbeschädigung" die Rede war, jetzt aber neben den Zivilblinden i. S. des Schwerbeschädigtenrechtes auch die politisch Verfolgten, die Arbeitsopfer, die Besatzungspersonengeschädigten sowie die nach § 2 SchwBeschG. Gleichgestellten den Kündigungsschutz des Schwerbeschädigtengesetzes genießen. Nach der Überzeugung des Senats ist aber auch durch die Neufassung nicht nur eine Erweiterung des Kreises der geschützten Personen, sondern außerdem sachlich eine Verstärkung des Kündigungsschutzes eingetreten. Die Bemerkung in den Materialien, daß die beiden Vorschriften sich entsprechen, muß nämlich nicht bedeuten, daß sie sich inhaltlich decken, sondern sie kann auch nur besagen, daß die neue Fassung an die Stelle der alten getreten ist.

§ 19 Abs. 3 Satz 2 SchwBeschG. verlangt einen „unmittelbaren Zusammenhang" zwischen Kündigungsgrund und gesundheitlicher Schädigung. Diese Fassung könnte allerdings dazu verleiten, den Begriff „unmittelbarer Zusammenhang" streng im Sinne der im Schadensersatzrecht des Bürgerlichen Rechts entwickelten Kausalitätslehre zu verstehen, nach der von einem unmittelbaren ursächlichen Zusammenhang — im Gegensatz zu einem bloß mittelbaren — nur dann gesprochen wird, wenn die vom Schädiger gesetzte Bedingung selbst den Schaden herbeiführt und nicht nur eine weitere, den Schaden unmittelbar nach sich ziehende Bedingung auslöst (so Enneccerus-Lehmann, Schuldrecht, 13. Aufl., § 15 III 3). Von dieser Auffassung geht offenbar diejenige Ansicht aus, nach der im Falle der Entlassung eines Schwerbeschädigten wegen seines Verhaltens zwischen der gesundheitlichen Schädigung und dem Kündigungsgrund nur ein mittelbarer Zusammenhang bestehen könne (so Sellmann-Evermann, SchwBeschG., 1954, § 19 Anm. 22; Willrodt-Gotzen, SchwBeschG., 1953, § 19 Anm. 40; Gröninger, SchwBeschG. in „Der Wirtschaftskommentator" § 19 Anm. 4, Rewolle, SchwBeschG., 1956, § 19 Anm. 5; Nikisch, Arbeitsrecht, 2. Aufl. 1955, S. 680). Diese Auffassung begegnet aber schon deshalb erheblichen Bedenken, weil nach ihr auch der ursächliche Zusammenhang zwischen einer gesundheitlichen Schädigung und einer Entlassung wegen dadurch bedingter Arbeitsunfähigkeit streng genommen nur ein mittelbarer Kausalzusammenhang wäre. Davon abgesehen glaubt der Senat sich jener Auffassung vor allem deshalb nicht anschließen zu können, weil sie von irrigen Voraussetzungen ausgeht und den tatsächlichen Gegebenheiten nicht gerecht wird. Sie verkennt nämlich, daß es sich hier nicht wie beim Schadensersatz gemäß dem Bürgerlichen Recht um einen Zusammenhang zwischen einem Vermögensschaden und den ihn verursachenden Umständen, sondern um den Zusammenhang zwischen einer gesundheitlichen Schädigung und einer Kündigung handelt, wobei derjenige, der diese Schädigung aufweist, wegen ihr einen besonderen Schutz erfahren soll.

Es ist auch entschieden der Umstand zu berücksichtigen, daß den Hauptfürsorgestellen die Aufgabe übertragen wurde, das öffentliche Interesse an der Unterbringung der Schwerbeschädigten wahrzunehmen. Dieses Interesse wird von der fristlosen Entlassung eines Schwerbeschädigten wegen eines durch seine Schädigung verursachten Verhaltens wesentlich berührt, weil ein derartiger Entlassungsgrund in jedem neuen Arbeitsverhältnis des Schwerbeschädigten bedeutsam werden kann. Es ist daher sachgemäß, auch in solchen Fällen die Hauptfürsorgestellen einzuschalten.

Der Begriff „unmittelbarer Zusammenhang" in § 19 Abs. 3 Satz 2 SchwBeschG. darf also nicht streng im Sinne einer unmittelbaren Kausalität, sondern er muß entsprechend den allgemeinen Lebensanschauungen weiter ausgelegt werden. Danach ist ein unmittelbarer Zusammenhang zweifellos dann gegeben, wenn die Schädigung selbst oder eine durch sie hervorgerufene Arbeitsunfähigkeit oder verminderte Leistungsfähigkeit den Kündigungsgrund bildet. Der Zusammenhang ist aber auch dann ein unmittelbarer, wenn der Schwerbeschädigte wegen eines auf der Schädigung beruhenden Verhaltens entlassen werden soll (so auch Becker, SchwBeschG., 1955, § 19 Anm. 8; Rohwer-Kahlmann/Schroeder-Printzen, Schwerbeschädigtengesetz, 1953, § 19 Anm. 39). Ein derartiges Verhalten steht zu der Schädigung im gleichen Verhältnis wie eine durch sie bedingte Arbeitsunfähigkeit.

Entgegen der Ansicht des angefochtenen Urteils kann entsprechend den vorstehenden Ausführungen ein unmittelbarer Zusammenhang auch dann gegeben sein, wenn die Schädigung neben anderen Ursachen für das Verhalten des Schwerbeschädigten zwar nicht allein ursächlich, aber doch mitbestimmend war (so offenbar auch Rohwer-Kahlmann/Schroeder-Printzen, a. a. O.).

Der Kläger hat in der Vorinstanz unter Beweisantritt mehrfach vorgetragen, sein Verhalten sei durch seine Hirnverletzung bedingt gewesen. Das Berufungsgericht hat bei seinem Standpunkt diesen Beweis nicht erhoben. Da es für die Entscheidung des Rechtsstreits auf diese

Behauptung ankommt, war das angefochtene Urteil aufzuheben und die Sache zur anderweiten Verhandlung und Entscheidung an das Berufungsgericht zurückzuverweisen.

10

Tritt nach Abschluß eines rechtswirksamen gerichtlichen Vergleichs eine Partei gemäß § 326 BGB. oder wegen positiver Vertragsverletzung vom Vergleich zurück, so ist über die Berechtigung dieses Rechtsstreits in dem Verfahren zu entscheiden, das zum Abschluß des Vergleichs geführt hat.

BGB. § 326; ZPO. § 263.

II. Senat. Urteil vom 30. Mai 1956 i. S. L. (Kl.) w. E. (Bekl.)
2 AZR 178/54.

I. Arbeitsgericht Nürnberg. — II. Landesarbeitsgericht Bayern in Nürnberg.

Zwischen den Parteien war in einem Rechtsstreit vor dem Arbeitsgericht N. am 12. Januar 1953 ein Vergleich abgeschlossen worden, auf Grund dessen der Beklagte sich verpflichtete, an den Kläger zur Abfindung der von ihm geltend gemachten Gehaltsforderungen von insgesamt 4312,— DM einen Betrag von 75,— DM spätestens am 1. März 1953 zu zahlen. In einem jenem Rechtsstreit folgenden Rechtsstreit, in dem der Kläger ursprünglich eine Forderung von 4200,— DM geltend machte mit der Begründung, er sei von dem Vergleich wegen Verzuges und positiver Vertragsverletzung seitens des Beklagten zurückgetreten, so daß seine ursprüngliche Forderung wieder bestehe, nahm er den Einspruch gegen das gegen ihn ergangene Versäumnisurteil zurück, nachdem er im Einspruchsverfahren seine Forderung auf zunächst 1000,— DM beschränkt hatte.

In dem nunmehr zur Entscheidung stehenden dritten Rechtsstreit verlangt der Kläger von dem Beklagten die Zahlung eines Teilbetrages von 500,— DM, weil letzterer seiner Verpflichtung aus dem ursprünglichen Vergleich nicht nachgekommen sei und er daher wegen Verzuges und positiver Vertragsverletzung vom Vergleich zurücktrete.

Die Klage hatte in keiner Instanz Erfolg.

Aus den Gründen:

Die Revision ist unbegründet, weil der Klage die Rechtshängigkeit der Streitsache gemäß § 263 ZPO. entgegensteht. Die Frage der Rechtshängigkeit ist ihrer öffentlich-rechtlichen Zweckbestimmung gemäß von

Amts wegen zu beachten, auch wenn von der beklagten Partei keine Einrede erhoben wird (RGZ. 160, 344; Stein-Jonas, ZPO., 18. Aufl., § 263, Anm. 2).

Gegen die Zulässigkeit des Rücktritts des Klägers von dem im Jahre 1953 abgeschlossenen gerichtlichen Vergleich bestehen zwar keine rechtlichen Bedenken. Sie ergibt sich aus der Doppelnatur des Prozeßvergleichs; er ist sowohl eine Prozeßhandlung, deren Wirksamkeit sich nach den Grundsätzen des Prozeßrechts richtet, als auch ein Rechtsgeschäft, für das die Rechtsregeln des materiellen Rechts gelten (so noch neuestens BGH., Bd. 16, 388 ff., 390; Stein-Jonas, a. a. O., § 794, Anm. II; Schiedermair, RdA. 1949, S. 40). Infolgedessen müssen auch die bürgerlich-rechtlichen Bestimmungen über den Rücktritt vom Vertrag zur Anwendung kommen (so auch RGR.-Kommentar, BGB., 10. Aufl., § 779, Anm. 11 a; Rosenberg, Lehrbuch, 6. Aufl., § 128, III 1; Stein-Jonas, a. a. O., § 794, Anm. II Anfang).

Der Kläger konnte aber seine Ansprüche, die ihm seiner Meinung nach auf Grund des Rücktritts vom Vergleich gegen den Beklagten wieder zustanden, nicht in einem neuen Rechtsstreit geltend machen, sondern mußte den alten Prozeß, in dem der Vergleich geschlossen war, fortsetzen. Das Bundesarbeitsgericht hat bereits entschieden, daß der Streit über die Wirksamkeit eines in dem Prozeßvergleich vorbehaltenen Widerrufs dieses Vergleichs in dem bisherigen Verfahren auszutragen ist (BAG. AP. Nr. 1 zu § 794 ZPO.). Der Rücktritt vom Prozeßvergleich selbst wirkt sich seinerseits nicht nur materiell-rechtlich, sondern zugleich auch auf den Rechtsstreit als solchen aus, der durch den gerichtlichen Vergleich zunächst sein Ende gefunden hat. Durch den Rücktritt wird der ganze Vergleich einschließlich einer etwa in ihm erklärten Rücknahme der Klage oder des Rechtsmittels unwirksam (Rosenberg, a. a. O., § 128, III 3), so daß der Prozeß in die Lage zurückversetzt wird, wie sie vor Abschluß des Prozesses bestand. Bei Rücktritt von einem Prozeßvergleich stehen sich, wie auch der BGH., a. a. O., S. 392, anerkennt, die Parteien so gegenüber, wie wenn der Vergleich niemals geschlossen, der Rechtsstreit also anhängig geblieben wäre. Infolgedessen kann also nur der alte Rechtsstreit fortgeführt werden; der Geltendmachung der ursprünglichen Ansprüche in einem neuen Rechtsstreit steht die Rechtshängigkeit der Streitsache entgegen (so auch Lehmann, Prozeßvergleich, S. 236; Volkmar, Anm. zu AP. 51 Nr. 196).

Der Bundesgerichtshof vertritt allerdings a. a. O. die Auffassung, ein auf §§ 325, 326 BGB. gestützter Rücktritt könne nichts daran ändern, daß der frühere Rechtsstreit als solcher endgültig beendet sei, weil der Rücktritt, im Gegensatz zur Anfechtung, eine zunächst mangelfreie Vereinbarung nachträglich wegen später eingetretener Umstände wirkungslos mache und es von der Ausübung des dem Berechtigten in diesem Falle gegebenen Wahlrechts (Rücktritt oder Schadenersatz wegen Nichterfüllung) abhänge, ob diese Folge eintrete. Durch die Forderung von Schadenersatz werde, so führt der Bundesgerichtshof aus, der Vergleich nicht beseitigt; sie könne daher nur in einem neuen Rechtsstreit geltend gemacht werden. Der Berechtigte werde dadurch nicht gehindert, nachträglich zur Erklärung des Rücktritts überzugehen; es sei aber nicht denkbar, daß er je nach der Ausübung seines Wahlrechts den alten Rechtsstreit fortzusetzen oder einen neuen zu beginnen hätte; noch weniger wäre es zu vertreten, ihn zunächst eine neue Klage auf Schadenersatz erheben und dann nach der Erklärung des Rücktritts doch wieder den alten Rechtsstreit aufnehmen zu lassen. Es kann dahingestellt bleiben, wie in diesem letzteren, besonderen Fall zu verfahren ist. In ihrer Allgemeinheit vermögen die Ausführungen des Bundesgerichtshofes keineswegs zu überzeugen. Wenn eine Partei vom Vergleich zurückgetreten ist, kann es doch nach den eigenen Ausführungen des Bundesgerichtshofes nicht zweifelhaft sein, daß kein neuer Anspruch begründet wird. Dann aber gelten die Ausführungen oben.

Man kann auch nicht sagen, daß der Rücktritt vom Vergleich nur obligatorische Wirkung habe, indem die Parteien sich nur zurückzugewähren hätten, was sie ohne den Vergleich haben würden, und daß infolgedessen der Prozeß durch den zunächst wirksamen Vergleich endgültig beendet worden sei, die Folgen aus dem Rücktritt also in einem neuen Verfahren geltend gemacht werden müßten (so König in AR.-Blattei, Arbeitsgerichtsbarkeit IX, Beendigung ohne Urteil, IV 4). Es muß auch hier betont werden, daß durch den Rücktritt in vollem Umfange, also auch hinsichtlich der mit ihm zunächst eingetretenen Beendigung des Prozesses, in Fortfall kommt und damit auch in prozessualer Hinsicht der Rechtszustand wiederhergestellt wird, wie er vor Abschluß des gerichtlichen Vergleichs bestand (vgl. auch die Äußerungen von Lent, JW. 1934, S. 94 i. d. Anm. zu RGZ. 141, 399).

Es ist nämlich ganz allgemein vor allem auch zu beachten, daß prozeßökonomische Gesichtspunkte für die Auffassung des Senats sprechen. Wäre ein besonderes Verfahren notwendig oder auch nur zulässig, so würde hierdurch eine erhebliche Verzögerung und Verteuerung eintreten, die insbesondere mit dem arbeitsgerichtlichen Verfahren bei seinen Grundsätzen der besonderen Beschleunigung und der Verbilligung des Rechtsstreits nicht zu vereinbaren wären (vgl. auch Schiedermair,

RdA. 1949, S. 40; Volkmar, Anm. zu AP. 51 Nr. 196). Auch könnten sich, wollte man die Erhebung einer neuen Klage für notwendig halten, erhebliche, wenn nicht gar unlösbare Schwierigkeiten insbesondere auf dem Gebiet des Kündigungsschutzes ergeben, vor allem z. B. im Falle des Ablaufs der für die Erhebung der Kündigungsschutzklage in §§ 3 und 4 Abs. 3 KSchG. festgesetzten Fristen.

War somit die Erhebung der Klage wegen bestehender Rechtshängigkeit der Sache unzulässig, so war die Revision zurückzuweisen, ohne daß es eines Eingehens auf die von der Revision geltend gemachten Gründe bedurfte.

11

Das Bundesarbeitsgericht hat grundsätzlich nicht nachzuprüfen, ob die vom Landesarbeitsgericht im Falle der Revisionszulassung nach § 69 Abs. 3 Satz 2 ArbGG. angenommene Divergenz gegeben ist. Die Zulassung der Revision ist in diesem Falle nur unwirksam, wenn sie offensichtlich gesetzwidrig ist, d. h. wenn auf den ersten Blick erkennbar eine Divergenz nach dem Gesetz gar nicht vorliegen kann.

ArbGG. §§ 69, 72.

Großer Senat. Beschluß vom 6. Juni 1956 i. S. W. (Bekl.) w. 1. D., 2. Sch. (Kl.) GS 2/56.

Aus den Gründen:

1. Gemäß § 72 Abs. 1 Satz 1 ArbGG. findet gegen die Endurteile der Landesarbeitsgerichte die Revision an das Bundesarbeitsgericht statt, wenn das Landesarbeitsgericht die Revision im Urteil zugelassen hat (vermittelte Revision oder sogenannte relative Revisionsfähigkeit); vgl. hierzu RAG. in ARS. 1, 9; Dersch-Volkmar, ArbGG. 6. Aufl. § 72 Anm. 18 bis 28. Diese Gesetzesbestimmung spricht eindeutig und klar für die grundsätzliche Bindung des Revisionsgerichts an die Zulassung der Revision durch das Berufungsgericht. Die Statthaftigkeit der Revision folgt aus dem Zulassungsausspruch selbst, nicht aus den Gründen, um derentwillen das Landesarbeitsgericht die Revision zugelassen hat. Der Zulassungsausspruch vermittelt die Revisionsfähigkeit des Urteils so, daß der weitere Rechtszug durch das Urteil klargestellt wird, gegen das die Revision in Betracht kommt. Die Statthaftigkeit eines Rechtsmittels gegen ein Urteil muß sich — in Verbindung mit den einschlägigen gesetzlichen Bestimmungen — aus dem Urteil selbst klar und eindeutig ergeben (vgl. hierzu Flatow-Joachim, Arbeitsgerichtsgesetz 1926,

§ 72 Anm. 9). Dieser Grundsatz gilt für alle Rechtsmittel im ordentlichen und Arbeitsgerichtsverfahren.

2. Gegen diese Ansicht spricht nicht die sogenannte Divergenzrevision (§ 72 Abs. 1 Satz 2, Satz 3 ArbGG.). Zwar ist es richtig, daß hier die Partei, die Revision einlegen will, anders als bei der Zulassungs- und Streitwertrevision, sich über die Statthaftigkeit des Rechtsmittels aus dem anzufechtenden Urteil allein keine Gewißheit zu verschaffen vermag. Denn die Statthaftigkeit hängt davon ab, ob das Revisionsgericht die vom Revisionskläger für die Divergenz vorgebrachten Tatsachen als schlüssig und nachgewiesen bejaht oder nicht. Das läuft praktisch darauf hinaus, daß in diesem Fall die Entscheidung des Revisionsgerichts, ob es die Divergenz bejaht oder nicht, den Rechtsmittelweg eröffnet oder versperrt. Die Statthaftigkeit einer Revision, die wegen Divergenz eingelegt wird, ist damit für die Partei verhältnismäßig unsicher. Das Prinzip der Rechtsmittelklarheit, wie es sonst für alle Rechtsmittel Gültigkeit hat, ist hier vom Gesetzgeber durchbrochen worden. Es darf aber nicht übersehen werden, daß die sogenannte Divergenzrevision eine Ausnahme darstellt. Sie ist ein Fremdkörper im Rechtsmittelsystem, eine unorganische Verquickung des Rechtsmittels der Revision und der Cassation als staatlichem Mittel zum Erzielen einheitlicher Gesetzesauslegung. Es kann daher aus der Gestaltung der Divergenzrevision durch den Gesetzgeber nichts gegen den sonst gültigen Grundsatz hergeleitet werden, daß aus dem Urteil, das angefochten werden soll, sich ergeben muß, ob ein Rechtsmittel statthaft ist. Wenn sich aber die Statthaftigkeit eines Rechtsmittels grundsätzlich aus dem Urteil zu ergeben hat, gegen das das Rechtsmittel in Betracht kommt, so muß die Zulassung der Revision im Berufungsurteil das Revisionsgericht binden (vgl. Dietz-Nikisch, ArbGG., § 72 Anm. 22; Dersch-Volkmar a. a. O., § 69 Anm. 14, § 72 Anm. 19; Müller, Die grundsätzliche Bedeutung der Rechtssache in Festschrift für Wilhelm Herschel, 1955, S. 163—169; Pohle in Anm. zu AP. Nr. 6 u. Nr. 7 zu § 69; RAG. in ARS. 5, 351; 6, 11 u. 55; 17, 8; BAG. 2, 40).

3. Weil das Revisionsgericht an die Revisionszulassung gebunden ist, hat es grundsätzlich nicht nachzuprüfen, ob das Landesarbeitsgericht die Revision zu Recht zugelassen hat. Das ist allgemein anerkannt für den Fall der Revisionszulassung wegen grundsätzlicher Bedeutung der Rechtssache (§ 69 Abs. 3 Satz 1 ArbGG.; vgl. hierzu Müller a. a. O.), muß aber auch für die Zulassung der Revision wegen Divergenz (§ 69 Abs. 3 Satz 2 ArbGG.) gelten. Denn diese ist nur ein Unterfall der Zulassung der Revision wegen grundsätzlicher Bedeutung der Rechts-

sache. Liegt Divergenz vor, dann hat die Rechtssache immer grundsätzliche Bedeutung. Es handelt sich bei der Zulassung der Revision wegen Divergenz um nichts anderes als um eine Zulassung der Revision wegen grundsätzlicher Bedeutung der Rechtssache für einen gesetzlich besonders herausgehobenen Fall (vgl. Müller a. a. O. S. 161, 162, 177). Daher hat das Revisionsgericht nicht nachzuprüfen, ob das Landesarbeitsgericht eine Divergenz zu Recht angenommen hat oder nicht (vgl. Dersch-Volkmar a. a. O., § 69 Anm. 25; § 72 Anm. 19; Dietz-Nikisch a. a. O. § 69 Anm. 22; § 72 Anm. 22). Denn wenn das Gesetz die Statthaftigkeit der Revision von einer besonderen gerichtlichen Zulassung durch das Berufungsgericht abhängig macht, so könnte eine Überprüfung dieser Entscheidung durch das Revisionsgericht nur dann in Frage kommen, wenn eine Anfechtung der Zulassungsentscheidung entweder aus besonderen Vorschriften oder aus allgemeinen prozessualen Grundsätzen abgeleitet werden könnte. Das ist aber nicht der Fall. Sondervorschriften hierüber fehlen. Auch aus allgemeinen prozessualen Grundsätzen läßt sich eine gesonderte Anfechtung der Zulassungsentscheidung, die ein untrennbarer Bestandteil des Urteils selbst ist, nicht herleiten. Aber auch ihre Überprüfung im Zusammenhang mit der der angefochtenen Entscheidung steht dem Revisionsgericht grundsätzlich nicht zu. Im Gegenteil verlangt der Grundsatz der Rechtsmittelklarheit und Rechtsmittelsicherheit, daß das Revisionsgericht den Akt der Zulassung, den das Gesetz in das Ermessen des Berufungsrichters gestellt hat, grundsätzlich respektiert. Irrig ist die Ansicht, dem Revisionsgericht obliege die Überprüfung der Zulassungsentscheidung, weil eine einmal angefochtene Entscheidung in jeder Richtung zu überprüfen sei. Hier wird verkannt, daß die Zulassungsentscheidung die Voraussetzung dafür bildet, ob eine Entscheidung statthafterweise überhaupt angefochten werden kann. Erst die Revisionszulassung gibt dem Revisionsgericht die Möglichkeit, die Entscheidung zu überprüfen. Wäre die Zulassung z. B. nicht wirksam, so könnte eine statthafte Revision gar nicht eingelegt werden, wenn nicht zugleich die Voraussetzungen der Divergenz- und/oder Streitwertrevision vorliegen. Infolgedessen könnte das Revisionsgericht in einem solchen Fall die angefochtene Entscheidung gerade nicht in jeder Richtung auf eine Gesetzesverletzung überprüfen. Das Recht und die Pflicht, eine angefochtene Entscheidung in jeder Hinsicht auf eine Gesetzesverletzung zu überprüfen, setzt immer voraus, daß die Revision, die gegen das Berufungsurteil eingelegt worden ist, statthaft ist. Die Zulassung ist ein gerichtlich unanfechtbarer Staatsakt, den — abgesehen vom Fall seiner Nichtigkeit — nachzuprüfen das Gesetz dem Revisionsgericht grundsätzlich nicht gestattet. Damit stimmt überein, daß es auch keine Anfechtungsmöglichkeit gibt, wenn der Berufungsrichter die Zulassung der Revision versagt. Das Revisionsgericht ist damit an die positive oder negative Entscheidung des Berufungsrichters über die Zulassung der Revision gebunden.

4. Nur dann ist das Revisionsgericht an die Zulassung der Revision nicht gebunden, wenn sie wegen offensichtlicher Gesetzwidrigkeit nichtig ist. In einem solchen Fall ist die Zulassung unbeachtlich. Für den Fall des § 69 Abs. 3 Satz 1 ArbGG. (Zulassung der Revision wegen grundsätzlicher Bedeutung der Rechtssache) ist dies durchaus herrschende Ansicht (BAG. 2, 26; 2, 40; BGHZ. 2, 397 und 399; Rosenberg, Lehrbuch des deutschen Zivilprozeßrechts 1954, S. 658; Müller a. a. O., S. 168 bis 171 und die dort angeführte Literatur und Rechtsprechung; Stein-Jonas, ZPO., 18. Aufl., § 546, VI, 3; Pohle in Anm. AP. Nr. 6 und 7 zu § 69 ArbGG.; Baur, DJZ. 1954, S. 147; BGH. in Lindenmaier-Möhring Nr. 9 u. 11 zu § 546 ZPO.). Dies gilt auch für die wegen Divergenz zugelassene Revision. Eine offensichtlich gesetzwidrige Zulassung kann aber nur dann angenommen werden, wenn auch die Parteien bzw. ihre Prozeßvertreter auf den ersten Blick ohne weiteres die Gesetzwidrigkeit der Zulassung erkennen können. Nur in einem solchen Fall ist der Zulassungsakt mit einem so schweren Mangel behaftet, daß er ohne weiteres nichtig ist. Es darf also für vernünftige Zweifel, ob wirklich ein solcher Mangel vorliegt, kein Raum bleiben. Es muß eine Divergenz nach dem Gesetz offensichtlich gar nicht vorliegen können (vgl. Dersch-Volkmar a. a. O., § 69 Anm. 30). Das ist etwa dann der Fall, wenn ein Landesarbeitsgericht die Revision zugelassen hat, weil nach seiner Ansicht sein Urteil in einer tragenden Rechtsfrage von einer Entscheidung eines überhaupt nicht zur Arbeitsgerichtsbarkeit gehörenden Gerichts, so eines ordentlichen Gerichts, eines Verwaltungsgerichts, oder des Reichsarbeitsgerichts (vgl. Dersch-Volkmar a. a. O., § 69 Anm. 27), eines Landesarbeitsgerichts aus der Zeit vor dem 8. Mai 1945 oder von der eines Landesarbeitsgerichts außerhalb der Bundesrepublik abweiche. In solchen Fällen ist der Begriff der Divergenz nach dem klaren Inhalt des Gesetzes so offensichtlich verkannt, daß es keiner besonderen, subtilen Untersuchung, wie sie sonst in Divergenzfragen oft notwendig ist, mehr bedarf. Die Bestimmung des § 69 Abs. 3 Satz 2 ArbGG. kann ihrem eindeutigen Wortlaut, Sinn und Zweck nach gar nicht anders verstanden werden, als daß nur solche Divergenzen dem Landesarbeitsgericht die Pflicht zur Zulassung der Revision auferlegen, die seine Entscheidung und

Entscheidungen anderer Landesarbeitsgerichte im Gebiete der heutigen Bundesrepublik bzw. Entscheidungen des Bundesarbeitsgerichts betreffen. Läßt aber das Landesarbeitsgericht in diesen Fällen die Revision zu, dann kommt es nicht darauf an, ob auch nach der Rechtsprechung des Bundesarbeitsgerichts zur Divergenzrevision in Wahrheit eine Divergenz vorliegt oder nicht. Das nachzuprüfen ist nicht Sache des Revisionsgerichts, weil nicht die Divergenz, sondern die Zulassung den Revisionsweg eröffnet (a. A. in diesem Punkt anscheinend BGHZ. 2, 398 f.). Es findet also eine Nachprüfung der im Berufungsurteil als divergierend bezeichneten Urteile daraufhin, ob sie wirklich voneinander abweichen, durch das Revisionsgericht nicht statt. Es kommt auch nicht darauf an, ob eine Divergenz von Landesarbeitsgericht zu Landesarbeitsgericht dadurch überholt und hinfällig geworden ist, weil zwischenzeitlich eine Entscheidung des Bundesarbeitsgerichts ergangen ist.

Die entgegengesetzte Ansicht (insbes. Müller a. a. O. S. 177) meint, daß bei einer Verneinung der Nachprüfbarkeit die Revision entgegen dem Willen des Gesetzes zugelassen werde; das Revisionsgericht sei dann zu Unrecht an eine dem Gesetz zuwider erfolgte Zulassung gebunden. Wenn die Rechtsprechung des Bundesarbeitsgerichts als Voraussetzung für die Statthaftigkeit nach § 72 Abs. 1 Satz 2, Satz 3 ArbGG. (Divergenz-Revision) nachdrücklich das wirkliche Vorliegen einer Divergenz verlange, so wäre es — nach dieser Meinung — irgendwie widerspruchsvoll, wenn man hiervon bei einer Gewährung des Rechtsmittels nach § 69 Abs. 3 Satz 2 absehen wollte, nur weil in diesem Fall ein formeller Ausspruch der Zulassung vorliege.

Diese Ansicht verkennt Bedeutung und Zweck des § 69 Abs. 3 Satz 2 ArbGG. einerseits und des § 72 Abs. 1 Satz 2, Satz 3 ArbGG. andererseits; sie vermengt systemwidrig die Divergenzrevision mit der Zulassungsrevision, die einheitlich, gleich aus welchen Gründen sie zugelassen worden ist, behandelt werden muß. Die Frage, ob eine Divergenzrevision statthaft ist, hat mit der anderen Frage der Zulassung einer Revision wegen Divergenz gar nichts zu tun. Die Divergenzrevision findet nur statt, wenn die vom Gesetz geforderten Tatbestandsmerkmale vorliegen. Ob diese gegeben sind, hat allein das Revisionsgericht in eigener Zuständigkeit zu prüfen. Bei einer Zulassungsrevision wegen Divergenz liegt ihre Statthaftigkeit aber nicht in der Divergenz, sondern in dem Akt der Zulassung durch das Berufungsgericht. Der Akt der Zulassung ist von derart entscheidender Bedeutung für die Statthaftigkeit der Revision, daß diese auch dann besteht, wenn die Revision gar nicht auf die Gründe gestützt wird, um derentwillen das Berufungsgericht z. B. eine grundsätzliche Bedeutung der Rechtssache angenommen und die Revision zugelassen hat. Durch die Zulassung, nicht aber durch die grundsätzliche Bedeutung der Rechtssache oder durch die Divergenz wird der Revisionsweg eröffnet (vgl. RAG. in ARS. 5, 459 ff. mit zust. Anm. von Nipperdey; Dersch-Volkmar a. a. O., § 69 Anm. 22; die entgegenstehende Ansicht von BGHZ. 7, 64 hat BGH. in JZ. 1954 S. 161 aufgegeben). So wie bei Nichtzulassung einer Revision trotz grundsätzlicher Bedeutung einer Rechtssache oder trotz Divergenz die Zulassung durch das Revisionsgericht nicht ersetzt werden kann (BAG. 1. 16; Dietz-Nikisch a. a. O., § 69 Anm. 22; Dersch-Volkmar a. a. O., § 72 Anm. 22; Baumbach-Lauterbach a. a. O., § 546 Anm. 4), ebensowenig vermag das Revisionsgericht den in das pflichtgemäße Ermessen des Landesarbeitsgerichts gestellten Zulassungsakt zu ignorieren. Auch hier muß die Regel Gültigkeit haben, daß nur die Zulassung, die wegen offensichtlicher Gesetzwidrigkeit nichtig ist, das Revisionsgericht nicht bindet.

Die Gegenansicht berücksichtigt namentlich auch nicht, daß die Parteien des Rechtsstreits ein sehr berechtigtes Interesse daran haben, zu wissen, ob gegen das Berufungsurteil eine Revision statthaft ist oder nicht, bevor sie das Rechtsmittel einlegen. Hätte das Bundesarbeitsgericht trotz Zulassung der Revision nachzuprüfen, ob eine Divergenz vorliegt, dann würde in diesen Fällen eine höchst bedenkliche Rechtsunsicherheit entstehen. Denn gerade die Rechtsprechung des Bundesarbeitsgerichts in Divergenzfragen zeigt, daß die Frage, ob eine Divergenz vorliegt oder nicht, oft zweifelhaft und häufig schwierig zu entscheiden ist. Es geht aber nicht an, eine Frage, die nach dem Gesetz offensichtlich in die alleinige Beurteilung der Vorinstanz gestellt ist, und deren Bewertung erst den Akt der Zulassung oder Nichtzulassung der Revision bedingt, also eine Vorfrage für die Zulassung ist, der Prüfung und Entscheidung des Revisionsgerichts in einer Weise zu unterstellen, die die Zulassung, d. h. ihre verbindliche Wirksamkeit völlig unsicher macht. Das wäre ein Ergebnis, das dem Sinn der Rechtsmittelzulassung offenbar widerspricht (vgl. hierzu auch BSG., Urt. v. 21. 12. 1955 — 3 RK 21/55 — u. Dähne in Soziale Sicherheit, 1956, Heft 1, S. 26). Demgegenüber kann nicht geltend gemacht werden, das Rechtsmittel der Revision im allgemeinen und gerade der wegen Divergenz zugelassenen Revision im besonderen diene vorab der Wahrung der Rechtseinheit durch die höchstrichterliche Rechtsprechung. Das ist zwar richtig. Doch muß beachtet werden, daß die Revision ein echtes Rechtsmittel ist, das von der Partei ergriffen werden muß und nur im Falle ihrer Beschwer zulässig ist und auch auf Kosten der unterliegenden Partei geht (vgl. Rosenberg a. a. O., S. 619, 620). Ist aber die Revision ein echtes Rechtsmittel, dessen Einlegung oder Nichteinlegung in den freien Entschluß der Partei gestellt ist, so verlangt es der Gedanke der Rechtsmittelklarheit, daß bei Zulassung der Revision wegen grundsätzlicher Bedeutung oder wegen Divergenz durch das Berufungsgericht die Partei auf die Wirksamkeit der Zulassung vertrauen kann.

Im übrigen würde die Bejahung der Nachprüfung, ob die vom Landesarbeitsgericht für die Zulassung der Revision angenommene Divergenz auch nach dem Urteil des Revisionsgerichts wirklich vorliegt, die Landesarbeitsgerichte veranlassen können, die Zulassung entweder überhaupt nicht mehr oder nur aus dem Gesichtspunkt einer grundsätzlichen Bedeutung der Rechtssache, jedenfalls aber nicht mehr mit Divergenz zu begründen. Damit wäre das Problem, ob das Revisionsgericht die vom Landesarbeitsgericht angenommene Divergenz nachzuprüfen hat, praktisch für die große Zahl der in Frage kommenden Fälle auf anderem Wege gelöst, es sei denn, man würde entgegen der bisher herrschenden Ansicht einen Begründungszwang für die Zulassung in der Weise verlangen, daß das Fehlen der Begründung die Zulassung unwirksam macht, ein Ergebnis, das in keiner Weise durch das Gesetz gestützt wird (Stein-Jonas a. a. O., § 546 VI 3 a; Baumbach-Lauterbach a. a. O., § 546 Anm. 3; Dietz-Nikisch a. a. O., § 69 Anm. 27; Flatow-Joachim a. a. O., § 69 Anm. 11 i. V. m. § 61 Anm. 10 Abs. 4).

12

1. Es stellt einen Verstoß gegen §§ 300, 310 ZPO. dar, wenn der Richter in einer zur Entscheidung reifen Sache nicht auf Grund der mündlichen Verhandlung das Urteil verkündet, sondern erst in einem der mündlichen Verhandlung folgenden schriftlichen Verfahren entscheidet. Auf diesem Verstoß beruht aber das Urteil in der Regel nicht.

2. Läßt die wörtliche Auslegung einer tariflichen Bestimmung über die Berechnung des Urlaubsgeldes zwei Auslegungen zu, so ist diejenige Auslegung anzuwenden, bei der die Höhe des Urlaubsgeldes so bemessen ist, daß sie seinem Sinn und Zweck entsprechend den Arbeitnehmer in die Lage versetzt, die Urlaubsfreizeit im gewohnten Lebenszuschnitt zu verbringen.

BGB. § 611 (Urlaub); ZPO. §§ 300, 310.

I. Senat. Urteil vom 22. Juni 1956 i. S. D. (Kl.) w. W. (Bekl.)
1 AZR 116/54.

I. Arbeitsgericht Nürnberg. — II. Landesarbeitsgericht Bayern (Sitz Nürnberg).

Die Klägerin ist seit 1925 bei der Beklagten als Metallarbeiterin beschäftigt. Ihr standen für das Urlaubsjahr 1952 unstreitig noch 8 restliche Urlaubstage zu. Nachdem sie vom 7. Juli bis 30. November 1952 krankheitshalber nicht gearbeitet hatte, vereinbarten die Parteien am 30. November 1952 die Abgeltung der 8 restlichen Urlaubstage, wurden sich aber über die Höhe des für diese 8 Urlaubstage zu zahlenden Urlaubsgeldes nicht einig. Der Streit geht darum, ob die Zeit der Erkrankung der Klägerin vom 7. Juli bis 30. November 1952 einen Einfluß auf die Höhe des ihr für 8 Urlaubstage zustehenden Urlaubsgeldes hat oder nicht.

Nach § 18 C Ziff. 2 des für das Arbeitsverhältnis der Parteien maßgebenden Manteltarifvertrages für gewerbliche Arbeitnehmer in der bayerischen Metallindustrie vom 1. Februar 1954 ist für die Urlaubsvergütung die durchschnittliche Arbeitszeit des Arbeitnehmers während der letzten 26 Wochen vor Urlaubsbeginn maßgebend.

Innerhalb der letzten 26 Wochen hatte die Klägerin nur 5 Wochen gearbeitet, nämlich vom 2. Juni bis 7. Juli 1952; sie hatte in diesen Wochen — wie auch sonst — regelmäßig 5 Tage zu je 9 Stunden, mithin 45 Stunden wöchentlich gearbeitet.

Die Klägerin legt die Worte „durchschnittliche Arbeitszeit der letzten 26 Wochen" in § 18 C Ziff. 2 des Tarifvertrages dahin aus, daß maßgebend die Arbeitszeit der 5 Wochen sei, die sie im Zeitraum der letzten 26 Wochen tatsächlich gearbeitet hat, also 9 Stunden täglich bei 5tägiger Arbeitswoche, was auf 6tägige Arbeitswoche umgerechnet eine tägliche Arbeitsleistung von $7^1/_2$ Stunden bedeutet. Sie kommt also für 8 Urlaubstage auf 60 Stunden durchschnittliche Arbeitszeit.

Die Beklagte hingegen verteilt die von der Klägerin in 5 Wochen geleistete Arbeitszeit von 9 Stunden täglich bei 5tägiger Arbeitswoche, also insgesamt 225 Arbeitsstunden, auf den ganzen Zeitraum der 26 Wochen und kommt so zu einer durchschnittlichen Arbeitsleistung der Klägerin von wöchentlich 8,65 Stunden = 1,73 Stunden täglich, also für 8 Tage von $8 \times 1{,}73 = 13{,}84$ Stunden. Eine dieser Stundenzahl entsprechende Urlaubsvergütung erkennt sie an.

Das in § 21 des Tarifvertrages vorgesehene Schiedsgericht hat in einem Schiedsspruch vom 12./13. Januar 1953, dem die Arbeitgeberseite nicht beigetreten ist, die Berechnungsmethode der Klägerin gebilligt und dahin entschieden, daß Krankheitszeiten in die Berechnung der Durchschnittsarbeitszeit gemäß § 18 C Ziff. 2 nicht einzubeziehen seien.

Dem Verlangen der Klägerin auf Zahlung der restlichen Urlaubsvergütung hat das Arbeitsgericht entsprochen. Das Landesarbeitsgericht hat jedoch die Klage abgewiesen. Auf die Revision der Klägerin ist das Urteil des Arbeitsgerichts wieder hergestellt worden.

Aus den Gründen:

Die in der Revisionsbegründung erhobenen prozessualen Rügen greifen nicht durch . . .

Allerdings hat der Vorderrichter die §§ 300, 310 ZPO. verletzt. Der Rechtsstreit war im Termin vom 16. Oktober 1953 zur Endentscheidung reif. Der Richter hätte also, statt im schriftlichen Verfahren — und noch dazu erst über 4 Monate nach der Verhandlung — zu entscheiden, auf Grund dieser Verhandlung eine Entscheidung verkünden müssen (vgl. BGHZ. 17, 118). Auf diesem Verstoß beruht jedoch das Urteil nicht; denn es spricht nichts dafür, daß die Entscheidung des Richters, wenn er die §§ 300 u. 310 ZPO. beachtet hätte, anders ausgefallen wäre als bei seiner Entscheidung im schriftlichen Verfahren.

In der Sache selbst ist der Berufungsrichter zwar zutreffend davon ausgegangen, daß § 133 BGB. für die Auslegung von Tarifverträgen Anwendung findet, daß danach einerseits Sinn und Zweck der tariflichen Bestimmung zu erforschen sind, und daß andererseits die Auslegung nur soweit gehen kann, als der nach Sinn und Zweck zu ermittelnde Inhalt der tariflichen Bestimmung einen noch erkennbaren Ausdruck im Tarifvertrag gefunden hat (vgl. Hueck-Nipperdey zu § 1 TVG. Anm. 120 mit Nachweisung). Der Berufungsrichter hat bei Anwendung dieser Grundsätze aber übersehen, daß der im § 18 Abschnitt c) Ziff. 2 des Tarifvertrages gebrauchte Ausdruck „durchschnittliche Arbeitszeit" seinem wörtlichen Gehalte nach nicht das mathematische Mittel der während der letzten 26 Wochen vor Urlaubsbeginn geleisteten tatsächlichen Arbeitszeit bedeuten muß, sondern daß darunter sehr wohl der Annäherungswert verstanden werden kann, der sich aus der auf wirkliche Arbeitstage berechneten tatsächlichen — also der täglichen — Arbeitszeit in einem Durchschnitt ergibt. Denn der Begriff „Arbeitszeit" kann auch den im § 2 AZO. umschriebenen und vielfach anderweit so gebrauchten Sinn haben, daß darunter die Zeit vom Beginn bis zum Ende der Arbeit eines Tages verstanden wird. Der Berufungsrichter hätte daher aus dem Sinn und Zweck des Tarifvertrages durch Auslegung ermitteln müssen, welche der **beiden** durch den Wortlaut gedeckten und daher erkennbaren Möglichkeiten dem Sinn des Tarifvertrages, insbesondere der der von den Tarifpartnern beabsichtigten Urlaubsregelung entspricht. Dabei mußte er in erster Linie vom Sinn und Zweck des Urlaubs und des Urlaubsgeldes ausgehen.

Wie der Urlaub dem Arbeitnehmer die Möglichkeit geben soll, sich von getaner Arbeit für noch zu leistende Arbeit zu erholen, so soll das Urlaubsgeld den Arbeitnehmer in die Lage versetzen, die ihm zur Erholung gewährte Freizeit möglichst ohne Einschränkung seines bisherigen Lebenszuschnittes zu verbringen. Die verschiedenartigen Methoden, das Urlaubsgeld zu errechnen (vgl. Dersch Urlaubsgesetze Bem. 629 ff.) haben alle den Sinn, zur Erreichung dieses Zweckes eine möglichst gerechte Höhe des Urlaubsgeldes zu ermitteln. Dem Zweck des Urlaubs würde es aber nur wenig entsprechen, einem Arbeitnehmer zwar volle 8 Tage Freizeit zu gewähren, für diese 8 Tage aber ein Urlaubsgeld zu zahlen, das nicht annähernd dem täglichen Lebensbedarf des Arbeitnehmers entspricht, sondern — wie hier — z. B. nur knapp $^1/_6$ seines üblichen Tagesverdienstes beträgt. Als durchschnittliche Arbeitszeit während der letzten 26 Wochen kann also nur diejenige Arbeitszeit angesehen werden, die der Arbeitnehmer innerhalb dieses Zeitraumes auf Tage umgerechnet durchschnittlich gearbeitet hat. Hätte er also in Kurzarbeit gestanden, so könnte die durchschnittliche Arbeitszeit sich allerdings nur unter Berücksichtigung der täglichen Kurzarbeit ergeben.

Bei anderer Auslegung käme man zu einer durchschnittlichen Arbeitszeit, die niemals tatsächliche Arbeitszeit war. Auf einen statistischen Durchschnitt konnte es den Tarifparteien nicht ankommen, sondern nur auf den normalen Arbeitsverdienst, der während der Freizeit dem Arbeitnehmer die Fortführung der bisherigen Lebenshaltung ermöglicht. Ob und inwieweit sog. Bummeltage auf die hier zu Grunde zu legende Berechnung des Urlaubsgeldes Einfluß haben, brauchte nicht entschieden zu werden.

13

1. Die Rechtsmittelschrift muß als bestimmender Schriftsatz eigenhändig von dem Prozeßbevollmächtigten der Partei unterschrieben werden, sofern die Rechtsmitteleinlegung nicht durch Telegramm erfolgt (Bestätigung von RGZ. [GZS.] 151, 82; RAG. ARS. 2, 133 und BGH., LM. Nr. 3 zu § 518 ZPO.).

2. Die vor den Gerichten für Arbeitssachen nach § 11 ArbGG. zugelassenen Verbandsvertreter können auf Grund der ihnen von der Partei erteilten Prozeßvollmacht gemäß § 81 ZPO. eine Untervollmacht nur an solche Personen erteilen, die selbst die Voraussetzungen des § 11 ArbGG. in ihrer Person erfüllen.

3. Die die Prozeßführungsbefugnis eines Verbandsvertreters begründende besondere Vollmacht muß von dem Verbandsorgan klar und unzweideutig durch eine ausdrückliche Willensentschließung erteilt werden.

ArbGG. §§ 11, 77; ZPO. §§ 81, 129 Abs. 1, 130 Ziff. 6, 518.

I. Senat. Beschluß vom 22. Juni 1956 i. S. B. B.-V. (Bekl.) w. C. (Kl.) 1 AZB 28/55.

I. Arbeitsgericht Bonn. — II. Landesarbeitsgericht Düsseldorf 2. Kammer Köln.

Aus den Gründen:

Durch Urteil des Arbeitsgerichts wurde dem Antrag des Klägers auf Feststellung, daß sein Arbeitsverhältnis durch die fristlose Kündigung vom 17. Juli 1955 nicht beendet worden ist, stattgegeben. Die Beklagte hat gegen diese, ihr am 15. Oktober 1955 zugestellte Entscheidung durch den Geschäftsführer der sie vertretenden Kreisgruppe B.-Stadt und Land im Verband des N. G.- u. H.gewerbes e. V. zunächst mit einem Schriftsatz vom 26. Oktober 1955, beim Gericht eingegangen am 27. Oktober 1955, Berufung einlegen lassen. Die Berufungsschrift ist in Maschinenschrift mit „gez. Dr. jur. M. B., Geschäftsführer" unterschrieben. Darunter steht in Maschinenschrift „i. A." und handschriftlich „Sch.". Als die Beklagte anläßlich eines in gleicher Weise unterzeichneten Antrages auf Verlängerung der Berufungsbegründungsfrist auf die Bedenken des Gerichts wegen der Zulässigkeit der Unterzeichnung hingewiesen wurde, legte sie mit einem am 10. November 1955 beim Landesarbeitsgericht eingegangenen Schriftsatz vom Vortage erneut Berufung ein und bat gleichzeitig wieder um Verlängerung der Berufungsbegründungsfrist. Dieses Schreiben ist von dem Geschäftsführer Dr. B. selbst handschriftlich unterzeichnet worden. In einem weiteren Schriftsatz vom gleichen Tage teilte die Beklagte mit, Frl. Sch. vertrete den Geschäftsführer während seiner Abwesenheit in allen Aufgaben, die der Geschäftsbetrieb des Verbandes mit sich bringe, und sie besitze „die hierfür in Anbetracht ihrer über 30jährigen Tätigkeit im Verband erforderlichen Vollmachten". Außerdem legte die Beklagte noch eine auf den 26. Oktober 1955 datierte Vollmacht des Dr. B. für Frl. Sch. des Inhalts nachträglich vor, daß diese gegen das Urteil des

Arbeitsgerichts Bonn Berufung einlegen solle, während die Berufungsbegründung durch den Geschäftsführer selbst nachgereicht werden sollte.

Das Landesarbeitsgericht hat in dem angefochtenen Beschluß die Berufungen der Beklagten vom 26. Oktober und 9. November 1955 als unzulässig verworfen und zugleich die sofortige Beschwerde zugelassen.

Die sofortige Beschwerde ist nach § 77 ArbGG. zulässig und auch form- und fristgerecht eingelegt worden (§ 577 ZPO.). Eine Begründung der Beschwerde ist nicht erforderlich, so daß auch in dem vorliegenden Falle ihre Nachreichung nach Ablauf der Zweiwochenfrist unschädlich ist (Dietz-Nikisch, ArbGG., § 77, Anm. 10; Dersch-Volkmar, ArbGG., 6. Aufl., § 77, Anm. 14; Stein-Jonas, ZPO., 18. Aufl., § 569, Anm. II 2). Die sofortige Beschwerde ist aber sachlich nicht begründet, weil die Berufungen der Beklagten nicht formgerecht bzw. nicht rechtzeitig eingelegt wurden, wie das Landesarbeitsgericht zutreffend erkannt hat.

Die Berufungsschrift gehört zu den sogenannten „Bestimmenden Schriftsätzen", d. h. den Parteihandlungen, die notwendig in schriftlicher Form vollzogen werden müssen (Rosenberg, Lehrbuch der ZPO., 6. Aufl., S. 290; Stein-Jonas, § 129, Anm. I 1). Die besondere prozessuale Bedeutung der bestimmenden Schriftsätze, zu der alle einen Verfahrensabschnitt einleitenden oder auch beendenden Prozeßhandlungen gehören, insbesondere auch alle Rechtsmittelschriften, erfordert ihre Unterzeichnung durch die Partei selbst bzw. deren Prozeßbevollmächtigten. Diese Auffassung entspricht der ganz herrschenden Meinung in Literatur und Rechtsprechung (vgl. RG., GZS. vom 15. 5. 1936 in RGZ. 151, 82; RAG. ARS. 2, 133; BGH. in LM. Nr. 3 zu § 518 ZPO.; Rosenberg, a. a. O., S. 633; Baumbach-Lauterbach, ZPO., 23. Aufl., § 129, Anm. 1 B; Stein-Jonas, a. a. O., § 129, Anm. I 2; Schönke, ZPO., 7. Aufl., § 34, I 1), von der abzugehen kein Anlaß besteht. Gerade bei den bestimmenden Schriftsätzen muß klargestellt werden, daß es sich nicht etwa um den Entwurf eines Schriftsatzes, sondern um eine prozessuale Erklärung handelt, die bestimmte prozessuale Rechtsfolgen auslösen soll, daß sie von den unterzeichnenden Prozeßbevollmächtigten bzw. der Partei selbst herrühren, und daß diese für ihren Inhalt die Verantwortung übernehmen.

Die Berufungsschrift der Beklagten vom 26. Oktober 1955 ermangelt schon der Unterzeichnung durch den Prozeßbevollmächtigten überhaupt und ist allein aus diesem Grunde unwirksam. Im übrigen hätte sie auch von dem Geschäftsführer des Verbandes der Beklagten eigenhändig unterzeichnet werden müssen, ohne daß bei bestimmenden Schriftsätzen dieses Erfordernis durch die Verwendung mechanischer Hilfsmittel (z. B. Faksimilestempel) ersetzt werden könnte. Dieser Auffassung kann nicht, wie die sofortige Beschwerde meint, entgegengehalten werden, daß heute nach ganz herrschender Meinung ein Rechtsmittel auch dann durch Telegramm eingelegt werden darf, wenn dieses fernmündlich aufgegeben wird. Es handelt sich hier um eine Ausnahme, die durch die Eigenart des telegrafischen Verkehrs bedingt ist und in Anbetracht der heutigen Verhältnisse für die Abgabe prozessualer Erklärungen nicht mehr ausgeschlossen werden kann. Es besteht aber kein Anlaß, diese Ausnahme auch dann zuzulassen, wenn die Unterzeichnung eines normalen bestimmenden Schriftsatzes durchaus möglich ist (BAG. 1, 273; RG. und BGH. a. a. O.; Rosenberg und Baumbach a. a. O.; LAG. Heidelberg, AP. 50 Nr. 106). Die Berufungsschrift vom 26. Oktober 1955 ist nicht durch den Prozeßbevollmächtigten der Beklagten, Dr. B., selbst unterschrieben worden, sondern in dessen fernmündlichem Auftrag durch die Verbandsangestellte Sch. Deren Unterschrift konnte die des Prozeßbevollmächtigten selbst nicht ersetzen.

Es liegt auch nicht etwa eine zulässige Bevollmächtigung der Angestellten Sch. zur Einlegung der Berufung vor, wie das Landesarbeitsgericht zu Recht ausführt. Dieser Annahme steht schon die Form der Unterzeichnung der Berufungsschrift entgegen. Die Angestellte Sch. hat nicht von einer etwa fernmündlich oder auch schriftlich unter Datierung auf den 26. Oktober 1955 erteilten Vollmacht zur Berufungseinlegung Gebrauch gemacht, sondern die Berufungsschrift statt in Vertretung bzw. in Untervollmacht im Auftrage des eigentlichen Prozeßbevollmächtigten unterschrieben und durch die maschinenschriftliche Verwendung der Worte „gez. Dr. jur. B., Geschäftsführer" zu erkennen gegeben, daß sie nicht selbst eine prozessuale Erklärung, wenn auch nur in Untervollmacht oder in Vertretung abgeben, sondern lediglich als Erklärungsbote ohne eigene Willensentschließung diejenige des Prozeßbevollmächtigten übermitteln wollte.

Abgesehen davon konnte die Angestellte Sch. auch gar nicht in Vertretung bzw. in Untervollmacht prozessuale Erklärungen abgeben, weil sie selbst in ihrer Person nicht die Voraussetzungen des § 11 Abs. 2 ArbGG. erfüllt. Nach § 81 ZPO. kann ein Prozeßbevollmächtigter zwar auf Grund seiner seitens der Partei erteilten Vollmacht grundsätzlich auch Unterbevollmächtigte bzw. Vertreter für einzelne Prozeßhandlungen bestellen. In dem dem Vertretungszwang unterliegenden Verfahren vor dem Landesarbeitsgericht muß aber der Untervertreter gleichfalls die Voraussetzungen erfüllen, die § 11 Abs. 2 ArbGG. für die Zulassung eines Prozeßbevollmächtigten aufstellt. Anderenfalls würde der Sinn des Gesetzes, vor dem Landesarbeitsgericht die notwendige Vertretung der Partei auf besonders sachkundige Personen zu beschränken, umgangen werden können (RAG. in ARS. 14, 578 [580]; Dietz-Nikisch, § 11 Anm. 70; Dersch-Volkmar, § 11, Anm. 14, 16; Lobeck, RdA., 1953, 299).

Soweit es sich um einen Rechtsanwalt handelt, muß auch der von ihm beauftragte Bevollmächtigte selbst die vollen anwaltlichen Befugnisse besitzen. Nur dann besteht die Gewähr, daß dem Sinn des Gesetzes Genüge getan wird. § 11 Abs. 2 Satz 2 ArbGG. läßt nun allerdings in dem Verfahren vor dem Landesarbeitsgericht die Vertretung nicht nur durch Rechtsanwälte, sondern auch durch die Vertreter von Gewerkschaften oder von Vereinigungen von Arbeitgebern oder von Zusammenschlüssen solcher Verbände zu, wenn diese Personen kraft Satzung oder Vollmacht zur Vertretung des Verbandes berufen sind. Diese Vorschrift gibt — im Gegensatz zu der Regelung für Rechtsanwälte — an sich noch keine unbedingte Gewähr dafür, daß nur fachlich und persönlich besonders geeignete Personen vor den Gerichten für Arbeitssachen auftreten. Jedoch hat das Gesetz dadurch, daß es in erster Linie die Satzung, also das „Gesetz" des Verbandes nennt und zur Rechtsquelle der Postulationsfähigkeit macht, zu erkennen gegeben, daß es sich bei der Vertreterbestellung um einen wichtigen und eindeutig zu verlautbarenden besonderen Willensakt des obersten Organs der Vereinigung handeln muß. Wenn das Arbeitsgerichtsgesetz nun neben der Vertreterbestellung kraft Satzung die auf Grund besonderer, allgemein oder für den Einzelfall erteilte Vollmacht — die nicht mit der Prozeßvollmacht seitens der Partei verwechselt werden darf — aufführt, so können für diese Vollmacht im Sinne des § 11 Abs. 2 Satz 2 ArbGG. nicht ohne weiteres alle Regeln über die Vollmacht des BGB. nach § 164 ff. angewendet werden. Die in der Rechtsprechung zum materiellen bürgerlichen Recht entwickelten Sätze über die sogenannte stillschweigende Vollmacht und die Anscheinsvollmacht können nicht gelten. Denn die Anwendung dieser Grundsätze würde die Gefahr herbeiführen, daß ungeeignete, z. B. nur mit untergeordneten Funktionen betraute Personen, etwa kraft eines allgemein eingerissenen Schlendrians als zur Prozeßvertretung berufen angesehen werden könnten. Das ist nicht der Sinn und Zweck der genannten Vorschrift. Auch für die Erteilung der Vertretungsbefugnis kraft besonderer Vollmacht muß daher gefordert werden, daß diese von dem dazu berufenen Organ des Verbandes in klarer und eindeutiger Form durch einen besonderen Willensentschluß erteilt wird.

Diese Voraussetzungen sind im vorliegenden Falle nicht gegeben. Eine besondere Vollmacht für die Angestellte Sch. hätte durch Beschluß des Vorstandes (§ 26 BGB.) als des vertretungsberechtigten Organs des eingetragenen Vereins für das Gaststätten- und Hotelgewerbe erteilt werden müssen (Dersch-Volkmar, § 11, Anm. 5 b, S. 329; RAG. in ARS. 14, 578 [583]). Die Beauftragung der Angestellten Sch. durch den Geschäftsführer des Verbandes als solchen genügte nicht, ebensowenig der Hinweis darauf, daß dieser während seiner Abwesenheit in allen Aufgaben, die der Geschäftsbetrieb des Verbandes mit sich bringe, durch die Angestellte Sch. vertreten werde.

Auch die zweite Berufung, die am 10. November 1955 bei dem Landesarbeitsgericht einging, ist unzulässig, weil sie nicht innerhalb der ab 15. Oktober 1955 laufenden Zweiwochenfrist des § 66 Abs. 1 ArbGG. eingelegt wurde. Ein Wiedereinsetzungsantrag der Beklagten wegen Versäumung der Berufungsfrist liegt nicht vor.

Demnach muß die sofortige Beschwerde der Beklagten zurückgewiesen werden.

14

1. Eine gesetzliche, tarifliche oder vertragliche Bestimmung, daß das Urlaubsjahr das Kalenderjahr sei, bedeutet zugleich, daß der für den Erwerb und die Höhe des Urlaubs maßgebende Stichtag für das laufende Kalenderjahr der 1. Januar ist.

2. Der Arbeitnehmer erwirbt keinen Urlaubsanspruch, wenn er sich am Stichtag in einem Zustand dauernder Arbeitsunfähigkeit befindet, der die Gewährung echten Urlaubs durch Freistellung von der Arbeit für die laufende Urlaubsperiode ausschließt.

3. Der Anspruch auf Urlaubsabgeltung kann nicht selbständig für sich allein erworben werden. Er kann nur an Stelle eines bereits erworbenen auf Freizeitgewährung unter Fortzahlung des Lohnes gerichteten Urlaubsanspruchs treten.

BGB. (Urlaub) § 611.

I. Senat. Urteil vom 22. Juni 1956 i. S. P. (Kl.) w. B. B. —, H. u. S. AG. (Bekl.) 1 AZR 41/55.

I. Arbeitsgericht Weiden. — II. Landesarbeitsgericht Nürnberg.

Der Kläger war seit Ende 1949 als Arbeiter bei der Beklagten beschäftigt. Am 28. November 1953 erlitt er einen Betriebsunfall und war in der Folgezeit bis zu seinem Ausscheiden am 24. Mai 1954 krank und arbeitsunfähig. Seit 24. April 1954 erhält er Unfallrente. Er fordert für das Urlaubsjahr 1954 eine Urlaubsabgeltung von 61,88 DM. Die nach dem hier maßgebenden Tarifvertrage für eine Urlaubsabgeltung erforderliche Zustimmung des Betriebsrats ist erteilt. Die Beklagte verweigert die Zahlung einer Urlaubsabgeltung unter Hinweis darauf, daß der Kläger im Urlaubsjahr 1954 nicht bei der Beklagten gearbeitet hat.

Die Klage hatte in keiner Instanz Erfolg.

Aus den Gründen:

Nach dem hier maßgebenden Manteltarif-Vertrag für die gewerblichen Arbeitnehmer der B. B.-, H.- und S.werke vom 19. Mai 1952 (Tarifregister des Bayerischen Staatsministeriums für Arbeit und soziale Fürsorge Nr. 5605—1) ist Urlaubsjahr das Kalenderjahr (§ 18 A Nr. 1). Das bedeutet zugleich, daß der für den Erwerb und die Höhe des Urlaubs maßgebende Stichtag der 1. Januar des jeweiligen Kalenderjahres ist; an diesem Tage vollzieht sich der Erwerb des Urlaubsanspruchs für das beginnende Urlaubsjahr; alle für den Erwerb und die Höhe des Urlaubs bedeutsamen Umstände (etwa das Alter des Arbeitnehmers, die Dauer seiner Betriebszugehörigkeit u. ä.) sind in der Gestalt maßgebend, wie sie jeweils am 1. Januar vorliegen (vgl. Dersch, Urlaubsgesetze Bem. 323).

Am Stichtag muß auch feststehen, daß im kommenden Urlaubsjahr echter Urlaub in Form von Freizeitgewährung unter Fortzahlung des Lohnes an den Arbeitnehmer möglich ist. Das ist nicht der Fall, wenn sich der Arbeitnehmer an diesem Tage in einem Zustand dauernder Arbeitsunfähigkeit befindet. Zwar hindert eine gerade am Stichtag bestehende ihrer Natur nach vorübergehende Krankheit des Arbeitnehmers den Erwerb des Urlaubsanspruchs nicht. Wenn aber an diesem Tage feststeht — was gegebenenfalls auch von einem späteren Zeitpunkt aus rückblickend festgestellt werden kann —, daß der Arbeitnehmer während des ganzen Urlaubsjahres überhaupt nicht wieder arbeitsfähig wird, so entsteht kein Urlaubsanspruch. Denn die Gewährung eines echten Urlaubs durch bezahlte Freizeit ist hier von vornherein unmöglich.

Daß am Stichtag die stets mögliche Zahlung einer Urlaubsabgeltung hätte erfolgen können, ist unerheblich. Denn der Anspruch auf Urlaubsabgeltung kann nicht selbständig und für sich allein erworben werden; er kann nur an die Stelle eines bereits erworbenen Urlaubsanspruchs auf Freizeit unter Fortzahlung des Lohnes treten, wenn seine Erfüllung in seinem ursprünglichen Inhalte unter bestimmten Voraussetzungen unmöglich wird. Der unmittelbare Erwerb eines Urlaubsabgeltungsanspruchs ist ausgeschlossen; er wäre mit Begriff und Wesen des Urlaubs unvereinbar. Der Urlaub soll dem Arbeitnehmer die Möglichkeit verschaffen, sich von getaner Arbeit für noch zu leistende Arbeit zu erholen. Gerade hierin besteht das Wesen des Urlaubs. Deshalb steht die Freizeitgewährung im Vordergrund, sie darf dem Arbeitnehmer nicht vom Arbeitgeber abgekauft werden, wie auch der Arbeitnehmer durch Verzicht auf sie sich keinen doppelten Lohn verschaffen darf. Wenn aber die Gewährung von Freizeit am Stichtag sich von vornherein und dauernd unmöglich erweist, ein Anspruch auf Freizeit also gar nicht entsteht, kann auch das Surrogat, nämlich ein Anspruch auf Abgeltung, sich nicht entwickeln.

Der Senat folgt hierin der ständigen Rechtsprechung des Reichsarbeitsgerichts (vgl. ARS. 9, 14; 9, 38; 10, 527; 11, 164; 15, 229 und 35, 44). Von ihr abzuweichen bestand keine Veranlassung, denn sie ist nicht von der — überholten — Auffassung einer Doppelnatur des Urlaubsanspruchs beeinflußt, sondern geht im Gegenteil von dem einheitlichen Grundcharakter des Urlaubs als eines Anspruchs auf Gewährung bezahlter Freizeit aus.

Im vorliegenden Falle hat der Kläger am 28. November 1953 einen Betriebsunfall erlitten und war nach den Feststellungen des Landesarbeitsgerichts von diesem Tage an bis zur Beendigung des Arbeitsverhältnisses arbeitsunfähig. Er war also auch am Stichtage, dem 1. Januar 1954, arbeitsunfähig, und zwar, wie die vom Landesarbeitsgericht weiter festgestellte Tatsache seiner Invalidisierung ergibt, dauernd arbeitsunfähig (vgl. hierzu auch RAG. in ARS. 10, 527 am Schluß). Der Kläger hat somit am 1. Januar 1954 gar keinen Urlaubsanspruch auf Freizeitgewährung erworben, weil eine Freistellung von der Arbeit im Urlaubsjahr 1954 unmöglich war und blieb; demzufolge steht ihm auch kein Anspruch auf Urlaubsabgeltung zu, der nur an die Stelle eines bereits erworbenen echten Urlaubsanspruchs treten, aber nicht von vornherein als selbständiger Anspruch erworben werden kann. Das gilt auch bei einem Betriebsunfall. Denn aus dem Gedanken einer allgemeinen Fürsorgepflicht kann das Surrogat der Abgeltung an Stelle einer Gewährung von Freizeit nicht entwickelt werden.

Die Revision des Klägers mußte daher schon aus diesen Gründen zurückgewiesen werden.

15

1. Mit dem in BAG. 2, 88 aufgestellten Satz, nach dem der erste Anschein dafür spricht, daß die Unterlassung der Anhörung des Betriebsrats durch den Arbeitgeber rechtswidrig, vorsätzlich und schuldhaft erfolgt ist, hat der Senat zum Ausdruck gebracht, daß nach der Erfahrung des Lebens das Anhörungsrecht des Betriebsrats dem Arbeitgeber in der Regel bekannt sein wird, und daß bei einem Verstoß gegen diese Vorschrift eine tatsächliche Vermutung dafür besteht, daß der Arbeitgeber in Kenntnis seiner Anhörungspflicht dieser bewußt, also vorsätzlich und schuldhaft nicht nachgekommen ist.

2. Diese Vermutung ist dann hinfällig, wenn besondere Umstände gegen sie sprechen. Das gilt namentlich dann, wenn der Arbeitgeber Tatsachen in den Prozeß einführt, die eine andere Möglichkeit als Grund der Nichtanhörung des Betriebsrats (z. B. Versehen des Personalbüros, vgl. BAG. 1, 77) ernsthaft in Betracht kommen läßt.

BetrVG. § 66 Abs. 1.

I. Senat. Urteil vom 17. Juli 1956 i. S. S. (Kl.) w. K.- u. L. B. (Bekl.) 1 AZR 570/55.

I. Arbeitsgericht Bremerhaven. — II. Landesarbeitsgericht Bremen.

Der Kläger war seit dem 1. März 1948 bei der Beklagten als leitender Betriebsingenieur tätig. Er bezog zuletzt ein monatliches Gehalt von 620,— DM brutto.

Die Beklagte kündigte das Arbeitsverhältnis am 31. Januar 1955 zum 30. Juni 1955. Sie teilte dem Kläger in ihrem Kündigungsschreiben vom 29. Januar 1955 mit, sein Verhalten gegenüber dem Betriebsdirektor W. mache die Weiterbeschäftigung unmöglich.

Der Kläger hat die Kündigung mit der fristgemäß erhobenen Kündigungsschutzklage angegriffen und beantragt, festzustellen, daß das Arbeitsverhältnis durch die am 31. Januar 1955 erfolgte Kündigung nicht aufgelöst worden sei.

Der Kläger hat vorgetragen, die Kündigung seines Arbeitsverhältnisses sei schon deshalb nicht wirksam erfolgt, weil der Betriebsrat der Beklagten vor der Kündigung nicht gehört worden sei.

Die Beklagte hat Klagabweisung beantragt und behauptet, der Kläger habe durch sein Verhalten gegenüber leitenden Persönlichkeiten des Betriebes der Beklagten eine weitere Zusammenarbeit unmöglich gemacht.

Die Klage hatte in keiner Instanz Erfolg.

Aus den Gründen:

Die Ansicht des Klägers, § 66 Abs. 1 BetrVG. enthalte eine zwingende Rechtsnorm, deren Nichtbeachtung die Kündigung des Arbeitgebers ohne weiteres nichtig mache, ist unrichtig. Wie der Senat wiederholt entschieden hat, ist die vorherige Anhörung des Betriebsrats keine Voraussetzung der zivilrechtlichen Wirksamkeit der Kündigung. Die Kündigung ohne die vorherige Anhörung des Betriebsrats ist nicht unwirksam (BAG. 1, 69; 2, 87). Die Ausführungen der Revision bieten keinen Anlaß, von dieser Rechtsprechung abzuweichen.

Das Berufungsurteil verstößt auch nicht gegen den vom Senat gleichfalls wiederholt aufgestellten Satz, daß der Arbeitgeber, der rechtswidrig, vorsätzlich und schuldhaft die Anhörung des Betriebsrats unterlassen hat, das Recht verwirkt, sich darauf zu berufen, die Kündigung sei nach § 1 KSchG. sozial gerechtfertigt (BAG. 1, 69). Dieser Fall ist dann gegeben, wenn der Arbeitgeber sich durch bewußtes Beiseiteschieben des Betriebsrats über das zum Wohle des Betriebes und seiner Arbeitnehmer in § 49 BetrVG. erlassene Gebot der vertrauensvollen Zusammenarbeit beider Betriebspartner hinweggesetzt und damit zugleich Treu und Glauben sowie seine Fürsorgepflicht gegenüber den betroffenen Arbeitnehmern verletzt hat. In einem solchen Fall kann der Arbeitgeber im Kündigungsschutzstreit nicht den gemäß § 1 Abs. 2 KSchG. notwendigen Nachweis erbringen, daß seine Kündigung sozial gerechtfertigt gewesen sei. Denn diese Feststellung setzt voraus, daß die Kündigungsmaßnahme sich auch im Rahmen der allgemeinen Grundsätze hält, die die Arbeitsrechtsordnung beherrschen. Den entsprechenden Ausführungen des Berufungsgerichts hierzu, die allerdings am Anfang der Entscheidungsgründe zu bringen gewesen wären, bevor die Frage der sozialen Rechtfertigung der Kündigung nach § 1 KSchG. an sich geprüft wurde, ist voll zuzustimmen. Die eingehenden Feststellungen, ihre erschöpfende Würdigung sowie ihre zutreffende Subsumierung unter den vom Senat zu § 66 Abs. 1 BetrVG. entwickelten Rechtssatz ergeben, daß die Geschäftsleitung der Beklagten bei der Absendung des Kündigungsschreibens hinsichtlich der Anhörungspflicht gegenüber dem Betriebsrat zwar fehlerhaft und unsachgemäß gehandelt, nicht aber, daß sie vorsätzlich gegen ihre Verpflichtung zur Anhörung des Betriebsrats verstoßen hat. Insbesondere hat das Berufungsurteil den Rechtsbegriff des Vorsatzes nicht verkannt, wenn es ausführt, daß der zuständige Sachbearbeiter für Personalangelegenheiten Direktor Dr. Sch. am Tage der Absendung des Kündigungsschreibens unglücklicherweise nach einem Unfall im Krankenhaus gelegen habe, und dieser Zwischenfall in der

Tat eine gewisse Störung des sonst üblichen Geschäftsgangs ausgelöst haben könne. Zwar hätten der Beklagten zur rechtzeitigen Anhörung des Betriebsrats nach dem Ausfallen von Dr. Sch. noch zwei andere Vorstandsmitglieder zur Verfügung gestanden, die ohne Schwierigkeit den Betriebsrat unterrichten und anhören konnten. Es werde aber der Beklagten zugegeben werden müssen, daß diese beiden anderen Direktoren auf dem Gebiet des Personalwesens und des Betriebsverfassungsrechts keine besondere Erfahrung hatten, und daß sie sich vielleicht wie sonst auf Dr. Sch. verlassen hätten. Es könne auch sein, daß diesen Direktoren das Kündigungsschreiben nach seiner Unterzeichnung durch Dr. Sch. überhaupt nicht mehr zu Gesicht gekommen sei. Eine solche Panne im Geschäftsgang liege unter den geschilderten Umständen durchaus im Bereich der Wahrscheinlichkeit. Darüberhinaus fehle es auch an jedem Anhaltspunkt dafür, daß die Beklagte oder ihr Direktor Dr. Sch. bewußt den Betriebsrat haben übergehen oder beiseiteschieben wollen. Aus alledem hat das Berufungsgericht zu Recht gefolgert, daß eine vorsätzliche Nichtanhörung vor Ausspruch der Kündigung durch die Beklagte nicht vorliegt.

Das Berufungsurteil weicht auch nicht von dem in BAG. 2, 88 aufgestellten Satz ab, nach dem der erste Anschein dafür spricht, daß die Unterlassung der Anhörung des Betriebsrats durch den Arbeitgeber rechtswidrig, vorsätzlich und schuldhaft erfolgt ist. Das Berufungsgericht hat vielmehr diese Entscheidung richtig verstanden. Denn der Senat wollte mit diesem Satz zum Ausdruck bringen, daß nach der Erfahrung des Lebens das Anhörungsrecht des Betriebsrats dem Arbeitgeber in der Regel bekannt sein wird, und daß bei einem Verstoß gegen diese Vorschrift eine tatsächliche Vermutung dafür besteht, daß der Arbeitgeber in Kenntnis seiner Anhörungspflicht dieser bewußt, also vorsätzlich und schuldhaft nicht nachgekommen ist. Diese tatsächliche Vermutung, die mit einer Rechtsvermutung oder gar Fiktion nicht verwechselt werden darf, ist natürlich dann hinfällig, wenn besondere Umstände vorliegen, die gegen sie sprechen. Das gilt namentlich dann, wenn der Arbeitgeber Tatsachen in den Prozeß einführt, die diese Vermutung dadurch erschüttern, daß eine andere Möglichkeit als Grund der Nichtanhörung des Betriebsrats (z. B. Versehen des Personalbüros; vgl. BAG. 1, 77) ernsthaft in Betracht kommt. Es ist also nicht erforderlich, daß der Arbeitgeber immer und unter allen Umständen einen strikten Entlastungsbeweis zu führen hätte. Es genügt, wenn Tatsachen gegeben sind, die den Beweis des ersten Anscheins, der Arbeitgeber habe die Anhörung rechtswidrig, vorsätzlich und schuldhaft unterlassen, erschüttern. Ist dies der Fall, dann ist es Sache des Gerichts, sich auf Grund der von ihm zu treffenden Feststellungen in freier Beweiswürdigung und nach allgemeinen Beweislastregeln darüber schlüssig zu werden, warum die Anhörung unterblieben ist (vgl. Palandt, BGB. 15. Aufl., Vorbem. vor § 249 Anm. 8).

Steht damit fest, daß das Berufungsgericht § 66 Abs. 1 BetrVG. nicht verletzt hat und eine Unwirksamkeit der Kündigung der Beklagten wegen Verletzung dieser Vorschrift nicht in Betracht kommt, so kommt es auf die weitere Ansicht des Berufungsurteils, eine nach der Kündigung unverzüglich erteilte Zustimmung des Betriebsrats zur Kündigung heile einen Verstoß des Arbeitgebers gegen § 66 Abs. 1 BetrVG., nicht mehr an. Es kann hier dahingestellt bleiben, ob diese Ansicht des Berufungsurteils zutreffend ist.

Die Rüge der Revision, das Landesarbeitsgericht habe überhaupt nicht geprüft, ob die Kündigung nach dem KSchG. sozial gerechtfertigt sei oder nicht, ist unverständlich. Denn das angefochtene Urteil erörtert eingehend auf Grund der schon vor dem Arbeitsgericht stattgefundenen Beweisaufnahme alle Umstände, die für und gegen die Kündigung sprechen, und kommt dann in nicht zu beanstandender, den Regeln freier Beweiswürdigung entsprechender Weise zu dem Ergebnis, daß die Kündigung sozial gerechtfertigt ist.

16

1. Ist die fristlose Entlassung einer Arbeitnehmerin gemäß § 9 Abs. 1, Abs. 2 Mutterschutzgesetz unzulässig, so kommt der Arbeitgeber, der diese Arbeitnehmerin nicht beschäftigt, regelmäßig in Annahmeverzug und hat daher die Vergütung zu zahlen.

2. Der Arbeitgeber kommt jedoch nicht in Annahmeverzug, wenn die Arbeitnehmerin sich so verhält, daß der Arbeitgeber nach Treu und Glauben und unter Berücksichtigung der Gepflogenheiten des Arbeitslebens sowie des Sinnes und Zweckes des Mutterschutzes die Annahme der Leistung zu Recht ablehnt.

MuSchG § 9; BGB §§ 242, 615.

Großer Senat. Beschluß vom 26. April 1956 i. S. B. (Kl.) w. G. (Bekl.) GS 1/56.

I. Arbeitsgericht Köln. — II. Landesarbeitsgericht Düsseldorf, z. Zt. Köln.

Aus den Gründen:

Dem beim Ersten Senat anhängigen Rechtsstreit 1 AZR 285/54 liegt folgender Sachverhalt zu Grunde:

Der Beklagte betreibt in K. eine Gärtnerei mit Blumenhandel. Anfang August 1953 stellte er die Klägerin als Arbeiterin ein und beschäftigte sie im Verkaufsgeschäft gegen einen Wochenlohn von 30,— DM netto.

Am 26. Oktober 1953 legte die Klägerin dem Beklagten ein ärztliches Attest vor, nach dem sie im dritten Monat schwanger war. Am 28. Oktober 1953 wurde die Klägerin fristlos entlassen. In einem Vorprozeß wurde die Unwirksamkeit der fristlosen Entlassung in zwei Rechtszügen rechtskräftig festgestellt, weil die nach § 9 Abs. 2 MuSchG erforderliche Zulässigerklärung der Kündigung durch die zuständige Landesbehörde fehlte. Die Zulässigerklärung für eine Kündigung hatte der Beklagte bis zur Verkündung des erstinstanzlichen Urteils am 13. November 1953 noch nicht beantragt. Es steht nicht genau fest, wann ein solcher Antrag später gestellt worden ist. Die Verwaltungsbehörde erteilte jedenfalls erst am 9. Februar 1954 dem Beklagten einen Bescheid, durch den eine noch auszusprechende fristlose Kündigung für zulässig erklärt wurde. Darauf kündigte der Beklagte der Klägerin nochmals fristlos. Diese Kündigung wurde von der Klägerin nicht bekämpft.

In dem anhängigen Rechtsstreit begehrt die Klägerin Zahlung ihres Lohnes ab 28. Oktober 1953 für die Dauer von 12 Wochen à 30,— DM netto = 360,— DM netto. Im ersten Rechtszug wurde der Beklagte antragsgemäß verurteilt, während das Berufungsgericht die Klage abwies. Mit der Revision begehrt die Klägerin Wiederherstellung des erstinstanzlichen Urteils.

Zur — unwirksamen — fristlosen Kündigung vom 28. Oktober 1953 führten folgende Vorfälle:

Die Klägerin hatte sich während ihrer Beschäftigungszeit 0,50 oder 0,60 DM rechtswidrig aus dem Verkauf von Blumen im Geschäft des Beklagten angeeignet. Deswegen wurde sie am 27. Oktober 1953 von der Ehefrau des Beklagten zur Rede gestellt und einem Arbeitsjungen, der den Vorfall dem Beklagten gemeldet hatte, gegenübergestellt. Die Klägerin gab weinend zu, sich das Geld angeeignet zu haben. Plötzlich stürzte sie sich jedoch auf den 12jährigen Jungen, verprügelte ihn mit den Fäusten, ergriff ein Beil und ging damit auf den hinter dem Ladenofen schutzsuchenden Jungen mit den Worten los: „Jetzt spalte ich dir den Kopf." Die dazwischentretende Ehefrau des Beklagten wurde von der Klägerin gleichfalls mit dem Beil tätlich bedroht. Nur mit Gewalt konnte man ihr das Beil entreißen. Am folgenden Tage, dem 28. Oktober 1953, erschien die Klägerin wie üblich zur Arbeit, erklärte aber der Ehefrau des Beklagten, sie gehe am nächsten Tage, dem 29. Oktober 1953, zum Arzt. Als sie gefragt wurde, was sie denn schon wieder beim Arzt wolle, sie sei doch schon zweimal in kurzer Zeit dort gewesen, erwiderte die Klägerin, sie gehe zum Arzt, wann sie wolle, und sie komme auch zum Dienst, wann sie wolle. Gleichzeitig beschimpfte die Klägerin die Ehefrau des Beklagten: „Sie blödes, gemeines Weib, ich werde mit Ihnen noch Schlitten fahren, Sie haben nur zu bezahlen, zu bezahlen." Als dann der Beklagte selbst im Laden erschien und die Klägerin wegen ihres Verhaltens zurechtwies, rief sie ihm zu: „Halten Sie Ihre Schnauze, Sie bekloppter Heini, Sie sind so doof wie Scheiße, Sie Idiot, Sie Blödmann, Sie Schlot." Daraufhin wurde die Klägerin fristlos entlassen. Beim Hinausgehen aus dem Laden zertrümmerte sie Blumen und Töpfe. Von der Straße aus beschimpfte sie den Beklagten weiter mit Ausdrücken wie Lump, Schweinehund, polnisches Schwein, Russki und dergleichen. Am nächsten Tag, dem 29. Oktober 1953, kam die Klägerin gegen 10 Uhr in den Laden. Sie wollte Ihre Arbeit wieder aufnehmen. Die Ehefrau des Beklagten wies sie jedoch darauf hin, daß eine Weiterbeschäftigung auf Grund der Vorfälle der vorhergehenden Tage (27. und 28. 10. 53) nicht mehr in Betracht komme. Daraufhin beschimpfte die Klägerin die Ehefrau des Beklagten wiederum in häßlicher und gemeiner Weise sowohl im Laden selbst als auch von der Straße aus. Wiederum zerstörte sie vor dem Laden aufgestellte Blumen und trommelte unter Gebrauch von Droh- und Schimpfworten an das Fenster.

Der Erste Senat des Bundesarbeitsgerichts ist der Ansicht, daß das Urteil in dem Rechtsstreit vor der Entscheidung der folgenden Rechtsfrage abhängt:

> Kann der Arbeitgeber einer Arbeitnehmerin, deren fristlose Entlassung gemäß § 9 Abs. 1, Abs. 2 MuSchG unzulässig ist, die Erfüllung des Lohnanspruchs dann verweigern, wenn sie durch ihr Verhalten es dem Arbeitgeber offenbar völlig unzumutbar gemacht hat, sie tatsächlich zu beschäftigen?

Demgemäß hat der Erste Senat in seiner Sitzung vom 27. Januar 1956 beschlossen, über diese Rechtsfrage die Entscheidung des Großen Senats herbeizuführen.

Der Große Senat sieht die Voraussetzung des § 45 Abs. 2 Satz 2 ArbGG für die Entscheidung der Rechtsfrage durch ihn als gegeben an.

Es handelt sich bei der zu entscheidenden Frage um ein Problem von grundsätzlicher Bedeutung, dessen Klärung im Interesse der Fortbildung des Rechts und der Sicherung einer einheitlichen Rechtsprechung erforderlich und im übrigen für die Entscheidung des Rechtsstreits auch tragend ist. Dabei ist der Große Senat, wie bereits in BAG 1, 294 ausgesprochen, wiederum davon ausgegangen, daß er nach § 45 Abs. 1 Satz 2 ArbGG nicht verpflichtet ist, die vorgelegten Fragen nur entweder mit „Ja" oder mit „Nein" zu beantworten. Er ist im Interesse der Fortbildung des Rechts und der Sicherung einer einheitlichen Rechtsprechung berechtigt, die Entscheidung der ihm vorgelegten Fragen selbständig sachgerecht zu formulieren. Vorausgesetzt ist nur, daß der vorlegende Senat in der Entscheidungsformel des Großen Senats tatsächlich auch im Ergebnis die Entscheidung der Rechtsfragen erhält, die er vorgelegt hat. Diesen Anforderungen entsprechen die in der Entscheidungsformel des Großen Senats gegebenen Rechtsgrundsätze.

I.

1. Wenn ein Arbeitnehmer es durch sein Verhalten dem Arbeitgeber völlig unzumutbar macht, ihn gemäß dem Arbeitsvertrag weiter zu beschäftigen, so liegt in aller Regel ein wichtiger Grund für den Arbeitgeber vor, das Arbeitsverhältnis fristlos zu kündigen (vgl. z. B. §§ 626 BGB, 70 HGB, 124 a, 133 b GewO). Sein Recht erschöpft sich solchenfalls nicht darin, daß er die Beschäftigung des Arbeitnehmers innerhalb des Arbeitsverhältnisses — eine Beschäftigungspflicht überhaupt vorausgesetzt (vgl. BAG 2, 221) — ablehnen oder die Beschäftigung trotz Arbeitsangebots, ohne Verpflichtung zur Vergütungszahlung, einstellen kann. Dem Arbeitgeber ist vielmehr in einem solchen Fall die Fortsetzung des Arbeitsverhältnisses auch unter Innehaltung einer etwaigen Kündigungsfrist nach Treu und Glauben nicht mehr zuzumuten (BAG 2, 214). Kündigt der Arbeitgeber demgemäß, so erlischt das Arbeitsverhältnis mit Zugang der Kündigung beim Arbeitnehmer sofort. Infolgedessen entfällt auch jeglicher Anspruch des Arbeitnehmers auf Vergütung für eine Zeit nach der Kündigung.

2. Nach § 9 Abs. 1, Satz 1 MuSchG ist aber eine Kündigung gegenüber einer Frau während der Schwangerschaft und bis zum Ablauf von vier Monaten nach der Niederkunft unzulässig, wenn dem Arbeitgeber zur Zeit der Kündigung die Schwangerschaft oder Niederkunft bekannt war oder innerhalb einer Woche nach Zugang der Kündigung mitgeteilt wird. Jedoch kann gemäß § 9 Abs. 2, Satz 1 MuSchG die für den Arbeitsschutz zuständige oberste Landesbehörde oder die von

ihr bestimmte Stelle in besonderen Fällen ausnahmsweise die Kündigung für zulässig erklären. Ist die Zulässigerklärung erfolgt, so ist die ausgesprochene Kündigung, wenn ihre sonstigen Voraussetzungen gegeben sind, rechtswirksam.

Diese Regelung enthält somit ein absolutes Kündigungsverbot (mit Erlaubnisvorbehalt), das sich auch auf die fristlose Kündigung aus wichtigem Grund bezieht (Allgemeine Ansicht, vgl. Bulla, Mutterschutzgesetz und Frauenarbeitsrecht, 1954, § 9 MuSchG Anm. 20, 25 ff.). Auch wenn noch so schwerwiegende Gründe vorliegen, die normalerweise eine fristlose Lösung des Arbeitsverhältnisses durch den Arbeitgeber rechtfertigen würden, ist daher die fristlose Entlassung einer unter das MuSchG fallenden Arbeitnehmerin nicht möglich, wenn die erwähnte Zulässigerklärung nicht vorliegt. Von dieser unbestrittenen Rechtslage geht die dem Großen Senat zur Entscheidung vorgelegte Rechtsfrage aus.

3. Um sie zu beantworten, ist es erforderlich, auf Sinn und Zweck des Mutterschutzes im allgemeinen und des Kündigungsschutzes der Mutter im besonderen einzugehen. Gemäß Art. 6 Abs. 4 GG hat jede Mutter Anspruch auf den Schutz und die Fürsorge der Gemeinschaft. Dieser verfassungsrechtliche Grundsatz wird auf einem Teilgebiet, nämlich für die erwerbstätige Mutter, durch das MuSchG verwirklicht. Sein Grundgedanke geht dahin, mögliche Konflikte zwischen den mutterschaftlichen Aufgaben der Frau und ihren Bindungen aus der Erwerbsarbeit auszugleichen und zu überbrücken. Dabei ist es ein primäres Anliegen des gesetzlichen Mutterschutzes, der werdenden Mutter und der Wöchnerin trotz ihrer etwa mutterschaftlich bedingten Leistungsminderung oder Arbeitsunfähigkeit den Arbeitsplatz zu erhalten. Gleichzeitig soll sie durch eine Reihe genereller und individueller Beschäftigungsverbote den notwendigen Schutz vor schädlicher Überbeanspruchung erhalten, wenn sie ihre Tätigkeit fortsetzt. Dabei wird ihre wirtschaftliche Versorgung, auch soweit die Beschäftigungsverbote Platz greifen, tunlichst in Höhe ihres bisherigen Arbeitseinkommens sichergestellt.

Der Erhaltung des Arbeitsplatzes bei Schwangerschaft und Niederkunft dient vor allem das hier maßgebende in § 9 MuSchG ausgesprochene absolute Kündigungsverbot (vgl. Bulla a. a. O., § 9 Anm. 1; Endemann in RdA 1953, S. 11 ff.). Nur in besonderen Fällen kann — wie erwähnt — die zuständige oberste Landesbehörde oder die von ihr bestimmte Stelle eine Kündigung ausnahmsweise für zulässig erklären (§ 9 Abs. 2, Satz 1 MuSchG). Ob ein solcher besonderer Fall, der sich in concreto mit dem wichtigen Grund, der an sich zur fristlosen Kündigung erforderlich und genügend ist, decken kann, aber nicht zu decken braucht (vgl. Endemann a. a. O. S. 12 f.), vorliegt, hat allein diese Behörde zu entscheiden, nicht der Arbeitgeber und auch nicht das Arbeitsgericht. Namentlich die Prüfung der besonderen Umstände des Einzelfalles, mit Rücksicht auf die der Arbeitgeber eine Zulässigerklärung der Kündigung beantragt, unterliegt kraft Gesetzes der zuständigen Verwaltungsbehörde. Sie entscheidet nach pflichtgemäßem Ermessen und nach Abwägen des Für und Wider, ob die Erlaubnis zur Kündigung in dem besonderen Fall ausnahmsweise erteilt wird oder nicht (Endemann a. a. O. S. 13; Bulla a. a. O., § 9 Anm. 7—9). Jede ohne Zulässigerklärung ausgesprochene Kündigung aber ist unzulässig und unwirksam (vgl. Enneccerus-Nipperdey, Allg. Teil 14. Aufl. § 145 I, II B, § 202 I; BAG 1, 72 Abs. 4). Fehlt also die Zulässigerklärung, dann kann einer den Schutz des § 9 MuSchG genießenden Arbeitnehmerin auch dann nicht wirksam gekündigt werden, wenn sie durch ihr Verhalten dem Arbeitgeber eine Weiterbeschäftigung schlechthin unzumutbar gemacht hat. Der Gesetzgeber mutet hier durch eine dura lex dem Arbeitgeber in jedem Fall aus dem übergeordneten Gesichtspunkt des Mutterschutzes die Fortsetzung des Arbeitsverhältnisses bis zur Zulässigerklärung der Kündigung zu.

4. Damit erhebt sich die Frage, ob der Arbeitgeber verpflichtet ist, einer Arbeitnehmerin, deren fristlose Entlassung mangels Zulässigerklärung der Kündigung nicht rechtswirksam erfolgen kann (Beispiele: Zulässigerklärung ist nicht beantragt; sie ist beantragt, aber noch nicht erteilt; sie ist beantragt, aber abgelehnt worden), die Vergütung weiterzahlen muß, auch wenn er sie nicht beschäftigt, die Arbeitsleistung also nicht entgegennimmt.

Irrig ist die offenbar weitverbreitete Ansicht, einer unter § 9 MuSchG fallenden Arbeitnehmerin stehe immer und unter allen Umständen so lange ein Vergütungsanspruch zu, als ihr nicht wirksam gekündigt worden sei. Es ist nicht richtig, daß der Arbeitgeber bereits allein auf Grund der Vorschrift des § 9 MuSchG verpflichtet sei, der Arbeitnehmerin die Vergütung fortzuzahlen, wenn er sie während des Arbeitsverhältnisses, insbesondere nach wirkungsloser Kündigung nicht beschäftigt. Zwar ist anzunehmen, daß der Gesetzgeber durch § 9 MuSchG der werdenden Mutter oder der Wöchnerin mit dem Arbeitsplatz auch die mit ihm gegebene wirtschaftliche Existenz, d. h. die Einkünfte, den Verdienst, sichern wollte. Die Arbeitnehmerin sollte grundsätzlich die Gewißheit haben, daß Schwangerschaft und Niederkunft auf ihre Erwerbseinkünfte keinen nachteiligen Einfluß haben (vgl. Bulla a. a. O. Vorbem. 1, 2, 12, 13, 15—18 vor § 1). Dafür spricht insbesondere auch die Regelung des § 9 Abs. 3 MuSchG, nach der Heimarbeiterinnen innerhalb der Schutzfristen nicht gegen ihren Willen bei der Ausgabe von Heimarbeiten ausgeschlossen werden dürfen. Diese besondere Bestimmung war notwendig, wenn es dem Gesetzgeber darauf ankam, den Heimarbeiterinnen das Arbeitsentgelt zu erhalten, weil das Kündigungsverbot allein hier in keinem Fall zur Sicherung des Fortbezugs des Arbeitsentgelts ausreichen würde. Für den Fall der im Betrieb tätigen unter das Kündigungsverbot fallenden Frauen hat der Gesetzgeber weder ein Beschäftigungsgebot, noch ein Gebot der Vergütungszahlung schlechthin ausgesprochen. Das war auch nicht notwendig. Denn entweder nimmt der Arbeitgeber trotz der (unwirksamen) Kündigung die Arbeit entgegen, er beschäftigt, dann muß er die Arbeit wie bisher vergüten (§§ 611, 614). Oder er verweigert die Annahme der Arbeit, dann kommt er in Annahmeverzug und muß nach § 615 BGB die Vergütung zahlen, ohne daß der Arbeitnehmer zur Nachleistung der Dienste verpflichtet ist (vgl. Staudinger-Nipperdey, BGB, 10. Aufl. Bem. 1 zu § 615; a. A. in der Begründung Nikisch, Arbeitsrecht, Bd. 1, 2. Aufl. S. 280; gegen ihn zutreffend Hueck, RdA 1955, 323 ff., derselbe in Hueck-Nipperdey, Arbeitsrecht, Bd. 1, 6. Aufl., 1956, §§ 21, 22). Aber weder der Wortlaut, noch der Sinn und Zweck des MuSchG gehen so weit, daß der Arbeitgeber verpflichtet wäre, einer nach § 9 MuSchG geschützten Arbeitnehmerin, gleich aus welchen Gründen sie gar nicht oder nicht voll beschäftigt wird, unter allen Umständen das Arbeitsentgelt so lange weiterzuzahlen, bis das Arbeitsverhältnis gelöst ist. Dafür fehlt jede Rechtsgrundlage. Es ist nicht Pflicht des Arbeitgebers, die Arbeitnehmerin schlechthin zu versorgen. Zwar hat das Reichsarbeitsgericht im Falle der schwerbeschädigten Arbeitnehmer in ständiger, aber sehr umstrittener Rechtsprechung angenommen, der Arbeitgeber habe auch dem Schwerbeschädigten, der wegen seiner Beschädigung völlig arbeitsunfähig ist, grundsätzlich das Arbeitentgelt so lange fortzuentrichten, bis die Hauptfürsorgestelle der Kündigung zugestimmt habe (sog. Versorgungstheorie des RAG; vgl. hierzu Willrodt-Gotzen, Schwerbeschädigtengesetz, 1953, § 19 Anm. 41; Gröninger, Schwerbeschädigtengesetz in Der Wirtschaftskommentator, Teil B, Arbeits- und Sozialrecht, § 19 Anm. 5; Sellmann-Ewermann, Schwerbeschädigtengesetz, 1954, § 19 Anm. 24, 25). Der Große Senat hatte keine Veranlassung, zu dieser Auffassung Stellung zu nehmen. Selbst wenn die Ansicht des Reichsarbeitsgerichts zuträfe, so läßt sich der Gedanke einer so weitgehenden Versorgungspflicht des Arbeitgebers gegenüber schwerbeschädigten Arbeitnehmern nicht ohne weiteres auf die dem MuSchG unterliegenden Arbeitnehmerinnen übertragen. Denn einmal regelt dieses Gesetz die Versorgung schwangerer Arbeitnehmerinnen, die infolge ihrer Schwangerschaft und der damit verbundenen Beschwerden gar nicht oder nur teilweise, vielleicht auch nur anders als vertragsgemäß, beschäftigt werden können — nur nur insoweit besteht mit dem Sachverhalt, den die Versorgungstheorie hinsichtlich der Schwerbeschädigten im Auge hat, eine gewisse Parallele — weitestgehend durch besondere Bestimmungen, ohne daß allerdings erkennbar wäre, die allgemeinen Bestimmungen über die Vergütungspflicht des Arbeitgebers bei Erkrankungen des Arbeitnehmers (§§ 616 BGB, 63 Abs. 1 HGB, 133 c Abs. 2 GewO) fänden auf schwangere Arbeitnehmerinnen überhaupt keine Anwendung (§§ 10 ff. MuSchG; BAG 1, 140). Zum anderen handelt es sich bei der hier zu entscheidenden Rechtsfrage auch gar nicht darum, ob an eine den gesetzlichen Mutterschutz genießende Arbeitnehmerin die Vergütung aus dem Gedanken der Versorgung ohne Rücksicht auf die allgemeinen Bestimmungen weiterzuzahlen ist, wenn sie aus Gründen, die mit ihrer Schwangerschaft zusammenhängen, oder gar aus sonstigen nicht schwangerschaftsbedingten Krankheitsgründen nicht arbeiten kann. Hier handelt es sich vielmehr darum, ob die Vergütung an eine Arbeitnehmerin auch dann weiterzuzahlen ist, wenn sie zwar die ihr obliegende Leistung erbringen kann, aber dem Arbeitgeber gegenüber ein Verhalten zeigt, das ihm das Recht gibt, die Annahme der Leistung abzulehnen. Diese Frage läßt sich aus Sinn und Zweck des MuSchG, insbesondere aus dem der Vorschrift des § 9, allein nicht beantworten. Der Gesetzgeber geht zwar offenbar davon aus, daß bei den Betriebsarbeiterinnen regelmäßig die Voraussetzungen des § 615 BGB zutreffen werden, wenn der Arbeitgeber sie nach unzulässiger und rechtunwirksamer Kündigung nicht beschäftigt. Ob aber jeweils diese Voraussetzungen vorliegen, entscheidet sich nach allgemeinen arbeitsvertraglichen Regeln. Dabei sind allerdings bei den unter das MuSchG fallenden Arbeitnehmerinnen Sinn und Zweck des Mutterschutzes zu berücksichtigen.

II.

1. Auch die unter das MuSchG fallende Arbeitnehmerin kann also bei Nichtbeschäftigung nur dann Anspruch auf die Vergütung haben, wenn sie arbeitswillig und arbeitsbereit ist und durch ihr Arbeitsangebot den Arbeitgeber in Annahmeverzug setzt.

Daß die Arbeitnehmerin unter Umständen auch in anderen Fällen, ohne Dienste zu leisten oder nachleisten zu müssen, Anspruch auf die Vergütung hat (z. B. bei Krankheit, im Urlaub), bedarf hier keiner näheren Erörterung, weil die gestellte Rechtsfrage sich ersichtlich auf diese Fälle nicht bezieht.

Der Fall des Annahmeverzugs des Arbeitgebers und seine Verpflichtung, aus diesem Grund der nicht beschäftigten Arbeitnehmerin die Vergütung weiterzuzahlen, ist regelmäßig gerade dann gegeben, wenn zu Unrecht fristlos gekündigt worden ist. Die Arbeitnehmerin muß ihre Leistung so anbieten, wie sie zu bewirken ist, d. h. grundsätzlich in natura. Ausnahmsweise genügt auch ein wörtliches Angebot, wenn der Arbeitgeber der Arbeitnehmerin erklärt oder durch sein Verhalten zum Ausdruck bringt, daß er die Leistung nicht annimmt (§ 295 BGB). Dieser Fall liegt auch vor, wenn der Arbeitgeber die Arbeitnehmerin zu Unrecht fristlos entlassen hat und eine Weiterbeschäftigung ablehnt. Er ist auch dann gegeben, wenn ein Arbeitgeber eine den Schutz des § 9 MuSchG genießende Arbeitnehmerin ohne Zulässigerklärung der zuständigen Behörde und damit rechtsunwirksam fristlos entlassen hat und sie nicht weiterbeschäftigen will. Das wörtliche Angebot der Leistung kann ausdrücklich oder stillschweigend erfolgen. D. h. aus dem Verhalten der Arbeitnehmerin muß auch in einem solchen Fall unzweideutig hervorgehen, daß sie die ihr obliegende Dienstleistung zu bewirken ernstlich bereit ist. Darüber hinaus liegt in der bis zur Entlassung geleisteten Arbeit grundsätzlich das Angebot weiterer Arbeitsleistung für die Zeit nach der unwirksamen fristlosen Entlassung, ohne daß es eines nochmaligen besonderen Arbeitsangebots bedürfte. Voraussetzung ist allerdings, daß der Arbeitnehmer ausdrücklich oder schlüssig (durch sein Verhalten) zu erkennen gibt, er erkenne die Kündigung nicht an (vgl. Palandt, BGB, 15. Aufl. § 615 Anm. 2; Staudinger-Nipperdey, Bem. 11, 17, 30 zu § 615).

2. Annahmeverzug setzt kein Verschulden des Gläubigers, hier des Arbeitgebers voraus. Wohl aber ist auch nach deutschem Recht (§ 242 BGB), ebenso wie nach Art. 91 SchweizOR Annahmeverzug nur dann gegeben, wenn der Gläubiger die Annahme der gehörig angebotenen Leistung ungerechtfertigter Weise verweigert, d. h. es darf dem Gläubiger kein vom Recht anerkannter Grund zur Seite stehen, die Leistung abzulehnen. Ein Grund zur Ablehnung liegt regelmäßig vor, wenn die angebotene Leistung dem Vertrag nicht entspricht oder das Angebot unter solchen dem Schuldner zuzurechnenden Umständen erfolgt, daß der Gläubiger nach Treu und Glauben nicht anzu-

nehmen braucht (vgl. Schlegelberger-Vogels, BGB, § 293 Bem. 8; Erman-Groepper, § 293 Bem. 2; etwas anderes in Vorbem. 5 a vor § 293; Kohler, Lehrbuch d. Bürgerl. Rechts II 1, 198; Gmür-Becker, Schweiz-OR, Art. 91 Bem. 22 ff.; Guhl, Das Schweizerische Obligationenrecht, 4. Aufl., 1948 S. 187).

Im Hinblick auf den Sinn und Zweck des Mutterschutzes wird man allerdings diese allgemeine Regel zu Lasten des Arbeitgebers dahin einschränken müssen, daß ein nicht in allen Punkten dem Vertrag entsprechendes Angebot der geschützten Arbeitnehmerin dem Arbeitgeber noch kein den Annahmeverzug ausschließendes Ablehnungsrecht gibt. Wohl aber bleibt Voraussetzung des Annahmeverzuges in Fällen der vorliegenden Art, daß die Arbeitnehmerin die Bereitschaft zeigen muß, ihre Leistung so zu bewirken, wie Treu und Glauben mit Rücksicht auf die Verkehrssitte es erfordern (§ 242 BGB). Denn wie die Art und Weise der Leistung selbst durch den Grundsatz von Treu und Glauben bestimmt wird, so auch das tatsächliche oder wörtliche, ausdrückliche oder stillschweigende Angebot der Leistung. Das Angebot der Leistung ist nichts anderes als der Beginn der geschuldeten Leistung selbst (vgl. Enneccerus-Lehmann, Schuldrecht, 1954, § 57 II 2). Ein Leistungsangebot, das im konkreten Fall gegen Treu und Glauben verstößt, ist also nicht ordnungsgemäß; es kann vom Arbeitgeber abgelehnt werden, ohne daß er in Gläubigerverzug gerät.

3. Bei der Beurteilung, ob die Arbeitnehmerin ein unannehmbares Angebot gemacht hat, das der Arbeitgeber zu Recht ablehnt, müssen Treu und Glauben, die Gepflogenheiten des Arbeitslebens, sowie der Sinn und Zweck des Mutterschutzes berücksichtigt werden. So kann der Arbeitgeber das Leistungsangebot der geschützten Arbeitnehmerin zu Recht ablehnen, wenn sie sich so verhält, daß bei Annahme der angebotenen Dienste Leib, Leben, Freiheit, Gesundheit, Ehre, andere Persönlichkeitsrechte oder Eigentum des Arbeitgebers, seiner Angehörigen oder anderer Betriebsangehöriger unmittelbar und nachhaltig so gefährdet werden, daß die Abwehr dieser Gefährdung absoluter Rechte den Vorrang vor dem Interesse der unter das MuSchG fallenden Arbeitnehmerin an der Erhaltung ihres Verdienstes haben muß. Dabei ist auf die objektive Rechtswidrigkeit des Verhaltens der Arbeitnehmerin abzustellen; Verschulden ist nicht erforderlich. Wann ein solcher Fall vorliegt, hängt von den jeweiligen konkreten Umständen ab. Dabei ist zu beachten, daß das Arbeitsverhältnis ein Rechtsverhältnis ist, das von dem Gedanken der gegenseitigen Treue der Vertragspartner besonders beherrscht wird. Daraus folgt, daß Leistung und Leistungsangebot des

Arbeitnehmers in besonderer Weise dem dem Arbeitsverhältnis immanenten Treuegedanken entsprechen müssen. Aber auch der Arbeitgeber muß — entsprechend dem Prinzip der Fürsorgepflicht — der geschützten arbeitenden Frau mit Rücksicht und Wohlwollen gegenübertreten. Damit gewinnt das Gesamtverhalten der Arbeitnehmerin für die Frage, ob ihr Leistungsangebot Treu und Glauben entspricht, oder ob es vom Arbeitgeber zu Recht abgelehnt werden kann, besondere Bedeutung.

Daß dabei auch die Gepflogenheiten des Arbeitslebens zu berücksichtigen sind, bedarf der Hervorhebung. Nicht jede in der Erregung gesprochene Beleidigung des Arbeitgebers, nicht jedes böse Wort, nicht jede Robustheit der Arbeitnehmerin, läßt das Leistungsangebot treuwidrig und seine Ablehnung durch den Arbeitgeber gerechtfertigt erscheinen. Ort und Zeit des Vorfalls sowie das Betriebsklima spielen für die Beurteilung dieser Frage eine erhebliche Rolle.

Aus den vorstehenden Ausführungen ergibt sich zusammenfassend: Es genügt nicht, daß die geschützte Arbeitnehmerin sich so verhalten hat, daß nach allgemeinen arbeitsvertraglichen Regeln die fristlose Entlassung gerechtfertigt ist. Es muß vielmehr ein ungewöhnlich schwerer rechtswidriger Verstoß der Arbeitnehmerin nicht nur gegen besondere Vertragspflichten, sondern gegen allgemeine Verhaltenspflichten vorliegen, der den Arbeitgeber schlechterdings berechtigt, die Dienste abzulehnen. Es ist Aufgabe der Gerichte für Arbeitssachen, hier die vernünftige und gerechte Abwägung vorzunehmen. Wenn die Arbeitnehmerin zu einem bestimmten Zeitpunkt ein Verhalten zeigt, das den Annahmeverzug ausschließt, so ist damit noch nicht gesagt, daß nunmehr für alle Zukunft weitere Leistungsangebote von dem Arbeitgeber zu Recht abgelehnt werden können. Die Dienstleistung der Arbeitnehmerin besteht aus konkreten einzelnen, zeitlich aufeinanderfolgenden, unter Umständen verschiedenartigen Diensten, die je und je angeboten werden und je nach Lage des Falles jetzt nicht zum Gläubigerverzug, später aber doch zu einem solchen führen können. Das Letztere ist dann anzunehmen, wenn der Vorfall eine gewisse Zeit zurückliegt und für den Arbeitgeber eine Wiederzusammenarbeit unter Berücksichtigung des Zweckes des Mutterschutzes tragbar ist. Es ist allerdings nicht ausgeschlossen, daß auch ein einmaliges besonders schwer zu mißbilligendes Verhalten der Arbeitnehmerin den Arbeitgeber berechtigt, das Leistungsangebot für alle Zukunft abzulehnen.

17

1. Verlangt ein Arbeitnehmer, der aus sozialen Rücksichten trotz längerer Erkrankung vom Arbeitgeber nicht gekündigt ist, für ein Urlaubsjahr mehr Urlaubstage vergütet, als er in diesem Urlaubsjahr überhaupt gearbeitet hat, so ist sein Begehren wegen Rechtsmißbrauchs nicht begründet.

2. Die Einwendung der unzulässigen Rechtsausübung (des Rechtsmißbrauchs) ist auch gegenüber tariflichen Ansprüchen gegeben.

BGB §§ 242, 611 (Urlaub); TVG § 4 Abs. 4

I. Senat. Urteil vom 22. Juni 1956 i. S. W. (Bekl.) w. R. (Kl.)
1 AZR 296/54

I. Arbeitsgericht Berlin. — II. Landesarbeitsgericht Berlin.

Die Klägerin war vom 29. November 1947 ab bei der Beklagten beschäftigt, zunächst als Maschinenarbeiterin, zuletzt als Reinemachefrau. Vom 5. Januar 1953 ab war sie krank und arbeitsunfähig. Am 15. November 1953 lösten die Parteien im gegenseitigen Einvernehmen das Arbeitsverhältnis auf. Die Klägerin bezog anschließend vom Arbeitsamt, das sie als arbeits- und einsatzfähig behandelte, Arbeitslosenunterstützung.

Unter Berufung auf den Urlaubstarifvertrag für die gewerblichen Arbeiter in der Berliner Metallindustrie vom 15. April 1953 verlangt die Klägerin Abgeltung des Urlaubs von 2⅓ Wochen in Höhe von 44,33 DM für das Urlaubsjahr 1953.

Das Arbeitsgericht hat der Klägerin eine Urlaubsabgeltung für 2 Tage zugesprochen und die weitergehende Klage abgewiesen. Auf die Berufung der Klägerin hat das Landesarbeitsgericht in B. der Klage in vollem Umfange stattgegeben. Die Revision der Beklagten führte zur Wiederherstellung des Urteils des Arbeitsgerichts.

Aus den Gründen:

Wie der Senat in den zur Veröffentlichung bestimmten Urteilen vom 22. Juni 1956 in 1 AZR 619/54 und 1 AZR 41/55 in Anlehnung an die Rechtsprechung des Reichsarbeitsgerichts (ARS 9, 14; 9, 38; 10, 527; 11, 164; 15, 229 und 35, 44) entschieden hat, entsteht ein Anspruch auf Abgeltung des Urlaubs nicht selbständig; er kann vielmehr nur *an die Stelle* eines bereits erworbenen auf Gewährung von Freizeit unter Fortzahlung des Lohnes gerichteten echten Urlaubsanspruchs treten. Ein Abgeltungsanspruch kommt nur in Betracht, wenn die Klägerin an dem für den Erwerb des Urlaubsanspruchs maßgebenden

Stichtag einen auf Gewährung von bezahlter Freizeit gerichteten Urlaubsanspruch erworben hatte.

Die Klägerin befand sich nicht etwa am Stichtag in einem Zustande, der sie dauernd für das gesamte Urlaubsjahr 1953 und die in § 2 A Ziff. 6 des Tarifvertrages vorgesehene Urlaubsübertragungszeit des nächsten Urlaubsjahres arbeitsunfähig machte. Alsdann wäre allerdings der Erwerb eines echten auf Freistellung von der Arbeit unter Fortzahlung des Lohnes gerichteten Urlaubsanspruchs von vornherein unmöglich und damit auch, wie der Senat in den oben erwähnten Urteilen 1 AZR 619/54 und 1 AZR 41/55 in Anlehnung an die dort aufgeführte Rechtsprechung des Reichsarbeitsgerichts entschieden hat, der Erwerb eines Anspruchs auf Urlaubsabgeltung ausgeschlossen gewesen. Hier aber war die Klägerin zu Beginn des Urlaubsjahres arbeitsfähig, sie war es auch zur Zeit der Beendigung des Arbeitsverhältnisses.

Mit Recht macht aber die Revision geltend, daß die Klägerin rechtsmißbräuchlich handele.

Der Berufungsrichter glaubt dem Tarifvertrag und dem Berliner Urlaubsgesetz entnehmen zu können, daß der Urlaubsanspruch seiner Natur nach nicht im Verhältnis zur geleisteten Arbeit zu stehen brauche, daß beide völlig unabhängig voneinander seien. Er schließt daraus, daß auch in dem Falle eines Mißverhältnisses von Urlaub und Arbeit kein Rechtsmißbrauch vorliegen könne. Das müsse selbst dann gelten, wenn sich dieses Mißverhältnis bis an die äußersten Grenzen verschiebe, also — wie im vorliegenden Fall — die Menge der geleisteten Arbeit in dem betreffenden Urlaubsjahr noch nicht einmal die Höhe des verlangten Urlaubs erreiche.

Es ist dem Berufungsrichter zuzugeben, daß der Urlaub nicht zusätzlicher Lohn ist oder als eine Gegenleistung für geleistete Arbeit gewährt wird oder in einem jeweils bestimmten Verhältnis zu dem Umfang der geleisteten Arbeit stehen muß, und daß davon auch der hier maßgebende Tarifvertrag und das Berliner Urlaubsgesetz ausgehen. Der Urlaub ist seinem Wesen nach — wie der Berufungsrichter richtig erkannt hat — Befreiung von der Arbeitspflicht bei Fortzahlung des Lohnes und ist gegründet in der Fürsorgepflicht des Arbeitgebers. Dem Berufungsrichter kann aber nicht darin gefolgt werden, daß ein Rechtsmißbrauch bei der Geltendmachung des Anspruchs schlechthin ausgeschlossen sei. Dabei werden die gesamten Umstände in ihrem Zusammenhang vom Berufungsrichter nicht genügend gewürdigt.

Die Beklagte war berechtigt, der Klägerin wegen ihrer dauernden Arbeitsunfähigkeit das Dienstverhältnis schon innerhalb der jedes Jahr erneut zurückzulegenden Wartezeit fristlos zu kündigen. Ein Urlaubsanspruch würde dann nach dem Tarifvertrag überhaupt nicht entstanden sein. Die Beklagte hat jedoch nicht gekündigt, sondern abgewartet und sich schließlich mit der Klägerin auf die Beendigung des Arbeitsverhältnisses geeinigt. Die Möglichkeit, noch Urlaubsansprüche geltend zu machen, beruht also auf dem rücksichtsvollen Verhalten der Beklagten gegenüber der erkrankten Klägerin. Unter diesen Umständen kann es nicht ohne Bedeutung sein, wenn sich das Verhältnis von Arbeitsleistung und Urlaub bis in die äußersten Möglichkeiten eines Mißverhältnisses verschiebt, wenn also die Arbeitstage noch nicht einmal die abzugeltende Urlaubszeit erreichen. Im Regelfall steht die Arbeit im Urlaubsjahr in einem gesunden Verhältnis zum Urlaub, d. h. der Urlaub beträgt einen gewissen Bruchteil der Arbeitstage des Jahres. Arbeit und Urlaub stehen sich nicht gänzlich beziehungslos gegenüber. So sind die Bestimmungen über Wartezeiten aus dem Gedanken entstanden, eine gewisse gerechte Beziehung von Arbeit und Urlaub, insbesondere im ersten Urlaubsjahr, jedenfalls im großen und ganzen sicherzustellen. Auch die zur Urlaubsgewährung führende Fürsorgepflicht des Arbeitgebers findet ihren Grund darin, daß der Arbeitnehmer sich von geleisteter Arbeit im Urlaubsjahr für zu leistende Arbeit erholen soll. Wenn der Arbeitgeber grundsätzlich auch alle Ansprüche zu erfüllen hat, die während des Arbeitsverhältnisses entstehen, und wenn auch keineswegs in jedem Falle, in dem ein gesundes Ausgleichsverhältnis zwischen Urlaub und Arbeit fehlt, die Geltendmachung des Urlaubsanspruchs gegen Treu und Glauben verstößt, so geht jedenfalls das Verlangen eines Arbeitnehmers, der mehr Urlaubstage im Urlaubsjahr fordert, als er in diesem Jahr überhaupt gearbeitet hat, offenbar über den durch Treu und Glauben unter Berücksichtigung der Verkehrssitte gesteckten Rahmen dann hinaus, wenn der Weiterbestand des Arbeitsverhältnisses der Rücksichtnahme des Arbeitgebers zu verdanken war. Sonst würde das normale Verhältnis zwischen Arbeit und Urlaub geradezu in sein Gegenteil verkehrt. Dem Urlaubsverlangen des Arbeitnehmers fehlt schlechthin jede noch vernünftige Beziehung zur Arbeitsleistung. Auch die Rücksichtnahme auf seine Mitarbeiter, die überwiegend das ganze Urlaubsjahr gearbeitet haben, noch mehr aber die Rücksichtnahme darauf, daß der Arbeitgeber nicht gekündigt hat, gebieten ihm, ein solches Verlangen zu unterlassen. Wer unter Berufung auf seine formale durch das soziale Entgegenkommen des Arbeitgebers gewonnene Rechtsposition mehr Urlaub fordert, als er im Urlaubsjahr gearbeitet hat, stellt den unzulässigen Gedanken einer reinen Urlaubsabgeltung so stark in den Vordergrund, daß er rechtsmißbräuchlich handelt.

Dem steht auch nicht etwa § 4 Abs. 4 Satz 2 TVG entgegen. Das Verbot der Verwirkung findet darin seinen Grund, daß der Arbeitnehmer wegen seiner Abhängigkeit sich vielfach gehindert fühlt, tarifliche Ansprüche rechtzeitig in angemessener Frist geltend zu machen. Verwirkung ist illoyale Verspätung der Geltendmachung. Sie greift bei tariflich gestalteten Ansprüchen nicht Platz. Die Einwendung der unzulässigen Rechtsausübung, des Rechtsmißbrauchs dagegen ist auch gegenüber tariflichen Ansprüchen gegeben (s. Hueck-Nipperdey-Tophoven, TVG 4. Aufl. § 4 Anm. 63).

18

1. Die Wahl des Betriebsratsvorsitzenden oder seines Stellvertreters kann dann angefochten werden, wenn die Vorschrift des § 27 Abs. 1 Satz 2 BetrVG verletzt worden ist, ohne daß die Abweichung von dieser Vorschrift aus objektiven Gründen betrieblich sachlich gerechtfertigt ist.

2. Es kommt dabei nicht darauf an, warum die einzelnen Betriebsratsmitglieder entgegen der Vorschrift des § 27 Abs. 1 Satz 2 BetrVG gewählt haben. Eine Erforschung, wer wen gewählt hat, und welches die Wahlmotive waren, ist unzulässig. Entscheidend ist lediglich, ob das Wahlergebnis selbst durch objektiv betriebliche Gründe tatsächlich gerechtfertigt ist, wenn von der Vorschrift des § 27 Abs. 1 Satz 2 BetrVG abgewichen wurde.

3. Ist ein Angestellter auf der Arbeiterliste von den Arbeitern im Wege der Gruppenwahl in den Betriebsrat gewählt worden, so gilt der so Gewählte insoweit, d. h. betriebsverfassungsrechtlich als Arbeiter. Ein zum stellvertretenden Betriebsratsvorsitzenden auf der Arbeiterliste gewählter Werkmeister gilt daher betriebsverfassungsrechtlich in jeder Beziehung als Vertreter der Arbeitergruppe, die ihn gewählt hat.

Betr.VG §§ 27 Abs. 1 Satz 2, 12 Abs. 2

I. Senat. Beschluß vom 6. Juli 1956 i. S. T.-W. (Antragsgeg.) w. DAG. N. (Antragsst.) 1 ABR 7/55

I. Arbeitsgericht Nürnberg. — II. Landesarbeitsgericht Bayern, Sitz Nürnberg.

Aus den Gründen:

Bei der Firma T.-Werke N. AG wurde am 25. April 1955 eine Betriebsratswahl nach dem Gruppenwahlprinzip durchgeführt. Gewählt wurden 14 Arbeiter- und 3 Angestelltenvertreter. In der konstituierenden Sitzung am 29. April 1955 wurde der Monteur L. zum Betriebsratsvorsitzenden und der Werkmeister R. zum stellvertretenden Vorsitzenden gewählt. Beide waren auf der Arbeiterliste gewählt worden.

Die Antragstellerin — eine Gewerkschaft — ist der Auffassung, die Wahl verstoße gegen die Vorschrift des § 27 Abs. 1, Satz 2 BetrVG, nach der der Vorsitzende des Betriebsrats und sein Stellvertreter nicht der gleichen Gruppe angehören sollen. Sie stellte deshalb beim Arbeitsgericht am 11. Mai 1955 den Antrag, die Wahl des stellvertretenden Betriebsratsvorsitzenden für ungültig zu erklären.

Das Arbeitsgericht hat den Antrag abgewiesen. Das Landesarbeitsgericht hat den Beschluß des Arbeitsgerichts aufgehoben und die im Betriebe der T.-W. N. AG am 29. April 1955 durchgeführte Wahl des stellvertretenden Betriebsratsvorsitzenden für ungültig erklärt.

Mit der gegen diesen Beschluß zugelassenen Rechtsbeschwerde rügt der Antragsgegner — der Betriebsrat — Verletzung des § 27 Abs. 1 Satz 2 BetrVG. Es handele sich hier lediglich um eine Sollvorschrift, deren Nichtbeachtung keine Rechtsfolgen zeitige. Insbesondere werde hierdurch nicht die Gültigkeit der Wahl beeinflußt.

Die Rechtsbeschwerde ist nicht begründet. Denn die Ansicht des Antragsgegners, ein Verstoß gegen die Sollvorschrift des § 27 Abs. 1 Satz 2 BetrVG sei rechtlich ohne Bedeutung, ist irrig. Vielmehr ist die Vorschrift dahin zu verstehen, daß die beiden Betriebsratsvorsitzenden in der Regel den verschiedenen Gruppen (Arbeiter und Angestellte) anzugehören haben, die im Betriebsrat vertreten sind. Im vorliegenden Fall gehört jedoch sowohl der Vorsitzende als auch sein Stellvertreter der Arbeitergruppe an, obwohl im Betriebsrat beide Gruppen vertreten sind. Zwar ist der zum stellvertretenden Vorsitzenden des Betriebsrats gewählte Werkmeister R. an sich im allgemeinen arbeitsrechtlichen Sinne Angestellter. Er gilt jedoch hier als Arbeiter, weil er auf der Arbeiterliste von den Arbeitern im Wege der Gruppenwahl in den Betriebsrat gewählt worden ist. Das ergibt sich aus § 12 Abs. 2 BetrVG, nach dem jede im Betrieb vertretene Gruppe auch Angehörige der anderen Gruppe wählen kann. Das hat dann aber zur Folge, daß die so gewählten insoweit, d. h. betriebsverfassungsrechtlich, als Angehörige derjenigen Gruppe gelten, die sie gewählt hat (Dietz, BetrVG, 2. Aufl. § 13 Anm. 15; Fitting-Kraegeloh, BetrVG, 3. Aufl. § 12 Anm. 16; Galperin, BetrVG, 2. Aufl. § 12 Anm. 7). Der zum stellvertretenden Betriebsratsvorsitzenden gewählte Werkmeister R. gilt daher *betriebsverfassungsrechtlich* in jeder Beziehung als Vertreter der Arbeitergruppe, die ihn gewählt hat. Trotz seiner Eigenschaft als Werkmeister ist er in seiner Stellung als stellvertretender Betriebsratsvorsitzender Vertreter der Arbeitergruppe.

Entgegen der Vorschrift des § 27 Abs. 1 Satz 2 BetrVG gehören somit der Vorsitzende und sein Stellvertreter der gleichen, nämlich der Arbeitergruppe an, während die im Betriebsrat vertretene Angestelltengruppe übergangen worden ist. Demgegenüber kann nicht auf die Entscheidung des Senats in BAG 1, 125 verwiesen werden. Dort ist sowohl die unmittelbare als auch die entsprechende Anwendung des § 12 Abs. 2 BetrVG auf eine Gemeinschaftswahl der Arbeitnehmervertreter zum Aufsichtsrat deshalb verneint worden, weil § 12 Abs. 2 BetrVG Gruppenwahl voraussetzt, die hier aber gerade stattgefunden hat.

Wie der Senat mehrfach entschieden hat (vgl. hierzu die Beschlüsse des Senats vom 2. Nov. 1955, BAG 2, 182 und vom 7. Dez. 1955 in AP Nr. 2 zu § 27 BetrVG) kann die Wahl des Betriebsratsvorsitzenden oder seines Stellvertreters dann angefochten werden, wenn die Vorschrift des § 27 Abs. 1 Satz 2 BetrVG verletzt worden ist, ohne daß die Abweichung von dieser Vorschrift aus objektiven Gründen betrieblich sachlich gerechtfertigt ist. Von diesem Anfechtungsrecht hat die Antragstellerin hinsichtlich der Wahl des stellvertretenden Vorsitzenden Werkmeisters R. form- und fristgerecht Gebrauch gemacht. Die Anfechtung ist auch begründet. Denn nach den eingehenden Feststellungen und überzeugenden Ausführungen des angefochtenen Beschlusses sind für die Wahl eines Gruppenvertreters der Arbeiter zum stellvertretenden Betriebsratsvorsitzenden in Abweichung von der Vorschrift des § 27 Abs. 1 Satz 2 BetrVG keine objektiven Gründe vorhanden, die die Wahl des R. betrieblich sachlich gerechtfertigt erscheinen lassen. Der Antragsgegner vertrat lediglich die Ansicht, der Betriebsrat sei an die Vorschrift des § 27 Abs. 1 Satz 2 BetrVG deshalb nicht gebunden, weil es sich dort lediglich um eine Sollvorschrift handele. Diese Ansicht ist jedoch, wie der Senat eingehend ausgeführt hat (BAG 2, 182), unrichtig.

Die Ansicht des Senats führt nicht etwa dazu, daß von Seiten der Beteiligten oder durch die Instanzgerichte von Amts wegen nachgeforscht werden müsse, aus welchen Gründen die einzelnen Betriebsratsmitglieder ihre Wahl getroffen haben. Es kommt nicht darauf an, warum die einzelnen Betriebsratsmitglieder entgegen der Vorschrift des § 27 Abs. 1 Satz 2 BetrVG gewählt haben. Eine Erforschung, wer wen gewählt hat und welches die Wahlmotive waren, ist unzulässig. Entscheidend ist lediglich, ob das Wahlergebnis selbst durch objektiv betriebliche Gründe tatsächlich gerechtfertigt ist, wenn von der Vorschrift des § 27 Abs. 1 Satz 2 BetrVG abgewichen wurde. Nur dies, nicht die Wahlmotive der einzelnen Betriebsratsmitglieder, haben die Tatsachengerichte von Amts wegen unter Berücksichtigung der Angaben der Beteiligten festzustellen. Diesem Erfordernis genügt der angefochtene Beschluß.

19

Die Anordnung über Freizeit für Arbeitnehmer in Gast- und Schankwirtschaften vom 5. Dezember 1940 ist weiterhin in Kraft. Sie gilt auch für Musiker, die in Gast- und Schankwirtschaften und Cafés tätig sind. Danach haben Arbeitnehmer in Gast-, Schankwirtschaften und Cafés und im übrigen Beherbergungsgewerbe für Arbeiten, die sie am 1. Mai, am 1. und 2. Weihnachtsfeiertag und am Neujahrstag, soweit diese Tage nicht auf einen Sonntag fallen, ferner am Ostermontag und Pfingstmontag über 6 Stunden täglich hinaus leisten, Anspruch auf je einen freien Tag unter Fortzahlung des Lohnes. Der Lohn ist in Höhe des Urlaubsgeldes zu zahlen. Der freie Tag ist spätestens 5 Wochen nach dem Feiertag zu gewähren.

AO über die Freizeit in Gast- und Schankwirtschaften v. 5. 12. 1940 (RABl. III S. 310)

I. Senat. Urteil vom 13. Juli 1956 i. S. M. (Bekl.) w. P. u. a. (Kl.)
1 AZR 306/55

I. Arbeitsgericht Bielefeld. — II. Landesarbeitsgericht Hamm/Westf.

Die Kläger waren Musiker in einer Kapelle J., die auf Grund eines schriftlich abgeschlossenen Vertrages in der Zeit vom 1. Juli 1953 bis 31. Juli 1953 in dem Café des Beklagten konzertiert hatte. Die Kapelle wurde erneut für die Zeit vom 1. Mai 1954 bis 30. Juni 1954 vom Beklagten verpflichtet. Die Vertragsbedingungen blieben dieselben wie für die Zeit vom 1. Juli 1953 bis 31. Juli 1953.

Am 1. Mai 1954 (Tag der Arbeit), am Pfingstmontag (2. Pfingstfeiertag) und am 17. Juni (Tag der deutschen Einheit) des gleichen Jahres konzertierte die Kapelle jeweils 7 Stunden lang.

Die Kläger sind der Auffassung, der Beklagte habe ihnen für die Arbeit an diesen 3 Feiertagen 3 Tage bezahlte Ersatzfreizeit gewähren müssen, was er aber nicht getan habe. Die Kläger haben daher Abgeltung für nicht erhaltene 3 Tage bezahlte Ersatzfreizeit verlangt.

Gegen die Klageforderungen hat der Beklagte vorgetragen, die Kläger seien übertariflich entlohnt worden, womit auch die Feiertagsarbeit abgegolten worden sei.

Das Arbeitsgericht hat den Klageforderungen stattgegeben. Das Landesarbeitsgericht hat der Berufung der Beklagten teilweise stattgegeben, indem unter Abweisung der Klage im übrigen die Beklagte verurteilt wurde, lediglich eine Abgeltung wegen nichterhaltener Ersatzfreizeit für den Pfingstmontag 1954 an die Kläger zu zahlen.

Das Berufungsgericht hält die Ansprüche der Kläger nur, soweit sie Abgeltung wegen nichtgewährter bezahlter Freizeit für Arbeit am Pfingstmontag 1954 beanspruchen, nicht jedoch für Arbeit am 1. Mai 1954 und 17. Juni 1954, auf Grund der Anordnung betr. Freizeit für die Gefolgschaftsmitglieder in Gast- und Schankwirtschaften vom 5. Dezember 1940 i. V. mit dem Runderlaß des Reichsarbeitsministers vom 10. Februar 1941 für begründet.

Beide Parteien legten gegen das Urteil Revision ein.

Der Beklagte ist der Ansicht, die Anordnung des Reichsarbeitsministers vom 5. Dezember 1940 sei durch § 3 des Bundesgesetzes zur Regelung der Lohnzahlung an Feiertagen vom 2. August 1951 aufgehoben worden. Das Berufungsgericht habe daher zu Unrecht den auf diese Anordnung gestützten Ansprüchen der Kläger auf Abgeltung von nicht erhaltener Freizeit wegen Arbeit am Pfingstmontag stattgegeben.

Die Kläger rügen Anwendung eines falschen Gesetzestextes durch das Berufungsgericht, soweit die Anordnung betr. Freizeit vom 5. Dezember 1940 in Betracht kommt und bitten, die Beklagte zu verurteilen, die nicht erhaltene Freizeit wegen Arbeit am 1. Mai 1954 abzugelten.

Nur die Revision der Kläger hatte Erfolg.

Aus den Gründen:

I.

Nach der Anordnung des Reichsarbeitsministers über die Freizeit in Gast- und Schankwirtschaften vom 5. Dezember 1940 (RABl. Teil III S. 310) haben Arbeitnehmer in Gast- und Schankwirtschaften für Arbeiten, die sie u. a. am 1. Mai, soweit dieser nicht auf einen Sonntag fällt, sowie am Pfingstmontag über 6 Stunden täglich hinaus leisten, Anspruch auf je einen freien Tag unter Fortzahlung des Lohnes. Dieser freie Tag ist spätestens fünf Wochen nach dem Feiertag zu gewähren. Unter diese Anordnung fallen auch Musiker, die in Gast- und Schankwirtschaften, zu denen auch Cafébetriebe gehören (vgl. Gaststättengesetz vom 28. April 1930 RGBl. I S. 146), tätig sind. Abgesehen davon, daß dies durch einen Erlaß des Reichsarbeitsministers vom 10. Februar 1941

(RABl. Teil III S. 34) ausdrücklich klargestellt worden ist, ergibt es sich auch aus dem Sinn und Zweck der Freizeitanordnung selbst. Denn Musiker gehören zu den Arbeitnehmern des Cafébetriebes, in dem sie musizieren, es sei denn, sie wären Mitglieder eines Ensembles, dessen alleiniger Arbeitgeber der Kapellenleiter selbst ist. Dieser Fall liegt aber nach den Feststellungen der Vorinstanzen nicht vor. Das Berufungsgericht hat also zu Recht den Beklagten verurteilt, an die Kläger die verlangten Abgeltungsbeträge zu zahlen, die sie wegen des für die Arbeit am Pfingstmontag 1954 nicht erhaltenen freien Tages beanspruchen können.

Die Ansicht des Beklagten, die Anordnung des Reichsarbeitsministers vom 5. Dezember 1940 sei nicht mehr gültig, ist irrig. Die Anordnung ist nicht ausdrücklich aufgehoben worden, insbesondere nicht durch das Gesetz über die Aufhebung von Vorschriften auf dem Gebiete des Arbeitsschutzes vom 21. März 1952 (BGBl. I S. 146). Denn dieses Gesetz hebt in § 2 Ziff. 7 nur die Nr. 3 der Anordnung vom 5. Dezember 1940 auf. Nr. 3 der Anordnung enthält aber lediglich eine für die Dauer des Krieges bestimmte Sonderregelung.

Die Freizeitanordnung ist aber auch nicht durch § 3 Abs. 2 des Gesetzes zur Regelung der Lohnzahlung an Feiertagen vom 2. August 1951 (BGBl. I S. 479) als ganze außer Kraft gesetzt worden. Abgesehen davon, daß diese Vorschrift die Freizeitanordnung ausdrücklich nicht erwähnt, fällt diese auch nicht unter die Generalklausel, durch die „alle bisherigen Bestimmungen der Länder und der Reichstreuhänder und Sondertreuhänder der Arbeit für Lohnzahlung an Feiertagen" außer Kraft gesetzt werden. Denn bei der Freizeitanordnung vom 5. Dezember 1940 handelt es sich nicht um Bestimmungen des Reichstreuhänders oder eines Sondertreuhänders der Arbeit. Sodann regelt die Freizeitanordnung nicht die Lohnzahlung an Wochenfeiertagen, sondern Fragen der Freizeitgewährung für Arbeitnehmer im Gaststättengewerbe, die an sogenannten Wochenfeiertagen, an denen üblicherweise nicht gearbeitet wird, gleichwohl arbeiten müssen.

Der Beklagte übersieht, daß in diesem Zusammenhang drei verschiedene Gruppen von Fällen scharf unterschieden werden müssen.

Ob an Arbeitnehmer Lohn zu zahlen ist für Feiertage, an denen sie nicht gearbeitet haben, ist jetzt abschließend durch das genannte Gesetz über die Lohnzahlung an Feiertagen vom 2. August 1951 geregelt. Nach § 1 des Gesetzes ist für die Arbeitszeit, die infolge eines gesetzlichen Feiertages ausfällt, vom Arbeitgeber den Arbeitnehmern der Arbeitsverdienst zu zahlen, den sie ohne den Arbeitsausfall erhalten hätten, soweit die Feiertage nicht auf einen Sonntag fallen. Das Bundesgesetz will also den Arbeitnehmer vor Lohnausfall schützen. Es will ihm den Lohn sichern, der ihm durch sogenannte Wochenfeiertage, an denen nicht gearbeitet wird, entgehen würde (vgl. hierzu Denecke, AZO, 3. Aufl., § 105 a GewO Anm. 7). Dieser Fall liegt hier aber nicht vor. Die Kläger verlangen nicht Lohnfortzahlung für einen sogenannten gesetzlichen Wochenfeiertag, an dem sie nicht gearbeitet haben; sie verlangen vielmehr, weil sie gerade umgekehrt an einem solchen gesetzlichen Wochenfeiertag gearbeitet und keine bezahlte Ersatzfreizeit bekommen haben, Abgeltung hierfür.

In einer zweiten Gruppe von Fällen handelt es sich darum, ob und wie die Arbeit zu bezahlen ist, die an sogenannten Wochenfeiertagen geleistet wird, hier insbesondere um die Frage der Zuschläge für Arbeit an gesetzlichen Wochenfeiertagen. Bestimmungen hierüber sind durch § 3 Abs. 2 des Bundesgesetzes über die Lohnzahlung an Feiertagen grundsätzlich aufgehoben worden. Ob und in welcher Höhe solche Zuschläge vom Arbeitgeber zu zahlen sind, soll sich künftig nur noch nach etwa weitergeltenden Tarifordnungen oder nach neuen Tarifverträgen bestimmen. (Lediglich das Berliner Gesetz über die Lohnzahlung an Feiertagen vom 22. Juli 1950 trifft selbst eine Regelung von Zuschlägen für Arbeit an Wochenfeiertagen, falls nicht durch Tarifvertrag eine andere Regelung getroffen ist.) Aber auch dieser Fall liegt hier nicht vor. Die Kläger verlangen keinen Zuschlag für die am 1. Mai 1954 und Pfingstmontag 1954 geleistete Arbeit.

Vielmehr fallen die Ansprüche der Kläger unter eine dritte Fallgruppe. Hier geht es darum, daß für A r b e i t an Wochenfeiertagen, an denen sonst üblicherweise nicht gearbeitet wird, vom Arbeitgeber zum Ausgleich bezahlte Ersatzfreizeit zu gewähren ist. Mit diesem Fall befaßt sich das Bundesgesetz über Lohnzahlung an Feiertagen vom 2. August 1951 überhaupt nicht. Das ist auch begreiflich, weil sich das Bundesgesetz nur mit der Frage der Lohnsicherung für Feiertage, an denen n i c h t gearbeitet wird, befaßt, während es sich hier um eine Frage des A r b e i t s s c h u t z e s handelt. Das wird durch die Präambel der Anordnung vom 5. Dezember 1940 ausdrücklich hervorgehoben. Sie geht davon aus, daß den Arbeitnehmern in den Gast- und Schankwirtschaften ein Ausgleich für die Inanspruchnahme an Wochenfeiertagen durch entsprechende freie Tage unter Fortzahlung des Lohnes zu gewähren ist. Weil es sich bei dieser Anordnung um die Regelung einer Frage des Arbeitsschutzes und nicht der Lohnsicherung handelt, ist sie dann auch in Teil III des RABl., der sich mit Fragen des Arbeitsschutzes, der Unfallverhütung und Gewerbehygiene beschäftigt, veröffentlicht worden, während gesetzliche Verordnungen und Anordnungen betr. Entlohnung von Arbeitnehmern in Teil I des RABl. veröffentlicht zu werden pflegten.

Sodann fußt die Anordnung auf § 29 AZO und § 27 JuSchG. Die AZO dient aber im wesentlichen — ähnlich wie das JuSchG, soweit es sich um Fragen der Arbeitszeit handelt, — den Prinzipien des Arbeitsschutzes. Der Arbeitnehmer soll durch die Regelung der Arbeitszeit vor einer übermäßigen zeitlichen Beanspruchung seiner Arbeitskraft geschützt werden. § 29 AZO ermächtigt den Reichsarbeitsminister, die zur Durchführung der AZO erforderlichen Rechts- und Verwaltungsvorschriften zu erlassen. Dabei konnte er, soweit es zur Verwirklichung der mit der AZO verfolgten Zwecke erforderlich war, auch Vorschriften und Anordnungen ergänzenden Inhalts, wie die der Freizeitanordnung vom 5. Dezember 1940 erlassen. Dabei kann es hier, wie das Berufungsgericht mit Recht ausgeführt hat, dahingestellt bleiben, ob § 29 Satz 2 AZO mit Art. 129 Abs. 3 GG heute noch vereinbar ist oder nicht (vgl. hierzu Denecke a. a. O., § 29 Anm. 1, 2). Denn wenn § 29 Satz 2 AZO eine Ermächtigung im Sinne dieser Verfassungsvorschrift enthalten sollte, so ist sie erst mit dem Inkrafttreten des Grundgesetzes erloschen, nicht aber rückwirkend. Daraus folgt, daß Anordnungen, die vor Inkrafttreten des GG auf Grund des § 29 Satz 2 AZO ergangen sind, in jedem Fall so lange weiter Gültigkeit besitzen, bis sie außer Kraft getreten sind. Ein etwaiger Wegfall der im § 29 Satz 2 AZO enthaltenen Ermächtigung hat auf die Gültigkeit der Anordnung vom 5. Dezember 1940 also keinen Einfluß.

Auch aus der Bezugnahme der Freizeitanordnung auf Nr. 46 der Ausführungsverordnung der AZO geht der Arbeitsschutzcharakter der Anordnung hervor. Hiernach ist der freie Tag, der für Arbeit an einem der in der Anordnung genannten Wochenfeiertage ersatzweise zu geben ist, neben den in den genannten Nummern der Ausführungsverordnung zur AZO vorgeschriebenen Ruhezeiten zu gewähren. Den Arbeitnehmern in Gast- und Schankwirtschaften soll die erforderliche Ruhe- und Freizeit gewährt werden, um sie vor einer gerade in diesem Gewerbe oft drohenden Überbeanspruchung zu schützen.

Die Freizeitanordnung dient daher nach allem nicht der Lohnsicherung für die Arbeitnehmer in Gast- und Schankwirtschaften bei Arbeitsausfall an gesetzlichen Wochenfeiertagen, sie will ihnen auch nicht für Arbeit an diesen Tagen einen Lohnzuschlag geben, sondern eine Ersatzfreizeit dafür gewähren und sichern, daß sie regelmäßig an bestimmten namentlich aufgezählten Wochenfeiertagen im Gegensatz zu Arbeitnehmern anderer Gewerbezweige Arbeit leisten müssen. Daß dabei gleichzeitig angeordnet wird, an dem ersatzweise zu gewährenden freien Tag sei der Lohn fortzuzahlen, ist ein Erfordernis der Gerechtigkeit. Denn sonst würden die Arbeitnehmer in Gast- und Schankwirtschaften gegenüber der großen Mehrzahl der Arbeitnehmer, die an den entsprechenden Wochenfeiertagen nicht arbeiten und den Lohn gleichwohl fortgezahlt erhalten, ohne Grund schlechter gestellt sein.

Wenn der Beklagte meint, mit der Aufhebung der Anordnung über die Lohnzahlung an Feiertagen vom 3. Dezember 1937 (DRAnz. Nr. 280) durch das Bundesgesetz über die Lohnzahlung an Feiertagen müsse auch die Freizeitanordnung vom 5. Dezember 1940 weggefallen sein, dann verkennt er, daß durch dieses Bundesgesetz die Anordnung vom 3. Dezember 1937 inhaltlich gar nicht beseitigt, sondern nur in eine neue Rechtsform gegossen worden ist. Dem sachlichen Inhalt nach bestimmt das Bundesgesetz, wie früher die vorgenannte Anordnung, genau dasselbe, nämlich, daß für Arbeitszeit, die infolge sogenannter Wochenfeiertage ausfällt, der volle Lohn zu zahlen ist. Weil aber diese Regelung für Arbeitnehmer in Gast- und Schankwirtschaften nicht paßte und paßt und daher ausscheidet — sie müssen ja gerade an diesen Feiertagen regelmäßig arbeiten —, mußte der Ausgleich durch entsprechende freie Tage gegeben werden, wie dies die Freizeitanordnung vom 5. Dezember 1940 bestimmt. Selbstverständlich schließt diese Anordnung nicht aus, daß durch Tarifverträge eine Regelung getroffen wird, die entweder die gleichen Bestimmungen wie die Freizeitanordnung oder aber eine weitere Begünstigung für die Arbeitnehmer enthält, die an gesetzlichen Feiertagen arbeiten müssen.

Aus all dem folgt, daß das Berufungsgericht mit Recht die Weitergeltung der Freizeitanordnung in Gast- und Schankwirtschaften vom 5. Dezember 1940, abgesehen von ihrer in Nr. 3 getroffenen kriegsbedingten Regelung, angenommen hat (vgl. hierzu Frey, Die Feiertagsbezahlung, 1956 S. 82), und daher die Revision des Beklagten unbegründet ist.

II.

Hingegen ist die Revision der Kläger sowohl zulässig als auch begründet.

Die Statthaftigkeit ihrer Revision ist nicht deswegen ausgeschlossen, weil die Revision vom Landesarbeitsgericht mit Rücksicht auf die Frage der Fortgeltung der Freizeitanordnung zugelassen worden ist, das Landesarbeitsgericht diese Frage aber zu Gunsten der Kläger entschieden hat. Denn es kommt für die Statthaftigkeit der Revision nicht darauf an, aus welchen Gründen sie zugelassen worden ist, sondern lediglich darauf, daß sie zugelassen worden ist (§ 72 Abs. 1 Satz 1 ArbGG). Auch die Partei, die zwar nicht durch die Entscheidung der Rechtsfrage, um derentwillen die Revision zugelassen worden ist, aber aus anderen Gründen durch das Berufungsurteil beschwert ist, kann Revision einlegen. Denn die Zulassung eröffnet den Revisionsweg zur Nachprüfung des Urteils in vollem Umfang und nicht etwa nur beschränkt auf die spezielle Rechtsfrage, die Anlaß für die Zulassung gab (RAG in ARS 5, 459 m. Anm. v. Nipperdey; 11, 242; 10, 209). Ist die Revision zugelassen, dann kann jede Partei, die durch das Urteil beschwert ist, Revision einlegen. Nur dann würde die Zulassung der Revision, allerdings für beide Parteien, unwirksam sein und die Revision unstatthaft machen, wenn die Zulassung auf den ersten Blick erkennbar offensichtlich gesetzwidrig erfolgt wäre (vgl. die Entscheidung des Großen Senats des Bundesarbeitsgerichts vom 6. Juni 1956 GS 2/56 AP Nr. 16 zu § 69 ArbGG 1953). Davon kann aber hier keine Rede sein.

Zu Unrecht hat das Landesarbeitsgericht den Anspruch der Kläger auf Abgeltung von nicht erhaltener bezahlter Ersatzfreizeit für ihre am 1. Mai 1954 geleistete Arbeit abgelehnt. Denn es hat seiner Rechtsfindung einen falschen Gesetzestext der Freizeitanordnung vom 5. Dezember 1940 zu Grunde gelegt. Dies geht nicht nur aus der vom Vorsitzenden der erkennenden Kammer des Berufungsgerichts niedergelegten Aktennotiz vom 27. Mai 1955 hervor, sondern ergibt sich eindeutig auch aus einem Vergleich des benutzten Gesetzestextes aus der 1. Auflage der AZO von Denecke auf S. 168 mit dem amtlichen Text der Anordnung, sowie mit dem der 2. und 3. Aufl. der AZO von Denecke S. 178. Hiernach besteht Anspruch auf je einen freien Tag unter Fortzahlung des Lohnes für Arbeit am 1. Mai, am ersten und zweiten Weihnachtsfeiertag und am Neujahrstag, „soweit diese Tage nicht auf einen Sonntag fallen", während das Berufungsgericht davon ausgegangen ist, der Text laute: „soweit diese Tage auf einen Sonntag fallen". Weil aber das Berufungsgericht von einem falschen Gesetzestext ausgegangen ist und gemeint hat, der Freizeitanspruch bezüglich des 1. Mai sei nur gegeben, wenn dieser Tag auf einen Sonntag fällt, hat es den Anspruch auf Freizeit bzw. Abgeltung für Arbeit am 1. Mai 1954, der nicht auf einen Sonntag, sondern Samstag fiel, zu Unrecht abgewiesen. Den Klägern war also nach der Freizeitanordnung vom 5. Dezember 1940 innerhalb von 5 Wochen nach dem 1. Mai 1954 ersatzweise ein bezahlter Feiertag zu gewähren. Weil dies nicht geschehen ist, steht den Klägern also entgegen der Entscheidung des Berufungsurteils auch für den 1. Mai 1954 der Abgeltungsbetrag zu.

20

Wasserbauvorwerker erhalten nicht den Lohn der Ziffer 5 der Lohngruppe A des Lohngruppenverzeichnisses zur TO. B, sondern den in Ziffer I Nr. 2 der Anlage 1 der Besonderen Dienstordnung zur TO. B für den Geschäftsbereich des Generalinspektors für Wasser und Energie, Abteilung Reichswasserstraßen, vom 1. Juni 1942 (DOW) festgesetzten Lohn.

TO. B, Lohngruppenverzeichnis, Lohngruppe A Ziffer 5.

III. Senat. Urteil vom 27. Juni 1956 i. S. B. (Bekl.) w. D. (Kl.)
3 AZR 291/54.

I. Arbeitsgericht Rheine/Westf. — II. Landesarbeitsgericht Hamm/Westf.

Der im Jahre 1929 geborene Kläger hat im April 1947 nach dreijähriger Lehrzeit die Prüfung als Wasserbauwerker bestanden und ist seitdem im Bezirk der Schiffahrtsdirektion M. in diesem Beruf beschäftigt. Mit Wirkung vom 1. 5. 1952 ist er durch schriftliche Verfügung mit der Führung der Wasserbauwerker — Kolonne — in B. beauftragt, mit Wirkung vom 1. 4. 1953 zum planmäßigen Wasserbauvorwerker ernannt worden. Seinen Lohn erhält er nach der Lohngruppe III TO. B (frühere Lohngruppe C + 40 %). Er verlangt Bezahlung nach Lohngruppe II (frühere Lohngruppe C + 50 %) und hat geklagt mit dem Antrag

1. festzustellen, daß die Beklagte verpflichtet ist, ihm den Lohn nach der Lohngruppe II (C + 50 %) TO. B zu zahlen;
2. die Beklagte zu verurteilen, für die Zeit vom 1. 5. 1952 bis zum 31. 10. 1953 die Lohndifferenz in Höhe von 343,17 DM an ihn zu zahlen.

Das Arbeitsgericht hat die Klage nach Erhebung von Sachverständigenbeweis darüber, ob der Kläger Handwerker ist, abgewiesen. Das Landesarbeitsgericht hat der Klage stattgegeben. Es sieht den Kläger als Vorhandwerker im Sinne der ADO Nr. 3 zur TO. B an.

Die Revision der Beklagten führte zur Wiederherstellung des Urteils des Arbeitsgerichts.

Aus den Gründen:

I. Der Kläger stützt seinen Anspruch auf die Tarifordnung B für Arbeiter im öffentlichen Dienst (TO. B) in der Fassung vom 15. 4. 42, und zwar auf das ihr als Anlage 2 beigefügte Lohngruppen-Verzeichnis, Lohngruppe A Ziffer 5. Dort heißt es, daß „Handwerker, die handwerksmäßige Arbeiten leiten oder prüfen", sowie Handwerksmeister, die in handwerkmäßigen Arbeiten Unterweisungen erteilen, einen Zuschlag zum Lohn der Lohngruppe A in Höhe von 20 v. H. des Lohnes der Lohngruppe C erhalten. Dieser vom Kläger verlangte Lohn entspricht, wie das angefochtene Urteil zutreffend dargelegt hat, dem Lohn der jetzigen Lohngruppe II (= C + 50 %), während der Kläger bisher seinen Lohn nach der jetzigen Lohngruppe III (= C + 40 %) erhält. Der Unterschied macht z. Zt. bei der Lohnstunde 0,11 DM und beim Monatslohn 22,88 DM aus.

Nach Nr. 3 der Allgemeinen Dienstordnung (ADO) zum Lohngruppenverzeichnis gelten als Handwerker, die handwerksmäßige Arbeiten leiten, prüfen, oder in diesen Unterweisungen erteilen, Vorhandwerker und Arbeitsprüfer. Vorhandwerker sind nach derselben Vorschrift solche Handwerker, die durch schriftliche Verfügung als ständige Gruppenführer bestellt und beschäftigt werden, wobei die betr. Gruppe aus mehreren selbständigen Helfern bestehen muß, die aber zum Teil auch Nichthandwerker und unter Umständen sogar Lehrlinge im dritten Lehrjahr sein können.

II. Es kommt also entscheidend darauf an, ob der Kläger, wie er geltend macht und worin ihm das angefochtene Urteil gefolgt ist, als Vorhandwerker im vorstehend dargelegten Sinne anzusehen ist.

a) Dabei ist, was auch das Landesarbeitsgericht nicht verkennt, davon auszugehen, daß die Wasserbauwerker, zu denen der Kläger gehört, nicht Handwerker im herkömmlichen Sinne sind. Der vom Generalinspektor für Wasser und Energie (Abt. Reichswasserstraßen) erst im Oktober 1942 formell anerkannte Beruf der Wasserbauwerker ist weder damals noch später in das Verzeichnis der Gewerbe, die handwerksmäßig betrieben werden können (Reichsanzeiger Nr. 287 v. 8. 12. 34), aufgenommen worden und auch in dem entsprechenden Verzeichnis der Anlage I zur Handwerksordnung vom 17. 9. 53 (BGBl. I S. 1411) nicht enthalten. Das hat auch seine innere Berechtigung. Denn das Berufsbild der Wasserbauwerker, wie es in der Anlage 1 zum Erlaß des Generalinspektors vom 1. 10. 42 festgelegt ist, fügt sich mit seinen Arbeitsgebieten

Herstellen und Instandhalten von Strombauwerken an und in schiffbaren Wasserläufen wie Buhnen, Leitwerke, Deckwerke, Sperrwerke, Grundschwellen, Kopfschwellen, Uferbefestigungen in Stein- und Faschinenbauweisen

und mit den dazu erforderlichen Fertigkeiten und Kenntnissen dem herkömmlichen Begriff eines Handwerksberufs nicht ganz ein. Es ist einerseits vielseitiger und begnügt sich andererseits mit einer weniger gründlichen Ausbildung in den einzelnen Tätigkeiten. Es fehlt darin, was Molitor (Vom Wesen des Handwerks, Marburg 1939, S. 7 ff.) mit Recht für ein Handwerk als typisch ansieht, die vollkommene Beherrschung eines Werkstoffs. In diesem Zusammenhang mag erwähnt werden, daß aus ähnlichen Gründen auch der Gärtnerberuf nicht als Handwerk anerkannt ist (vgl. Molitor a. a. O. S. 52 ff.). Hinzu kommt, daß der Wasserbauwerkerberuf seinem Wesen nach nur im Dienste der staatlichen Wasserstraßenverwaltung ausgeübt werden kann, aber nicht eigentlich handwerksmäßig im Rahmen einer Werkstatt.

b) Andererseits darf nicht verkannt werden, daß auch große Ähnlichkeit vorhanden ist. Das gilt vor allem für das Ausbildungs- und Prüfungswesen, das insbesondere in den Erlassen des Generalinspektors vom 1. 10. 42 und 2. 10. 42 über den Aufbau des Berufsstandes der Wasserbauwerker sehr eingehend und ganz ähnlich wie in der Handwerksordnung geregelt ist. Hinzu kommt, daß ein Wasserbauwerker nach dem bereits erwähnten Berufsbild Fertigkeiten und Kenntnisse aus den Arbeitsgebieten verschiedener echter Handwerksberufe wie Maurer, Pflasterer, Zimmerer besitzen muß. Es ist naheliegend, daß sich aus beiden Gründen bei den Wasserbauwerkern eine Art zünftiger Berufsauffassung entwickelt hat und noch weiter entwickelt, wie sie sonst nur noch in echten Handwerksberufen zu finden ist. Offenbar wollte der Generalinspektor bei der Organisation des Wasserbauwerkerberufs im Jahre 1942 auch einen neuen echten Handwerksberuf schaffen. Die grundlegenden Erlasse des Generalinspektors vom 1. 10. und 2. 10. 42 betreffen nach ihrer Überschrift ausdrücklich den Aufbau des „Wasserbau*handwerker*standes". Der Erlaß desselben vom 24. 12. 42 betrifft zwar nach der dem Senat vorliegenden Abschrift den Aufbau des Wasserbau*werker*standes, sagt aber in seinem zweiten Absatz, daß der neugeschaffene Wasserbauwerkerberuf keine Neuschöpfung im eigentlichen Sinne sei, sondern „die formelle Anerkennung eines tatsächlich seit jeher im Wasserbau bestehenden „Handwerks" darstelle. Erst in dem Erlaß vom 22. 1. 43 wird „zur Klarstellung" erwähnt, daß die mit dem Facharbeiterbrief ausgestatteten Wasserbauwerker und

-vorwerker nicht „Handwerker im Sinne des Aufbaues des deutschen Handwerks sind" und der Ausdruck „Wasserbauhandwerker" daher zu vermeiden sei. In dem Erlaß der Hauptverwaltung der Binnenschiffahrt des amerikanischen und britischen Besatzungsgebiets vom 11. 11. 47 (V 31/1.017) ist aber wiederum gesagt, bei den Prüfungen der Wasserbauwerker sei in jedem Einzelfall ein strenger Maßstab anzulegen, um diesen Lehrberuf „auch in Zukunft als vollwertiges Handwerk erhalten zu können". Und das Wasser- und Schiffahrtsamt Rheine, also die Dienststelle des Klägers, meinte noch in ihrem Schreiben vom 15. 10. 52 an die Betriebsvertretung, die Auffassung des Generalinspektors in seinem Erlaß vom 22. 1. 43, daß Wasserbauwerker nicht Handwerker im eigentlichen Sinne seien, dürfe durch die zwischenzeitliche Entwicklung als überholt anzusehen sein.

c) Nach alledem kann die dem angefochtenen Urteil, wenn auch aus zum Teil anderen Erwägungen, zu Grunde liegende Ansicht, daß der Wasserbauwerkerberuf als anerkannter Lehrberuf dem Handwerkerberuf gleichstehe, im Ergebnis mit Rechtsgründen nicht mißbilligt werden. Wenn die Beklagte unter Hinweis auf eine Stelle der Schrift „Der Lehrberuf Wasserbauwerker" von Minne (Verden 1948) meint, der Handwerker sei dem Wasserbauwerker überlegen, so will sie damit anscheinend kein umfassendes Werturteil abgeben, sondern nur die gründlichere Ausbildung der Handwerker in ihrem besonderen Fach hervorheben. Denn an einer anderen Stelle der Revisionsbegründung räumt auch die Beklagte ein, daß die Wasserbauwerker „eine Spezies von Allerweltskerlen", also besonders vielseitig qualifizierte Facharbeiter seien. Unter diesen Umständen würden an sich im ganzen gesehen keine durchgreifenden Bedenken bestehen, die Wasserbauwerker den Handwerkern im Sinne der TO. B qualitativ gleichzustellen, zumal eine solche Gleichstellung der TO. B nicht fremd ist, wie sich aus den oben unter I herangezogenen Vorschriften ergibt (vgl. insbesondere § 5 Abs. 2 TO. B und Ziff. 1 der Lohngruppe A des Lohngruppenverzeichnisses).

d) Einer solchen Gleichstellung steht aber die Besondere Dienstordnung zur TO. B für den Geschäftsbereich des Generalinspektors für Wasser und Energie, Abteilung Reichswasserstraßen vom 1. 6. 42 (genannt DOW, abgedruckt im Reichsverkehrsblatt vom 13. 6. 42, Nr. 12, S. 133) entgegen. Sie ist als besondere Dienstordnung im Sinne von § 16 AOGÖ erlassen worden und enthält im Rahmen von ADO Nr. 1 zu § 13 Abs. 3 TO. B auch ins Einzelne gehende Lohnregelungen für die Arbeiter der Reichswasserstraßenverwaltung, die im Lohngruppenverzeichnis zur TO. B nicht aufgeführt sind. Für Vorarbeiter mit handwerksmäßiger Vorbildung (oder nach Ablegung der Prüfung gemäß § 5 Abs. 2 TO. B) als ständige Gruppenführer, also auch für den Kläger, setzt sie unter Ziffer I 2 zum Lohngruppenverzeichnis ausdrücklich den Lohn der Lohngruppe C mit einem Zuschlag von 40 v. H., d. h. den Lohn der jetzigen Lohngruppe III fest. Das ist der Lohn, den der Kläger tatsächlich erhält. Den Lohn, den der Kläger beansprucht (Lohngruppe II = C + 50 %), erhalten nicht die Vorarbeiter als Gruppenführer (Wasserbauvorwerker), sondern die Wasserbauwerksmeister. Daß die DOW schon am 1. 7. 42, also drei Monate vor der Organisation des Wasserbauwerkerberufs erlassen worden ist, schließt ihre Anwendung auf die Wasserbauwerker nicht aus. Die DOW ist auch insoweit weder, solange dies noch rechtlich möglich war, geändert, noch später durch eine tarifliche Vereinbarung ersetzt, sondern ununterbrochen auf die Waserbauwerker weiter angewandt worden. Sie steht insoweit auch nicht, wie der Kläger meint, in offenem Widerspruch zur TO. B, insbesondere nicht zu den Bestimmungen in Ziffer 5 der Lohngruppe A des Lohngruppenverzeichnisses, die der Kläger für sich in Anspruch nimmt, sondern ergänzt diese Bestimmungen nur. Der Senat sieht sich daher nicht in der Lage, von der erwähnten ausdrücklichen Lohnfestsetzung der DOW abzuweichen, wie dies das angefochtene Urteil ohne ausreichende Begründung getan hat, zumal dadurch das ganze Lohngefüge bezüglich der Wasserbauwerker ins Wanken gebracht werden könnte. Es muß vielmehr den Sozialpartnern überlassen bleiben, durch Tarifvertrag die bisher fehlende rechtliche Grundlage für eine höhere Entlohnung der Wasserbauvorwerker zu schaffen, wenn sie dies für erforderlich halten.

Auf die weitere strittige Frage, ob die vom Kläger geführte Gruppe tatsächlich überwiegend aus Arbeitern besteht, die den Lohn der Lohngruppe IV (C + 30 %) erhalten, kommt es dabei nicht mehr an.

21

1. Oberste Dienstbehörde im Sinne von § 7 Abs. 2 RegelungsG ist für einen wegen politischer Belastung entfernten Angestellten einer Allgemeinen Ortskrankenkasse das Organ, welches die Kasse leitet.

2. Bei Anwendung des § 7 Abs. 1 RegelungsG ist nicht nur die Ernennung, sondern auch jede Beförderung einzeln nachzuprüfen (in Übereinstimmung mit BVerwG, NJW 55, 1771 und 56, 761).

RegelungsG § 7.

III. Senat. Urteil vom 17. Juli 1956 i. S. P. (Kl.) w. A. O. (Bekl.)
3 AZR 112/54.

I. Arbeitsgericht Gießen. — II. Landesarbeitsgericht Frankfurt/Main.

Der im Jahre 1894 geborene Kläger war nach dem Ersten Weltkrieg selbständiger Lebensmittelhändler. Nachdem er in den Jahren 1926 bis 1928 wiederholt wegen Betruges bestraft und bis Juni 1929 wegen einer Gesamtstrafe von 2 Jahren und 10 Monaten Gefängnis in Strafhaft war, wurde er erwerbslos. Am 1. September 1929 trat er der NSDAP als Mitglied bei, am 2. August 1931 auch der SA.

Nachdem die NSDAP zur Macht gelangt war, wurde der Kläger auf Fürsprache von Parteistellen im August 1933 bei der Stadtverwaltung in D. und am 6. Februar 1934 bei der AOK in D. als Hilfsarbeiter eingestellt. Nach ausreichend bestandener A-Prüfung wurde er mit Wirkung vom 1. August 1936 als Sekretär bei der AOK D. dienstordnungsmäßig angestellt. Diese Anstellung wurde jedoch mit seiner Zustimmung alsbald rückgängig gemacht, weil er seine Bestrafungen verschwiegen hatte. Der Kläger blieb weiter Hilfsarbeiter bei der AOK in D. und wurde am 1. August 1937 als solcher von der Beklagten übernommen. Ende 1937 kündigte die Beklagte dem Kläger wegen Betrunkenheit während des Dienstes, nahm aber diese Kündigung auf Einspruch des Klägers zurück. Am 11. Oktober 1938 stellte die Beklagte den Kläger mit Rückwirkung zum 1. Februar 1938 dienstordnungsmäßig als Sekretär an. In der Folgezeit blieben vielfache Bemühungen des Klägers, eine bessere Stellung bei der Beklagten zu erreichen, zunächst erfolglos. Im Mai 1941 bestand er die B-Prüfung nicht. Im August 1941 wurde er in die Ostgebiete, und zwar an die AOK in G. im damaligen Warthegau, abgeordnet. Dort ließ man ihn nach wiederholter Bewerbung zur vereinfachten B-Prüfung zu, die er auch bestand. Daraufhin wurde er mit Wirkung vom 1. August 1942 zum Inspektor befördert. Seine Abordnung in den Warthegau wurde im September 1942 auf seinen Antrag aufgehoben, und er kehrte in den Dienst der Beklagten zurück, in welchem er bis Kriegsende verblieb. Am 29. April 1945 kündigte ihm die Beklagte auf Anordnung der Besatzungsmacht wegen seiner politischen Belastung.

Im Entnazifizierungsverfahren wurde der Kläger in die Gruppe IV der Mitläufer eingestuft. Seinen Antrag auf Übergangsgehalt gemäß §§ 37, 63 des Gesetzes zu Art. 131 GG (Regelungsgesetz) lehnte die Beklagte mit Schreiben vom 3. September 1951 ab, da der Kläger seine Anstellung lediglich wegen seiner engen Verbindung zum Nationalsozialismus erlangt habe (§ 7 RegelungsG). Im anschließenden Verfahren gemäß § 358 RVO wies das Versicherungsamt den Kläger mit seinen Ansprüchen ab, weil er noch keine 10 Dienstjahre habe. Das Oberversicherungsamt wies die Beschwerde des Klägers durch Urteil vom 5. November 1952 als unbegründet aus den Gründen des § 7 RegelungsG zurück.

Daraufhin hat der Kläger beim Arbeitsgericht auf Zahlung von 3000,– DM als Teilbetrag seines Übergangsgehaltes geklagt.

Seine Klage hatte in keiner Instanz Erfolg.

Aus den Gründen:

I. Mit Recht hat das angefochtene Urteil angenommen, daß die Arbeitsgerichte für den Klageanspruch sachlich zuständig sind (§ 2 Abs. 1 Ziff. 2 ArbGG; § 2 Ziff. 3 der 3. DVO zum RegelungsG; vgl. BAG 1, 205; 2, 81; BVerwGE 2, 144; BVerwG, DVBl. 56, 267), und daß die nach dem damals noch gültigen § 358 Abs. 3 RVO erforderliche Entscheidung des Oberversicherungsamtes vorliegt und rechtzeitig mit der zulässigen Klage beim Arbeitsgericht angegriffen worden ist. Hierüber besteht zwischen den Parteien jetzt kein Streit mehr.

Abweichend von der Auffassung des Landesarbeitsgerichts ist aber auch die von § 7 Abs. 2 RegelungsG verlangte Vorentscheidung der obersten Dienstbehörde des Klägers gegeben. Oberste Dienstbehörde für einen Angestellten einer Ortskrankenkasse war nämlich bis zur Bildung der nach dem Gesetz vom 22. Februar 1951 über die Selbstverwaltung und über Änderungen von Vorschriften auf dem Gebiete der Sozialversicherung (BGBl. 51, 124) zuständigen Organe der Leiter der Ortskrankenkassen. Das ergibt sich aus der eigenen Rechtspersönlichkeit der Träger der Krankenversicherung (vgl. §§ 3, 4 RVO) sowie aus einer entsprechenden Anwendung von § 3 Abs. 1 des Bundesbeamtengesetzes. Bestätigt wird diese — auch von Brackmann in seinem Handbuch der Sozialversicherung 1954, Band I, S. 169 vertretene — Ansicht durch die Erlasse des Reichsarbeitsministers vom 8. September 1943 (RABl. 1943, Teil II, S. 421), des Bundesministers für Arbeit vom 29. Februar 1952 (abgedruckt in „Die Ortskrankenkasse" 1952 S. 333) und des Hessischen Ministers für Arbeit, Landwirtschaft und Wirtschaft vom 26. März 1952 (abgedruckt in „Wege zur Sozialversicherung" 1952, S. 184), wobei dahingestellt bleiben kann, ob und inwieweit diese Erlasse Rechtsnormen enthalten. Die gegenteilige Ansicht des angefochtenen Urteils, daß oberste Dienstbehörde im Sinne von § 7 Abs. 2 Satz 1 RegelungsG die zuständige oberste Landesbehörde, d. h. im Falle des Klägers der Hessische Minister für Arbeit, Wirtschaft und Verkehr sei, beruht auf der irrigen Annahme, § 60 RegelungsG sei anwendbar. Das trifft deshalb nicht zu, weil § 60 im Kapitel I des RegelungsG betr. verdrängte Angehörige des öffentlichen Dienstes steht, während der Kläger nicht zu den Verdrängten, sondern zu den politisch Betroffenen gehört. Deren Rechtsverhältnisse sind im Kapitel II des Regelungsgesetzes (§§ 62, 63) geordnet, ohne daß dabei in § 63 der § 60 für entsprechend anwendbar erklärt worden ist.

Da der Leiter der Beklagten als hiernach zuständige oberste Dienstbehörde unstreitig am 3. September 1951 den Anspruch des Klägers auf Übergangsgehalt aus §§ 37, 63 RegelungsG unter Berufung auf die Ausnahmevorschrift des § 7 abgelehnt hat, ist die von § 7 Abs. 1 verlangte Voraussetzung gegeben. Es kommt deshalb nicht darauf an, ob, wie das Landesarbeitsgericht ohne ausreichende Begründung meint, eine Entscheidung der obersten Dienstbehörde im vorliegenden Fall entbehrlich war.

II. In materieller Hinsicht sind die Ausführungen des angefochtenen Urteils an sich rechtlich im wesentlichen nicht zu beanstanden. Sie reichen aber zu seiner Begründung nicht aus.

a) Das Landesarbeitsgericht führt zunächst aus, daß die dienstordnungsmäßige Anstellung des Klägers vom 1. Februar 1938 nicht nachweislich beamtenrechtlichen oder besser gesagt dienstordnungsmäßigen Vorschriften widersprochen habe. Es verneint damit die erste Alternative des § 7 RegelungsG. Ob dies zutrifft, d. h. ob nicht insbesondere die mehrfache Bestrafung des Klägers wegen Betruges, vor allem die letzte im Strafregister noch nicht getilgte (vgl. § 7 des Straftilgungsgesetzes) Bestrafung mit 2 Jahren und 10 Monaten Gefängnis und ihr Verschweigen durch den Kläger nicht doch nach anerkannten Anstellungsgrundsätzen schlechthin ein Hindernis für eine dienstordnungmäßige Anstellung war, mag allerdings zweifelhaft sein, kann aber dahingestellt bleiben. Denn jedenfalls ist es frei von rechtlichen Bedenken, daß das Landesarbeitsgericht dann anschließend auf Grund einer eingehenden Würdigung des von ihm festgestellten Sachverhalts zu dem Ergebnis gekommen ist, die dienstordnungsmäßige Anstellung des Klägers sei wegen dessen enger Verbindung zum Nationalsozialismus vorgenommen worden. Auch die Revision kann diese vom Landesarbeitsgericht ohne Rechtsirrtum gezogene Folgerung im wesentlichen nur mit dem Hinweis darauf angreifen, daß die dienstlichen Leistungen des Klägers zufriedenstellend und möglicherweise keine anderen geeigneten Kräfte vorhanden gewesen seien. Das genügt aber nicht, um sie zu erschüttern, selbst wenn man bei der Auslegung des § 7 RegelungsG den bei einer solchen Ausnahmevorschrift gebotenen strengen Maßstab anlegt.

b) Gleichwohl ist es rechtlich zu beanstanden, daß das Landesarbeitsgericht die Anwendung des § 7 RegelungsG nur auf die dienstordnungsmäßige Anstellung des Klägers im Jahre 1938 abgestellt und nicht auch seine Beförderung zum Inspektor im Jahre 1942 in Betracht gezogen hat. Da Art. 131 GG und das Regelungsgesetz an die rechtliche Stellung anknüpfen, die ein im öffentlichen Dienst Stehender beim Zusammenbruch am 8. Mai 1945 hatte, kommt es darauf an, ob der Kläger auch seine damalige Stellung als Inspektor unter Verletzung beamtenrechtlicher Vorschriften oder wegen enger Verbindung zum Nationalsozialismus erlangt hat. Auf diese Frage ist das angefochtene Urteil nicht eingegangen. Es hat stillschweigend unterstellt, daß die von ihm näher begründete Regelwidrigkeit der ersten Anstellung zugleich auch eine Regelwidrigkeit der späteren Beförderung bedeute. Das ist aber insofern nicht richtig, als es an sich nicht ausgeschlossen ist, daß ein aus den Gründen des § 7 regelwidrig Angestellter sich nachträglich in einem zu seiner regulären Beförderung ausreichendem Maße qualifiziert. Dieser vom Bundesverwaltungsgericht in seinen Entscheidungen vom 3. Dezember 1954, NJW 55, 1771, und vom 9. Dezember 1955, NJW 56, 761 gewonnenen Erkenntnis macht sich der Senat zu eigen.

c) Deswegen das angefochtene Urteil aufzuheben und die Sache zur nochmaligen Erörterung an die Vorinstanz zurückzuverweisen, erübrigt sich aber, weil die vom Landesarbeitsgericht getroffenen Feststellungen ausreichen, um eine derart günstige Qualifizierung des Klägers auszuschließen. Der Kläger hat sich auch noch nach seiner dienstordnungsmäßigen Anstellung dauernd auf seinen frühzeitigen Beitritt zur NSDAP berufen, um eine bessere Stellung zu erlangen. Gegen die an sich schon sehr unwahrscheinliche Behauptung des Klägers, seine Beförderung habe nicht auf seiner engen Verbindung zum Nationalsozialismus beruht, spricht auch, daß er die Beförderungsprüfung erst nach Wiederholung und nur in ihrer erleichterten Form bestanden hat. Die in den Personalakten befindlichen nicht ungünstigen Zeugnisse vom 24. Juli 1937 und 30. Oktober 1942 können am Ergebnis nichts ändern, zumal sie sich auf die fachlichen Leistungen des Klägers beschränken und die ihn belastenden sonstigen Umstände nicht aus der Welt schaffen. Der Senat sieht sich daher in der Lage, von einer Zurückverweisung der Sache an das Landesarbeitsgericht abzusehen und gemäß § 565 Abs. 3 Ziff. 1 ZPO selbst zu entscheiden.

22

Ist für die Höhe des Urlaubsgeldes die durchschnittliche Arbeitszeit eines bestimmten Zeitraumes vor Urlaubsbeginn maßgebend, so sind in die Berechnung der durchschnittlichen Arbeitszeit nur diejenigen Tage einzubeziehen, an denen tatsächlich gearbeitet worden ist; dagegen nicht die Tage, an denen der Arbeitnehmer mit Recht der Arbeit ferngeblieben ist, wie etwa bei Krankheit und Werkbeurlaubung. Das gilt auch für den legitimen Streik, dagegen nicht für den tarif- oder rechtswidrigen Streik, auch nicht für sogenannte Bummeltage.

BGB § 611 (Urlaub)

I. Senat. Urteil vom 27. Juli 1956 i. S. G. (Kl.) w. M. GmbH. (Bekl.)
1 AZR 436/55

I. Arbeitsgericht Kempten. — II. Landesarbeitsgericht Bayern in München.

Der Kläger war von 1948 ab bei der Beklagten als Elektromechaniker tätig. Als er am 2. Oktober 1954 ausschied, vereinbarten die Parteien die Abgeltung des restlichen Urlaubsanspruchs des Klägers für 1954, wurden sich aber über die Höhe des noch zu zahlenden Urlaubsgeldes nicht einig.

Über die Urlaubsvergütung bestimmt § 18 Abschn. C des für das Arbeitsverhältnis der Parteien maßgebenden Manteltarifvertrages für gewerbliche Arbeitnehmer in der bayerischen Metallindustrie vom 1. Februar 1954 folgendes:

„1. Die Urlaubsvergütung bemißt sich für Stundenlöhner nach dem tatsächlichen Stundenverdienst, für Akkordlöhner nach dem Stundendurchschnittsverdienst der letzten 6 Wochen vor Urlaubsantritt.

2. Für die Vergütung ist die durchschnittliche Arbeitszeit des Arbeitnehmers während der letzten 26 Wochen vor Urlaubsbeginn maßgebend.

Innerhalb der letzten 26 Wochen hat der Kläger je Arbeitswoche 47 Stunden bei einem Stundenlohn von 1,72 DM gearbeitet bis auf die Zeit vom 9. August bis 31. August 1954, in der er sich an dem von der IG Metall des DGB beschlossenen Metallarbeiterstreiks beteiligt hat.

Die Beklagte hat die Streiktage in die Berechnung der durchschnittlichen Arbeitszeit der letzten 26 Wochen mit einbezogen und ist so zu einer durchschnittlichen Arbeitszeit von 41 Stunden je Woche in den letzten 26 Wochen gekommen und hat dem Kläger für 6 restliche Urlaubstage 41 × 1,72 DM gleich 70,52 DM als Urlaubsentgelt gezahlt.

Der Kläger dagegen rechnet als durchschnittliche Arbeitszeit der letzten 26 Wochen die 47-Stunden-Arbeitswoche. Er läßt aus der Berechnung der durchschnittlichen Arbeitszeit der letzten 26 Wochen die nicht gearbeiteten Streiktage heraus und berechnet somit das Urlaubsentgelt für 6 Tage mit 47 × 1,72 DM gleich 80,84 DM.

Mit der Klage fordert er den zwischen seiner Berechnung und der Berechnung der Beklagten sich ergebenden Unterschiedsbetrag.

Das Arbeitsgericht hat der Klage stattgegeben, das Landesarbeitsgericht hat die Klage abgewiesen.

Die Revision des Klägers führte zur Wiederherstellung des Urteils des Arbeitsgerichts.

Aus den Gründen:

Auf den Urlaubsanspruch könnte die Streikbeteiligung eines Arbeitnehmers in doppelter Beziehung Einfluß haben: Einmal könnte die Streikbeteiligung zu einer Verringerung der Urlaubt t a g e, zum anderen könnte sie zu einer Verringerung des Urlaubs g e l d e s führen.

Was zunächst die Anzahl der Urlaubs t a g e anlangt, so ist in dem hier maßgebenden Tarifvertrage für den beim Kläger praktisch gewordenen Fall eines Ausscheidens während des Urlaubsjahres vorgesehen, daß der Arbeitnehmer so viele Zwölftel des Jahresurlaubs erhält, als er volle Monate im Betrieb beschäftigt war (§ 18 A Ziff. 2). Da nun hier der Kläger 3 Wochen im August infolge seiner Streikbeteiligung nicht gearbeitet hat, hätte die Rechtsfrage aufgeworfen werden können, ob er für das Urlaubsjahr 1954 bis zu seinem Ausscheiden am 2. Oktober 1954 9 Urlaubstage (also für die Monate Januar bis September einschließlich des August) oder nur 8 Urlaubstage (für die Monate Januar bis September unter Abzug des August) zu bekommen hatte. Eine solche Frage ist aber an die Gerichte der Vorinstanzen nicht herangetragen worden. Vielmehr sind die Parteien übereinstimmend in ihren Berechnungen davon ausgegangen, daß dem Kläger, der offenbar schon im Urlaubsjahr 1954 einen Teilurlaub erhalten hatte, noch ein Resturlaub von 6 Urlaubstagen zustehe, ohne daß ersichtlich wäre, ob bei dieser Berechnung für den Streikmonat ein Urlaubstag eingesetzt worden war oder nicht. Demensprechend hat das Landesarbeitsgericht im Tatbestand festgestellt, daß dem Kläger bei seinem Ausscheiden noch ein Resturlaub von 6 Tagen zusteht. An diese Feststellung, deren Berichtigung die Beklagte nicht beantragt hat, ist der Senat gemäß §§ 314, 561 ZPO gebunden. Der Senat konnte daher nicht auf die in der Revisionsbeantwortung von der Beklagten angeschnittene Frage, ob dem Kläger mit Rücksicht auf seine Streikbeteiligung ein ursprünglicher Urlaubsanspruch von 9 oder nur 8 Tagen zustehe, eingehen, zumal auch gar nicht ersichtlich ist, wieviel Urlaubstage der Kläger im Urlaubsjahr 1954 bereits gehabt hatte, und ob nicht schon bei der beiderseitigen übereinstimmenden Berechnung der Urlaubstage dem Kläger nur 8 Urlaubstage für das Urlaubsjahr 1954 zugemessen worden waren. Für den Senat war vielmehr die Feststellung des angefochtenen Urteils maßgebend, daß der Kläger bei seinem Ausscheiden noch einen Anspruch auf 6 Urlaubstage hatte.

Zu entscheiden war somit nur die Frage, welches Urlaubs g e l d dem Kläger für diese 6 Urlaubstage zusteht.

Nach § 18 Abschn. C des Tarifvertrages ist als Urlaubsgeld der tatsächliche Stundenverdienst zu zahlen, multipliziert mit der durchschnittlichen Arbeitszeit des Arbeitnehmers während der letzten 26 Wochen vor Urlaubsbeginn.

Was unter „durchschnittlicher Arbeitszeit" im Sinne dieser Tarifbestimmung zu verstehen ist, muß nach dem Auslegungsgrundsatz des § 133 BGB, der auch für Tarifverträge gilt (vgl. Hueck-Nipperdey zu § 1 TVG, Anm. 120 mit Nachweisungen) ermittelt werden; es muß also der Sinn und Zweck der tariflichen Bestimmung erforscht werden. Auf der anderen Seite darf aber die Auslegung nur so weit gehen, als der nach Sinn und Zweck zu ermittelnde Inhalt der tariflichen Bestimmungen einen noch erkennbaren Ausdruck im Wortlaut des Tarifvertrages gefunden hat.

Bei einer reinen Wortauslegung sind beide Auslegungen denkbar. Man kann den in § 18 Abschn. C des Tarifvertrages gebrauchten Ausdruck „durchschnittliche Arbeitszeit" als den mathematischen Mittelwert der während der letzten 26 Wochen vor Urlaubsbeginn tatsächlich geleisteten Arbeitszeit verstehen, so daß die tatsächlich in diesem Zeitraum von 26 Wochen geleisteten Arbeitsstunden auf den gesamten Zeitraum von 26 Wochen zu verteilen wären. Man kann aber auch unter „durchschnittlicher Arbeitszeit" die Arbeitszeit an denjenigen Arbeitstagen verstehen, an denen tatsächlich gearbeitet worden ist, dividiert durch die Zahl der wirklichen Arbeitstage, wobei dann zwar Kurz- und Mehrarbeit zu berücksichtigen wären, aber nicht diejenigen Tage, an denen der Arbeitnehmer infolge Krankheit, Werksbeurlaubungen u. ä. überhaupt nicht gearbeitet hat. Dann würde der Begriff „Arbeitszeit" in dem von der Arbeitszeitordnung in § 2 umschriebenen Sinne gebraucht werden, nämlich dahin, daß darunter die Zeit von Beginn bis zum Ende der Arbeit eines Tages verstanden wird.

Da nach der reinen Wortfassung des Tarifvertrages jede der beiden Auslegungen denkbar ist, mußte, wie der Senat bereits in der zur Veröffentlichung bestimmten Entscheidung vom 22. Juni 1956 in 1 AZR 116/54 ausgesprochen hat, vom Sinn und Zweck des Urlaubs und des Urlaubsgeldes ausgegangen werden. Der Urlaub soll dem Arbeitnehmer die Möglichkeit geben, sich von getaner Arbeit für noch zu leistende Arbeit zu erholen, und das Urlaubsgeld soll den Arbeitnehmer in die Lage versetzen, die ihm zur Erholung gewährte Freizeit möglichst ohne Einschränkung seines bisherigen Lebenszuschnittes zu verbringen. Alle Methoden, das Urlaubsgeld zu errechnen, haben somit den Sinn, zur Erreichung dieses Zweckes eine möglichst gerechte Höhe des Urlaubsgeldes zu ermitteln. Dem Zweck des Urlaubs würde es aber nicht entsprechen, einem Arbeitnehmer zwar volle 6 Tage Freizeit zu gewähren, für diese 6 Tage aber ein Urlaubsgeld zu zahlen, das nicht dem täglichen Lebensbedarf des Arbeitnehmers entspricht, sondern nur einen Teil dieses Tagesverdienstes ausmachen würde. Daher ist der Senat schon in der angeführten Entscheidung zu dem Ergebnis gekommen, daß als durchschnittliche Arbeitszeit während der letzten 26 Wochen nur diejenige Arbeitszeit angesehen werden kann, die der Arbeitnehmer innerhalb dieses Zeitraums auf Tage umgerechnet durchschnittlich tatsächlich gearbeitet hat. Bei einer anderen Auslegung käme man nach der Auffassung des Senats zu einer durchschnittlichen Arbeitszeit, die niemals tatsächliche Arbeitszeit war. Auf einen statistischen Durchschnitt konnte es den Tarifparteien nicht ankommen, sondern nur auf den normalen Arbeitsverdienst, der während der Freizeit dem Arbeitnehmer die Fortführung der bisherigen Lebenshaltung ermöglicht. An diesen Grundsätzen hält der Senat auch im vorliegenden Falle fest.

Das muß entgegen der Auffassung der Revision nicht nur bei Krankheit, sondern auch bei legitimem Streik gelten. Nach dem Beschluß des Großen Senats zum Arbeitskampfrecht vom 28. Januar 1955 (BAG 1, 291) ist der Streik grundsätzlich, auch wenn er die Kündigungsfristen des Arbeitsvertrages nicht einhält, legitim. Der Arbeitnehmer hat bei einem solchen Streik das Recht, von der Arbeit fernzubleiben. Insofern unterscheidet sich der Streik nicht von Krankheit, Werksbeurlaubung und unbezahltem Urlaub. In allen diesen Fällen ist es so, daß die Zeit, in der der Arbeitnehmer berechtigterweise der Arbeit ferngeblieben ist, nicht in die Berechnung der durchschnittlichen Arbeitszeit einbezogen wird.

Zu berücksichtigen sind jedoch Überstunden und Kurzarbeit. Das gilt auch für eine Kurzarbeit, bei der eine Woche gearbeitet wird und die nächste nicht. Diese beiden Wochen sind zusammenzurechnen und mit je 1/2 in die Berechnung der durchschnittlichen Arbeitszeit einzubeziehen. Dagegen müßten, wenn nicht die besonderen Umstände eines Einzelfalles einmal eine Gleichstellung mit der Kurzarbeit für geboten erscheinen lassen, bei halbtägiger Krankheit und halbtägigem Streik die betreffenden Tage aus der Berechnung der durchschnittlichen Arbeitszeit ausscheiden und wie volle Ausfalltage behandelt werden.

Diese Grundsätze können allerdings dann nicht gelten, wenn der Arbeitnehmer rechtswidrig und schuldhaft von der Arbeit ferngeblieben ist, also nicht für sogenannte Bummeltage und auch nicht für tarifwidrigen oder rechtswidrigen Streik.

23

1. Der in § 898 RVO bestimmte Ausschluß von Schadenersatzansprüchen nach anderen gesetzlichen Vorschriften umfaßt auch den Schmerzensgeldanspruch. Hieran ist durch das Gesetz vom 7. 12. 1943 über die erweiterte Zulassung von Schadenersatzansprüchen bei Dienst- und Arbeitsunfällen nichts geändert worden.

2. Ein Unfall, den eine Fürsorgerin während des Dienstes innerhalb des Krankenhausgeländes auf dem Wege von einer Baracke zur anderen erleidet, fällt nicht unter § 1 des Gesetzes vom 7. 12. 1943, da er nicht auf einer Teilnahme am öffentlichen Verkehr beruht.

BGB § 847; RVO § 898; Gesetz über die erweiterte Zulassung von Schadensersatzansprüchen bei Dienst- und Arbeitsunfällen vom 7. 12. 1943 (ErwG) § 1

III. Senat. Urteil vom 26. Juli 1956 i. S. F. u. H. H. (Bekl.) w. Sch. (Kl.)
3 AZR 124/54

I. Arbeitsgericht Hamburg. — II. Landesarbeitsgericht Hamburg.

Die Klägerin, die bei der Beklagten als Fürsorgerin angestellt und im Krankenhaus W. tätig ist, stürzte am 4. Dezember 1952 um 9,25 Uhr auf der vereisten und nicht gestreuten Schräge einer Betonplatte, als sie während ihres Dienstes eine Baracke des Krankenhauses durch den Hinterausgang verließ. Infolge der dabei erlittenen Verletzungen war sie 93 Tage in ärztlicher Behandlung, davon 45 Tage im Krankenhaus. Sie verlangt von der Beklagten Schmerzensgeld in Höhe von 1500,— DM.

Das Arbeitsgericht hat die Klage abgewiesen. Das Landesarbeitsgericht hat nach dem Klageantrag erkannt. Die Revision der Beklagten führte zur Wiederherstellung des Urteils des Arbeitsgerichts.

Aus den Gründen:

Die Revision rügt in erster Linie Verletzung des § 1 des Gesetzes über die erweiterte Zulassung von Schadenersatzansprüchen bei Dienst- und Arbeitsunfällen vom 7. Dezember 1943 (RGBl. I S. 674 — sog. ErwG). Nach Abs. 2 dieser Vorschrift kann der nach der Reichsversicherungsordnung Versicherte Schadenersatzansprüche gegen den Unternehmer auch dann geltend machen, wenn die Ansprüche nach § 898 RVO an sich ausgeschlossen sind, sofern der Arbeitsunfall bei der Teilnahme am allgemeinen Verkehr eingetreten ist. Das Berufungsgericht hat das Vorliegen dieser Voraussetzung mit der Begründung bejaht, daß beim Krankenhaus der Beklagten alle Wege dem öffentlichen Verkehr zugänglich seien, und zwar insofern, als das Publikum sie benutze und benutzen müsse, um zu den Kranken und Angehörigen in den Baracken zu gelangen. Darauf, ob einzelne Wege viel benutzt würden und daher praktisch — aber nicht rechtlich — gesehen Hauptwege und ob andere demgegenüber Nebenwege seien, komme es nicht an. Ebenso könne auch die Tatsache, daß das Publikum die Wege im wesentlichen nur während der Besuchszeit benutze, nichts daran ändern, daß hier ein allgemeiner Verkehr eröffnet werde. Auch die Arbeitnehmer der Beklagten nähmen an diesem öffentlichen Verkehr teil, wenn sie solche Wege benutzten. Die Teilnahme am öffentlichen Verkehr werde nur dadurch ausgeschlossen, daß der Verletzte gerade in seiner dienstlichen Tätigkeit in den Verkehr gestellt werde, wie etwa der Verkehrsschutzmann.

Die Rechtsauffassung des Berufungsgerichts ist nicht frei von Rechtsirrtum; es hat sowohl den Begriff „allgemeiner Verkehr" als auch den Begriff der „Teilnahme" am allgemeinen Verkehr verkannt.

1. Auf Grund des § 898 RVO ist der Unternehmer nach anderen gesetzlichen Vorschriften zum Ersatz des Schadens aus Arbeitsunfällen nur dann verpflichtet, wenn strafgerichtlich festgestellt ist, daß er den Unfall vorsätzlich herbeigeführt hat. Diese Bestimmung, die eine maßgebliche Grundlage der sozialen Unfallversicherung bildet, schränkt die privatrechtliche Haftung des Unternehmers wesentlich ein: An die Stelle der privatrechtlichen Haftung des einzelnen Unternehmers tritt die der in den Berufsgenossenschaften zusammengeschlossenen Gemeinschaft der Unternehmer, und zwar ohne Rücksicht darauf, ob den Verletzten oder den Unternehmer an der Herbeiführung des Unfalls ein Verschulden trifft. Eine Ausnahme hiervon bildet nur der seltene Fall, daß der Unternehmer einen Unfall vorsätzlich herbeigeführt hat. Der Haftungsausschluß des § 898 RVO umfaßt nach ständiger Rechtsprechung des Reichsgerichts und des Bundesgerichtshofes, der sich der Senat anschließt, alle

Schadenersatzansprüche, gleichgültig, auf welchem Haftungsgrund sie beruhen. Er bezieht sich somit auch auf Ansprüche wegen Zahlung von Schmerzensgeld. Das ergibt sich sowohl aus dem Wortlaut als auch aus dem Sinn und Zweck des § 898 RVO. Die Haftungsbeschränkung des § 898 RVO findet ihren Grund darin, daß die Leistungen aus der Unfallversicherung allein von dem Unternehmer getragen werden, und daß andererseits die Schlechterstellung der Versicherten hinsichtlich der Entschädigung durch eine geringere Sozialrente im Vergleich zu dem nach bürgerlichem Recht zu leistenden vollen Schadenersatz durch die Vorteile aufgewogen wird, die sich daraus ergeben, daß der Sozialversicherte bei einem Arbeitsunfall der Entschädigung durch die Berufsgenossenschaft gewiß ist ohne Berücksichtigung der Verschuldensfrage (BGH 3, 298 ff., 302). Die hiergegen von Rietschel (JZ 1955, 35) geltend gemachten Bedenken vermögen nicht zu überzeugen. Insbesondere ist die von Rietschel angeführte Rechtsprechung des Bundesgerichtshofes zu § 9 BEG und § 124 DBeaG auf den Fall des § 898 RVO seinem Sinn und Zweck nach auch nicht analog anwendbar.

Da die Regelung des § 898 RVO bei Unfällen, die sich bei der Teilnahme am allgemeinen Verkehr ereigneten, häufig dazu geführt hat, daß die Geschädigten im Rahmen der Versorgungsgesetze und RVO schlechter gestellt waren als andere Verkehrsteilnehmer, hat § 1 ErwG u. a. bestimmt, daß der Versicherte entgegen der Bestimmung des § 898 RVO Schadenersatzansprüche gegen den Unternehmer dann geltend machen kann, falls der Arbeitsunfall bei der Teilnahme am allgemeinen Verkehr eingetreten ist. Das ErwG hat an sich den Grundsatz der RVO unberührt gelassen, daß Arbeitsunfälle keine Schadenersatzansprüche gegen den Unternehmer auslösen sollen, weil dieser durch die von ihm aufgebrachten Versicherungsbeiträge für einen sehr weitgehenden, auch bei eigenem Verschulden des Betroffenen eingreifenden Unfallschutz Sorge getragen hat (BGH 8, 330 ff., 338). Das ErwG begründet vielmehr nur eine Ausnahme von dieser allgemeinen Regel und ist somit, wie alle Ausnahmen, eng auszulegen (Geigel, Haftpflichtprozeß, 7. Aufl. 1954, S. 420).

2. Voraussetzung für die Anwendung des ErwG ist zunächst, daß ein allgemeiner Verkehr auf dem Krankenhausgrundstück eröffnet worden ist. Das Berufungsgericht bejaht diese Frage mit der Begründung, daß die Wege dem Publikum zur Benutzung freistünden, keine ausschließlichen Besuchszeiten beständen und selbst, wenn sie bestehen würden, die Zuwege ebenfalls als dem allgemeinen Verkehr dienend angesehen werden müßten. Denn auch eine Straße höre nicht

auf, dem allgemeinen Verkehr zu dienen, weil sie am Tage einige Stunden gesperrt sei.

Dieser Auffassung kann jedoch nicht zugestimmt werden. Unter „allgemeinem Verkehr" ist nach dem Sprachgebrauch in erster Linie der Verkehr auf allgemein zugänglichen öffentlichen Straßen und Plätzen und in öffentlichen Gebäuden zu verstehen, ebenso auf allgemein befahrenen Wasserstraßen und in der Luft, auch auf den Schienenwegen der Bundesbahn (so auch Klemm, DR 1954, S. 333), also auf Flächen und in Gebäuden, die jedermann zugänglich sind. Das Gelände eines Krankenhauses kann hingegen nicht als dem allgemeinen Verkehr gewidmet angesehen werden. Ein Krankenhaus ist in erster Linie für die Aufnahme von Kranken bestimmt. Die Anwesenheit von Ärzten und Pflegepersonal ist zwangsläufig damit verbunden, ebenso das Kommen von Besuchern, Lieferanten und Handwerkern. Immer aber handelt es sich um eine durch den beschränkten Zweck der Einrichtung individuell bestimmte oder doch bestimmbare Gruppe von Menschen. Die Zulassung eines allgemeinen Verkehrs würde den Krankenhausbetrieb empfindlich stören. Die Arbeit des Arztes und des Pflegepersonals, der Transport der Kranken, kurz alles, was in einem Krankenhaus zur Betreuung der Patienten geschieht, würde erheblich erschwert werden, wenn man im Krankenhaus einen allgemeinen Verkehr gestatten würde.

3. Die Klägerin könnte sich aber auch dann nicht auf § 1 ErwG stützen, wenn man das Bestehen eines allgemeinen Verkehrs auf dem Krankenhausgrundstück einmal unterstellt, da sie an einem solchen Verkehr nicht teilgenommen hat.

Die Frage, ob der Verletzte am allgemeinen Verkehr teilgenommen hat, läßt sich nur von Fall zu Fall beurteilen (Amtl. Begründung RABl. I 1944, S. 46 ff., 47). Maßgebend ist grundsätzlich die Erwägung, ob der Verletzte den Unfall als normaler Verkehrsteilnehmer oder gerade als Betriebsangehöriger erlitten hat, wobei die Zuordnung der besonderen Lage des Einzelfalles Rechnung zu tragen hat (BGH 8, 330 ff., 337; BGH 23. 11. 1955, Versicherungsrecht 1955, S. 36 ff., 37; BGH 8. 5. 1956, Versicherungsrecht 1956, S. 388). Eine Teilnahme am allgemeinen Verkehr ist nicht gegeben, sobald die Teilnahme am Verkehr nur eine innerbetriebliche Angelegenheit zwischen dem Arbeitnehmer einerseits und dem Arbeitgeber andererseits ist. Nur wenn es sich um einen Arbeitsunfall außerhalb der eigentlichen Berufsaufgaben des Geschädigten handelt, kann insoweit ein Unfall bei der Teilnahme am allgemeinen Verkehr vorliegen und die Vorschrift des § 1 ErwG zur Anwendung kommen (BGH 3, 298 ff., 304). Andernfalls verbleibt es bei der gesetzlichen Unfallfürsorge. Die Auffassung des Berufungsgerichts, daß die Teilnahme am allgemeinen Verkehr nur dadurch ausgeschlossen werde, daß der Verletzte gerade in seiner eigenen dienstlichen Tätigkeit in den Verkehr gestellt sei, wie etwa der Verkehrsschutzmann, ist somit zu eng und kann nicht gebilligt werden.

Die Klägerin ist als Fürsorgerin im Krankenhaus der Beklagten tätig. Eine solche Arbeit bringt es zwangsläufig mit sich, daß sie die Flure des Krankenhauses und die Wege, welche die einzelnen Bauten miteinander verbinden, benutzen muß, um ihren Dienst ordnungsmäßig auszuüben. In einem solchen Falle handelt es sich nicht um eine Teilnahme am allgemeinen Verkehr, sondern um einen Vorgang, der mit der beruflichen Tätigkeit unmittelbar und untrennbar verbunden ist. Die Klägerin hat sonach, als sich der Unfall ereignete, nicht am allgemeinen Verkehr teilgenommen, selbst wenn ein solcher auf dem Krankenhausgelände eröffnet sein sollte, und kann sich somit auch aus diesem Grunde nicht auf § 1 ErwG stützen.

24

An die Form der Kündigungsschutzklage dürfen keine zu strengen Anforderungen gestellt werden. Es genügt, daß aus der Klage ersichtlich ist, gegen wen sie sich richtet, wo der Kläger tätig war, und daß er seine Kündigung nicht als berechtigt anerkennen will.

KSchG § 3; ZPO Abs. 2 § 253

III. Senat. Urteil vom 11. September 1956 i. S. K. (Kl.) w. L. Rh.-Pf. (Bekl.) 3 AZR 163/54

I. Arbeitsgericht Trier. — II. Landesarbeitsgericht Mainz.

Der Kläger war seit 1941 Hilfsaufseher in der Strafanstalt W. Am 7. Oktober 1951 entwich ihm ein jugendlicher Gefangener bei der Außenarbeit. Daraufhin wurde der Kläger am 8. Oktober 1951 fristlos entlassen. Am 29. Oktober 1951 ging von ihm folgendes Schreiben beim Arbeitsgericht in T. ein:

„H., den 24. 10. 51

An das Arbeitsgericht in T.

Betrifft: Gegen meine Entlassung aus dem Dienst der Strafanstalt in W., erhebe ich hiermit Feststellungsklage, weil die Entlassung zu Unrecht erfolgt ist.

(Begründung folgt.)

Achtungsvoll

Unterschrift"

Am 30. Oktober 1951 folgte eine Begründung.

Das Arbeitsgericht hat in diesen Vorgängen eine Kündigungsschutzklage gesehen und ihr insofern stattgegeben, als es das Arbeitsverhältnis zwar zum 8. Oktober 1951 aufgelöst, aber die Beklagte verurteilt hat, an den Kläger als Abfindung ein Monatsgehalt von 420,– DM zu zahlen. Das Landesarbeitsgericht hat zuerst über die näheren Umstände Beweis erhoben, unter denen der Gefangene dem Kläger entwichen ist, dann aber die Klage abgewiesen und eine Anschlußberufung des Klägers zurückgewiesen, da es an einer im Sinne von §§ 3, 11 KSchG rechtzeitigen Klage fehle.

Die Revision des Klägers führte zur Zurückverweisung an das Berufungsgericht.

Aus den Gründen:

Mit Recht geht das Landesarbeitsgericht davon aus, daß nach § 11 Abs. 1 Satz 2 KSchG die Rechtswirksamkeit auch einer außerordentlichen Kündigung, vom Falle ihrer Sittenwidrigkeit abgesehen (§ 11 Abs. 3), nur durch eine innerhalb von drei Wochen zu erhebende Klage gemäß § 3 KSchG geltend gemacht werden kann, und daß eine solche Klage wie jede andere den Vorschriften des § 253 Abs. 2 ZPO genügen muß. Die Gründe, aus denen das angefochtene Urteil diese Vorschriften nicht als erfüllt ansieht, sind jedoch rechtsirrig.

§ 253 Abs. 2 ZPO schreibt nur vor, daß die Klageschrift enthalten muß:

1. die Bezeichnung der Parteien und des Gerichts;
2. die bestimmte Angabe des Gegenstandes und des Grundes des erhobenen Anspruchs, sowie einen bestimmten Antrag.

Daß in dem noch innerhalb der Dreiwochenfrist eingegangenen Schreiben des Klägers vom 24. Oktober 1951 die Parteien und das Gericht deutlich genug bezeichnet sind, zieht auch das angefochtene Urteil mit Recht nicht in Zweifel. Dabei schadet es nichts, daß der Kläger das verklagte Land nicht ausdrücklich als Beklagte, sondern die Strafanstalt in W. als seinen Arbeitgeber bezeichnet hat. Denn aus dieser rechtlich zwar nicht ganz zutreffenden, aber trotzdem verständlichen Angabe ist ohne weiteres zu entnehmen, daß in Wirklichkeit nicht die Strafanstalt, sondern die für sie zuständige und insoweit allein rechts-, partei- und prozeßfähige Gebietskörperschaft verklagt werden sollte (ebenso BGHZ 4, 328).

Eine ähnlich sinnvolle und nicht am Wortlaut des Gesetzes haftenbleibende Auslegung des Schreibens vom 24. Oktober 1951 war aber auch hinsichtlich der weiteren Erfordernisse des § 253 ZPO geboten.

Sie ist notwendig, damit das Verfahren nicht in einem unserem Prozeßrecht fremden Formalismus erstarrt, sondern den praktischen Bedürfnissen angepaßt werden kann. Es ist allgemein anerkannt, daß auch das Prozeßrecht als Teil des öffentlichen Rechts einer solchen Auslegung zugänglich ist. Prozeßhandlungen sind ebenso wie private Willenserklärungen so zu verstehen, wie es dem vermutlichen und für den Erklärungsempfänger unzweideutig erkennbaren Willen des Erklärenden entspricht (so auch RGZ 141, 347; Stein-Jonas ZPO 18. Aufl. Anm. V 2 vor § 128; Rosenberg, Zivilprozeßrecht, 7. Aufl., § 61 III). Besonders im arbeitsgerichtlichen Verfahren wäre es unerträglich, wenn man von einem rechtsunkundigen Kläger, der seinen Prozeß selbst führt, den richtigen Gebrauch rechtstechnischer Ausdrücke und lückenlose Ausführungen verlangen wollte, wie sie nur von Juristen zu erwarten sind. Die Benutzung bestimmter Worte ist in der Zivilprozeßordnung und im Arbeitsgerichtsgesetz nicht vorgeschrieben. Ihre Grenze findet eine solche Auslegung von Prozeßhandlungen nur in den Notwendigkeiten der Rechtssicherheit. Im übrigen braucht eine Klage, um den Erfordernissen des § 253 Abs. 2 ZPO zu genügen, nicht einmal schlüssig zu sein (RGZ 132, 284). Auch wenn der in ihr mitgeteilte Sachverhalt den gestellten Antrag nicht rechtfertigt, insbesondere weil jener unvollständig ist oder dieser auf unrichtigen Rechtsansichten beruht, ändert das nichts daran, daß trotzdem eine formell wirksame Klage vorliegen kann. Daraus ergibt sich, daß die Klage erst recht nicht substantiiert zu sein braucht, d. h. den dem Klageanspruch zu Grunde liegenden Sachverhalt nicht in allen seinen Einzelheiten wiedergeben muß, sondern diese in bündiger Kürze zusammenfassen darf.

Prüft man die vorliegende Klage nach diesen Maßstäben, dann genügt sie allen gesetzlichen Ansprüchen. Denn es geht aus ihr zunächst hervor, daß der Kläger aus dem Dienst der Strafanstalt W. entlassen worden ist. Damit wird erkennbar behauptet, daß er in einem Arbeitsverhältnis in dieser Anstalt gestanden hat, das durch Kündigung seitens des Arbeitgebers, also der Beklagten, beendigt worden ist. Ferner ist aus der Klage zu entnehmen, daß der Kläger seine Entlassung für unberechtigt hält. Damit wird das Fehlen eines ausreichenden Kündigungsgrundes behauptet, und gleichzeitig wird ersichtlich der Tatbestand des § 1 KSchG oder der des § 626 BGB angesprochen. Die Darlegung der Kündigungsgründe gehört nicht einmal zur — wie schon gesagt im Rahmen des § 253 Abs. 2 ZPO gar nicht erforderlichen — Schlüssigkeit der Klage, sondern ist Sache des Beklagten (so auch Herschel-Steinmann, KSchG, 3. Aufl., Anm. 9 zu § 3; Hueck, KSchG, 3. Aufl., Anm. 14 zu § 3).

Es bedurfte auch keiner ausdrücklichen Erwähnung, daß die Kündigung eine fristlose war. Denn da dem Kläger nur einmal gekündigt worden war, ist der Klagegrund auch ohnedies eindeutig bezeichnet, und die Beklagte mußte aus der Klage entnehmen, daß durch diese eine fristlose Kündigung bekämpft werden sollte. Der Ansicht des Landesarbeitsgerichts F. (ARSt. VIII 449) und von Monjau-Heimeier (KSchG § 3 Anm. 1 Abs. 5), in einer Kündigungsschutzklage müsse zum Ausdruck kommen, wann und zu welchem Termin gekündigt worden ist, kann aus den dargelegten Gründen in dieser Allgemeinheit nicht zugestimmt werden, weil dies zur Individualisierung des Anspruchs hier nicht notwendig ist. Schließlich läßt die Klage auch ohne weiteres erkennen, daß der Kläger wegen dieser unberechtigten Entlassung eine Feststellungsklage erheben, also die im § 3 KSchG vorgesehenen rechtlichen Folgerungen ziehen wollte. Damit ist alles zur Begründung einer Kündigungsschutzklage Notwendige gesagt. Mehr zu verlangen hieße die Anforderungen an eine arbeitsgerichtliche Klage überspannen.

Aus Vorstehendem ergibt sich auch schon, daß das Schreiben des Klägers einen hinreichend bestimmten Antrag enthält. Der Kläger will nämlich offenbar gemäß § 3 KSchG die Feststellung beantragen, daß sein Arbeitsverhältnis durch die ihm gegenüber ausgesprochene Kündigung nicht aufgelöst worden sei, auch wenn er einen solchen Antrag nicht ausdrücklich formuliert.

Nach alledem hat das Landesarbeitsgericht zu Unrecht und nach der vorangegangenen Beweisaufnahme über die näheren Umstände des dem Kläger zur Last gelegten Entweichens des Gefangenen auch völlig überraschend in dem Schreiben des Klägers vom 24. Oktober 1951 keine rechtzeitige Klage erblickt.

25

1. Ein selbständiger Erfinder, der das seine Erfindung auswertende Unternehmen berät, kann eine arbeitnehmerähnliche Person sein.

2. Eine Widerklage, die nur für den Fall erhoben ist, daß die arbeitsgerichtliche Zuständigkeit für die Klage bejaht wird, ist unzulässig.

ArbGG § 5 Abs. 1 Satz 1; ZPO § 33.

II. Senat. Urteil vom 13. September 1956 i. S. B.-M. (Bekl.) w. B. (Kl.) 2 AZR 605/54.

I. Arbeitsgericht Göppingen. — II. Landesarbeitsgericht Stuttgart.

Der Kläger, der in Basel lebt, hat patentierte Erfindungen insbesondere für Mischlichtlampen gemacht; diese wertete die Beklagte aus. Auf seinen Briefbogen bezeichnet er sich als „Erfinder und Patentinhaber" und seine Tätigkeit „als technische Industrieberatung im Bau und in der Fabrikation von Mischlichtlampen". Nachdem der Kläger schon seit Ende November 1952 die Beklagte technisch beraten hatte, schloß er am 2. Januar 1953 mit ihr den folgenden, auszugsweise wiedergegebenen Vertrag:

„B. GmbH G., den 2. Januar 1953

Vertrag

zwischen B. GmbH
(im folgenden kurz GmbH genannt)

und Herrn J. B.
(im folgenden kurz B. genannt)

wird folgender Vertrag abgeschlossen:

1. B. steht der GmbH als technisch-wissenschaftlicher Berater zur Verfügung.
2. Aufgabe von B. ist die Beratung der GmbH in Fragen des Baues von Lampen und Vorschaltgeräten, sowie von deren Weiterentwicklung, Neuentwicklungen aus dieser Tätigkeit, die schutzfähig sind, stehen der GmbH zur Auswertung bevorrechtet zur Verfügung.
3. Die Beratung erfolgt wochenweise, vorläufig maximal drei Wochen je Monat. Die GmbH ist unterrichtet, daß B. in gleicher Eigenschaft für C. und B. francaise tätig ist. Es ist mit diesen Gesellschaften vereinbart, daß der Schwerpunkt seiner Arbeit zunächst bei der GmbH liegt.
4. B. erhält je Woche eine Vergütung von sFr. 500,— (Fünfhundert), daneben Spesenersatz für Reise und Hotelauslagen in Deutschland.
5. . . .
6. . . .

gez. F. gez. B."

Der Kläger war zunächst, solange er noch die beiden andern mit der Beklagten verflochtenen Firmen beriet, 3 Wochen, ab März 1953 — nach Aufgabe dieser Mitarbeit bei den beiden anderen Firmen — 4 Wochen im Monat für die Beklagte tätig. Seit Anfang April 1954 hat die Beklagte den Kläger nicht mehr in Anspruch genommen.

Bis zum 14. Februar 1954 hat die Beklagte dem Kläger insgesamt 24 000,– DM bezahlt, von da ab hat sie die Zahlungen der vereinbarten Vergütung verweigert. Der Kläger hat hierauf den Vertrag zum 30. Juni 1954 gekündigt.

Der Kläger verlangt 5000,– DM als seine Vergütung für die 10 Wochen vom 14. Februar bis zum 30. April 1954, in der Berufung hilfsweise als Vergütung bis zum 30. Juni 1954.

Das Arbeitsgericht und das Landesarbeitsgericht haben die von dem Beklagten erhobene Einrede der sachlichen Unzuständigkeit des Arbeitsgerichts für unbegründet angesehen und dem Kläger den gewünschten Betrag zugesprochen, und zwar das Landesarbeitsgericht in der Form der Zahlung an seinen Zessionar. Die erst in der Berufungsinstanz und ausdrücklich nur für den Fall der Bejahung der sachlichen Zuständigkeit erhobene Widerklage, mit der die Beklagte das Nichtbestehen von Ansprüchen des Klägers für die Zeit vom 1. Mai bis 30. Juni 1954 festgestellt wissen will, hat das Landesarbeitsgericht abgewiesen.

Die Revision der Beklagten blieb erfolglos.

Entscheidungsgründe

1. Das Landesarbeitsgericht bejaht die sachliche Zuständigkeit der Gerichte für Arbeitssachen, indem es in dem Kläger wegen wirtschaftlicher Unselbständigkeit eine arbeitnehmerähnliche Person im Sinne des § 5 Abs. 1 Satz 2 ArbGG sieht. Weder der hohe Monatsverdienst noch die vorübergehende Tätigkeit für die mit der Beklagten verflochtenen anderen Firmen noch seine sonstige Selbständigkeit stünden der wirtschaftlichen Abhängigkeit entgegen; auch die vielmonatige Tätigkeit im Dienste der Beklagen spreche für die wirtschaftliche Abhängigkeit.

Diesen von Amts wegen auch in tatsächlicher Hinsicht (Stein-Jonas, ZPO, 18. Aufl., § 561, Erl. II 2 c) nachzuprüfenden Ausführungen ist beizutreten. Daß der Kläger in den Betrieb der Beklagten als Arbeitnehmer eingegliedert gewesen sei, trägt er, wenigstens in der Revisionsinstanz, selbst nicht vor. Die Zuständigkeit der Gerichte für Arbeitssachen kann daher nur auf § 5 Abs. 1 Satz 2 ArbGG gegründet werden. Im Sinne dieser Vorschrift stand der Kläger aber als persönlich selbständiger Dienstverpflichteter in einer ähnlichen Abhängigkeit von der Beklagten wie ein Arbeitnehmer.

Der Kläger ist Erfinder und lebt offenbar von der wirtschaftlichen Auswertung seiner Erfindungen. Diese wirtschaftliche Auswertung hatte die Beklagte im wesentlichen übernommen; die von der Beklagten dem

Kläger für seine beratende Tätigkeit gezahlte Vergütung bildete, wie sich aus dem gesamten Vortrag beider Parteien ergibt, den wesentlichen Teil seiner wirtschaftlichen Existenz. Die Höhe dieser Vergütung entspricht der sozialen Stellung des Klägers und auch den sonst im Wirtschaftsleben für eine ähnliche Tätigkeit gezahlten Vergütungen. Die wirtschaftliche Unselbständigkeit des Klägers und seine wirtschaftliche Abhängigkeit von der Beklagten liegen also auf der Hand. Der Kläger hat auch, solange die Beklagte den Vertrag erfüllt hat, den wesentlichen Teil seiner Arbeitskraft der Beklagten zur Verfügung gestellt. Seine wirtschaftliche Existenz gründete sich nicht auf die Tätigkeit für beliebige Vertragspartner, sondern auf sein Verhältnis zu einem bestimmten Unternehmen. Seine wirtschaftliche Unselbständigkeit machte ihn also einem Arbeitnehmer ähnlich.

Die hiergegen von der Revision erhobenen Angriffe gehen fehl. Der § 5 Abs. 1 Satz 2 ArbGG stellt erstrangig nicht auf die rechtliche, sondern auf die soziologische Lage ab, in der sich der Dienstverpflichtete befindet. Daher kommt es nicht, wie die Revision meint, auf den Zeitpunkt des Vertragsabschlusses, sondern auf diejenige Gesamtlage an, wie sie sich im Laufe des Vertragsverhältnisses herausbildet; hier hat der Kläger aber, was die Revision übersieht, den wesentlichen Teil seiner Arbeitskraft in den Dienst der Beklagten gestellt, um seine Erfindung fabrikationsreif zu machen. Die Höhe des Monatsverdienstes, die nach Ansicht der Revision weiterhin der Annahme eines arbeitnehmerähnlichen Verhältnisses entgegensteht, übersteigt, im übrigen auch unter der Berücksichtigung der gegenüber der Bundesrepublik teureren Lebensverhältnisse der Schweiz, nicht die normalen Lebensbedürfnisse eines geistig schaffenden Menschen derart, daß sie die wirtschaftliche Abhängigkeit ausschlösse; leitende Angestellte, also Arbeitnehmer, beziehen durchaus Gehälter von 2000,— DM monatlich. Die wirtschaftliche Abhängigkeit im Sinne des § 5 ArbGG setzt auch nicht, wie die Revision meint, voraus, daß der Kläger ausschließlich für die Beklagte gearbeitet hat; sie ist vielmehr auch dann gegeben, wenn der Kläger nebenbei noch für andere, insbesondere für die mit der Beklagten geschäftlich verbundenen Firmen tätig gewesen ist und an seinen eigenen Erfindungen weitergearbeitet hat (Dersch-Volkmar, ArbGG, 6. Aufl., § 5 Anm. 75; Dietz-Nikisch, ArbGG, § 5 Anm. 57). Zum Begriff der arbeitnehmerähnlichen Person gehört ferner nicht, daß der Dienstverpflichtete für die Dauer eine wirtschaftliche Existenz erhält; hier war der Kläger jedenfalls nicht nur ganz kurze Zeit, sondern immerhin länger als ein Jahr für die Beklagte tätig. Weiterhin steht auch nicht, wie die Revision meint, der Umstand der wirtschaftlichen Abhängigkeit des Klägers von der Beklagten entgegen, daß die Beklagte die Erfindungen des Klägers auf Grund eines Lizenzvertrages ausgewertet und die vereinbarte beratende Tätigkeit des Klägers der einwandfreien Fabrikation der durch seine Erfindung herzustellenden Erzeugnisse diente. Die Erfindungen des Klägers hatten einen wirtschaftlichen Wert eben nur, wenn sie zur Fabrikation einwandfreier Erzeugnisse führten; gerade die enge Bindung des Klägers an die Beklagte, der er während der Dauer des Vertrages einen ganz wesentlichen Teil seiner Arbeitskraft zur Verfügung gestellt hatte, zeigt diese wirtschaftliche Abhängigkeit von ihr.

Endlich schließen etwaige weitere Einnahmequellen, die der Kläger nach der Behauptung der Beklagten hatte, doch keineswegs seine w i r t s c h a f t l i c h e Abhängigkeit, auf die es hier allein ankommt, von der Beklagten, was die Revision verkennt, aus. Daß der Kläger persönlich selbständig war, nicht die abhängige Stellung eines Arbeitnehmers hatte und auch nicht seine weiteren Erfindungen der Beklagten zur Verfügung gestellt hat, gehört ja gerade, was die Revision übersieht, zum Begriffsmerkmal der arbeitnehmerähnlichen Person; denn wenn der Kläger persönlich abhängige Arbeit geleistet hätte, so wäre er Arbeitnehmer und nicht nur einem Arbeitnehmer ähnlich.

2. Das Landesarbeitsgericht legt entgegen den Ausführungen der Beklagten den Vertrag dahin aus, daß die Beschäftigung — und damit die Vergütung — des Klägers nicht von dem Ermessen der Beklagten abhängig war, sondern daß die Dienstverpflichtung des Klägers im Sinne eines allgemein üblichen Dienstvertrages in der Ziff. 3 des Vertrages auf monatlich 3 Wochen festgelegt worden ist, und spricht dem Kläger die Vergütung daher auch für die Zeit seit Anfang April 1954 zu, während deren die Beklagte seine Dienste nicht mehr in Anspruch genommen hat.

Diese Auslegung des Vertrages ist rechtlich möglich und verstößt nicht, wie die Beklagte meint, gegen die Denkgesetze. Der Kläger bezog, wenigstens zunächst, keine Lizenzgebühren von der Beklagten; er hatte selbst Interesse daran, seinen Erfindungen zur Fabrikationsreife zu verhelfen. Daher liegt es durchaus nahe, daß die Beklagte in dem schriftlichen Vertrag die Verpflichtung übernommen hat, den Kläger 3 Wochen im Monat zu der vereinbarten Vergütung zu beschäftigen und daß die Worte in Ziff. 1 „steht zur Verfügung" nur eine gefälligere Ausdrucksform für diese Dienstverpflichtung ist. Ebenso wenig sprechen für die Ansicht der Beklagten, daß es von ihrem Belieben abhing, ob sie die Dienste des Klägers in Anspruch nahm oder nicht, die Worte in Ziffer 3 „maximal 3 Wochen"; sie können gerade zum Schutz des Klägers seine Dienstverpflichtungen haben abgrenzen wollen. Schließlich wird die vom Landesarbeitsgericht dem Vertrag gegebene Auslegung durch die tatsächliche lange Übung bestätigt.

3. Das Landesarbeitsgericht entnimmt der von ihm tatsächlich festgestellten späteren vierwöchigen Beschäftigung des Klägers im Monat eine stillschweigende Vereinbarung der Parteien, daß der Kläger nicht mehr nur 3 Wochen, sondern 4 Wochen im Monat für die Beklagte tätig sein solle. Auch dies liegt im wesentlichen auf dem tatsächlichen Gebiet und läßt einen Rechtsirrtum oder, wie die Beklagte meint, einen Verstoß gegen die Denkgesetze nicht erkennen. Nachdem der Kläger seine Tätigkeit für die beiden anderen Firmen eingestellt hatte, stand er zur vollen Verfügung der Beklagten, und sie hat von seiner Arbeitskraft auch Gebrauch gemacht. Die bis dahin zu seinem Schutz vereinbarte Begrenzung seiner Arbeitszeit auf 3 Wochen im Monat konnte wegfallen.

Soweit die Revision gegen die tatsächliche Feststellung des Landesarbeitsgerichts ankämpft, daß der Kläger durchgehend 4 Wochen von der Beklagten in Anspruch genommen worden sei, ist ihre Rüge nach § 561 Abs. 2 ZPO unzulässig.

4. Die Beklagte hatte in der Berufungsinstanz gegenüber dem Vergütungsanspruch des Klägers ihren angeblichen Anspruch auf Ersatz des Schadens zur Aufrechnung gestellt, der ihr dadurch entstanden sei, daß der Kläger ihr gegenüber seine Erfindungen wider besseres Wissen als herstellungsreif bezeichnet habe. Das Landesarbeitsgericht hat den Einwand der Aufrechnung nach § 529 Abs. 5 ZPO nicht zugelassen, weil der Kläger nicht eingewilligt hat und die Geltendmachung in dem anhängigen Verfahren nicht sachdienlich sei. Ob der von dem Landesarbeitsgericht für den Mangel der Sachdienlichkeit in erster Linie angegebene Grund, daß für die Geltendmachung der Schadensersatzforderung „die arbeitsgerichtliche Zuständigkeit wohl zu verneinen gewesen wäre", stichhaltig ist, bedarf keiner Prüfung. Jedenfalls führt das Landesarbeitsgericht weiter aus, daß es „nicht angehe, erst im Berufungsverfahren einen solchen Prozeß neu in einen Arbeitsstreit einführen zu lassen". Damit wollte das Landesarbeitsgericht aber offensichtlich die Sachdienlichkeit der Geltendmachung der Aufrechnung in dem vorliegenden Berufungsverfahren aus Zweckmäßigkeitsgründen verneinen. Diese Ermessensentscheidung läßt einen Ermessensmißbrauch nicht erkennen und ist daher mit der Revision nicht anfechtbar (Dersch-

Volkmar, ArbGG, 6. Aufl., § 68, Erl. 23 a. E.); eine mißbräuchliche Ausübung des Ermessens läßt sich insbesondere nicht, wie die Revision meint, daraus herleiten, daß die Beklagte nicht habe „ahnen können", daß das Arbeitsgericht seine Zuständigkeit bejahen würde.

5. Zu Unrecht weist das Landesarbeitsgericht aber die Widerklage sachlich ab.

Denn die Widerklage ist unzulässig, weil sie nur bedingt erhoben ist, nämlich — ausdrücklich und logischerweise — nur unter der Bedingung, daß das Gericht — entgegen der Auffassung der Beklagten und Widerklägerin — die sachliche Zuständigkeit der Gerichte für Arbeitssachen für die Klageforderung und damit auch für die mit der Widerklage bekämpfte Restforderung bejaht. Ihre Einrede der Unzuständigkeit des Arbeitsgerichts für die Klage stand vernünftigerweise auch der arbeitsgerichtlichen Zuständigkeit für die von ihr erhobene Widerklage entgegen. Unter einer Bedingung kann aber weder eine Klage noch eine Widerklage erhoben werden.

Die Widerklage ist auch nicht etwa als Eventualantrag haltbar. Denn sie ist ja nicht erhoben für den Fall, daß die Beklagte mit ihrem Hauptantrag, nämlich dem Antrag auf Klageabweisung, unterliegt, sondern gerade auch für den Fall, daß ihr Klageabweisungsantrag materiell Erfolg hat; sie will mit der Widerklage, wenn die Zuständigkeit der Gerichte für Arbeitssachen bejaht werden sollte, neben der materiellen Abweisung der Klageforderung auch noch die materielle Abweisung des bisher nicht eingeklagten Teils des Vergütungsanspruchs erreichen.

Eines besonderen Ausspruchs, daß die Widerklage aus formellen Gründen abgewiesen und nur mit dieser Maßgabe die Revision zurückgewiesen wird, bedarf es in der Urteilsformel nicht.

26

1. Der Generalverzicht in einem Vergleich ist keine typische Vertragsklausel.

2. Der Generalverzicht steht unter Umständen der Geltendmachung neuer Ansprüche nicht im Wege.

ZPO §§ 550, 554 Abs. 3 Nr. 2; BGB §§ 133, 157.

II. Senat. Urteil vom 4. Oktober 1954 i. S. K. (Kl.) w. W. (Bekl.) 2 AZR 256/54.

I. Arbeitsgericht Nürnberg. — II. Landesarbeitsgericht Bayern, Sitz Nürnberg.

Der Beklagte war bei der Klägerin als Angestellter (Geschäftsführer) beschäftigt. Sein Arbeitsverhältnis wurde durch die Klägerin fristlos gekündigt.

Der dieserhalb geführte Rechtsstreit wurde durch einen außergerichtlichen Vergleich beendet, dessen Ziffer 3 lautet:

3. Damit sind sämtliche Forderungen und Gegenforderungen zwischen den Streitteilen ausgeglichen, gleichviel auf welchem Rechtsgrund sie beruhen mögen. Soweit Herr W. Aufträge auf Lieferung von Bleistiften an die Firma gegeben und die Firma diese Aufträge angenommen hat, verbleibt es dabei. Die Ansprüche aus solchen Lieferungsaufträgen bleiben also beiderseits vorbehalten.

Mit der in diesem Rechtsstreit am 20. Dezember 1951 erhobenen Klage erstrebt die Klägerin die Verurteilung des Beklagten zur Zahlung von insgesamt 12 125,26 DM nebst 4 % Zinsen seit dem von ihr angegebenen Fälligkeitstage; sie rechnet auerdem mit einer weiteren Forderung von 1000,— DM gegen eine Forderung von 1000,— DM auf, die der Beklagte nebst 8 % Zinsen mit seiner Widerklage geltend macht.

Die Klägerin behauptet, die mit der Klage geltend gemachten einzelnen Ansprüche, einschließlich der zur Aufrechnung gestellten weiteren Forderung, seien ihr erst nach Abschluß des Vergleiches bekannt geworden. Sie meint, daß dieser Vergleich der Klage nicht entgegen stehe. Der Beklagte hat die Einrede des Vergleichs erhoben und die Darstellung der Klägerin bestritten.

Arbeitsgericht und Landesarbeitsgericht haben die Klage abgewiesen und der Widerklage stattgegeben. Die Revision der Klägerin wurde zurückgewiesen aus folgenden

Gründen:

1. . . .

2. Das Landesarbeitsgericht hat Ziffer 3 des Vergleiches unter Hinweis auf die vor dem Vergleichabschluß liegenden Umstände, insbesondere das Kündigungsschreiben der Klägerin, deren Klageerwiderung im Kündigungsrechtsstreit und den noch am Tage vor dem Abschluß des Vergleiches an den Diplomkaufmann Dr. H. erteilten Auftrag, einen Prüfungsbericht für die Zeit vom 21. Juni 1948 bis 30. Juni 1950 zu fertigen, dahin ausgelegt, daß sämtliche in diesem Rechtsstreit gegen den Beklagten erhobenen Ansprüche erfaßt worden sind.

In dieser Auslegung erblickt die Klägerin einen Verstoß gegen §§ 133, 157 BGB. Von dem schädigenden Verhalten des Beklagten habe sie bei Abschluß des Vergleiches keine Kenntnis gehabt. Der Beklagte habe es nicht nur vermieden, sie über sein Verhalten aufzuklären, sondern darüber hinaus den gegen ihn im Kündigungsschreiben vom 24. Juni 1950 erhobenen Verdacht in einer Art und Weise in Abrede gestellt, daß sie zunächst an ihren Vermutungen nicht mehr festgehalten und sich zu Vergleichsverhandlungen bereit gefunden habe. Diese Verhandlungen hätten nur die in der Revisionsbegründung näher bezeichneten Punkte umfaßt. Die später festgestellten und in diesem Rechtsstreit geltend gemachten Forderungen seien nicht einmal andeutungsweise zur Sprache gekommen. Der Vergleich habe daher keinesfalls alle nur irgendwie denkbaren Ansprüche umfassen sollen. Die Klägerin hätte, wenn ihr die Unterschlagungen des Beklagten bekannt gewesen wären, diese Punkte sonst zur Sprache gebracht. Die in Ziffer 3 des Vergleiches enthaltene Erklärung über die Erledigung sämtlicher Forderungen und Gegenforderungen werde allzu häufig in Vergleiche aufgenommen und habe keine ihrem Wortlaut entsprechende Bedeutung. Das ergebe sich auch aus der Rechtsprechung zu den sogenannten Abfindungsvergleichen in Unfallsachen, wonach es trotz einer derartigen Klausel nicht ausgeschlossen sei, Ansprüche geltend zu machen, deren Existenz den Parteien bei Vergleichsabschluß unbekannt gewesen sei. Weiter rügt die Klägerin, daß selbst dann, wenn man den Umfang des Vergleichs auch auf die mit der Klage geltend gemachten Forderungen erstrecke, der Einrede des Vergleichs der Einwand der Arglist entgegen stehe. Der Beklagte habe vor den Vergleichsverhandlungen die von ihm begangenen strafbaren Handlungen verschwiegen und sich die mangelnde Kenntnis der Klägerin zunutze gemacht. Er handele daher arglistig, wenn er sich jetzt auf den Vergleich berufe. Schließlich macht die Klägerin noch geltend, daß sie den Vergleich wegen arglistiger Täuschung angefochten habe.

Diese Rügen sind unbegründet.

Ein Anfechtungsrecht steht der Klägerin nicht zu. Das Landesarbeitsgericht hat tatsächlich festgestellt, die Klägerin bestreite nicht, daß der Vergleich gültig sei; in Frage stehe lediglich, welchen Umfang er habe und welche Ansprüche durch ihn ihre Erledigung gefunden hätten. In jener Erklärung der Klägerin liegt jedenfalls eine Bestätigung des Vergleiches, der möglicherweise einmal anfechtbar war. Eine derartige Bestätigung, die eine formfreie und nicht empfangsbedürftige Willenserklärung darstellt, schließt die Anfechtung nach § 144 BGB aus.

Die Auslegung des Vergleiches durch das Landesarbeitsgericht ist rechtlich nicht zu beanstanden.

Ziffer 3 Satz 1 des Vergleiches stellt keine sogenannte typische Klausel dar, die der freien Auslegung durch das Revisionsgericht zugängig ist. Obwohl eine solche Bestimmung in Vergleichen häufig anzutreffen ist, kommt ihr nicht der Charakter einer allgemeinen Regelung oder Gestaltung zu. Vielmehr ist sie stets auf den konkreten Vergleich bezogen, mit dem sie unmittelbar verflochten ist. Das Revisionsgericht kann daher nur nachprüfen, ob die Auslegung des Vergleichs durch das Landesarbeitsgericht gegen Denkgesetze und Erfahrungssätze oder gegen zwingende gesetzliche Auslegungsgrundsätze verstößt.

Ein Verstoß gegen Denkgesetze oder Erfahrungsätze ist nicht ersichtlich. Er wird übrigens auch von der Klägerin nicht gerügt. Auch ein Verstoß gegen die Auslegungsregeln der §§ 133, 157 BGB liegt nicht vor. Der Klägerin ist zwar insoweit beizupflichten, daß bei der Auslegung von Vergleichen, durch die alle Ansprüche auf Grund eines generellen Verzichts abgegolten wurden, unter bestimmten Voraussetzungen die Geltendmachung weiterer Ansprüche im Wege der Auslegung gemäß § 157 BGB für zulässig zu erachten ist. Das ist dann der Fall, wenn sich der Verzicht nach der übereinstimmenden Vorstellung der Parteien nur auf einen beschränkten Kreis von Ansprüchen bezogen hat, die neuen Folgen objektiv außerhalb des von den Parteien Vorgestellten liegen und bei Abschluß des Vergleiches subjektiv unvorstellbar gewesen sind und schließlich der Schaden so erheblich ist, daß beide Parteien bei seiner Kenntnis den Vergleich nicht geschlossen hätten (RGZ Bd. 131 S. 278; Bd. 159 S. 266; RG in JW 1937 S. 1235; RG in JW 1938 S. 1167; BGH in BB 1955 S. 528; in NJW 1956 S. 217). An den Nachweis derartiger Umstände sind strenge Anforderungen zu stellen, was besonders dann gilt, wenn die Partei, die sich auf einen begrenzten Umfang des Vergleiches beruft, durch einen Anwalt beraten wurde (RG in JW 1938 S. 1167; BGH in NJW 1956 S. 217). Maßgebend ist auch in diesen Fällen grundsätzlich der erklärte Wille: bei seiner Auslegung ist unter Berücksichtigung des gesamten Zusammenhangs, insbesondere des Gesamtverhaltens der Parteien und des wirtschaftlichen Zweckes des Rechtsgeschäfts, zu ermitteln, wie die Beteiligten, vom Standpunkt eines verständigen, mit den Zusammenhängen vertrauten Menschen aus gesehen (RG in JW 1937 S. 1701), ihre Erklärungen nach allgemeinen Auffassungen, wie sie im Verkehr zwischen billig denkenden Menschen herrschen, zu verstehen berechtigt waren (RGZ Bd. 119 S. 21). Auch die Vorverhandlungen und die vor Abschluß des Vergleichs liegenden Umstände sind bei der Auslegung einer derartigen Abrede zu berücksichtigen (RG in JW 1936, S. 2787). Daraus folgt, daß die Rechtssicherheit eine einschränkende Auslegung der Verzichtserklärung dann nicht zulassen kann, wenn die sich auf einen begrenzten Umfang des Vergleiches berufende Partei, die eine in ihrer Tragweite nicht verkennbare generelle Verzichtserklärung abgegeben hat, bereits bei Abschluß des Vergleiches damit rechnen mußte, daß sie gegen die andere Partei möglicherweise weit höhere Ansprüche habe; in einem solchen Falle muß sie ihre Erklärung gegen sich gelten lassen (BGH in NJW 1956 S. 217).

Mit diesen Grundsätzen ist die Auslegung des Vergleiches durch das Landesarbeitsgericht zu vereinbaren (wird näher ausgeführt).

Unbegründet ist schließlich der Einwand der Arglist. Die Klägerin rechnete, wie sich aus den vor dem Abschluß des Vergleiches liegenden Umständen und den gegen den Beklagten erhobenen massiven Vorwürfen ergibt, von vornherein mit den den Beklagten belastenden Handlungen. Wenn sie trotzdem den Vergleich abschloß, dann ist die Berufung des Klägers auf den Vergleich nicht arglistig.

27

1. Eine Rehabilitierung im Entnazifizierungsverfahren steht der Anwendung des § 7 Abs. 1 des RegelungsG nicht entgegen.

2. Nur solche Ernennungen und Beförderungen, die ohne sachliche Berechtigung erfolgt sind, den Gepflogenheiten des öffentlichen Dienstes widersprechen und somit aus parteipolitischen Gründen veranlaßt worden sind, bleiben nach § 7 Abs. 1 des RegelungsG unberücksichtigt.

§ 7 Abs. 1 RegelungsG.

III. Senat. Urteil vom 16. Oktober 1956 i. S. B. (Kl.) w. Stadt B. (Bekl.)
3 AZR 202/54.

I. Arbeitsgericht Berlin. — II. Landesarbeitsgericht Berlin.

Der im Jahre 1887 geborene Kläger war seit 1910 im Betriebe der B. Straßenbahn tätig. Er wurde als Schaffner und seit 1923 zeitweise auch als Lehrschaffner verwendet. Zusätzlich erwarb er den Befähigungsnachweis für die Führung von Motorfahrzeugen. Ein Bewerbungsgesuch um die Stelle eines Aufsehers im Jahre 1927 wurde ohne Angabe von Gründen abgelehnt. Am 1. Juli 1934 erfolgte die Ernennung des Klägers zum Aufseher und damit seine Übernahme in das Angestelltenverhältnis. Am 1. August 1937 wurde er zum Oberaufseher befördert. Wegen seiner Zugehörigkeit zur NSDAP wurde er im Jahre 1945 entlassen.

Der Kläger gehörte von 1920—1928 der Brigade Ehrhardt bzw. dem Wicking-Bund an. Seit 1930 war er Mitglied der NSDAP, seit 1931 Mitglied der NSBO und später auch der SA. In der NSDAP hatte er die Stellung eines Amtswalters und Schulungsobmannes. In den Jahren 1934—1937 nahm er an den Parteitagen der NSDAP und im Jahre 1935 an einem „Marsch zur Feldherrnhalle" teil. In einem Schreiben vom 13. Dezember 1933 bat der Kläger den damaligen Ministerialrat im Preußischen Ministerium für Wissenschaft, Kunst und Volksbildung, Dr. L., für ihn an maßgebender Stelle ein gutes Wort zum Zwecke seiner Beförderung einzulegen. Dieser schrieb darauf am 19. Dezember 1933 an den Treuhänder der deutschen Arbeit in Berlin, er möge sich für den Kläger verwenden, der ein ganz alter Nationalsozialist sei und eine Beförderung verdiene.

Die Beklagte gewährte dem Kläger Versorgungsbezüge nach dem Regelungsgesetz. In ihrem Bescheid vom 21. März 1953 teilte sie ihm mit, daß seine Ernennung zum Aufseher und Oberaufseher bei der Berechnung der Versorgungsleistung nach § 7 des Regelungsgesetzes (RegelungsG) nicht berücksichtigt worden sei, weil diese Stellungen wegen der engen Verbindung des Klägers zum Nationalsozialismus erlangt worden seien.

Mit der Klage begehrt der Kläger die Feststellung, daß der Bescheid der Beklagten vom 21. März 1953 über die Nichtanerkennung seiner Aufseher- und Oberaufseherstellungen unwirksam sei.

Arbeitsgericht und Landesarbeitsgericht haben zu Ungunsten des Klägers entschieden. Seine Revision führte zur Zurückverweisung an das Landesarbeitsgericht.

Aus den Gründen:

1. . . .

2. Zu Unrecht rügt der Kläger, daß seine Ernennung zum Aufseher mit Rücksicht auf die Bestimmung des § 2 Ziff. 2 Abs. 1 der Dritten Durchführungsverordnung des Regelungsgesetzes vom 7. April 1952 (BGBl. I S. 230) nicht unter die Anordnung des § 7 Abs. 1 RegelungsG falle.

Nach jener Bestimmung ist als erstmalige Ernennung im Sinne des § 7 Abs. 1 RegelungsG bei Angestellten und Arbeitern die Einstellung oder Überführung in ein Angestellten- oder Arbeiterverhältnis unter Zusicherung der Anwartschaft auf Versorgung oder die Verleihung dieser Anwartschaft anzusehen. Der Kläger meint, seine Ernennung zum Aufseher sei ohne zusätzliche Zusicherung einer Versorgung erfolgt, da er diese schon als Schaffner gehabt habe. Hierauf kommt es aber nicht an; denn durch die wiedergegebene Regelung der Durchführungsverordnung wird nur klargestellt, daß bereits die Zusicherung der Anwartschaft auf Versorgung oder die Verleihung dieser Anwartschaft eine

Ernennung im Sinne des § 7 Abs. 1 des RegelungsG darstellt. Diese Vorschrift kann daher auf die Ernennung des Klägers zum Aufseher keine Anwendung finden. Diese ist vielmehr schon durch die Überführung aus dem Arbeiter- in das Angestelltenverhältnis eine Beförderung im Sinne des § 7 Abs. 1 des RegelungsG.

Auch der Angriff der Revision, die Vorinstanzen hätten die Behauptung des Klägers zu Unrecht nicht beachtet, daß er im Entnazifizierungsverfahren rehabilitiert worden sei, weil hierdurch der § 7 des RegelungsG überhaupt nicht anwendbar sei, ist nicht begründet.

Der Senat schließt sich hinsichtlich dieser Rechtsfrage für die Anwendung des § 7 des RegelungsG auf die Rechtsverhältnisse der Arbeiter und Angestellten der Rechtsprechung des Bundesverwaltungsgerichts (vgl. Urteile vom 3. 12. 1954 — AP Nr. 1 zu § 7 RegelungG — und vom 13. 4. 1956 — NJW 56 S. 1121 —) an. Danach ist davon auszugehen, daß die Entnazifizierungsverfahren und die Entscheidungen nach § 7 RegelungsG sich nach Zweck und Gegenstand unterscheiden. Durch die Entnazifizierung sollte die öffentliche Verwaltung von aktiven Nationalsozialisten gesäubert und die aktive Unterstützung nationalsozialistischer Bestrebungen gesühnt werden. Die Entscheidungen nach § 7 RegelungsG richten sich dagegen, obgleich sie sich für die Betroffenen praktisch wie Sühnemaßnahmen auswirken können, nur auf die Nichtberücksichtigung der durch die rechtlich und sachlich nicht gerechtfertigten Ernennungs- und Beförderungsakten begründeten Rechte und Rechtstellungen. Gegenstand der Entnazifizierungsentscheidungen ist das Verhalten, insbesondere das parteipolitische Bekenntnis des Betroffenen während der nationalsozialistischen Herrschaft, während für die Entscheidungen nach § 7 RegelungsG die Vorstellungen und die Beweggründe der Ernennungsbehörde bei Vornahme ihrer personalpolitischen Maßnahmen maßgebend sind. Das Regelungsgesetz hat anders als das Entnazifizierungsverfahren keinen Sühnecharakter. Die Nichtberücksichtigung rechts- oder sachwidrig erlangter Rechtstellungen oder Rechte nach § 7 des RegelungsG bedeutet keine erneute Entnazifizierung und deshalb keinen Verstoß gegen den in Art. 103 Abs. 3 GG enthaltenen Grundsatz „ne bis in idem". In Art. 103 Abs. 3 GG handelt es sich um das Verbot der Doppelbestrafung auf dem Anwendungsbereich der allgemeinen Strafgesetze. Es liegt also kein allgemeines Verbot der wiederholten Erörterung desselben Sachverhaltes auf einem außerhalb der allgemeinen Strafgesetze liegenden Rechtsgebiet und auf Grund der für dieses geltenden Rechtsnormen vor. Die Regelung des § 7 RegelungsG verletzt auch nicht Art. 3 Abs. 3 GG, da es sich um die

Beseitigung der in der Vergangenheit wegen politischer Beziehungen erlangten sachlich nicht gerechtfertigten Vorteile handelt (vgl. Anders, Gesetz zu Art. 131 GG, 3. Aufl., Anm. 1 zu § 7). Wenn daher das angefochtene Urteil ein Entnazifizierungsverfahren gegen den Kläger bei seiner Entscheidung unberücksichtigt gelassen hat, so ist das im Ergebnis nicht zu beanstanden.

Die Revision rügt aber zu Recht, daß das angefochtene Urteil die rechtliche Tragweite des § 7 Abs. 1 Satz 1 zweite Alternative des RegelungsG verkannt hat.

Der Senat hat in seinem zur Veröffentlichung in der Amtlichen Sammlung bestimmten Urteil vom 17. Juli 1956 (3 AZR 112/54) bereits ausgesprochen, daß nach § 7 Abs. 1 RegelungsG eine Ernennung oder Beförderung unberücksichtigt bleiben müsse, wenn sie mindestens überwiegend auf einer engen Verbindung zum Nationalsozialismus beruhe. Er hat damit zum Ausdruck bringen wollen, daß die Ausnahmeregelung des § 7 Abs. 1 Satz 1 zweiter Fall des RegelungsG nur dann zur Anwendung gelangen solle, wenn auf Grund eines Sachverhaltes angenommen werden könne, daß eine Ernennung oder Beförderung ohne sachliche Rechtfertigung und in Widerspruch zu den Gepflogenheiten des öffentlichen Dienstes (z. B., daß Beförderungen erst nach mehrjähriger Beschäftigung oder nach Bewährung in einer Probezeit oder nach Ablegung von Prüfungen erfolgen sollen) erfolgt und somit aus parteipolitischen Gründen veranlaßt worden ist. Daß nicht etwa schon die bloße Mitgliedschaft zur NSDAP die Anwendung des § 7 Abs. 1 RegelungsG rechtfertigt, ergibt sich bereits aus der Wortfassung dieser Bestimmung „wegen e n g e r Verbindungen zum Nationalsozialismus". Es muß sich also um Fälle handeln, die über eine allgemeine Bevorzugung von Parteimitgliedern hinausgehen. Wenn hinreichende sachliche Rechtfertigungsgründe für eine Ernennung und Beförderung vorliegen und diese nicht den Gepflogenheiten des öffentlichen Dienstes widersprechen, wird darüber hinaus, auch wenn eine enge Verbundenheit zum Nationalsozialismus vorgelegen haben mag, nicht die Rede davon sein können, daß die Anstellung oder Beförderung auf dieser engen Verbundenheit ausschließlich oder zumindest überwiegend beruht (vgl. Urteile des Bundesverwaltungsgerichts vom 3. 12. 1954 — a. a. O. — und vom 9. 12. 1955 — NJW 1956 S. 751 —; Engelhardt in NJW 56 S. 1100; Reinhardt, Anm. zu AP Nr. 1 zu § 7 RegelungsG).

Dieser Rechtslage wird die angefochtene Entscheidung offensichtlich nicht gerecht, wenn es darin heißt, daß es außerhalb aller Wahrscheinlichkeit liegen müsse, daß der Kläger auf Grund seiner engen Beziehungen zum Nationalsozialismus zum Aufseher und Oberaufseher befördert worden sei. Es ist auch unrichtig, wenn ausgeführt wird, daß es unter Hinweis auf einen adäquaten Kausalzusammenhang genüge, wenn eine Tatsache nur eine der Bedingungen gewesen sei, die den Erfolg herbeigeführt haben. Die angefochtene Entscheidung, die hiernach auf einer unrichtigen Rechtsanwendung beruht, muß daher aufgehoben werden. Da der Sachverhalt zur Entscheidung noch nicht hinreichend geklärt ist — es fehlen nähere Feststellungen, insbesondere über die persönliche Qualifizierung des Klägers —, war der Rechtsstreit zur anderweiten Verhandlung und Entscheidung in die Vorinstanz zurückzuverweisen. Hierbei wird das Berufungsgericht einerseits alle Tatsachen klären müssen, die für eine sachliche Rechtfertigung der Beförderungen des Klägers sprechen, insbesondere auch ob seine Behauptung zutrifft, daß er im Jahre 1927 nur aus politischen Gründen nicht befördert worden sei und daß seine späteren Ernennungen im wesentlichen auf seinen guten Leistungen und erfolgreichen Erprobungen sowie Prüfungen beruhten. Andererseits wird das Gericht auch alle Tatsachen feststellen müssen, die für eine Klärung der Verbindung des Klägers zum Nationalsozialismus in Betracht kommen. Sodann wird unter Wertung beider Tatsachenkomplexe zu entscheiden sein, ob es sich um Beförderungen aus parteipolitischen Gründen im Sinne der obigen Rechtsausführungen handelt. Da zwei Beförderungen des Klägers in Betracht kommen, ist für jede im einzelnen nachzuprüfen, ob sie nach § 7 Abs. 1 RegelungsG unberücksichtigt bleiben müssen (vgl. Urteil des Bundesarbeitsgerichts vom 17. 7. 1956 — 3 AZR 112/54 — in Übereinstimmung mit dem Bundesverwaltungsgericht — NJW 55 S. 1771 und 56 S. 761).

28

Das Regelungsgesetz findet Anwendung auch auf Arbeitnehmer kommunaler Versorgungsbetriebe mit eigener Rechtspersönlichkeit, deren Anteile sämtlich in der Hand der Kommune sind.

Regelungsgesetz zu Art. 131 GG § 63

III. Senat. Urteil vom 23. Oktober 1956 i. S. H. (Kl.) w. D. St. AG (Bekl.) 3 AZR 299/54

I. Arbeitsgericht Dortmund. — II. Landesarbeitsgericht Hamm/Westf.

Der am 5. Juli 1886 geborene Kläger, der seit 1930 der NSDAP angehörte, war seit dem 15. Februar 1935 als kaufmännischer Angestellter bei der Beklagten beschäftigt. Das gesamte Kapital der Beklagten lag und liegt in der Hand der Stadt D. Am 1. Mai 1943 wurde mit dem Kläger ein neuer Dienstvertrag geschlossen, nach dem er mit Ruhegehaltsberechtigung und Hinterbliebenenversorgung nach beamtenrechtlichen Grundsätzen angestellt wurde; eine Kündigung des auf Lebenszeit gehenden Dienstverhältnisses sollte seitens der Beklagten nur aus wichtigem Grunde zulässig sein. Mit Schreiben vom 4. September 1945 wurde ihm mitgeteilt, daß er wegen seiner Zugehörigkeit zur NSDAP mit sofortiger Wirkung aus dem Dienst entlassen werde. Trotz vielfacher Bemühungen wurde er nicht wieder eingestellt. Seit dem 1. August 1951 ist der Kläger dauernd dienstunfähig.

Der Kläger erhob zunächst im Jahre 1952 eine Klage auf Zahlung eines Ruhegeldes für drei Monate in Höhe von 540,— DM, ist aber mit diesem Anspruch vom Arbeitsgericht und Landesarbeitsgericht abgewiesen worden. Mit der vorliegenden Klage verlangt er einen weiteren Teilbetrag seines Ruhegehaltes in Höhe von 300,— DM für die spätere Zeit. Seine Klage wurde wiederum vom Arbeitsgericht und Landesarbeitsgericht abgewiesen, weil durch die am 4. September 1945 ausgesprochene Entlassung das Arbeitsverhältnis endgültig gelöst und damit auch der Ruhegeldanspruch hinfällig geworden sei. Ansprüche aus dem Regelungsgesetz zu Art. 131 GG wurden versagt, weil der Arbeitgeber in dem früheren Beschäftigungsverhältnis des Klägers eine selbständige Aktiengesellschaft sei und auf diese sich der Art. 131 GG und das Ausführungsgesetz dazu nicht erstrecke, der Gleichheitsgrundsatz mit einer solchen negativen gesetzlichen Regelung nicht verletzt werde und eine vereinbarte Anwendung des Regelungsgesetzes ausscheide.

Die Revision des Klägers führte zur Zurückverweisung an das Landesarbeitsgericht.

Aus den Gründen:

I. Die Revision ist begründet, da entgegen der Auffassung des Landesarbeitsgerichts der Kläger unter das Gesetz zu Art. 131 GG fällt. Der Senat hat, ohne allerdings ausführlich Stellung zu nehmen, in seiner bisherigen Rechtsprechung (vgl. u. a. BAG 1, 205 ff.) bei Arbeitnehmern kommunaler Versorgungsbetriebe keinen Unterschied gemacht, ob sie in einem Eigenbetrieb oder in einer Eigengesellschaft (Aktiengesellschaft, Gesellschaft mit beschränkter Haftung) tätig waren. Er muß auch nach nochmaliger Prüfung bei dieser bisherigen Rechtsprechung verbleiben.

Für die Anwendung des Regelungsgesetzes kann zunächst dahingestellt bleiben, ob in anderen Gesetzen darauf abgestellt ist, wer

Arbeitgeber ist, ob eine öffentlich-rechtliche Körperschaft oder eine juristische Person des privaten Rechts. Ebenso bedarf es auch keiner Erörterung, ob etwa aus den Regelungen des Betriebsverfassungs- und Personalvertretungsgesetzes zu folgern sei, daß als öffentlich Bedienstete nur die in einem unmittelbaren Arbeitsverhältnis zu einer öffentlich-rechtlichen Körperschaft stehenden Arbeitnehmer anzusehen sind. Denn gleichgültig, ob man in einer allgemeinen Systematik den Begriff des öffentlichen Dienstes nach dem Dienstherrn, nach der Tätigkeit (Erfüllung öffentlicher Aufgaben) oder nach beiden Merkmalen bestimmt, so kann im Einzelfall entscheidend doch nur die Regelung des anzuwendenden Gesetzes sein.

Weder der Wortlaut des Art. 131 GG und die Fassung und der Wortlaut seines Ausführungsgesetzes noch der Sinn dieser Bestimmungen geben aber einen Anhalt dafür, daß die Regelung gemäß Art. 131 GG nur für die im unmittelbaren Dienst einer öffentlichen Körperschaft stehenden Arbeitnehmer gelten soll, dagegen nicht für die Bediensteten, die in einem Versorgungsbetrieb mit selbständiger Rechtspersönlichkeit tätig sind, dessen Anteile — wie hier — sämtlich bei der Kommune liegen. Vielmehr ist aus dem Zweck jener Vorschriften das Gegenteil zu entnehmen.

Daß diese Versorgungsbetriebe ausgenommen seien, kann entgegen der Meinung des Landesarbeitsgerichts nicht aus § 2 und der Anhangsliste A des Regelungsgesetzes gefolgert werden. Das Landesarbeitsgericht verkennt, daß § 2 des Gesetzes, wie die Bezugnahme auf die Nummern 1, 2 und 5 seines § 1 in Verbindung mit der Formulierung des § 2 „die entsprechenden Angehörigen" klarstellt, nur Körperschaften und Einrichtungen betrifft, die ohne Übergang ihrer Aufgaben auf eine andere Körperschaft aufgelöst sind oder ihren Sitz außerhalb des Bundesgebietes haben (Anders, Gesetz zu Art. 131 GG, 3. Aufl., § 2 Anm. 1). Mit Körperschaften und Einrichtungen, die im Bundesgebiet früher bestanden und noch fortbestehen, befaßt sich diese Bestimmung nicht. Demgemäß sind auch unter den Ziffern 61 bis 73 der Anlage A der Regelung nur Einrichtungen außerhalb des Bundesgebiets aufgeführt.

Aus dem Wortlaut des Art. 131 GG und des Regelungsgesetzes läßt sich nichts entnehmen, weil dieser Wortlaut nicht einheitlich ist. Art. 131 GG stellt ebenso wie § 63 des Gesetzes u. a. darauf ab, ob die Arbeitnehmer im öffentlichen Dienst standen. In § 1 des Regelungsgesetzes ist allerdings davon die Rede, daß sie bei einer Dienststelle des Reichs, eines Landes, einer Gemeinde oder eines Gemeindeverbandes in einem Dienst- oder Arbeitsverhältnis stehen mußten (die Beschäftigung bei einer staatlichen oder kommunalen Dienststelle der autonomen Verwaltung des ehemaligen Protektorats Böhmen und Mähren und bei einer staatlichen oder kommunalen Dienststelle eines fremden Staates kann hier außer Betracht bleiben); in § 2 wird dagegen, außer von Angehörigen öffentlich-rechtlicher Verbände von Gebietskörperschaften, von Angehörigen bestimmter Körperschaften und sonstigen Einrichtungen gesprochen, wobei zu letzteren nach den Ziffern 61 bis 73 der einen Bestandteil des Gesetzes bildenden Anlage A nunmehr gerade auch Versorgungsbetriebe mit selbständiger Rechtspersönlichkeit (Aktiengesellschaften — Gesellschaften mit beschränkter Haftung) gehören. Der Kreis der unter das Regelungsgesetz fallenden Personen ist also im Gesetz nicht einheitlich abgegrenzt, vor allem sind für den Begriff des „Öffentlichen Dienstes" keine näheren Merkmale gegeben.

Auch die Entstehungsgeschichte des Regelungsgesetzes (Begründung, Protokolle des Bundestages, des Beamtenrechtsausschusses des Bundestages) läßt nur erkennen, daß reine Industriegesellschaften, selbst wenn deren Gesellschaftskapital ganz in öffentlicher Hand liegt wie bei der Preußag und der Viag mit ihren Untergesellschaften, nicht unter das Gesetz fallen sollen. Dazu mögen auch Elektrizitäts-, Gas- und Wasserwerke gehören, deren Kapital in der Hand mehrerer Gemeinden oder Gemeindeverbänden ist und die wie die Vereinigte Elektrizitätsgesellschaft Westfalen (VEA), die Hamburger Elektrizitätswerke und die Charlottenburger Wasserwerke — nur auf letztere bezieht sich die von der Beklagten angeführte Entscheidung des Senats vom 8. Mai 1956 in Sachen 3 AZR 65/54 (AP BAG Nr. 11 zu § 242 BGB Ruhegehalt) — den Strom, das Gas oder das Wasser lediglich an Großabnehmer, große Industriewerke oder Gemeinden liefern, die Verteilung an die einzelnen Abnehmer, die Herstellung des Leitungsnetzes, die Gestellung der Meßapparate und die Einziehung der Beräge für die verbrauchten Mengen aber den Gemeinden überlassen. Denn solche Unternehmungen dienen nicht der unmittelbaren Versorgung der Bevölkerung.

Ist dagegen die unmittelbare Versorgung der Bevölkerung entscheidend oder doch einer der maßgebenden und tragenden Zwecke, so kann es keinen Unterschied machen, ob die Erzeugung von Strom und Gas und die Zurverfügungstellung von Wasser und die Lieferung unmittelbar an die Verbraucher durch Eigenbetriebe oder Eigengesellschaften erfolgt, ebenso wie es bei dem unmittelbar auf die Versorgung der Bevölkerung gerichteten Zweck keinen Unterschied macht, ob die Bereitstellung von Verkehrseinrichtungen für den kommunalen Nahverkehr durch einen Eigenbetrieb oder eine Eigengesellschaft vorgenommen wird. Denn mögen auch gesellschaftsrechtlich zwei verschiedene Rechtspersonen und arbeitsrechtlich zwei verschiedene Arbeitgeber vorhanden sein, so ist auf jeden Fall die entscheidend Versorgungszwecken dienende Eigengesellschaft, also das an sich selbständige Unternehmen, dessen Anteile jedoch sämtlich bei der Kommune liegen, nur eine juristisch verselbständigte besondere Erscheinungsform derselben Gebietskörperschaft (vgl. BGHZ 17, 23), da mit ihren Leistungen die Kommunen eine ihnen grundsätzlich wesentliche Aufgabe erfüllen. Auch die Eigengesellschaft wird auf Rechnung der Gemeinden geführt, deren Organe treffen alle wichtigen Entscheidungen, an die die in die Gesellschaft entsandten Vertreter gebunden sind (vgl. § 72 GemO für Nordrhein-Westfalen). Nach den Bestimmungen der Gemeindeordnung, die ganz allgemein von einer Errichtung, Übernahme und Erweiterung von wirtschaftlichen Unternehmen sprechen und für die Unternehmen ohne Rechtspersönlichkeit, also die Eigenbetriebe, lediglich besondere Vorschriften über die Art ihrer Führung geben (früher §§ 67, 74 DGO, jetzt §§ 69, 74, 75 der GemO für Nordrhein-Westfalen), können die Gemeinden frei darüber entscheiden, ob sie die Versorgungsbetriebe in Form eines Eigenbetriebes oder einer Eigengesellschaft führen wollen; die Vorschrift des § 75 DGO, nach der die Umwandlung eines Eigenbetriebes in ein rechtlich selbständiges Unternehmen der Genehmigung der gemeindlichen Aufsichtsbehörde bedurfte, hatte nur den Sinn, einer Zersplitterung der Einheit der Gemeindeverwaltung und Gemeindeaufsicht im gegebenen Falle vorzubeugen (Surén-Loschelder, Deutsche Gemeindeordnung, Band 2, § 75 Anm. 1). Da für eine Entscheidung zum Eigenbetrieb oder zur Eigengesellschaft im Ergebnis nur organisatorische, haushaltmäßige Gründe oder Fragen der leichteren Kreditbeschaffung (Auslandsanleihen, Hypothekenbestellung) maßgebend waren und sind, müssen beide Gruppen von Versorgungsbetrieben im Sinne des Regelungsgesetzes gleichbehandelt werden. Es fehlt nämlich jeder innere Grund dafür, die Beschäftigten in den gemeindliche Zwecke erfüllenden Versorgungsbetrieben jeweils nur deswegen anders zu behandeln, weil die Organisationsformen dieser Versorgungsbetriebe verschieden sind, die Gemeinden die ihnen obliegenden Aufgaben in der einen oder anderen Weise erfüllen. Nur sind die Ansprüche aus dem Regelungsgesetz gegen die weiterbestehende Eigengesellschaft selbst geltend zu machen, da sie gegenüber den Bediensteten immerhin als selbständiger Träger der Rechte und Pflichten in Bezug auf das Dienstverhältnis auftritt. Eine Möglichkeit, die Kommunen selbst neben der vorhandenen Eigengesellschaft in Anspruch nehmen zu können, würde zu einer Verwirrung führen.

Daß § 63 Regelungsgesetz von den Bediensteten der Länder, Gemeinden, Gemeindeverbänden und sonstigen Körperschaften, Anstalten und Stiftungen des öffentlichen Rechts im Bundesgebiet spricht und somit die Eigengesellschaften nicht erwähnt, steht der hier vorgenommenen Einbeziehung ihrer Bediensteten unter das Gesetz nicht entgegen. Im Sinne des Regelungsgesetzes müssen sie als Kommunalbedienstete angesehen werden. Da es bei den Gemeinden liegt, ob sie ihre einschlägigen gemeindlichen Aufgaben über einen Eigenbetrieb oder eine Eigengesellschaft erfüllen wollen, würde bei einem Ausschluß der Eigengesellschaften der Kreis der von § 63 Regelungsgesetz erfaßten Personen in entscheidendem Maße willkürlich bestimmt. Darauf, daß die Kommunen an sich die Möglichkeit hätten, durch die Veräußerung der Geschäftsanteile an den Eigengesellschaften diese aus ihrem Bereich zu entlassen, kann nicht abgestellt werden. Es schlägt vielmehr die Besonderheit der Versorgungsbetriebe durch, die darin besteht, daß sie eine nach wesentlich politischen, vor allem wirtschafts- und sozialpolitischen Grundsätzen, nicht an den bloßen Erwerbschancen orientierte Aufgabe zu erfüllen haben; ihre Unterhaltung zählt zu den Verwaltungsaufgaben im engeren Sinne (Forsthoff, Lehrbuch des Verwaltungsrechts, 6. Aufl., Bd. 1, S. 340). Bei diesem inneren Wesen der Eigengesellschaften müssen sie dann im Sinne des § 63 Regelungsgesetz als in den Bereich der Kommunen fallend angesehen werden, wenn sie eben nur im Zeitpunkte des mit § 63 Regelungsgesetz angesprochenen Verlustes des Arbeitsplatzes oder der Ruhegeldversorgung Eigengesellschaften waren. Ob bei einer späteren Veränderung hinsichtlich der Stellung als Eigengesellschaft auch ein Wechsel des nach dem Regelungsgesetz Verpflichteten eintritt, braucht hier nicht untersucht zu werden.

Eine unterschiedliche Behandlung ist auch nicht mit dem Zweck des Regelungsgesetzes vereinbar (vgl. auch Anders, Öffentliche Verwaltung 1953, Heft 3). Dem Gesetzgeber war nämlich durch Art. 131 GG die Aufgabe gestellt, im öffentlichen Bereich sowohl den infolge des Kriegsausgangs aus ihren Stellen verdrängten Beamten, Angestellten und Arbeitern wie auch denjenigen, die wegen ihrer Zugehörigkeit zur NSDAP und ihren Formationen und nicht aus beamtenrechtlichen oder vertraglichen Gründen aus ihrer Arbeitsstelle ausgeschieden waren, unter den im Gesetz angegebenen Voraussetzungen — die in innerlich begründeter Weise wenigstens teilweise auch einschränkender Natur sind — wieder ihre alten Rechte zu verschaffen, dafür zu sorgen, daß sie möglichst wieder verwendet werden oder daß sie ihre alten Versorgungsansprüche erhalten (siehe BAG 1, 207/208). Zu der zweiten Gruppe, für die das Regelungsgesetz gelten soll, gehören aber in weitem Umfange auch die Angehörigen der Versorgungsbetriebe, und zwar nicht nur der Eigenbetriebe, sondern auch der Eigengesellschaften. Denn die der Entfernung von Nationalsozialisten dienende Kontrollrat-Direktive Nr. 24 erfaßte nicht allein die bei den öffentlichen Körperschaften, sondern ebenso die bei den „halböffentlichen" Verwaltungen Beschäftigten. Es waren, wie auch vorliegend, von den Organen der Besatzungsmacht in weitem Umfange entsprechende Auflagen hinsichtlich der Bediensteten bei den in der Form von Eigengesellschaften betriebenen Versorgungsunternehmen gemacht worden, während bei den privaten Unternehmen doch nur die Leitenden Angestellten bedeutender Unternehmen betroffen wurden. Die Kontrollrat-Direktive Nr. 24 selbst ist zwar erst unter dem 12. Januar 1946 ergangen und noch später, nämlich in Nr. 5 des Amtsblattes des Kontrollrats in Deutschland vom 31. März 1946, veröffentlicht worden. Sie faßte aber letzten Endes nur die bisherige Praxis und die bisherigen Anordnungen der Besatzungsmächte zur politischen Säuberung von höchster Stelle aus zusammen, so daß ihr Inhalt in diesem Sinne auch die früheren Gegebenheiten wiedergibt. Es ist nun kein Grund dafür ersichtlich, von der Regelung gemäß Art. 131 GG die Angehörigen der Versorgungsaufgaben erfüllenden Eigengesellschaften auszunehmen, sie also bei der Wiedergutmachung gegenüber den Verwaltungsangestellten und den Angestellten der Eigenbetriebe schlechter zu stellen, während sie bei der Säuberung der öffentlichen Verwaltungen gleichbehandelt worden sind. Eine solche ungleiche Behandlung widerspräche auch dem Gleichheitsgrundsatz des Artikel 3 GG und kann daher nicht als vom Regelungsgesetz gewollt angenommen werden (vgl. Reinhardt, Anm. zu AP 50, Nr. 263, und Anders, Öffentliche Verwaltung 1953, Heft 3).

Die hier vertretene Auffassung, daß das Regelungsgesetz Anwendung findet auch auf Arbeitnehmer kommunaler Versorgungsbetriebe mit eigener Rechtspersönlichkeit, deren Anteile sämtlich in der Hand der Kommunen sind, steht, wie der Senat meint, nicht in einem Widerspruch zu der Entscheidung des Bundesgerichtshofs in Sachen III ZR 184/50 vom 10. Mai 1951. Dieses Urteil lehnte nur die sogenannte Sperrwirkung des Art. 131 Satz 3 GG auf jene Betriebe ab. Nach dem Erlaß des Regelungsgesetzes ist diese Sperrwirkung aber gegenstandslos geworden.

Wie es sich dann verhält, wenn die Anteile eines rechtlich selbständigen Versorgungsunternehmens überwiegend einer Kommune, zu einem Teil aber auch Privaten gehören, ist hier nicht zu entscheiden. In einem solchen Fall könnte vielleicht zu bedenken sein, daß auch diese Unternehmen wegen ihrer Kapitalverteilung letztlich doch der Bestimmungsgewalt der Kommunen unterliegen und ebenfalls kommunale Versorgungsaufgaben erfüllen sollen, ebenso wie sie vom Begriff der „halböffentlichen Verwaltung", wie er sich in der Kontrollrat-Direktive Nr. 24 findet, erfaßt werden dürften.

II. Bei der Anwendung des Regelungsgesetzes spielt die in den Vorinstanzen erörterte Frage, ob die Entlassung wegen der Zugehörigkeit zur NSDAP und ihren Formationen eine endgültige Lösung des Arbeitsverhältnisses oder nur eine vorläufige Arbeitsenthebung war, keine Rolle. Denn Artikel 131 GG sowie das Regelungsgesetz stellen nur darauf ab, ob die in Frage kommenden Personen ausgeschieden sind und bisher nicht wieder verwendet wurden, ob sie gezwungen waren, ihren Dienst aufzugeben, ob sie ihren Arbeitsplatz verloren haben (vgl. auch Anders, Gesetz zu Artikel 131 GG, Vorbem. zu §§ 62 ff. und Ambrosius-Löns-Rengier, Gesetz zu Art. 131 des Grundgesetzes, § 62 Anm. 5). Entscheidend ist also nur die tatsächliche, nicht die rechtliche Beendigung des Dienstverhältnisses. Es bedarf auch keiner Nachprüfung, ob der Kläger auf Grund seines Dienstvertrages Versorgungsansprüche hatte, da gemäß § 77 des Regelungsgesetzes im Falle der Anwendung desselben vertragliche Ansprüche nicht mehr geltend gemacht werden können. Da das Regelungsgesetz Platz greift, kann schon deswegen nicht der Gesichtspunkt einer nachwirkenden Fürsorgepflicht hinsichtlich der Versorgungsansprüche bedeutsam werden. Auch der Grundsatz der Gleichbehandlung scheidet aus. Die Erste Verordnung der Landesregierung Nordrhein-Westfalen zur Sicherung der Währung und öffentlichen Finanzen vom 19. März 1949 (GVNW S. 25 ff.) — Erste SparVO —, auf die sich der Kläger ebenfalls berufen hat, ist nach § 17 des am 1. April 1951 in Kraft getretenen Änderungs- und Anpassungsgesetzes des Landes Nordrhein-Westfalen zum Regelungsgesetz vom 15. Dezember 1952 (GVBlNW S. 423 ff.) aufgehoben worden.

III. Mit der gegebenen Begründung läßt sich daher die Abweisung der Klage nicht rechtfertigen. Der Rechtsstreit ist aber noch nicht zur Entscheidung reif. Denn wenn der Kläger nach seinem Vertrag zwar nur aus wichtigem Grunde gekündigt werden konnte und ihm auch Versorgungsansprüche nach beamtenrechtlichen Grundsätzen zustehen, so ist doch bei der gegebenen Sachlage nicht von vornherein ausgeschlossen, daß — über § 63 des Gesetzes — die Bestimmung des § 7 Regelungsgesetz zur Anwendung zu kommen hat. In dieser Hinsicht ist die Sachlage noch nicht geklärt. Deshalb mußte der Rechtsstreit zur Prüfung insoweit an das Landesarbeitsgericht zurückverwiesen werden.

29

1. Übertarifliche Zulagen, die besondere Leistungen oder besondere Umstände eines einzelnen Falles abgelten sollen, werden auf eine Tariferhöhung nicht angerechnet.

2. Eine Mengenprämie ist daher wenigstens regelmäßig nicht anzurechnen.

TVG § 4 Abs. 3 (Übertariflicher Lohn)

II. Senat. Urteil vom 1. November 1956 i. S. Ch. (Kl.) w. St. & Sch. (Bekl.) 2 AZR 194/54

I. Arbeitsgericht Hagen/W. — II. Landesarbeitsgericht Hamm/Westf.

Der Kläger ist seit etwa 1925 bei der Beklagten als Gußputzer beschäftigt, und zwar — seit Jahren — innerhalb einer Kolonne gegen „Prämienlohn". Die Parteien sind Mitglieder der Verbände, die die in diesem Urteil erwähnten Tarifverträge abgeschlossen haben.

Der Kläger erhielt die folgende Vergütung:

1. einen Grundstundenlohn, und zwar seit November 1951 in der Höhe von 1,12 DM die Stunde,
2. eine „Teuerungszulage" von 0,08 DM die Stunde seit 1949,
3. eine Prämie, die aus seinem Anteil an der für die geputzte Tonne Guß der Kolonne gezahlten Gruppenprämie bestand, und zwar seit November 1951 in der Höhe von 3,50 DM.

Hiernach erreichte der Effektivstundenlohn des Klägers durchschnittlich etwa 1,70 DM. Der tarifliche Stundenlohn betrug für Putzer damals zunächst 1,03 DM, später 1,10 DM.

Durch den Lohntarifvertrag zwischen dem Verband metallindustrieller Arbeitgeberverbände Nordrhein-Westfalens e. V. usw. und der Industriegewerkschaft Metall (Bezirksleitungen Essen, Hagen, Köln und Münster) vom 5. Dezember 1952 wurde mit Wirkung vom 1. Januar 1953 der bisher 1,10 DM betragende Stundenlohn auf 1,18 DM erhöht. Unbeschadet dieser Lohnerhöhung hat der Kläger nur seinen bisherigen zuvor bezeichneten Lohn weiter erhalten.

Der Kläger verlangt — neben der „Teuerungszulage" von 0,08 DM und der bezeichneten Prämie — für die Monate August, September und Oktober 1953 eine Erhöhung seines bisherigen Grundstundenlohnes von 1,12 DM auf den tariflichen Stundenlohn von 1.18 DM, also um 0,06 DM, und dementsprechend einen rechnerisch unstreitigen Betrag von 36,50 DM.

Das Arbeitsgericht hat ihm diesen Betrag zugesprochen, das Landesarbeitsgericht dagegen die Klage abgewiesen.

Die Revision des Klägers führte zur Zurückverweisung an das Berufungsgericht aus den folgenden

Gründen:

1. Die Berechtigung des vom Kläger geltend gemachten Anspruchs hängt davon ab, ob seine bisherige übertarifliche Gesamtvergütung, wie die Beklagte meint, in der Tariferhöhung aufgeht oder ob entsprechend der Ansicht des Klägers der Grundstundenlohn sich auf den tariflichen Stundenlohn erhöht, daneben aber die Prämie und die Teuerungszulage aufrechterhalten werden. Das Landesarbeitsgericht hat sich dem Standpunkt der Beklagten angeschlossen, indem es von dem Grundsatz ausgeht, daß „übertarifliche Zulagen, wenn nichts anderes vereinbart ist, auf Tariferhöhungen anzurechnen sind".

Einer solchen Regel kann jedoch nur mit Einschränkungen beigetreten werden. Eine übertarifliche Entlohnung kann allerdings — durch den Einzelarbeitsvertrag — deshalb gewährt werden, weil der Tariflohn im Hinblick auf die allgemeine Lebenshaltung nicht ausreichend erscheint, die wirtschaftliche Lage des Betriebes aber die höheren, den Tariflohn übersteigenden Lohnaufwendungen tragen kann. Folgt dann die tarifliche Regelung den Kosten der allgemeinen Lebenshaltung und der Leistungsfähigkeit des betreffenden Wirtschaftszweiges, so ist es nur natürlich, daß der den bisherigen Tariflohn übersteigende Teil der Vergütung in der Tariferhöhung aufgeht, von ihr aufgesogen wird. Da die Tariflöhne Mindestlöhne sind (Hueck-Nipperdey-Tophoven, TVG, 3. Aufl., § 4, Erl. 78), muß angenommen werden, daß eine derartige Erhöhung wegen jener Umstände erfolgt. Jener Vorbehalt einer Aufsaugung durch eine künftige Tariferhöhung wohnt daher nach Treu und Glauben der einzelvertraglichen Vereinbarung einer solchen übertariflichen Vergütung inne (Hueck-Nipperdey-Tophoven, TVG, 3. Aufl., § 4, Erl. 85 a).

Andererseits braucht der übertarifliche Lohn aber nicht stets der Ausdruck eines allgemein unzureichenden Tariflohnes zu sein, sondern er kann auch den Sinn haben, besondere Leistungen abzugelten und besondere Umstände eines einzelnen Falles anzuerkennen, die bei der Bemessung des normalen und allgemein geltenden Tariflohns eben als besondere Leistungen und besondere Umstände unberücksichtigt geblieben sind. Hat die übertarifliche Entlohnung diesen Sinn, so besteht die einzelvertragliche Vereinbarung, daß die über den Tariflohn hinausgehende Vergütung gewährt wird, vollkommen selbständig neben der jeweiligen tariflichen Regelung und unabhängig von der jeweiligen Höhe des tariflichen Lohnes. Dieser einzelvertraglichen Vereinbarung würde es widersprechen und mit Treu und Glauben wäre es nicht vereinbar, wenn der bisherige übertarifliche Teil des Lohnes mit der tariflichen Lohnerhöhung wegfallen würde. Vielmehr wird in solchen Fällen der übertarifliche Teil der Vergütung von der Erhöhung des Tariflohns nicht berührt (Hueck-Nipperdey-Tophoven TVG, 3. Aufl., § 4 Erl. 85 b).

2. Von der so gewonnenen Sicht aus ist die mit dem Kläger vereinbarte Prämie grundsätzlich nicht geeignet, in der Lohnerhöhung aufzugehen. Denn sie ist eine Mengenprämie und sollte daher offenbar eine besondere Leistung belohnen und zu besonderen Leistungen anspornen.

Im Gegensatz zu der Ansicht des Arbeitsgerichts entnimmt das Landesarbeitsgericht dem Wesen des Prämienlohnes in der vorliegenden Gestalt nicht, daß der Grundlohn an den tariflichen Stundenlohn angelehnt, die Prämie dagegen als Leistungszulage und Leistungsansporn von dem tariflichen Zeitlohn unabhängig sei.

Es kann dahingestellt bleiben, ob, wie Nikisch (Arbeitsrecht, 2. Auflage, 1. Band, Seite 342) meint, aus dem Begriff der Prämie folgt, daß sie in jedem Falle zu dem vollen Tariflohn hinzukomme. Denn jedenfalls für den vorliegenden Fall ergibt sich das Wesen des Prämienlohnes aus § 6 Ziff. 1 des Manteltarifvertrages zwischen dem Verband metallindustrieller Arbeitgeberverbände Nordrhein-Westfalens e. V. usw. und der Industriegewerkschaft Metall (Bezirksleitungen Essen, Hagen, Köln und Münster) vom 12. Januar 1952:

„Die Arbeit ist im Zeitlohn oder Leistungslohn (Akkord- oder Prämienlohn) zu verrichten.

Prämienlohn ist eine besondere Vergütung, die neben dem tariflich festgelegten Lohn für die Erreichung eines bestimmten Arbeitserfolges vereinbart wird."

Aus dieser Definition folgt, daß für den Geltungsbereich dieses Tarifvertrags, also auch für den Betrieb der Beklagten, die Prämie der Erreichung eines bestimmten Arbeitserfolges dient und zu dem tariflich festgelegten Zeitlohn hinzuzutreten hat. Dies ist nicht nur, wie das Landesarbeitsgericht meint, die Regel, sondern die vom Tarifvertrag allein zugelassene Art des Prämienlohnes. Die Prämie anders als durch eine Zulage zu dem tariflich festgelegten Zeitlohn zu gewähren, wäre mit dem Tarifvertrag nicht vereinbar. Die Prämie nimmt nicht eine künftige Lohnerhöhung vorweg, sondern will gute Leistungen belohnen und zu guten Leistungen anspornen.

An diesem Wesen ändert auch die besondere Art des hier vereinbarten Prämienlohnes nichts. Dieser hat allerdings nicht den Inhalt, daß der Grundlohn als Entgelt für eine gewünschte Grundleistung (Mindestleistung) gedacht ist und erst als Belohnung für die Überschreitung dieser Grundleistung die Prämie gezahlt wird. Vielmehr hat der Kläger die Prämie vom gesamten Arbeitsergebnis erhalten, unabhängig von der Erreichung eines bestimmten Mindestarbeitserfolges. Dieser Umstand ist aber nicht so bedeutungsvoll, daß damit der Prämie das Wesen einer Leistungszulage genommen wird. Sie bleibt auf den Arbeitserfolg — je Tonne geputzten Guß — und damit auf den Ansporn zur Leistung abgestellt.

Hiernach liegen die Ausführungen des Landesarbeitsgerichts, daß die — auch vom Landesarbeitsgericht an sich anerkannte — Angleichung des Grundstundenlohnes an den Tariflohn, wie sie 1951 stattgefunden hat, lediglich eine innerbetriebliche Anordnung der Beklagten gewesen sei, mit der sie die wegen des verschiedenen Gewichts der zu putzenden Gußstücke entstehenden Lohnschwankungen ausschalten wollte, neben der Sache.

3. Ebenso ist die vom Landesarbeitsgericht bejahte Frage, ob der „Teuerungszuschlag" von der durch den Lohntarifvertrag vom 5. Dezember 1952 gewährten Erhöhung des Tariflohnes aufgesogen wird, nach den zu 1. entwickelten Gesichtspunkten zu entscheiden. Mit den Gründen des Landesarbeitsgerichts ist das angefochtene Urteil daher nicht aufrecht zu erhalten. Hatte der zwischen den Parteien bestehende Einzelarbeitsvertrag den Inhalt, daß die Zulage selbständig neben dem Tariflohn und unabhängig von ihm gezahlt werden sollte, so ist kein Grund einzusehen, warum sie, wie das Landesarbeitsgericht meint, in den erhöhten Tariflohn eingehen sollte.

Die tatsächlichen Feststellungen des Landesarbeitsgerichts reichen jedoch nicht aus, um ein sicheres Bild von dem Wesen dieser Zulage und damit von dem Inhalt des sie gewährenden Einzelarbeitsvertrags zu gewinnen. Das Landesarbeitsgericht zieht aus der Weigerung der Beklagten, „den Tariflohn zu erhöhen", den Schluß, daß sie die Zulage nicht neben dem jeweiligen Tariflohn habe zahlen wollen. Diese Schlußfolgerung ist jedoch nicht haltbar; denn es kommt, was das Landesarbeitsgericht offenbar verkennt, nicht darauf an, was die Beklagte im Januar 1953 getan und gewollt hat, sondern darauf, welche Verpflichtungen sie zuvor, insbesondere dadurch, daß sie seit 1949 die Teuerungszulage unverändert gezahlt hat, einzelvertraglich eingegangen war.

Da hiernach eine weitere tatsächliche Aufklärung erforderlich ist, die vom Revisionsgericht nicht durchgeführt werden kann, ist es geboten, die Sache an das Landesarbeitsgericht zurückzuverweisen.

Das Landesarbeitsgericht wird also das eigentliche Wesen der hier fraglichen Zulage zu klären haben. Sollte die Teuerungszulage lediglich eine künftige Lohnerhöhung vorwegnehmen, so geht sie in der dann nachträglich verwirklichten Lohnerhöhung auf. Diese Bedeutung muß aber die Zulage, obgleich sie als Teuerungszulage bezeichnet ist, keineswegs gehabt haben. Es kann sich auch, worauf insbesondere der Inhalt der Anregung des Arbeitgeberverbandes der Beklagten bei der Einführung der Teuerungszulage im Jahre 1949 hindeutet, um eine Zulage handeln, die nicht eine Teuerung, wie sie allgemein bestand, abfinden sollte. Es liegt vielmehr nahe, daß die Verhältnisse in Hagen — oder wenigstens im Betriebe der Beklagten — aus nicht geklärten und daher noch zu klärenden Gründen nach der Ansicht der Parteien Besonderheiten aufwiesen; diese besonderen Umstände könnten die Gewährung der als Teuerungszulage bezeichneten übertariflichen Zulage nach Ansicht der Parteien erforderlich gemacht haben. Dies würde, wenigstens wenn jene Umstände Dauercharakter haben, entscheidend dafür sprechen, daß sie nach dem Willen der Parteien von dem jeweiligen Tariflohn unabhängig sein sollte. Dies umsomehr, wenn sie, was im einzelnen noch aufzuklären sein wird, seit ihrer Einführung im Jahre 1949 durch die seitdem erfolgten Erhöhungen des Tariflohnes unberührt weiter bestehen geblieben ist. Das Landesarbeitsgericht wird auch dem Umstand seine besondere Aufmerksamkeit zuwenden müssen, daß die Beklagte die Zulage offenbar stets besonders ausgewiesen und damit auch äußerlich die Unabhängigkeit dieser Zulage von dem Grundstundenlohn zum Ausdruck gebracht hat (Hueck-Nipperdey-Tophoven, TVG, 3. Aufl., § 4, Erl. 85 b S. 203 oben).

30

Die Vorschrift des § 124 b Satz 1 GewO gilt auch für den Fall, daß der Arbeitnehmer den Dienst noch nicht angetreten hat.

GewO § 124 b Satz 1.

II. Senat. Urteil vom 8. November 1956 i. S. S. (Bekl.) w. St. (Kl.)
2 AZR 340/54.

I. Arbeitsgericht München. — II. Landesarbeitsgericht Bayern in München.

Der Kläger hat für die von ihm betriebene Gaststätte, in der er nach den Feststellungen des Landesarbeitsgerichts regelmäßig etwa 16—18 Arbeitnehmer beschäftigt, am 21. Juni 1953 den Beklagten als Koch gegen einen Monatslohn von 200,— DM bei freier Kost und Wohnung für die Zeit ab 6. Juli 1953 eingestellt.

Einige Tage vor dem 6. Juli 1953 verständigte der Beklagte den Kläger, daß er eine bessere Stellung gefunden habe und deshalb seine Arbeit nicht aufnehmen werde. Der ausdrücklichen Aufforderung des Klägers, die Arbeit anzutreten, kam der Beklagte nicht nach.

Der Kläger behauptet, daß ihm durch das Verhalten des Beklagten ein beträchtlicher Schaden entstanden sei, und hat nach § 124 b GewO eine Entschädigung verlangt.

Das Arbeitsgericht hat die Klage abgewiesen, da der Beklagte seine Arbeit im Sinne des § 124 b GewO nicht „verlassen", sondern überhaupt nicht aufgenommen und daher der Treupflicht überhaupt nicht unterlegen habe. Das Landesarbeitsgericht hat dagegen der Klage aus den folgenden Erwägungen stattgegeben: die etwaige Kündigung, die in der einige Tage vor dem 6. Juli 1953 vom Beklagten dem Kläger gegebenen Absage gesehen werden könne, sei an eine Frist von 2 Wochen gebunden und habe daher den Arbeitsvertrag jedenfalls bis zum 6. Juli 1953 nicht zur Beendigung gebracht. Der § 124 b GewO wolle „den ungetreuen Gesellen" mit einer Buße belegen, ohne Rücksicht darauf, ob dieser im Einzelfalle seine Arbeit aufgenommen habe oder nicht. Dem Kläger stehe daher eine Entschädigung in Höhe des ortsüblichen Wochenlohnes zu.

Die Revision des Beklagten blieb erfolglos.

Aus den Gründen:

1. Zu Unrecht bekämpft die Revision die Rechtsansicht des Landesarbeitsgerichts, daß die Bestimmung des § 124 b Satz 1 GewO („Hat ein . . . . . Gehilfe rechtswidrig die Arbeit verlassen, so kann der Arbeitgeber als Entschädigung für den Tag des Vertragsbruchs und

jeden folgenden Tag der vertragsmäßigen oder gesetzlichen Arbeitszeit, höchstens aber für eine Woche, den Betrag des ortsüblichen Tagelohns fordern") auch auf den Fall anzuwenden ist, daß der Arbeitnehmer — wie hier — die Arbeit überhaupt noch nicht aufgenommen hat. Mit der Bestimmung des § 124 b GewO will das Gesetz dem Bruch des Arbeitsvertrags durch den Arbeitnehmer in der gewerblichen Wirtschaft entgegentreten: Der vertragstreue Vertragspartner wird der Pflicht zu dem häufig schwierigen Nachweis eines Schadens dadurch enthoben, daß die Höhe des von dem untreuen Vertragspartner zu zahlenden Schadensersatzes ein für allemal festgelegt wird; dafür wird durch die Geltendmachung dieser festen Entschädigung der Anspruch auf Vertragserfüllung und auf Ersatz eines weiteren Schadens ausgeschlossen. Umgekehrt hat die Pflicht des vertragsuntreuen Arbeitnehmers, in jedem Falle die Entschädigung zu zahlen, die Wirkung einer Buße, deren Aussicht ihn zur Vertragstreue anhält. Bei diesem Sinn der Vorschrift ist ein vernünftiger Grund nicht ersichtlich, zwischen dem Fall, daß der Arbeitnehmer die Arbeit bereits begonnen hat, und dem Fall, daß er die Arbeit überhaupt noch nicht aufgenommen hatte, zu unterscheiden; denn auch im letzteren Falle bricht der Arbeitnehmer jedenfalls seinen Arbeitsvertrag; für die Folgen dieses Vertragsbruchs ist es, was das Landesarbeitsgericht übersieht, gleichgültig, ob erst die endgültige Eingliederung des Arbeitnehmers in den Betrieb seine Treupflicht in vollem Umfange entstehen läßt.

Auch der Wortlaut des § 124 b Satz 1 GewO („Hat ein . . . . Gehilfe die Arbeit . . . . verlassen") zwingt nicht dazu, die Geltung dieser Bestimmung auf den Fall einzuschränken, daß der Arbeitnehmer die Arbeit bereits begonnen hatte. Bei der Auslegung von Gesetzen ist nicht an dem Wortlaut zu haften, sondern der zum Ausdruck gebrachte Wille zu berücksichtigen (Enneccerus-Nipperdey, Allg. Teil, 14. Aufl., § 54 S. 198/199). Dem Gesetzgeber hat offenbar bei der Fassung des Gesetzestextes nur der übliche Fall, daß ein Gehilfe seine bereits begonnene Arbeit rechtswidrig wieder verläßt, vor Augen geschwebt; in Wirklichkeit wollte er aber vernünftigerweise über diesen Tatbestand hinaus jeden Fall des Vertragsbruchs treffen, also insbesondere auch den Fall nicht ausschließen, daß der Arbeitnehmer die vertraglich übernommene Arbeit überhaupt noch nicht angetreten hatte (so Hueck-Nipperdey, Lehrbuch des Arbeitsrechts, 6. Aufl., I. Bd., S. 206; Landmann-Rohmer, GewO, § 124 b, Erl. 2 a; Boldt-Steffens, GewO, § 124 b Erl. III; unbestimmt Nikisch, Arbeitsrecht, 2. Aufl., S. 246). Auch sonst begreift die Gewerbeordnung, wie der Wortlaut des § 124 GewO zeigt, mit den Worten „Arbeit verlassen" allgemein die Kündigung durch den Arbeitnehmer.

2. Ebensowenig wird die Rechtswidrigkeit und die nach der herrschenden Lehre (Hueck in Hueck-Nipperdey, Lehrbuch des Arbeitsrechts, 6. Aufl., I. Bd., S. 205, Anm. 5; Landmann-Rohmer, GewO, 10. Aufl., § 124 b Erl. 2 a) erforderliche Schuld des Beklagten, wie die Revision meint, dadurch ausgeschlossen, daß er einige Tage vor dem vereinbarten Arbeitsantritt seine Absicht, die Stelle nicht anzutreten, dem Kläger mitgeteilt hat. Denn durch die Mitteilung eines beabsichtigten Vertragsbruchs wird weder die Rechtswidrigkeit des Vertragsbruchs noch eine — hier tatsächlich vorliegende — Schuld des untreuen Vertragsteils aufgehoben.

31

Mit der Beendigung des Arbeitsverhältnisses finden die hierdurch begründeten beiderseitigen Rechte und Pflichten für die Zukunft grundsätzlich ihr Ende; eine Nachwirkung kann nur in einem sehr begrenzten Umfang in Betracht kommen.

BGB § 611; ZPO § 91 a; ArbGG § 61 Abs. 1 Satz 2.

II. Senat. Urteil vom 24. November 1956 i. S. L. (Kl.) w. B.-G. (Bekl.) 2 AZR 345/56.

I. Arbeitsgericht Köln. — II. Landesarbeitsgericht Köln.

Die Kläger machen gegen die Beklagte eine Forderung von 108,— DM geltend, die der frühere Arbeitgeber der Beklagten gegen diese wegen Erstattung von Anwaltskosten zu haben glaubt. Die Beklagte hatte, nachdem sie auf Grund eines gerichtlichen Vergleichs vom 24. Juni 1955 am 30. Juni 1955 aus den Diensten ihres Arbeitgebers ausgeschieden war, gegen ihn durch ihren Anwalt mit einem Schreiben vom 19. August 1955 Schadenersatzansprüche auf Grund des früheren Arbeitsvertrages geltend gemacht, diese aber nicht weiter verfolgt, nachdem sich der Arbeitgeber an die Kläger gewandt hatte und diese die Ansprüche der Beklagten als unbegründet abgelehnt hatten. Seinen angeblichen Anspruch gegen die Beklagte auf Erstattung der durch die Beauftragung der Kläger entstandenen Kosten hat der Arbeitgeber an die Kläger abgetreten. Arbeitsgericht und Landesarbeitsgericht haben die Klage abgewiesen. Die Revision wurde zurückgewiesen aus folgenden

Gründen:

Das Landesarbeitsgericht hat zur Begründung der Klageabweisung im wesentlichen ausgeführt, es könne zweifelhaft sein, ob nach den unstreitigen Tatsachen ein Anspruch auf Erstattung der Kosten der Anwaltsberatung aus positiver Vertragsverletzung oder aus anderen bürgerlich-rechtlichen Gesichtspunkten begründet sei und ob er in der von den Klägern geltend gemachten Höhe zu Recht bestände. Hierauf komme es nicht an, weil sich der Grundsatz des § 61 Abs. 1 Satz 2 ArbGG über die Nichterstattung von Anwaltskosten nach seinem klaren Wortlaut und Willen nicht nur auf im Prozeß entstandene Kosten beziehe, sondern auch auf außerprozessuale Anwaltskosten.

Dem Urteil des Landesarbeitsgerichts ist im Ergebnis zuzustimmen. Die Klage ist unbegründet, weil den Klägern ein materiell-rechtlicher Anspruch auf Erstattung der fraglichen Kosten überhaupt nicht zusteht.

Die Kläger stützen ihren Anspruch auf positive Vertragsverletzung seitens der Beklagten, die sie darin erblicken, daß sie nach dem zwischen ihr und ihrem Arbeitgeber bestehenden Vertrag die vertragliche Nebenpflicht gehabt habe, alle durch ihre Person möglicherweise entstehenden Schäden von ihrem Arbeitgeber abzuwenden. Durch eine in den Rahmen ihres Vertrages fallende falsche Rechtsbehauptung habe sie ihren Arbeitgeber veranlaßt, daß dieser sich zu einer mit Kosten verbundenen Rechtsberatung habe begeben müssen. Die Beklagte habe auch fahrlässig gehandelt; hätte sie sich rechtzeitig an zuständiger Stelle unterrichtet, so hätte sie selbst feststellen müssen, daß der von ihr behauptete Schaden nicht eingetreten sei.

Eine positive Vertragsverletzung und eine sich daraus ergebende Schadenersatzpflicht der Beklagten liegen jedoch nicht vor. Es kann dahingestellt bleiben, ob eine so weitgehende Pflicht des Arbeitnehmers, wie sie die Kläger als gegeben ansehen, während der Dauer eines Arbeitsverhältnisses überhaupt besteht; sie kann jedenfalls dann nicht in Betracht kommen, wenn die Geltendmachung des Anspruchs auf ein Verhalten des Arbeitnehmers gestützt wird, nachdem dieser aus den Diensten des Arbeitgebers ausgeschieden ist. Mit der Beendigung des Arbeitsverhältnisses haben nämlich die hierdurch begründeten beiderseitigen Rechte und Pflichten für die Zukunft grundsätzlich ihr Ende gefunden (Hueck-Nipperdey, Lehrbuch des Arbeitsrechts, 3.—5. Aufl., Band I, S. 392). Eine Nachwirkung von Rechten und Pflichten aus einem beendeten Arbeitsvertrag besteht nur in einem sehr begrenzten Umfang. Sie bezieht sich auf Seiten des Arbeitgebers im wesentlichen auf die Pflicht zur Ausstellung eines Zeugnisses und zur Auskunftserteilung, sowie in gewissem Umfang auf das Verbot, mit einem anderen Arbeitgeber Vereinbarungen zu schließen, durch die das Fortkommen des Arbeitnehmers unmittelbar gehindert würde (vgl. § 75 f HGB), gegebenenfalls auch auf die Zahlung von Bezügen über den Ablauf des Arbeitsvertrages hinaus oder auf die Gewährung von Ruhegeld und Hinterbliebenenversorgung. Auf Seiten des Arbeitnehmers kann die Nachwirkung hauptsächlich bestehen in der Pflicht zur Geheimhaltung von Betriebsgeheimnissen und unter besonderen Voraussetzungen in der Verpflichtung, kein ähnliches Arbeitsverhältnis mit einem anderen Arbeitgeber einzugehen (vgl. u. a. Hueck-Nipperdey, a. a. O., S. 392; Schnorr v. Carolsfeld, Arbeitsrecht, 2. Aufl., S. 400 ff.). Eine weitergehende Nachwirkung des Arbeitsverhältnisses ist hingegen in der Regel nicht anzuerkennen. Insbesondere kann in der nachträglichen Geltendmachung von, wenn auch gegebenenfalls unbegründeten Ansprüchen des Arbeitnehmers gegen den früheren Arbeitgeber zum mindesten dann kein Verstoß gegen eine nachwirkende Treupflicht erblickt werden, wenn zwischen den Parteien keine anderen nachwirkenden Rechtsbeziehungen — z. B. auf Gewährung von Ruhegeld — mehr bestehen. Eine andere Auffassung würde dazu führen, daß die Parteien des Arbeitsverhältnisses auch nach Lösung aller sonstigen Beziehungen weiterhin personenrechtliche Bindungen zueinander hätten. Das aber ist unhaltbar; es würde bedeuten, daß die früheren Partner niemals voneinander loskommen könnten, nur weil einmal ein Arbeitsverhältnis zwischen ihnen bestand. Auf eine Verletzung des Arbeitsvertrages, der vor Geltendmachung der Forderung zwischen der Beklagten und dem Arbeitgeber bestanden hat, können sich die Kläger also nicht berufen.

Die von den Klägern geltend gemachte Forderung kann auch nicht auf andere Anspruchsgrundlagen gestützt werden. Insbesondere gibt der Sachverhalt keinen Anhalt für das Vorliegen einer unerlaubten Handlung seitens der Bekelagten. Die Voraussetzungen des § 823 Abs. 1 BGB sind nicht gegeben, weil Schädigungen des Vermögens von dieser Vorschrift nicht erfaßt werden; auch ein Verstoß gegen §§ 823 Abs. 2, 824 oder 826 BGB liegt ersichtlich nicht vor, zum mindesten ist dahingehend nichts vorgetragen.

Der von den Klägern geltend gemachte Anspruch ist somit materiell unbegründet. Hieran ändert auch nichts, daß, wie das Landesarbeitsgericht ausführt, die Parteien nach ihrem Vortrag in der letzten mündlichen Verhandlung im Grundsatz nicht mehr darüber streiten wollen, ob der geltend gemachte Anspruch aus positiver Vertragsverletzung oder aus einem anderen bürgerlich-rechtlichen Gesichtspunkt begründet ist. Eine Anerkenntnis des materiellen Anspruchs seitens der Beklagten kann in einem solchen Verhalten der Parteien nicht erblickt werden. Das Gericht trifft seine Entscheidung auf Grund der Anwendung des objektiven Rechts auf den ihm vorgelegten Sachverhalt und auf Grund der Prüfung, ob der zur Entscheidung stehende Fall von einer Rechtsnorm erfaßt und durch sie geregelt ist oder nicht (Rosenberg, Lehrbuch des deutschen Zivilprozeßrechts, 7. Aufl., S. 613). Ergibt die Prüfung, daß es an einer materiellen Grundlage für den Klageanspruch fehlt, so muß die Klage abgewiesen werden, ohne daß es einer Prüfung bedarf, ob die Geltendmachung des Anspruchs, wenn er materiell-rechtlich begründet wäre, sodann auf Grund prozeßrechtlicher Sonderbestimmungen ausgeschlossen ist. Auf die Frage, ob die Abweisung der Klage sich auch aus § 61 ArbGG rechtfertigt, kommt es somit nicht an.

Die Kläger stützen ihren Anspruch weiter auf § 91 a ZPO, den sie analog angewendet wissen wollen. Diese Bestimmung bezieht sich jedoch ihrem klaren Wortlaut nach nur auf die Kostenentscheidung für den Fall, daß die Parteien einen schwebenden Rechtsstreit in der Hauptsache für erledigt erklärt haben. Ein solcher Fall liegt hier nicht vor. Für eine analoge Anwendung dieser Bestimmung auf die Erledigung von Streitigkeiten, wenn überhaupt kein Rechtsstreit anhängig ist, bietet die Bestimmung keinen Raum; sie ist bei ihrem eindeutig umschriebenen Anwendungsgebiet rein prozeßrechtlicher Natur. Es bedarf daher auch keiner Prüfung, ob nicht einer Anwendung des § 91 a ZPO die Bestimmung des § 61 ArbGG entgegenstehen würde.

32

1. Hat der Arbeitgeber rechtswidrig, vorsätzlich und schuldhaft die ihm obliegende rechtzeitige Mitteilung einer erforderlichen Massenentlassung an den Betriebsrat und die Beratung mit ihm hierüber vor der Kündigung unterlassen, so kann er das Recht, sich gegenüber einer Kündigungsschutzklage auf die Gründe des § 1 Abs. 2 KSchG zu seinen Gunsten zu berufen, nicht ausüben.

2. Kommt der Arbeitgeber seiner Pflicht aus § 66 Abs. 2 BetrVG nach, dann bedarf es keiner weiteren Anhörung des Betriebsrats vor Ausspruch der Kündigung (§ 66 Abs. 1 BetrVG) mehr.

BetrVG § 66 Abs. 1, Abs. 2

I. Senat. Urteil vom 14. November 1956 i. S. Sch. u. a. (Kl.) w. H. (Bekl.) 1 AZR 168/54

I. Arbeitsgericht Hamburg. — II. Landesarbeitsgericht Hamburg.

Der Kläger L. wurde bei der Beklagten, die eine Konditorei, ein Konzertcafé und eine Restauration betrieb, am 15. Mai 1947 als Kassierer, die Klägerinnen W. am 15. Dezember 1949 als Putzfrau und Sch. am 12. April 1951 als Reinemachefrau, schließlich der Kläger Z. am 1. August 1952 als Kellner eingestellt.

Allen Klägern war am 14. Februar 1953 zum 31. März 1953 wegen einer geplanten Betriebseinschränkung gekündigt worden. Eine Anhörung des Betriebsrats vor Ausspruch der Kündigungen unterblieb.

Die Kläger haben form- und fristgerecht Kündigungsschutzklage erhoben mit dem Antrag,

festzustellen, daß durch die Kündigungen ihr Arbeitsverhältnis nicht aufgelöst worden sei.

Hierzu haben die Kläger ausgeführt, die Kündigungen seien wegen Nichtbeachtung der Vorschrift des § 66 Abs. 1, Abs. 2 Buchst. b) BetrVG nichtig. Sie seien auch nicht betriebsnotwendig gewesen. Die Kläger haben behauptet, die Beklagte habe gar nicht ernsthaft vorgehabt, ihren Betrieb einzuschränken; sie habe nämlich unmittelbar nach Ausspruch der Kündigungen Neueinstellungen vorgenommen. Die beabsichtigte Betriebseinschränkung sei überhaupt nicht durchgeführt worden.

Das Arbeitsgericht hat den Klagen stattgegeben, das Landesarbeitsgericht hat sie dagegen abgewiesen.

Die Revision der Kläger führte zur Zurückverweisung an das Landesarbeitsgericht.

Aus den Gründen:

Die hiergegen eingelegte Revision führte zur Aufhebung des angefochtenen Urteils und zur Zurückverweisung der Sache zur anderweiten Verhandlung und Entscheidung an das Landesarbeitsgericht.

Unstreitig lagen zur Zeit des Ausspruchs der Kündigungen die Voraussetzungen des § 66 Abs. 2 Buchst. b) BetrVG bei der Beklagten vor. Sie hatte also vor Ausspruch der Kündigungen die Notwendigkeit der Entlassungen der Kläger so früh wie möglich dem Betriebsrat mitzuteilen und mit ihm über Art und Umfang der erforderlichen Entlassungen sowie über die Vermeidung von Härten hierbei zu beraten. Es steht fest, daß die Beklagte diese Vorschrift nicht beachtet hat. Die Verletzung dieser Vorschrift zieht allerdings nicht die zivilrechtliche Nichtigkeit der Kündigungen nach sich. Zwar ist die Nichtbeachtung des § 66 Abs. 2 BetrVG durch den Arbeitgeber insoweit strafbar, als er seine dort näher bezeichnete Aufklärungs- oder Auskunftspflicht vorsätzlich nicht, wahrheitswidrig, unvollständig oder verspätet erfüllt (§ 78 Abs. 1 Buchst. d) BetrVG). Die Unterlassung der vorhergehenden Beratung mit dem Betriebsrat ist aber nach § 78 Abs. 1 Buchst. d) BetrVG nicht unter Strafe gestellt. Somit ist auch die Kündigung ohne vorherige Beratung mit dem Betriebsrat nicht strafbar. Die den Klägern gegenüber unter Verletzung des § 66 Abs. 2 BetrVG ausgesprochenen Kündigungen verstoßen nicht gegen ein gesetzliches Verbot, so daß eine Anwendung des § 134 BGB nicht in Frage kommt. Im übrigen gelten die rechtlichen Erwägungen, die den Senat dazu geführt haben, im Falle einer Verletzung des § 66 Abs. 1 BetrVG eine zivilrechtliche Unwirksamkeit der Kündigungen zu verneinen, auch für den Fall, daß der Arbeitgeber der Vorschrift des § 66 Abs. 2 BetrVG zuwiderhandelt. Das Unterlassen der Mitteilung der Notwendigkeit einer Massenentlassung an den Betriebsrat und einer Beratung mit diesem über Art und Umfang der erforderlichen Entlassungen sowie über die Vermeidung von Härten hierbei, ist keine Voraussetzung der zivilrechtlichen Wirksamkeit der Kündigung. Die Kündigung ohne die vorherige Beratung mit dem Betriebsrat ist also nicht zivilrechtlich unwirksam (vgl. hierzu BAG 1, 69; 2, 87).

Vielmehr ist an die Nichtbeachtung der Vorschrift des § 66 Abs. 2 BetrVG durch den Arbeitgeber dieselbe Rechtsfolge zu knüpfen wie an die einer Nichtbeachtung des § 66 Abs. 1 BetrVG. Hat also der Arbeitgeber rechtswidrig, vorsätzlich und schuldhaft die ihm obliegende rechtzeitige Mitteilung der Erforderlichkeit einer Massenentlassung an den Betriebsrat und die Beratung mit ihm hierüber vor der Kündigung unterlassen, so kann er das Recht, sich gegenüber einer Kündigungsschutzklage auf die Gründe des § 1 Abs. 2 KSchG zu seinen Gunsten zu berufen, nicht ausüben. Kündigt der Arbeitgeber, ohne seiner Verpflichtung aus § 66 Abs. 2 BetrVG nachgekommen zu sein, dann spricht der erste Anschein dafür, daß die Unterlassung der Mitteilung und der Beratung mit dem Betriebsrat rechtswidrig, vorsätzlich und schuldhaft erfolgt ist. Das gilt in der Regel nur dann nicht, wenn der Arbeitgeber seinerseits Tatsachen vorträgt, die zu einer anderen Beurteilung der Unterlassung Anlaß geben könnten (vgl. BAG 1, 69 ff.; 2, 87 ff.).

Wenn allerdings die Voraussetzungen des § 66 Abs. 2 BetrVG vorliegen, dann bedarf es, wenn der Arbeitgeber die ihm dort auferlegten Pflichten erfüllt, keiner weiteren Anhörung des Betriebsrats vor Ausspruch der Kündigung gemäß § 66 Abs. 1 BetrVG mehr. Denn die Vorschrift des § 66 Abs. 2 BetrVG, die eine Beratungspflicht auferlegt, geht weiter als die des § 66 Abs. 1 BetrVG, die dem Arbeitgeber lediglich eine vorherige Anhörung des Betriebsrats vor Ausspruch der Kündigung zur Pflicht macht. § 66 Abs. 2 BetrVG enthält schon den Tatbestand des § 66 Abs. 1 BetrVG; jener konsumiert diesen. Bei der Beratungspflicht des Arbeitgebers nach § 66 Abs. 2 BetrVG handelt es sich darum, mit dem Betriebsrat nicht nur allgemein über Entlassungsmaßnahmen, insbesondere über deren Art und Umfang zu beraten; vielmehr geht die Pflicht des Arbeitgebers dahin, die Maßnahmen im einzelnen konkret mit dem Betriebsrat zu beraten, d. h., die Beratung muß sich grundsätzlich auch auf die einzelnen zu entlassenden Arbeitnehmer erstrecken. Das ergibt sich insbesondere daraus, daß § 66 Abs. 2 BetrVG auch die Beratung über die Vermeidung von Härten bei Massenentlassungen vorschreibt. Eine Beratung über die Vermeidung von solchen Härten setzt aber voraus, daß hierbei auch der einzelne Entlassungsfall, mithin die evtl. Kündigung dieses oder jenes Arbeitnehmers konkret beraten wird. Ist dies aber der Fall, dann erscheint es nicht sinnvoll, dem Arbeitgeber neben dieser Beratungspflicht zugleich auch noch eine gesonderte Anhörungspflicht gemäß § 66 Abs. 1 BetrVG aufzuerlegen. Ist über die Entlassung eines Arbeitnehmers im Rahmen einer beabsichtigten Massenentlassung zwischen Arbeitgeber und Betriebsrat beraten worden, so braucht der Arbeitgeber über denselben Fall den Betriebsrat vor Ausspruch der Kündigung nicht mehr anzuhören.

Da das Berufungsgericht sowohl die Nichtbeachtung des § 66 Abs. 1 wie die des § 66 Abs. 2 BetrVG durch die Beklagte rechtlich nicht richtig gewürdigt hat, muß das angefochtene Urteil schon aus diesem Grunde aufgehoben und zur anderweiten Verhandlung und Entscheidung an das Landesarbeitsgericht zurückverwiesen werden. Es wird dessen Aufgabe sein, unter Zugrundelegung der Rechtsausführungen dieses Urteils zu § 66 Abs. 2 BetrVG in Verbindung mit den einschlägigen Entscheidungen des Bundesarbeitsgerichts zu § 66 Abs. 1 BetrVG die Parteien gemäß § 139 ZPO zu einem ergänzenden Vortrag aufzufordern und evtl. Beweiserbieten entgegenzunehmen, die entsprechenden Beweise zu erheben und Feststellungen zu treffen, ob die Beklagte die ihr obliegende Mitteilungspflicht an den Betriebsrat und die Beratung mit dem Betriebsrat rechtswidrig, vorsätzlich und schuldhaft unterlassen hat, bevor sie die Kündigungen gegenüber den Klägern aussprach.

33

1. Eine nachträgliche Berichtigung der Sitzungsniederschrift über die mündliche Verhandlung und die Urteilsverkündung des Berufungsgerichts ist auch noch dann zulässig, wenn die Sache in der Revisionsinstanz anhängig geworden ist.

2. Urlaubsanspruch im Sinne eines Anspruchs auf Freizeit zum Zwecke der Erholung unter Fortzahlung des Arbeitsentgelts und Hausarbeitstagsanspruch sind in ihrer rechtlichen Normierung und nach ihrem Sinn und Zweck vollkommen selbständige nebeneinander bestehende Ansprüche.

3. Der Anspruch auf Erholungsurlaub und seine Erfüllung beseitigt oder konsumiert den Hausarbeitstagsanspruch nicht.

Hausarbeitstagsgesetz Nordrhein-Westfalen vom 27. Juli 1948 § 1; ArbGG §§ 64 Abs. 3, 60 Abs. 2, 72 Abs. 1 Satz 1; ZPO §§ 159, 160.

I. Senat. Urteil vom 2. November 1956 i. S. M. (Kl.) w. St. (Bekl.)
1 AZR 330/55.

I. Arbeitsgericht Herford. — II. Landesarbeitsgericht Hamm/Westf.

Die Klägerin ist seit September 1951 bei der Beklagten als Hilfsarbeiterin beschäftigt. Ihre tägliche Arbeitszeit beträgt 8³/₄ Stunden. Sie erhält einen Stundenlohn von 1,09 DM.

Seit Anfang 1952 gewährte die Beklagte ihr den monatlichen Hausarbeitstag, den sie bis dahin erhalten hatte, nicht mehr. Erst als das Bundesarbeitsgericht durch zwei Grundsatzentscheidungen vom 14. Juli 1954 (BAG 1, 51 ff.) die Rechtsgültigkeit des nordrheinwestfälischen Hausarbeitstagsgesetzes festgestellt hatte, wurden der Klägerin die bisher nicht gewährten Hausarbeitstage durch Nachzahlung des jeweiligen Tagesverdienstes abgegolten. Dabei machte die Beklagte jedoch eine Ausnahme, indem sie die Bezahlung des Hausarbeitstages im August 1954 mit der Begründung ablehnte, die Klägerin habe in der Zeit vom 31. Juli bis 10. August 1954 Urlaub gehabt; infolgedessen habe ihr ein Hausarbeitstag für den Monat August 1954 nicht zugestanden.

Die Klägerin hat auf Abgeltung auch dieses Hausarbeitstages geklagt und beantragt,

die Beklagte zu verurteilen, an sie 9,54 DM zu zahlen.

Die Beklagte hat gebeten,

die der Höhe nach unstreitige Klageforderung abzuweisen.

Arbeitsgericht und Landesarbeitsgericht haben die Klage abgewiesen.

Mit der Revision rügt die Klägerin Verletzung des § 1 des Hausarbeitstagsgesetzes von Nordrhein-Westfalen. Das Berufungsgericht habe die Anspruchsvoraussetzung, daß die berufstätige Frau im Durchschnitt wöchentlich mindestens 40 Stunden arbeiten müsse, falsch ausgelegt. Das angefochtene Urteil verkenne Sinn und Zweck des Hausarbeitstages einerseits und des Erholungsurlaubs andererseits.

Das Bundesarbeitsgericht hat der Klage stattgegeben.

Aus den Gründen:

1. Die Revision ist zulässig. Zwar handelt es sich weder um eine Streitwert- noch um eine Divergenzrevision. Auch ist die Revision im Tenor des angefochtenen Urteils nicht zugelassen worden. Jedoch hat das angefochtene Urteil am Schluß der Entscheidungsgründe ausgeführt, daß die Revision zuzulassen sei; das genügt, weil nach § 72 Abs. 1 Satz 1 ArbGG die Revision durch das Landesarbeitsgericht im Urteil nicht notwendig, jedoch im Urteilstenor zuzulassen ist. Allerdings ist aus dem ursprünglichen Sitzungsprotokoll nicht ersichtlich, daß die Entscheidungsgründe mitverkündet worden sind, was für eine wirksame Revisionszulassung, die nur in den Entscheidungsgründen erfolgt, erforderlich ist (AP Nr. 3 zu § 319 ZPO). Der Vorsitzende der erkennenden Kammer des Landesarbeitsgerichts und die Protokollführerin haben jedoch das Protokoll über die mündliche Verhandlung berichtigt, so daß nunmehr feststeht, daß der wesentliche Inhalt der Entscheidungsgründe und damit auch die Zulassung der Revision durch das Berufungsgericht verkündet worden sind. Eine solche nachträgliche Berichtigung einer Sitzungsniederschrift, selbst zu einem Zeitpunkt, in dem die Sache schon bei der Rechtsmittelinstanz anhängig geworden ist, ist in Übereinstimmung mit der Entscheidung des Reichsgerichts in RGZ Bd. 164 S. 360 zulässig.

2. Die Revision ist auch begründet. Mit Recht kann die Klägerin Abgeltung des geltend gemachten, aber nicht gewährten Hausarbeitstages beanspruchen. Die Voraussetzungen für seine Gewährung nach dem nordrheinwestfälischen Gesetz über die Freizeitgewährung für Frauen mit eigenem Hausstand vom 27. Juli 1948 (GVBl. 1949 S. 6) liegen vor. Abgeltung in Geld kann gefordert werden, wenn entweder das Arbeitsverhältnis beendet ist und deswegen Freizeit nicht mehr gewährt werden kann, oder wenn der Anspruchszeitraum über einen Monat abgelaufen ist. Denn im letzteren Fall kann im Hinblick auf den Sinn und Zweck des Hausarbeitstages die Freizeit für den auf einen bestimmten Anspruchszeitraum entfallenden Hausarbeitstag nicht mehr

in natura gewährt werden. Diese letztere Voraussetzung liegt hier vor, weil die Gewährung eines Hausarbeitstages für August 1954 nach Ablauf des September des gleichen Jahres nicht mehr möglich ist (BAG 1, 59).

Der Anspruch der Klägerin auf den Hausarbeitstag im August 1954 kann nicht deshalb verneint werden, weil sie im ersten Drittel dieses Monats Urlaub gehabt hat. Wenn die arbeitende Frau die vom nordrheinwestfälischen Hausarbeitstagsgesetz aufgestellten Anspruchsvoraussetzungen erfüllt hat, dann ist der Hausarbeitstagsanspruch entstanden. Es findet sich kein Anhaltspunkt im Gesetz, wonach dieser Anspruch durch einen Anspruch auf Erholungsurlaub und seine Erfüllung beseitigt oder konsumiert würde. Urlaubsanspruch im Sinne eines Anspruchs auf Freizeit zum Zwecke der Erholung unter Fortzahlung des Arbeitsentgelts und Hausarbeitstagsanspruch sind in ihrer rechtlichen Normierung und nach ihrem Sinn und Zweck vollkommen selbständige nebeneinander bestehende Ansprüche.

Das angefochtene Urteil ist nun allerdings der Ansicht, daß es für August 1954 deshalb an den Voraussetzungen für die Gewährung des monatlichen Hausarbeitstags an die Klägerin fehle, weil sie in diesem Monat keine Arbeitsleistung von im Durchschnitt wöchentlich mindestens 40 Stunden im Monatsdurchschnitt erreicht habe (§ 1 des Gesetzes). Das Berufungsgericht verkennt jedoch die Bedeutung dieser gesetzlichen Anspruchsvoraussetzung. Auch hier ist die Unterscheidung zwischen Erholungsurlaub und Hausarbeitstag von maßgebender Bedeutung.

Der Urlaub ist dazu bestimmt, durch vergütete Freizeit dem Arbeitnehmer Erholung von den Anstrengungen der Berufsarbeit zu gewähren, seine Arbeitskraft wieder aufzufrischen und dadurch möglichst lange zu erhalten. Der Hausarbeitstag hingegen soll der Arbeitnehmerin einmal im Monat Gelegenheit geben, ihre sogenannten großen Hausarbeiten, die ihr durch einen eigenen Hausstand entstehen, ohne Behinderung durch berufliche Pflichten auszuführen. Würde man der Arbeitnehmerin in dem Monat, in den der Urlaub fällt, den Hausarbeitstag versagen, so würde man sie zwingen, diese Hausarbeiten während des Urlaubs zu verrichten. Dadurch würde der Arbeitnehmerin die Urlaubsfreizeit verkürzt werden, die ihr von Gesetzes wegen zum Zwecke der Erholung zusteht. Wenn man der Auffassung des angefochtenen Urteils folgen wollte, so wäre im Grunde das ganze Institut des Hausarbeitstages mit der Begründung abzulehnen, daß für größere Arbeiten ja der Sonntag zur Verfügung stünde (vgl. wie hier Nikisch,

Arbeitsrecht, 2. Aufl., 1. Bd., S. 741). Das Hausarbeitstagsgesetz gewährt aber den Hausarbeitstag einmal im Monat gerade für einen Tag, an dem an sich zu arbeiten ist. Fehl geht der Hinweis, während des Urlaubs sei die Doppelbelastung, zu deren Ausgleich der Hausarbeitstag gewährt werde, nicht vorhanden. Es kommt nur darauf an, daß die Arbeitnehmerin allgemein voll berufstätig und damit durch ihren Beruf belastet ist. Als solche erhält sie den Hausarbeitstag, weil und solange sie durch den Haushalt belastet ist. Vorübergehende urlaubs- oder krankheitsbedingte Befreiung der Arbeitnehmerin von der Arbeitspflicht bei Fortdauer des Arbeitsverhältnisses berührt den Anspruch auf den Hausarbeitstag nicht. Nur dann gilt etwas anderes, wenn das Arbeitsverhältnis zwar andauert, die Hauptpflichten und Hauptrechte aber ruhen (vgl. hierzu Bulla, Mutterschutzgesetz und Frauenarbeitsrecht, HAT, Anm. 226 ff.). Es kommt also nicht darauf an, ob die Klägerin im August 1954 tatsächlich 40 Stunden wöchentlich im Monatsdurchschnitt gearbeitet hat, sondern entscheidend ist, ob sie in diesem Monat diese Stundenzahl geleistet haben würde, wenn sie nicht in dem ihr zustehenden Erholungsurlaub gewesen wäre. Nach dem Tatbestand des Berufungsurteils betrug aber die tägliche Arbeitszeit der Klägerin $8^3/_4$ Stunden. Daraus ergibt sich, daß sie die Mindestwochenarbeitszeit von 40 Stunden auch im Monat August 1954 erreicht haben würde, wenn sie während der Urlaubszeit gearbeitet hätte. Damit sind aber die Voraussetzungen für die Bejahung des Hausarbeitstagsanspruchs erfüllt. Da der Hausarbeitstag für den Monat August 1954 nicht gewährt worden ist und nicht mehr gewährt werden kann, hat die Klägerin Anspruch auf Abgeltung dieses nicht gewährten Hausarbeitstags in Geld.

34

1. Auch in Bayern haben Angestellte bei Gemeinden mit weniger als 10 000 Einwohnern keinen Anspruch auf das tarifliche Gehalt. Art. 43 Abs. 2 Satz 4 Bayer. Gem.O erweitert nicht den Geltungsbereich der TO.A, sondern stellt lediglich eine allgemeine Richtlinie dar.

2. In Gemeinden mit weniger als 3000 Einwohnern haben deren Arbeitnehmer kraft Gewohnheitsrechts in der Regel einen Anspruch auf Kindergeld.

Art. 43 Bayer. Gemeindeordnung, TO.A § 1 Abs. 2.

III. Senat. Urteil vom 11. September 1956 i. S. Gem. J. (Bekl.) w. Sp. (Kl.) 3 AZR 31/55.

I. Arbeitsgericht Regensburg. — II. Landesarbeitsgericht Bayern/München.

Der Kläger war vom 10. Juli 1945 bis zum 15. September 1952 Gemeindeschreiber bei der beklagten bayerischen Gemeinde, die etwa 1000 Einwohner hat. Er erhielt vereinbarungsgemäß zunächst eine monatliche Vergütung von 100,— DM, die ab 1. August 1952 auf 110,— DM erhöht wurde. Daneben stand ihm eine 3-Zimmerwohnung zur Verfügung, wofür seine Ehefrau die Büroräume der Beklagten zu reinigen hatte.

Mit seiner Klage auf Zahlung von 1617,52 DM hat der Kläger den Unterschied zwischen dem ihm angeblich nach der Vergütungsgruppe VII, wenigstens aber nach der Vergütungsgruppe VIII der TO.A zustehenden Gehalt und dem ihm tatsächlich gezahlten niedrigeren Gehalt begehrt. Das Arbeitsgericht hat ihm nach einer Beweisaufnahme über den Umfang seiner Tätigkeit 1104,60 DM zugesprochen und die weitere Klage abgewiesen. Das Landesarbeitsgericht hat dieses Urteil auf die Berufung der Beklagten dahin geändert, daß die Beklagte nur 841,31 DM zu zahlen hat, und zwar 431,31 DM Gehaltsdifferenz für die Zeit vom 18. Januar bis 15. September 1952 und 410,— DM Kindergeld für die 2 Kinder des Klägers für die Zeit vom 1. Januar 1951 bis 15. September 1952. Die Anschlußberufung des Klägers hat das Landesarbeitsgericht zurückgewiesen.

Die Revision der Beklagten hatte teilweise Erfolg.

Aus den Gründen:

Die Revision ist nur zum Teil begründet.

I. Die Ausführungen, mit denen das Landesarbeitsgericht dem Kläger 431,31 DM als Unterschied zwischen einem Gehalt nach der Vergütungsgruppe VIII TO.A und seinem tatsächlich bezogenen Gehalt für die Zeit vom 18. Januar bis zum 15. September 1952 zuspricht, können einer rechtlichen Nachprüfung nicht standhalten. Dabei ist davon auszugehen, daß die TO.A nach ihrem § 1 Abs. 2 für Gemeinden mit weniger als 10 000 Einwohnern, also auch für die nur etwa 1000 Einwohner zählende Beklagte, nicht gilt. Das angefochtene Urteil meint nun, seit dem Inkrafttreten der Gemeindeordnung für den Freistaat Bayern (Bayer. GVBl. 1952 S. 19) am 18. Januar 1952 habe das Gehalt des Klägers nicht mehr der freien Vereinbarung unterlegen, da § 43 Abs. 2 dieser Gemeindeordnung bestimme, daß die Gehälter und Löhne der Gemeindebediensteten angemessen sein müßten und dies nur dann der Fall sei, wenn sie sich nach den Merkmalen der TO.A und der TO.B richteten. Dadurch seien einer freien Vereinbarung auch bei Gemeinden mit weniger als 10 000 Einwohnern Grenzen gesetzt worden. In dieser

Beziehung habe die Bayerische Gemeindeordnung im Rahmen von Art. 169 der Bayerischen Verfassung die TO.A als eine zum bayerischen Landesrecht gewordene Rechtsverordnung zulässigerweise geändert, indem sie auch für kleine Gemeinden die Bezahlung der Angestellten nach den Sätzen der TO.A als allein angemessen vorschrieb.

Diese Ausführungen des angefochtenen Urteils werden dem Sinn von Art. 43 Abs. 2 der Bayerischen Gemeindeordnung nicht gerecht. Diese Vorschrift befaßt sich mit den Arbeitsbedingungen der gemeindlichen Beamten, Angestellten und Arbeiter. Sie lautet:

> Die Arbeitsbedingungen müssen den Gesetzen und Tarifverträgen entsprechen. Die Gehälter und Löhne müssen angemessen sein. Die Beamten- und Ruhegehälter sowie die Hinterbliebenenbezüge gelten als angemessen, wenn sie den Bezügen der Staatsbeamten gleicher Stellung entsprechen. Die Bezahlung der Angestellten und Arbeiter ist angemessen, wenn sie nach den Merkmalen der TO.A (Tarifordnung für Angestellte im öffentlichen Dienst) bzw. TO.B (Tarifordnung für Arbeiter im öffentlichen Dienst) erfolgt.

Schon der Wortlaut des letzten Satzes besagt richtig verstanden nur, daß die Bezahlung der Angestellten stets angemessen ist, wenn sie der TO.A entspricht. Er besagt aber nicht, daß die Bezahlung nur dann angemessen ist. Denn der Begriff der Angemessenheit enthält das Moment des Ermessens und schließt auch nach seinem herkömmlichen Sinn einen gewissen Spielraum nicht aus. Schon deshalb ist nicht anzunehmen, daß die Bayerische Gemeindeordnung die TO.A ändern, d. h. sie hinsichtlich der Bezahlung der Gemeindeangestellten auch auf kleine Gemeinden erstrecken und gemäß Art. 169 der Bayerischen Verfassung Mindestlöhne festsetzen wollte. Sie konnte dies auch gar nicht mehr, nachdem der Bund durch das Gesetz über die Festsetzung von Mindestarbeitsbedingungen (BGBl. 1952 S. 17) vom 11. Januar 1952, also zwei Wochen vor Erlaß der Bayerischen Gemeindeordnung, von seinem Recht der konkurrierenden Gesetzgebung auf dem Gebiete des Arbeitsrechts nach Art. 74 Ziff. 12 GG Gebrauch gemacht und damit dieses Rechtsgebiet der Gesetzgebung der Länder entzogen hatte (Art. 72 Abs. 1 GG). Dabei kann dahingestellt bleiben, ob nicht schon vorher das gesamte Arbeitsrecht der Landesgesetzgebung verschlossen war (vgl. Art. 72 Abs. 2 GG und Art. 125 GG und die Vorlagebeschlüsse des Ersten Senats des Bundesarbeitsgerichts vom 26. Oktober 1955, AP Nr. 1 zu § 1 Urlaubsgesetz Hamburg, und vom 2. Mai 1956, AP Nr. 1 zu § 1 UrlaubsG Württemberg-Baden; ferner Nikisch Arbeitsrecht 2. Aufl. S. 50 ff.), wenigstens aber das Arbeitsrecht der im öffentlichen Dienst der Gemeinden stehenden Personen (vgl. Art. 75 Ziff. 1 GG). Auch sonst besteht kein Grund für die Annahme, daß die Bayerische Gemeindeordnung mit ihrem Art. 43 Abs. 2 unmittelbar materielles Arbeitsrecht setzen und den Geltungsbereich der TO.A und der TO.B erweitern wollte. Sie wollte vielmehr nur, ohne damit arbeitsrechtliche Normen zu setzen, die Gemeinden im öffentlichen Interesse daran hindern, mit ihren Bediensteten eine übermäßig hohe Bezahlung zu vereinbaren, und ihnen aus sozialen Gründen eine allzu niedrige Bezahlung verbieten. Bei dieser Auslegung des Art. 43 besteht kein Anlaß, die Sache gem. Art. 100 GG dem Bundesverfassungsgericht zur Entscheidung über die Verfassungsmäßigkeit jener Bestimmung vorzulegen. Eine Auslegung eines Gesetzes, die einen Verstoß gegen übergeordnete Verfassungsnormen vermeidet, verdient stets den Vorzug gegenüber einer anderen, wenn auch an sich möglichen Auslegung, bei der dies nicht der Fall ist (BVerfGE 2, 267 [282]; BAG 1, 281 [286]).

Es bleibt die Frage, ob die zwischen den Parteien vereinbarte Bezahlung des Klägers nicht wegen Verstoßes gegen die guten Sitten (§ 138 Abs. 1 BGB) oder wegen Wuchers (§ 138 Abs. 2) nichtig und durch eine angemessene Bezahlung zu ersetzen ist. Dies hat das angefochtene Urteil ohne erkennbaren Rechtsirrtum verneint. Es verkennt nicht, daß der Unterschied zwischen dem dem Kläger nach der Vergütungsgruppe VIII der TO.A zustehenden Monatsgehalts von 156,50 DM und dem ihm tatsächlich gezahlten Monatsgehalt von zunächst nur 100,— DM 56,50 DM beträgt, d. h. also, daß die Bezahlung des Klägers, gemessen an den Sätzen der TO.A, um mehr als ein Drittel zu niedrig war. Ein solcher nicht ganz unerheblicher Unterschied könnte allerdings unter Umständen die Voraussetzungen des § 138 BGB erfüllen. Das Landesarbeitsgericht berücksichtigt aber auf der anderen Seite, daß die Beklagte dem Kläger auch eine 3-Zimmerwohnung zur Verfügung gestellt und zu Weihnachten 1951 eine Teuerungszulage von 80,— DM gezahlt hat. Es hätte ferner berücksichtigen können, daß die Beklagte nach ihrer unbestrittenen Behauptung die Beiträge zur Sozialversicherung des Klägers einschließlich der Arbeitnehmerbeiträge bezahlt hat. Schließlich ist zu bedenken, daß der Kläger nicht vollbeschäftigt war, sondern mit seiner freien Arbeitskraft das zu einem angemessenen Lebensunterhalt Fehlende hinzuverdienen konnte, und daß der finanziellen Leistungsfähigkeit einer so kleinen Gemeinde wie der Beklagten verhältnismäßig enge Grenzen gesetzt sind. Nimmt man dies alles zusammen, dann ist dem angefochtenen Urteil rechtlich darin zuzustimmen, daß die Gehaltsvereinbarungen der Parteien mit Gründen aus § 138 BGB nicht beanstandet werden kann. Es bleibt deshalb dabei, daß der Kläger ein höheres Gehalt als das vereinbarte nicht zu beanspruchen hat.

II. Anders liegt die Sache hinsichtlich des Kindergeldes, das das Landesarbeitsgericht dem Kläger in Höhe von monatlich je 10 DM für jedes seiner beiden Kinder zuerkannt hat.

Nach § 12 Abs. 1 a ATO, die nach ihren einleitenden Worten für die von ihr erfaßten Arbeitnehmer rechtsverbindliche Mindestbedingungen aufstellt, werden für eheliche Kinder als Familienlohn Kinderzuschläge gezahlt. Die näheren Einzelheiten sind in den weiteren Vorschriften von § 12 ATO geregelt. Für Angestellte nimmt § 10 TO.A, für Arbeiter § 6 TO.B ausdrücklich auf § 12 ATO Bezug. § 12 ATO ist zwar inzwischen durch § 4 des Tarifvertrages vom 21. Dezember 1955 (GMBl. S. 159) aufgehoben worden, galt aber noch für die Zeit, für die der Kläger Anspruch auf Kindergeld erhebt. Da die ATO ihren Wirkungsbereich nicht wie die TO.A auf Gemeinden mit mehr als 10 000 Einwohnern beschränkt, läge es nahe, für den Kläger einen Anspruch auf Kindergeld unmittelbar aus § 12 ATO herzuleiten. Nun hat aber der Reichstreuhänder für den öffentlichen Dienst unter dem 4. August 1941 eine „Tarifordnung zur Regelung der Kinderzuschläge für Gefolgschaftsmitglieder in Verwaltungen und Betrieben von Gemeinden und Gemeindeverbänden mit weniger als 10 000 Einwohnern" (abgedruckt in MBlRuPrMindI Spalte 1860) erlassen, wonach die Arbeitnehmer von Gemeinden mit zwar weniger als 10 000, jedoch mehr als 3000 Einwohnern das Kindergeld von monatlich 20,— DM je Kind erhalten sollen. Daraus muß zunächst gefolgert werden, daß die Arbeitnehmer von Gemeinden wie der Beklagten mit weniger als 3000 Einwohnern keinen tarifordnungsmäßigen Anspruch auf Kindergeld haben sollen.

Gleichwohl ist der Senat zu dem Ergebnis gekommen, daß dem Kläger ein solcher Anspruch für die fragliche Zeit im Jahre 1952 dennoch zugestanden hat, und zwar auf Grund von Gewohnheitsrecht. Schon in dem Runderlaß des RMdI vom 22. Oktober 1941 (MBlRuPrMindI Spalte 1859/1860) betr. die Anwendung der vorgenannten Tarifordnung heißt es:

> Von der Verpflichtung der Gemeinden (GV) mit weniger als 3000 Einwohnern ist mit Rücksicht auf ihre besonderen personellen Verhältnisse und Bedürfnisse Abstand genommen worden. Eine allgemeine Freistellung von der Zahlung der Kinderzuschläge ist damit jedoch nicht beabsichtigt. Im Interesse möglichster Gleichstellung der Arbeitsbedingungen bei allen öffentlichen Verwaltungen

und Betrieben ist vielmehr die Anwendung der in der Anl. abgedruckten Tarifordnung auch für Gemeinden und Gemeindeverbände mit weniger als 3000 Einwohnern sowie für Spar- und Girokassen, deren Gewährverbände weniger als 3000 Einwohner zählen, geboten, sofern dem nicht in den örtlichen Verhältnissen liegende besondere Gründe entgegenstehen.

Daraus ist zu entnehmen, daß bereits damals eine allgemeine Rechtsüberzeugung, und zwar gerade auch auf der Arbeitgeberseite, vorhanden oder wenigstens im Entstehen begriffen war, daß auch die Arbeitnehmer in kleinen Gemeinden mit weniger als 3000 Einwohnern in der Regel Anspruch auf das übliche Kindergeld hatten. Diese Überzeugung ist weiterhin bestehen geblieben und hat sich noch verstärkt. Sie hat eine Stütze gefunden in dem Grundsatz der Sozialstaatlichkeit im Bonner Grundgesetz von 1949 (Art. 20, 28) und schon vorher in der Bayerischen Verfassung von 1946 (Art. 3, 151, 168). Neuerdings ist die Gewährung von Kindergeld durch das Kindergeldgesetz vom 13. November 1954 (BGBl S. 333), in der Fassung des Ergänzungsgesetzes vom 23. Dezember 1955 (BGBl. S. 841) und durch den Tarifvertrag vom 21. Dezember 1955 erweitert worden. Wenn auch alle diese Vorschriften dem Kläger noch keinen unmittelbaren Rechtsanspruch gewähren, so beweisen sie doch das Zunehmen der allgemeinen Rechtsüberzeugung. Daß dem Arbeitsrecht das Entstehen solcher gewohnheitsrechtlichen Ansprüche nicht fremd ist, hat auch der Erste Senat des Bundesarbeitsgerichts in seinem Urteil vom 20. April 1956 (AP Nr. 6 zu § 611 BGB Urlaubsrecht, mit Anm. von Hueck) angenommen. Freilich bleiben bei kleinen Gemeinden auch jetzt noch Fälle denkbar, in denen diese Rechtsüberzeugung nicht zutrifft, insbesondere dann, wenn es sich um einen Arbeitnehmer handelt, der in keiner Weise auf das Kindergeld angewiesen ist, oder um eine Gemeinde als Arbeitgeberin, der ausnahmsweise eine derartige zusätzliche finanzielle Belastung nicht zugemutet werden kann. Ein solcher Ausnahmefall kann aber hier schon deshalb nicht vorliegen, weil die Bezahlung des Klägers, wie oben unter I bereits erörtert, sehr niedrig war und hinter den Sätzen der TO.A zurückblieb, während andererseits das zugesprochene halbe Kindergeld von monatlich insgesamt 20,— DM die Beklagte nicht sonderlich belastete.

Daß dem Kläger gerade die Hälfte des üblichen Kindergeldes zugesprochen worden ist, entspricht der Regelung in § 3 der bereits erwähnten Tarifordnung vom 4. August 1941 für die Gemeinden mit weniger als 10 000, aber mehr als 3000 Einwohnern, die auch hier einen geeigneten Maßstab bildet.

35

1. Die Verpflichtung des Arbeitgebers, die anderweite Unterbringung eines Arbeitnehmers zu versuchen, bevor er ihm aus dringenden betrieblichen Erfordernissen kündigt, beschränkt sich auf den Beschäftigungsbetrieb.

2. Dies gilt auch bei großen Unternehmen der öffentlichen Hand (Bundesbahn) mit zahlreichen Betrieben oder Dienststellen.

3. Daran ändert sich auch dann nichts, wenn der Arbeitgeber nach dem Arbeitsvertrag berechtigt ist, den Arbeitnehmer ohne dessen Zustimmung in einen anderen Betrieb oder eine andere Dienststelle desselben Unternehmens zu versetzen.

KSchG § 1 Abs. 2.

III. Senat. Urteil vom 25. September 1956 i. S. N. (Kl.) w. D. B. (Bekl.)
3 AZR 102/54.

I. Arbeitsgericht Hamburg. — II. Landesarbeitsgericht Hamburg.

Der Kläger war seit 1938 bei der Beklagten tätig und seit 1946 Bahnunterhaltungsarbeiter bei der Bahnmeisterei K. Mit Schreiben vom 17. März 1953 kündigte ihm die Beklagte mit Zustimmung des Betriebsrats zum 18. Juni 1953 wegen „dauernder Arbeitsunwilligkeit — selbst bei Zuweisung leichtester Arbeit — und Arbeitsverweigerung".

Das Arbeitsgericht hat der Kündigungsschutzklage des Klägers stattgegeben. Das Landesarbeitsgericht hat die Klage abgewiesen. Es sieht zwar in dem Verhalten des Klägers keinen ausreichenden Kündigungsgrund, meint aber, daß die Kündigung wegen einer durch einen Kahnbeinbruch im linken Handgelenk verursachten Minderleistungsfähigkeit des Klägers gerechtfertigt sei. Denn es sei der Beklagten nicht möglich, den Kläger auf die Dauer innerhalb der Bahnmeisterei K. mit leichten Arbeiten als Schrankenwärter, Streckenwärter oder Sicherungsposten zu beschäftigen und eine Verpflichtung der Beklagten, den Kläger außerhalb dieser Bahnmeisterei in einer seinen geminderten Kräften entsprechenden Stelle unterzubringen, sei nicht gegeben.

Die Revision des Klägers hatte keinen Erfolg.

Aus den Gründen:

Die Revisionsrüge, das Landesarbeitsgericht habe irrigerweise angenommen, die Entlassung des Klägers sei nicht allein auf das im Kündigungsschreiben bezeichnete Verhalten des Klägers, sondern nachträglich zusätzlich noch auf seine infolge der Schwäche der linken Hand geminderte Leistungsfähigkeit gestützt worden, ist nicht gerechtfertigt. Sowohl im Tatbestand als auch in den Entscheidungsgründen des angefochtenen Urteils ist mehrfach unmißverständlich gesagt, daß die Beklagte im Laufe des Prozesses auch die Minderleistungsfähigkeit des Klägers als Kündigungsgrund geltend gemacht hat. Nach § 314 ZPO liefert der Tatbestand des Urteils Beweis für das mündliche Parteivorbringen und kann nur durch das Sitzungsprotokoll entkräftet werden. Da kein Sitzungsprotokoll vorliegt, aus dem hervorgeht, daß die Beklagte diesen zweiten Kündigungsgrund nicht angegeben hat, ist daher von der Darstellung des Tatbestandes auszugehen. Davon abgesehen wird dieser auch durch die Ausführungen in den Schriftsätzen der Beklagten bestätigt, insbesondere in der Klagebeantwortung vom 23. April 1953 und im Schriftsatz des Berufungsverfahrens vom 20. November 1953.

Mit Recht hat das Landesarbeitsgericht auch ein Nachschieben des vorher schon gegebenen Kündigungsgrundes für zulässig erachtet, zumal vorliegend die geminderte Leistungsfähigkeit auch im engen Zusammenhang mit dem zuerst allein angegebenen Kündigungsgrunde steht (vgl. Nikisch, Arbeitsrecht, 2. Aufl., S. 567 fg.; BAG 2, 245 [250—252]).

Daß die Minderleistungsfähigkeit des Klägers an sich ein triftiger Kündigungsgrund sein kann und es hier auch ist, weil die Beklagte innerhalb der Bahnmeisterei K., bei der der Kläger beschäftigt war, keine ihr zumutbare Möglichkeit mehr hatte, ihn an einem seinen geminderten Kräften entsprechenden Arbeitsplatz als Schrankenwärter, Streckenwärter oder Sicherungsposten zu beschäftigen, hat das angefochtene Urteil eingehend und ohne erkennbaren Rechtsirrtum dargelegt. Der Kläger hat dieses wesentlich auf tatsächliche Feststellungen beruhende Ergebnis im Revisionsverfahren auch nicht in Zweifel gezogen.

Sein Angriff richtet sich dagegen, daß das Landesarbeitsgericht keine Verpflichtung der Beklagten gelten lassen will, sich auch außerhalb der Bahnmeisterei K., zum mindesten im Bereich der Bundesbahndirektion H., um eine anderweite Unterbringung des Klägers zu bemühen.

Es ist davon auszugehen, daß nach § 1 Abs. 2 KSchG nur solche Kündigungen sozial ungerechtfertigt sind, die weder durch Gründe in der Person oder in dem Verhalten des Arbeitsnehmers noch durch dringende betriebliche Erfordernisse bedingt sind. Die Minderleistungsfähigkeit des Klägers ist zunächst ein in seiner Person liegender Kündigungsgrund. Ob die Kündigung durch ihn bedingt ist, d. h. ob er ausreicht, um sie zu rechtfertigen, hängt davon ab, ob der Kläger in dem Betriebe, in dem er bisher gearbeitet hat, trotz der Schwäche seiner linken Hand noch in einer für die Beklagte zumutbaren Weise beschäftigt werden kann.

Insofern bezieht und beschränkt sich der Kündigungsschutz auf den Betrieb und gilt nicht für das Unternehmen (vgl. Herschel-Steinmann, Kom. z. Kündigungsschutzgesetz, 3. Aufl., § 1 Anm. 27—31; Hueck, Kündigungsschutzgesetz, 3. Aufl., § 1 Anm. 12). Die Frage, was als Betrieb zu gelten hat, ist in gleicher Weise wie nach dem Betriebsverfassungsrecht zu beantworten. Nach allgemein anerkannter Auffassung versteht man unter „Betrieb" eine organisatorische Einheit von Arbeitsmitteln zur Erreichung eines bestimmten arbeitstechnischen Zweckes (BAG 2, 91 [93]). Dies trifft auf eine Bahnmeisterei bei der Bundesbahn zu. Denn sie ist im wesentlichen eine organisierte Zusammenfassung von persönlichen und sachlichen Mitteln zu dem Zweck, einen örtlich abgegrenzten Teil des Bahnunternehmens zu unterhalten. Die Ansicht der Revision, eine Bahnmeisterei sei nur ein unselbständiger Betriebsteil, ist unrichtig. Sie findet in der Organisation und im Aufbau der Bundesbahn keine Rechtfertigung. Im Bereich des öffentlichen Dienstes, insbesondere in der öffentlichen Verwaltung, paßt allerdings der für die private Wirtschaft entwickelte Begriff des Betriebes nicht immer. Dort entspricht ihm vielfach der Begriff der Dienststelle. So sieht jetzt das Personalvertretungsgesetz vom 5. August 1955 (BGBl. I S. 477 fg.) die Dienststelle als die maßgebliche Einheit an (vgl. § 12 Abs. 1) und sagt in seinem § 7 Abs. 1, Dienststellen seien die einzelnen Behörden, Verwaltungsstellen und Betriebe der öffentlichen Verwaltungen sowie die Gerichte. Solche Dienststellen sind die Bahnmeistereien. Das ergibt sich aus Abschnitt III (1) der auf §§ 6 Abs. 1, 9 Abs. 5 des Bundesbahngesetzes vom 13. November 1951 (BGBl. I S. 955) beruhenden Verwaltungsanordnung der Deutschen Bundesbahn vom 24. März 1953, wo es heißt, daß zu den Dienststellen der Deutschen Bundesbahn auch die Dienststellen des Außendienstes gehören. Bestätigt wird diese Auffassung dadurch, daß nach der bisherigen inneren Organisation der Bundesbahn für die Bahnmeistereien Betriebsräte zu bilden und auch tatsächlich gebildet worden waren. Auch für die Bahnmeisterei K., der der Kläger angehörte und mit der er nach der unbestritten gebliebenen Behauptung der Beklagten einen schriftlichen Arbeitsvertrag geschlossen hat, bestand unstreitig ein Betriebsrat, der auch im Falle des Klägers tätig geworden ist.

Zweifel könnten nur daraus hergeleitet werden, daß die Beklagte nach § 15 Abs. 2a ihres Lohntarifvertrages vom 1. Juni 1949 das Recht hat, ihre Arbeiter an eine andere Bundesbahnstelle am gleichen oder sogar an einem anderen Ort abzuordnen oder zu überweisen, ohne daß dadurch der Arbeitsvertrag aufgelöst wird. Sie konnte danach den Kläger an jede Dienststelle innerhalb des Bundesgebiets versetzen, also auch in andere Direktionsbezirke. Davon hat sie auch Gebrauch gemacht, u. a. durch Überweisung des Klägers an die Bahnmeisterei B. im Dezember 1952. Einem so weitgehenden Versetzungsrecht der Beklagten, dessen ausdrückliche schriftliche Anerkennung sie von ihren Arbeitern verlangt und auch vom Kläger erwirkt hat, könnte eine ebenso weitgehende Versetzungspflicht zur Abwendung einer drohenden Kündigung entsprechen (vgl. Kauffmann-Zinkeisen, RdA 54, 375 und 55, 338). Dieser Ansicht ist aber nicht zu folgen. Wenn der Arbeitgeber nach dem Arbeitsvertrag berechtigt ist, den Arbeitnehmer in einen anderen Betrieb desselben Unternehmens zu versetzen, dann folgt daraus nicht ohne weiteres, daß er, um eine sonst erforderliche Kündigung abzuwenden, zu einer solchen Versetzung verpflichtet ist. Der Versuch, eine Versetzungspflicht anzunehmen, muß regelmäßig daran scheitern, daß der in § 1 KSchG abschließend geregelte Kündigungsschutz betriebsbezogen und nicht mit Bezug auf das Unternehmen gestaltet ist. Eine Verpflichtung des Arbeitgebers, den gekündigten Arbeitnehmer in einem anderen Betrieb des Unternehmens unterzubringen, kann daher aus dem Kündigungsschutzgesetz nicht entnommen werden. Eine Ausdehnung des Kündigungsschutzes auf das Unternehmen würde nicht nur der eindeutigen Regelung des Kündigungsschutzgesetzes widersprechen, sondern auch mit dem System des Betriebsverfassungsrechts nicht in Einklang zu bringen sein. Sie würde auch, worauf das angefochtene Urteil mit Recht hinweist, besonders bei großen Unternehmen, wie der Beklagten, zu unübersehbaren und praktisch kaum zu überwindenden Schwierigkeiten führen, insbesondere zu einem Übermaß an Verwaltungsarbeit für den Arbeitgeber und zu Konflikten zwischen den Betriebsräten bei den beteiligten Betrieben (vgl. die amtliche Begründung zu § 1 KSchG — Bundesanzeiger vom 5. 10. 1951, S. 8; Küchenhoff in Zeitschrift für das Post- und Fernmeldewesen 1955 S. 312; Herschel-Steinmann, a. a. O. § 1 Anm. 44). Da sich aus der oben angegebenen tariflichen Regelung nur eine Berechtigung der Bundesbahn, einen Arbeitnehmer in einen anderen Betrieb zu versetzen oder abzuordnen, aber keine Verpflichtung hierzu ergibt, kann es für den vorliegenden Fall dahingestellt bleiben, ob ein Arbeitnehmer einer Kündigung deshalb widersprechen kann, weil er ein ausdrückliches vertragliches Recht auf Verwendung in mehreren Betrieben eines Unternehmens hat. Auch braucht auf die Frage, ob unter besonders gelagerten Umständen, die hier offensichtlich nicht vorliegen, eine Versetzungspflicht des Arbeitgebers aus einer besonderen Fürsorge für einen Arbeitnehmer besteht (vgl. Hueck, a. a. O., § 1 Anm. 38 b), hier nicht eingegangen zu werden.

36

Einer tariflichen Norm muß ebenso wie einer Gesetzesvorschrift ein vom Wortlaut abweichender Inhalt gegeben werden, wenn sich ihre tatsächlichen und rechtlichen Grundlagen nachträglich ändern und ihr Sinn und ihr Zweck eine vom Wortlaut abweichende Auslegung erfordern.

TVG § 1.

III. Senat. Urteil vom 9. Oktober 1956 i. S. L. B. (Bekl.) w. L. (Kl.)
3 AZR 643/54.

I. Arbeitsgericht Berlin. — II. Landesarbeitsgericht Berlin.

Die Klägerin war seit 1913 in mehreren der Sozialversicherung unterliegenden Stellungen tätig, davon 5 Jahre als Lehrerin an einer Privatschule. 1942 trat sie in den städtischen Schuldienst, aus dem sie am 1. April 1953 in den Ruhestand versetzt wurde. Maßgebend für die Errechnung des Ruhgehaltes ist die tarifliche „Vereinbarung über die Versetzung der Arbeitnehmer der Gebietskörperschaft Groß-Berlin in den Ruhestand und ihre Versorgung" (VV) vom 24. Januar 1949. Auf Grund ihres § 18 Ziff. 1b hat die Beklagte neben der Tätigkeit der Klägerin im öffentlichen Dienst nur die 5 Jahre, in denen sie im privaten Schuldienst tätig war, bei der Errechnung des Ruhegeldes berücksichtigt, will aber gemäß § 48 andererseits die Sozialversicherungsrente, die die Klägerin erhält, in voller Höhe anrechnen. Die Klägerin vertritt dagegen die Meinung, daß die Steigerungsbeträge der Altersrente für die Zeit (24 Jahre), die bei der Errechnung des Ruhegehaltes nicht berücksichtigt sei, von dem Ruhegehalt nicht abgesetzt werden dürfen. Dementsprechend verlangt sie mit der Klage den einbehaltenen Betrag von monatlich 47,10 DM für die Zeit vom 1. April 1953 bis 31. Juli 1954 im Gesamtbetrage von 753,60 DM, sowie die Feststellung, daß nach dem 31. Juli 1954 der Anteil der Sozialrente von 47,10 DM nicht angerechnet werden dürfe.

Die Klage hatte in allen Instanzen Erfolg.

Aus den Gründen:

I. Das Berufungsurteil stellt zunächst zutreffend fest, daß die Klägerin die Frist des § 60 Abs. 1 VV nicht versäumt hat. Nach dieser

Vorschrift muß zur Entscheidung über Einzelansprüche eines Arbeitnehmers aus der VV eine Schiedsstelle innerhalb einer Frist von 4 Wochen angerufen werden, nachdem der Magistrat den Anspruch des Arbeitnehmers abgelehnt hat.

Ob diese Regelung überhaupt noch Gültigkeit beanspruchen kann, ist zweifelhaft. Denn von einigen hier nicht gegebenen Ausnahmen abgesehen, dürfen nach § 101 Abs. 2 des neuen Arbeitsgerichtsgesetzes vom 3. September 1953 in Rechtsstreitigkeiten aus einem Arbeitsverhältnis Schiedsgerichte nicht mehr tätig werden. Die Frage, ob hierdurch der ganze § 60 VV außer Kraft gesetzt worden oder ob die in ihm enthaltene Ausschlußfrist noch gültig und lediglich anstatt der Schiedsstelle das Arbeitsgericht anzurufen ist, kann dahingestellt bleiben. Denn die Klägerin hat in jedem Falle die Frist eingehalten. Die Frist beginnt nämlich erst zu laufen, nachdem der Magistrat den Anspruch abgelehnt hat. Die Klägerin hat erstmals durch das Schreiben vom 18. Dezember 1953 den eingeklagten Anspruch bei dem Magistrat geltend gemacht, der dann von der Beklagten durch den Bescheid vom 6. Januar 1954 abgelehnt worden ist. Dieser Bescheid hat somit die 4-Wochen-Frist in Gang gesetzt, die die Klägerin durch ihre Klageerhebung am 23. Januar 1954 gewahrt hat. Daß in den früheren Bescheiden der Beklagten vom 30. Oktober 1953 und vom 3. Dezember 1953 mittelbar bereits eine Ablehnung der erst später von der Klägerin geltend gemachten Ansprüche erblickt werden könnte, ist für die Frist des § 60 VV ohne Belang.

II. Auch in der Sache selbst ist der Entscheidung des Berufungsgerichts im Ergebnis, wenn auch nicht in der Begründung zuzustimmen. Die Entscheidung hängt davon ab, ob die Bestimmung des § 48 VV, daß auf die Versorgungsbezüge die Renten aus der Sozialversicherung „in voller Höhe" anzurechnen seien, nicht infolge Umstellung der Grundlagen der Ruhegeldgewährung eine andere Bedeutung als dem Wortlaut nach erhalten hat. Nach übereinstimmendem Vortrag der Parteien wurden nämlich, als der § 48 seine Fassung erhielt, sämtliche Versorgungsbezüge nur nach dem Lebensalter des Versorgungsberechtigten in Verbindung mit den letzten Bezügen berechnet. Völlig unberücksichtigt blieb, wie lange der Versorgungsberechtigte überhaupt und insbesondere bei der Beklagten beruflich tätig gewesen war. Die volle Anrechnung der Sozialrenten wurde vorgesehen, damit bei den beschränkten Mitteln der Beklagten die Versorgungsbezüge möglichst hoch festgesetzt werden konnten und um Unterschiede in der Versorgung zwischen den alten Dauerangestellten der Beklagten und den erst kürzere Zeit bei ihr tätig gewesenen zu vermeiden, vielmehr allen Angehörigen gleicher Gehaltsgruppen ein gleichmäßiges Ruhegeld zu gewähren. Nach Inkrafttreten des Gesetzes zur Anpassung des Rechts der Sozialversicherung in Berlin an das in der Bundesrepublik geltende Recht vom 3. Dezember 1950 (VOBl. S. 542), das die Sozialrente wieder dem Versicherungsprinzip unterstellte, wurde auch die Berechnung der tariflichen Versorgungsbezüge umgestellt (§ 20 VV). Das Ruhegeld wird nunmehr von einem durch die Sozialpartner für die einzelnen Tarifgruppen festgelegten Höchstbetrag (für die Klägerin jetzt 345,– DM) nach der Dauer der Dienstjahre berechnet, ist also nicht mehr für alle Beteiligten derselben Gehaltsgruppe einheitlich, steigt vielmehr von 50 % nach zehnjähriger Dienstzeit jährlich um 3 bzw. 2 % und erreicht mit 30 Jahren den vollen Betrag. Die Regelung entspricht somit den bei den Beamten geltenden Grundsätzen (vgl. § 109 BerlBG; § 118 BBG; § 89 DBG).

Zu Unrecht meint die Beklagte, daß trotz dieser grundlegenden Änderungen die Bestimmung des § 48 weiter entsprechend dem Wortlaut angewendet werden müsse, wie er von den Tarifvertragsparteien bei Abschluß der VV verstanden worden sei. Denn nach neuerer Rechtsprechung ist es Aufgabe der Gerichte, gesetzliche Bestimmungen den in tatsächlicher oder rechtlicher Hinsicht veränderten wirtschaftlichen und sozialen Verhältnissen anzupassen, ihnen, wenn die bisherige Auslegung damit nicht mehr in Einklang steht, einen den neuen Verhältnissen entsprechenden Inhalt zu geben. Sie sind auch befugt, dabei von dem Wortlaut der Gesetzesbestimmungen abzuweichen, da höher als der Wortlaut der Sinn und Zweck der Bestimmung selbst steht (RG 142, 40; BGHZ 2, 184; 17, 276 u. a.; BVerfG 3, 243; BAG 1, 279). Das muß auch bei der Auslegung tariflicher Normen gelten (§ 1 TVG). Gewiß obliegt es in erster Linie den Tarifvertragsparteien, die tariflichen Bestimmungen den veränderten Verhältnissen anzupassen. Geschieht dies aber nicht, weil sie die Notwendigkeit der Änderung einer einzelnen Bestimmung nicht erkannten, sich über diese Änderung nicht einigen konnten und können, auch die eine oder die andere Tarifvertragspartei wegen einer einzelnen nicht mehr zeitgemäßen Bestimmung nicht den ganzen Tarifvertrag kündigen und damit einen tariflosen Zustand herbeiführen kann und will, so müssen die Gerichte, ebenso wie bei gesetzlichen Bestimmungen, die überholte Bestimmung mit den übrigen veränderten tariflichen Bestimmungen in Einklang bringen, falls die bisherige Auslegung entsprechend dem Wortlaut zu offenbar unbilligen Ergebnissen führt.

Das wäre aber hier der Fall, wenn die Sozialrenten in voller Höhe auf das von der Beklagten zu gewährende Ruhegeld anzurechnen wären. Die volle Anrechnung der der Klägerin zustehenden Sozialrente von 170,30 DM auf das ihr an sich zustehende Ruhegeld von 234,60 DM würde zur Folge haben, daß ihr gesamtes Ruhestandseinkommen auf den satzungsmäßigen Betrag von 234,60 DM beschränkt würde, während eine Angestellte, die wie sie über 30 Jahre berufstätig ist und die ganze Zeit in den Diensten der Beklagten stand, den Ruhegeldhöchstbetrag von 345,— DM erhielte. Bei einer nur zehnjährigen Dienstzeit bei der Beklagten und zwanzigjährigen beruflichen Tätigkeit in anderen Betrieben oder Verwaltungen, wenn also das Ruhegehalt nur den Mindestbetrag von 50 %, d. h. 172,50 DM beträgt, würde bei einer Rente von über 170,— DM u. U. ein Ruhegeldanspruch gegenüber der Beklagten gänzlich entfallen. Das Verhältnis zwischen den Dauerangestellten der Beklagten und den später eingetretenen würde sich zudem völlig umkehren. Während bei der Regelung im Jahre 1949 durch die Anrechnung der vollen Sozialrente eine Schlechterstellung der Dauerangestellten vermieden, d. h. verhindert werden sollte, daß die nur kürzere Zeit bei der Beklagten Tätigen neben dem tariflichen Ruhegeld noch eine zusätzliche Rente erhielten, würden jetzt die mehr oder weniger kurze Zeit bei der Beklagten Tätigen infolge der vollen Anrechnung der Sozialrente trotz ihrer eigenen Versicherungsleistungen eine erheblich geringere Versorgung als die Dauerangestellten haben. Das entspricht nicht dem mit der Anrechnung in voller Höhe früher erstrebten Ziel, den Ruhestandsempfängern, soweit sie zu derselben Tarifgruppe gehören, gleichmäßige Versorgung zu gewähren.

Die volle Anrechnung der Sozialrente auf die tarifliche Versorgung steht außerdem auch mit der Bestimmung des § 49 VV nicht im Einklang. Denn danach ruht der Ruhegeldanspruch bei Zusammentreffen von Ruhegeld und Arbeitsentgelt nur insoweit, als beide zusammen den Höchstbetrag des Arbeitsentgeltes einschließlich aller erreichbaren Dienstalterszulagen übersteigen. Ebenso sehen die §§ 148 BerlBG, 160 BBG und 129 DBG bei Zusammentreffen mehrerer Versorgungsbezüge vor, daß für die Berechnung des Ruhegeldes die Dienstzeit während der früheren und der späteren Beschäftigung insgesamt zu berücksichtigen ist und nur der darüber hinausgehende Betrag nicht zu zahlen ist. Das würde, falls anstelle des § 48 in der VV eine ähnliche Bestimmung bestände, bedeuten, daß das Ruhegeld der Klägerin nicht nur nach der Dienstzeit bei der Beklagten, sondern nach ihren gesamten Berufsjahren zu berechnen wäre, so daß ihr also, ähnlich wie den Dauerangestellten mit gleicher Dienstzeit, der Höchstbetrag von 345,— DM verbleiben müßte. Auch diese Bestimmungen können zur Auslegung umso eher herangezogen werden, als, wie bereits dargelegt, für die Berechnung der tariflichen Versorgungsbezüge jetzt im wesentlichen die beamtenrechtlichen Grundsätze maßgebend sind und § 48 VV demselben Zweck wie die genannten Bestimmungen, nämlich der Vermeidung von doppelten Versorgungsbezügen dient.

Für die jetzige Anwendung des § 48 VV kann es also nicht so sehr auf den Wortlaut als auf den Sinn und Zweck dieser Ruhegeldregelung ankommen. Zielte aber die Vorschrift über die volle Anrechnung der Sozialversicherungsrenten darauf ab, die Ruheständler mit und ohne zusätzliche Renten möglichst gleichzustellen, so wird nach der Umgestaltung der Ruhegeldberechnung eine Anrechnung der Sozialrenten nur insoweit zulässig sein, als beide Renten zusammen das nach den gesamten Dienstjahren zu berechnende Ruhegeld oder den Höchstsatz überschreiten.

Die Beklagte muß also der Klägerin zu ihrer Sozialrente ein Ruhegeld in Höhe von 174,70 DM zahlen, damit sie die 345,— DM erreicht, und kann von dem tariflichen Ruhegehalt von 234,60 DM nur 59,90 DM kürzen. Da die Klägerin weniger gefordert hat, ist die Revision zurückzuweisen.

37

1. Eine berufstätige Frau führt im Sinne des niedersächsischen HAT-Gesetzes nur dann einen Haushalt für sich, wenn sie ihn für sich allein führt.

2. Der Begriff „arbeitsunfähig" im Sinne dieses Gesetzes bezieht sich nicht auf die Unfähigkeit des Ehemannes, im Haushalt zu arbeiten, sondern darauf, ob er erwerbsunfähig ist.

3. Führt eine berufstätige Frau einen Haushalt für sich und ihren arbeitsfähigen Ehemann, dann geht das niedersächsische HAT-Gesetz davon aus, daß sie den Haushalt in der Regel nicht ohne ausreichende Hilfe führt.

4. Das niedersächsische HAT-Gesetz verstößt nicht gegen Art. 3 GG.

§ 1 des niedersächsischen Gesetzes betr. hauswirtschaftliche Freizeit für Frauen (HAT) vom 9. Mai 1949.

I. Senat. Urteil vom 2. November 1956 i. S. B. (Kl.) w. M. Sp. GmbH (Bekl.) 1 AZR 115/55.

I. Arbeitsgericht Celle. — II. Landesarbeitsgericht Hannover.

Die Klägerin ist bei der Beklagten als Warenschauerin gegen einen Stundenlohn von 0,98 DM beschäftigt. Sie ist kinderlos verheiratet und lebt mit ihrem ebenfalls berufstätigen Ehemann in einem gemeinsamen Haushalt. Eine ausreichende Hilfe zur Haushaltsführung steht ihr nicht zur Verfügung.

Die Klägerin ist der Ansicht, ihr stehe ein bezahlter Hausarbeitstag (HAT) nach § 1 des niedersächsischen Hausarbeitstagsgesetzes vom 9. Mai 1949 zu. Da die Beklagte für September 1954 den begehrten HAT verweigert habe, hat die Klägerin Barabgeltung beansprucht und beantragt,

die Beklagte zu verurteilen, an die Klägerin 7,84 DM nebst 4 % Zinsen seit Klagezustellung zu zahlen.

Die Beklagte hat gebeten,

die Klage abzuweisen

und vorgetragen, der Ehemann der Klägerin sei nicht arbeitsunfähig.

Durch Urteil des Arbeitsgerichts Celle vom 2. November 1954 wurde die Klage abgewiesen und die Berufung zugelassen. Die Berufung der Klägerin wurde durch Urteil des Landesarbeitsgerichts Hannover vom 2. Februar 1955 unter Zulassung der Revision zurückgewiesen.

Das Landesarbeitsgericht ist der Ansicht, die Anspruchsvoraussetzungen des § 1 des niedersächsischen Gesetzes vom 9. Mai 1949 seien nicht gegeben, weil der Ehemann der Klägerin nicht arbeitsunfähig sei.

Die Revison rügt falsche Auslegung des § 1 des niedersächsischen HAT-Ges. Sie hatte keinen Erfolg.

Aus den Gründen:

Zwar bestehen keine Bedenken dagegen, daß die Klägerin für den im September 1954 geltend gemachten, aber nicht erhaltenen HAT Abgeltung in bar beansprucht. Denn auch im Rahmen des niedersächsischen Gesetzes betr. hauswirtschaftliche Freizeit für Frauen (HAT) vom 9. Mai 1949 (GVBl. S. 104) ist wie nach dem nordrhein-westfälischen Gesetz über die Freizeitgewährung für Frauen mit eigenem Hausstand vom 27. Juli 1948 (GVBl. 1949 S. 6) der geltend gemachte, aber nicht gewährte HAT dann abzugelten, wenn entweder das Arbeitsverhältnis beendet ist und deswegen Freizeit nicht mehr gewährt werden kann, oder wenn der Anspruchszeitraum über einen Monat abgelaufen ist und im Hinblick auf Sinn und Zweck des HAT die Freizeit für den auf einen bestimmten Anspruchszeitraum entfallenden HAT nicht mehr in natura gewährt werden darf. Im einzelnen wird hierzu auf die Ausführungen im Urteil des Senats in der Sache Block ./. Fa. Röttger — 1 AZR 437/55 — vom gleichen Tage verwiesen.

Die Klägerin hatte jedoch für September 1954 keinen HAT zu beanspruchen. Denn nach § 1 des niedersächsischen HAT-Gesetzes würde die Klägerin nur dann einen HAT beanspruchen können, wenn sie in abhängiger Tätigkeit beruflich beschäftigt ist und ohne ausreichende Hilfe einen Haushalt für sich oder für pflegebedürftige Eltern, Geschwister, für Kinder oder den arbeitsunfähigen Ehemann führt. Die Klägerin ist nach den Feststellungen des angefochtenen Urteils in abhängiger Tätigkeit beruflich beschäftigt. Ihre regelmäßige Arbeitszeit in der Woche beträgt auch mindestens 40 Stunden; außerdem hat sie auch an keinem Werktag arbeitsfrei (§ 1 Abs. 1 Satz 2 des Gesetzes). Es steht weiter fest, daß die Klägerin ihren Haushalt ohne ausreichende Hilfe führt. Sie führt ihn aber weder für sich, noch für pflegebedürftige Eltern, Geschwister, noch für Kinder, noch auch für einen arbeitsunfähigen Ehemann. Die Führung eines Haushalts für pflegebedürftige Eltern, Geschwister oder Kinder scheidet nach dem Tatbestand ohne weiteres aus. Die Klägerin führt aber auch keinen Haushalt für sich oder für ihren arbeitsunfähigen Ehemann. Es handelt sich vielmehr um ein kinderloses Ehepaar, und der Ehemann ist berufstätig und nicht arbeitsunfähig.

Zunächst ist dem angefochtenen Urteil darin beizupflichten, daß nach dem Sinn und Zweck des niedersächsischen HAT-Gesetzes eine berufstätige Frau nur dann einen Haushalt f ü r s i c h führt, wenn sie ihn für sich a l l e i n führt. Das folgt aus der alternativen Aufzählung der Personenkreise, für die der Haushalt geführt werden muß, wenn der Anspruch auf den HAT gegeben sein soll. Natürlich führt die berufstätige Frau den Haushalt, den sie z. B. mit Kindern führt, auch für sich, aber nicht für sich allein. Die Worte „für sich" können also im gesamten Sinnzusammenhang des Gesetzes nur dann einen Sinn haben, wenn damit die Führung des Haushalts „für sich allein", d. h. nicht auch für die weiter aufgezählten Personen gemeint ist. Das Gesetz denkt in erster Linie an die berufstätige Frau, die unverheiratet oder verwitwet oder geschieden ist, kurz, die alleinsteht. Weiter ist dem Berufungsurteil auch darin zuzustimmen, daß als arbeitsunfähig nicht ein Ehemann bezeichnet werden kann, der, wie hier unstreitig, in Arbeit steht. Der Begriff „arbeitsunfähig" im Sinne des HAT-Gesetzes bezieht sich nicht auf die Unfähigkeit des Ehemannes, im Haushalt zu arbeiten, sondern darauf, ob er erwerbsunfähig ist, d. h. ob er auf Grund seiner gesundheitlichen Konstitution nicht in der Lage ist, einer beruflichen Arbeit nachzugehen. Mit Recht ist daher das angefochtene Urteil in Übereinstimmung mit der ständigen Spruchpraxis des Landesarbeitsgerichts Hannover und in Übereinstimmung mit der allgemeinen Meinung in der Literatur zu dem Ergebnis gekommen, daß der eindeutige und klare Wortlaut des Gesetzes den Anspruch der Klägerin hier ausschließt (vgl. z. B. Landesarbeitsgericht Hannover, BB 1950, S. 291 u. 675; Bulla, Mutterschutzgesetz und Frauenarbeitsrecht, 1954, HAT, Anm. 125 Abs. 1; Maus, HAT-Ges. Niedersachsen, § 1 Anm. 16; Nikisch, ArbR, 2. Aufl., 1. Bd. S. 470).

Die Revision meint demgegenüber, der Wortlaut des Gesetzes sei nicht eindeutig. In den Worten „ohne ausreichende Hilfe einen Haushalt für sich oder pflegebedürftige Eltern, Geschwister, Kinder oder den arbeitsunfähigen Ehemann führen", sei nicht eine nähere Erläuterung des Begriffs „Haushalt" enthalten. Vielmehr seien die aufgeführten Personenkreise nur in Verbindung mit dem Erfordernis „ohne ausreichende Hilfe" genannt. Dieser Ansicht kann jedoch nicht zugestimmt werden. Der klare und eindeutige Wortlaut, die Aufeinanderfolge der Worte, sprechen schon gegen diese Auffassung. Aber selbst wenn man die Nennung der in § 1 des HAT-Gesetzes bezeichneten Personen auf die Worte „ohne ausreichende Hilfe" bezieht, kann das Ergebnis der Auslegung kein anderes sein, als wenn man dem genauen Wortlaut folgt. Denn aus der von der Revision vertretenen Ansicht würde nur folgen, daß in einem Haushalt, in dem z. B. nur pflegebedürftige Eltern oder nur pflegebedürftige Geschwister oder nur Kinder oder nur ein arbeitsunfähiger Ehemann vorhanden sind, diese Personen vom Gesetzgeber in keinem Fall als ausreichende Hilfe für die arbeitende Frau angesehen werden. Es spricht also viel dafür, daß der Gesetzgeber, wenn die arbeitende verheiratete Frau den Haushalt führt und ihr Ehemann a r b e i t s f ä h i g ist, dann davon ausgeht, daß sie eine ausreichende Hilfe für die Haushaltsführung hat.

Es mag zugegeben werden, daß diese niedersächsische Regelung, die von den Hausarbeitstagsgesetzen anderer Länder, insbesondere dem Nordrhein-Westfalens, abweicht, in mancher Hinsicht aus sozialen und praktischen Gründen nicht gerade glücklich ist. Die HAT-Gesetze der Länder unterscheiden sich ihrem Inhalt nach in mehreren Richtungen. Sie sind auch zu verschiedenen Zeiten erlassen worden. Jedes dieser HAT-Gesetze muß grundsätzlich aus sich selbst heraus ausgelegt werden. Es ist im allgemeinen nicht zulässig, Bestimmungen anderer HAT-Gesetze mit anderem Wortlaut zur Auslegung heranzuziehen. Dem Landesgesetzgeber war es überlassen, die Voraussetzungen für die Gewährung des bezahlten HAT nach seinem gesetzgeberischen Ermessen zu bestimmen. Wenn der Gesetzgeber eine bestimmte Lösung getroffen hat, die im Rahmen seiner gesetzgeberischen Ermessensfreiheit liegt, dann sind die Gerichte daran gebunden (vgl. hierzu Bulla a. a. O., Anm. 126; LAG Düsseldorf v. 3. 11. 1950 in AP 51 Nr. 11 und v. 20. 3. 1951 in Betrieb 1951 S. 308; sowie v. 25. 5. 1951 ebendort, S. 528).

Die Hausarbeitstagsregelung des niedersächsischen Gesetzgebers stellt auch keine willkürliche Schlechterstellung der verheirateten Frau, insbesondere der kinderlos verheirateten Frau, deren Ehemann arbeitsfähig ist, dar, so daß die Annahme eines Verstoßes gegen Art. 3 GG in Erwägung zu ziehen wäre. Denn wie das angefochtene Urteil zutreffend betont hat, liegt der gesetzlichen Regelung die Erwägung zu Grunde, daß die arbeitende Ehefrau mit einem arbeitsfähigen Mann gegenüber der alleinstehenden Frau günstiger dasteht. Sie kann u. U. eher in der Lage sein, eine Haushaltshilfe einzustellen. Auch sind die Aufwendungen bei zwei verdienenden Personen in einem gemeinsamen Haushalt erfahrungsgemäß verhältnismäßig geringer als die Aufwendungen einer alleinstehenden Person für ihren Haushalt. Bei kinderlosen, aber beiderseits verdienenden Eheleuten verdoppeln sich die Kosten gegenüber der Haushaltsführung einer alleinstehenden Person keineswegs. Vielmehr werden die Kosten z. B. für Licht, Gas, Heizung u. ä. in der Regel dieselben sein. Der niedersächsische Gesetzgeber ist davon ausgegangen, daß die Frau eines arbeitsfähigen und in der Regel auch verdienenden Mannes in der Lage sein muß, sich entweder einen unbezahlten HAT geben zu lassen, was nach § 2 Abs. 1 der weitergeltenden Freizeitanordnung des Reichsarbeitsministers vom 22. Oktober 1943 (RABl. III S. 325) möglich ist, oder sich ausreichende Hilfe zu beschaffen. Stehen diese Erwägungen somit dem Gedanken entgegen, daß der niedersächsische Gesetzgeber hier eine ganzlich willkürliche und unsachliche, dem Gleichheitssatz des Art. 3 GG widersprechende Regelung getroffen habe, so mußte das Gesetz so angewandt werden, wie es sein Wortlaut gebietet.

38

1. Die Vorschriften über ein Dienststrafverfahren der tarifvertraglich vereinbarten Dienst- und Disziplinarordnung der Versicherungsanstalt Berlin vom 16. Februar 1951, die für die Verhängung von Dienststrafen ein schiedsgerichtliches Verfahren vorsah, sind seit dem Inkrafttreten des Arbeitsgerichtsgesetzes weggefallen.

2. Sieht eine Betriebsvereinbarung vor, daß für eine fristlose Entlassung die Zustimmung des Betriebsrates erforderlich ist, so ist dies in Hinsicht auf die zwingende Natur der Bestimmung des § 626 BGB nicht zu beanstanden, wenn eine unabhängige Schiedsstelle vorgesehen ist, die die Versagung der Zustimmung des Betriebsrates nachprüfen und ersetzen kann.

ArbGG § 102 Abs. 2; BGB § 626.

III. Senat. Urteil vom 6. November 1956 i. S. B. (Kl.) w. K. B. (Bekl.)
3 AZR 42/55.

I. Arbeitsgericht Berlin. — II. Landesarbeitsgericht Berlin.

Der Kläger war vom Jahre 1925 an bei der Allgemeinen Ortskrankenkasse in B. als Tarifangestellter beschäftigt. Im Juni 1935 wurde er fristlos entlassen, weil er sich 0,35 RM angeeignet hatte. Das Strafgericht verurteilte ihn zu einer Freiheitsstrafe. Vom Juli 1935 bis Januar 1936 war er aushilfsweise bei der Betriebskrankenkasse der W.-N.-J.-Werke beschäftigt. Im Februar und März 1936 verbüßte er die Freiheitsstrafe. Anschließend war er bis zum 31. März 1937 arbeitslos. Vom 1. April 1937 bis zur Kapitulation war er Angestellter bei der Innungskrankenkasse der Maler, Sattler und Tapezierer. Am 18. Januar 1946 trat er in den Dienst der Versicherungsanstalt B. Seit Mai 1951 ist er Abteilungsleiter und stellvertretender Dienststellenleiter in verschiedenen Bezirksstellen gegen eine Vergütung nach der Gruppe III TA.O gewesen. Ende des Jahres 1951 wurde der Kläger aufgefordert, fehlende Angaben über eine ausgeübte Tätigkeit vom Februar 1936 bis März 1937 in den Personalakten zu ergänzen. Er teilte der Personalabteilung darauf telefonisch mit, daß ihm bei der Ausfüllung des Fragebogens und der Abgabe der eidesstattlichen Versicherung über seine Vordienstzeiten ein Schreibfehler unterlaufen sei. Er sei nicht bis Januar 1936, sondern bis einschließlich März 1937 bei der Betriebskrankenkasse der W.-N.-J.-Werke beschäftigt gewesen. Diese telefonische Mitteilung bestätigte er am 6. Dezember 1951. Am 10. März 1952 berichtete er erneut schriftlich, daß sein Beschäftigungsverhältnis bei der oben bezeichneten Betriebskrankenkasse am 31. März 1937 beendet worden sei. Dabei bat er um Beachtung bei der Dienstzeitberechnung. Am 18. August 1953 reichte er bei der Beklagten eine „eidesstattliche Versicherung" ein, in der er die Richtigkeit seiner Angaben bestätigte.

Die Beklagte stellte auf Grund der früheren Personalakten des Klägers fest, daß seine Angaben der Wahrheit nicht entsprachen und kündigte ihm mit Schreiben vom 23. Juni 1954 fristlos.

Der Kläger hat daraufhin Klage erhoben und die Feststellung begehrt, daß das Arbeitsverhältnis durch die am 23. Juni 1954 ausgesprochene fristlose Kündigung nicht aufgelöst sei. Er meint, die Kündigung sei schon deshalb unwirksam, weil die Beklagte ein Dienststrafverfahren nicht eingeleitet und auch die Zustimmung des Betriebsrates nicht eingeholt habe. Sein Verhalten stelle auch keinen wichtigen Grund zur Kündigung dar.

Das Arbeitsgericht hat der Klage stattgegeben. Das Landesarbeitsgericht hat die Klage abgewiesen. Die Revision des Klägers führte zur Zurückverweisung an das Landesarbeitsgericht.

Aus den Gründen:

I. Das Landesarbeitsgericht geht mit Recht davon aus, daß die fristlose Entlassung des Klägers nicht deswegen rechtsunwirksam ist, weil die Beklagte das Dienststrafverfahren der Dienst- und Disziplinarordnung (DDO der VAB), Anlage 1 zum Rahmentarif für die Arbeitnehmer der Versicherungsanstalt B. (RTV der VAB) vom 16. Februar 1951, nicht eingeleitet hat. Seine Begründung, die Beklagte habe sich in § 9 Abs. 2 f DDO der VAB das Recht zur formlosen fristlosen Kündigung nach § 626 BGB auch bei Vorliegen von disziplinaren Verfehlungen vorbehalten, erscheint dagegen zweifelhaft. Es kann jedoch dahingestellt bleiben, ob die Tarifvertragsparteien einen solchen Vorbehalt vereinbart haben. Denn die Vorschriften über das Dienststrafverfahren galten zur Zeit der vorliegenden fristlosen Kündigung nicht mehr, jedenfalls soweit sie die Dienststrafe der Dienstentlassung nach fristloser Kündigung betreffen. Sie sind in B. mit Inkrafttreten des Arbeitsgerichtsgesetzes vom 3. September 1953 am 21. Oktober 1953 (Art. 3 des Berliner Gesetzes zur Übernahme des Arbeitsgerichtsgesetzes vom 16. Oktober 1953, GVBl. Berlin 1953 S. 1231) weggefallen.

Die teilweise Unwirksamkeit dieser Bestimmungen folgt aus § 101 Abs. 2 ArbGG. Danach ist ein Schiedsvertrag nur noch in wenigen, hier nicht in Betracht kommenden Fällen zulässig. Die DDO der VAB enthält aber die Vereinbarung eines Schiedsvertrages, d. h. die Abrede, daß die Entscheidung eines an sich zur Zuständigkeit der Arbeitsgerichte gehörenden Rechtsstreits durch Schiedsgerichte erfolgen solle. Sie sieht nämlich in den §§ 12 ff. einen Disziplinarausschuß und eine Disziplinarkammer vor, die eine Entscheidung darüber treffen sollten, ob eine Dienststrafe mit Recht festgesetzt worden ist oder nicht. Ihre Entscheidungen hatten auch bindende Wirkung für die Parteien, da sie mit einer Klage vor dem Arbeitsgericht nicht angreifbar waren. Das ist daraus zu folgern, daß eine Klage vor dem Arbeitsgericht nach § 12 DDO der VAB nur gegen eine Dienststrafe, nicht aber gegen einen vom Disziplinarausschuß oder von der Disziplinarkammer bereits gefällten Spruch zulässig war.

Diese Auslegung entspricht dem Willen der Tarifvertragsparteien. Sie bezwecken offenbar, mit der Errichtung eines Disziplinarausschusses und einer Disziplinarkammer die staatlichen Dienststrafgerichte zu ersetzen, die mit der Abschaffung des Berufsbeamtentums in B. nach 1945 fortgefallen waren. In einem Tarifvertrag konnte das nur durch vertraglich vereinbarte Gerichte, d. h. durch Schiedsgerichte erfolgen. In der gleichen Lage befanden sich bereits 2 Jahre vorher die Parteien des Rahmentarifvertrages für die im öffentlichen Dienst von Berlin stehenden Beschäftigten vom 24. Januar 1949 (RTV der Stadt Berlin). Auch sie ersetzten die Dienststrafgerichte durch Disziplinarausschuß und Disziplinarkammer und bestimmten darüber hinaus in § 5 Abs. 2 ausdrücklich, daß diese Stellen Schiedsgerichte im Sinne der §§ 91—100 des Arbeitsgerichtsgesetzes vom 23. Dezember 1926 seien. Die Tarifvertragsparteien des RTV der VAB haben den RTV der Stadt Berlin offensichtlich als Vorlage für ihren Rahmentarif benutzt und die in diesem Tarifvertrag geschaffene Einrichtung des Disziplinarausschusses und der Disziplinarkammer übernommen. Das ist ohne weiteres daraus zu entnehmen, daß der zeitlich spätere RTV der VAB mit seinen Anlagen zum Teil wörtlich mit dem zeitlich früheren RTV der Stadt Berlin und dessen Anlagen übereinstimmt. Wenn der RTV der VAB die Vorschrift des § 5 Abs. 2 RTV der Stadt Berlin nicht enthält, dann beruht das darauf, daß die DDO der VAB im Unterschied zur DDO der Stadt Berlin selbst keine Bestimmungen über die Zusammensetzung des Disziplinarausschusses und der Disziplinarkammer enthält. Sie begnügt sich mit der Verweisung des § 17 Abs. 1, wonach die Aufgaben des Disziplinarausschusses und der Disziplinarkammer von den nach § 58 der Ruhegeldvereinbarungen der VAB gebildeten Schiedsstellen wahrgenommen werden. Dafür heißt es dann aber in § 57 Abs. 1 dieser Ruhegeldvereinbarungen, daß diese Schiedsstellen Schiedsgerichte im Sinne der §§ 91 bis 100 des Arbeitsgerichtsgesetzes vom 23. Dezember 1926 sind. Daß die Tarifvertragsparteien den Disziplinarausschuß und die Disziplinarkammer als Schiedsgericht angesehen haben, ist schließlich daraus zu ersehen, daß diese Schiedsstellen seit Inkrafttreten des Arbeitsgerichtsgesetzes ihre Tätigkeit nicht mehr ausgeübt haben, wie das Landesarbeitsgericht festgestellt hat.

Mit Inkrafttreten des Arbeitsgerichtsgesetzes sind jedoch nicht nur die Bestimmungen der DDO der VAB, soweit in ihnen ein schiedsrichterliches Verfahren vereinbart worden ist, unwirksam geworden. Auch die übrigen Bestimmungen des Dienststrafverfahrens sind weggefallen, jedenfalls soweit sie sich auf die Dienststrafe der Dienstentlassung nach fristloser Kündigung beziehen, so die Bestimmungen des § 10 über die Festsetzung der Dienststrafe, über die Anhörung des Arbeitnehmers, über die Zustimmung des Betriebsrates und deren Ersetzung und die Bestimmung des § 11 über die Form der Mitteilung der Dienststrafe. Die Wirksamkeit dieser Vorschriften wird zwar von § 101 Abs. 2 ArbGG nicht unmittelbar beeinträchtigt. Ihre Unwirksamkeit ergibt sich jedoch aus dem Grundgedanken des § 139 BGB. Danach ergreift die Unwirksamkeit einzelner Bestimmungen auch die übrigen, sofern nicht anzunehmen ist, daß die Fortgeltung der letzteren auch für den Fall der Nichtigkeit der ersteren von den Tarifvertragsparteien gewollt war. Im vorliegenden Falle besteht nun kein Zweifel, daß die Parteien die Fortgeltung der durch § 101 Abs. 2 ArbGG an sich nicht berührten Bestimmungen nicht gewollt haben würden, wenn sie gewußt hätten, daß die Vorschriften über den Disziplinarausschuß und die Disziplinarkammer außer Kraft treten werden. Diese Vorschriften bildeten den Kern des Disziplinarverfahrens. Sie stellten das eigentliche Disziplinarverfahren dar. Die übrigen Vorschriften dienten nur dem Vorverfahren.

II. Von der Frage, ob die Kündigung der Beklagten wegen Nichtbeachtung des Dienststrafverfahrens unwirksam ist, ist die vom Landesarbeitsgericht nicht erörterte Frage zu unterscheiden, ob zu der fristlosen Kündigung die Zustimmung des Betriebsrates nach § 6 Abs. 1 a der Betriebsvereinbarung zwischen dem Vorstand der VAB und dem Betriebsrat der VAB vom 14. Juni 1950 (BV der VAB) erforderlich war. Solange die Bestimmungen der DDO der VAB über das Dienststrafverfahren in Kraft waren, war allerdings § 6 Abs. 1 a BV der VAB, soweit er die Zustimmung des Betriebsrates zu einer fristlosen Kündigung wegen disziplinärer Verfehlungen vorschreibt, ohne Bedeutung. Er war nach dem Grundsatz vom Vorrang des Tarifvertrages vor der Betriebsvereinbarung gegenstandslos, weil er mit § 10 Abs. 2 DDO der VAB insofern inhaltlich überstimmte, als dieser die Zustimmung des Betriebsrates zur Dienststrafe der Dienstentlassung nach fristloser Kündigung vorsah. Nach dem Wegfall der Bestimmungen über das Dienststrafverfahren steht jedoch § 10 Abs. 2 DDO der VAB der Anwendung des § 6 Abs. 1 a BV der VAB nicht mehr entgegen.

Bedenken gegen die Gültigkeit der BV der VAB aus betriebsverfassungsrechtlicher Sicht bestehen nicht. Sie ist seinerzeit auf Grund des Kontrollratsgesetzes Nr. 22 vom 10. April 1946 (Amtsblatt des Kontrollrats S. 133) getroffen worden, nach dessen Artikel V Ziff. 1 b der Betriebsrat mit den Arbeitgebern über die Regelung von Entlassungen und anderen betrieblichen Angelegenheiten zu verhandeln hat. Diese Rechtsgrundlage hat sich seitdem für den Bereich der Beklagten nicht geändert, da das Betriebsverfassungsgesetz auf die Beklagte als Körperschaft des öffentlichen Rechts nach § 88 BetrVG keine Anwendung findet und ein Landespersonalgesetz in Berlin noch nicht ergangen ist. Auch hat das Kontrollratsgesetz Nr. 22 für Berlin noch weiter Geltung.

Zweifel bestehen dagegen, ob die nach § 6 Abs. 1 a BV der VAB erforderliche Zustimmung des Betriebsrates einen Verstoß gegen die Vorschrift des § 626 BGB enthält, die nach fast allgemeiner Meinung zwingender Natur ist (vgl. st. Rspr. des RAG, ARS 39, 206; 41, 199; 43, 100; RGZ 69, 365; 75, 234; 96, 197; RGRäte Komm. [10], § 626 Anm. 5; Hueck-Nipperdey, Lehrbuch I, [3.—5.], § 56 VIII., Nikisch, Arbeitsrecht, [2.], § 50 I. 3. u. 4.; Nipperdey bei Staudinger, § 626 Anm. 52; Palandt, BGB [15.], § 626 Anm. 1 b). Die herrschende Auffassung vertritt den Standpunkt, es laufe auf eine unzulässige Beschränkung des Rechts zur außerordentlichen Kündigung hinaus, wenn für die fristlose Entlassung eines Arbeitnehmers die Zustimmung des Betriebsrates verlangt werde (vgl. außer der oben genannten Literatur Dietz, Recht, Staat, Wirtschaft III S. 332 [341]; Galperin, BetrVG, [2.], § 66 Anm. 17 ff.; Hueck in RdA 1949 S. 280, in BB 1952 S. 928, in RdA 1953 S. 129; a. A. Meisinger, BetrVG 1952, § 66 Anm. 3 und in RdA 1950 S. 41 [43]; Schlessmann, RdA 1952 S. 170 [171]). Dieser Ansicht schließt sich der Senat für den Fall an, daß eine unabhängige Schiedsstelle nicht vorhanden ist, die der Arbeitgeber bei Verweigerung der Zustimmung durch den Betriebsrat anrufen könnte. In einem solchen Falle ist das Erfordernis der Zustimmung des Betriebsrates zur fristlosen Kündigung als eine unbillige Beeinträchtigung dieses Rechtes anzusehen, wenn der Betriebsrat die Zustimmung zu Unrecht verweigert. Der Arbeitgeber wird dann an einem Arbeitsverhältnis festgehalten, obgleich seine schutzwürdigen Interessen die sofortige Lösung des Arbeitsverhältnisses verlangen. Vom Betriebsrat kann auch nicht ohne weiteres erwartet werden, daß er immer objektiv urteilt, da er als Vertretung der Arbeitnehmer eines Betriebes deren Interessen wahrzunehmen hat. Ist dagegen eine unabhängige Schiedsstelle vorhanden, die auf Antrag des Arbeitgebers die verweigerte Zustimmung des Betriebsrates ersetzen kann, dann kann nicht angenommen werden, daß in diesem Falle die Gefahr einer Vereitelung des Rechts des Arbeitgebers zur fristlosen Kündigung besteht. Von einer unabhängigen Schiedsstelle kann angenommen werden, daß sie den schutzwürdigen Belangen des Arbeitgebers ausreichend Rechnung trägt.

Eine solche Schiedsstelle ist in der BV der VAB vorgesehen. Das kann auf Grund der Zusammensetzung dieser Stelle angenommen werden. Sie besteht nach § 12 BV der VAB aus zwei Vertretern des Vorstandes, zwei Vertretern der Gewerkschaften und einem unparteiischen Vorsitzenden, der vom Vorstand im Einvernehmen mit dem Betriebsrat und den Gewerkschaften für die Dauer eines Jahres bestellt wird. Diese Schiedsstelle ist mit Inkrafttreten des Arbeitsgerichtsgesetzes auch nicht fortgefallen, da sie im Unterschied zu den oben erwähnten Disziplinarausschüssen und Disziplinarkammern kein Schiedsgericht ist.

Die Betriebsvereinbarung über die Zusammenarbeit des Landes und der Stadt Berlin mit den Betriebsräten vom 1. Dezember 1954 sieht ebenfalls eine Einigungsstelle vor. Dort wird in § 19 Abs. 2 diese Stelle ausdrücklich als eine Schiedseinrichtung im Sinne des Art. I des Kontrollratsgesetzes Nr. 35 bezeichnet, d. h. als eine Stelle, die kein Schiedsgericht ist. Die Betriebsvereinbarung des VAB enthält allerdings eine solche Bestimmung nicht. In § 12 Abs. 3 heißt es lediglich, daß für das Verfahren vor der Schiedsstelle die §§ 92—100 des Arbeitsgerichtsgesetzes vom 23. Dezember 1926 sinngemäß gelten. Es ist jedoch nicht anzunehmen, daß damit die Schiedsstellen nach der BV der VAB Schiedsgerichte sein sollten, da die Vorschrift über den Charakter der Einigungsstelle nichts aussagt. Sie will nur die schiedsgerichtlichen Verfahrensvorschriften des Arbeitsgerichtsgesetzes vom 23. Dezember 1926 für anwendbar erklären, und auch diese nur sinngemäß.

Selbst wenn aber die Parteien der BV der VAB und die an ihr beteiligten Gewerkschaften die Schiedsstelle als Schiedsgericht angesehen haben sollten, so wäre das nicht dafür entscheidend, ob diese Stelle tatsächlich ein Schiedsgericht ist. Der Sache nach ist sie kein Schiedsgericht. Als Schiedsgericht kann eine Stelle nur dann angesehen werden, wenn sie Rechtsstreitigkeiten zu entscheiden hat, die an sich vor die Gerichte, d. h. hier vor die Arbeitsgerichte, gehören. Meinungsverschiedenheiten zwischen Arbeitgeber und Betriebsrat darüber, ob der Betriebsrat seine Zustimmung zur fristlosen Entlassung aus verständigen Gründen verweigert, sind aber keine Rechtsstreitigkeiten; denn hierbei geht es darum, ob die vom Arbeitgeber vorgeschlagene Maßnahme ergriffen werden soll oder nicht. Das gilt zumindest dann, wenn der Betriebsrat, wie auf Grund der vorliegenden Betriebsvereinbarung, nach freiem Ermessen darüber zu entscheiden hat, ob er seine Zustimmung geben soll oder nicht (so Dietz, BB 1951 S. 870 [871]; vgl. auch Bührig, BB 1949 S. 38 [39]; Leser, ArbuR 1955 S. 19 [22]).

Sollte jedoch — was bisher nicht festgestellt ist — trotz dieser Rechtslage nach dem Inkrafttreten des Arbeitsgerichtsgesetzes eine Schiedsstelle nicht mehr gebildet worden sein, weil die Beteiligten — irrigerweise — davon ausgegangen sind, es handele sich bei ihr um ein nicht mehr zulässiges Schiedsgericht, dann hatte der Arbeitgeber tatsächlich keine Möglichkeit mehr, bei Verweigerung der Zustimmung des Betriebsrates die Schiedsstelle anzurufen. Unter diesen Umständen wäre das Erfordernis der Zustimmung des Betriebsrates bei der vorliegenden fristlosen Kündigung mit dem Grundsatz von Treu und Glauben, auf dem der zwingende Charakter des § 626 BGB beruht, dann nicht mehr vereinbar. Die Kündigung der Beklagten könnte daher in diesem Falle nicht schon deswegen als unwirksam behandelt werden, weil die Beklagte die Zustimmung des Betriebsrates nicht eingeholt hat.

Es bedarf danach der Feststellung, ob die in der Betriebsvereinbarung vorgesehene Schiedsstelle zur Zeit der Kündigung des Klägers bestanden hat. Bejahendenfalls muß die ohne die Zustimmung des Betriebsrates ausgesprochene Kündigung als rechtsunwirksam angesehen werden, während andernfalls die Kündigung dieser Zustimmung nicht bedurfte.

39

1. Die Austrittserklärung aus einem Arbeitgeberverband kann als einseitige, empfangsbedürftige Willenserklärung nur unbedingt abgegeben werden.

2. Sieht die Satzung eines Arbeitgeberverbandes schriftliche Austrittserklärung durch Einschreiben vor, so betrifft das Erfordernis des Einschreibens regelmäßig nur die Sicherstellung der Übermittlung nicht aber die Form der Austrittserklärung.

3. Ein Ortsklassenverzeichnis als Anlage zu einem Tarifvertrag ist Teil des Tarifvertrages, wenn der Vertrag ordnungsgemäß unterschrie-

ben ist und unmittelbar oder mittelbar auf das Ortsklassenverzeichnis Bezug nimmt.

4. Es ist denkbar, daß die Auslassung eines bestimmten Ortes im Ortsklassenverzeichnis auf ausdrücklichen Wunsch der einzigen Firma, die an diesem Ort ihren Sitz hat, die tarifrechtlich zulässige Herausnahme dieser Firma aus der Tarifwirkung bezweckt.

TVG §§ 1 Abs. 2; 3 Abs. 1, Abs. 3; BGB §§ 39, 125, 126.

I. Senat. Urteil vom 9. November 1956 i. S. O (Kl.) w. S. (Bekl.)
1 AZR 421/54.

I. Arbeitsgericht Detmold. — II. Landesarbeitsgericht Hamm.

Der Kläger war vom Oktober 1952 bis zum Juli 1953 bei der Beklagten als Hilfsarbeiter tätig. Er erhielt einen Stundenlohn von zuletzt 1,21 DM. Der Kläger ist jedoch der Ansicht, ihm stehe eine Vergütung von 1,29 DM je Stunde nach den Sätzen des Tarifvertrages vom 7. November 1952 zu, der zwischen den Fachverbänden der rheinischen und der westfälischen Fleischwarenindustrie e. V. und der IG Nahrung, Genuß und Gaststätten, Landesleitung Nordrhein-Westfalen, abgeschlossen wurde. Er klagt den Unterschiedsbetrag für die Monate April bis Juli 1953 in Höhe von 73,12 DM ein. Der Geltungsbereich des Tarifvertrages erstreckt sich seinem Wortlaut nach räumlich auf das Land Nordrhein-Westfalen und fachlich auf die Mitgliedsbetriebe der vertragsschließenden Verbände. Während der Kläger der genannten Gewerkschaft angehört, ist es streitig, ob die Beklagte zur Zeit des Tarifabschlusses noch Mitglied ihres Fachverbandes gewesen, weiter, ob sie etwa trotz weiterbestehender Mitgliedschaft bei diesen Tarifverhandlungen ausdrücklich aus der Tarifwirkung ausgenommen worden ist. Diese Fragen waren seit den Verhandlungen, die zu dem früheren Tarifabschluß vom 6. Dezember 1950 führten, Gegenstand der Erörterung und eines Schriftwechsels zwischen den Tarifparteien einerseits und dem Arbeitgeber-Fachverband und der Beklagten andererseits. In dem Ortsklassenverzeichnis zu dem Tarifvertrag vom 6. 12. 1950 ist der Firmensitz der Beklagten, der Ort Lage, nicht aufgeführt. Unter dem 23. Januar 1951 richtete die Beklagte schließlich folgenden gewöhnlichen Brief (nicht Einschreibebrief) an ihren Fachverband:

„Um keinerlei Meinungsverschiedenheiten aufkommen zu lassen, mache ich nochmals ausdrücklich darauf aufmerksam, daß meine Firma ausgeschieden ist aus dem Sozialpolitischen Verbande und weiter bei Ihnen als Mitglied ausgeschieden ist für den Fall, daß die Rechtslage so sein sollte, daß dieser Austritt eine Voraussetzung ist für den Ausschluß meiner Firma aus den Tarifverhandlungen.

Für alle Fälle bitte ich Sie aber, genau wie damals bei den Lohnverhandlungen, bei den Gehaltsverhandlungen ausdrücklich zu erklären, daß für meine Firma nicht abgeschlossen werden kann, indem Sie darauf hinweisen, daß ich als Mitglied des Industrie-Ausschusses Land Lippe in Detmold von diesem in allen sozialpolitischen Angelegenheiten einzig und allein betreut werde.

. . ."

In den Jahren 1950 und 1951 wurden mehrere Firmentarifverträge zwischen der IG Nahrung, Genuß und Gaststätten und der Beklagten abgeschlossen, die aber bei Inkrafttreten des Tarifvertrages vom 7. November 1952 nicht mehr in Geltung waren.

Arbeitsgericht und Landesarbeitsgericht haben dahin erkannt, daß dem Kläger kein Anspruch auf Gewährung des begehrten Tariflohnes zustehe, weil die Beklagte zur Zeit des Tarifabschlusses am 7. November 1952 nicht mehr ihrem Fachverband angehört habe.

Die Revision des Klägers führte zur Zurückverweisung an das Landesarbeitsgericht aus folgenden

Gründen:

Die Lohnansprüche des Klägers stützen sich auf den Tarifvertrag vom 7. November 1952. Da der Kläger unstreitig tarifgebunden ist, kommt es darauf an, ob die Beklagte zur Zeit des Abschlusses dieses Tarifvertrages (§ 3 Abs. 3 TVG) gleichfalls Mitglied des vertragsschließenden Arbeitgeberverbandes war und ob sich bei Bejahung dieser Frage der Tarifvertrag nach seinem Geltungsbereich auch auf die Beklagte erstreckt.

1. Das Berufungsgericht hat zu Recht festgestellt, daß die beklagte Firma nicht bereits anläßlich der bei dem Tarifabschluß vom 6. Dezember 1950 geführten Verhandlungen aus ihrem Fachverband ausgeschieden ist, insbesondere nicht auf Grund einer etwaigen vorausgegangenen mündlichen Austrittserklärung. Der Senat tritt den Rechtsausführungen des angefochtenen Urteils insoweit ausdrücklich bei. Es kann auch keine Rede davon sein, daß ein etwa im Sommer oder Herbst des Jahres 1950 erklärter Austritt, der zum Jahresende 1950 wegen der nicht feststellbaren Einhaltung der satzungsgemäßen Frist von vier Monaten zum Jahresende (§ 5 der Satzung des Fachverbandes) keine Wirkung erzeugte, etwa zum Jahresende 1951 wirksam geworden wäre. Denn alle Äußerungen der Beklagten gegenüber dem Geschäftsführer ihres Verbandes,

dem Zeugen M., waren auf einen Austritt für den Fall abgestellt, daß es nicht gelingen würde, die Beklagte bei den laufenden Tarifverhandlungen aus dem Tarif herauszunehmen. Eine derartige Herausnahme ist kraft Vereinbarung zwischen den Tarifparteien zwar grundsätzlich möglich (vgl. Hueck-Nipperdey-Tophoven, TVG 3. Aufl., § 3 Anm. 21 ff. m. w. Nachw.). Die Austrittserklärung enthält aber hier eine echte Bedingung, weil der Austritt von einem zukünftigen und ungewissen Ereignis abhängig gemacht wird. Sie kann als einseitige empfangsbedürftige Willenserklärung nur unbedingt abgegeben werden, zumal der Eintritt des Ereignisses nicht ausschließlich von dem Willen des Erklärungsempfängers, d. h. des Fachverbandes, abhing, sondern ebenso von dem der Gewerkschaft als dem anderen Tarifpartner. Von allen weiteren Bedenken abgesehen sind daher die Austrittserklärungen der Beklagten aus dem Jahre 1950 nicht wirksam geworden.

2. Die Beklagte trägt weiter vor, mindestens sei sie auf Grund ihres Schreibens an den Fachverband vom 23. Januar 1951 mit Ablauf des Jahres 1951 aus dem Verband ausgetreten und deshalb nicht an den Tarifvertrag vom 7. November 1952 gebunden. Das Berufungsgericht ist dieser Ansicht gefolgt. Seine Ausführungen begegnen insoweit keinen Bedenken, als das Schreiben nicht nur als „Wissenserklärung", sondern auch als „Willenserklärung" dahingehend ausgelegt wird, die Beklagte wolle nunmehr wenigstens für die Zukunft aus dem Fachverband ausscheiden. Diese Auslegung ist rechtlich möglich und verstößt weder gegen die Denkgesetze noch gegen allgemeine Erfahrungssätze (vgl. den ähnlich gelagerten Fall einer Kündigungserklärung in AP Nr. 1 zu § 620 BGB).

Ohne Rechtsirrtum hat das Landesarbeitsgericht es auch als unerheblich angesehen, daß das Schreiben vom 23. Januar 1951 dem Fachverband nicht nach § 5 der Satzung als Einschreiben übersandt wurde, sondern nur als gewöhnlicher Brief zuging. Es kann dahingestellt bleiben, ob das Erfordernis des Einschreibens überhaupt die Form der Erklärung betrifft oder nicht vielmehr nur die Art, d. h. die Sicherstellung ihrer Übermittlung (so Enneccerus-Nipperdey, 14. Aufl., § 157 Anm. 3 m. w. Nachw.). Jedenfalls ist die Annahme des Berufungsgerichts nicht zu beanstanden, daß hier die Bestimmung des § 5 der Satzung die Übersendung der schriftlichen Austrittserklärung durch Einschreiben nur deshalb vorsieht, um den Beweis zu sichern, d. h. den Zugang der Austrittserklärung bei dem Verein nachzuweisen. Ist der Zugang — wie das angefochtene Urteil als unstreitig feststellt — erfolgt, so kommt eine Nichtigkeit der Erklärung nach § 125 Satz 2 BGB nicht in Betracht.

Die in diesem Zusammenhang erhobene Verfahrensrüge, der Tatbestand des Urteils sei „unsicher", ist unbegründet. Die Revision meint, die Feststellung des Zugangs des Schreibens stehe im Widerspruch zu dem in dem angefochtenen Urteil in Bezug genommenen Akteninhalt, insbesondere zu den Ausführungen des Klägers in der Berufungsbegründung. Dort wird aber nur des näheren dargelegt, die Beklagte müsse noch Mitglied des Fachverbandes gewesen sein, weil sie weiterhin Beiträge gezahlt habe und weil der Inhaber der Beklagten noch im Jahre 1951 zum Vorstandsmitglied des Fachverbandes gewählt worden sei. Lediglich in diesem Zusammenhang wird dann ausgeführt, die Beklagte habe weder das Austrittsschreiben vorgelegt noch den Posteinlieferungsschein über das Einschreiben. Die Form des Einschreibebriefes sei aber zur Rechtswirksamkeit des Austritts erforderlich gewesen.

Diese Ausführungen der Berufung lassen nicht erkennen, daß der Zugang des Schreibens überhaupt bestritten werden sollte.

3. Die Austrittserklärung der Beklagten in ihrem Brief vom 23. Januar 1951 ist aber nicht schlechthin abgegeben worden, sondern wurde an die Voraussetzung geknüpft, „daß die Rechtslage so sein sollte, daß dieser Austritt eine Voraussetzung ist für den Ausschluß meiner Firma aus den Tarifverhandlungen". Diese Klausel enthält — wie das Landesarbeitsgericht zutreffend ausführt — im Gegensatz zu den Äußerungen der Beklagten im Jahre 1950 keine Bedingung. Denn die Wirksamkeit des Austritts hing nunmehr nicht von einem zukünftigen ungewissen Ereignis ab, sondern von einem in der Vergangenheit liegenden Umstand ab, nämlich dem Ergebnis der Tarifverhandlungen vom Dezember 1950. Objektiv stand zur Zeit der Abgabe der Austrittserklärung bereits fest, ob die Beklagte wirksam aus dem Geltungsbereich des Tarifvertrages vom 6. Dezember 1950 ausgenommen war oder nicht. Nur subjektiv gesehen bestanden bei der Beklagten Zweifel. Die Austrittserklärung ist danach nur rechtswirksam, wenn feststeht, daß die Beklagte von der Wirkung des Tarifvertrages vom 6. 12. 1950 ergriffen wird.

Das Berufungsgericht hat die Voraussetzung für den Austritt der Beklagten, nämlich ihre Bindung an den Tarifvertrag vom 6. Dezember 1950, für gegeben angesehen, weil dieser Tarifvertrag nach seinem § 1 sich räumlich auf das ganze Land Nordrhein-Westfalen und fachlich auf alle Mitgliedsbetriebe des Fachverbandes erstreckte, ohne daß die Beklagte ausdrücklich ausgenommen sei. Das angefochtene Urteil stellt aber andererseits fest, daß sich in dem Ortsklassenverzeichnis des Tarifvertrages vom 6. 12. 1950 der Ort Lage, der der Sitz der — wie gerichtsbekannt ist — für ihre Branche sehr bedeutenden Beklagten ist, nicht befindet. Der Vorderichter hat diesem Umstand irrigerweise keine rechtliche Bedeutung beigemessen, insbesondere weil diese Auslassung „keinesfalls der zwingend vorgeschriebenen Schriftform entspricht". Es kommt aber nicht darauf an, ob das Ortsklassenverzeichnis als Anlage zum Tarifvertrag selbst unterschrieben worden ist. Entscheidend ist allein, daß die Unterschriften unter dem Tarifvertrag selbst geleistet wurden (§ 1 Abs. 2 TVG; § 126 BGB), sofern nur in dem Vertrag unmittelbar oder wenigstens mittelbar auf das Ortsklassenverzeichnis Bezug genommen wird (Hueck-Nipperdey-Tophoven, a. a. O., § 1 Anm. 12 m. w. Nachw.). Das ist hier aber der Fall (§ 2 TV vom 6. Dezember 1950). Das Landesarbeitsgericht hat auch den Vortrag der Beklagten unberücksichtigt gelassen, die Herausnahme des Ortes Lage aus dem Ortsklassenverzeichnis sei auf ihren ausdrücklichen Wunsch erfolgt, um sie aus der Tarifwirkung herauszunehmen.

Der Senat ist nicht in der Lage, ohne weiteres tatsächliche Feststellungen — die dem Revisionsgericht verschlossen sind — die Bedeutung der Auslassung des Ortes Lage aus dem Ortsklassenverzeichnis zum Tarifvertrag vom 6. Dezember 1950 zu ermitteln. Das angefochtene Urteil muß daher aufgehoben, und die Sache zur Nachholung der erforderlichen tatsächlichen Feststellungen gemäß § 565 Abs. 1 ZPO zurückverwiesen werden. Das Berufungsgericht wird insbesondere festzustellen haben, ob in den dem Tarifabschluß vom 6. Dezember 1950 zeitlich vorausgehenden Tarifverträgen Lage noch im Ortsklassenverzeichnis genannt war. Es wird weiter aufzuklären sein, gegebenenfalls durch Vernehmung der bei dem Tarifabschluß vom 6. Dezember 1950 beteiligten Vertreter der Tarifparteien, warum Lage aus dem Ortsklassenverzeichnis weggelassen wurde und insbesondere, ob die Streichung mit Rücksicht auf die Wünsche der beklagten Firma, die nicht tarifgebunden sein wollte, erfolgte. In diesem Zusammenhang wird weiter festzustellen sein, welche Bedeutung dem Abschluß von Firmentarifverträgen in der fraglichen Zeit beizumessen ist, insbesondere auch dem schon am 3. Dezember 1950, also noch vor dem Zustandekommen des für das Land Nordrhein-Westfalen geltenden Tarifvertrages, vereinbarten Firmentarifvertrag. Nur nach Aufklärung dieser Punkte kann abschließend die Frage beantwortet werden, ob die Voraussetzung des Austrittsschreibens vom 23. Januar 1951, nämlich die Tarifbindung der Beklagten an den Tarifvertrag vom 6. Dezember 1950, erfüllt war oder nicht.

4. Sollte das Berufungsgericht in der erneuten Verhandlung zu dem Ergebnis kommen, daß die Beklagte nach wie vor Mitglied ihres Fach-

verbandes geblieben ist, weil sie nämlich aus dem Geltungsbereich des Tarifvertrages vom 6. Dezember 1950 von den Tarifparteien rechtswirksam herausgenommen wurde, so wird das Landesarbeitsgericht schließlich noch zu prüfen haben, ob sich der Geltungsbereich des Tarifvertrages vom 7. November 1952, aus dem der Kläger seine Ansprüche herleitet, auf die Beklagte erstreckt. Auch hier kann die Frage der Erwähnung bzw. Auslassung des Ortes Lage in dem Ortsklassenverzeichnis von Bedeutung sein.

40

1. Der Gleichheitssatz des Grundgesetzes „Alle Menschen sind vor dem Gesetz gleich" darf mit dem arbeitsrechtlichen Gleichbehandlungsgrundsatz nicht verwechselt werden (BAG 3, 31 ff.).

2. Eine unterschiedliche Behandlung von Menschen durch den Gesetzgeber ist statthaft, wenn es sich um Personen handelt, die sich nicht in gleicher, sondern in verschiedener Lage befinden.

3. Nimmt der Gesetzgeber einen bestimmten Personenkreis aus von ihm an andere gewährte Vergünstigungen (z. B. Teuerungszulagen) aus, so verstößt eine solche Regelung nicht gegen den Gleichheitssatz. Das wäre nur dann der Fall, wenn eine sachfremde, willkürliche Differenzierung stattfindet.

Hamburgisches Gesetz vom 12. 6. 1953 Art. I Abs. 3, Abs. 8;
GG Art. 3 Abs. 1.

I. Senat. Urteil vom 9. November 1956 i. S. B. (Kl.)
w. F. u. H. H. (Bekl.) 1 AZR 75/55

I. Arbeitsgericht Hamburg. — II. Landesarbeitsgericht Hamburg.

Der Kläger war bis Dezember 1948 als Musiker des Philharmonischen Orchesters bei der beklagten Hansestadt angestellt und wurde nach der TO.K besoldet. Seit Januar 1949 bezieht der Kläger Ruhegeld nach den Vorschriften des Gesetzes über die Gewährung von Ruhegeld und Hinterbliebenenversorgung für hamburgische Staatsangestellte vom 16. Februar 1921 in der Fassung vom 27. Juni 1927 (HGVOBl. S. 300). Durch das hamburgische Gesetz vom 27. März 1953 (HGVOBl. S. 41) wurde den Ruhegeldempfängern der Beklagten eine zwanzigprozentige Teuerungszulage mit Wirkung vom 1. April 1951 ab gewährt, an der auch der Kläger teilgenommen hat. Durch ein Gesetz vom 12. Juni 1953 (HGVOBl. S. 101) wurde den Ruhegeldempfängern der Beklagten ein weiterer Teuerungszuschlag gewährt, jedoch wurden durch

Art. I Abs. 8 dieses Gesetzes die bei der Beklagten ehemals beschäftigten Musiker, also auch der Kläger, von dem Genuß dieser Teuerungszulage ausgenommen.

Der Kläger hat darauf Klage erhoben mit dem Antrag, festzustellen, daß die Bestimmungen des Art. I Abs. 1—7 des hamburgischen Gesetzes vom 12. 6. 1953 auch für die Versorgungsbezüge des Klägers gelten.

Zur Begründung hat er ausgeführt, die unterschiedliche Behandlung der ehemaligen Angestellten der Beklagten verstoße gegen Art. 3 GG. Der Gleichheitssatz werde verletzt, weil die ehemaligen Musiker im Gegensatz zu den übrigen ehemaligen Angestellten der Beklagten von dem im Gesetz vom 12. Juni 1953 vorgesehenen Teuerungszuschlag ausgenommen worden seien.

Die Beklagte hat beantragt, die Klage abzuweisen.

Sie hat vorgetragen, die Bezüge ihrer Musiker seien seit 1927 durch laufende Höhergruppierungen stärker angestiegen als die der übrigen Angehörigen des öffentlichen Dienstes. Insbesondere seien die Mitglieder des philharmonischen Staatsorchesters im Jahre 1943 von der Gruppe I in die Sonderklasse der TO.K eingestuft worden, ohne daß hierin die Vergütung einer Leistungssteigerung gesehen werden könne. Der Grund für die Höhergruppierung sei lediglich und ausschließlich kriegsbedingt gewesen. Man habe kulturelle Einrichtungen in Notzeiten durch Gehaltsaufbesserungen der für sie tätigen Personen besonders fördern wollen. Die Beklagte hat ausgeführt, von einer Verletzung des Gleichheitssatzes könne nur dann die Rede sein, wenn der Kläger durch das Gesetz anders behandelt würde als alle anderen übrigen Musiker, die Ruhegeld bezögen. Das sei aber nicht der Fall. Der Kläger könne sich nur mit seinen Berufskollegen vergleichen lassen, nicht aber mit den übrigen Ruhegeldempfängern der Beklagten.

Das Arbeitsgericht und das Landesarbeitsgericht haben die Klage abgewiesen.

Das Landesarbeitsgericht führt aus, der in Art. 3 GG aufgestellte, schon vorher von der arbeitsgerichtlichen Rechtsprechung anerkannte Gleichbehandlungsgrundsatz gelte sowohl für das Verhältnis eines Betriebes zu seinen Ruhegeldempfängern als auch für die Zahlung von Teuerungszulagen. Dieser Grundsatz sei aber nur dann verletzt, wenn ein vernünftiger, sich aus der Natur der Sache ergebender oder sonstwie sachlich einleuchtender Grund für die gesetzliche Differenzierung oder Gleichbehandlung nicht zu finden sei, kurzum, wenn die gesetzliche Bestimmung als willkürlich bezeichnet werden müsse. Das treffe hier aber nicht zu. Zwar könne es nicht darauf ankommen, daß die Musiker nach der TO.K, die übrigen Angestellten aber nach der TO.A besoldet worden seien. Denn beide Gruppen von Angestellten seien von der Teuerung in gleicher Weise betroffen worden. Jedoch sei die Regelung des Art. I Abs. 8 des Gesetzes vom 12. Juni 1953, die die pensionierten ehemaligen Musikers von der weiteren Teuerungszulage ausschließe, deshalb gerechtfertigt, weil die im Dienste der Beklagten ehemals beschäftigten Musiker unstreitig seit 1927 laufend höhergruppiert worden seien, während die übrigen Staatsangestellten daran nicht teilgenommen hätten. Es sei nicht ersichtlich, daß diese Höherstufung, insbesondere die im Jahre 1943 erfolgte, durch eine Leistungssteigerung veranlaßt gewesen sei. Der Sinn der Höhergruppierung sei in der aus Anlaß des Krieges vom damaligen Staat angestrebten besonderen Förderung der kulturellen Einrichtungen zu sehen. Deshalb sei den Musikern der Beklagten eine Vorzugsstellung gegenüber den anderen Angestellten erwachsen, die jedenfalls nach Kriegsende gegenstandslos geworden sei. Es könne daher nicht als willkürlich und sachlich ungerechtfertigt angesehen werden, wenn die Beklagte bestrebt sei, die unterschiedlichen Besoldungen wieder in ein angemessenes Verhältnis zueinander zu bringen.

Mit der Revision begehrt der Kläger

festzustellen, daß sich seine Versorgungsbezüge nach Maßgabe des Art. I Abs. 3 des hamburgischen Gesetzes vom 12. Juni 1953 ab 1. April 1953 um einen weiteren Zuschlag von 20 % erhöhen.

Die Revision ist der Ansicht, daß die Regelung des Art. I Abs. 8 des vorgenannten hamburgischen Gesetzes gegen Art. 3 Abs. 1 GG verstoße und daher nichtig sei. Dies habe das Landesarbeitsgericht verkannt. Sei diese Bestimmung aber nichtig, dann stehe dem Kläger der aus Art. I Abs. 3 des Gesetzes sich ergebende Zuschlag von 20 % zu.

Die Revision hatte keinen Erfolg.

Aus den Gründen:

Die Feststellungsklage ist zulässig (§ 256 ZPO). Zwar hatte der Kläger in der Vorinstanz sowie in der Revisionsbegründung den Antrag gestellt, festzustellen, daß die Bestimmung des Art. I Abs. 3 des hamburgischen Gesetzes vom 12. Juni 1953 auch für die Versorgungsbezüge des Klägers gilt. Er hat jedoch seinen Antrag, wie aus dem Tatbestand ersichtlich, in der mündlichen Verhandlung in einer anderen Fassung verlesen. Die Neufassung des Revisionsantrages ist nicht als eine unzulässige Klageänderung anzusehen, sondern lediglich als eine nähere

Präzisierung des Antrages. Eine den Klagegegenstand in Wahrheit unberührt lassende, ihn nur verdeutlichende Neufassung des Antrages ist auch im Revisionszug noch zulässig.

Der Feststellungsantrag ist jedoch unbegründet, weil entgegen der Ansicht der Revision Art. I Abs. 8 des hamburgischen Gesetzes vom 12. Juni 1953, der die Musiker von der Teuerungszulage, die dieses Gesetz gewährt, ausnimmt, nicht wegen Verstoßes gegen Art. 3 Abs. 1 GG nichtig ist. Nur dann, wenn der Senat die Bestimmung des Art. I Abs. 8 des vorgenannten hamburgischen Gesetzes mit dem Gleichheitssatz des Art. 3 Abs. 1 GG für unvereinbar und damit für verfassungswidrig halten würde, müßte die Sache zur Entscheidung dieser Frage gemäß Art. 100 GG, § 80 BVerfGG dem Bundesverfassungsgericht zur Entscheidung vorgelegt werden. Denn bei dem hamburgischen Gesetz handelt es sich um ein formelles Gesetz, das nach Inkrafttreten des GG ergangen ist.

Wenn Gesetze auf ihre Verfassungsmäßigkeit oder Verfassungswidrigkeit unter dem Gesichtspunkt des Gleichheitsgrundsatzes des Art. 3 Abs. 1 GG, der mit dem arbeitsrechtlichen Gleichbehandlungsgrundsatz nicht verwechselt werden darf (vgl. BAG 3, 31 ff.), zu prüfen sind, dann muß man, wie der Senat schon mehrfach ausgesprochen hat (vgl. BAG 1, 51 ff.; 3, 35 f.) seine Bedeutung und Tragweite ins Auge fassen. Nach der Rechtsprechung des Bundesverfassungsgerichts (BVerfGE 3, 135 ff. und 182) weist Art. 3 Abs. 1 GG („Alle Menschen sind vor dem Gesetz gleich") den Gesetzgeber an, Gleiches gleich, aber auch Ungleiches seiner Eigenart entsprechend verschieden, allerdings in verhältnismäßiger Gleichheit zu behandeln. Eine ungleiche Behandlung von Menschen durch den Gesetzgeber, soweit es sich nicht gerade um Umstände handelt, die im Menschsein als solchem begründet sind, ist also statthaft, wenn es sich um Personen handelt, die sich eben nicht in gleicher, sondern in verschiedener Lage befinden. Dabei bleibt dem Gesetzgeber notwendigerweise ein weiter Spielraum für die Betätigung seines Ermessens. Bundes- und Länderparlamente müssen im Rahmen ihrer Zuständigkeit in der Lage sein, den vielfältigen Lebensverhältnissen durch einheitliche und den tatsächlichen Verschiedenheiten Rechnung tragende Regelungen Herr zu werden. Der Gesetzgebung muß es auch möglich sein, an Unterschiede anzuknüpfen, um unterschiedliche Regelungen, die das Gesetz für zweckmäßig hält, durchzuführen. Von diesem Gesichtspunkt aus wird man es auch dem hamburgischen Gesetzgeber grundsätzlich nicht verwehren können, bei der Regelung von Zuschlägen zu Versorgungsbezügen bestimmte Gruppen von Versorgungsberechtigten auszunehmen, wenn dabei nur nicht eine sachfremde Differenzierung, also Willkür im Spiele ist. Das ist hier aber nicht der Fall gewesen, wie sich aus den Feststellungen des angefochtenen Urteils ergibt. Denn der hamburgische Gesetzgeber hat sich bei der Herausnahme der Musiker aus der den übrigen Versorgungsberechtigten gewährten weiteren Teuerungszulage von dem Gedanken leiten lassen, daß die versorgungsberechtigten, im Dienst von Hamburg beschäftigt gewesenen Musiker auf der Grundlage ihrer ehemaligen höheren Gehälter schon Versorgungsbezüge erhielten, die gegenüber denen der anderen im Ruhestand befindlichen vergleichbaren Angestelltengruppen Hamburgs höher lagen. Ob dieser Gesichtspunkt bei der Regelung von Zuschlägen zu Versorgungsbezügen, die unter dem Gesichtspunkt der Teuerung, insbesondere der Verteuerung der Lebenshaltungskosten gewährt worden sind, besonders zweckmäßig ist oder nicht, mag bejaht oder verneint werden. Darauf kommt es jedoch nicht an. Denn man kann nicht sagen, daß für die vom hamburgischen Gesetzgeber angeordnete Differenzierung zwischen den pensionierten Musikern einerseits und den übrigen pensionierten Angestellten andererseits sachlich einleuchtende Gründe schlechterdings nicht mehr erkennbar seien. Denn wenn das ehemalige Aktivgehalt der Musiker tatsächlich eine Höhe hatte, die unter normalen Umständen nicht gewährt worden wäre, während die Bezüge der vergleichbaren Angestelltengruppen demgegenüber im wesentlichen konstant blieben, so erhielten die Musiker nunmehr auch im Ruhestand von vornherein entsprechend höhere Versorgungsbezüge als die Ruheständler vergleichbarer Angestelltengruppen. Dann aber erscheint es auch vertretbar, dieses seinerzeit den Musikern unter besonderen Zeitverhältnissen und Umständen gewährte „Mehr" später durch eine Regelung auszugleichen, die nunmehr diese Personengruppe von einem Vorteil ausnimmt, der den anderen Gruppen gewährt wird. In dieser Richtung ist die Gesetzgebung häufig verfahren. So sind schon öfters die Gehälter bestimmter Beamtengruppen erhöht worden, während anderen Beamtengruppen, insbesondere den höher und besser bezahlten, keine Gehaltserhöhung zugebilligt wurde. Auch sind z. B. die Gehälter von Lehrern und Richtern erhöht worden, während andere vergleichbare Beamtengruppen keine Gehaltserhöhung erhielten. Daß in allen solchen Fällen die nachteilig betroffenen Gruppen sich beeinträchtigt fühlen, ist natürlich. Daraus folgt aber noch nicht, daß ihnen wirklich Unrecht im Sinne einer Mißachtung des verfassungsrechtlichen Gleichheitsgrundsatzes angetan wird. So kann auch hier ohne Rücksicht darauf, ob die vom hamburgischen Gesetzgeber für die Musiker getroffene Regelung in Art. I Abs. 8 des Gesetzes vom 18. Juni 1953 zweckmäßig ist oder nicht, von einer Verfassungswidrigkeit dieser gesetzlichen Bestimmung wegen Verstoßes gegen den Gleichheitsgrundsatz nicht gesprochen werden.

41

1. Auf die Frist für den Einspruch gegen ein nicht wirksam zugestellten Versäumnisurteil sind — jedenfalls für das ArbGG 26 — die Bestimmungen der §§ 516, 552 ZPO, daß die Berufungs- oder Revisionsfrist 5 Monate nach der Verkündung beginnt, nicht analog anzuwenden.

2. Aus der Bestimmung des § 88, § 87 Abs. 1 Nr. 3 des Bundesvertriebenengesetzes folgt nicht, daß der Sowjetzonenflüchtling den Anspruch auf Löhne und Gehälter stets voll zu erfüllen habe.

3. Ein Arbeitgeber, dessen Betrieb in Ost-Berlin beschlagnahmt und enteignet ist und der im Westen einen gleichartigen Betrieb errichtet, braucht einem nur für den Ost-Berliner Betrieb angestellten Arbeitnehmer jedenfalls soweit seine Vergütung nicht fortzuzahlen, als der Arbeitnehmer sich nicht von sich aus zu der Mitarbeit in dem westlichen Betrieb anbietet.

ArbGG 26 § 59; Bundesvertriebenengesetz § 87 Abs. 1 Nr. 3; BGB § 242.

II. Senat. Urteil vom 22. November 1956 i. S. F. (Kl.) w. W. (Bekl.) 2 AZR 314/54.

I. Arbeitsgericht Elmshorn. — II. Landesarbeitsgericht Kiel.

Der Kläger wurde im Jahre 1906 bei der Firma G. W., Thorn, angestellt. Diese Firma, eine offene Handelsgesellschaft, gründete im Jahre 1925 — nachdem Thorn zu Polen gefallen war — eine Zweigniederlassung in Berlin. Durch den schriftlichen Anstellungsvertrag vom 14. März 1925 stellte die Firma G. W. den Kläger auf Lebenszeit als Prokuristen bei der Niederlassung Berlin an. Gesellschafter der OHG, wie sie zuletzt in Berlin bestand, waren jedenfalls seit 1941 die beiden Beklagten.

Im Jahre 1945 beschlagnahmte die russische Besatzungsmacht den Betrieb. Vom 29. Oktober 1945 bis zum 18. Oktober 1948 war der Kläger als Treuhänder für den Betrieb eingesetzt und tätig. Er erhielt zunächst sein früheres Monatsgehalt von 750,— RM, das sich später auf 1200,— RM bzw. DM (Ost) erhöhte.

Am 8. Februar 1949 wurde der Betrieb auf Grund des sowjetzonalen „Gesetzes zur Einziehung der Vermögenswerte der Kriegsverbrecher und Naziaktivisten" vom 8. Februar 1949 enteignet und in die Vereinigung Volkseigener Betriebe übergeführt. Diese Änderung wurde in das Handelsregister am 9. Juni 1949 eingetragen; der neue Name lautete: VEB B. L.- und K.-Fabrik „K.".

Die Beklagten, die auch Gesellschafter der Stammfirma G. W. in Thorn waren, hatten den Sitz dieser Thorner Firma im Jahre 1948 nach I. (in der Bundesrepublik) verlegt. Sie betreiben seitdem dort unter dem Namen der früheren Thorner Firma eine OHG in der alten Branche.

Der Kläger erwirkte gegen die „Firma G. W. OHG, N.-, K.- und L.-Fabrik, B." am 21. Januar 1950 — also nach der Enteignung — ein Versäumnisurteil in Höhe von 9000,— DM-Ost wegen seiner Gehaltsansprüche für die Zeit vom 1. November 1948 bis zum 31. Oktober 1949; über die Rechtskraft dieses Versäumnisurteils streiten die Parteien.

Der Kläger begehrt nunmehr von den Beklagten die Zahlung eines Teilbetrages von 500,— DM seines Gehalts für die Zeit vom 1. November 1948 bis 31. Oktober 1951.

Beide Instanzen haben die Klage abgewiesen. Das Landesarbeitsgericht hält das Versäumnisurteil vom 21. Januar 1950 nicht für rechtskräftig und kommt zu dem Ergebnis, daß das Arbeitsverhältnis zur Zeit ruhe.

Die Revision des Klägers blieb erfolglos.

Aus den Gründen:

1. Das gegen die Firma G. W., offene Handelsgesellschaft, ergangene Versäumnisurteil vom 21. Januar 1950 kann jedenfalls schon deshalb keine genügende Grundlage für den vom Kläger nach §§ 128, 129 HGB gegen die Beklagten als Gesellschafter der offenen Handelsgesellschaft geltend gemachten Gehaltsanspruch bilden, weil es nicht rechtskräftig ist. Wie das Landesarbeitsgericht zu Recht annimmt, ist die Zustellung dieses Versäumnisurteils unwirksam. Denn dieses Versäumnisurteil ist nach den Feststellungen des Landesarbeitsgerichts am 11. Februar 1950, also nach der Enteignung des Betriebes, dem Pförtner des nunmehr volkseigenen Betriebes zugestellt worden. Diese Zustellung entsprach nicht den Erfordernissen des § 183 ZPO; denn die offene Handelsgesellschaft unterhielt, sofern sie nach der Enteigung fortbestand, damals jedenfalls kein Geschäftslokal in dem bezeichneten Hause in Berlin; der Pförtner des enteigneten Betriebes war also kein in dem Geschäftslokal der Zustellungsempfängerin anwesender Gewerbegehilfe.

Aber auch ohne wirksame Zustellung ist, wie das Landesarbeitsgericht richtig ausführt, das Versäumnisurteil nicht etwa durch bloßen Fristablauf rechtskräftig geworden. Denn die Bestimmungen des § 516 Halbsatz 2 und des § 552 Halbsatz 2 ZPO, daß die Berufungs- und Revisionsfrist mit dem Ablauf von 5 Monaten nach der Verkündung des Urteils beginnen, sind jedenfalls für die Einspruchsfrist im Verfahren vor dem Arbeitsgericht nach dem hier noch zur Anwendung kommenden ArbGG 1926 nicht analog anwendbar. Die bezeichneten gesetzlichen Bestimmungen betreffen Rechtsmittel, die die Entscheidung an eine höhere Instanz zur Nachprüfung des angefochtenen Urteils bringen. Der Einspruch dagegen ist kein Rechtsmittel; er führt zur Fortsetzung des Verfahrens in der gleichen Instanz und bezweckt nicht die Nachprüfung des ergangenen Versäumnisurteils auf seine Richtigkeit; bei dem provisorischen Charakter des Versäumnisurteils gibt er vielmehr der säumigen Partei nur Gelegenheit, in die bisher unterbliebene Verhandlung einzutreten (so für das ArbGG 1953 Dersch-Volkmar, ArbGG 6. Aufl., § 59, Erl. 32; Dietz-Nikisch, ArbGG § 59, Erl. 4).

Hiernach braucht die weitere Frage nicht entschieden zu werden, ob ein Urteil gegen eine Firma, von deren Leitung die rechtlichen Inhaber durch die Machthaber des Sowjetzonenbereichs ausgeschaltet sind, überhaupt Rechtskraft gegenüber den Inhabern äußern kann.

2. Auch aus § 88 in Verbindung mit § 87 Abs. 1 Nr. 3 des Bundesvertriebenengesetzes vom 19. Mai 1953 (BGBl. I S. 201) folgt, wie dem Landesarbeitsgericht zuzustimmen ist, nicht, daß Löhne und Gehälter in jedem Falle von einem Sowjetzonenflüchtling voll zu erfüllen sind. Wenn dort Löhne und Gehälter von der grundsätzlichen Bestimmung ausgenommen sind, daß Sowjetzonenflüchtlinge wegen Verbindlichkeiten, die vor der Flucht begründet worden sind, nicht in Anspruch genommen werden dürfen, so ist damit noch nicht positiv gesagt, daß nun Löhne und Gehälter von Sowjetzonenflüchtlingen in jedem Falle voll erfüllt werden müßten. Ein solcher Umkehrschluß geht nicht an. Vielmehr regelt sich die Frage, wieweit Löhne und Gehälter von Sowjetzonenflüchtlingen zu erfüllen sind, nach den allgemeinen Vorschriften, für deren Ausschluß nämlich keine innere Begründung einzusehen ist.

3. Das Landesarbeitsgericht hält die Beschlagnahme und Enteignung nicht für eine „gewöhnliche Betriebsstörung" und stellt daher ausdrücklich nicht die Frage, ob die Beschlagnahme und Enteignung im Gefahrenbereich des Unternehmers oder der Arbeitnehmer lag. Es prüft vielmehr die rechtlichen Folgen der Beschlagnahme und Enteignung für

den Gehaltsanspruch des Klägers nur unter dem Gesichtspunkt, ob das Verlangen des Klägers auf Fortzahlung seines Gehalts über den Zeitpunkt der Beschlagnahme hinaus eine nach Treu und Glauben unzulässige Rechtsausübung darstelle. Dabei stellt es auf die Art und die Schwere des Eingriffs lediglich in den Berliner Betrieb ab, hält aber die sonstige wirtschaftliche Lage der Beklagten für unerheblich. Eine Beschäftigungspflicht in dem nach I. verlegten Betrieb lehnt es ab, weil der Kläger nur für den Berliner Betrieb eingestellt worden sei. Aber auch für den Fall, daß die Beklagte den Kläger in dem Betriebe in I. hätte beschäftigen müssen, läßt das Landesarbeitsgericht einen Vergütungsanspruch nur unter der Bedingung zu, daß der Kläger sich zur Dienstleistung in diesem Betrieb erboten hätte; dies habe er aber nicht getan.

Jedenfalls im Ergebnis ist entgegen den Angriffen der Revision den Ausführungen des Landesarbeitsgerichts beizutreten. Wie auch die Revision nicht verkennt, hatten die Beschlagnahme und die Enteignung zur Folge, daß einerseits der offenen Handelsgesellschaft, deren Gesellschafter die Beklagten waren, die tatsächliche Möglichkeit genommen wurde, den Kläger in dem ihrer Verfügungsbefugnis entzogenen Berliner Betrieb zu beschäftigen, der Kläger umgekehrt spätestens mit seiner Abberufung als Treuhänder am 18. Oktober 1948 tatsächlich nicht mehr in der Lage war, in dem Berliner Betrieb gemäß seinem Arbeitsvertrag tätig zu werden. Die rechtlichen Folgen der Unmöglichkeit bestimmen sich für Arbeitsverträge grundsätzlich nicht nach den Vorschriften der §§ 323—326 BGB, die für gegenseitige Verträge gegeben sind, sondern sind aus dem besonderen Wesen des Arbeitsvertrags als eines auf der Treuepflicht des Arbeitnehmers und der Fürsorgepflicht des Arbeitgebers beruhenden personenrechtlichen Gemeinschaftsverhältnisses zu finden (RAG 22, 18; RAG ARS 37, 231; 43, 168; BGHZ 10, 187; BVerfGE 3, 176 f.).

Zu Recht geht das Landesarbeitsgericht daher davon aus, daß die Folgen, welche die Beschlagnahme und die Enteignung des Berliner Betriebes auf den Gehaltsanspruch des Klägers gegenüber den Beklagten haben, im wesentlichen dem Gesichtspunkt von Treu und Glauben zu entnehmen sind. Dies zieht auch die Revision grundsätzlich nicht in Zweifel. Danach ist aber nicht, wie die Revision meint, der Gehaltsanspruch des Klägers nur dann ausgeschlossen, wenn seine Erfüllung den „völligen oder nahezu annähernden Existenzverlust" der Schuldner zur Folge haben würde. Die Beschlagnahme und Enteignung des Berliner Betriebes durch die sowjetzonalen Machthaber ist für unsere Rechtsordnung ein ungewöhnliches Ereignis, das seiner Natur nach von den Parteien des Arbeitsvertrags nicht zu vertreten ist und in seiner Auswirkung beide Teile trifft. Dies um so mehr, als die Machthaber der Sowjetzone in der Enteignung einen originären Rechtserwerb zu Gunsten der neuen Eigentümer erblicken und die Erfüllung der zuvor eingegangenen Verpflichtungen, also auch der Arbeitsverträge, wie hier des lebenslänglichen Anstellungsvertrages des Klägers, ablehnen. Unter diesen Umständen braucht nicht geprüft zu werden, ob der Arbeitsvertrag von selbst ohne Kündigung geendet ist (BVerfGE 3, 177 ff.) oder ob er, wie das Landesarbeitsgericht meint, lediglich ruht. Denn jedenfalls kann der Arbeitnehmer, der seinen Arbeitsplatz in dem beschlagnahmten und enteigneten Betriebe verloren hat, die Weitererfüllung seines Arbeitsvertrages von dem durch die Beschlagnahme und Enteignung betroffenen Arbeitgeber nur insoweit verlangen, als dies besondere Umstände dem Arbeitgeber zumutbar machen.

4. Bei der Frage der Zumutbarkeit zieht das Landesarbeitsgericht nur die greifbaren materiellen Werte, die die Beklagten aus dem Berliner Betriebe in den Westen gerettet haben, nämlich nach den Feststellungen des Landesarbeitsgerichts Industrieobligationen im Nennwerte von 110 000,— RM und den Anspruch aus einer zur Sicherung des Ruhegehaltsanspruchs des Klägers abgeschlossenen — von ihm mit dieser Klage aber nicht verlangten — Lebensversicherungssumme, die 1953 in Höhe von rund 2800,— DM fällig geworden ist, in Betracht.

Demgegenüber vertritt die Revision den Standpunkt, daß das Unternehmen der Beklagten als ganzes in Betracht komme, daß also sowohl die von den Beklagten aus dem Thorner Betrieb geretteten, vom Landesarbeitsgericht nicht näher festgestellten Unternehmenswerte als auch alle geretteten, gleichfalls nicht festgestellten immateriellen Werte, wie der Wert der Firma, der Kundenwert, die Fachkenntnisse, für die Zumutbarkeit mit berücksichtigt werden müßten.

Indes braucht diese Frage nicht entschieden zu werden. Denn auch wenn man dem von der Revision vertretenen, dem Kläger günstigeren Standpunkt grundsätzlich beitritt, so kann dies nicht — auch nicht vielleicht erst nach weiterer tatsächlicher Aufklärung — dazu führen, der Klage stattzugeben. Bei dem Versuch eines Neuaufbaues ihres Unternehmens, den die Beklagten nach der Beschlagnahme des Berliner Betriebes, als sie somit schon nicht mehr in ihm und über ihn verfügen konnten, begannen und der ihnen nicht verwehrt werden konnte, war ihnen die Fortzahlung des Gehalts des lebenslänglich angestellten Klägers nicht unter allen Umständen, also auch ohne jede Gegenleistung, sondern jedenfalls nur insoweit zuzumuten, als sie den Kläger in ihrem in I. neu gegründeten Betriebe zu beschäftigen hatten.

Eine solche Beschäftigung in dem Betriebe in I. setzte aber unter den gegebenen Umständen zunächst einmal überhaupt voraus, daß sie der Kläger von sich aus anbot. Denn nach der Auslegung, die das Landesarbeitsgericht dem Anstellungsvertrag gibt, war der Kläger nur für den Berliner Betrieb und nicht allgemein für das Unternehmen der Beklagten eingestellt. Diese Auslegung, die die Revision bekämpft, ist rechtlich möglich und läßt weder einen Verstoß gegen Auslegungsregeln noch gegen die Denkgesetze oder Erfahrungssätze erkennen. Nach § 1 des Anstellungsvertrages war der Kläger ausdrücklich als Prokurist „bei der offenen Handelsgesellschaft G. W., Thorn, Zweigniederlassung Berlin" angestellt; es lag ihm „vornehmlich die kaufmännische Leitung dieser Berliner Zweigniederlassung" ob. Wenn der Anstellungsvertrag weiterhin der anstellenden Firma das Recht vorbehält, „ihm auch eine andere angemessene Tätigkeit zu überweisen und ähnliche Bestimmungen, die die anstellenden Firmen zuzustehen pflegen, zu treffen", so folgt daraus noch nicht, daß die Firma den Beklagten auch in einem anderen Betriebe als dem Berliner Betrieb, also etwa in dem zu Polen gehörenden Thorner Betrieb, hätte beschäftigen dürfen. Wenn der Kläger, wie er vorträgt, vor 1925 auch in Thorn und anderen, im Jahre 1925 bereits aufgelösten Betrieben für die Firma tätig gewesen ist, so steht dies der vom Landesarbeitsgericht dem Vertrage gegebenen Auslegung nicht entgegen.

5. Wie das Landesarbeitsgericht aber feststellt, hat der Kläger sich zur Dienstleistung in dem Betriebe in I. nicht erboten. Diese tatsächliche Feststellung bindet das Revisionsgericht. Die Rüge, die die Revision gegen die Auslegung erhebt, die das Landesarbeitsgericht dem Gesamtverhalten des Klägers gibt, ist unbegründet — wird näher ausgeführt.

42

1. Die Vorschrift des § 616 Abs. 1 Satz 1 BGB ist nachgiebig und kann insbesondere auch durch einen Tarifvertrag abgedungen werden.

2. Landesinnungsverbände sind tariffähig.

BGB § 616 Abs. 1 Satz 1; TVG § 2 (Tariffähigkeit);
Handwerksordnung § 76 Nr. 3.

II. Senat. Urteil vom 6. Dezember 1956 i. S. E. (Kl.) w. R. (Bekl.)
2 AZR 192/56.

I. Arbeitsgericht Hagen. — II. Landesarbeitsgericht Hamm/Westf.

Die Klägerin ist seit dem 12. Oktober 1954 im Betriebe der Beklagten in Hagen als Hilfsarbeiterin tätig. Die Beklagte bezeichnet sich als „Fleischwarenfabrik" und ist in der Handwerksrolle eingetragen.

Weil in Hagen eine Typhus-Epidemie herrschte und bei einer im Haushalt der Klägerin lebenden Person Typhusverdacht bestand, hat das Ordnungsamt der Stadt Hagen der Klägerin auf Grund des § 7 Abs. 2 und des § 12 der Verordnung zur Bekämpfung übertragbarer Krankheiten vom 1. Dezember 1938 wegen „Krankheits- und Ansteckungsverdachts" untersagt, vom 29. Mai ab bei der Beklagten tätig zu sein. Die Klägerin setzte darauf vom 29. Mai bis 30. Juni 1955 mit ihrer Arbeit bei der Beklagten aus. Während dieser Zeit zahlte ihr die Krankenkasse Krankengeld.

Den demnach unstreitig verbliebenen Lohnausfall von 99,95 DM brutto verlangt die Klägerin von der Beklagten auf Grund des § 616 Abs. 1 BGB ersetzt.

Das Arbeitsgericht hat die Klage abgewiesen, da die Arbeitsverhinderung nicht in der Person der Klägerin, sondern an der Typhus-Epidemie und den Maßnahmen des Ordnungsamtes liege, außerdem die einschlägige tarifvertragliche Regelung den geltend gemachten Anspruch ausschließe. Das Landesarbeitsgericht hat die Berufung der Klägerin zurückgewiesen; der Grund, aus dem die Klägerin an der Arbeitsleistung verhindert war, habe allerdings in ihrer Person gelegen, indes sei die Bestimmung des § 616 Abs. 1 BGB durch § 7 des Manteltarifvertrags für das Fleischergewerbe in Nordrhein-Westfalen vom 16. Oktober 1950 ausgeschlossen; diese Tarifbestimmung sehe für die vorliegende Arbeitsbehinderung einen Anspruch auf Weiterzahlung des Lohnes nicht vor.

Die Revision der Klägerin blieb erfolglos.

Aus den Gründen:

1. . . .

2. Die Vorschrift des § 616 Abs. 1 Satz 1 BGB, wonach der Arbeitnehmer seinen Lohnanspruch für eine verhältnismäßig nicht erhebliche Zeit behält, während deren er durch einen in seiner Person liegenden Grund ohne sein Verschulden an der Arbeitsleistung verhindert ist, kann dem von der Klägerin geltend gemachten Lohnanspruch überhaupt nur dann als Grundlage dienen, wenn sie nicht durch eine tarif-

liche Regelung ausgeschlossen ist. Denn die bezeichnete Vorschrift ist, wie auch die Revision nicht in Zweifel zieht, grundsätzlich nicht unabdingbar, sondern nachgiebig (ständige Rechtsprechung des Reichsarbeitsgerichts, so RAG ARS 3, 8; 8, 56; 10, 97, und herrschende Meinung, so Nipperdey, Dienstvertrag, § 616, Erl. 65; Denecke, Der Dienstvertrag, § 616, Erl. 5; Hueck im Lehrbuch des Arbeitsrechts, Band I, 3. Aufl., S. 124; Nikisch, Arbeitsrecht, 2. Aufl., S. 511), obgleich sie eine soziale Schutzvorschrift ist. Dies ergibt sich zunächst schon daraus, daß § 619 BGB nur die Schutzvorschriften der §§ 617 und 618 BGB, nicht auch die des § 616 für im voraus nicht aufhebbar oder beschränkbar erklärt. Zudem schließt § 616 Abs. 2 BGB nur für den aus Abs. 1 folgenden Vergütungsanspruch eines Angestellten für den Krankheitsfall die Abdingbarkeit aus; damit ist klar zum Ausdruck gebracht, daß der in Abs. 1 bezeichnete Vergütungsanspruch in anderen Fällen, also insbesondere für Arbeiter wie die Klägerin, vertraglich beseitigt werden kann.

Ist hiernach aber die Vorschrift des § 616 Abs. 1 BGB für Arbeiter abdingbar, so kann sie nicht nur durch einen Einzelarbeitsvertrag, sondern auch durch eine kollektive Vereinbarung, insbesondere einen Tarifvertrag, aufgehoben oder beschränkt werden.

3. Für das Arbeitsverhältnis der Parteien ist die Vorschrift des § 616 Abs. 1 Satz 1 BGB durch den § 7 des Manteltarifvertrags für das Fleischergewerbe in Nordrhein-Westfalen vom 16. Oktober 1950 außer Kraft gesetzt.

a) Der hier in Frage kommende Fleischerinnungsverband Westfalen, der — neben einem andern — auf Arbeitgeberseite diesen Manteltarifvertrag abgeschlossen hat, ist tariffähig. Nach § 76 Nr. 3 der am 24. September 1953 in Kraft getretenen Handwerksordnung vom 17. September 1953 (BGBl. 53 I S. 1411) besitzen die Innungsverbände die Tariffähigkeit; gegen die Rechtsgültigkeit dieser Bestimmung bestehen keine Bedenken, da nach § 73 der Handwerksordnung eine Zwangsmitgliedschaft bei dem Innungsverbande nicht besteht (Hueck-Nipperdey- Tophoven, TVG, 3. Aufl., § 2, Erl. 20 S. 84). Anders war es aber auch im Jahre 1950, also zur Zeit des Abschlusses des Manteltarifvertrages, im Lande Nordrhein-Westfalen nicht, wie die Auskunft des Ministers für Wirtschaft und Verkehr des Landes Nordrhein-Westfalen vom 23. August 1956 und die dieser Auskunft beigefügte Mustersatzung ergeben.

b) Daß die Klägerin und die Beklagte Mitglieder der Tarifvertragsparteien zu der hier in Rede stehenden Zeit waren, hat das

Landesarbeitsgericht tatsächlich festgestellt. Auch die Revision erhebt gegen diese Feststellungen keine Angriffe.

c) Dieser Manteltarifvertrag beherrscht also das Arbeitsverhältnis der Parteien . . .

d) § 7 des Manteltarifvertrags für das Fleischergewerbe in Nordrhein-Westfalen regelt erschöpfend alle Fälle, in denen der Arbeitgeber wegen unverschuldeter Arbeitsverhinderung des Arbeitnehmers im Sinne des § 616 Abs. 1 BGB diesem Lohn zu zahlen hat, und schließt demnach diese allgemeine Bestimmung des § 616 Abs. 1 BGB aus. (Dies wird im einzelnen ausgeführt).

Hiernach kann sich der Anspruch der Klägerin auf Gehalt für Arbeitsversäumnis nur auf § 7 des bezeichneten Manteltarifvertrags stützen. Dieser führt aber den hier vorliegenden Fall, daß der Arbeitnehmer wegen Ansteckungsgefahr der Arbeit fernbleiben muß und ihm dieses Fernbleiben durch eine Polizeiverfügung noch ausdrücklich aufgegeben ist, überhaupt nicht auf. Ein solcher Fall liegt auch grundsätzlich ganz anders als der Fall der eigenen Erkrankung; die für die Erkrankung gegebene Regelung kann daher auch nicht etwa entsprechend angewandt werden.

4. Da hiernach § 616 Abs. 1 Satz 1 BGB überhaupt nicht zur Anwendung kommt, braucht auf die von der Beklagten bekämpfte Ansicht des Landesarbeitsgerichts, daß nach dieser Vorschrift an sich der Klägerin der geltend gemachte Anspruch zustehen würde, nicht eingegangen zu werden. Gegenstand des vorliegenden Rechtsstreits ist es auch nicht, ob der Klägerin etwa ein Aufopferungsanspruch, der sich ja jedenfalls nicht gegen ihren Arbeitgeber richten könnte, wegen des hoheitlichen Eingriffs in ihren Arbeitsvertrag zusteht.

43

1. Das Revisionsgericht ist an einen Beschluß gebunden, durch den es eine auf Divergenz gestützte Revision für zulässig erklärt hat.

2. Bei einer auf eine Beleidigung gestützten fristlosen Entlassung kommt es nicht auf die strafrechtliche Wertung, sondern darauf an, ob dem Arbeitgeber deswegen nach dem gesamten Sachverhalt die Fortsetzung des Arbeitsverhältnisses noch zuzumuten ist.

ZPO §§ 554 a, 318; ArbGG § 74 Abs. 2; BGB § 626.

III. Senat. Urteil vom 22. Dezember 1956 i. S. K. (Kl.) w. B. f. A. (Bekl.) 3 AZR 91/56.

I. Arbeitsgericht Detmold. — II. Landesarbeitsgericht Hamm.

Der 60jährige verheiratete Kläger steht seit über 25 Jahren im öffentlichen Dienst. Bei dem Arbeitsamt D. war er seit dem 24. Oktober 1949 als Angestellter beschäftigt.

Im Jahre 1953 wurde festgestellt, daß der Angestellte B. beim Arbeitsamt D. Zahlungen von Gemeinden und anderen Trägern für Notstandsmaßnahmen zum Nachteil der Beklagten an sich gebracht hat. Diese Straftat erregte großes Aufsehen. Zwischen dem Kläger und dem Direktor des Arbeitsamtes D., BVOR M., entstanden allmählich Spannungen, die vergrößert wurden, als der Kläger von der Vergütungsgruppe VI b nach der Vergütungsgruppe V b der Anlage 1 zur TO.A höhergruppiert werden wollte.

Während des Rechtsstreites, in dem über die vom Kläger erstrebte Höhergruppierung entschieden worden ist und in dem die Parteien sich auch über den Betrug des Angestellten B. geäußert haben, richtete der Kläger am 11. Mai 1955 ein Schreiben an den Vorsitzenden des Verwaltungsausschusses des Arbeitsamtes D. Darin bat er um Überprüfung der Vorwürfe, die gegen ihn im Zusammenhang mit der Betrugsangelegenheit B. erhoben worden seien. Wörtlich schrieb er: „Herr BVOR M. hat die unwahren Behauptungen wider besseres Wissen aufgestellt und versucht, mich für Dinge verantwortlich zu machen, die er selbst oder auch noch andere zu vertreten haben". Der Kläger wurde daraufhin dienstlich vernommen. Mit Schreiben vom 11. Juni 1955 wurde sein Dienstverhältnis fristlos gekündigt, weil er seinem Vorgesetzten schwere ehrverletzende Äußerungen nachgesagt habe, ohne sie beweisen zu können.

Der Kläger hält die fristlose Kündigung für unwirksam. Mit der vorliegenden Klage begehrt er die Feststellung, daß durch die Kündigung vom 11. Juni 1955 das zwischen den Parteien bestehende Arbeitsverhältnis nicht erloschen sei.

Das Arbeitsgericht und das Landesarbeitsgericht haben die Klage abgewiesen. Die Revision des Klägers führte zur Zurückverweisung an das Landesarbeitsgericht.

Aus den Gründen:

I. Die auf Divergenz gestützte Revision ist zulässig, wie der Senat durch seinen auf Grund des § 74 Abs. 2 ArbGG in Verbindung mit § 554 a ZPO ergangenen Beschluß vom 17. Mai 1956 entschieden hat.

Eine Überprüfung und Aufhebung dieses Beschlusses ist nicht möglich, selbst wenn er sachlich unrichtig wäre, wie die Beklagte meint, da der Senat an ihn gebunden ist. Nach dem Wortlaut des § 318 ZPO ist das Gericht allerdings nur an die Entscheidung gebunden, die in den von ihm erlassenen End- oder Zwischenurteilen enthalten ist. Dasselbe muß aber auch für einen Beschluß nach § 74 Abs. 2 ArbGG in Verbindung mit § 554a ZPO gelten, weil dieser sachlich einem Zwischenurteil gleichzustellen ist (so Pohle in der Anmerkung zu BAG AP Nr. 37 zu § 72 ArbGG 1953; Stein-Jonas-Schönke, ZPO, 18. Aufl., § 554a III 2, § 519b III D 1 b). Die Bindung des Gerichts an seine Entscheidung kann nämlich nicht davon abhängig gemacht werden, ob sie — bei gleichem Inhalt — in Form eines Urteils oder eines Beschlusses ergeht (BGH LM Nr. 2 zu § 238 ZPO; RAG 15, 101; RGZ 125, 68; a. A. Baumbach, ZPO, 23. Aufl., § 519b, Anm. 2 E, § 329, Anm. 3; Rosenberg, Lehrbuch, 6. Aufl., 1954, § 142 II 2 Abs. 2, § 137 I 2 a). Sie entspricht außerdem dem Gebot der Rechtssicherheit; denn eine Partei, zu deren Gunsten die Entscheidung erlassen worden ist, muß sich auf sie verlassen können, weil damit eine Entscheidung über ein von ihr in Anspruch genommenes Recht getroffen worden ist.

II. Die Revision ist auch begründet. Das Landesarbeitsgericht hat nur geprüft, ob der in dem Schreiben des Klägers vom 11. Mai 1955 enthaltene Satz, der Direktor des Arbeitsamtes habe unwahre Behauptungen hinsichtlich des Klägers wider besseres Wissen aufgestellt und habe versucht, den Kläger für Dinge verantwortlich zu machen, die er selbst oder auch andere zu vertreten hätten, den Straftatbestand des § 185 StGB erfüllt. Es kommt zu dem Ergebnis, der Vorwurf stelle eine formale Beleidigung im Sinne dieser Bestimmung dar. Auf einen Wahrheitsbeweis komme es daher nicht an. Der Kläger könne sich auch nicht auf Wahrnehmung berechtigter Interessen berufen, wie sich aus §§ 192, 193 StGB ergäbe. Dementsprechend hat das Landesarbeitsgericht nicht untersucht, auf Grund welcher Vorgänge der Kläger zu der Erklärung gekommen und in wieweit diese sachlich berechtigt gewesen ist. Eine solche Untersuchung war aber erforderlich. Denn die Frage, ob der Arbeitnehmer durch eine Formalbeleidigung Anlaß zur fristlosen Auflösung des Arbeitsverhältnisses gegeben hat, kann in der Regel nicht dadurch erschöpfend beantwortet werden, daß eine Erklärung als Formalbeleidigung im Sinne des Strafrechts gewertet wird. Diese Wertung ist mit Hilfe der strafrechtlichen Betrachtungsweise zu gewinnen. Bei der Frage nach dem Vorliegen eines wichtigen Grundes ist aber darauf abzustellen, ob dem Arbeitgeber die Weiterbeschäftigung des Arbeitnehmers zuzumuten ist. Das Landesarbeitsgericht darf sich daher regelmäßig nicht damit begnügen, einen Sachverhalt auf das Vorhandensein einer Formalbeleidigung zu untersuchen. Es muß vielmehr prüfen, inwieweit der vom Arbeitnehmer erhobene Vorwurf eine sachliche Berechtigung enthält, wie bereits das Reichsarbeitsgericht ausgesprochen hat (RAG ARS 30, 239 [242]; 34, 222 [224]; 41, 412 [419]). Eine umfassende Klärung ermöglicht nämlich erst die Beurteilung, ob die beleidigende Äußerung eines Arbeitnehmers so schwerwiegend ist, daß dem Arbeitgeber dessen Weiterbeschäftigung nicht zuzumuten ist. Im vorliegenden Falle hätte demnach das Landesarbeitsgericht die gesamten Vorgänge aufklären müssen, die nach der Darstellung des Klägers zu seinem Schreiben geführt haben, so die angeblichen Behauptungen des Direktors des Arbeitsamtes, der Kläger sei an einem ungünstigen Prüfungsbericht des Landesarbeitsamtes schuld, der Kläger könne keine Versicherungsakten prüfen. Das Landesarbeitsgericht hätte auch eingehend untersuchen müssen, inwieweit das Schreiben des Klägers durch den Rechtsstreit um seine Höhergruppierung veranlaßt worden war, zumal dieser Rechtsstreit zu diesem Zeitpunkt noch nicht rechtskräftig beendet war.

Auch die Erwägungen des angefochtenen Urteils über die Zumutbarkeit der Weiterbeschäftigung des Klägers sind nicht frei vom Rechtsirrtum, da das Landesarbeitsgericht nicht geprüft hat, ob der Kläger infolge der fristlosen Entlassung Ansprüche auf ein Ruhegehalt oder eine zusätzliche Altersversorgung verliert. Im Rahmen der erforderlichen Zumutbarkeitserwägungen ist es unerläßlich, auf diese Frage einzugehen (BAG 2, 207 [213]). Es bestand auch die Veranlassung, diese Frage zu prüfen, weil ein Angestellter der Bundesanstalt für Arbeitsvermittlung regelmäßig bei der Versorgungsanstalt des Bundes und der Länder versichert ist, nach § 25 Abs. 3 der Satzung dieser Versorgungsanstalt die Zusatzversicherung mit Beendigung des Dienstverhältnisses endet und eine freiwillige Weiterversicherung nur möglich ist, wenn der ausgeschiedene Angestellte die Voraussetzungen des § 24 Abs. 3 dieser Satzung erfüllt hat und die Mittel für eine Weiterversicherung aufbringen kann. Tatsächlich ist der Kläger auch bei der Versorgungsanstalt versichert, wie die Beklagte in der Revisionsinstanz selbst vorgetragen hat.

44

Der Landbetrieb eines Schiffahrtsunternehmens ist gegenüber dem nach § 22 Abs. 1 Satz 2 KSchG aus der Gesamtheit der Schiffe gebildeten Betriebe selbständig.

KSchG § 21 Abs. 1 Satz 2, § 22 Abs. 1 Satz 2.

II. Senat. Urteil vom 28. Dezember 1956 i. S. S. (Kl.) w. R. (Bekl.) 2 AZR 207/56.

I. Arbeitsgericht Hamburg. — II. Landesarbeitsgericht Hamburg.

Die Klägerin war seit Juli 1951 bei der Beklagten in deren Büro als Sekretärin gegen ein monatliches Gehalt von 450,— DM angestellt.

Die Beklagte betreibt eine Reederei; auf den von ihr bereederten drei Schiffen beschäftigt sie 32 Arbeitnehmer. Der Landbetrieb der Beklagten beschäftigt in der Regel nicht mehr als fünf Arbeitnehmer.

Am 27. September 1955 kündigte die Beklagte der Klägerin zum 31. März 1956.

Die Klägerin hält den Landbetrieb und die Schiffe der Beklagten für einen einheitlichen Betrieb und will die Unwirksamkeit der Kündigung auf Grund des Kündigungsschutzgesetzes festgestellt wissen. Außerdem hält sie die Kündigung für sittenwidrig.

Die Klage hatte in keiner Instanz Erfolg.

Aus den Gründen:

1. Zu Recht versagt das Landesarbeitsgericht der Klägerin nach § 21 Abs. 1 Satz 2 KSchG die Kündigungsschutzklage, weil der Betrieb, in dem sie beschäftigt war, in der Regel nicht mehr als fünf Arbeitnehmer beschäftigt hat. Hierfür kommt es, was das Landesarbeitsgericht richtig erkennt, nicht auf das ganze Unternehmen der Beklagten, sondern lediglich auf den Beschäftigungsbetrieb an. Denn der vom Kündigungsschutzgesetz dem Arbeitnehmer gewährte Bestandsschutz beschränkt sich auf den Beschäftigungsbetrieb und gilt nicht für das ganze Unternehmen (das zur Aufnahme in die Amtliche Sammlung bestimmte Urteil des III. Senats vom 25. September 1956 — 3 AZR 102/54 —).

Beschäftigt worden ist die Klägerin in dem Landbetrieb. Dieser ist ein selbständiger Betrieb und bildet nicht, wie die Revision meint, zusammen mit den Schiffen einen einheitlichen Betrieb. Ein Betrieb ist eine organisatorische Einheit von Arbeitsmitteln, mit deren Hilfe jemand allein oder in Gemeinschaft mit seinen Mitarbeitern einen bestimmten arbeitstechnischen Zweck fortgesetzt verfolgt (BAG 1, 178).

Eine solche organisatorische Einheit stellen aber regelmäßig jeder für sich sowohl der Landbetrieb einer Reederei als auch die einzelnen Schiffe dar (BAG 1, 179). Der arbeitstechnische Zweck der auf dem Lande befindlichen Büroorganisation ist ein anderer als der des Schiffsbetriebes, mag die Büroorganisation auch mit dem Ergebnis und dem Zwecke ihrer Arbeit eine Voraussetzung oder doch ein Hilfsmittel für die Aufrechterhaltung und den Ablauf des Schiffsbetriebes sein. Die Büroorganisation dient der Verwaltung, insbesondere der Versorgung der Schiffe und der kaufmännischen Seite des Schiffahrtsunternehmens, der Schiffsbetrieb bezweckt die technische Betätigung der Schiffahrt. Hier und dort ist der Aufbau innerlich ganz verschieden eingerichtet und es sind auch andere Arbeitnehmer in ihm tätig.

Daß der Landbetrieb und die Schiffe zu einem einheitlichen Unternehmen zusammengeschlossen sind, hindert nicht, daß es sich um selbständige Betriebe handelt; dies übersieht die Revision.

Von einer solchen betrieblichen Selbständigkeit der einzelnen Schiffe geht auch offenbar das Kündigungsschutzgesetz aus; denn wären die einzelnen Schiffe nur selbständige Abteilungen eines gemeinsamen Betriebes, so würde kein Bedürfnis für die Vorschrift des § 22 Abs. 1 Satz 2 KSchG vorhanden sein, durch die die Gesamtheit der Schiffe eines Schiffahrtsbetriebes zu einem einheitlichen Betriebe zusammengefaßt ist. Wenn dort von einem „Schiffahrtsbetrieb" und nicht von einem „Schiffahrtsunternehmen" die Rede ist, so läßt dies den gegenteiligen Schluß nicht zu; offenbar ist das Schiffahrtsunternehmen gemeint, wie dies auch im früheren Recht für die Binnenschiffahrt in § 2 der 22. Durchführungsverordnung zum AOG zum Ausdruck kam.

2. Fehl geht auch die Ansicht der Revision, aus dem Zweck der Bestimmung des § 22 Abs. 1 Satz 2 KSchG folge, daß der Landbetrieb doch zu dem aus der Gesamtheit der Schiffe gebildeten Betriebe gehöre. Die bezeichnete Vorschrift faßt nach ihrem klaren Wortlaut eben nur die Gesamtheit der Schiffe eines Schiffahrtsunternehmens zu einem einheitlichen Betriebe zusammen und sagt unmittelbar über die Landbetriebe nichts aus. Daraus folgt aber gerade, daß nur die Gesamtheit der Schiffe einen gemeinsamen Betrieb bildet und daß dieser Betrieb jeweils als ein gegenüber dem Landbetriebe selbständiger Betrieb gilt (Herschel-Steinmann, KSchG, 3. Aufl., § 22 Erl. 3; Hueck, KSchG 3. Aufl., § 22 Erl. 2). Auch das frühere Recht trennte scharf zwischen dem Landbetrieb und dem „Schiffahrtsbetrieb" in der Binnenschiffahrt (Hueck-Nipperdey-Dietz, AOG, 4. Aufl., 22. Durchführungsverordnung, § 2 Erl. 1 S. 806).

3. Daß die Schiffe der Beklagten ihrer Größe und Bestimmung nach nur zur Bewältigung des örtlichen Verkehrs dienen, hat die Klägerin nicht behauptet. Es braucht also hier nicht entschieden zu werden, ob — wie Monjau-Heimeier, KSchG, § 22 Erl. 1, meinen — kleinere Fahrzeuge, die nur zur Bewältigung des örtlichen Verkehrs dienen, nicht zu den in § 22 Abs. 1 Satz 2 KSchG bezeichneten Schiffen rechnen.

4. Schließlich ist auch die Rüge der Revision unbegründet, die Kündigung sei, entgegen der Ansicht des Landesarbeitsgerichts, wegen Verstoßes gegen die guten Sitten nach § 138 BGB nichtig.

Unstreitig war die Klägerin seit 1939, bis sie im Jahre 1951 in den Dienst der Beklagten trat, bei der Firma E. R. als Sekretärin tätig gewesen; diese Firma gehört einem Teil der Gesellschafter der Beklagten. Das Landesarbeitsgericht meint allerdings, daß der Klägerin bei der Firma E. R. der Schutz des § 1 KSchG zugestanden hätte, verneint aber einen Verstoß gegen die guten Sitten, weil die Beklagte die Klägerin nicht in ihren Dienst in der Absicht übernommen habe, ihr den — übrigens im Jahre 1951 noch gar nicht bestehenden — Schutz des Kündigungsschutzgesetzes zu nehmen.

Diese Erwägungen lassen einen Rechtsirrtum nicht erkennen. Nicht jede — auch grob — sozialwidrige Kündigung ist schon unsittlich; denn auch an eine offensichtlich willkürliche oder aus nichtigen Gründen unter Mißbrauch der Machtstellung des Arbeitgebers im Betriebe erfolgte Kündigung knüpft § 7 Abs. 1 Satz 3 KSchG nur die Folge der Sozialwidrigkeit, nicht schon die der Nichtigkeit (Herschel-Steinmann, KSchG, 3. Aufl., § 7 Erl. 11; Hueck, KSchG, 3. Aufl., § 11 Erl. 17). Es müssen also noch besondere Umstände hinzukommen, die eine sozialwidrige Kündigung zu einer sittenwidrigen machen. Dies ist der Fall, wenn sie auf verwerflichen Motiven beruht oder sonst dem Anstandsgefühl aller billig und gerecht Denkenden widerspricht (BAG AP Nr. 2 zu § 184 BGB).

In dieser Richtung hat die Klägerin aber nichts vorgetragen.

45

Die Pfändung des Lohnes erfaßt nach § 832 ZPO den Lohn nicht nur aus dem konkreten, z. Zt. des Pfändungs- und Überweisungsbeschlusses bestehenden Arbeitsvertrag, sondern darüber hinaus aus dem gesamten künftigen Arbeitsverhältnis, sofern es die Verkehrsauffassung — auch bei mehreren Arbeitsverträgen — als ein einheitliches ansieht.

ZPO § 832.

II. Senat. Urteil vom 31. Dezember 1956 i. S. H. (Kl.) w. G. & Co. (Bekl.) 2 AZR 352/54.

I. Arbeitsgericht Köln. — II. Landesarbeitsgericht Düsseldorf.

Für die Klägerin ist wegen einer vollstreckbaren Unterhaltsforderung durch den der Beklagten am 2. Juli 1951 zugestellten Pfändungs- und Überweisungsbeschluß des Amtsgerichts K. vom 23. Juni 1951 die angebliche Forderung ihres Ehemannes gegen die Beklagte „auf Zahlung aller Bezüge an Arbeitseinkommen (ohne Rücksicht auf ihre Benennung oder Berechnungsart)" in gewisser Höhe gepfändet und ihr zur Einziehung überwiesen worden.

Vom 26. Januar 1952 bis 23. Juni 1952 war der Ehemann der Klägerin nicht bei der Beklagten, sondern wenigstens zeitweise bei einem anderen Arbeitgeber tätig.

Die Klägerin meint, der Pfändungs- und Überweisungsbeschluß erfasse auch die Lohnforderung aus dem Arbeitsverhältnis, das seit dem 24. Juni 1952 bestanden habe, und verlangt von der Beklagten die Zahlung von 514,60 DM als überwiesenen Lohn für die Zeit vom 24. Juni 1952 bis 26. Januar 1953.

Die erste Instanz hat die Klage dem Grunde nach zugesprochen. Das Landesarbeitsgericht hat dagegen die Klage abgewiesen.

Die Revision der Klägerin blieb erfolglos.

Aus den Gründen:

1. Das Landesarbeitsgericht geht rechtlich davon aus, daß der Pfändungs- und Überweisungsbeschluß nur die Ansprüche aus dem konkreten Arbeitsverhältnis und nicht generell Ansprüche des Vollstreckungsschuldners gegen den Drittschuldner aus einem „irgendwann bestehenden" Arbeitsverhältnis umfasse. Die Revision bekämpft diese Ansicht in erster Linie im Hinblick auf § 832 ZPO und führt aus, daß danach für den Schuldner gegen den Drittschuldner entstehende Ansprüche auch bei der Neueingehung eines Arbeitsverhältnisses gepfändet seien.

Nach § 832 ZPO erstreckt sich das Pfandrecht, das durch die Pfändung einer Gehaltsforderung oder einer ähnlichen in fortlaufenden Bezügen bestehenden Forderung erworben wird, auch auf die nach der Pfändung fällig werdenden Beträge. Der Zweck dieser Vorschrift ist, die Vielheit von Pfändungen der einzelnen, jeweils nach einem bestimmten Zeitraum neu entstehenden Forderungen an Arbeitslohn und ähnlich wiederkehrenden Bezügen zu vermeiden und durch einen einzigen Pfändungs- und Überweisungsbeschluß auch alle künftig fällig werdenden Bezüge zu erfassen. Daß hierunter auch der Arbeitslohn eines Arbeiters fällt, kann nicht zweifelhaft sein.

Voraussetzung für die Anwendung des § 832 ZPO ist allerdings. daß die wiederkehrenden Ansprüche aus einem einheitlichen Arbeitsverhältnis entspringen. Erforderlich ist hierfür nicht gerade, daß es sich um ein und denselben Arbeitsvertrag handelt, es genügt vielmehr, daß das Arbeitsverhältnis im wesentlichen dasselbe ist (RAG 19, 165 bis 174). Kurze Unterbrechungen des Arbeitsverhältnisses, die nach der Verkehrsauffassung die Einheitlichkeit des Arbeitsverhältnisses nicht berühren, wie sie etwa im Baugewerbe üblich sind (NJW 54, 1125 Nr. 15), stehen der Anwendung des § 832 ZPO daher nicht entgegen. Letztlich entscheidet also die Verkehrsauffassung, ob ein aus mehreren Arbeitsverträgen zusammengesetztes Arbeitsverhältnis als ein einheitliches aufzufassen ist.

Auch die Vorschrift des § 903 ZPO, wonach der Vollstreckungsschuldner den Offenbarungseid auch vor dem Ablauf von 3 Jahren erneut zu leisten hat, wenn glaubhaft gemacht ist, daß sein bisheriges Arbeitsverhältnis aufgelöst ist, rechtfertigt es nicht, wie die Revision meint, den § 832 ZPO dahin auszulegen, daß in jedem Falle ein neues Arbeitsverhältnis mit dem früheren Arbeitgeber als die Fortsetzung eines alten Arbeitsverhältnisses, das mit dem früheren Arbeitgeber früher einmal bestanden hat, angesehen werden muß, wenn es nur unter den alten Bedingungen wieder aufgenommen wird. Allerdings soll der § 903 ZPO, wie die Revision richtig ausführt, den Vollstreckungsschuldner vor einer zu häufigen Leistung des Offenbarungseides schützen. Diesen Schutz versagt aber das Gesetz eben gerade für den Fall, daß das bisher bestehende Arbeitsverhältnis des Vollstreckungsschuldners aufgelöst ist; denn der Vollstreckungsgläubiger soll ein neues Arbeitsverhältnis des Vollstreckungsschuldners durch den neuen Offenbarungseid erfahren dürfen. Wenn ein früherer Arbeitgeber (Drittschuldner) dem Vollstreckungsgläubiger den von ihm gepfändeten und ihm überwiesenen Lohn des Vollstreckungsschuldners nicht mehr gezahlt hat, weil das bisherige Arbeitsverhältnis aufgelöst sei, so liegt ja gerade ein Bedürfnis vor, daß der Vollstreckungsgläubiger erfährt, daß und seit wann der Vollstreckungsschuldner erneut etwa bei dem früheren Arbeitgeber Arbeit gefunden hat. Ein solches Bedürfnis entfällt eben nur für den Fall, daß die Verkehrsauffassung in dem alten und dem neuen Arbeitsverhältnis ein einheitliches Arbeitsverhältnis erblickt.

2. Ein solches wirtschaftlich nach der Verkehrsauffassung zusammenhängendes Arbeitsverhältnis sieht das Landesarbeitsgericht als nicht vorhanden an. Allerdings geht, was die Revision mit Recht rügt, seine hierbei angestellte Erwägung, das neue seit dem 24. Juni 1952 bestehende Arbeitsverhältnis beruhe „auf einem anderen Arbeitsvertrag" und werde deshalb von dem Pfändungs- und Überweisungsbeschluß nicht erfaßt, ihrem Wortlaut nach fehl; denn es kommt eben für die Frage, wieweit die Pfändung des Lohnes nach § 832 ZPO reicht, nicht darauf an, ob ein einheitlicher Arbeitsvertrag vorliegt, sondern allein darauf, ob die Verkehrsauffassung ein aus mehreren Arbeitsverträgen zusammengesetztes Arbeitsverhältnis noch als ein einheitliches betrachtet. Indes lassen die weiteren Ausführungen des Landesarbeitsgerichts ersehen, daß es sich nur unvollkommen ausgedrückt, aber offenbar das Richtige gemeint hat. Denn es führt weiter aus, daß die Parteien ein „gänzlich neues Arbeitsverhältnis" vereinbart hätten, nachdem der Vollstreckungsschuldner nicht etwa nur eine verhältnismäßig kurze Zeit, sondern fast fünf Monate lang aus dem Betriebe der Beklagten ausgeschieden war, und daß das Arbeitsverhältnis nicht etwa infolge einer Beurlaubung oder Krankheit des Vollstreckungsschuldners oder wegen vorübergehender Betriebsstillegung geruht habe. Damit hat es offenbar verneinen wollen, daß die Verkehrsauffassung in dem Arbeitsverhältnis, das bis zum 26. Januar 1952 bestand, und dem, das am 24. Juni 1952 neu begann, ein einheitliches sieht.

Diese Ausführungen des Landesarbeitsgerichts bewegen sich im übrigen auf dem Gebiete der tatsächlichen Würdigung und lassen einen Rechtsirrtum nicht erkennen.

3. Das Landesarbeitsgericht legt den Pfändungs- und Überweisungsbeschluß dahin aus, daß er nicht irgendwann einmal entstehende Forderungen aus einem noch gar nicht bestehenden Arbeitsverhältnis, sondern nur die Forderungen aus dem zur Zeit der Pfändung bestehenden Arbeitsverhältnis habe erfassen wollen; mit der Beendigung des bestehenden Arbeitsverhältnisses sei der Pfändungsbeschluß aber gegenstandslos geworden. Seine Wirkung lebe nicht wieder auf, wenn der Vollstreckungsschuldner später ein ganz neues Arbeitsverhältnis mit dem gleichen Arbeitnehmer schließe.

Dieser Auslegung des Pfändungs- und Überweisungsbeschlusses, die von dem Revisionsgericht frei nachzuprüfen ist (Stein-Jonas, ZPO, 18. Aufl., § 549 Erl. III B 5), ist entgegen der Ansicht der Revision beizustimmen. Der Wortlaut des Pfändungs- und Überweisungsbeschlusses läßt durch nichts erkennen, daß er über die in § 832 ZPO gezogenen

Grenzen hinaus das Arbeitseinkommen aus jedem künftigen Arbeitsverhältnis hat erfassen wollen, sondern beschränkt sich offenbar auf den Arbeitslohn aus dem z. Zt. des Erlasses des Pfändungs- und Überweisungsbeschlusses bestehenden Arbeitsverhältnis. Es braucht daher auf die Rechtsfrage, wie weit Ansprüche aus einem künftig möglicherweise entstehenden Arbeitsverhältnis überhaupt der Pfändung unterliegen, hier nicht eingegangen zu werden.

4. Eine böswillige Schädigungsabsicht, auf die die Klägerin weiterhin ihren Anspruch stützt, hält das Landesarbeitsgericht nicht für erwiesen. Diese auf tatsächlichem Gebiet liegende Feststellung läßt einen Rechtsirrtum nicht erkennen; daß die böswillige Schädigungsabsicht ohne weiteres, wie die Revision ohne nähere Begründung vorträgt, aus dem Verhalten des Vollstreckungsschuldners zu folgern sei, ist nicht ersichtlich.

46

1. Die dem Arbeitnehmer während der Schutzfrist des § 24 SchwBeschG ausgesprochene Kündigung bedarf auch dann der Zustimmung der Hauptfürsorgestelle, wenn die Kündigungsfrist selbst erst nach der Schutzfrist abläuft.

2. Im Sinne des § 24 SchwBeschG steht dem rechtskräftigen Feststellungsbescheid der vor den Sozialgerichten abgeschlossene rechtskräftige Vergleich über die Erwerbsminderung gleich.

3. Die Kündigung eines Schwerbeschädigten durch den Arbeitgeber bedarf, abgesehen von den Fällen des § 19 SchwBeschG, auch dann der Zustimmung der Hauptfürsorgestelle, wenn der Arbeitgeber die Schwerbeschädigteneigenschaft des Arbeitnehmers nicht kennt oder wenn er die Pflichtquote für die Einstellung von Schwerbeschädigten schon erfüllt hat.

SchwBeschG §§ 14, 24.

II. Senat. Urteil vom 3. Januar 1957 i. S. St. (Bekl.) w. E. (Kl.) 2 AZR 281/56.

I. Arbeitsgericht Essen. — II. Landesarbeitsgericht Düsseldorf.

Der Kläger war laut Anstellungsschreiben der Beklagten vom 30. November 1951 bei dieser vom 2. Januar 1952 ab als Bilanzbuchhalter mit einem Monatsgehalt von 550,— DM brutto und Nebenbezügen beschäftigt. Zwischen den Parteien war vereinbart, daß das Anstellungsverhältnis jeweils zum Schluß eines Kalendervierteljahres mit einer Kündigungsfrist von sechs Monaten kündbar sein sollte. Am 29. September 1955 kündigte die Beklagte dem Kläger zum 31. März 1956.

Nach seiner Entlassung aus sowjetischer Kriegsgefangenschaft war der Kläger ab 1. Oktober 1950 als Schwerbeschädigter mit einer Erwerbsminderung von 50 v. H. anerkannt worden. Durch Bescheid des Versorgungsamts vom 8. Oktober 1952 wurde der Grad seiner Erwerbsminderung auf 30 v. H herabgesetzt. In einem vor dem Sozialgericht D., das der Kläger gegen den Bescheid des Versorgungsamts angerufen hatte, am 27. Januar 1955 abgeschlossenen Vergleich wurde seine Erwerbsminderung mit Wirkung vom 1. Dezember 1952 ab auf 40 v. H festgesetzt. Die Beklagte hat die Zustimmung der Hauptfürsorgestelle zur Kündigung unstreitig nicht eingeholt.

Der Kläger hat beantragt, festzustellen, daß das Arbeitsverhältnis zwischen den Parteien durch die Kündigung vom 29. September 1955 nicht aufgelöst sei.

Das Arbeitsgericht und das Landesarbeitsgericht haben der Klage stattgegeben. Mit der Revision begehrt die Beklagte die Aufhebung des landesarbeitsgerichtlichen Urteils und die Feststellung, daß das Arbeitsverhältnis zwischen den Parteien durch die von der Beklagten am 11. November 1955 unstreitig erklärte Anfechtung mit Wirkung des Zugangstages dieser Anfechtungserklärung aufgelöst sei. Die Revision hatte keinen Erfolg.

Aus den Gründen:

Das Landesarbeitsgericht hat der Klage stattgegeben, weil die Kündigung vom 29. September 1955 unwirksam sei, da sie ohne die erforderliche Genehmigung der Hauptfürsorgestelle ausgesprochen wurde. Dem Kläger habe bis zum 27. Januar 1956 nur mit dieser Zustimmung gekündigt werden können, weil bis dahin die einjährige Schonfrist gemäß § 24 SchwBeschG gelaufen habe. Die Rechtsunwirksamkeit der Kündigung sei auch endgültig, da die Rechtsunwirksamkeit nur nach den Umständen beurteilt werden könne, die im Zeitpunkt ihres Zuganges vorlägen. Zu dieser Zeit habe aber der Kündigung eine gesetzlich vorgeschriebene Wirksamkeitsvoraussetzung, nämlich eben die Zustimmung der Hauptfürsorgestelle, gefehlt. Der Ansicht von Monjau (SchwBeschG, § 24 Anmerkung am Ende), daß eine während des Laufs der Schonfrist gemäß § 24 SchwBeschG ausgesprochene Kündigung, die der Zustimmung der Hauptfürsorgestelle bedurft hätte, nach Ablauf des Schutzjahres auch ohne diese Zustimmung wirksam werde, könne nicht gefolgt werden. Wenn es in § 24 SchwBeschG heiße, daß die dort angeführten Personen noch für ein Jahr den Schutz des Gesetzes genießen, so gäbe das diesen Personen während der erwähnten Auslauffrist auch ihrem Arbeitgeber gegenüber genau die gleichen Rechte wie einem Schwerbeschädigten im Sinne des § 1 SchwBeschG. Die Rechtswirksamkeit einer einem Schwerbeschädigten ohne die erforderliche Zustimmung der Hauptfürsorgestelle gegenüber ausgesprochenen Kündigung sei gemäß § 14 SchwBeschG nicht etwa nur ausgesetzt, bis der Arbeitnehmer auf irgendeine Weise den Schutz dieses Gesetzes verliere, sondern die Kündigung sei in einem solchen Falle wegen des Fehlens einer Wirksamkeitsvoraussetzung schlechthin unwirksam. Auf die von der Beklagten im November 1955 erklärte Anfechtung des Anstellungsvertrages käme es überhaupt nicht an, da diese Anfechtung jedenfalls nur für die Zukunft wirke, im übrigen aber auch unbegründet sei.

Die Revision erhebt gegen die Ausführungen des Landesarbeitsgerichts, soweit sie sich auf die Ungültigkeit der von der Beklagten ausgesprochenen Kündigung beziehen, keine Bedenken, erklärt sie vielmehr ausdrücklich für zutreffend. Das Gericht hat aber von Amts wegen zu prüfen, ob die Auslegung, die das Landesarbeitsgericht der Bestimmung des § 24 SchwBeschG gegeben hat, richtig ist (Rosenberg, Lehrbuch, 7. Aufl., § 141 III 3 b; § 143 II 2; Baumbach-Lauterbach, ZPO, 24. Aufl., § 559 Anm. 3; Stein-Jonas-Schönke, ZPO, 18. Aufl., § 559 Anm. V). Bedenken gegen die vom Landesarbeitsgericht vertretene Auffassung bestehen jedoch nicht. Nach § 24 SchwBeschG genießen Schwerbeschädigte, bei denen der Grad der Erwerbsfähigkeit auf weniger als 50 v. H. festgesetzt wird, noch für ein Jahr nach Eintritt der Rechtskraft des Festsetzungsbescheides den Schutz des Gesetzes. Für die gleiche Dauer wird deren Beschäftigung dem Arbeitgeber auf den Pflichtsatz angerechnet. Der Sinn dieser Bestimmung ist, daß der Schwerbeschädigte noch für ein Jahr im Genuß aller Rechte aus dem Schwerbeschädigtengesetz bleiben soll, um ihn nicht von heute auf morgen einer neuen für ihn sozial bedenklichen Situation auszusetzen (Wilrodt-Gotzen, SchwBeschG, § 24 Anm. 2). Daraus ergibt sich, daß auch Kündigungen, die während dieser Schonfrist ausgesprochen werden, der Zustimmung der Hauptfürsorgestelle bedürfen, auch wenn die Kündigungsfrist erst nach der Schonfrist abläuft (übereinstimmend Becker, SchwBeschG, § 24 Anm. 6; Sellmann, SchwBeschG, § 24 Anm. 9; Wilrodt-Gotzen, Schw.-BeschG, § 24 Anm. 2; Rewolle, BB 54, S. 507). Anderenfalls würde der vom § 24 SchwBeschG verfolgte Schutzgedanke nicht in dem gewollten gleichen Umfange wie für einen Schwerbeschädigten verwirklicht werden. Der von Monjau, a. a. O., ohne nähere Begründung vertretenen Auffassung kann somit nicht zugestimmt werden.

Im vorliegenden Fall ist die einjährige Schutzfrist erst am 27. Januar 1956 abgelaufen, da die Herabsetzung der Minderung der Erwerbsfähigkeit des Klägers auf unter 50 v. H. erst durch den am 27. Januar 1955 vor dem Sozialgericht abgeschlossenen Vergleich rechtskräftig erfolgt ist. Ein derartiger Vergleich war auch zulässig, da die Parteien über den Vergleichsgegenstand, der seinem Wesen nach Leistungen, nämlich zutiefst Rentenleistungen nach dem Sozialversicherungsrecht, betraf, verfügen konnten (Miesbach-Ankenbrank, SGG, § 101 Anm. 4). Nach dem Sinn des § 24 SchwBeschG muß dem Festsetzungsbescheid auf jeden Fall auch der gerichtliche Vergleich gleichstehen. Daß dieser Vergleich auf den 1. Dezember 1952 zurückwirkt, ist unerheblich, da es nach § 24 SchwBeschG auf den Eintritt der Rechtskraft ankommt, diese Voraussetzung aber erst mit dem Abschluß des Vergleichs eingetreten ist (vgl. Becker, SchwBeschG, § 24 Anm. 4; Sellmann, SchwBeschG, § 24 Anm. 7).

Unerheblich ist, ob die Beklagte zum Zeitpunkt der von ihr ausgesprochenen Kündigung die Schwerbeschädigteneigenschaft des Klägers kannte und ob sie die Pflichtquote für die Einstellung Schwerbeschädigter sonst schon erfüllt hatte. Der Sinn der gemäß § 14 SchwBeschG erforderlichen Zustimmung der Hauptfürsorgestelle ist, den Schwerbeschädigten im Falle einer von dem Arbeitgeber ausgesprochenen Kündigung — nur sie, nicht eine Anfechtung wurde von der Beklagten am 29. September 1955 erklärt — im Hinblick auf seine Beschädigung und ihre Folgenwirkungen für das Berufs- und Wirtschaftsleben zu schützen, so daß die Zustimmung dann, von den Ausnahmen des § 19 SchwBeschG abgesehen, in jedem Falle erforderlich ist. Das Gesetz macht ganz allgemein „die Kündigung eines Schwerbeschädigten" zustimmungspflichtig (ganz herrschende Meinung: Becker, SchwBeschG, § 14 Anm. 10; Monjau, SchwBeschG, § 14 Anm. 5 a; Sellmann, SchwBeschG, § 14 Anm. 7; Wilrodt-Gotzen, SchwBeschG, § 14 Anm. 30; Zigan, SchwBeschG, § 14 Anm. 32; Nikisch, Arbeitsrecht, 2. Aufl., I, S. 669/670. A. A. für den Fall der Unkenntnis der Schwerbeschädigteneigenschaft LAG Mannheim, AP 53 Nr. 23 nach bisherigem Recht, mit zustimmender Anm. von Hueck).

Das Landesarbeitsgericht hat daher zu Recht die Unwirksamkeit der Kündigung vom 29. September 1955 festgestellt.

47

1. Der Arbeitgeber hat den Arbeitnehmern für die Arbeitszeit, die infolge eines gesetzlichen Feiertags ausfällt, den Arbeitsverdienst, den sie ohne den Arbeitsausfall erhalten hätten, dann zu zahlen, wenn der gesetzliche Feiertag die entscheidende Ursache für den Ausfall der Arbeit ist. Das ist nicht der Fall, wenn andere Ursachen, wie z. B. die Verlegung der Arbeitszeit von einem Tag auf einen anderen bei Kurzarbeit, für die Arbeitsruhe maßgebend waren.

2. Die Verlegung der Arbeitszeit von einem Tag auf einen anderen für die gesamte Belegschaft eines Betriebes unterliegt der Mitbestimmung des Betriebsrats, soweit eine anderweitige gesetzliche oder tarifliche Regelung nicht besteht, und ist ohne die Zustimmung des Betriebsrats nicht verbindlich.

3. Die Mitbestimmung des Betriebsrats in sozialen Angelegenheiten setzt keine Betriebsvereinbarung voraus, die auf die Dauer und für eine unbestimmte Vielzahl von Fällen abgeschlossen ist. Zwar kann das Mitbestimmungsrecht durch eine solche Betriebsvereinbarung gestaltet werden. Es wird aber nicht erst durch sie geschaffen.

4. Auch solche Maßnahmen oder Anordnungen des Arbeitgebers, die nur vorübergehender Natur sind, aber die Ordnung des Betriebes betreffen, unterliegen dem Mitbestimmungsrecht, wenn es sich um eine der in § 56 Abs. 1 BetrVG aufgeführten sozialen Angelegenheiten handelt.

5. Nicht der Mitbestimmung unterliegen die Fälle, bei denen es sich nur um die Gestaltung eines oder mehrerer konkreter Arbeitsverhältnisse handelt und bei denen besondere, nur den einzelnen Arbeitnehmer betreffende Umstände die Maßnahme veranlassen oder inhaltlich bestimmen.

§ 1 des Gesetzes zur Regelung der Lohnzahlung an Feiertagen vom 2. 8. 1951 (BGBl. I S. 479); § 2 Abs. 1 des Gesetzes über die Sonn- und Feiertage des Landes Nordrhein-Westfalen vom 16. 10. 1951 (GVBl. S. 127); § 56 BetrVG.

I. Senat. Urteil vom 7. 9. 1956 i. S. R. (Kl.) w. K. (Kl.) 1 AZR 646/54.

I. Arbeitsgericht Detmold. — II. Landesarbeitsgericht Hamm/Westf.

Die Beklagte betreibt eine Weberei. Sie beschäftigt ungefähr 60 Arbeitskräfte.

Seit dem 15. März 1954 hatte die Beklagte in ihrem Betrieb Kurzarbeit eingeführt. Es wurde im Einvernehmen mit dem Betriebsrat dienstags, mittwochs und donnerstags je 8 Stunden gearbeitet. Für die Ausfalltage (Montag, Freitag und Samstag) erhielten die Kläger Kurzarbeiterunterstützung, die die Beklagte errechnete und nach Bewilligung durch das Arbeitsamt an die Kläger auszahlte.

In der Woche vom 17. zum 22. Mai 1954 schlug die Beklagte dem Betriebsrat vor, daß in der folgenden Woche vom 24. zum 29. Mai die für Donnertag den 27. Mai vorgesehene Arbeitszeit auf Montag den 24. Mai verlegt werde. Ein Arbeitsausfall durch den Himmelsfahrtstag (am 27. Mai) könne nicht hingenommen werden, weil für die kommenden Pfingsttage dringende Lieferungsaufträge zu erledigen seien. Der Betriebsrat war mit diesem Vorschlag nicht einverstanden. Daraufhin ordnete die Beklagte durch Aushang an, daß die Arbeit in der Himmelfahrtswoche von Donnerstag auf Montag vorverlegt werde. Die Kläger haben demgemäß in der Woche vom 24. bis 29. Mai am 24. (Montag), 25. (Dienstag) und 26. (Mittwoch) Mai 1954 gearbeitet. Bei der Berechnung der Kurzarbeiterunterstützung setzte die Beklagte den Himmelfahrtstag (27. Mai 1954) als Ausfalltag ein, für den Kurzarbeiterunterstützung bezahlt werden sollte. Das Arbeitsamt lehnte jedoch die Zahlung von Kurzarbeiterunterstützung für diesen Tag mit dem Hinweis ab, es handele sich bei dem Himmelfahrtstag um einen gesetzlichen Feiertag, an dem die Beklagte den vollen Lohn ohnehin bezahlen müsse.

Die 39 Kläger verlangen Zahlung des Lohnausfalls für den 27. Mai 1954. Sie sind der Ansicht, die Beklagte habe ohne Zustimmung des Betriebsrats die Arbeit von Donnerstag auf Montag nicht vorverlegen dürfen. Infolgedessen sei ihnen am 27. Mai 1954 ein Lohnausfall entstanden, den die Beklagte nach dem Gesetz zur Regelung der Lohnzahlung an Feiertagen bezahlen müsse.

Die Beklagte hat gebeten, die Klage abzuweisen und vorgetragen, daß dringende betriebliche Gründe die Verlegung der Arbeit auf den Montag erforderlich gemacht hätten. Der Ausfall der Kurzarbeiterunterstützung sei nur deshalb entstanden, weil das Arbeitsamt auf Grund irriger Rechtsansicht den Himmelfahrtstag nicht als Ausfalltag angesehen habe. Den Klägern sei infolge des Feiertags kein Lohnverlust entstanden. Sie hätten in der fraglichen Woche ebenso Lohn für $3 \times 8 = 24$ Stunden erhalten wie in den vorhergehenden Wochen auch.

Das Arbeitsgericht hat antragsgemäß verurteilt.

Das Landesarbeitsgericht hat die Klagen unter Zulassung der Revision abgewiesen.

Das Landesarbeitsgericht ist der Ansicht, daß die Arbeit am Himmelfahrtstag 1954 nicht infolge dieses Feiertags ausgefallen sei. Das

Gesetz zur Regelung der Lohnzahlung an Feiertagen komme daher nicht zur Anwendung. Die Beklagte sei auf Grund der einschlägigen Tarifordnung und ihres Weisungsrechts berechtigt gewesen, Kurzarbeit einzuführen und die Werktage zu bestimmen, an denen gearbeitet werden sollte. Das Weisungsrecht sei nicht durch ein Mitwirkungsrecht des Betriebsrats bei der Bestimmung der Arbeits- und Ausfalltage beschränkt gewesen. Daher habe es einer Zustimmung des Betriebsrats zu der Anordnung der Beklagten, in der Himmelfahrtswoche statt donnerstags montags arbeiten zu lassen, nicht bedurft. Auch sei kein Anhaltspunkt dafür vorhanden, daß die Beklagte etwa in mißbräuchlicher Weise die Arbeitszeit von Donnerstag auf Montag vorverlegt habe. Vielmehr hätten hierfür vernünftige, wirtschaftliche und betriebliche Gründe vorgelegen.

Mit der Revision rügen die Kläger, die Verlegung der Arbeitszeit durch die Beklagte habe nur mit Zustimmung des Betriebsrats erfolgen können. Gemäß § 56 Abs. 1 a BetrVG sei jede Arbeitszeitveränderung nur wirksam, wenn der Betriebsrat ihr zustimme. Das habe das Berufungsgericht verkannt. Die Tarifordnung für die gewerblichen Gefolgschaftsmitglieder der Textilindustrie für Westfalen- Niederrhein vom 31. Januar 1939 enthalte nämlich keine Regelung dieser Frage. § 6 TO ermögliche zwar die Einführung der Kurzarbeit, betreffe aber nicht die Regelung der Arbeitszeit an den einzelnen Tagen, insbesondere auch nicht den Austausch einzelner Arbeitstage. Da der Betriebsrat seine Zustimmung zur Vorverlegung der Arbeitszeit von Donnerstag auf den vorhergehenden Montag in der Himmelfahrtswoche nicht gegeben habe, sei die Arbeitszeit für den Donnerstag durch die Beklagte nicht wirksam beseitigt worden. Es müsse so angesehen werden, als ob an diesem Tage gearbeitet worden wäre, und daher die Arbeit nur des Himmelfahrtstags wegen ausgefallen sei.

Die Revision führte zur Aufhebung des landesarbeitsgerichtlichen Urteils und zur Verurteilung der Beklagten.

Aus den Gründen:

Gemäß § 1 des Gesetzes zur Regelung der Lohnzahlung an Feiertagen vom 2. August 1951 (BGBl. I S. 479) hat der Arbeitgeber den Arbeitnehmern für die Arbeitszeit, die infolge eines gesetzlichen Feiertags ausfällt, den Arbeitsverdienst zu zahlen, den sie ohne den Arbeitsausfall erhalten hätten, es sei denn, der Feiertag falle auf einen Sonntag. Für den in Nordrhein-Westfalen gelegenen Betrieb der Beklagten war Donnerstag, der 27. Mai 1954, als „Christi Himmelfahrtstag" gesetzlicher Feiertag im Sinne dieser Bestimmung (vgl. § 2 Abs. 1 des Gesetzes über die Sonn- und Feiertage des Landes Nordrhein-Westfalen vom 16. Oktober 1951, GVBl. S. 127). Infolge dieses Feiertags ist die Arbeitszeit bei der Beklagten am Donnerstag, dem 27. Mai 1954 ausgefallen.

Zu Unrecht meint die Beklagte, die Arbeitszeit am 27. Mai 1954 sei nicht infolge des Himmelfahrtstags ausgefallen. Zwar ist es richtig, daß nach Sinn und Zweck des § 1 des Gesetzes zur Regelung der Lohnzahlung an Feiertagen der Arbeitnehmer nur dann vor einem Lohnausfall geschützt werden soll, wenn der gesetzliche Feiertag die entscheidende Ursache für den Ausfall der Arbeit ist, und daß das Gesetz dann nicht Platz greift, wenn andere Ursachen für die Arbeitsruhe maßgebend waren (vgl. BAG 1, 244; Denecke, AZO, 3. Aufl., § 105 GewO Anm. 10). Letzteres würde hier aber nur dann zutreffen, wenn die Arbeitszeit am Donnerstag, dem 27. Mai 1954, im Betriebe der Beklagten nicht wegen des gesetzlichen Feiertags ausgefallen wäre, sondern weil die Beklagte die Arbeitszeit, die sonst in ihrem kurzarbeitenden Betrieb am Donnertag zu leisten war, w i r k s a m u n d v e r b i n d l i c h auf den Montag vorverlegt hatte. Dann wäre die Verlegung der Arbeitszeit bzw. die Verlegung des Ausfalltages von Montag auf den gesetzlichen Feiertag Donnerstag die entscheidende nächste Ursache für den Ausfall der Arbeitszeit am Donnerstag gewesen. Die Verlegung der Arbeitszeit bzw. des Ausfalltages in der Himmelfahrtstagswoche war aber nicht wirksam, weil der Betriebsrat dieser die gesamte Belegschaft des Betriebes betreffenden, der Mitbestimmung nach § 56 Abs. 1 a BetrVG unterliegenden Maßnahme nicht nur nicht zugestimmt, sondern sogar ausdrücklich widersprochen hat. Daher ist davon auszugehen, daß die Arbeitszeit am Donnerstag der Himmelfahrtstagswoche nur infolge des gesetzlichen Feiertags „Christi Himmelfahrt" ausgefallen ist. Die Beklagte ist also verpflichtet, den Klägern den Arbeitsverdienst zu zahlen, den sie erhalten hätten, wenn an diesem Tage gearbeitet worden wäre.

Unrichtig ist die Ansicht des Berufungsurteils, die Maßnahme der Verlegung der Arbeitszeit von einem Tag auf einen anderen unterliege auch im vorliegenden Falle nicht der Mitbestimmung des Betriebsrats. Gemäß § 56 Abs. 1 a BetrVG hat der Betriebsrat, soweit eine gesetzliche oder tarifliche Regelung nicht besteht, bei Festsetzung von Beginn und Ende der täglichen Arbeitszeit mitzubestimmen. Darunter fällt auch die Veränderung der Arbeitszeit, wie sie in einem kurzarbeitenden Betrieb durch die Verlegung der Arbeitszeit von einem Tag auf einen anderen erfolgen kann. Denn dadurch wird Beginn und Ende der

Arbeitszeit eines Tages aufgehoben und Beginn und Ende der Arbeitszeit eines anderen Tages, an dem sonst keine Arbeitszeit vorgesehen ist, festgesetzt. Es darf nicht übersehen werden, daß das Gesetz eine Mitbestimmung des Betriebsrats nicht nur bei der Festlegung der regelmäßigen täglichen Arbeitszeit, sondern jeder täglichen Arbeitszeit, also auch bei Ausnahmen von der Regel, vorsieht (vgl. Fitting-Kraegeloh, BetrVG, 3. Aufl., § 56 Anm. 14; Fitting in AR-Blattei, Betriebsverfassung XIV B, II 2).

Eine tarifliche Regelung von Beginn und Ende der täglichen Arbeitszeit enthält die auf das Arbeitsverhältnis der Parteien anzuwendende Tarifordnung für die gewerblichen Gefolgschaftsmitglieder in der Textilindustrie des Wirtschaftsgebietes Westfalen-Niederrhein vom 13. Januar 1939 nicht. Die §§ 2 ff., 6 TO regeln zwar die Dauer der Arbeitszeit und die Einführung von Kurzarbeit, nicht aber Beginn und Ende der täglichen Arbeitszeit und ihre Veränderungen. Auf die Dauer der Arbeitszeit und die Einführung der Kurzarbeit kommt es hier jedoch nicht an, sondern nur auf die Lage der Arbeitszeit in der Himmelfahrtstagswoche.

Gegen die Bejahung des Mitbestimmungsrechts des Betriebsrats im vorliegenden Fall kann nicht eingewandt werden, die Frage der Verlegung der Arbeitszeit von einem Tag auf einen anderen bzw. die der Verlegung von Ausfalltagen sei nicht durch Betriebsvereinbarung geregelt worden; die Mitbestimmung in sozialen Angelegenheiten gemäß § 56 könne nur durch eine Betriebsvereinbarung, die auf die Dauer und für eine unbestimmte Vielzahl von Fällen abgeschlossen ist, verwirklicht werden. Der Anspruch des Betriebsrats sei ein Regelungsanspruch, der auf Abschluß einer Betriebsvereinbarung zur Aufstellung von Regeln gehe. Die Mitbestimmung nach § 56 BetrVG beziehe sich niemals auf vorübergehende Einzelmaßnahmen des Arbeitgebers (so vor allem Dietz, BetrVG 2. Aufl., § 56 Anm. 1 bis 5, 15; ferner derselbe in Festschrift für Nipperdey, S. 147 ff.). Diese Ansicht verkennt Bedeutung und Tragweite der gesetzlichen Mitbestimmung des Betriebsrats in sozialen Angelegenheiten.

Der Wortlaut des Gesetzes gibt keinerlei Anhaltspunkte dafür, daß die Mitbestimmung des Betriebsrats in sozialen Angelegenheiten nur im Wege einer sogenannten generellen Betriebsvereinbarung erfolgt. Im Gegenteil, der Gesetzeswortlaut spricht gegen diese Auffassung. Denn es heißt in § 56 Abs. 1 BetrVG eindeutig und klar: „Der Betriebsrat hat . . . in folgenden Angelegenheiten mitzubestimmen". Es muß also vom Mitbestimmungsrecht selbst, seinem Sinn und Zweck, ausgegangen werden. Es besteht darin, daß der Arbeitgeber eine der Mitbestimmung des Betriebsrats unterliegende Maßnahme nur mit Zustimmung des letzteren treffen kann. Es bedarf damit einer Einigung zwischen Betriebsrat und Arbeitgeber. Dabei ist zu beachten, daß die in § 56 BetrVG genannten Angelegenheiten mangels anderweitiger gesetzlicher oder tariflicher Normierung an sich zum Teil durch Einzelarbeitsvertrag, zum Teil auch auf Grund des Weisungsrechts einseitig vom Arbeitgeber geregelt werden könnten. Gerade diese Möglichkeiten sollen aber durch das Mitbestimmungsrecht des Betriebsrats eingeengt werden. Man würde dem Sinn dieses Mitbestimmungsrechts nicht gerecht werden, wenn man seine Verwirklichung nur im Wege einer sogenannten generellen Betriebsvereinbarung zuließe. Zwar kann das Mitbestimmungsrecht durch eine solche Betriebsvereinbarung, wenn sie seine Substanz unberührt läßt, gestaltet werden. Es wird aber nicht erst durch sie geschaffen.

Wenn die ursprüngliche Formulierung des Regierungsentwurfs (§ 61) von einer Regelung durch Betriebssatzung gesprochen hat, dies aber im Gesetz mit Rücksicht auf den Streit über das Wesen der Betriebsvereinbarung fortgefallen ist, so kann daraus nichts für die Ansicht hergeleitet werden, die Mitbestimmung in sozialen Angelegenheiten erfolge nur durch eine allgemeine Regeln enthaltende Betriebsvereinbarung. Was auch immer der Grund für die jetzige Gesetzesfassung ist, maßgebend ist das Gesetz, wie es verabschiedet worden ist. Das Gesetz spricht in § 56 BetrVG weder von Betriebsvereinbarung noch von Betriebssatzung, noch auch davon, daß Angelegenheiten zu regeln sind, sondern lediglich davon, daß der Betriebsrat in bestimmten Angelegenheiten mitzubestimmen hat, so daß in diesen Fällen eine Einigung zwischen Arbeitgeber und Betriebsrat erforderlich ist. Ob sich diese Einigung auf eine „allgemeine Regelung" oder eine sogenannte „Einzelmaßnahme" zu erstrecken hat, entscheidet sich ausschließlich danach, in welchen der in § 56 Abs. 1 BetrVG genannten Angelegenheiten das Mitbestimmungsrecht gewährt wird. So heißt es in § 56 Abs. 1 g) BetrVG, der Betriebsrat habe bei der Regelung von Akkord- und Stücklohnsätzen mitzubestimmen. Hier ist also eine Mitbestimmung in Einzelfällen nicht gegeben. Hingegen heißt es in § 56 Abs. 1 a) BetrVG nicht etwa, der Betriebsrat habe mitzubestimmen bei der Aufstellung von Regeln über Beginn und Ende der täglichen Arbeitszeit und der Pausen; vielmehr hat er hier kraft Gesetzes für jeden Fall bei Festlegung von Beginn und Ende der täglichen Arbeitszeit und der Pausen mitzubestimmen. Ob in objektiv dringenden Notfällen der Arbeitgeber einseitige vorläufige Anordnungen im Bereich des § 56 Abs. 1 BetrVG treffen kann, braucht hier nicht entschieden zu werden. Denn im vorliegenden Falle war die Kurzarbeit mit dem Betriebsrat grundsätzlich dahin geregelt, daß dienstags, mittwochs und donnertags gearbeitet wurde. Es war von vornherein vorauszusehen, daß im Jahre 1954 ein Donnerstag auf den Himmelfahrtstag (ein weiterer übrigens auf den Fronleichnamstag) fallen werde. Die Zustimmung des Betriebsrats konnte rechtzeitig eingeholt werden, so daß — bei Nichteinigung — auch noch ausreichend Zeit für eine Entscheidung der Einigungsstelle blieb.

Der Einwand, die hier vertretene Ansicht könne zu einer Lahmlegung des Betriebes führen, ist unrichtig. Zwar engt die Mitbestimmung des Betriebsrats das Direktionsrecht und damit die Bewegungsfreiheit des Arbeitgebers und seiner Beauftragten ein. Diese Folge ist aber mit der Mitbestimmung in den Angelegenheiten nach § 56 BetrVG zwangsläufig verbunden. § 56 BetrVG will das Mitbestimmungsrecht des Betriebsrats dort gewähren, wo es sich um eine gewisse, sei es auch nur, wie im hier zu entscheidenden Fall, vorübergehende Ordnung im Betrieb handelt, die die gesamte Arbeitnehmerschaft oder Gruppen, Abteilungen, Schichten von ihr betrifft. In solchen Fällen bedarf es im Rahmen des § 56 BetrVG notwendig der Einigung zwischen Arbeitgeber und Betriebsrat. Alle die Ordnung des Betriebes betreffenden Maßnahmen auf dem Gebiet der sozialen Angelegenheiten des § 56 Abs. 1 BetrVG sind deshalb zwischen Arbeitgeber und Betriebsrat einvernehmlich zu treffen oder zu regeln.

Recht verstanden führt das Mitbestimmungsrecht des Betriebsrats niemals zu einer Lahmlegung des Betriebes, sondern es fördert Ruhe und Ordnung im Betrieb und damit die Arbeitsfreudigkeit und Arbeitswilligkeit der Betriebsgemeinschaft. Es ist insbesondere nicht einzusehen, warum die Verlegung der Arbeitszeit von einem Tag auf einen anderen, obwohl sie eine Angelegenheit nach § 56 Abs. 1 a) BetrVG betrifft, nur deswegen nicht unter die Mitbestimmung fallen soll, weil sie vorübergehender Natur sei. Auch eine solche Maßnahme berührt die Interessen der gesamten Arbeitnehmerschaft und die Ordnung des Betriebes, mithin das, was „mitbestimmungswürdig" ist, auf das stärkste. Das beweist gerade der vorliegende Fall. In aller Regel richtet sich nämlich die gesamte Arbeitnehmerschaft eines Betriebes darauf ein, daß an einem gesetzlichen Feiertag die Arbeitszeit ausfällt, und daß die Arbeitnehmer an einem solchen Tag die feiertägliche Ruhe und Erholung ohne Lohnverlust genießen können. Warum die Mitbestimmung in einem solchen Fall zur Lahmlegung des Betriebes führen sollte, ist ebenso wenig einzusehen. Es ist schon ausgeführt worden, daß die Beklagte Zeit genug hatte, sich zur Anordnung der Verlegung der Arbeitszeit vom Himmelfahrtstag auf den vorhergehenden Montag mit dem Betriebsrat zu einigen, gegebenenfalls eine Entscheidung der zuständigen Einigungsstelle rechtzeitig herbeizuführen.

Im übrigen darf nicht übersehen werden, daß solche Maßnahmen des Arbeitgebers, die keine echte soziale Angelegenheit nach § 56 Abs. 1 BetrVG und damit nicht die Ordnung des Betriebes betreffen, natürlich nicht der Mitbestimmung unterliegen. Das trifft insbesondere auf Fälle zu, „bei denen es sich nur um die Gestaltung eines oder mehrerer konkreter Arbeitsverhältnisse handelt und bei denen besondere, nur den einzelnen Arbeitnehmer betreffende Umstände die Maßnahme veranlassen oder inhaltlich bestimmen" (Siebert-Hilger, BB 1955, S. 670).

Ist also mangels wirksamer Verlegung der Arbeitszeit vom Donnerstag der Himmelfahrtstagswoche auf den vorhergehenden Montag die Arbeitszeit in Wahrheit nur infolge des Himmelfahrtstags am Donnerstag ausgefallen und somit der Anspruch der Kläger gemäß § 1 Abs. 1 des Gesetzes zur Regelung der Lohnzahlung an Feiertagen begründet, so kann dagegen nicht eingewandt werden, die Kläger würden dann in der Himmelfahrtstagswoche mehr Lohn (nämlich für vier statt drei Tage) erhalten, als sie sonst bekommen haben würden. Das aber widerspreche Sinn und Zweck des Lohnzahlungsgesetzes an Feiertagen das nur einen Lohnausfall verhüten wolle. Es ist zwar richtig, daß auch die Kläger der Anordnung der Beklagten gefolgt sind, am Montag zu arbeiten. Sie haben auch in der fraglichen Woche wie in den vorhergehenden Wochen der Kurzarbeit Lohn für drei Tage, nämlich für Montag, Dienstag und Mittwoch, erhalten und ferner zusätzlich Anspruch auf Lohnzahlung für einen weiteren vierten, den Himmelfahrtstag. Diese Folge widerspricht aber keineswegs dem § 1 Abs. 1 des Lohnzahlungsgesetzes an Feiertagen. Denn die Kläger haben in der Himmelfahrtstagswoche 1954 nicht deswegen Lohn für vier Tage zu beanspruchen, weil der Donnerstag ein Himmelfahrtstag war, sondern weil sie entgegen der Regel auch an dem fraglichen Montag tatsächlich Arbeit geleistet haben.

48

Kündigt ein Arbeitgeber im Baugewerbe dem Arbeitnehmer in der Weise, daß die Kündigungsfrist in den bereits festgelegten Urlaub fällt, so ist die Kündigung (auch im Baugewerbe) jedenfalls dann rechtswirksam, wenn der Arbeitnehmer auf der bisherigen Festlegung des Urlaubs besteht.

Verschiedene Tarife betreffend Urlaub im Baugewerbe.

I. Senat. Urteil vom 26. Oktober 1956 i. S. B. (Kl.) w. H. (Bekl.)
1 AZR 248/55

I. Arbeitsgericht Hamburg. — II. Landesarbeitsgericht Hamburg.

Der Kläger war bei der Beklagten seit dem 8. März 1954 als Maurer beschäftigt. Am 20. Dezember 1954 trat er an die Beklagte mit dem Wunsche heran, seinen Resturlaub in der Zeit vom 27. bis 31. Dezember 1954 zu nehmen. Die Beklagte erklärte sich hiermit einverstanden.

Am 23. Dezember 1954 kündigte sie dem Kläger fristgemäß wegen Arbeitsmangels. Als Zeitpunkt der Beendigung des Arbeitsverhältnisses wurde in den Arbeitspapieren des Klägers der 31. Dezember 1954 vermerkt. Die Beklagte zahlte jedoch über diesen Zeitpunkt hinaus dem Kläger noch für den 1. Januar 1955 Lohn.

Der Kläger ist der Ansicht, die Beklagte sei verpflichtet, ihm noch Lohn für weitere 2 Tage zu zahlen. Denn infolge der im Baugewerbe geltenden kurzen Kündigungsfrist von drei Werktagen dürfe diese nicht in den Urlaub fallen. Das sei aber hier der Fall gewesen, weil der erste Werktag der Kündigungsfrist zwar auf den 24. Dezember, der zweite und dritte Werktag jedoch auf den 27. und 28. Dezember 1954 und mithin in den Urlaub gefallen seien.

Der Kläger hat von der Beklagten

Zahlung für 2 Kündigungstage = 15 Stunden à 2,07 DM = 31,05 DM brutto und 4 % Urlaubsgeld = 1,20 DM brutto, zusammen 32,25 DM brutto verlangt und beantragt, die Beklagte dementsprechend zu verurteilen.

Die Beklagte hat gebeten, die Klage abzuweisen.

Das Arbeitsgericht hat dem Klagantrag entsprochen.

Das Landesarbeitsgericht hat dagegen die Klage abgewiesen.

Mit seiner Revision rügt der Kläger, das Berufungsurteil verkenne Sinn und Zweck des Urlaubs und habe die Bestimmung der §§ 2 Ziff. 2, 8 Ziff. 5 des Rahmentarifvertrages für das Baugewerbe in der Bundesrepublik vom 17. April 1950 in der Fassung vom 8. Februar, 9. Oktober und 10. Dezember 1952 sowie § 7 des Anhanges 2 zu diesem RTV übersehen bzw. nicht richtig angewandt.

Die Revision hatte keinen Erfolg.

Aus den Gründen:

Das angefochtene Urteil hat entgegen der Ansicht der Revision Zweck und Sinn des Erholungsurlaubs nicht verkannt. Der Erholungsurlaub ist dazu bestimmt, die Arbeitskraft des Arbeitnehmers wieder aufzufrischen und dadurch möglichst lange zu erhalten; seine Gewährung liegt nicht allein im Interesse des Arbeitnehmers, sondern regelmäßig auch in dem des Arbeitgebers; im ganzen gesehen ist er auch eine Maßnahme zur Förderung der Volksgesundheit (so Nikisch, ArbR, 2. Aufl., 1. Bd., S. 443; vgl. ferner ARS RAG Bd. 30 S. 70). Das hindert jedoch nicht, daß der Arbeitgeber unter Umständen den Urlaub während der Kündigungsfrist erteilt. Es wird sehr oft sogar unmöglich sein, den Urlaub anders als in die Kündigungsfrist zu legen, weil er grundsätzlich als Freizeit (Freistellung von der Arbeitspflicht unter Fortzahlung des Arbeitsentgelts) gewährt werden muß. Das ist insbesondere dann der Fall, wenn das Arbeitsverhältnis auf Grund der Kündigung beendet werden soll, und der Arbeitnehmer noch Urlaub zu beanspruchen hat. Es gibt keinen Rechtssatz, der eine solche Regelung verbieten würde. Im Gegenteil entspricht es unter Umständen dem Sinn und Zweck des Urlaubs, daß er in die Kündigungsfrist gelegt wird, damit er noch als Freizeit gewährt werden kann.

Der Arbeitgeber ist auch nicht gehalten, mit Rücksicht darauf, daß der Arbeitnehmer noch Urlaub zu bekommen hat, von einer beabsichtigten Kündigung deswegen Abstand zu nehmen. Eine solche Kündigung, die in die Urlaubszeit fällt oder deren Kündigungsfrist sich mit dem Urlaub zeitlich ganz oder teilweise deckt, ist nicht unwirksam. Allerdings wird dann zu prüfen sein, ob nicht der Arbeitgeber gegen seine Fürsorgepflicht verstoßen hat, weil er die Kündigung unnötig zu einem Zeitpunkt ausgesprochen hat, in dem sich der Arbeitnehmer in Urlaub befindet oder auf Urlaub gehen soll.

Eine andere Frage ist, ob der Arbeitgeber bei verhältnismäßig *kurzen* Kündigungsfristen ausnahmsweise verpflichtet ist, *dem Wunsche des Arbeitnehmers* Rechnung zu tragen, den noch zu gewährenden Urlaub nicht in die Kündigungsfrist zu legen. Das ist mit dem Reichsarbeitsgericht (ARS RAG Bd. 36 S. 443) für die Bauarbeiter wegen der kurzen Kündigungsfrist von nur 3 Werktagen zu bejahen. Es ist nämlich in diesem Zusammenhang von Bedeutung, daß der Arbeitnehmer im Baugewerbe gemäß § 2 Ziff. 8 des RTV vom 17. April 1950 i. d. F. vom 8. Februar, 9. Oktober und 10. Dezember 1952 während der Kündigungsfrist Anspruch auf Gewährung der erforderlichen Zeit unter Fortzahlung des Lohnes bis zu zwei Stunden hat, um sich nach einer neuen Arbeitsstelle umzusehen. Damit trägt der Tarifvertrag der Sorge des gekündigten Arbeiters um einen neuen Arbeitsplatz Rechnung. Der Urlaubszweck würde wesentlich beeinträchtigt, wenn nicht gar vereitelt, wenn der Arbeiter gezwungen würde, während der Urlaubszeit sich einen neuen Arbeitsplatz zu suchen. Einem gekündigten Bauarbeiter muß grundsätzlich die verhältnismäßig sehr kurze Kündigungsfrist auch zur Suche einer anderen Arbeitsstelle zur Verfügung bleiben. In einem solchen Fall gebietet die Fürsorgepflicht des Arbeitgebers, dem Wunsch des gekündigten Arbeiters, den Urlaub nicht in die Kündigungfrist zu legen, grundsätzlich Rechnung zu tragen und den Urlaub, wenn nicht anders möglich, an die Beendigung der Tätigkeit des Arbeitnehmers, nämlich an das Ende der Kündigungsfrist anzuschließen. Das Arbeitsverhältnis endet dann erst mit Ablauf der Urlaubszeit, so daß § 7 Abs. 4 des Anhangs 2 zum RTV, wonach die Auszahlung des Urlaubsgeldes bei Erwerbslosigkeit grundsätzlich nicht zugelassen werden kann, nicht entgegensteht.

Die Revision meint nun, auf Grund dieser vom Reichsarbeitsgericht entwickelten Grundsätze hätte die Beklagte dafür Sorge tragen müssen, daß Urlaub und Kündigungsfrist nicht (auch nicht wie hier teilweise) zusammenfielen. Während des Urlaubs habe die Kündigungsfrist nicht laufen können. Dabei übersieht aber die Revision, daß entgegen dem vom Reichsarbeitsgericht entschiedenen Fall die Beklagte den Urlaub des Klägers gar nicht in die Kündigungsfrist verlegt hat. Vielmehr ist es hier umgekehrt so, daß auf ausdrücklichen Wunsch des Klägers der ihm zustehende Urlaub schon vor Ausspruch der Kündigung in die Zeit vom 27. bis 31. Dezember 1954 gelegt worden ist. Es hätte dem Kläger freigestanden, von dieser von ihm gewünschten Urlaubsregelung nach Ausspruch der Kündigung durch die Beklagte vor Antritt seines Urlaubs Abstand zu nehmen und erst die Kündigungsfrist ablaufen zu lassen, um dann anschließend seinen Urlaub unbeschwert antreten zu können. Dann aber hätte der Kläger am 27. und 28. Dezember 1954 arbeiten müssen. Das wollte er aber gerade nicht. Er hatte nach den Feststellungen des Berufungsurteils eine Reise vor und wollte deshalb den Urlaub nicht verschieben, sondern es bei der nun einmal festgelegten Urlaubszeit belassen. Die Beklagte hat also nicht nur nicht den Kläger gezwungen, seinen Erholungsurlaub in der Kündigungsfrist zu nehmen, sondern der teilweise Zusammenfall von Kündigungsfrist und Erholungsurlaub beruht auf der schon vor Ausspruch der Kündigung auf Wunsch des Klägers einvernehmlich festgesetzten Urlaubszeit, an der der Kläger nach Ausspruch der Kündigung auch festgehalten hat.

Zwar wäre es an sich denkbar, daß die am 23. Dezember 1954 ausgesprochene Kündigung in Verstoß gegen die Fürsorgepflicht der Beklagten gegenüber dem Kläger erfolgt sein könnte, nämlich, wenn die Kündigung nur deshalb ausgesprochen worden wäre, um die Kündigungsfrist, wenn auch nur teilweise in die Zeit des Urlaubs fallen zu lassen. Für ein solches Verhalten der Beklagten fehlt es jedoch an jeglichen Anhaltspunkten. Vielmehr trägt die Beklagte unwidersprochen vor, daß sie am 20. Dezember 1954 die Notwendigkeit, am 23. Dezember 1954 dem Kläger zu kündigen, noch nicht sah. Sonst hätte sie schon am 20. oder 21. Dezember 1954 dem Kläger kündigen können, die Kündigungsfrist wäre dann, ohne daß die Beklagte dadurch wirtschaftlich oder finanziell mehr belastet worden wäre, vor Beginn des Urlaubsantritts ausgelaufen.

Abwegig ist in diesem Zusammenhang der Hinweis auf § 2 Ziff. 8 RTV. Diese Bestimmung, die die Vorschrift des § 629 BGB für die Tarifunterworfenen konkretisiert, setzt voraus, daß der Arbeitnehmer innerhalb der Kündigungsfrist sich nicht in Urlaub befindet, sondern seiner vertraglichen Arbeitspflicht nachkommt. Tut er dies, so hat er während der Zeit, in der er dieser seiner Arbeitspflicht nachzukommen hat, während der Kündigungsfrist von 3 Werktagen Anspruch auf insgesamt 2 Stunden zum Suchen einer neuen Arbeitsstelle unter Fortzahlung des Lohnes. Wenn es dem Kläger nicht möglich war, von diesem seinem Recht am ersten Tag der Kündigungsfrist (24. 12. 1954) Gebrauch zu machen, so lag das allein daran, daß gerade auch *auf seinen Wunsch hin* schon am 27. Dezember 1954 der Urlaub begann, der Kläger auch nicht gewillt war, erst die Kündigungsfrist ablaufen zu lassen und anschließend seinen Urlaub zu nehmen. Es lag also allein am Kläger, wenn er von seinem ihm in § 2 Ziff. 8 RTV gewährten Recht keinen Gebrauch gemacht hat oder machen konnte.

49

1. Die VO über die Behandlung von Erfindungen von Gefolgschaftsmitgliedern vom 12. Juli 1942 (RGBl. I S. 466) und die DVO hierzu vom 20. März 1943 (RGBl. I S. 257) gelten auch heute noch,

soweit sie sich nicht auf besondere Einrichtungen des nationalsozialistischen Staates beziehen. § 13 Abs. 1 Satz 2 DVO gilt mit der Maßgabe, daß an die Stelle der Erklärung des Hauptamtes für Technik die Entscheidung durch das Gericht getreten ist. Bei Erfindungen, die vor dem Inkrafttreten der DVO zustande gekommen sind, hat also das Gericht zu prüfen, ob die bisherige Behandlung der Vergütung durch den Arbeitgeber in besonderem Maße unbefriedigend gewesen ist.

2. Eine Erfindung ist fertig, sobald jemand den Erfindungsgedanken, die aus Aufgabe und Lösung sich ergebende technische Lehre erkannt hat, gleichgültig, ob später eine Patent- oder eine Gebrauchsmusteranmeldung erfolgt.

3. Die Richtlinien für die Vergütung von Gefolgschaftserfindungen vom 10. Oktober 1944 (Deutscher Reichsanzeiger S. 271) stellen keine materielle Rechtsnorm dar.

4. Eine besondere Vergütung für eine neben den arbeitsvertraglichen Pflichten erbrachte Leistung kann der Arbeitnehmer nur dann beanspruchen, wenn eine derartige Leistung für den Arbeitgeber von wirtschaftlichem Wert ist und eine Verwertbarkeit ermöglicht.

VO über die Behandlung von Erfindungen von Gefolgschaftsmitgliedern vom 12. 7. 1942 (RGBl. I S. 466); §§ 5, 13 DVO hierzu vom 20. 3. 1943 (RGBl. I S. 257).

II. Senat. Urteil vom 1. November 1956 i. S. B. (Kl.) w. B. (Bekl.) 2 AZR 268/54.

I. Arbeitsgericht Stuttgart. — II. Landesarbeitsgericht Stuttgart.

Der Kläger war vom 1. Oktober 1937 bis zum 31. Januar 1944 bei der Beklagten als Patentingenieur mit einem zuletzt 1000,— RM betragenden Monatsgehalt beschäftigt. Zu seinen Aufgaben gehörte auch die Bearbeitung der Patentstreitigkeiten der Beklagten und ihrer Tochtergesellschaft mit einer anderen Firma. Das Ergebnis seiner Arbeit in der hier interessierenden Streitigkeit legte er in seinem Bericht vom 25. Juni 1942 nieder. In diesem Bericht machte er auch gewisse technische Vorschläge und fragte bei der Beklagten an, ob diese nach den von ihm gefertigten Zeichnungen angemeldet werden sollten. Die Beklagte hat sich dazu nicht erklärt. Am 24. Januar 1944 machte der Kläger drei formularmäßige Erfindungsmeldungen, in denen er die Neuerungen stichwortartig angab und durch Bezugnahme auf seinen Bericht vom 25. Juni 1942 näher beschrieb. Auf Grund dieser Erfindungsmeldungen meldete die Beklagte die drei Erfindungen am 17. Mai 1944 zum Patent an. In späteren Schreiben an das Patentamt aus dem Jahre

1951 bezeichnete sie den Kläger als Erfinder und wies gleichzeitig darauf hin, daß es sich um eine Diensterfindung handele, die sie in Anspruch genommen habe. Nach der Patenterteilung bat der Kläger die Beklagte um Prüfung der Frage der Erfindervergütung für die drei Patente. Die Beklagte antwortete dem Kläger, daß sie nicht die Absicht habe, die Patente zu verwerten. Sie sei bereit, sie auf ihn zu übertragen. Ferner wies sie darauf hin, daß sie einen etwaigen Vergütungsanspruch des Klägers ihrer Ansicht nach durch die an das Patentamt gezahlten Gebühren bereits abgegolten habe.

Mit der Klage begehrt der Kläger die Verurteilung der Beklagten zur Zahlung einer Vergütung für jedes Patent.

Das Arbeitsgericht hat den Kläger mit der Klage abgewiesen, das Landesarbeitsgericht hat seine Berufung zurückgewiesen.

Die Revision des Klägers hatte keinen Erfolg.

Aus den Gründen:

Das Landesarbeitsgericht hat die Anwendbarkeit der Verordnung über die Behandlung von Erfindungen von Gefolgschaftsmitgliedern vom 12. Juni 1942 (RGBl. I, S. 466) und der dazu erlassenen Durchführungsverordnung (DVO) vom 20. März 1943 (RGBl. I, S. 257) verneint, da der Kläger die Erfindungen vor dem Inkrafttreten der Verordnungen (22. Juli 1942) gemacht habe. Die Bezeichnung dieser Erfindungen als „Vorschläge“ schade nicht; zudem habe der Kläger bereits in seinem Bericht vom 25. Juni 1942 eine Anmeldung zum Patent angeregt. Bereits damals sei die Erfindung vollendet gewesen. Der Kläger habe den Erfindungsgedanken erkannt und auch nach außen, nämlich gegenüber der Beklagten, in seinem Bericht kundgetan.

Der Kläger könne sich auch nicht auf § 13 DVO berufen; danach seien zwar die Vorschriften der Durchführungsverordnung über die Vergütung auch auf die vor deren Inkrafttreten zustande gekommenen Erfindungen anzuwenden, wenn die bisherige Behandlung der Vergütung in besonderem Maße unbefriedigend sei. Diese Voraussetzungen seien jedoch nicht gegeben. Die Erfindungen seien nicht verwertbar gewesen. Deshalb habe die Beklagte von ihnen keinen Gebrauch gemacht und aus ihnen keinen Gewinn oder sonstige Vorteile gezogen. Auch aus der vom Kläger behaupteten Sperrwirkung habe sie keine Vorteile gehabt. Es sei daher unter Berücksichtigung der Rückübertragung der Patente auf den Kläger sowie der von ihr vorher aufgewendeten Arbeit und der von ihr gezahlten Patentgebühren nicht unbillig, wenn die Beklagte von der Gewährung der vom Kläger beanspruchten Erfindervergütung abgesehen habe.

Der Kläger rügt in erster Linie, das Landesarbeitsgericht habe den Begriff der Erfindung verkannt. Im Bericht vom 25. Juni 1942 habe er lediglich angefragt, ob die von ihm gemachten „Vorschläge" angemeldet werden sollten. Von einer Erfindung oder einer Anmeldung zum Patent sei nirgends die Rede gewesen. Die im Bericht erwähnte Aufführung der technischen Tatbestände sei keine Erfindungsmeldung. In einer derartigen Mitteilung müsse zum Ausdruck kommen, daß eine Erfindung als solche gemeldet werde. Die Erfindungen seien daher frühestens mit seiner Meldung vom 16. März 1943 oder mit seinen an die Beklagte gerichteten Erfindungsmeldungen vom 24. Januar 1944, also nach dem Inkrafttreten der erwähnten Verordnung, zustande gekommen.

Dieser Revisionsangriff ist unbegründet.

Mit Recht sieht das Landesarbeitsgericht die Verordnung über die Behandlung von Erfindungen von Gefolgschaftsmitgliedern vom 12. Juli 1942 und die dazu ergangene DVO vom 20. März 1943 als gültig an. Denn die Bestimmungen sind weitgehend nicht ausgesprochen nationalsozialistischem Gedankengut entsprungen, vielmehr hat für sie, worauf der Bundesgerichtshof in seinem Urteil vom 23. Mai 1952 (AP 53 Nr. 120) zutreffend hinweist, als Vorbild insbesondere die Regelung des Rechts der Arbeitnehmererfindung im RTV für die akademisch gebildeten Angestellten der chemischen Industrie vom 27. April 1920 und im TV der Berliner Metallindustrie gedient. Ein Teil der Vorschriften geht auch, wie der Bundesgerichtshof ebenfalls hervorhebt, auf das österreichische Patentgesetz des Jahres 1925 zurück. Soweit sich also die Bestimungen dieser Verordnungen nicht auf typisch nationalsozialistische Einrichtungen beziehen und damit gegenstandslos geworden sind, sind sie im Bereich des Bundesgebietes auch heute noch als gültig anzusehen (BGH, a. a. O.; Hueck, BB 1948, 437 ff. [439]; Nikisch, Arbeitsrecht, 2. Aufl., Band I, S. 273; Reimer, Das Recht der Arbeitnehmererfindung, 2. Aufl., S. 13; Lindenmaier, Patentgesetz, § 3 Anm. 7 ff.; Busse, Patentgesetz 2. Aufl., Anhang A zu § 4).

Mit Recht geht das Landesarbeitsgericht weiter davon aus, daß der Kläger seinen Vergütungsanspruch nicht unmittelbar auf § 5 DVO stützen kann; diese Bestimmung gibt eine Positivierung des § 2 Satz 2 der Verordnung vom 12. Juli 1942 und wurde ebenso wie die ganze Durchführungsverordnung selbst gleichfalls mit dem 22. Juli 1942 wirksam. Mit dem Reichsgericht (RGZ 150, 95 ff. [98]) ist davon auszugehen, daß die Beantwortung der Frage, ob jemand eine Erfindung gemacht hat, davon abhängt, ob er den Erfindungsgedanken, die aus Aufgabe und Lösung sich ergebende technische Lehre, erkannt hat. Ist das der Fall, dann ist die Erfindung, gleichgültig, ob es sich später um eine Patent- oder Gebrauchsmusteranmeldung handelt, fertig (vgl. auch BGH, GRUR 1951, 404 ff. [407]; Benkard, Patentgesetz, 3. Aufl., § 1 Anm. 7 c; Busse, a. a. O., § 1 Anm. 3 F, S. 82). Hiernach besteht kein Zweifel, daß die Erfindungen des Klägers vor dem Inkrafttreten der Verordnung über die Arbeitnehmererfindungen (22. Juli 1942) erfolgt waren. Im Bericht des Klägers vom 25. Juni 1942, der spätestens mit der Unterschriftsleistung des Klägers am 14. Juli 1942 abgeschlossen war, sind auf den Seiten 20, 29 und 44 Vorschläge gemacht, die nach Ansicht des Klägers geeignet waren, gewisse Probleme an Tonfilmgeräten zu lösen. Der Kläger hat weiter zur Verdeutlichung der ihm vorschwebenden Lösung auf von ihm gefertigte Zeichnungen verwiesen, die zur Umsetzung der theoretisch gefundenen Lösung in die Praxis geeignet seien. Auch die Anfrage, ob die „Vorschläge" oder die „Ausführung" angemeldet werden sollen, ist ein Beweis dafür, daß der Kläger den Erfindungsgedanken spätestens während der schriftlichen Niederlegung des Berichts erkannt hat. Damit waren die Erfindungen vollendet. Die Richtigkeit dieser Annahme ergibt sich weiter aus dem vom Kläger diktierten Schreiben der Beklagten an ihre Tochtergesellschaft vom 16. März 1943, den formularmäßigen Erfindungsanmeldungen vom 24. Januar 1944 und den später erteilten Patenten. Im Schreiben vom 16. März 1943 weist der Kläger unter Hinweis auf die von ihm „schon im Juni des vorigen Jahres gemachten Vorschläge" darauf hin, daß es zweckmäßig sei, alle auf dem Doppelhebel-Gedanken aufbauenden Abwandlungsformen schützen zu lassen. Mit keinem Wort ist davon die Rede, daß diese Vorschläge noch nicht als patentfähige Erfindungen anzusehen seien. Vielmehr geht der Kläger, wie sich aus seinem Hinweis ergibt, geradezu davon aus, daß seine Erfindungen patentreif seien. Auch in den drei Erfindungsmeldungen verweist der Kläger, nachdem er die Neuerung nur kurz bezeichnet hat, ausdrücklich auf seinen Bericht vom 25. Juni 1942, insbesondere auch auf die von ihm angefertigten technischen Zeichnungen. Weitere technische Angaben, die den Schluß rechtfertigen könnten, der Kläger habe inzwischen noch experimentiert und weitere der Fabrikationsreife dienende Versuche vorgenommen, fehlen. Der Kläger ist also damals selbst davon ausgegangen, daß seine Erfindungen bereits am 25. Juni 1942, spätestens aber mit der am 14. Juli 1942 vollzogenen Unterschrift fertig waren. Schließlich stimmen die in den Patentschriften enthaltenen Zeichnungen in einer auch für den technischen Laien erkennbaren Weise völlig mit den Zeichnungen des Berichts überein.

Unbegründet ist auch die Rüge des Klägers, das Landesarbeitsgericht habe nicht hinreichend berücksichtigt, daß der Bericht vom 25. Juni 1942 nicht an die Beklagte, sondern an deren Tochtergesellschaft gegangen sei. Der Kläger irrt, wenn er daraus folgert, die Erfindungen seien erst zu einem späteren Zeitpunkt, nämlich dem der Kenntnisnahme durch die Beklagte, zustande gekommen. Denn für die Anwendung der Verordnung und der DVO kommt es nicht auf den Zeitpunkt der Kenntniserlangung durch den Arbeitgeber, sondern ausschließlich darauf an, wann die Erfindungen fertig waren. Dies ergibt sich eindeutig aus § 13 Abs. 1 Satz 2 DVO, wonach die Vorschriften über die Erfindungsvergütung nur in einem bestimmten Falle auch auf Erfindungen anzuwenden sind, die vor dem Inkrafttreten der Verordnung zustande kamen.

Für die Frage nach einer Vergütung der Erfindung durch die Beklagte kommt demnach grundsätzlich das bis zum 22. Juli 1942 geltende Recht in Frage. Da der Kläger die Erfindungen im Zusammenhang mit der Erfüllung seiner dienstlichen Obliegenheiten machte und nach den Feststellungen des Landesarbeitsgerichtes ohne seine besondere dienstliche Beschäftigung nicht zu ihnen gekommen wäre, muß bei seiner Beschäftigung als Patentingenieur der Beklagten und seinem zur Zeit der Erfindungen bezogenen Gehalt angenommen werden, daß die Abgeltung für diese Diensterfindungen bereits mit seinem Gehalt erfolgte (vgl. Nikisch, Arbeitsrecht, 2. Aufl., I, S. 274). Demnach kann auch dahingestellt bleiben, ob die Bestimmung der damaligen Betriebsordnung der Beklagten, daß das Recht auf Diensterfindungen auf die Beklagte übergehe und daß sie nach ihrem Ermessen für derartige Erfindungen eine Vergütung gewähren könne, in dieser allgemeinen Form überhaupt rechtswirksam ist.

Der Kläger rügt weiter, das Landesarbeitsgericht habe zu Unrecht die Anwendbarkeit des § 13 DVO verneint, wonach die Vorschriften über die Vergütung auf die vor dem Inkrafttreten der Verordnung zustande gekommenen Erfindungen anzuwenden sind, wenn die bisherige Behandlung der Vergütung in besonderem Maße unbillig ist. Die Voraussetzungen hierfür seien, wenn man einmal annehme, die Erfindungen seien vor dem Inkrafttreten der DVO fertig gewesen, gegeben, da die Beklagte zum mindesten aus der zwischenzeitlichen Sperrwirkung der Patente Vorteile gezogen habe.

Diese Rüge ist ebenfalls unbegründet. Dem Kläger ist zwar darin beizupflichten, daß § 13 DVO zu den auch heute noch anwendbaren Bestimmungen dieser DVO gehört. Aus dem Wegfall des in § 13 Abs. 1

Satz 2 aufgeführten „Hauptamts für Technik der NSDAP" kann nicht etwa gefolgert werden, daß die Vergütungsvorschriften der DVO auf die vor dem Inkrafttreten gemachten Erfindungen überhaupt nicht mehr anzuwenden sind. Denn § 13 Abs. 1 Satz 2 DVO wollte von Anfang an einem allgemeinen Gerechtigkeitsgedanken dienen und offensichtlich unbillige Vergütungsregelungen einem dem Grundsatz von Treu und Glauben entsprechenden Ergebnis zu führen. Damit war die in § 13 Abs. 1 Satz 2 DVO vorgesehene bindende Erklärung des Hauptamtes für Technik über die Angemessenheit oder Unbilligkeit der Erfindervergütung schon von vornherein an sich nicht zu vereinbaren, sie erklärte sich, wie auch die ganze Einrichtung des Hauptamtes für Technik, nur aus den Verhältnissen des damaligen nationalsozialistischen Staates. Die unmittelbare Entscheidungsbefugnis des Gerichts ist also begründet. Der eben erwähnte Zweck des § 13 DVO ist als solcher auch heute noch als bestehend anzuerkennen; insoweit, d. h. in ihrem Kern, ist die Vorschrift von Einrichtungen und Vorstellungen des nationalsozialistischen Staates unabhängig. Andererseits kann aus dem Wegfall des früheren Hauptamts für Technik und der ganz sicher jetzt unmittelbaren Entscheidungsbefugnis des Gerichts nicht gefolgert werden, daß die Vorschriften der DVO über die Vergütung generell auf alle vor dem Inkrafttreten der DVO zustande gekommenen Erfindungen anzuwenden seien. Siebert-Hilger, die das nach der von ihnen vorgenommenen Formulierung des § 13 Abs. 1 Satz 2 DVO anscheinend tun wollen (vgl. Arbeitsrecht, Sammlung arbeitsrechtlicher Vorschriften, 4. Aufl., S. 224), verkennen, daß der Gesetzgeber keineswegs für alle zurückliegenden Einzelfälle die Vergütungsfrage wieder aufgerollt und eine nach § 5 DVO zu errechnende Vergütung festgesetzt wissen wollte. Vielmehr können nur solche Fälle einer Nachprüfung unterzogen werden, in denen die bisherige Behandlung der Vergütung in besonderem Maße unbefriedigend ist. § 13 Abs. 1 Satz 2 DVO kommt also nur für diese bestimmten Fälle zur Anwendung. Er hat die Bedeutung einer Härteklausel, die nicht auf den früheren Rechtszustand, sondern auf die Art der tatsächlichen Erledigung (Behandlung) abstellt und eine abschließende Regelung für die Vergangenheit treffen will.

Im vorliegenden Fall ist die Behandlung der Vergütung aber auch dann nicht in besonderem Maße unbefriedigend, wenn man annehmen wollte, daß dem Kläger zuzüglich zu seinem Gehalt für seine Dienstleistungen als Patentingenieur an sich noch eine besondere Vergütung für seine Erfindungen zugestanden habe. Die Erfindungen waren für die Beklagte wertlos. Sie hat nach den Feststellungen des Landesarbeitsgerichts aus ihnen keinen Nutzen gezogen und die Patente alsbald nach der Patenterteilung auf den Kläger übertragen. Außerdem hat sie die bis zur Übertragung fällig gewordenen Gebühren getragen und Sach- und Personalkosten für die Bearbeitung der Angelegenheit aufgewendet. Von einer in besonderem Maße unbefriedigenden Regelung der Vergütungsfrage kann also keine Rede sein. Allein schon wegen dieser von der Beklagten aufgewendeten Kosten in Verbindung mit der Übertragung der Patente auf den Kläger kann auch nicht aus einer bloßen Sperrwirkung der Patente oder aus einer Inanspruchnahme der Erfindungen im Sinne des § 4 DVO etwas zu Gunsten des Klägers hergeleitet werden, und zwar auch nicht unter Berücksichtigung des Abschnitts V Abs. 10 der Richtlinien für die Vergütung von Gefolgschaftserfindungen vom 10. Oktober 1944 (Deutscher Reichsanzeiger 1944 S. 271), die im übrigen auch keine materiell-rechtlichen Normen darstellen. Ein Vergütungsanspruch scheidet daher insoweit aus.

Unbegründet ist endlich die Rüge, das Landesarbeitsgericht habe nicht berücksichtigt, daß eine Sonderleistung außerhalb des Arbeitsbereichs eine Sondervergütung erfordere. Es ist schon sehr fraglich, ob eine solche Sonderleistung überhaupt vorliegt. Auf jeden Fall verkennt aber der Kläger, daß eine besondere Vergütung für eine neben den arbeitsvertraglichen Pflichten erbrachte Leistung billigerweise nur dann beansprucht werden kann, wenn eine derartige Leistung für den Arbeitgeber von wirtschaftlichem Wert ist und eine Verwertbarkeit ermöglicht. Daran fehlt es im vorliegenden Fall. Weiter verkennt der Kläger, daß die Frage nach der Vergütung der Sonderleistung im vorliegenden Fall gar nicht mehr gestellt werden kann. Denn § 13 Abs. 1 Satz 2 DVO regelt die Vergütungsfrage von vor dem Inkrafttreten der Verordnung gemachten Diensterfindungen abschließend; das ergibt sich aus den obigen Ausführungen des Senats.

50

1. Für nicht gewährte Hausarbeitstage ist der Abgeltungsanspruch in zwei Fällen gegeben:

a) wenn das Arbeitsverhältnis beendet ist und deswegen Freizeit nicht mehr gewährt werden kann,

b) wenn der Anspruchszeitraum über einen Monat hinaus abgelaufen ist und daher aus rechtlichen Gründen im Hinblick auf Sinn und Zweck des Hausarbeitstages die Freizeit für diesen auf einen be-

stimmten Anspruchszeitraum entfallenden Hausarbeitstag nicht mehr in natura gewährt werden darf.

2. Der Abgeltungsanspruch ist ein vertraglicher Ausgleichsanspruch (Entschädigungsanspruch), der als Lohnanspruch zu behandeln ist.

Hausarbeitstagsgesetz Nordrhein-Westfalen §§ 1, 2; BGB §§ 812, 814, 818; GG Art. 1.

I. Senat. Urteil vom 2. November 1956 i. S. B. (Kl.) w. R. (Bekl.) 1 AZR 437/55.

I. Arbeitsgericht Iserlohn. — II. Landesarbeitsgericht Hamm/Westf.

Die Klägerin war bei der Beklagten vom 30. April 1951 bis zum 21. September 1954 als Hilfsarbeiterin beschäftigt. Ihre tägliche Arbeitszeit betrug $7^3/_4$ Stunden.

Die Klägerin ist verheiratet und hat ein Kleinkind. Sie hat eine Wohnung, in der sie für sich selbst, für ihren Ehemann und ihr Kind Hausarbeit verrichtet und das Essen zubereitet. Die Mutter der Klägerin, die in demselben Haus wie die Klägerin wohnt, hilft im Haushalt mit. In den Monaten Januar 1954 bis August 1954 erhielt die Klägerin keinen Hausarbeitstag.

Die Klägerin hat behauptet, sie habe von dem geschäftsführenden Gesellschafter der Beklagten, R., die Gewährung des Hausarbeitstags begehrt. R. habe jedoch die Gewährung im Hinblick auf die Rechtsprechung der nordrhein-westfälischen Landesarbeitsgerichte Düsseldorf und Hamm (Westf.) abgelehnt. Die Klägerin hat deshalb Abgeltung von 6 nicht gewährten Hausarbeitstagen, nämlich für die Monate Januar 1954 bis April 1954 und Juli 1954 bis August 1954 verlangt und beantragt,

die Beklagte zu verurteilen, an die Klägerin 41,85 DM zu zahlen.

Die Beklagte hat gebeten, die Klage abzuweisen.

Sie hat bestritten, daß die Klägerin im Januar 1954 einen Anspruch auf Gewährung des Hausarbeitstags geltend gemacht habe. Wohl habe die Klägerin seinerzeit mit dem Geschäftsführer R. über den Hausarbeitstag gesprochen. Im übrigen habe die Klägerin in den Monaten des Jahres 1954, für die sie Abgeltung begehre, die vom Gesetz vorausgesetzten 40 Stunden wöchentlich nicht gearbeitet. Verschiedentlich habe die Klägerin auch unentschuldigt gefehlt. In keinem der fraglichen Monate habe die Klägerin die Voraussetzungen des Hausarbeitstagsanspruchs erfüllt.

Das Arbeitsgericht hat die Beklagte verurteilt, an die Klägerin 6,98 DM brutto zu zahlen, und im übrigen die Klage abgewiesen.

Das Landesarbeitsgericht hat die Klage in vollem Umfange abgewiesen.

Die Revision der Klägerin führte zur Aufhebung und zur Zurückverweisung an das Landesarbeitsgericht.

Aus den Gründen:

Zu Unrecht hat das Berufungsgericht den Anspruch der Klägerin verneint, weil eine Abgeltung von Hausarbeitstagen nicht zulässig sei. Schon in seiner Grundsatzentscheidung vom 14. Juli 1954 (BAG 1, 59) hat der Senat ausgeführt, daß der Anspruch auf den Hausarbeitstag zwar grundsätzlich nicht durch entsprechende Geldzahlung abgegolten werden könne. Denn es sei nicht Sinn der Hausarbeitstagsgesetze der Länder der ehemaligen britischen Zone, durch Verzicht auf die Freistellung von der Arbeit zum Zwecke der Erledigung von Hausarbeit die Erzielung eines Doppellohnes zu ermöglichen, solange Freizeit noch gewährt werden könne. Wenn aber die Freizeit aus tatsächlichen oder rechtlichen Gründen im Hinblick auf Sinn und Zweck des Hausarbeitstags nicht mehr gewährt werden könne, so müsse eine nachträgliche Abgeltung möglich sein, weil sonst der Arbeitgeber sich unter Umständen seiner Pflicht zur Gewährung des Hausarbeitstags gänzlich entschlagen könne. Dabei müsse allerdings auch von der anspruchsberechtigten Arbeitnehmerin verlangt werden, daß sie die Gewährung des Hausarbeitstags in irgend einer geeigneten Art und Weise rechtzeitig gewünscht habe. Nur dann würde sich ein solches Ersuchen erübrigen, wenn der Arbeitgeber der betreffenden Arbeitnehmerin oder anderen in gleicher Lage befindlichen Arbeitnehmerinnen gegenüber von vornherein zu verstehen gegeben hätte, er lehne die Gewährung des Hausarbeitstags grundsätzlich überhaupt ab.

An dieser seiner Grundauffassung hält der Senat fest.

Zunächst ist hervorzuheben, daß es hier ausschließlich um die Frage der Abgeltung des Hausarbeitstags geht. Dieser Anspruch auf Abgeltung darf nicht mit einem Anspruch auf Schadenersatz verwechselt werden. Entgegen der Auffassung der Beklagten geben die Ausführungen des Senats in der erwähnten Grundsatzentscheidung vom 14. Juli 1954 keinen Anlaß zu der Annahme, der Senat sei damals der Auffassung gewesen, bei Nichtgewährung des Hausarbeitstags könne die Arbeitnehmerin allenfalls einen Schadenersatzanspruch haben, der bekanntlich ein Verschulden des Arbeitgebers voraussetzt. Allerdings ist die Möglichkeit eines solchen Schadenersatzanspruchs der Arbeitnehmerin wegen schuldhafter Nichtgewährung eines oder mehrerer Hausarbeitstage nicht verneint worden.

Der Abgeltungsanspruch für nicht gewährte Hausarbeitstage ist in zwei Fällen gegeben:

1. wenn das Arbeitsverhältnis beendet ist und deswegen Freizeit nicht mehr gewährt werden kann,

2. wenn der Anspruchszeitraum über einen Monat hinaus abgelaufen ist und daher aus rechtlichen Gründen im Hinblick auf Sinn und Zweck des Hausarbeitstags die Freizeit für diesen auf einen bestimmten Anspruchszeitraum entfallenden Hausarbeitstag nicht mehr in natura gewährt werden darf. In dem letzteren Fall ist also der Anspruch auf Gewährung eines freien Tages unter Fortzahlung des Arbeitsentgeltes zur Erledigung von Hausarbeiten nicht mit dem Ablauf des Kalendermonats, für den der Anspruch entstanden ist, erloschen, sondern der Hausarbeitstag ist auch noch im folgenden unmittelbar anschließenden Monat in natura zu gewähren. Das ergibt sich daraus, daß der für einen bestimmten Monat entstandene Anspruch auf Gewährung eines Hausarbeitstags auch noch am letzten Tag gewährt werden könnte, es aber aus betrieblichen und persönlichen sowie auch zeitlichen Gründen oft nicht möglich sein wird, den Hausarbeitstagsanspruch noch gerade am letzten Tag des Monats, für den er entstanden ist, zu gewähren. Es widerspricht auch nicht dem Sinn und Zweck des Hausarbeitstags, ihn im folgenden Monat in natura zu gewähren, weil seine Zweckgebundenheit, nämlich der Frau für einen bestimmten Zeitraum einen freien Tag zur Erledigung angefallener größerer Hausarbeiten zu gewähren, damit nicht umgangen wird. Hingegen würde sowohl eine Übertragung eines oder mehrerer Hausarbeitstage auf spätere Anspruchszeiträume wie auch ein Anstehenlassen von Hausarbeitstagen und ihre Erfüllung noch nach Monaten dem Gesetzeszweck widersprechen. Denn das Gesetz gewährt einen Hausarbeitstag für einen Monat, nicht etwa mehrere zu beliebigen Zeitpunkten zu gewährende Hausarbeitstage in einem Jahr. Es ist nicht zulässig, daß für die anspruchsberechtigte Arbeitnehmerin mehrere Hausarbeitstage aufgespart werden, die sie dann noch nach längerer Zeit auf einmal zusammen nehmen könnte. Das würde zu einer Sinnverfälschung und praktisch zu einer Art zusätzlichen Urlaubs führen können. In allen diesen Fällen, in denen der auf einen bestimmten Anspruchszeitraum entfallende Hausarbeitstag bei fortbestehendem Arbeitsverhältnis auch in dem dem Anspruchszeitraum folgenden Monat nicht gewährt und genommen worden ist, ist also eine Gewährung in natura aus rechtlichen Gründen unmöglich. In diesen Fällen besteht unter der selbst-

verständlichen Voraussetzung, daß die gesetzlichen Tatbestandsmerkmale für einen Hausarbeitstagsanspruch erfüllt sind, ein Anspruch darauf, daß der Hausarbeitstag abgegolten wird.

Die Abgeltung ist eine Entschädigung dafür, daß der Arbeitnehmerin Freizeit, die für die Erledigung von Hausarbeiten nach dem Gesetz gegeben werden mußte, nicht gegeben worden ist. Durch die Nichtgewährung des Hausarbeitstags ist die Arbeitnehmerin in aller Regel gezwungen, die zu erledigenden Hausarbeiten zu einer anderen Zeit außerhalb ihrer Arbeitszeit zu erledigen. Die Arbeitnehmerin wird also gezwungen, gewisse Hausarbeiten zu einer Zeit außerhalb und zusätzlich zu ihrer Berufsarbeit zu leisten, was der Gesetzgeber ihr gerade durch das Hausarbeitstagsgesetz abnehmen wollte. Dabei ist, was das Berufungsgericht verkennt, zu berücksichtigen, daß das Hausarbeitstagsgesetz dem Schutz der Arbeitnehmerin dient. Die Arbeitnehmerin mit eigenem Hausstand soll wegen ihrer Doppelbelastung an einem Tag im Monat von ihrer beruflichen Arbeit freigestellt sein, um in dieser Zeit ihrer Hausarbeit nachgehen zu können und hierfür nicht zusätzliche Zeit auf Kosten ihrer arbeitsfreien Zeit aufwenden zu müssen.

Ein weiterer Gesichtspunkt kommt hinzu. Nach dem Hausarbeitstagsgesetz war die Arbeitnehmerin an einem Tag im Monat nicht verpflichtet, ihrer sonst gegebenen vertraglichen Arbeitspflicht nachzukommen. Sie hatte ein Recht auf einen freien Tag zum Zwecke der Erledigung von Hausarbeiten unter Fortzahlung des nach § 2 des nordrhein-westfälischen Hausarbeitstagsgesetzes zu berechnenden Arbeitsentgelts. Wenn ihr nun zu Unrecht dieser arbeitsfreie Tag vorenthalten worden ist und sie daher an diesem Tag, ohne dazu verpflichtet zu sein, ihrer vertraglichen Arbeitspflicht nachgekommen ist, so hat der Arbeitgeber diese Leistung, die sie nicht zu erbringen braucht, ohne rechtlichen Grund empfangen (§§ 812, 818 Abs. 2 BGB). Er ist daher ausgleichspflichtig.

Unrichtig ist der Hinweis, der Arbeitgeber sei solchen Falles nicht bereichert, da er bei Gewährung der Hausarbeitstage die anfallende Arbeit durch die übrigen Arbeitskräfte ohne Sondervergütung habe miterledigen lassen. Es kommt für die Bereicherung allein auf den zur Erörterung stehenden konkreten Tatbestand an. Danach hat aber der Arbeitgeber eine Arbeitsleistung der Arbeitnehmerin einmal im Monat ohne arbeitsvertragliche Verpflichtung, also ohne rechtlichen Grund entgegengenommen, deren Wert = Arbeitslohn er erstatten muß. Auch § 814 BGB steht dem Anspruch nicht entgegen, da die Klägerin offenbar nicht völlig freiwillig und vorbehaltlos geleistet hat, sondern deshalb, weil ihr der Hausarbeitstag verweigert wurde (RGZ 138, 122; 147, 21; Larenz, Lehrbuch des Schuldrechts, Bd. 2, 1956 S. 312).

Der Senat ist jedoch der Meinung, daß die Frage des Abgeltungsanspruchs nicht einseitig unter dem Gesichtspunkt der ungerechtfertigten Bereicherung (§ 812 ff. BGB) betrachtet werden darf, genau so wenig wie die Gesichtspunkte des sonst nach bürgerlichem Recht zu beurteilenden Schadenersatzanspruches allein maßgebend sein können. Daher konnte der Senat es dahingestellt sein lassen, ob an dem Grundsatz des § 253 BGB festzuhalten ist, nach dem wegen eines Schadens, der nicht Vermögensschaden ist, Entschädigung in Geld nur in den durch das Gesetz bestimmten Fällen (§§ 847, 1300) gefordert werden kann, oder ob das Grundrecht der Würde des Menschen (Art. 1 GG) und die nunmehr auf der Verfassung beruhende Anerkennung des allgemeinen Persönlichkeitsrechts (BGHZ 13, 338; NJW 56, 26) auch die Bejahung des Ersatzes immateriellen Schadens erfordern (vgl. Nipperdey in Grundrechte, Bd. 2, S. 46; Staudinger-Coing, Allg. Teil, 11. Aufl., Vorbem. 22, 28 vor § 1). Man muß vielmehr den Gesamttatbestand in seiner sozialen Bedeutung ins Auge fassen. Dieser rechtfertigt es aber nach Treu und Glauben und im Hinblick auf die arbeitsvertragliche Fürsorgepflicht, den Gesichtspunkt einer Entschädigung der arbeitenden Frau, die Anspruch auf einen Hausarbeitstag hat, der ihr aber rechtswidrig nicht gewährt worden ist, maßgebend sein zu lassen. Dieser Anspruch ist kein Schadenersatzanspruch und auch kein Anspruch aus ungerechtfertigter Bereicherung im Sinne des bürgerlichen Rechts, sondern ein vertraglicher Ausgleichsanspruch (Entschädigungsanspruch) der als Lohnanspruch zu behandeln ist. Der anspruchsberechtigten Arbeitnehmerin wird auf diese Weise ein Ausgleich zuteil für eine ungerechtfertigte Benachteiligung, der auf der anderen Seite eine ungerechtfertigte Bevorteilung des Arbeitgebers — Entgegennahme von Dienstleistungen, die nach dem Gesetz nicht zu erbringen waren — gegenübersteht.

Dieses Ergebnis widerspricht auch nicht den Urteilen des Senats über den Frauenlohn (BAG 1, 258 ff.). Denn die Arbeitnehmerin bekommt durch den Abgeltungsbetrag in Wahrheit keinen zusätzlichen Lohn, so daß sie für ihre Arbeit mehr erhielte als der unter sonst gleichen Voraussetzungen arbeitende Mann. Sie bekommt vielmehr lediglich eine Entschädigung für das, was ihr nach geltendem Hausarbeitstagsrecht unrechtmäßig vorenthalten worden ist. Daß die Hausarbeitstagsgesetze der Gleichberechtigung von Mann und Frau nicht widersprechen, hat der Senat in seinen Grundsatzentscheidungen vom 14. Juli 1954 näher ausgeführt (vgl. BAG 1, 57).

Da entgegen der Ansicht des Berufungsgerichts die Abgeltungsmöglichkeit und Abgeltungspflicht nicht gewährter Hausarbeitstage unter den gekennzeichneten Voraussetzungen bejaht werden muß, kommt es darauf an, ob der Klägerin in den Monaten, für die sie wegen nicht gewährter Hausarbeitstage Abgeltung verlangt, wirklich ein Hausarbeitstag zustand. Das hat das Berufungsgericht, weil es von einem irrigen, die Abgeltungsmöglichkeit verneinenden Standpunkt ausging, nicht geprüft. Deshalb mußte das Berufungsurteil aufgehoben, und die Sache zur anderweiten Verhandlung und Entscheidung dorthin zurückverwiesen werden. Das Berufungsgericht muß feststellen, ob die Klägerin in der Zeit von Januar 1954 bis April 1954 einerseits und von Juli bis August 1954 andererseits jeweils einen Hausarbeitstagsanspruch hatte. Dabei kommt es nicht darauf an, ob sie diesen Hausarbeitstagsanspruch Monat für Monat geltend gemacht hat. Denn wenn sich ihre Behauptung als richtig herausstellt, daß die Beklagte seinerzeit im Januar 1954, gleich aus welchem Grunde, die Gewährung des Hausarbeitstags überhaupt abgelehnt hat, so bedurfte es einer weiteren besonderen Geltendmachung des Anspruchs nicht (BAG 1, 60).

51

1. Die Tarifordnung für die freien und gemeinnützigen Kranken- und Pflegeanstalten (FKr.T) ist rechtswirksam erlassen und verstößt nicht gegen das Gesetz Nr. 1 der Militärregierung.

2. Die sogenannte Herausnahmeanordnung des Präsidenten des Landesarbeitsamts Westfalen-Lippe vom 5. Januar 1946 ist ebenfalls nach Form und Inhalt rechtswirksam.

§§ 1 ff. der Tarifordnung für die freien und gemeinnützigen Kranken- und Pflegeanstalten (FKr.T); § 2 (§ 3) 14. DVO zum AOG.

I. Senat. Urteil vom 14. November 1956 i. S. K. K. St. M. (Bekl.) w. Q. (Kl.) — 1 AZR 308/54 —.

I. Arbeitsgericht Siegen. — II. Landesarbeitsgericht Hamm/Westf.

Der Kläger wurde am 1. Oktober 1949 als Assistenzarzt im M.-K. in Siegen, dessen Rechtsträger die Beklagte, eine Kirchengemeinde, ist, eingestellt. In seinem Anstellungsvertrag wurde vereinbart, daß die Grundlage der Vertragsbeziehungen der frühere Tarifvertrag des Reichsverbandes angestellter Ärzte und des Zweckverbandes Süd-Westfalen sein solle. Der Kläger trägt vor, daß er unter die Tarifordnung für die freien gemeinnützigen Kranken- und Pflegeanstalten (FKr.T) vom 20. Juli 1944 falle und verlangt den sich hiernach ergebenden Differenzbetrag von 5200,– DM. Die Beklagte bittet um Abweisung der Klage. Sie bestreitet die Gültigkeit der FKr.T, weil sie nicht in der richtigen Form erlassen sei und nationalsozialistisches Rechtsgut enthalte. Sie macht weiter geltend, daß die Herausnahmeanordnung vom 5. Januar 1946 des Landesarbeitsamtspräsidenten rechtswirksam sei. Diese hat folgenden Wortlaut:

„1. Gemäß § 2 der Vierzehnten Durchführungsverordnung zum Gesetz zur Ordnung der nationalen Arbeit nehme ich die freien gemeinnützigen Kranken- und Pflegeanstalten, die dem Deutschen Caritasverband oder dem Zentralausschuß für die Innere Mission der deutschen evangelischen Kirche angeschlossen sind, aus der Tarifordnung für die freien gemeinnützigen Kranken- und Pflegeanstalten (FKr.T) vom 20. Juli 1944 (RABl. IV S. 275) heraus.

2. Die dem Deutschen Caritasverband angeschlossenen Anstalten beabsichtigen, wieder die Tarifordnung für die dem Deutschen Caritasverband angeschlossenen Anstalten der Gesundheitsfürsorge vom 3. Mai 1936 (TOG) und die Lohntarifordnung für die dem Deutschen Caritasverband angeschlossenen Einrichtungen und Anstalten der Gesundheitsfürsorge vom 1. März 1939 anzuwenden. Ebenso beabsichtigen die dem Zentralausschuß für die Innere Mission der deutschen evangelischen Kirche angeschlossenen Anstalten die Tarifordnung für die Anstalten und Einrichtungen der Gesundheitspflege, soweit sie dem Zentralausschuß für die Innere Mission der deutschen evangelischen Kirche angeschlossen sind (IMT) vom 1. Dezember 1937 und die Lohntarifordnung für die dem Zentralausschuß für die Innere Mission der deutschen evangelischen Kirche angeschlossenen Anstalten und Einrichtungen der Gesundheitspflege, in Kraft getreten am 5. Februar 1940, anzuwenden. Caritas und Innere Mission wollen für ihre Ärzte das Abkommen zwischen dem Reichsverband freier gemeinnütziger Kranken- und Pflegeanstalten e. V., Berlin, und dem Reichsverband angestellter Ärzte e. V., Leipzig, vom 19. April 1933, zur Anwendung bringen.

3. Sollte eine Anstalt die genannten Tarifordnungen und Abkommen nicht einhalten, behalte ich mir den Widerruf dieser Anordnung vor.

4. Die Anstalten sind berechtigt, die Löhne und Gehälter auf den Stand vom 31. August 1944 zu senken. Beabsichtigt eine Anstalt, die

Löhne oder Gehälter darüber hinaus zu senken, ist hierzu die Zustimmung des zuständigen Arbeitsamtes erforderlich.

5. Die Anordnung tritt rückwirkend am 1. September 1944 in Kraft."

Diese Anordnung war vom Caritasverband und dem Zentralausschuß für Innere Mission angeregt und wurde diesen sowie dem Arbeitsamt Dortmund und der Ärztekammer zur Kenntnis gegeben. Caritas und Innere Mission gaben die Anordnung an die angeschlossenen einzelnen Krankenhäuser weiter.

Der Kläger ist der Auffassung, daß die Herausnahmeanordnung unwirksam sei, weil sie weder durch die Verordnung der Militärregierung Nr. 7 noch durch § 1 Abs. 4 der FKr.T noch durch § 2 der 14. Durchführungsverordnung zum AOG gedeckt sei.

Das Arbeitsgericht hat die Klage abgewiesen, indem es sowohl die FKr.T als auch die Herausnahmeanordnung des Präsidenten des Landesarbeitsamts Westfalen-Lippe vom 5. Januar 1946 für gültig erachtet hat. Auf die Berufung des Klägers hat das Landesarbeitsgericht der Klage stattgegeben, weil die FKr.T gültig, die Herausnahmeanordnung aber ungültig sei. Das Landesarbeitsgericht führt weiter aus, daß nach den Tätigkeitsmerkmalen der Kläger in die Gruppe II der TO.A in Verbindung mit der Kr.T gehört.

Die Revision führte zur Aufhebung des Berufungsurteils und Abweisung der Klage.

Aus den Gründen:

Der Kläger stützt seine Ansprüche auf die Tarifordnung für die freien gemeinnützigen Kranken- und Pflegeanstalten (FKr.T). Die Entscheidung hängt daher in erster Linie davon ab, ob diese Tarifordnung rechtswirksam erlassen ist. Der Senat hat die grundsätzliche Befugnis bejaht nachzuprüfen, ob eine Tarifordnung in der richtigen Form und von den zuständigen Stellen erlassen ist und ob ihr Inhalt unter übergeordneten rechtlichen Gesichtspunkten, insbesondere weil er wesentlich auf nationalsozialistischen Gesichtspunkten beruht, heute keine rechtliche Anerkennung finden kann. Das entspricht dem rechtsstaatlichen Denken und der heutigen Auffassung vom richterlichen Prüfungsrecht.

Der Senat hat aber in Übereinstimmung mit der einhelligen Meinung in Rechtsprechung und Rechtslehre angenommen, daß die FKr.T rechtswirksam ist. Die Ausführungen der Beklagten, wonach die FKr.T nicht rechtswirksam zustande gekommen sei, weil ein Sachverständigenausschuß nicht gehört sei und der Reichsfinanzminister sowie der fachlich zuständige Reichskirchenminister nicht zugestimmt hätten, sind unzutreffend. Zwar ist das Landesarbeitsgericht in Übereinstimmung mit dem Urteil des Landesarbeitsgerichts Düsseldorf vom 8. Oktober 1952 — 1 Sa 91/51 — davon ausgegangen, daß ein Sachverständigenausschuß nicht gehört ist. Es hat aber mit Recht darauf hingewiesen, daß mit Rücksicht auf die Verordnung zur Abänderung und Ergänzung von Vorschriften auf dem Gebiet des Arbeitsrechts vom 1. September 1939 (RGBl. 1939 Teil I S. 1683) die Rechtswirksamkeit einer Tarifordnung — auch wenn sie von dem Reichstreuhänder für den öffentlichen Dienst erlassen ist — nicht dadurch beeinträchtigt wird, daß der Sachverständigenausschuß nicht gehört ist. Zu den — des Beweises halber vom Landesarbeitsgericht beigezogenen — Prozeßakten des Landesarbeitsgerichts Düsseldorf hat der Zeuge Dr. M. ausgesagt und der Berufungsrichter dementsprechend festgestellt, daß die Tarifordnung vor ihrem Entwurf allen beteiligten Ministern vorgelegen hat und von ihnen zum mindesten stillschweigend genehmigt ist. Zutreffend ist daher das Berufungsgericht in Übereinstimmung mit dem Urteil des Landesarbeitsgerichts Düsseldorf zu dem Ergebnis gekommen, daß die FKr.T rechtswirksam erlassen ist.

Ein Verstoß der FKr.T gegen das Militärregierungsgesetz Nr. 1 liegt nicht vor. Danach dürfen Gesetze, die in ihrer Anwendung Ungerechtigkeiten oder ungleiche Behandlung dadurch verursachen, daß irgendjemand auf Grund seiner Verbindung zur NSDAP Vorteile genießen oder jemand auf Grund seiner Rasse, seines Glaubens oder seines Widerstandes gegen die NSDAP Nachteile erleiden würde, nicht mehr angewendet werden. Daß Tarifordnungen als solche nicht deswegen unter die genannten Bestimmungen fallen, weil sie unter der Herrschaft des Nationalsozialismus erlassen sind, ergibt sich schon daraus, daß nach § 9 TVG Tarifordnungen grundsätzlich solange weitergelten, bis sie durch Tarifverträge verdrängt oder durch den Bundesminister für Arbeit aufgehoben werden. Was insbesondere die FKr.T betrifft, so hat das Landesarbeitsgericht ohne Rechtsirrtum festgestellt, daß der Erlaß dieser Tarifordnung nicht als Maßnahme angesehen werden kann, die unter das genannte Militärregierungsgesetz Nr. 1 fällt. Auf Grund der von dem Landesarbeitsgericht Düsseldorf durchgeführten Beweisaufnahme, insbesondere auf Grund wiederum der Aussage des Zeugen Dr. M., hat der Berufungsrichter festgestellt, daß der Erlaß der FKr.T nicht durch den Druck höherer Parteistellen herbeigeführt ist, daß vielmehr der Treuhänder aus dem Streben heraus gehandelt hat, das allgemeine Ziel eines einheitlichen Tarifwerkes für alle Krankenanstalten schrittweise weiter voranzutreiben.

Dem entspricht auch der Inhalt der FKr.T, die durch die Bezugnahme auf die Kr.T eine Vereinheitlichung herbeiführt. Auch in soweit steht der Senat in Einklang mit der herrschenden Rechtsprechung der Arbeits- und Landesarbeitsgerichte, die ohne Ausnahme zu dem Ergebnis gekommen sind, daß die FKr.T trotz gewisser Bedenken nicht gegen das genannte Militärregierungsgesetz verstößt.

Ist hiernach die FKr.T rechtswirksam erlassen und auch ihrem Inhalte nach als rechtswirksam anzuerkennen, so kommt es nunmehr entscheidend darauf an, ob die Krankenhäuser, die dem Deutschen Caritasverband und dem Zentralausschuß für die Innere Mission angehören, durch die Herausnahmeanordnung des damaligen Präsidenten des Landesarbeitsamts Westfalen-Lippe vom 5. Januar 1946 gültig und rechtswirksam aus der FKr.T herausgenommen sind. Sofern diese Frage bejaht werden muß, ist der Anspruch des Klägers unbegründet.

Die Herausnahmeanordnung hat der damalige Präsident des Landesarbeitsamts Westfalen-Lippe ausdrücklich auf § 2 der 14. Durchführungsverordnung gestützt. Nach dieser Bestimmung konnte der Treuhänder der Arbeit innerhalb seines Bezirkes durch schriftliche Anordnung für einzelne Betriebe oder Betriebsabteilungen oder für bestimmte Gefolgschaftsmitglieder die Geltung aller oder einzelner Bestimmungen einer Tarifordnung ausschließen, wenn es ihm aus wirtschaftlichen oder sozialen Gründen dringend geboten erschien. Die Rechtswirksamkeit der 14. Durchführungsverordnung kann nicht in Zweifel gezogen werden. Denn nach § 64 Abs. 2 des AOG konnten Durchführungsverordnungen erlassen und es konnte dabei von bestehenden Vorschriften des AOG selbst abgewichen werden. Es kann dahingestellt bleiben, ob die 14. Durchführungsverordnung eine Abweichung vom AOG enthält. Selbst wenn das der Fall wäre, so würde diese Abweichung durch § 64 Abs. 2 AOG gedeckt werden. Es kann nicht der Einwand gemacht werden, daß nach den heutigen Grundsätzen, die sich namentlich aus dem Grundgesetz ergeben, eine Durchführungsverordnung nicht mehr von dem Gesetz, daß zu ihrem Erlaß ermächtigt, abweichen kann. Nach damaligem Recht war das möglich. Eine Bestimmung, wie sie im § 64 AOG enthalten ist, weicht auch nicht so entscheidend von rechtsstaatlichen Grundsätzen ab, daß die Ermächtigungsbestimmung selbst schon als nichtig angesehen werden müßte.

Ist somit die 14. Durchführungsverordnung als solche rechtswirksam, so trifft das auch für § 2 dieser Durchführungsverordnung zu, der die Herausnahme bestimmter Gefolgschaftsmitglieder oder einzelner Betriebe aus einer Tarifordnung durch eine schriftliche Mitteilung an den Betrieb ermöglicht. Der Vorderrichter hat die Herausnahmeanordnung als unwirksam angesehen, weil er in ihr nicht einen Verwaltungsakt, sondern einen Akt der Gesetzgebung, und zwar eine Tarifordnung, sieht und das Erfordernis einer ausreichenden Veröffentlichung nicht für erfüllt hält. Es mag zweifelhaft sein, ob die Herausnahmeanordnung ein Verwaltungsakt, d. h. eine Verfügung, sei es auch eine sogenannte Allgemeinverfügung, oder ein Akt der Rechtsetzung, d. h. eine Rechtsverordnung, ist. Sieht man in der Herausnahmeanordnung einen Verwaltungsakt, so ist er keinesfalls nichtig. Ein nichtiger Verwaltungsakt liegt nach überwiegender Ansicht nur vor, wenn ihm ein wesentliches im allgemeinen nicht heilbares rechtliches Element fehlt, so wenn die erlassende Behörde offensichtlich unzuständig war oder wenn der Verwaltungsakt unter Mißachtung besonders wesentlicher Verfahrensvorschriften erlassen ist oder wenn er schließlich etwas anordnet, was tatsächlich oder rechtlich nicht möglich ist, oder wenn er gegen ein gesetzliches Verbot verstößt. Dagegen ist ein Verwaltungsakt nicht deshalb nichtig, weil er das Gesetz unrichtig angewendet hat. Nur das würde aber im vorliegenden Fall in Betracht kommen. Für solche Fälle ist die Anfechtbarkeit im Verwaltungsgerichtsverfahren vorgesehen. Würde also die Herausnahmeanordnung als Verwaltungsakt anzusehen sein, so liegt jedenfalls kein so wesentlicher Mangel vor, daß die Gerichte in Arbeitssachen berechtigt wären, ihn als nichtig anzusehen (BGHZ 9, 131).

Vieles spricht allerdings dafür, die Herausnahmeanordnung nach der 14. Durchführungsverordnung zum AOG ihrer Natur nach als einen Akt der Rechtsetzung, also als eine Rechtsverordnung anzusehen. Dafür spricht insbesondere § 3 a. a. O., wonach die Herausnahme einer Bekanntmachung im Reichsarbeitsblatt nicht bedarf. Wäre nach der Auffassung des damaligen Gesetzgebers die Herausnahmeanordnung ein Verwaltungsakt, so wäre die Vorschrift des § 3 überflüssig, weil Verwaltungsakte nicht verkündet zu werden brauchen. Es kommt hinzu, daß es sich im Grunde doch um nichts anderes handelt, als daß der zuständige Treuhänder oder Sondertreuhänder den ursprünglichen betrieblichen oder persönlichen Geltungsbereich der Tarifordnung ändert. Würde es also an besonderen gesetzlichen Bestimmungen fehlen, so könnte eine solche Änderung nur durch eine anderweitige Tarifordnung geschehen, die nach § 32 AOG in Verbindung mit der 2. Durchführungsverordnung zum AOG Art. 7 einer Bekanntmachung im Reichsarbeitsblatt bedurfte. Der Sinn der 14. Durchführungsverordnung zum AOG besteht nun gerade darin, das Verfahren für die Herausnahme von

Betrieben und Arbeitnehmern aus dem Geltungsbereich einer Tarifordnung zu vereinfachen. Es genügt nach § 2 der 14. Durchführungsverordnung eine schriftliche Anordnung für einzelne Betriebe oder Betriebsabteilungen oder für bestimmte Arbeitnehmer. Nun ist es sicherlich ein allgemeiner rechtsstaatlich anerkannter und notwendiger Grundsatz, daß Rechtssätze und daher auch Rechtsverordnungen publiziert werden müssen. Geheimgesetze können nach rechtsstaatlichen Grundsätzen keine Anerkennung finden. Die Art jedoch, wie ein Rechtssatz in geeigneter Weise bekannt zu machen ist, muß grundsätzlich dem erlassenden Gesetzgeber überlassen werden. Wenn also die 14. Durchführungsverordnung zum AOG für die Wirksamkeit der Herausnahmeanordnung aus Tarifordnungen den schriftlichen Erlaß an die einzelnen Betriebe genügen läßt, so mögen gegen die Zweckmäßigkeit einer solchen gesetzlichen Bestimmung im Hinblick darauf Bedenken erhoben werden, daß nicht sichergestellt ist, daß auch die Arbeitnehmer von einer solchen Anordnung Kenntnis erhalten. Jedoch können diese Bedenken nicht dazu führen, diesen Akt der Publikation als rechtsstaatlich überhaupt unwirksam anzusehen. Die an eine ausreichende Publikation zu stellenden Anforderungen können nicht für alle Zeiten gleich beurteilt werden. Es ist vielmehr der besonderen Situation im Zeitpunkt des Erlasses der Herausnahmeanordnung Rechnung zu tragen. Für die Zeit des Erlasses der Herausnahmeanordnung, also am 5. Januar 1946, erachtet der Senat in Übereinstimmung mit den Ausführungen des Landesarbeitsgerichts Düsseldorf die schriftliche Mitteilung an die betroffenen Betriebe, die streitlos über die Verbände der Caritas und der Inneren Mission an die einzelnen Krankenanstalten geschehen ist, für genügend. Das Reichsarbeitsblatt gab es zu jener Zeit nicht mehr, auch war an dessen Stelle ein anderes Verkündungsblatt nicht getreten. Zur Verkündung besonders wichtiger Verordnungen und Verfügungen wurde zunächst als eine Art von Behelf ein Blatt benutzt, das der Oberpräsident herausgab, später ein „Arbeits- und Sozialblatt" und schließlich die sogenannte Lechtesammlung. Es war weder ein wirklich brauchbares noch ein vorgeschriebenes Verkündungsblatt vorhanden. Unter diesen Umständen mußte es genügen, wenn den Betrieben, die von der Anordnung betroffen wurden, und vor allem den sie zusammenfassenden Verbänden die Anordnung bekannt gemacht wurde.

Es kann sich alsdann nur noch fragen, ob der Präsident des Landesarbeitsamts Westfalen-Lippe bei der Herausnahme der dem Caritasverband und dem Zentralausschuß der Inneren Mission angeschlossenen Kranken- und Pflegeanstalten sich im Rahmen der ihm nach § 2 der

14. Durchführungsverordnung gegebenen Befugnisse gehalten hat. Er konnte nach § 2 dieser Durchführungsverordnung nur „einzelne" Betriebe von der Geltung der Tarifordnung ausschließen. Wenn die Durchführungsverordnung hier von einzelnen Betrieben spricht, so ist das aber nicht in dem Sinne zu verstehen, daß eine größere Anzahl von Betrieben nicht herausgenommen werden könnte. Denn dann würde in allen Fällen, in denen eine Reihe von Betrieben herausgenommen werden soll, Unsicherheit entstehen, ob es sich noch um „einzelne" Betriebe handelt. Bei keiner solchen Herausnahmeanordnung würde feststehen, ob das Merkmal des „einzelnen" Betriebes noch gewahrt ist. Daher hat das Reichsarbeitsgericht in der Entscheidung RAG in ARS 43, 305 eine Herausnahmeanordnung für rechtswirksam angesehen, bei der alle Betriebe der Luftfahrt von dem Reichsangestelltentarifvertrag, der als Tarifordnung weitergalt, ausgenommen wurden. Auch § 3 Abs. 2 der 14. Durchführungsverordnung spricht nicht von einzelnen Betrieben, sondern von Betrieben. Entscheidend ist, daß der Betrieb durch eine ihm schriftlich zugegangene Erklärung des Treuhänders herausgenommen wird. Diese Erklärung richtet sich an die Adresse des Betriebes, nicht an die der Arbeitnehmer. Faßt man also den Begriff des „einzelnen" Betriebes dahin auf, daß es auf das Verfahren der Herausnahme, nämlich darauf ankommt, daß eben dem einzelnen Betrieb die Herausnahmeanordnung zugegangen ist, daß also der einzelne Betrieb durch die Anordnung unmittelbar angesprochen wird, so sind die Voraussetzungen hier gegeben. Die Herausnahmeanordnung, die zwar die Krankenhäuser nicht einzeln nennt, ist ihnen aber doch individuell schriftlich über die Verbände zugegangen.

Allerdings wird man bei der Befugnis zur Herausnahme einzelner Betriebe eine Einschränkung machen müssen, nämlich dahin, daß der Charakter einer Ausnahme gegenüber der Regel einer Tarifordnung gewahrt bleibt. Es kann nicht auf der Grundlage des § 2 der 14. Durchführungsverordnung die Regel der Tarifordnung selbst beseitigt werden. Bei der Beurteilung aber, ob der Ausnahmecharakter bei der Herausnahme im Rahmen der ganzen Tarifordnung noch erhalten geblieben oder verletzt ist, kommt es nicht darauf an, daß rein zahlenmäßig das eine oder andere überwiegt, sondern in erster Linie auf eine gedankliche Wahrung von Grundsatz und Ausnahme. An dem Grundsatz der Tarifordnung hat die ganz konkret formulierte Ausnahmegenehmigung aber nicht rütteln wollen. Selbst wenn man daran noch Zweifel haben und meinen wollte, daß bei einer praktischen Herausnahme einer überwiegenden Zahl von Betrieben dieser Ausnahmecharakter nicht mehr gewahrt sei, so ist hier doch das Verhältnis zur gesamten Tarifordnung in Rücksicht zu ziehen. Es handelt sich nur um zwei Landesarbeitsamtsbezirke innerhalb des gesamten Bundesgebietes, die eine Herausnahmeanordnung erlassen haben. Auf das gesamte Gebiet der Tarifordnung bezogen, ist der Ausnahmecharakter schon aus diesem Grunde gewahrt geblieben.

Die Herausnahmeanordnung des Präsidenten des Landesarbeitsamts Westfalen-Lippe vom 5. Januar 1946 ist daher im Gegensatz zur Auffassung des Berufungsgerichts rechtswirksam. Sie läßt den geltend gemachten Anspruch in sich zusammenfallen, so daß das Urteil des Landesarbeitsgerichts aufgehoben und die Klage in vollem Umfange abgewiesen werden mußte.

52

1. Wenn keine besondere Form für die Kündigung vorgeschrieben ist, kann es nur darauf ankommen, ob der zu Kündigende deutlich ersehen kann, daß die ihm ausgesprochene Kündigung von einem Kündigungsberechtigten ausgesprochen worden ist.

2. Die verspätete Klage wegen Sozialwidrigkeit der Kündigung ist auch in dem Falle, daß mit der Klage gleichzeitig ein nicht unter die Dreiwochenfrist des § 3 KSchG fallender Klagegrund geltend gemacht wird, nur bei Vorliegen der Voraussetzungen des § 4 KSchG zugelassen.

BGB §§ 126, 127; KSchG §§ 3, 4.

II Senat. Urteil vom 22. November 1956 i. S. P. (Kl.) w. B. Ü. (Bekl.)
2 AZR 192/54.

I. Arbeitsgericht Bremen. — II. Landesarbeitsgericht Bremen.

Die Klägerin war seit August 1946 zunächst bei der I. R. Organisation und nach Übernahme des Betriebs durch die Beklagte seit dem 1. Februar 1952 bei dieser als Putzfrau beschäftigt. Am 15. Mai 1952 richtete die Beklagte an die Klägerin ein formularmäßig vervielfältigtes und mit der faksimilierten Unterschrift des Geschäftsführers der Beklagten versehenes Schreiben folgenden Wortlauts:

„B. Ü. G.m.b.H. B., den 15. Mai 1952

Herrn/Frau/Fräulein . . .

Wir werden im Laufe des kommenden Monats das Lager B.-G. aufgeben müssen; außerdem läuft Mitte Juni das jetzige Auswanderungsprogramm nach den USA aus. Aus diesen Gründen wird eine weitere

Personaleinschränkung in unserem Gesamtbetrieb notwendig. Zu unserem Bedauern sehen wir uns deshalb leider gezwungen, das Arbeitsverhältnis mit Ihnen hiermit zum 30. Juni 1952 zu kündigen.
Wir danken Ihnen für Ihre bisherige Mitarbeit.

faksimilierte Unterschrift
Unterschrift in Druckschrift
Geschäftsführer."

Dieses Schreiben ging der Klägerin am 15. Mai 1952 zu. Mit Schreiben vom 20. Juni 1952, eingegangen am 23. Juni 1952, legte sie beim Arbeitsgericht „Einspruch" ein mit der Begründung, die Beklagte habe bei der Auswahl der zu kündigenden Putzfrauen die sozialen Gesichtspunkte nicht ausreichend berücksichtigt. Das Arbeitsgericht teilte der Klägerin mit Schreiben vom 24. Juni 1952 mit, daß ihr Einspruch nicht als Klageschrift im Sinne des § 253 ZPO angesehen werden könne und stellte ihr anheim, auf dem nächsterreichbaren Arbeits- bzw. Amtsgericht eine Klage zu Protokoll zu geben. Erst am 13. Juli 1953 ging eine Klage der Klägerin beim Arbeitsgericht B. ein, in der sie die Unwirksamkeit der Kündigung wegen Formmangels und wegen Sozialwidrigkeit geltend machte. Ihr gleichzeitig gestellter Antrag, die Klage trotz verspäteter Einreichung gemäß § 4 KSchG nachträglich zuzulassen, wurde vom Arbeitsgericht durch Beschluß vom 29. Oktober 1953 abgelehnt, die hiergegen eingelegte sofortige Beschwerde vom Landesarbeitsgericht zurückgewiesen. Die Klage selbst wurde vom Arbeitsgericht durch Endurteil vom 21. Januar 1954 als sachlich unbegründet abgewiesen, die hiergegen eingelegte Berufung vom Landesarbeitsgericht zurückgewiesen.

Die Revision der Klägerin hatte keinen Erfolg.

Aus den Gründen:

1. Das Landesarbeitsgericht hat die Rechtswirksamkeit der der Klägerin am 15. Mai 1952 zugegangenen Kündigung bejaht, und zwar mit der Begründung, daß weder die Schriftform der Kündigungserklärung noch deren persönliche Übermittlung durch den Kündigungsberechtigten nach den Gesetzen erforderlich sei, soweit nicht durch Tarifvertrag oder Einzelabreden besondere Formvorschriften vereinbart worden seien. Hieraus folge aber, wie allgemein anerkannt sei, daß eine in Schriftform erfolgende Mitteilung des Kündigungswillens auch nicht notwendig die eigenhändige Unterschrift des Kündigenden tragen müsse. Es genüge, wenn der Empfänger der Erklärung aus der ihm zugegangenen Mitteilung mit ausreichender Sicherheit und Klarheit zu erkennen vermöge, daß die Kündigung von einer hierzu berechtigten Person ausgesprochen

worden sei. Hierüber könne im vorliegenden Fall kein Zweifel bestehen, den die Kündigungserklärung trage den vervielfältigten Namenszug des Geschäftsführers der Beklagten, der zweifellos zum Ausspruch von Kündigungen befugt gewesen sei, und darüber hinaus in Druckschrift dessen Namensbezeichnung sowie die Angabe seiner Funktion. Tatsächlich sei sich Klägerin auch, wie ihr eigenes früheres Vorbringen eindeutig ergäbe, niemals über die Bedeutung des ihr zugegangenen Schriftstücks und seiner Herkunft vom Geschäftsführer der Beklagten im Zweifel gewesen. Dies ergäbe sich schon aus der Tatsache, daß die Klägerin mit Schreiben vom 17. Mai 1952 gegen die Kündigung bei der Geschäftsführung der Beklagten Widerspruch geltend gemacht und auch mit ihrer Eingabe vom 20. Juni 1952 ausdrücklich „gegen die am 15. Mai 1952 von der B. Ü. GmbH, B.-G., erhaltene Kündigung Einspruch" erhoben habe.

Diese Ausführungen des Landesarbeitsgerichts sind frei von Rechtsirrtum. Die Klägerin kann die Ungültigkeit der Kündigung nicht etwa auf § 127 BGB stützen. Diese Vorschrift setzt voraus, daß durch Rechtsgeschäft eine schriftliche Form bestimmt ist. Eine solche Bestimmung ist aber, wie sich aus dem Zusammenhang der Darstellung des Landesarbeitsgerichts in seinen Urteilsgründen ergibt, zwischen den Parteien nicht vereinbart worden. In gleicher Weise hat das Landesarbeitsgericht ferner festgestellt, daß auch nicht etwa ein die Parteien bindender Tarifvertrag eine Schriftform für die Kündigung des Arbeitsverhältnisses vorsieht. Infolgedessen kann auch nicht § 126 BGB mit seiner Regelung bei vom Gesetz vorgeschriebener schriftlicher Form zum Zuge kommen. Daß die Kündigung etwa auf Grund einer zwischen der Beklagten und dem Betriebsrat getroffenen Betriebsvereinbarung der Schriftform bedurfte, hat die Klägerin nicht behauptet. Dann aber kann es nur darauf ankommen, ob bei der Bedeutung jenes Rechtsaktes für sie die Klägerin deutlich ersehen konnte, daß die ihr ausgesprochene Kündigung von einem Kündigungsberechtigten erklärt worden war. Das hat das Landesarbeitsgericht einwandfrei dargetan.

. . .

2. Das Landesarbeitsgericht hat ferner mit Recht den Standpunkt vertreten, daß die Frage, ob die Kündigung sozialwidrig sei, nicht mehr geprüft werden könne, nachdem die Klägerin die für die Geltendmachung der Sozialwidrigkeit in § 3 KSchG vorgesehene Dreiwochenfrist versäumt habe und die nachträgliche Zulassung der Sozialwidrigkeitsklage durch rechtskräftigen Beschluß abgelehnt worden sei. Gemäß § 3 KSchG muß die Kündigungsschutzklage, die auf Sozialwidrigkeit gestützt wird, innerhalb von drei Wochen nach Zugang der Kündigung erhoben

werden. Eine verspätet eingereichte Klage ist nach § 4 Abs. 1 KSchG vom Gericht nachträglich zuzulassen, wenn der Arbeitnehmer nach erfolgter Kündigung trotz Anwendung aller nach Lage der Umstände zuzumutenden Sorgfalt verhindert war, die Klage fristgemäß zu erheben. Der Antrag auf verspätete Zulassung ist gemäß § 4 Abs. 3 KSchG nur innerhalb von zwei Wochen nach Behebung des Hindernisses zulässig; nach Ablauf von sechs Monaten vom Ende der versäumten Frist an gerechnet kann er nicht mehr gestellt werden. Selbst wenn man nun den von der Klägerin am 23. Juni 1952 eingelegten „Einspruch" entgegen der Ansicht des Arbeitsgerichts als Klageschrift im Sinne des § 253 ZPO ansehen wollte, kann sich die Klägerin hierauf nicht mehr berufen, da dieser „Einspruch" erst nach Ablauf der Dreiwochenfrist des § 3 KSchG eingelegt worden ist und die in § 4 KSchG vorgesehenen Fristen für eine nachträgliche Zulassung der Klage längst abgelaufen sind. Die von der Klägerin beantragte nachträgliche Zulassung der am 13. Juli 1953 erhobenen Klage ist sodann durch rechtskräftigen Beschluß des Arbeitsgerichts abgelehnt worden. Wenn die Revision meint, in diesem Beschluß liege eine Vorwegnahme der Klageentscheidung, so übersieht sie dabei, daß dieses Verfahren den gesetzlichen Bestimmungen entspricht. § 4 Abs. 4 KSchG sieht nämlich ausdrücklich vor, daß über den Antrag auf nachträgliche Zulassung der Klage, der gemäß § 4 Abs. 2 KSchG mit der Klageerhebung zu verbinden ist, das Arbeitsgericht durch besonderen Beschluß entscheidet, gegen den die sofortige Beschwerde zulässig ist.

3. Die Revision irrt auch, wenn sie meint, die Einhaltung der Dreiwochenfrist sei nicht erforderlich gewesen, weil die Klägerin mit ihrer Klage vom 13. Juli 1953 gleichzeitig einen nicht unter diese Frist fallenden Nichtigkeitsgrund der Kündigung, nämlich die Nichtwahrung der Form, geltend gemacht habe. Sie verkennt nämlich, daß § 4 KSchG für die Zulassung der verspäteten Klage wegen Sozialwidrigkeit der Kündigung eben ein besonderes Verfahren vorschreibt; die nachträgliche Zulassung der Klage durch das Gericht ist nach dem klaren Wortlaut des Gesetzes unbedingte Voraussetzung dafür, daß der Gekündigte die Sozialwidrigkeit der ausgesprochenen Kündigung noch geltend machen kann. Hat das Gericht, wie im vorliegenden Fall, die nachträgliche Zulassung der Klage rechtskräftig abgelehnt, so kann sich der Gekündigte nicht mehr auf die Sozialwidrigkeit der Kündigung stützen.

4. . . .

5. . . .

53

1. Das Hausarbeitstagsgesetz Nordrhein-Westfalens ist ein Gesetz, das dem Schutz der Arbeitnehmerinnen dient. Es handelt sich um zwingendes Privatrecht. Die Arbeitnehmerin kann auf ihr Recht auf einen Hausarbeitstag im voraus nicht verzichten.

2. Die Abgeltung des Hausarbeitstags führt nicht zu einer Doppelentlohnung. Sie ist vielmehr lediglich ein Ausgleich dafür, daß der Arbeitgeber der anspruchsberechtigten Arbeitnehmerin einen bezahlten Hausarbeitstag, den er ihr in natura nicht mehr gewähren kann, ungerechtfertigt vorenthalten hat.

§§ 1, 2 des nordrhein-westfälischen Gesetzes vom 27. Juli 1948 betr. den Hausarbeitstag.

I. Senat. Urteil vom 26. November 1956 i. S. B. (Kl.) w. B. f. A. (Bekl.) 1 AZR 301/55.

I. Arbeitsgericht Hagen. — II. Landesarbeitsgericht Hamm/Westf.

Die Klägerin ist als Stenotypistin beim Arbeitsamt der Beklagten in B. beschäftigt. Sie führt einen eigenen Haushalt. Bis zum Juli 1953 erhielt sie von der Beklagten den ihr nach dem Nordrhein-Westfälischen Hausarbeitstagsgesetz vom 27. Juli 1948 zustehenden Hausarbeitstag.

Noch vor Inkrafttreten dieses Gesetzes wurde bei den Dienststellen der Beklagten auf Grund der Bestimmung Nr. 14 der Urlaubsvorschriften des Personalamtes der Verwaltung des Vereinigten Wirtschaftsgebietes vom 10. Mai 1948 (Pers. Bl. VWG 1949 S. 14) der Hausarbeitstag gewährt. Am 28. Juli 1954 wurde zwischen der Gewerkschaft ÖTV, deren Mitglied die Klägerin ist, und der Beklagten ein Tarifvertrag geschlossen. Hiernach kam die Bestimmung Nr. 14, soweit sie den freien Hausarbeitstag betraf, in Wegfall. Auf Grund dieser Tarifvereinbarung und unter dem Einfluß der Rechtsprechung der Landesarbeitsgerichte Hamm und Düsseldorf, die das Hausarbeitstagsgesetz für verfassungswidrig erachtet hatten, stellte die Beklagte die Gewährung des Hausarbeitstages ein. Bis zum September 1954 wurden daher der Klägerin 12 Hausarbeitstage nicht gewährt. Wären der Klägerin diese Hausarbeitstage bezahlt worden, so hätte sie 135,61 DM brutto erhalten.

Unter Berufung auf das Urteil des Bundesarbeitsgerichts vom 14. Juli 1954 (BAG 1, 51 ff.) hat die Klägerin nunmehr Abgeltung der nicht gewährten Hausarbeitstage verlangt.

Die Beklagte hat ausgeführt, eine Abgeltung der Hausarbeitstage, die nicht mehr in natura gewährt werden könnten, sei nicht möglich, weil das Gesetz eine solche Abgeltung nicht vorsehe. Eine Abgeltung würde im übrigen zu einer zusätzlichen Entlohnung führen.

Das Arbeitsgericht hat der Klage stattgegeben. Das Landesarbeitsgericht hat dagegen die Klage abgewiesen.

Mit der Revision rügt die Klägerin Verletzung der §§ 1, 2 des Nordrhein-Westfälischen Gesetzes vom 27. Juli 1948 betreffend den Hausarbeitstag.

Die Revision führte zur Verurteilung der Beklagten gemäß dem Klageantrag.

Aus den Gründen:

Nach den tatsächlichen Feststellungen des angefochtenen Urteils sind die Voraussetzungen für den Anspruch auf einen Hausarbeitstag in der fraglichen Zeit, in der die Beklagte der Klägerin keinen Hausarbeitstag gewährt hat, gegeben. Wie der Senat wiederholt, so insbesondere in Sachen Block ./. Röttgers — AZR 437/55 — durch Urteil vom 2. November 1956 in Übereinstimmung mit seiner Entscheidung vom 14. Juli 1954 (BAG 1, 51 ff.) entschieden hat, besteht der Anspruch auf Abgeltung nicht gewährter Hausarbeitstage dann, wenn entweder das Arbeitsverhältnis beendet ist und deshalb Freizeit nicht mehr gewährt werden kann, oder wenn der Anspruchszeitraum über 1 Monat hinaus abgelaufen ist und aus rechtlichen Gründen im Hinblick auf den Sinn und Zweck des Hausarbeitstags die Freizeit für diesen, auf einen bestimmten Anspruchszeitraum beschränkten Hausarbeitstag nicht mehr in natura gewährt werden kann. — Der letztere Fall liegt hier vor. Der Abgeltungsanspruch der Klägerin besteht mithin zu Recht. Wegen der Begründung im einzelnen wird auf das Urteil in Sachen Block ./. Röttgers — 1 AZR 437/55 — vom 2. November 1956 verwiesen.

Irrig sind die Ausführungen des angefochtenen Urteils, das Hausarbeitstagsgesetz Nordrhein-Westfalens gewähre der anspruchsberechtigten Arbeitnehmerin den Hausarbeitstag nicht als ein unverzichtbares Recht. Das Hausarbeitstagsgesetz ist ein Gesetz, das dem Schutz der Arbeitnehmerinnen dient. Es würde dem Willen des Gesetzgebers und dem Sinn und Zweck des Hausarbeitstagsgesetzes nicht entsprechen, die Abdingung seiner Vorschriften durch Vereinbarung zu gestatten. Es handelt sich vielmehr um zwingendes Privatrecht. Die Arbeitnehmerin kann daher auf ihr Recht auf einen Hausarbeitstag, jedenfalls im voraus nicht verzichten. Es ist auch nicht richtig, daß die Abgeltung zu einer Doppelentlohnung führe. Die berufstätige Frau mit eigenem Hausstand soll wegen ihrer Doppelbelastung durch Beruf und Hausarbeit an einem Tag im Monat von ihrer beruflichen Arbeit freigestellt werden, um in dieser Zeit ihrer großen Hausarbeit ungehindert nachgehen zu können und dafür nicht ihre arbeitsfreie Zeit aufwenden zu müssen. Die Klägerin hat in der fraglichen Zeit, in der ihr ein Hausarbeitstag nicht gewährt wurde, in jedem Monat an einem Tag Arbeit geleistet, obwohl sie hierzu nicht verpflichtet war. Sie hatte einen Anspruch auf einen freien Tag unter Fortzahlung des Arbeitsentgelts. Da sie an diesem an sich arbeitsfreien Tag, ohne dazu verpflichtet zu sein, Arbeit geleistet hat, hat die Beklagte diese jeweilige Arbeitsleistung ungerechtfertigt entgegengenommen. Sie ist daher ausgleichspflichtig. Sie muß, wie der Senat des näheren in dem schon genannten Urteil vom 2. November 1956 ausgeführt hat, der Klägerin den ihr nicht gewährten Hausarbeitstag abgelten. Der Abgeltungsanspruch geht auf Zahlung des Tagesdurchschnittslohnes der vorhergehenden Lohnberechnungsperiode (§ 2 Abs. 1 des Gesetzes), der der Klägerin für jeden zu gewährenden freien Hausarbeitstag zu bezahlen gewesen wäre. Diese Summe ergibt unstreitig den von der Klägerin mit der Klage verlangten Geldbetrag.

54

1. Werden im öffentlichen Dienst durch den Haushaltsplan bestimmte, nach sachlichen Merkmalen bezeichnete Stellen für Dienststellen oder für Betriebe gestrichen, so ist das als dringendes betriebliches Erfordernis im Sinne des § 1 Abs. 2 KSchG anzusehen.

2. Ordnet der Haushaltsplan für Dienststellen oder Betriebe allgemeine Einsparungen an, ohne genau bestimmte, nach sachlichen Merkmalen bezeichnete Stellen als wegfallend zu bezeichnen, so liegt darin allein kein dringendes betriebliches Erfordernis im Sinne des § 1 Abs. 2 KSchG.

3. Im Falle zu 2. ist jedoch die Kündigung dann durch dringende betriebliche Erfordernisse bedingt, wenn zur Durchführung der im Haushaltsplan festgelegten Einsparung durch eine Änderung der Verwaltungs- oder Arbeitsorganisation innerhalb der Dienststelle oder des Betriebes, die ihrerseits nicht nachprüfbar ist, Arbeitsplätze entbehrlich gemacht worden sind, die mit den zu kündigenden Arbeitnehmern besetzt sind.

4. § 1 Abs. 3 KSchG bleibt unberührt.

KSchG § 1 Abs. 2 (Betriebsbedinge Kündigung).

Großer Senat (III. Senat) Beschluß vom 28. November 1956 i. S. L. Schl.-H. (Bekl.) w. 1. M., 2. S. (Kl.) GS 3/56 (3 AZR 79/55, 3 AZR 413/54).

Gründe:

Das Gesetz des Landes Schleswig-Holstein über die Feststellung des Haushaltsplanes für das Rechnungsjahr 1954 (GVBl. 1954 S. 59) stellt einen in Einnahmen und Ausgaben ausgeglichenen Haushalt fest und bestimmt in § 3:

„Die Zahl der für 1954 veranschlagten Stellen der planmäßigen und nichtplanmäßigen Beamten sowie der Angestellten und Arbeiter ist um 4 vom Hundert zu kürzen. Der Finanzminister kann mit Zustimmung des Landtagsausschusses für Finanzen beim Vorliegen besonderer Verhältnisse Ausnahmen zulassen".

Zur Ausführung dieser Bestimmung wies der Justizminister den aufsichtsführenden Richter beim Amtsgericht Schleswig und den Oberstaatsanwalt beim Landgericht Schleswig an, je zwei Stellen einzusparen. Hierauf haben die angewiesenen Beamten mit der tariflichen Frist je zwei Kanzleiangestellten, darunter den beiden Klägerinnen, gekündigt. Bei den beiden bezeichneten Behörden sind in der fraglichen Zeit die Geschäfte nicht zurückgegangen, vielmehr ist die Geschäftslage nach den Feststellungen des Landesarbeitsgerichts weiter sehr gespannt.

Die Klägerinnen bekämpfen diese Kündigungen mit der Kündigungsschutzklage. Das Berufungsgericht hat den Klagen stattgegeben, weil weder Aufgaben eingeschränkt noch die Organisation geändert worden seien, sondern lediglich die Absicht, Stellen einzusparen, die Kündigung veranlaßt habe, eine solche Absicht aber kein dringendes betriebliches Erfordernis darstelle. Das beklagte Land ist in seinen Revisionen diesen Ausführungen entgegengetreten und hat in erster Linie ausgeführt, daß es auf die Beschäftigungslage im einzelnen Betrieb nicht ankomme. Da der Staat nicht mehr ausgeben könne als er einnehme, schaffe die Entscheidung des Haushaltsgesetzes über die Höhe der zur Bewältigung der öffentlichen Ausgaben bereitgestellten Mittel ähnlich wie eine Finanzschwierigkeit in der Wirtschaft ein dringendes betriebliches Erfordernis.

Der Dritte Senat hat in beiden Revisionen folgenden gleichlautenden, nicht mit Gründen versehenen Beschluß gefaßt:

„Es soll die Entscheidung des Großen Senats des Bundesarbeitsgerichts über folgende Rechtsfrage herbeigeführt werden:

Ist die Betriebsbedingtheit einer Kündigung, die zur Durchführung einer haushaltsrechtlich angeordneten Einsparung von Personal ausgesprochen wird, durch die Arbeitsgerichte nachprüfbar."

Der Große Senat hat beide Sachen zum Zwecke der gemeinschaftlichen Beschlußfassung verbunden.

I.

Die Anrufung des Großen Senates ist zulässig. Allerdings lassen ied beiden Vorlagebeschlüsse, da sie mit Gründen nicht versehen sind, nicht erkennen, aus welchen der verschiedenen, in § 45 Abs. 2 ArbGG aufgeführten Gründe der Dritte Senat die Entscheidung des Großen Senates herbeiführen will. Die in § 45 Abs. 2 Satz 1 ArbGG aufgeführte Möglichkeit scheidet offenbar aus; daß der Dritte Senat von einer Entscheidung eines anderen Senates oder des Großen Senates abweichen will, ist nicht ersichtlich. Dagegen ist die Herbeiführung einer Entscheidung des Großen Senates nach § 45 Abs. 2 Satz 2 ArbGG offenbar gerechtfertigt; denn wie keiner besonderen Erörterung bedarf, ist die in den Vorlagebeschlüssen gestellte Rechtsfrage für den gesamten öffentlichen Dienst von einer so erheblichen Bedeutung, daß ihre Beantwortung durch den Großen Senat nicht nur für die Sicherung einer einheitlichen Rechtsprechung, sondern auch für die Fortbildung des Rechts im Interesse der Rechtssicherheit erforderlich erscheint.

Unter diesen Umständen braucht für den vorliegenden Fall nicht entschieden zu werden, ob der Große Senat an die Auffassung des vorlegenden Senates, daß die Fortbildung des Rechts oder die Sicherung einer einheitlichen Rechtsprechung die Herbeiführung einer Entscheidung des Großen Senates erfordern, gebunden ist (BVerwG. Großer Senat, Beschluß vom 13. Februar 1956 JZ 1956, 728 mit weiteren Angaben) oder ob er seinerseits selbständig nachzuprüfen hat, ob die Voraussetzungen des § 45 Abs. 2 Satz 2 ArbGG tatsächlich gegeben sind.

II.

Der Arbeitnehmer im öffentlichen Dienst genießt uneingeschränkt den vom KSchG gewährten Kündigungsschutz. Der hier in Frage kommende Erste Abschnitt des Kündigungsschutzgesetzes gilt nach der klaren Vorschrift des § 21 Abs. 1 Satz 1 KSchG auch für die Verwaltungen des öffentlichen Rechtes, also auch für die Justizverwaltung des Landes Schleswig-Holstein. Dies wird an sich von dem beklagten Lande auch nicht in Frage gezogen.

1. Die uneingeschränkte Gültigkeit des Kündigungsschutzgesetzes für die Behördenbediensteten wird durch das Haushaltsgesetz nicht be-

rührt. Dies folgt schon daraus, daß das Haushaltsgesetz nur formell ein Gesetz, materiell dagegen Verwaltung ist (RGZ 113, 349—351; Heckel in Handbuch des Deutschen Staatsrechts II. Band, S. 386; v. Mangoldt, Das Bonner Grundgesetz, Art. 110 Erl. 4; Forsthoff, Verwaltungsrecht, 1. Band, 6. Aufl., S. 112; Jellinek, Verwaltungsrecht, 3. Aufl., S. 385; vgl. weiter — auch zum Folgenden — Heinig, Das Budget, 3 Bde., 1949/51; Klee, Haushaltsrecht. Das Haushaltsrecht des Bundes und der Länder, 1951; Jèze, Allgemeine Theorie des Budgets 1927; Vialon, Haushaltsrecht, 1953; Schulze-Wagner, Reichshaushaltsordnung, 3. Aufl. Neudruck 1952; Greuner, Reichshaushaltsordnung, 3. Aufl. 1934, Nachdruck 1952; Weichmann-Wawrczek, Neuordnung des öffentlichen Haushalts, 1952; Weinmann, Einführung in das Wesen, die Funktion und den Aufbau des Gemeindehaushalts 1953).

Das Haushaltsgesetz ist daher nicht imstande, in die Rechte Dritter einzugreifen. Dies hat auch in § 24 der Reichshaushaltsordnung, die in den Ländern als Landesrecht im wesentlichen weiter gilt, seinen Ausdruck gefunden; danach werden durch den Haushaltsplan Ansprüche Dritter oder Verbindlichkeiten Dritter weder begründet noch aufgehoben. Schließlich kann das Haushaltsgesetz des Landes Schleswig-Holstein schon deshalb das Kündigungsschutzgestz, das Bundesrecht ist, nicht abändern, weil nach Art. 31 GG Bundesrecht Landesrecht bricht.

2. Auch die besondere staatspolitische Bedeutung des Haushaltsgesetzes kann die Gültigkeit des Kündigungsschutzgesetzes für die Arbeitnehmer des öffentlichen Dienstes nicht einschränken.

Das Haushaltsgesetz ist zwar „ein im Wege der staatsgestaltenden Gesetzgebung erzeugter staatsleitender Gesamtakt der Regierung und des Parlamentes" (Heckel ebenda S. 392; v. Mangoldt, Bonner Grundgesetz Art. 110 Erl. 4). Als solcher unterliegt das Haushaltsgesetz grundsätzlich nicht der Nachprüfung durch die Gerichte; insbesondere ist es den Gerichten versagt, die Zweckmäßigkeit der in dem staatsgestaltenden Haushaltsgesetz getroffenen Entscheidungen zu verneinen. Umgekehrt binden die Entscheidungen des Haushaltsgesetzes aber auch die Gerichte nicht. Ansprüche, die rechtlich begründet sind, für deren Erfüllung das Haushaltsgesetz jedoch die Mittel nicht bereitstellt, haben die Gerichte ohne Rücksicht auf die im Haushaltsgesetz getroffene Entscheidung durch ihren Spruch anzuerkennen.

3. Diese Erstreckung des im KSchG gewährten Kündigungsschutzes auch auf die Behördenbediensteten der Länder ist auch mit dem Grundgesetz vereinbar. Denn der Kündigungsschutz der Arbeitnehmer auch

bei den Behörden der Länder gehört zu dem allgemeinen Arbeitsrecht, auf das sich nach Art. 74 Nr. 12 GG die konkurrierende Gesetzgebung des Bundes erstreckt, und nicht zu den Rechtsverhältnissen der im öffentlichen Dienste der Länder, Gemeinden und anderen Körperschaften des öffentlichen Rechts stehenden Personen, über die der Bund nach Art. 75 Nr. 1 GG lediglich Rahmenvorschriften (BVerfGE 4, 115) erlassen darf.

In diesem Zusammenhang braucht die Frage, ob Art. 75 Nr. 1 GG sich nur auf die Beamten beschränkt und die nichtbeamteten Behördenbediensteten nicht mit umfaßt, nicht entgülig entschieden zu werden. Denn auch wenn man die Geltung des Art. 75 Nr. 1 GG auf die Arbeitnehmer ausdehnt (so die Bundesregierung in Begründung zum Entwurf eines Ersten Rahmengesetzes zur Vereinheitlichung des Beamtenrechts, Bundesratsdrucksache Nr. 100/55, Seite 32 und 33; Entscheidung des Bayerischen Verfassungsgerichtshofs vom 21. 11. 1949 — VGHE 65, 2. Teil, S. 160; Ipsen RdA 54, 81; Schnorr RdA 55, 172; Wacke, Neues Beamtentum S. 167; Bochalli, PersVG § 82 Erl. 1; Neis, Zeitschrift für Beamtenrecht 54, S. 43), so ändert dies an der konkurrierenden Zuständigkeit des Bundes jedenfalls für den allgemeinen Kündigungsschutz der Behördenbediensteten der Länder nichts.

In Art. 74 Nr. 12 GG gibt das Grundgesetz dem Bund die konkurrierende Zuständigkeit für die Gesetzgebung auf dem Gebiete des gesamten Arbeitsrechts ohne jede Einschränkung. Umgekehrt faßt das Grundgesetz in Art. 75 Nr. 1 den gesamten öffentlichen Dienst, der — wie hier unterstellt wird — auch aus den nichtbeamteten Arbeitnehmern der Länder, Gemeinden usw. besteht, zusammen und schränkt die Zuständigkeit des Bundes für die gesetzliche Regelung der Rechtsverhältnisse der im öffentlichen Dienst stehenden Arbeitnehmer auf den Erlaß von Rahmenvorschriften ein. Dieser Widerspruch ist jedoch nur ein scheinbarer.

Die Verfassung bildet eine innere Einheit. Jede einzelne Verfassungsbestimmung ist nicht isoliert für sich auszulegen, vielmehr sind aus dem Gesamtinhalt der Verfassung Grundsätze und Grundentscheidungen abzuleiten, die ihr vorausliegen (BVerfGE 1, 227). Dieser Gesichtspunkt muß auch das Verhältnis des Art. 75 Nr. 1 GG zu Art. 74 Nr. 12 GG bestimmen. Die Rechtsverhältnisse der nichtbeamteten Arbeitnehmer des öffentlichen Dienstes richten sich ihrem Wesen nach grundsätzlich nach dem allgemeinen Arbeitsrecht; insoweit ist die konkurrierende Gesetzgebungszuständigkeit des Bundes nach Art. 74 Nr. 12 GG begründet. In mancher Hinsicht dagegen, z. B. hinsichtlich der

Dienststunden, der Nebentätigkeit, des Bekenntnisses zu demokratischen Staatsordnung, der eidlichen Verpflichtung, der Pflicht zur Verschwiegenheit, der Betriebsverfassung neigen die Rechtsverhältnisse der im öffentlichen Dienst tätigen, nicht beamteten Arbeitnehmer zu denen der Beamten; dies hat auch in § 191 BBG einen gewissen Ausdruck gefunden. Offenbar nur für diesen engen Teilbereich, den die nichtbeamteten Behördenbediensteten mit den Beamten gemeinsam haben, will Art. 75 Nr. 1 GG, wenn er überhaupt die nichtbeamteten Behördenbediensteten mit umfaßt, die Gesetzgebung des Bundes auf die Rahmengesetzgebung beschränken un dden Ländern einen größeren Spielraum lassen (wie hier Schnorr RdA 55, 172). Zu diesem der Rahmengesetzgebung des Bundes vorbehaltenen Teilbereich gehört aber jedenfalls der allgemeine Kündigungsschutz nicht, auch soweit er — wie ja auch jedes andere arbeitsrechtliche Gesetz — letztlich der Durchführung haushaltsrechtlicher Maßnahmen Schranken setzt.

III.

Das Haushaltsgesetz steht demnach nicht über dem Kündigungsschutzgesetz, sondern kann seine Wirkungen immer nur im Rahmen des Kündigungsschutzgesetzes äußern. Nur soweit die im Haushaltsgesetz getroffenen Entscheidungen von einer Art sind, die auch nach dem Kündigungsschutzgesetz die Unangreifbarkeit der Kündigung eines Arbeitsvertrages begründen, können sie zur Rechtfertigung einer Kündigung herangezogen werden. Eine vom Haushaltsgesetz angeordnete Ausgabenkürzung kann daher nur unter den Voraussetzungen des § 1 Abs. 2 KSchG eine Kündigung sozial rechtfertigen; d. h. zur Wirksamkeit der Kündigung — die personenbedingte Kündigung bleibt hier außer Betracht — ist auch hier erforderlich, daß die Kündigung durch dringende betriebliche Erfordernisse, die einer Weiterbeschäftigung des Arbeitnehmers in diesem Betriebe entgegenstehen, bedingt ist.

Unter diesem Gesichtspunkt hat der Große Senat die ihm vom Dritten Senat vorgelegte Frage sinngemäß so beantwortet, wie es ihm für die Entscheidung der anhängigen Rechtsstreite und für die Fortbildung des Rechts und die Sicherung einer einheitlichen Rechtsprechung erforderlich erschien, und dabei folgende Unterscheidungen gebildet.

1. Streicht der Haushaltsplan bestimmte, nach sachlichen Merkmalen bezeichnete Stellen für Dienststellen oder Betriebe, so hat er damit zum Ausdruck gebracht, daß die gestrichenen Stellen als solche für die einzelne Dienststelle oder den einzelnen Betrieb entbehrlich sind. Der Gesetzgeber des Haushalts hat sich selbst mit den Verhält-

nissen gerade der betr. Verwaltung befaßt und festgelegt, daß dort bestimmte Arbeitsstellen nicht mehr bestehen sollen. Diese Entscheidung des für die Staatsführung verantwortlichen Parlaments kann von den Gerichten nicht nachgeprüft werden; sie ist vielmehr als gegeben hinzunehmen. Die konkrete Durchführung der Maßnahme, d. h. die Lösung des Arbeitsverhältnisses des gegenwärtigen Inhabers der gestrichenen Arbeitsstelle ist an die Einhaltung der bestehenden rechtlichen und vertraglichen Bestimmungen gebunden. Für die Frage des Kündigungsschutzes nach dem KSchG hat aber die haushaltsrechtliche Streichung der bestimmten Arbeitsstelle die besondere rechtliche Bedeutung, daß damit in dem konkreten Fall für die Verwaltung bindend ein dringendes betriebliches Erfordernis zur Kündigung im Sinne des § 1 Abs. 2 KSchG festgestellt ist. Die Stelle ist gestrichen worden. Daher ist die zur Durchführung erforderliche Kündigung des gegenwärtigen Stelleninhabers rechtswirksam, da ein dringendes betriebliches Erfordernis der Weiterbeschäftigung dieses Arbeitnehmers in dieser Verwaltung (in diesem Betriebe) entgegensteht.

2. Anders ist aber die Rechtslage, wenn der Haushaltsplan — wie hier der des Landes Schleswig-Holstein für das Rechnungsjahr 1954 — für die Dienststellen oder Betriebe nur allgemein Einsparungen anordnet, aber davon absieht, genau bestimmte nach sachlichen Merkmalen bezeichnete Stellen als wegfallend zu bezeichnen. Eine solche allgemeine Anordnung, die weder die Möglichkeit der Streichung eines bestimmten Arbeitspostens in einer bestimmten Verwaltung geprüft noch sie angeordnet hat, kann überhaupt nicht ohne weiteres schematisch ausgeführt werden. Vielmehr kann die den Haushaltsplan ausführende Verwaltung dem wahren Wesen und Sinn einer solchen allgemeinen Einsparungsanordnung nur in der Weise Rechnung tragen, daß sie innerhalb der einzelnen Behörde oder des einzelnen Betriebes erst einmal die organisatorischen Maßnahmen ergreift, die Arbeitsstellen in Fortfall bringen und danach Kündigungen rechtfertigen.

Sieht die Verwaltung von solchen Maßnahmen ab und entläßt sie schematisch ohne Rücksicht auf die Bedürfnisse der einzelnen Behörde oder des einzelnen Betriebes Arbeitnehmer, nur um äußerlich und zahlenmäßig die vom Haushaltsgesetz gewünschte Einsparung zu erzielen, so setzt sie sich über die vorgehenden Normen des KSchG hinweg, was ihr verwehrt ist. Denn niemals kann die schematische prozentuale Haushaltskürzung allein für einen bestimmten Arbeitnehmer die Kündigung sozial rechtfertigen. Diese Kürzung besagt nichts darüber, daß im konkreten Fall ein dringendes betriebliches Erfordernis gerade für diese

Kündigung gegeben sei. Denn das Kündigungsschutzgesetz stellt es auf die Verhältnisse der einzelnen Verwaltung oder des einzelnen Betriebes ab, in dem der Arbeitnehmer, dem gekündigt wird, beschäftigt ist (Hueck, KSchG 3. Aufl. § 1 Erl. 36; Herschel-Steinmann KSchG 3. Aufl. § 1 Erl. 41). Man kann auch nicht einwenden, daß überragende öffentliche Interessen zu einer anderen Entscheidung zwingen mußten. Auch der Staat ist im Rechtsstaat an die Gesetze gebunden. Muß er einsparen, so sollte er den allerdings mühevolleren zu 1 bezeichneten Weg gehen. Kürzt er einfach schematisch, so fordert die Bindung an das materielle Kündigungsschutzrecht, daß die Behörde in der einzelnen Verwaltung oder dem einzelnen Betrieb durch betriebliche Maßnahmen oder durch Nachweis des Vorliegens bestimmter betrieblicher Gegebenheiten „dringende betriebliche Erfordernisse" dartut, die der Weiterbeschäftigung dieses Arbeitnehmers in dieser Verwaltung (diesem Betrieb) entgegenstehen.

3. Daher werden vom Haushaltsplan angeordnete allgemeine schematische Sparmaßnahmen regelmäßig ihrem wahren Wesen und Sinn entsprechend in der Weise durchgeführt werden können, daß die den Haushaltsplan ausführende Verwaltung die Zweckmäßigkeit ihrer Verwaltungsorganisation nachprüft und innerhalb der einzelnen Behörde oder des einzelnen Betriebes organisatorische rationelle Maßnahmen ergreift, die Arbeitsposten entbehrlich machen. Ein solcher Haushaltsplan wird soweit — unter den Aspekten des KSchG — als Aufforderung an die Verwaltung wirken müssen, solche Nachprüfungen durchzuführen und Einsparungsmöglichkeiten zu ersinnen und zu verwirklichen. So können u. U. die Aufgaben der einzelnen Behörde oder des einzelnen Betriebes eingeschränkt und auf diese Weise Arbeitsposten entbehrlich gemacht werden. Bei gleichbleibenden Aufgaben können die Arbeitskräfte zweckmäßiger (rationeller) als bisher eingeteilt werden; mit weniger Arbeitskräften wird dann der gleiche Arbeitserfolg erreicht werden, den die bisher zahlreicheren Arbeitskräfte herbeigeführt haben. Etwaige, gerade in Dienststellen und Betrieben der öffentlichen Hand mögliche Unterbeschäftigungen können ausfindig gemacht und beseitigt werden.

Organisatorische Maßnahmen solcher und ähnlicher Art, die die vom Haushaltsplan geforderten allgemeinen Einsparungen ermöglichen sollen, sind schon durch das Erfordernis einer sparsamen Verwaltung der Haushaltsmittel (§ 26 RHO), also auch ohne die besondere Einsparungsanordnung des Haushaltsplanes, erst recht aber auf Grund einer solchen Einsparungsanordnung geboten. Weder die Notwendigkeit noch die Zweckmäßigkeit solcher Maßnahmen unterliegt der richterlichen Nachprüfung. Die Kündigung von Arbeitnehmern, die durch die ergriffenen organisatorischen Maßnahmen nunmehr wirklich entbehrlich werden, ist dann durch ein dringendes betriebliches Erfordernis im Sinne des § 1 Abs. 2 KSchG gerechtfertigt.

Sollten allerdings die erwähnten Maßnahmen des Aufgabenabbaues, der Rationalisierung der Verwaltung und des Betriebes, der zweckmäßigeren Arbeitsverteilung ausnahmsweise nicht durchzuführen oder schon früher durchgeführt oder schlechterdings nicht zu verantworten oder schließlich aus Rechtsgründen im Hinblick auf die Erfordernisse der Fürsorgepflicht oder des Arbeitszeitschutzes unmöglich sein, so mag der vom Haushaltsgesetz gewollte Personalabbau trotzdem — auf Kosten der Promptheit und Exaktheit der Aufgabenerledigung — durchgeführt werden, z. B. durch Vereinbarung des Ausscheidens von Arbeitskräften. Wird aber in solchem Falle der Weg der Kündigung gewählt, so liegt kein dringendes betriebliches Erfordernis zur Kündigung im Sinne des § 1 Abs. 2 KSchG vor.

4. Der in § 1 Abs. 3 KSchG aufgestellte Grundsatz, daß im Falle eines betriebsbedingten Personalabbaues bei der Auswahl der zu Entlassenden soziale Gesichtspunkte zu berücksichtigen sind, wird durch die Kündigungsmöglichkeiten, wie sie zuvor erörtert sind, nicht eingeschränkt; denn auch diese Kündigungsmöglichkeiten finden als betriebsbedingte ihre Rechtfertigung nur in § 1 Abs. 2 KSchG. Der einzelne Behördenbedienstete, dem gekündigt ist, kann daher, auch wenn nach dem Erörterten ein Personalabbau gerechtfertigt ist, seine Kündigungsschutzklage darauf stützen, daß die kündigende Behörde soziale Gesichtspunkte verkannt habe, als sie gerade ihn zur Entlassung ausgewählt habe.

55

1. Die Zustimmung des Reichsfinanzministers für eine Abweichung vom Lohngefüge der TO.A war für die Zeit nicht erforderlich, in der ein Reichsfinanzminister nicht mehr vorhanden war und es auch in der Bundesrepublik an einer entsprechenden Stelle fehlte, wenn die oberste Stelle der in Betracht kommenden Verwaltung die Abweichung als erforderlich erachtet hatte.

2. Die Anordnung einer obersten Verwaltungsstelle, unter bestimmten Voraussetzungen an ihre Arbeitnehmer eine Zulage zu zahlen, berechtigt die in Betracht kommenden Arbeitnehmer diese Zulage bei Erfüllung der Voraussetzungen zu fordern. Wenn sich die oberste

Dienststelle oder die nachgeordneten Dienststellen bei einzelnen Angestellten nicht an die Anordnung halten, so löst dies einen Anspruch der benachteiligten Arbeitnehmer auf Gleichbehandlung aus.

3. Die Einrede der Verjährung verstößt gegen Treu und Glauben und kann daher nicht beachtet werden, wenn der Dienstherr die Arbeitnehmer über die ihnen zustehenden Ansprüche nicht hinreichend unterrichtet hat.

§§ 3, 5 TO.A; ADO Nr. 5 zu § 3 TO.A und Nr. 10 zu § 5 TO.A; Gesetz zur ergänzenden Regelung der Dienstverhältnisse bei öffentlichen Verwaltungen und Betrieben vom 17. 2. 1938; §§ 194, 196, 611 (Gleichbehandlung) BGB.

III. Senat. Urteil vom 4. Dezember 1956 i. S. C. (Kl.) w. D. B. (Bekl.) 3 AZR 301/54.

I. Arbeitsgericht Göttingen. — II. Landesarbeitsgericht Hannover.

Die Klägerin ist vom 1. Mai 1948 bis 31. August 1953 bei dem Fernmeldeamt G. in englischen Fernsprechvermittlungsstellen beschäftigt und nach der Vergütungsgruppe VIII TO.A bezahlt worden.

Nach zwei Erlassen der Hauptverwaltung für das Post- und Fernmeldewesen vom Juli und September 1947 sollten Angestellte der Vergütungsgruppe VIII TO.A, die in englischen Fernsprechvermittlungsstellen beschäftigt waren, und von denen besondere englische Sprachkenntnisse gefordert wurden, in die Vergütungsgruppe VII TO.A eingereiht werden. Die Angestellten, die in diese Vergütungsgruppe bereits gehörten, sollten eine Sprachenzulage von 30,— bzw. 50,— RM je Monat erhalten. Beide Erlasse sind durch den Erlaß vom 3. September 1948 ersetzt worden, der die Sprachenzulage einheitlich auf monatlich 30,— DM festsetzte und u. a. folgende Regelung vorsieht:

Ziff. 1

Sprachenzulagen sind vom 1. Oktober 1948 an nur noch für die im Fernsprechvermittlungsdienst und die im Dienst der Militärregierung tätigen Kräfte, die bei Ausübung ihres Dienstes über besondere englische Sprachkenntnisse verfügen müssen, zu zahlen.

Ziff. 6

Der Kreis der Empfangsberechtigten ist möglichst einzuschränken. Dazu ist unter Anlegung eines strengen Maßstabes das Personal so einzusetzen, daß mit möglichst wenig Kräften für die Bedienung der Leitungen mit fremdsprachlichem Verkehr auszukommen ist....

Seit dem 1. April 1953 hat sich die Beklagte geweigert, die Sprachenzulage weiter zu zahlen.

Die Klägerin ist nicht in die Vergütungsgruppe VII TO.A eingereiht worden. Die Oberpostdirektion Braunschweig hat im Gegensatz zu anderen Oberpostdirektionen auch den in den englischen Fernsprechvermittlungsstellen beschäftigten Telefonistinnen die Sprachenzulage nicht gezahlt.

Die Klägerin behauptet, in den englischen Fernsprechvermittlungsstellen sei von allen „Schrankkräften" eine besondere Sprachkenntnis gefordert worden. Die Oberpostdirektion hätte daher die im Erlaß vom 3. September 1948 vorgesehene monatliche Sprachenzulage von 30,— DM an diese Angestellten, also auch an sie zahlen müssen. Das Fernmeldeamt Göttingen und die Oberpostdirektion Braunschweig hätten dem Bundespostministerium über die Leistungen der Schrankkräfte ein falsches Bild gegeben. Dadurch sei die Gleichbehandlung der im Oberpostdirektionsbezirk Braunschweig beschäftigten Schrankkräfte mit denen in den übrigen Oberpostdirektionsbezirken unterblieben.

Die Klägerin fordert — wenigstens in der Revision — die Zahlung von 850 DM als Sprachenzulage für die Zeit vom 1. November 1950 bis ....

Die Beklagte meint, weder von der Klägerin noch von den anderen Schrankkräften seien im Oberpostdirektionsbezirk Braunschweig besondere englische Sprachkenntnisse gefordert worden. Diese könnten daher die Sprachenzulage nicht beanspruchen.

Das Arbeitsgericht hat die Beklagte im wesentlichen verurteilt.

Das Landesarbeitsgericht hat die Klage abgewiesen.

Die Revision der Klägerin führte zur Aufhebung der Urteile der Vorinstanzen und zur Verurteilung der Beklagten zur Zahlung von 850,— DM.

Aus den Gründen:

I. Das Landesarbeitsgericht hält die Klage nicht für schlüssig. Es geht davon aus, daß die Erlasse von 1947 keine Sprachenzulage für die Kräfte der Vergütungsgruppe VIII vorsehe und daß dies erstmalig der Erlaß für das Post- und Fernmeldewesen vom 3. September 1948 getan habe. Dieser Erlaß könne einen Anspruch auf die Sprachenzulage nicht begründen. Er sei nur eine Dienstanweisung, die die Oberpostdirektionen innerdienstlich berechtigt und verpflichtet habe, die Zulage unter den im Erlaß näher dargelegten Voraussetzungen zu zahlen. Die Zulage sei somit eine völlig freiwillige Zuwendung. Aus dem Erlaß selbst lasse sich der Anspruch der Klägerin, auch wenn von ihr besondere englische Sprachkenntnisse gefordert worden sein sollten, nicht herleiten.

II. Die Ansicht des Landesarbeitsgerichts, daß die allein auf den Erlaß vom 3. September 1948 gestützte Klage nicht schlüssig sei, ist rechtsirrig.

Die frühere Hauptverwaltung für das Post- und Fernmeldewesen gab in dem Erlaß eine Norm oder Anordnung, nach der sie verfahren wollte. Nach dieser Anordnung sollten alle Kräfte im Fernsprechvermitlungsdienst und im Dienste der Militärregierung, die bei der Ausübung ihres Dienstes über besondere englische Sprachkenntnisse verfügen müssen, die Sprachenzulage erhalten. Für die Anwendung der Anordnung war also allein entscheidend, daß die genannten Arbeitnehmer die Voraussetzung hinsichtlich der besonderen Sprachkenntnisse bei der Ausübung ihres Dienstes erfüllten. War diese Voraussetzung gegeben, dann mußte auch in Erfüllung der Anordnung an die Arbeitnehmer die Zulage gezahlt werden. Denn ein Arbeitgeber ist an eine von ihm selbst gesetzte Anordnung, eine Leistungszulage in bestimmten Fällen zu gewähren, rechtlich gebunden (vgl. Bötticher in RdA 1953, S. 161 ff.; Nikisch, Arbeitsrecht, 2. Aufl., S. 429 und 430 unter Ziff. 2). Er kann allerdings, da er bei der Einführung von Zulagen grundsätzlich frei ist, deren Ausmaß und die Voraussetzungen frei bestimmen, insbesondere die Gewährung der Leistungszulagen, dem Ermessen der einzelnen Dienststellen überlassen. Ist das letztere aber nicht geschehen, so können diese nicht etwa nach ihrem Belieben davon Gebrauch machen oder davon abweichen. Denn es handelt sich nicht nur um eine Dienstanweisung, die den inneren Geschäftsgang regeln soll, sie soll vielmehr auch die Gehaltsregelung der Angestellten gestalten, diesen Ansprüche auf die Zulagen bei Vorliegen der festgelegten Voraussetzungen geben. Sie hat also insofern auch arbeitsvertragliche Bedeutung und begründet, solange sie nicht zulässigerweise widerrufen ist, im Zusammenhang mit dem Grundsatz der Gleichbehandlung einen Rechtsanspruch auf die Zahlung der gleichen Zulagen, wie sie den Angestellten der übrigen Dienststellen der Beklagten gezahlt worden sind.

Im vorliegenden Falle handelt es sich nämlich bei dem Erlaß um eine allgemeine Regelung, die für den gesamten Dienst der Fernsprechvermittlungskräfte bzw. für die Arbeitnehmer der Beklagten im Dienste der Militärregierung gelten sollte. Die Gewährung der Zulage war insbesondere nicht von der Zugehörigkeit zu bestimmten Oberpostdirektionsbezirken abhängig gemacht. Wenn die Oberpostdirektion Braunschweig die Zulage entsprechend dem Erlaß an die in Betracht kommenden Arbeitnehmer allgemein nicht zahlte, so verstieß dies gegen die in dem Erlaß liegende allgemeine Anordnung. Es kann auch nicht gesagt werden, daß die frühere Hauptverwaltung für das Post- und Fernmeldewesen von vornherein im Zeitpunkte ihres Erlasses die von der Oberpostdirektion Braunschweig geübte Praxis gewollt habe. In diesem Falle hätte sie ihrem Erlaß eine andere Form geben müssen und sicherlich auch gegeben. Es kann sich allenfalls fragen, ob die Zentrale des Postwesens nachträglich die Praxis der Oberpostdirektion Braunschweig genehmigt hat. Das würde aber einen Verstoß gegen den Grundsatz der Gleichbehandlung zu Ungunsten der in diesem Oberpostdirektionsbezirk beschäftigten Arbeitnehmer bedeuten. Der Erlaß stellt es nicht auf die Verhältnisse im einzelnen Amt und im einzelnen Oberpostdirektionsbezirk, sondern ersichtlich auf den Gesamtbereich der Postverwaltung ab. Die Notwendigkeit einer solchen Anordnung ergibt sich auch aus der üblicherweise für einen bestimmten öffentlichen Dienst erforderlichen einheitlichen Regelung. Schon aus dieser Erwägung würde eine nachträgliche Billigung des Verhaltens der Oberpostdirektion Braunschweig durch die zentrale Verwaltung der einmal gesetzten Anordnung, nach der unstreitig in allen anderen Oberpostdirektionsbezirken verfahren worden ist, widersprechen und eine Verletzung des Gleichbehandlungsgrundsatzes bedeuten. Die Klägerin kann daher verlangen, nach dem Erlaß der Beklagten behandelt zu werden. Das Berufungsurteil mußte aus diesem Grunde aufgehoben werden.

Der Senat hat die Frage, ob die Klägerin bei der Ausübung ihres Dienstes über besondere englische Sprachkenntnisse verfügen mußte, auf Grund der allgemeinen Lebenserfahrung bejaht, daß die in der Schule erworbenen Kenntnisse in der Regel nicht zu einer vollen Verständigung in der fremden Sprache genügen. Ohne eine darüber hinausgehende Beherrschung der fremden Sprache ist namentlich die telefonische Verständigung in der fremden Srache nicht reibungslos durchzuführen. Hierfür spricht auch, daß in sämtlichen anderen Oberpostdirektionsbezirken die Sprachenzulage an die in der fremdsprachlichen Telefonvermittlung tätigen Arbeitnehmer der Beklagten bezahlt worden ist.

III. Nach der Berechnung der Klageforderung fordert die Klägerin für die Monate November und Dezember 1950 einen Teilbetrag, der ihr für diese Monate an sich zustehenden Sprachenzulage. Für diesen Teilbetrag der Klageforderung hat die Beklagte zwar die Einrede der Verjährung erhoben, sie kann aber hiermit nicht durchdringen. Die Klägerin konnte ihre Forderung nicht früher geltend machen, weil die Oberpostdirektion Braunschweig den Erlaß ihren Arbeitnehmern nicht bekanntgegeben und in ihrem Bezirke auch nicht allgemein angewandt hat. Dadurch ist das Bekanntwerden des Erlasses in ihrem Bezirk verhindert worden. Unter diesen Umständen ist die Verjährungseinrede nicht mit dem eigenen Verhalten der Beklagten, soweit der Oberpostdirektionsbezirk Braunschweig in Betracht kommt, vereinbar. Es ist Fürsorgepflicht des Dienstherrn, seine Arbeitnehmer über ihr Einkommen zu unterrichten und zu belehren (RGZ 141, 389; BGHZ 7, 70; RGR-Kommentar, 10. Aufl., Vorbem. 2 vor § 611), und es widerspricht daher Treu und Glauben, wenn die Beklagte sich nach dem Verhalten der Oberpostdirektion Braunschweig darauf beruft, daß die Ansprüche der Klägerin nicht rechtzeitig geltend gemacht worden sind. Danach steht der Klägerin die Sprachenzulage bis zum 1. April 1953 in der in der Revisionsinstanz geltend gemachten Höhe von 850,— DM zu. Die Beklagte war zur Zahlung dieses Betrages zu verurteilen.

56

1. Zur Beschäftigung von Lehrkräften an den Städtischen Höheren Schulen im Lande Nordrhein-Westfalen bedarf es ihrer Bestätigung durch das Schulkollegium als staatlicher Schulaufsichtsbehörde.

2. Dies gilt auch für die Arbeitsverhältnisse nichtbeamteter Lehrkräfte.

3. Eine solche Lehrkraft kann auch in der Weise beschäftigt werden, daß das Schulkollegium sie anstellt und der Gemeinde zur Verwendung an einer Städtischen Höheren Schule überläßt.

4. In einem solchen Falle kann die Lehrkraft auch einen Gehaltsanspruch gegen die Gemeinde erwerben.

5. Erhält ein nichtbeamteter Lehrer vom Schulkollegium einen „Beschäftigungsauftrag" für eine Städtische Höhere Schule mit dem Vorbehalt jederzeitigen Widerrufs dieses Auftrages, dann bedeutet das nicht, daß ein unmittelbar mit der Stadt begründetes Arbeitsverhältnis im Falle des Widerrufs ohne weiteres endet. Der Widerruf bedeutet vielmehr nur die Rücknahme der Bestätigung und kann ein Grund zur Kündigung des Arbeitsverhältnisses durch die Stadt sein.

PrVO vom 9. 12. 1842, Ges.-Slg. 1843 S. 1, BGB §§ 317—319, 320 Abs. 1.

III. Senat. Urteil vom 11. Dezember 1956 i. S. St. M. (Bekl.) w. 1. E. (Kl.), 2. L. N.-W. (Streitgeh. d. Kl.) 3 AZR 61/54.

I. Arbeitsgericht Oberhausen. — II. Landesarbeitsgericht Düsseldorf.

Der Kläger war seit 1917 im öffentlichen Schuldienst tätig. 1934 wurde er auf Grund von § 6 des Gesetzes „zur Wiederherstellung des Berufsbeamtentums" in den Ruhestand versetzt. Seit 1947 wurde er im Bezirk des Schulkollegiums D. auf Grund von Beschäftigungsaufträgen dieses Kollegiums wieder als Lehrer an höheren Schulen verwendet, jedoch ohne in das Beamtenverhältnis übernommen zu werden. Einen solchen „Beschäftigungsauftrag" erhielt er auch unter dem 30. April 1952 für das Städtische Gymnasium der Beklagten. Dieser Auftrag lautete wie folgt:

> „Wir erteilen Ihnen einen Beschäftigungsauftrag mit Wirkung vom 1. 4. 52 an dem Städt. Gymnasium in M. Sie werden zur Deckung des Unterrichtsbedürfnisses verwandt. Der Beschäftigungsauftrag ist vorübergehend und kann jederzeit widerrufen werden. Ihre Dienstbezüge richten sich nach dem Reichsbesoldungsgesetz und den sonstigen über die Besoldung ergangenen Vorschriften; sie werden Ihnen durch den Unterhaltsträger der Schule vom Beginn des Beschäftigungsauftrages ab gezahlt.
> Wie Ihnen bekannt, können Sie nur nach TO.A III beschäftigt werden."

Am 20. März 1953 erkrankte der Kläger. Während er im Krankenhaus lag, bekam er vom Schulkollegium, das von seiner Krankheit noch nichts wußte, die Mitteilung, daß er an das Städtische Alfred-Krupp-Gymnasium in E. überwiesen sei, bei dem er sich sofort melden solle; erst wenn der dortige Schulleiter berichten werde, daß der Kläger den Dienst aufgenommen habe, könne ihm ein förmlicher Beschäftigungsauftrag erteilt werden. Auf seine schriftliche Meldung in E. erhielt der Kläger vom dortigen Schulleiter jedoch die Mitteilung, daß die Stadt E. wegen seiner derzeitigen Dienstunfähigkeit bis auf weiteres auf seine Übernahme verzichte. Gleichwohl erteilte das Schulkollegium dem Kläger unter dem 23. April 1953 einen Beschäftigungsauftrag für E. mit Wirkung vom 1. April 1953, nahm ihn aber durch Verfügung vom 24. Juni 1953 wieder zurück. In dieser an das Schulamt der Beklagten gerichteten Rücknahmeverfügung vertrat das Kollegium entgegen seiner früheren Auffassung die Ansicht, daß das Beschäftigungsverhältnis zwischen dem Kläger und der Beklagten bisher nicht beendet worden sei. Die Beklagte hat dem Kläger Gehalt bis zum 30. April 1953 gezahlt.

Mit seiner Klage hat der Kläger von der Beklagten Zahlung von 1000,— DM als ungefähren Betrag seines Gehalts für den Monat Mai

1953 verlangt. Das Arbeitsgericht hat der Klage stattgegeben, das Landesarbeitsgericht die Berufung zurückgewiesen.

Die Revision der Beklagten führte zur Aufhebung des Urteils des Landesarbeitsgerichts und zur Zurückverweisung an das Landesarbeitsgericht.

Aus den Gründen:

I. Das Gymnasium in M., an dem der Kläger vom 1. April 1952 bis zu seiner Erkrankung im März 1953 Unterricht erteilt hat, ist eine Städtische Höhere Lehranstalt. Trägerin dieser Anstalt ist die Beklagte. Sie stellt die Lehrkräfte ein und hat die persönlichen und sachlichen Ausgaben zur Unterhaltung und zum Betrieb der Schule zu tragen. Die staatliche Schulaufsicht im Sinne von Art. 7 Abs. 1 GG übt das Schulkollegium in D. als sachlich und örtlich zuständige Behörde des Landes Nordrhein-Westfalen aus. Kraft dieser Schulaufsicht bedürfen die an dem Gymnasium der Beklagten tätigen Lehrkräfte der Bestätigung durch das Schulkollegium. Das ergibt sich aus § 1 der noch geltenden Preußischen Verordnung betreffend die Anstellung der Direktoren und Lehrer der Gymnasien usw. vom 9. Dezember 1842 (Gesetzesammlung 1843 S. 1) und entspricht auch der ständigen Übung. Welchen Umfang und welchen Inhalt die staatliche Schulaufsicht im übrigen hat, insbesondere wie sie sich gegenüber den Befugnissen der Gemeinden als Schulträger abgrenzt, sowie ob die Unterhaltung der Schule durch die Gemeinde eine staatliche Auftragsangelegenheit ist (vgl. für den Fall einer Volksschule PrOVG 58, 182 [190 ff.] oder eine Angelegenheit der kommunalen Selbstverwaltung (so neuerdings Bescheid des OVG Münster vom 7. 5. 1954 in VerwRspr. 7, 72), ist umstritten; die Entwicklung ist insoweit noch nicht abgeschlossen (vgl. Heckel in „Die öffentliche Verwaltung" 1956, 585 [588]; Berkenhoff, Deutsches Verwaltungsbl. 1952, 141). An einer gesetzlichen Regelung dieser Fragen, gerade auch im Lande Nordrhein-Westfalen, fehlt es (vgl. Bergmann, Die öffentliche Verwaltung, 1956, 590). Für den vorliegenden Rechtsstreit kann dieser Bereich jedoch unerörtert bleiben.

Unstreitig war der Kläger kein Beamter. Denn er ist nach 1945 nicht wieder in das Beamtenverhältnis übernommen worden, sondern hat von Fall zu Fall einen „Auftrag" zur Erteilung von Unterricht an einer bestimmten Schule erhalten, so auch am Gymnasium der Beklagten. Die rechtliche Grundlage für seine Tätigkeit kann daher nur ein privatrechtliches Arbeitsverhältnis gewesen sein. Das Erteilen von Unterricht an einer öffentlichen Schule ist zwar als Ausübung öffentlicher Gewalt anzusehen (vgl. RGR Komm., 10. Aufl., Anm. 1 zu § 839 BGB, S. 819

unten mit Nachweisungen), kann aber auch auf einem privat-rechtlichen Arbeitsverhältnis beruhen (vgl. Art. 33 Abs. 4 GG; BAG 1, 205 [209]; Forsthoff, Lehrbuch des Verwaltungsrechts, 5. Aufl., S. 343, 344.

II. Von dieser allgemeinen, insoweit anscheinend auch von den Parteien anerkannten Rechtslage ausgehend, ist das angefochtene Urteil aus rechtlichen Erwägungen in Übereinstimmung mit dem Arbeitsgericht zu dem Ergebnis gelangt, daß ein Arbeitsverhältnis zustande gekommen ist, demzufolge der Kläger als Angestellter im öffentlichen Dienst bei der Beklagten beschäftigt war. Dem Landesarbeitsgericht muß zugegeben werden, daß erhebliche Gründe für eine solche Annahme sprechen. Vor allem spricht dafür, daß die Beklagte die Trägerin der Schule ist, an der der Kläger als Lehrer tätig und in deren Betrieb er eingeordnet wurde, und daß ferner die Beklagte ihm auch das Gehalt gezahlt hat. Das Verhalten beider Parteien, das hierin zum Ausdruck kommt, läßt sich zwanglos als Bekundung eines auf Abschluß eines Arbeitsvertrages gerichteten übereinstimmenden Willens deuten.

Dagegen spricht auch nicht unbedingt der Umstand, daß der Kläger in der Schule der Beklagten zufolge eines Beschäftigungsauftrages des Schulkollegiums tätig geworden ist. Dieser „Beschäftigungsauftrag" ist zwar, was das angefochtene Urteil nicht verkennt, seinem Wesen nach ein staatlicher Verwaltungsakt. Er erweckt auch, wie weiterhin eingeräumt werden muß, seiner Form und seinem Inhalte nach den Eindruck, als ob das Schulkollegium als staatliche Aufsichtsbehörde den Kläger ohne Rücksicht auf den Willen der Beklagten an deren Schule hätte versetzen oder abordnen können. Indessen wäre eine solche Betrachtungsweise mit der oben unter I dargelegten allgemeinen Rechtslage bei den Städtischen Höheren Schulen, insbesondere mit der Personalhoheit der Beklagten, nicht zu vereinbaren. Vielmehr muß im Einklang mit dieser auch vom Schulkollegium anerkannten Rechtslage angenommen werden, daß das Schulkollegium, ohne die Grenzen seiner Schulaufsichtsbefugnis zu überschreiten, der Beklagten lediglich eine von dieser benötigte Lehrkraft präsentiert und damit zugleich die zu ihrer Beschäftigung verwaltungsrechtlich notwendige Genehmigung im voraus erteilt hat, wobei es der Beklagten grundsätzlich unbenommen blieb, trotzdem von einer Beschäftigung dieser Lehrkraft abzusehen, wenn sie ihr aus irgendeinem Grunde unerwünscht war. So ausgelegt war der „Beschäftigungsauftrag" nur eine Voraussetzung für das Zustandekommen eines Arbeitsverhältnisses zwischen den Parteien und allerdings auch, was noch zu erörtern sein wird, möglicherweise bestimmend für seinen Inhalt.

III. Gleichwohl hält der Senat die von dem angefochtenen Urteil hieraus gezogene Folgerung nicht für zwingend, daß das Arbeitsverhältnis des Klägers, das, wie bereits gesagt, zweifellos bestanden hat, gerade mit der Beklagten zustande gekommen ist. Dazu reichen die bisherigen tatsächlichen Feststellungen nicht aus. Denn es ist nach ihnen nicht ausgeschlossen, daß nicht die Beklagte, sondern der durch das Schulkollegium vertretene Streitgehilfe der Partner dieses Arbeitsverhältnisses war, und daß das Schulkollegium dann den Kläger als Arbeitnehmer lediglich an die Beklagte „ausgeliehen" hat. Diese Möglichkeit hat das angefochtene Urteil zu Unrecht nicht in Betracht gezogen. Das Wesen eines derartigen in Rechtsprechung und Rechtslehre anerkannten Leiharbeitsverhältnisses (vgl. Nikisch, Arbeitsrecht, 2. Aufl., S. 214 ff. mit Nachweisungen) oder mittelbaren Arbeitsverhältnisses (vgl. Herschel, JW 37, 1116) kann darin gesehen werden, daß ein Arbeitgeber einen Arbeitnehmer mit dessen Zustimmung einem anderen Arbeitgeber vorübergehend überläßt, ohne daß dadurch das Arbeitsverhältnis zum erstgenannten Arbeitgeber aufgelöst wird. Der Arbeitnehmer behält dann zum allermindesten grundsätzlich seinen Lohnanspruch gegen diesen ersten Arbeitgeber, selbst wenn beide Arbeitgeber vereinbart haben, daß der zweie Arbeitgeber für den Lohn aufzukommen und ihn dem Arbeitnehmer unmittelbar zu zahlen hat. Freilich können die beiden Arbeitgeber durch Vertrag zugunsten des Arbeitnehmers (§§ 317—319 BGB) auch ausdrücklich oder stillschweigend vereinbaren, daß der Arbeitnehmer neben seinem Lohnanspruch gegen den ersten Arbeitgeber einen solchen unmittelbar auch gegen den zweiten Arbeitgeber haben soll.

Wie all diese Dinge im vorliegenden Fall liegen, hängt von tatsächlichen Umständen ab, die noch der Aufklärung bedürfen. Es wäre hiernach zunächst zu erörtern, ob überhaupt ein Leiharbeitsverhältnis vorliegt. Dazu müßte insbesondere geklärt werden, in wessen Dienst der Kläger gestanden hat, bevor er den „Beschäftigungsauftrag" vom 30. April 1952 erhielt, auf wessen Veranlassung dieser „Beschäftigungsauftrag" zustande gekommen ist, und aus welchen Gründen das Schulkollegium diese Form gewählt hat, wobei — was für ein Leiharbeitsverhältnis sprechen könnte — zu bedenken ist, daß jene Form für im Landesdienst stehende ohne weiteres versetzbare Lehrer, insbesondere für Studienassessoren, passen mag, aber doch nicht ohne weiteres für einen Lehrer an einer städtischen höheren Schule zu passen scheint. Sollte sich bei dieser Prüfung herausstellen, daß tatsächlich kein unmittelbares, sondern ein Leiharbeitsverhältnis vorliegt, dann müssen die Beziehungen zwischen den drei Beteiligten daraufhin geprüft werden, ob der Kläger gleichwohl auch im Rahmen des Leiharbeitsverhältnisses einen unmittelbaren Gehaltsanspruch gegen die Beklagte erworben hat.

IV. Auf all diese Erörterungen kommt es auch an. Das Arbeitsverhältnis des Klägers, gleich mit wem es bestanden hat, hat nämlich nach den vorliegenden Feststellungen nicht spätestens am 30. April 1953 sein Ende gefunden, wie dies die Beklagte hilfsweise geltend macht.

Ein Arbeitsverhältnis endigt gemäß § 620 Abs. 1 BGB mit dem Ablauf der Zeit, für die es eingegangen ist. Ein solcher Fall liegt zweifellos nicht nur vor, wenn der Endtermin von vornherein kalendermäßig bestimmt oder bestimmbar ist, sondern auch dann, wenn er durch den Eintritt eines bestimmten Ereignisses (im Baugewerbe z. B. bei Beginn einer Frostperiode) festgelegt ist (vgl. RAG in JW 38, 252; Denecke, Der Dienstvertrag, Anm. 1 zu § 620 BGB; Nipperdey, Dienstvertrag, Anm. 7 zu § 620 BGB; Nikisch, Arbeitsrecht, 2. Aufl. S. 548 ff. mit weiteren Nachweisungen). Das Landesarbeitsgericht meint nun, der in dem „Beschäftigungsauftrag" vorbehaltene Widerruf sei eine solche auflösende Bedingung. Dem kann aber nicht zugestimmt werden. Richtig ist es allerdings, wenn das Landesarbeitsgericht davon ausgeht, daß der Inhalt des Beschäftigungsauftrages mit seinem Widerrufsvorbehalt stillschweigend auch zum Inhalt des Arbeitsverhältnisses zwischen den Parteien geworden ist, soweit er mit dem Wesen eines solchen vereinbar ist. Indessen ist der vorbehaltene jederzeitige Widerruf des Beschäftigungsauftrages kein bestimmtes Ereignis, sondern eine willkürliche Handlung, zwar nicht des Arbeitgebers selbst, wohl aber eines an dem Arbeitsverhältnis interessierten Dritten, nämlich des Schulkollegiums. Ließe man es zu, daß allgemein eine derartige nur von dem Willen eines Dritten abhängige Handlung ein Arbeitsverhältnis ohne weiteres auflösen könnte, dann liefe das auf eine Umgehung oder doch ein Gegenstandslosmachen der dem Schutz des personalen Grundwertes dienenden gesetzlichen Vorschriften über die Kündigungsfristen, die Notwendigkeit eines wichtigen Grundes bei der außerordentlichen Kündigung und der Bestimmungen über den Kündigungsschutz hinaus. Deshalb ist der vorbehaltene jederzeitige Widerruf des Beschäftigungsauftrages durch das Schulkollegium einer Befristung des § 620 Abs. 1 BGB nicht gleich zu setzen. Es kommt daher auf die weiteren Ausführungen des Landesarbeitsgerichts nicht mehr an, mit denen es dann die von selbst eintretende Beendigung des Arbeitsverhältnisses doch verneint, weil es in dem neuen Beschäftigungsauftrag des Schulkollegiums an den Kläger für das Gymnasium in E. noch keinen Widerruf des alten Beschäftigungsauftrages für Mülheim erblicken will.

Vielmehr ist die Erteilung des neuen und der darin möglicherweise enthaltene Widerruf des alten Beschäftigungsauftrages lediglich unter dem Gesichtspunkt einer Kündigung zu betrachten. Geht man davon aus, daß die Beklagte die Arbeitgeberin des Klägers war, dann stellt ein vom Schulkollegium erklärter Widerruf des Beschäftigungsauftrages als reiner Akt der Verwaltung schon deshalb keine Kündigung dar, weil eine Kündigung eine privatrechtliche Willenserklärung ist, die bei der personenrechtlichen Natur des Arbeitsverhältnisses vom Arbeitgeber selbst ausgehen muß. Ein Widerruf könnte dann höchstens wegen der in ihm liegenden Rücknahme der nach Schulrecht notwendigen Bestätigung des Klägers ein Grund für die Beklagte sein, das Arbeitsverhältnis von sich aus zu kündigen, und zwar vielleicht auch fristlos. Eine solche Kündigung, die unter den gegebenen Umständen in zweifelsfreier Form vorliegen müßte, hat aber die Beklagte nach dem festgestellten Sachverhalt nicht erklärt. Es braucht deshalb nicht geprüft zu werden, ob sie zulässig und begründet gewesen wäre. Auch der Kläger hat keine Erklärung abgegeben, die als Kündigung gegenüber der Beklagten aufgefaßt werden könnte. Daß der Kläger nach Ausspruch des Widerrufs eine Kündigung vernünftigerweise nicht mehr habe erwarten können und daß sie nach dem Widerruf eine bloße Formsache geworden sei, läßt sich nicht sagen. Es ist nicht undenkbar, daß eine Stadtgemeinde dem Lehrer nach jeder Zurücknahme des „Beschäftigungsauftrages" immerhin noch für eine gewisse Kündigungsfrist die Bezüge weiter gewähren will.

V. Hiernach ist ein etwaiges Arbeitsverhältnis zwischen dem Kläger und der Beklagten weder durch Ablauf der dafür vorgesehenen Zeit noch durch Kündigung beendet worden. Es bleibt dabei, daß zur Entscheidung des Rechtsstreits zunächst noch weiter geklärt werden muß, ob und gegebenenfalls mit welchem Inhalt ein solches Arbeitsverhältnis überhaupt zustande gekommen ist. Zu diesem Zweck muß die Sache an die Vorinstanz zurückverwiesen werden.

57

Für die Zulässigkeit eines Rechtsmittels ist allgemein der Zeitpunkt seiner Einlegung und nicht der Zeitpunkt maßgebend, in dem über das Rechtsmittel entschieden wird.

ZPO §§ 91 a, 256.

II. Senat. Beschluß vom 12. Dezember 1956 i. S. S. (Bekl.) w. D. (Kl.)
2 AZR 613/54.

I. Arbeitsgericht Köln. — II. Landesarbeitsgericht Düsseldorf, 2. Kammer Köln.

Aus den Gründen:

1. Gegen die Zulässigkeit der Revision bestehen keine Bedenken. Eine Voraussetzung für die Zulässigkeit einer Revision ist das Vorliegen des Rechtsschutzbedürfnisses, das von Amts wegen zu prüfen ist. Dieses ist beim Rechtsmittel mit der Beschwer identisch (Stein-Jonas, ZPO, 18. Aufl., Einl. D, I, 1 vor § 1; Einl. II, 1 vor § 511). Durch das angefochtene Urteil ist dem Beklagten untersagt worden, bis zum 31. Dezember 1954 im Handelszweig der Klägerin für eigene oder fremde Rechnung tätig zu werden. Dieses Urteil ist am 12. November 1954 verkündet und am 27. November 1954 zugestellt worden. Am 23. Dezember 1954 hat der Beklagte Revision eingelegt, die er Ende Januar 1955 begründet hat. Wenn auch der Beklagte somit wenige Tage nach der Revisionseinlegung in der Bewertung seiner Arbeitskraft frei war, so muß doch das Rechtschutzbedürfnis für die Einlegung der Revision bejaht werden, da er im Zeitpunkt der Einlegung durch das angefochtene Urteil noch beschwert war. Daß das Rechtsschutzbedürfnis nach Einlegung der Revision fortgefallen ist, ändert hieran nichts, denn für die Zulässigkeit des Rechtsmittels ist der Zeitpunkt der Einlegung und nicht der Zeitpunkt der Entscheidung über das Rechtsmittel maßgebend. Zwar hat das Reichsgericht in einer früheren Entscheidung (RGZ 160, 204 ff., 2 1 0 ff.) die Auffassung vertreten, das Vorhandensein des Rechtsschutzbedürfnisses als Prozeßvoraussetzung und als Voraussetzung der Rechtsschutzgewährung müsse auch im Rechtsmittelverfahren zur Zeit der E n t s c h e i d u n g über das Rechtsmittel bestehen (so auch Nickisch, ZPO, 2. Aufl., S. 241; Stein-Jonas, ZPO, 18. Aufl., § 99, Anm. II, 2 b; Einl. II, 2 vor § 511). Diese Auffassung erscheint jedoch nicht richtig. Der Senat schließt sich vielmehr der sowohl vom Großen Zivilsenat des Reichsgerichts (RGZ 168, 355) als auch vom Bundesgerichtshof (BGHZ 1, 29) vertretenen und im Schrifttum (Rosenberg, ZPO, 7. Aufl., S. 638; Baumbach-Lauterbach, ZPO, 24. Aufl.,

Grundzüge 3 B vor § 511; Schönke-Schröder-Niese, Zivilprozeßrecht, 8. Aufl., S. 374) überwiegend verbreiteten Auffassung an, daß der Zeitpunkt der Einlegung des Rechtsmittels für dessen Zulässigkeit maßgebend ist. Die Zulässigkeit des Rechtsmittels darf nämlich nicht mehr von dem Streit darüber beeinflußt werden, ob sich der Rechtsstreit in der Rechtsmittelinstanz ganz oder teilweise erledigt, es sei denn, daß der Beschwerdegegenstand vom Rechtsmittelkläger willkürlich beschränkt wird. Dieser vom Großen Senat des Reichsgerichts und vom Bundesgerichtshof aufgestellte Grundsatz bezieht sich zwar nur auf die Prüfung der Zulässigkeit des Rechstmittels, soweit sie vom Beschwerdegegenstand abhängig ist, muß aber auch dann gelten, wenn sich der Rechtsstreit im Laufe des Rechtsmittelverfahrens aus anderen Gründen erledigt. Ist ein Rechtsmittel in zulässiger Weise eingelegt worden, so darf allgemein ein Streit darüber, ob und inwieweit das Verfahren später gegenstandlos geworden sein sollte, grundsätzlich keine Bedeutung mehr für die Frage der Zulässigkeit des Rechtsmittels haben (so auch SchlHOLG vom 27. Januar 1955; SchlHAnzeigen 1955, 222 ff.). Es erscheint nicht angängig, die Zulässigkeit eines Rechtsmittels, die im Zeitpunkt seiner Einlegung doch gegeben war, wegen erst später eintretender Veränderungen wieder nehmen zu wollen.

58

1. Während die Änderungskündigung unter einer Bedingung erfolgt, deren Eintritt vom Willen des Arbeitnehmers abhängt, ist die bei einer Aussperrung mögliche Kündigung unbedingt, enthält jedoch die Aufforderung an die Arbeitnehmer, nach Beendigung des Arbeits-Kampfes insbesondere nach Beugung der Arbeitnehmer, dem Arbeitgeber ein Angebot auf Erneuerung des Arbeitsvertrages zu machen.

2. § 56 Abs. 1 Buchst. g BetrVG bezieht sich nicht nur auf die Grundsätze des Akkordsystems, sondern auf die Regelung der Akkord- und Stücklohnsätze selbst. Hierunter sind alle Sätze zu verstehen, die über den Einzelfall hinaus für eine größere Anzahl von gleichgearteten Fällen in einem Betrieb Bedeutung haben.

3. Eine Maßnahme, die dem Mitbestimmungsrecht i. S. des § 56 BetrVG unterliegt, ist unwirksam, wenn sie ohne Zustimmung des Betriebsrats getroffen wird oder ein Spruch der Einigungsstelle nicht vorliegt. Rechtliche Maßnahmen, die den Arbeitgeber mit dem Ziel einzelvertraglicher Änderung der durch notwendige Betriebsvereinbarung zu

regelnden Fragen ohne Einigung mit dem Betriebsrat und ohne Spruch der Einigungsstelle trifft, sind auch insoweit unwirksam, als es sich um Maßnahmen im personellen Bereich handelt.

KSchG § 1; BetrVG § 56 Abs. 1 Buchst. g.

I. Senat. Urteil vom 1. Februar 1957 i. S. J. (Kl.) w. W. (Bekl.)
1 AZR 521/54.

I. Arbeitsgericht Wesel. — II. Landesarbeitsgericht Düsseldorf.

Die Beklagte betreibt eine Baumwollweberei und unterhält die Abteilungen Reißerei, Weberei, Spinnerei und Ausrüstung. Die Grundsätze für die Akkordarbeit in der Weberei sind in § 13 der noch maßgeblichen Tarifordnung für die gewerblichen Gefolgschaftsmitglieder in der Textilindustrie des Wirtschaftsgebietes Westfalen und Niederrhein vom 31. Januar 1939 (Stand vom 1. Januar 1953) festgelegt. Die Tarifordnung bestimmt insoweit u. a.:

„1. Bei Akkordarbeit sind die Akkordsätze (Akkordlöhne) so festzusetzen, daß die mit gleichartigen Arbeiten beschäftigten Gefolgschaftsmitglieder nach einem bestimmten Schlüssel (Akkordregler) bei betriebsüblicher Leistung und unter den im Betriebe üblichen Arbeitsbedingungen einen bestimmten Vomhundertsatz (Akkordzuschlag) über dem in der Lohntarifordnung oder Betriebsordnung festliegenden Zeitlohn (Akkordbasis) gleichartiger Arbeiter verdienen (Akkordrichtsatz). Der als Akkordbasis dienende Zeitlohn darf nur unterschritten werden, wenn die Gründe für den Minderverdienst nachweislich in der Person des Gefolgschaftsmitgliedes liegen.

2. ......

3. ......

Im Lohntarif, gültig ab 1. Januar 1953, ist der Akkordrichtsatz auf 119 Pfennige festgesetzt.

Ende des Jahres 1953 und Anfang 1954 hatte die Beklagte Absatzschwierigkeiten, weil sie mit den bisherigen Preisen nicht mehr konkurrenzfähig war. Aus diesem Grunde beabsichtigte sie, die übertariflichen Akkordlöhne in der Weberei um etwa 10 % herabzusetzen. Als Verhandlungen mit dem Betriebsrat über die Herabsetzung der Stücklöhne Anfang Januar 1954 ohne Erfolg blieben, kündigte die Beklagte der Klägerin und allen anderen in der Weberei beschäftigten Arbeitnehmern am 23. Januar 1954.

Gleichzeitig machte die Beklagte dem Arbeitsamt die nach § 15 KSchG erforderliche Mitteilung von der drohenden Massenentlassung von 74 Arbeitnehmern in der Weberei sowie von den endgültigen Entlassung von weiteren 21 Arbeitnehmern wegen Arbeitsmangels. Auf Grund von Verhandlungen beim Arbeitsamt am 4. und 11. Februar 1954 wurde dahin entschieden, daß die Entlassungen gemäß § 16 KSchG erst zum 13. März 1954 wirksam wurden.

Am 13. Februar 1954 schrieb die Beklagte an die einzelnen Arbeitnehmer in der Weberei:

„Ich beziehe mich auf meine Kündigungsschreiben vom 23. 1. und 5. 2. 1954.

Nachdem das Landesarbeitsamt Nordrhein-Westfalen unterm 11. 2. folgenden Entschluß gefaßt hat:

‚Die im § 16 Abs. 1 KSchG vorgeschriebene 1-monatige Sperrfrist wird gemäß § 16 Abs. 2 KSchG verlängert und der Ablauf der Sperrfrist für die beabsichtigte Entlassung von 95 Arbeitnehmern auf den 13. 3. 1954 festgesetzt.

Begründung: Der Ausschuß hält unter Würdigung der Gesamtumstände eine Weiterbeschäftigung der zur Entlassung vorgesehenen Arbeitnehmer bis zum 13. 3. 1954 für zumutbar‘,

wird Ihnen hiermit zum 13. 3. 1954 gekündigt. Das Arbeitsverhältnis endet somit am 13. 3. 1954."

Bereits mit Schriftsatz vom 8. Februar 1954 hatte die Klägerin Kündigungsschutzklage erhoben. Im Gütetermin vom 4. März 1954 erklärte die Beklagte zu Protokoll des Arbeitsgerichts, daß sie die Änderungskündigung zurückgenommen und stattdessen eine ordentliche Kündigung zum 13. März 1954 ausgesprochen habe. In der Folgezeit sind zu dem Kündigungstermin die Klägerin und ein Teil der übrigen Arbeitnehmer der Weberei aus dem Betrieb ausgeschieden. Die Weberei führte mit neu eingetretenen Arbeitskräften und dem Teil der alten Belegschaft, der sich mit der Weiterarbeit zu den herabgesetzten Akkordlöhnen einverstanden erklärt hatte, die Arbeit weiter.

Die von der Beklagten vorgenommenen Preisnachlässe für ihre Erzeugnisse führten alsbald zu einer Besserung der Absatzlage. Die Akkordlöhne lagen auch nach der Neufestsetzung durch die Beklagte immer noch über dem tariflichen Akkordrichtsatz.

Die Klägerin hat die Meinung vertreten, ihr Arbeitsverhältnis sei nicht durch Kündigung beendet. Die Beklagte hätte die Einigungsstelle des § 50 BetrVG anrufen müssen, da es sich um eine der erzwingbaren Mitbestimmung unterliegende Regelung von Akkordsätzen nach § 56 Abs. 1 Buchst. g BetrVG handele. Im übrigen habe die Beklagte die Änderungskündigung in eine sozialwidrige echte Kündigung umgewandelt, die deshalb unwirksam sei, weil sie nach dem Willen der Beklagten nicht zur Beendigung des Arbeitsverhältnisses habe führen sollen und weil sich die Beklagte nicht an die gesetzlichen Vorschriften des § 56 BetrVG gehalten habe. Schließlich sei die Kündigung als nicht sozialadäquate Arbeitskampfmaßnahme rechtswidrig und damit nichtig.

Die Beklagte ist den Rechtsausführungen der Klägerin entgegengetreten und hat nähere Ausführungen über die Entwicklung der Umsätze, Preise und Löhne gemacht.

Das Arbeitsgericht hat der Klage stattgegeben, das Landesarbeitsgericht hat sie abgewiesen. Die Revision der Klägerin führte zur Wiederherstellung des Urteils des Arbeitsgerichts.

Aus den Gründen:

Das Landesarbeitsgericht stellt — rechtlich unbedenklich — fest, daß der Klägerin gegenüber eine Änderungskündigung ausgesprochen worden ist. Es sieht in der Ablehnung des in dieser enthaltenen Angebots durch die Arbeitnehmer eine Kampfmaßnahme der Arbeitnehmer, so daß nach § 23 KSchG eine Kündigungswiderrufsklage ausgeschlossen sei.

Die hiergegen von der Revision erhobenen Bedenken sind begründet. Kampfmaßnahmen, die von der Arbeitnehmerseite ausgehen, erfordern einen organisatorischen Zusammenschluß der Arbeitnehmer mit dem Ziel, durch Arbeitsniederlegung den Arbeitgeber zu veranlassen, die durch den Arbeitskampf erstrebten Kampfziele der Arbeitnehmer anzunehmen. Zur Annahme einer solchen Maßnahme reichen jedoch die tatsächlichen Feststellungen des Berufungsgerichts nicht aus. Vielmehr haben die Arbeitnehmer danach, ohne sich organisatorisch zusammenschließen, lediglich die Kündigungen über sich ergehen lassen und sie mit dem gesetzlich vorgesehenen Mittel der Kündigungsschutzklage angefochten. Bis zum Ablauf der Kündigungsfrist haben sie ihre Arbeit ausgeführt, und ein Teil von ihnen hat sogar zu den von der Beklagten gestellten geänderten Akkordbedingungen weitergearbeitet. Auch in der Ablehnung der angebotenen Bedingungen durch andere Arbeitnehmer kann eine Kampfmaßnahme der Arbeitnehmerseite nicht gsehen werden.

Andererseits kann aber auch den Ausführungen der Revisionsbegründung, daß es sich im vorliegenden Fall um einen Arbeitskampf seitens der Beklagten, also um eine Aussperrung, und zwar speziell eine Angriffsaussperrung gehandelt habe, nicht gefolgt werden. Vielmehr hat die Beklagte zweifelsfrei Änderungskündigungen ausgesprochen. Sie hat nach § 15 KSchG dem Arbeitsamt die erforderliche Mitteilung von der drohenden Massenentlassung von 74 Arbeitnehmern in der Weberei sowie von der endgültigen Entlassung von weiteren 21 Arbeitnehmern gemacht.

Die Beklagte hat sich damit so verhalten, daß von einem Arbeitskampf nicht gesprochen werden kann. Auf Grund der Verhandlungen wurde vom Landesarbeitsamt entschieden, daß die Entlassungen gemäß § 16 KSchG erst zum 13. März 1954 wirksam wurden, und demgemäß hat die Beklagte ihre Kündigungen dahin geändert, daß sie zum Ablauf der vom Landesarbeitsamt festgesetzten Sperrfrist, nämlich zum 13. März 1954 erfolgten. Damit ist die Beklagte eindeutig den Weg der Änderungskündigung und nicht den des Arbeitskampfes gegangen. Sie hat sich für die bedingte Kündigung entschieden, deren Wirksamkeit dadurch bedingt war, daß die gekündigten Arbeitnehmer die neuen Stücklöhne vom 15. Januar 1954 ablehnten. Eine Aussperrung, sei es als Suspendierung der Arbeitsverhältnisse, sei es als kampfweise Lösung ohne Einhaltung der Kündigungsvorschriften, ist somit nicht erfolgt. Aber auch wenn man davon ausgeht, daß eine Aussperrung auch durch Kündigung erfolgen kann, so liegt das Wesen einer solchen Aussperrungskündigung im Gegensatz zur normalen Änderungskündigung darin, daß die Aussperrungskündigung unbedingt, d. h. mit dem Willen zur Lösung schlechthin, erfolgt, die Arbeitnehmer aber ausdrücklich oder stillschweigend aufgefordert werden, nach Beendigung des Arbeitskampfes, insbesondere nach Beugung der Arbeitnehmer, dem Arbeitgeber ein Angebot auf Erneuerung der Arbeitsverträge zu machen. Darüber hat sich der Große Senat in seinem Arbeitskampfbeschluß (BAG, Bd. 1 S. 291 ff.) des näheren verbreitet. Er hat dort jedoch, entgegen der Ansicht der Revision, auch ausgeführt, daß zum Zwecke einer Aussperrung ausgesprochene Kündigungen das Arbeitsverhältnis zum Erlöschen bringen. Da es sich vorliegend jedoch um echte Änderungskündigungen gehandelt hat, brauchte der Senat nicht zu prüfen, ob eine Aussperrung rechtswidrig wäre und welche Folgen eine solche Rechtswidrigkeit für die Entscheidung des Falles haben würde.

Die Revision muß deshalb zum Erfolg führen, weil, wie sie mit Recht ausführt, die Erwägungen des Landesarbeitsgerichts zu § 56 BetrVG irrig sind und die von der Beklagten ausgesprochenen Kündigungen gegen § 56 BetrVG (obligatorische Mitbestimmung des Betriebsrates) verstoßen, was ihre Nichtigkeit zur Folge hat.

Das Berufungsgericht vertritt hierzu die Ansicht, die Nichtbeachtung des Mitbestimmungsrechts des Betriebsrats führe nicht dazu, die mit dem Ziel der Regelung von Fragen, auf die sich das Mitbestimmungsrecht erstreckt, ausgesprochene Kündigung rechtsunwirksam sein zu lassen. Auch sei bereits in der Tarifordnung wie im Tarifvertrag eine erschöpfende Regelung enthalten, so daß für eine Mitbestimmung in der Form einer Betriebsvereinbarung kein Raum bleibe. Eine Änderung der Akkordsätze falle nicht unter das Mitbestimmungsrecht des Betriebsrats bzw. die Zuständigkeit der Einigungsstelle. Mit Recht beanstandet die Revision diese Ausführungen des Berufungsurteils als rechtsirrig.

Dadurch, daß die Beklagte, ohne mit dem Betriebsrat eine Einigung zu erzielen, eine allgemeine Herabsetzung der Stücklohnsätze durch Änderungskündigung zu erreichen suchte, hat sie einen Verstoß gegen das Mitbestimmungsrecht des Betriebsrats nach § 56 Abs. 1 Buchst. g BetrVG begangen. Nach dieser Vorschrift hat der Betriebsrat, soweit eine gesetzliche oder tarifliche Regelung nicht besteht, mitzubestimmen bei der Regelung von Akkord- und Stücklohnsätzen. Dieses entgegen der Ansicht des Landesarbeitsgerichts obligatorische, nicht nur fakultative Mitbestimmungsrecht des Betriebsrates wird im vorliegenden Fall weder durch § 59 BetrVG noch durch die Einleitungsworte des 1. Abs. des § 56 BetrVG ausgeschlossen; denn die Regelung der Akkord- und Stücklohnsätze in den einzelnen Betrieben erfolgt üblicherweise nicht durch Tarifvertrag oder Tarifordnung und ist im vorliegenden Falle auch nicht durch Tarifvertrag oder Tarifordnung efolgt. Vielmehr enthalten sowohl der Lohntarif wie die ihm vorausgehende Tarifordnung nur den Akkordrichtsatz und den üblichen allgemeinen Grundsatz über die Art der Ansetzung der Akkorde, nicht dagegen die Regelung der Akkord- oder Stücklohnsätze selbst.

Daß das im vorliegenden Fall so ist, beweist auch gerade die allgemeine betriebliche Regelung der Stücklohnsätze von 1952, die im Betrieb der Beklagten bis Anfang 1954 zugrundegelegt worden sind. Auch der § 13 Abs. 4 der Tarifordnung greift hier nicht Platz, da er sich nur mit der einseitigen Änderung der Akkorde befaßt. Andere Fälle der Akkordänderung sind in der Tarifordnung nicht geregelt, und es ist auch nicht üblich, die Art der Akkordänderungen in Tarifverträgen zu regeln.

Andererseits ist die Ansicht abzulehnen, daß § 56 Abs. 1 Buchst. g BetrVG sich nicht auf die Einzelheiten der Akkordberechnung beziehe, sondern nur die Grundsätze über das Akkordsystem zum Inhalt habe. Dem steht entgegen, daß das Gesetz von Akkord- und Stücklohnsätzen und nicht, wie in Buchst. h, von Grundsätzen und Methoden spricht. Buchst. g ist gegenüber Buchst. h lex specialis. Vorliegend sind aber gerade die Stücklohnsätze selbst geändert worden. Vgl. Hueck-Nipperdey, Lehrbuch Bd. 2, 6. Aufl. (1957) S. 830 f.

Hiernach muß § 56 Abs. 1 Buchst. g BetrVG auf den vorliegenden Fall Anwendung finden. Die Beklagte wollte die Stücklohnsätze von 1952 ändern. Sie wollte also Sätze aufstellen, die über den Einzelfall hinaus für eine größere Anzahl von gleichgearteten Fällen in ihrem Betrieb Bedeutung haben. Sie wollte damit eine neue Regelung der Stücklohnsätze im Sinne des § 56 Abs. 1 Buchst. g BetrVG durchführen. Gerade aber das ist nach dieser Vorschrift nur mit Zustimmung des Betriebsrates möglich. Es bedurfte also der Einigung zwischen der Beklagten und ihrem Betriebsrat, notfalls der Anrufung der Einigungsstelle nach § 50 in Verbindung mit § 56 Abs. 2 BetrVG.

Die Ansicht der Beklagten, daß im § 56 nur ein Anspruch des Betriebsrates auf Zustimmung festgelegt sei, den er seinerseits vor der Einigungsstelle durchsetzen müsse, findet im Gesetz keine Stütze. Die Beklagte nimmt zu Unrecht an, daß dann, wenn der Betriebsrat diesen Schritt vor die Einigungsstelle nicht tue, ihre Maßnahmen, hier also die einseitige Änderung der Akkordsätze und die im Zusammenhang damit ausgesprochenen Kündigungen, gerechtfertigt seien. Hierzu hat die Klägerin mit Recht darauf hingewiesen, daß ein Unterschied zwischen § 56 und den §§ 60 und 61 BetrVG besteht. § 56 BetrVG enthält das Mitbestimmungsrecht im Sinne des Zustimmungserfordernisses. Der Senat hat bereits im Urteil vom 7. September 1956 — 1 AZR 646/54 — ausgesprochen, daß eine Maßnahme, die dem echten Mitbestimmungsrecht des § 56 BetrVG unterliegt, nicht wirksam ist, wenn sie ohne die Zustimmung des Betriebsrats getroffen wird oder ein Spruch der Einigungsstelle nicht vorliegt. Es besteht kein Anlaß, von dieser Auffassung abzuweichen. Hier aber ist die Einigungsstelle nicht angerufen worden, und es ist nicht zu einer Einigung gekommen.

Der Sinn der Mitbestimmungsrechts nach § 56 BetrVG, des sog. obligatorischen Mitbestimmungsrechts also, geht dahin, daß es dem Arbeitgeber verwehrt ist, in den in § 56 BetrVG genannten Angelegenheiten Maßnahmen, die nicht nur einen oder mehrere einzelne Arbeitnehmer betreffen, sondern die Belegschaft im ganzen oder Gruppen oder Schichten von ihr oder jedenfalls eine nicht ganz unerhebliche Anzahl von Arbeitnehmern erfassen, ohne die Zustimmung des Betriebsrats herbeizuführen. Die rechtlichen Möglichkeiten, die dem Arbeitgeber an sich etwa auf Grund seines Direktionsrechts, vor allem aber durch Änderung des Arbeitsvertrages im Wege der Änderungskündigung und durch das Angebot anderer Arbeitsbedingungen, zur

Verfügung stehen, sind im Bereich des notwendigen Mitbestimmungsrechts in sozialen Angelegenheiten nach § 56 BetrVG nicht gegeben. Nur auf dem Weg der Einigung mit dem Betriebsrat oder über den bindenden Spruch der paritätisch zusammengesetzten Einigungsstelle können im Bereich des § 56 BetrVG die beabsichtigten Maßnahmen rechtswirksam durchgeführt werden. Es würde dem Sinn und Zweck dieses Mitbestimmungsrechts widersprechen und der Umgehung des Gesetzes Tür und Tor öffnen, wenn der Arbeitgeber die mitbestimmungspflichtigen Maßnahmen auf dem Wege und unter dem Druck der Änderungskündigung durch Einzelvereinbarungen mit jedem einzelnen Arbeitnehmer durchsetzen könnte (vgl. Hueck-Nipperdey, Bd. II S. 833).

In Folge der normativen Wirkung einer solchen Betriebsvereinbarung wirkt sich diese vom Senat zu § 56 BetrVG vertretene Ansicht übrigens keineswegs nur zu Ungunsten des Arbeitgebers aus. Wie bei Hueck-Nipperdey, Lehrbuch des Arbeitsrechts, 6. Aufl., Bd. II S. 833 ausgeführt wird, kann sich der Arbeitgeber durch den Abschluß einer solchen Betriebsvereinbarung eine sonst etwa notwendige Änderungskündigung sparen und braucht sich nicht auf ein vielleicht zweifelhaftes Direktionsrecht zu berufen.

Somit haben rechtliche Maßnahmen, die die Beklagte mit dem Ziel einzelvertraglicher Änderung von durch Betriebsvereinbarung zu regelnden Fragen entgegen den Vorschriften des § 56 BetrVG ohne Einigung mit dem Betriebsrat und ohne Spruch der Einigungsstelle trifft, keine rechtliche Wirksamkeit. Dabei müssen die vom Arbeitgeber unter Verletzung des § 56 BetrVG durchgeführten rechtlichen Maßnahmen als eine Einheit betrachtet werden. Betrifft eine solche Maßnahme das notwendige Mitbestimmungsrecht in sozialen Angelegenheiten, berührt sie aber gleichzeitig und von dem Arbeitgeber gewollt auch den personellen Bereich, dann bestimmt sich die Wirksamkeit der Maßnahme nach den für die notwendige Mitbestimmung in sozialen Angelegenheiten bestehenden Vorschriften. Daraus folgt, daß auch die Kündigung des Arbeitsverhältnisses der Klägerin, die im Ergebnis auf die Ausschaltung des Mitbestimmungsrechts in sozialen Angelegenheiten hinausläuft, vor dem Recht keine Anerkennung finden kann.

59

1. Kurzarbeit kann durch Betriebsvereinbarung eingeführt werden; § 59 BetrVG steht dem nicht entgegen.

2. Durch Betriebsvereinbarung können auch, ohne daß es einer Änderungskündigung der Arbeitsverträge bedarf, die allgemein geregelten Arbeitsverhältnisse von Schwerbeschädigten dahin umgestaltet werden, daß Kurzarbeit in der Form des sog. Krümpersystems eingeführt wird.

3. Betriebsvereinbarungen, die Kurzarbeit nur für Schwerbeschädigte einführen, sind jedenfalls in solchen Betrieben möglich, die Schwerbeschädigte über die Pflichtquote beschäftigen. Voraussetzung ist jedoch, daß den Schwerbeschädigten ein zumutbares Mindesteinkommen aus ihrer Arbeitsleistung verbleibt.

4. Betriebsvereinbarungen, die die Kurzarbeit in der Weise regeln, daß Schwerbeschädigten bestimmte Mindesteinkommen, bestehend aus ihrer Rente und einem geminderten Arbeitsverdienst, verbleiben müssen, verstoßen im Hinblick auf die Berücksichtigung der Renten bei der Bemessung des Arbeitsverdienstes gegen § 32 SchwBeschG und sind deshalb nichtig.

SchwBeschG §§ 12, 32; BetrVG § 59.

II. Senat. Urteil vom 1. Februar 1957 i. S. J. (Kl.) w. Rh. B. (Bekl.)
1 AZR 195/55.

I. Arbeitsgericht Gelsenkirchen. — II. Landesarbeitsgericht Hamm/Westf.

Der Kläger, der durch Betriebsunfall zu 50 % schwerbeschädigt und auch Inhaber des Bergmannsversorgungsscheines ist, arbeitet auf der Zeche N. der Beklagten. Neben seinem Arbeitsverdienst erhält er Renten im Gesamtbetrag von 242,– DM. Der I.G Bergbau gehört der Kläger als Mitglied nicht an.

Im Jahre 1954 hatte die Beklagte keine ausreichende Beschäftigungsmöglichkeiten für die von ihr insgesamt beschäftigten 1279 invaliden Arbeitnehmer. (Ihre Pflichtquote für die Beschäftigung Schwerbeschädigter betrug damals nur 555 Arbeitnehmer).

Die Beklagte hatte auf einer ihrer Zechen bereits seit längerer Zeit ein Krümpersystem in der Weise eingeführt, daß auf einem für einen Invaliden geeigneten Arbeitsplatz im Wechsel miteinander zwei Invaliden beschäftigt wurden. Wegen der nicht für alle bei ihr tätigen Invaliden mehr ausreichenden Beschäftigungsmöglichkeiten verhandelte die Beklagte im Winter 1953 auf 1954 mit dem Hauptbetriebsrat, der für alle ihre Zechen gebildet war, um ein Krümpersystem auf allen

Zechen und damit auch auf der Zeche, auf der der Kläger beschäftigt war, einzuführen. Über das Ergebnis dieser Verhandlungen wurde folgende Niederschrift vom 5. Februar 1954 aufgenommen:

„Die Fragen zum eingeführten Krümpersystem werden von beiden Seiten verständnisvoll besprochen. Beide Seiten würdigten den Standpunkt, die einschneidende Maßnahme, die den wirtschaftlichen Verhältnissen unserer Gesellschaft entsprechen soll, von der menschlichen lichen Seite durchzuführen, um auch in sozialer Hinsicht bestehen zu können. Man einigt sich nach langer Aussprache auf die in der Anlage 4 vorhandene Abfassung. Bei Rentenkürzung oder Rentenentzug wird Vollbeschäftigung, bei Ausgeschiedenen Wiedereinstellung zugesichert. Schließlich will die Verwaltung beachten, daß bei einem späteren Ausscheiden von krümpernden Invaliden die Vorschriften des Arbeitslosenversicherungsgesetzes nicht zum Schaden für diese ausschlagen."

Die Anlage 4 zur Sitzungsniederschrift hat folgenden Wortlaut:

„Richtlinien
für das Invaliden-K.system bei der Rh.-Bergbau AG und der G. M. Bergbau AG.

Der Vorstand der Rh. und G. M. Bergbau AG ist sich mit dem Hauptbetriebsrat darüber einig, daß mit Rücksicht auf die wirtschaftliche Lage beider Gesellschaften das Krümpersystem eingeführt werden muß, um Kündigungen von Invaliden nach Möglichkeit zu vermeiden bzw. auf längere Zeit hinauszuschieben.

Auf Vorschlag des Hauptbetriebsrates sollen folgende Regelungen beim Krümpersystem beachtet werden:

1. Es wurde für das Krümpersystem ein Mindesteinkommen von DM 320.— (Rente + ½ Lohn) festgelegt, bei kinderlos Verheirateten. Außerdem erhalten die krümpernden Invaliden den vollen Urlaub und die Bezahlung der 11 gesetzlichen Feiertage. weiterhin bleibt der Anspruch auf die Deputatkohlen in voller Höhe, Jubiläumsanerkennung und Weihnachtsgeld ohne Rücksicht auf die Krümperarbeit bestehen.
2. Um Härten zu vermeiden, sollen auf den Schachtanlagen alle Fälle von Krankheit einzeln überprüft werden.

Der Vorstand: Der Hauptbetriebsrat:"

In Durchführung dieser Richtlinien wurde auch der Kläger vom 29. März 1954 an nur im Krümpersystem beschäftigt. Dadurch erlitt er in den Monaten April bis Juni 1954 einen Lohnausfall, der in Höhe von DM 350,– zwischen den Parteien unstreitig ist. Die Zahlung dieses Betrages verlangt der Kläger im Rechtsstreit.

Er hat vorgetragen, die Beklagte sei nicht berechtigt gewesen, ihn ohne sein Einverständnis im Krümpersystem zu beschäftigen. Auch die Richtlinien, die sie mit dem Hauptbetriebsrat vereinbart habe, gäben der Beklagten kein Recht, den Kläger nur in Kurzarbeit zu beschäftigen. Die Richtlinien stellten keine wirksam zustandegekommene Betriebsvereinbarung dar, auch könne durch eine solche Betriebsvereinbarung nicht in seine auf seinem Arbeitsverhältnis beruhende Rechtsstellung zu seinen Lasten eingegriffen werden. Eine solche Betriebsvereinbarung verstoße auch gegen die Grundsätze des SchwBeschG, da sie insbesondere eine Anrechnung der dem Kläger gewährten Renten auf den Arbeitsverdienst vorsähe.

Das Arbeitsgericht und das Landesarbeitsgericht haben die Klage abgewiesen. Die Revision des Klägers führte zur Aufhebung dieser Urteile und zur Verurteilung der Beklagten nach dem Klageantrag.

Aus den Gründen:

Die Vorinstanzen sind zutreffend davon ausgegangen, daß die Beklagte das Krümpersystem nicht einseitig ohne Mitwirkung des Klägers oder des Betriebsrates einführen konnte.

Es fragt sich aber, ob die Beklagte befugt war, auf Grund der in den Verhandlungen mit ihrem Hauptbetriebsrat zustandegekommenen Vereinbarungen und Richtlinien den Kläger im Krümpersystem und damit in einer verkürzten Arbeitszeit zu beschäftigen. Denn wenn eine wirksame Betriebsvereinbarung zwischen der Beklagten und ihrem Hauptbetriebsrat über die Einführung des Krümpersystems für die Schwerbeschädigten zustandegekommen ist, könnte diese Betriebsvereinbarung auch das Arbeitsverhältnis des Klägers gestalten und damit der Beklagten das Recht geben, den Kläger in Kurzarbeit zu beschäftigen.

Die Vereinbarungen und Richtlinien sind als eine formell ordnungsgemäß geschlossene und verlautbarte Betriebsvereinbarung anzusehen. Eine solche Betriebsvereinbarung verstößt auch nicht gegen § 59 des BetrVG. Nach § 59 des BetrVG sind Betriebsvereinbarungen insoweit nicht zulässig, als es sich um üblicherweise durch Tarifvertrag geregelte Arbeitsentgelte und sonstige Arbeitsbedingungen handelt. Solchenfalls wäre eine Betriebsvereinbarung ausnahmsweise nur dann zulässig, wenn ein Tarifvertrag den Abschluß ergänzender Betriebsvereinbarungen ausdrücklich vorsieht. Nach den Feststellungen der Vorinstanzen wird im Ruhrgebiet die Kurzarbeit nicht üblicherweise durch Tarifvertrag geregelt. In Tarifverträgen werden allenfalls die Voraussetzungen der Kurzarbeit und die FoFrm einer Einführung von Kurzarbeit bestimmt. Es werden aber nicht unmittelbare Regelungen für die einzelnen Betrieb getroffen.

Durch die tarifliche Regelung der regelmäßigen Arbeitszeit wird die Einführung von Kurzarbeit, verbunden mit der dadurch bedingten Schmälerung des Arbeitsentgelts, durch Betriebsvereinbarung nicht ausgeschlossen (vgl. Hueck-Nipperdey, Lehrbuch, 6. Aufl. II S. 402). An die Stelle einer bestehenden allgemeinen Regelung der Arbeitsverhältnisse, also auch der bisherigen allgemeinen privatrechtlichen Arbeitszeitregelung tritt die neue durch Betriebsvereinbarung erfolgte Gestaltung, und zwar auch dann, wenn sie sich auf das von dem einzelnen Arbeitnehmer bisher erzielte Arbeitsentgelt nachteilig auswirkt (vgl. hierzu Nikisch, Arbeitsrecht, 2. Aufl. I § 44 IV, Hueck-Nipperdey, Lehrbuch, 6. Aufl. II S. 419 f.). Der Arbeitnehmer kann sich gegenüber einer solchen Betriebsvereinbarung nicht auf das Günstigkeitsprinzip berufen.

Die Betriebsvereinbarung ist im vorliegenden Fall auch nicht deshalb unzulässig, weil hier die schwerbeschädigten Arbeitnehmer im Krümpersystem beschäftigt werden sollen. Das SchwBeschG erstrebt zwar sicherlich die Eingliederung der Schwerbeschädigten grundsätzlich zu Bedingungen, die den Arbeitsbedingungen anderer Arbeitnehmer entsprechen müssen. Das ergibt sich zunächst aus § 12 des SchwBeschG. Danach haben die Arbeitgeber die Schwerbeschädigten so zu beschäftigen, daß sie ihre Fähigkeiten und Kenntnisse möglichst voll verwerten und weiterentwickeln können. Auch aus § 10 Abs. 2 des SchwBeschG folgt, daß grundsätzlich für die Schwerbeschädigten die allgemein betriebsüblichen Arbeitsbedingungen gelten sollen. Die Leistung des Scherbeschädigten ist somit grundsätzlich, von etwa vereinbarten Minderleistungsklauseln abgesehen, so wie die der anderen Arbeitnehmer zu entlohnen. Für den Schwerbeschädigten sollen sonach sowohl hinsichtlich der Höhe des Arbeitsentgelts wie aber auch hinsichtlich der Bemessung der Arbeitszeit die gleichen Arbeitsbedingungen gelten, die ein gesunder Arbeitnehmer auf dem gleichen Arbeitsplatz hätte (vgl. auch Wilrodt-Gotzen, Schwerbeschädigtengesetz 1953, § 10 Anm. 28). Findet eine kollektive Regelung auf das Arbeitsverhältnis der Arbeitnehmer in dem Beschäftigungsbetrieb Anwendung, so gelten diese kollektiven Regelungen uneingeschränkt auch für die Arbeitsverhältnisse der Schwerbeschädigten und zwar auch dann, wenn sie sich für die Schwerbeschädigten ungünstig auswirken (vgl. dazu Becker,

Schwerbeschädigtengesetz 1955, § 10 Anm. 13; Wilrodt-Gotzen a. a. O. § 10 Anm. 31). Der Senat hält es aber auch für zulässig, daß kollektivrechtlich Regelungen geschaffen werden, die sich ausschließlich auf die Arbeitsverhältnisse schwerbeschädigter Arbeitnehmer beziehen, sofern es sich dabei um Regelungen handelt, die nicht zur Umgehung der in dem Schwerbeschädigtengesetz niedergelegten Gebote führen. Daß der Schwerbeschädigte an kollektivrechtliche für ihn bestimmte Minderleistungsklauseln gebunden ist, entspricht der in Rechtsprechung (vgl. RAG in ARS 26 S. 279; 30 S. 300; 38 S. 32) und Schrifttum (vgl. Hueck-Nipperdey-Tophoven, TVG 1955, § 4 Anm. 18, Anm. 70 mit weiterer Rechtsprechung; Wilrodt-Gotzen, a. a. O., § 10 Anm. 32, § 32 Anm. 7; Rewolle, Schwerbeschädigtengesetz 1956, § 32 Anm. 3, § 10 Anm. 6 a; Sellmann, Schwerbeschädigtengesetz 1954, § 32 Anm. 9, 10; Rohwer-Kahlmann, Schwerbeschädigtengesetz 1953, § 32 Anm. 8 f.) überwiegend anerkannten Meinung. Es ist aber auch mit dem Sinn und Zweck des Schwerbeschädigtengesetzes grundsätzlich vereinbar, durch besondere Regelungen die Arbeitszeit der Schwerbeschädigten gegenüber der Arbeitszeit der voll auf allen Arbeitsplätzen einsetzbaren Arbeitnehmer zu verkürzen, wenn durch eine solche Regelung die Erhaltung der Arbeitsplätze solcher Schwerbeschädigter, die in einem Betrieb über die gesetzliche Pflichtzahl hinaus beschäftigt werden, oder die Eingliederung zusätzlicher Schwerbeschädigter in das Arbeitsleben erreicht werden soll. Der Senat trägt sonach keine Bedenken, jedenfalls in den Betrieben, die Schwerbeschädigte über die im Gesetz festgelegte Pflichtquote hinaus beschäftigen, für alle diese Schwerbeschädigten, d. h. sowohl die Schwerbeschädigten, die innerhalb der Pflichtquote beschäftigt werden, wie die Schwerbeschädigten, die darüber hinaus einen Arbeitsplatz im Betrieb gefunden haben, die kollektivrechtliche oder einzelvertragliche Einführung einer verkürzten Arbeitszeit zuzulassen. Die Eingliederung einer möglichst großen Zahl schwerbeschädigter Arbeitnehmer mit dem Ziel der Beschäftigung aller vorhandenen und noch einsetzbaren Schwerbeschädigten im Arbeitsleben ist das erste Anliegen des Schwerbeschädigtengesetzes. Wenn die Parteien eines Tarifvertrages oder einer Betriebsvereinbarung vor der Wahl stehen, entweder eine geringere Zahl von Schwerbeschädigten (die aber nicht unter der Pflichtquote des § 3 f des Schwerbeschädigtengesetzes liegt) auf ihrem Arbeitsplatz zu halten, die über die Pflichtquote hinaus beschäftigten Schwerbeschädigten aber zu entlassen, oder aber die für die Schwerbeschädigten geeigneten Arbeitsplätze unter Aufrechterhaltung aller Arbeitsverhältnisse im Krümpersystem zu verteilen, so ist es gerechtfertigt und rechtlich zulässig, den letzteren Weg zu gehen. Wird derselbe Arbeitsplatz im Wechsel von zwei Schwerbeschädigten ausgefüllt, so wird beiden eine wenigstens teilweise Beschäftigung gesichert. Das entspricht den sozialen Erfordernissen und damit dem Sinn des Schwerbeschädigtengesetzes.

Voraussetzung derartiger auf kollektivrechtlicher oder einzelvertraglicher Grundlage zu treffender Regelungen ist allerdings, daß ein solches System Sicherungen gibt, die dem Schwerbeschädigten aus seiner Erwerbstätigkeit ein zumutbares Mindestarbeitseinkommen gewährleisten. Eine Vereinbarung von Arbeitsbedingungen, die dem Schwerbeschädigten ein zumutbares Mindestarbeitseinkommen nicht belassen, würde wegen Verstoßes gegen den Inhalt, den Sinn und Zweck des Schwerbeschädigtenrechts nichtig sein.

Die Parteien der hier vorliegenden Betriebsvereinbarungen haben offensichtlich versucht, durch die Festlegung eines Mindesteinkommens der im Krümpersystem arbeitenden Schwerbeschädigten dem vorstehend dargelegten Erfordernis des Schwerbeschädigtengesetzes Rechnung zu tragen. Sie sind jedoch durch die Einbeziehung der Rente in das Mindesteinkommen einen rechtlich nicht zulässigen Weg gegangen. Die Betriebsvereinbarung verstößt gegen § 32 SchwBeschG.

Nach § 32 dürfen bei der Bemessung der Arbeitsentgelte Renten, die auf Grund des Bundesversorgungsgesetzes oder aus der Sozialversicherung bezogen werden, keine Berücksichtigung erfahren. Der Schwerbeschädigte soll nach dem Sinn und Zweck dieser Regelung nicht in die Zwangslage versetzt werden, den Arbeitsplatz nur unter Berücksichtigung oder gar Anrechnung seiner Renten auf das Arbeitsentgelt zu erhalten (vgl. Rewolle SchwBeschG 1956, § 32 Anm. 2). Die Vorschrift ist zwingendes Recht. Sie kann weder durch Tarifvertrag noch durch Betriebsvereinbarung oder Arbeitsvertrag abgedungen werden (vgl. Wilrodt-Gotzen, SchwBeschG 1953, Anm. 2; Rewolle a. a. O. § 32 Anm. 4; Röver-Mann, § 32 Anm. 5). Die hier vorliegende Betriebsvereinbarung krankt daran, daß die dem Schwerbeschädigten gezahlten Renten bei der Bemessung des Arbeitsentgeltes Berücksichtigung finden sollen. Wie sich aus der Niederschrift und den Richtlinien ergibt, sollte dem Schwerbeschädigten ein bestimmtes Mindesteinkommen garantiert werden, das sich aus der Rente einerseits und dem in Aussicht genommenen halben Lohn andererseits zusammensetzt. Wenn auch dem Kläger auf den einzelnen Schichtlohn die ihm gewährten Renten nicht angerechnet werden, ihm vielmehr insoweit der volle Tariflohn für jede einzelne geleistete Schicht gezahlt wird, so liegt doch deshalb ein

Verstoß gegen die Grundsätze des § 32 vor, weil die Zahl der von dem Kläger zu leistenden und an ihn zu vergütenden Schichten mit durch die Höhe der ihm zustehenden Renten bestimmt werden sollte. Damit hat jedenfalls mittelbar die dem Kläger gebührende Rente bei der Bemessung des Arbeitsentgeltes aus dem Arbeitsverhältnis der Vorschrift des § 32 zuwider Berücksichtigung gefunden. In wie starkem Maße die Rentenzahlung und die Höhe der Renten bei der Bemessung des Arbeitsentgeltes berücksichtigt werden sollten, ist auch daran erkenntlich, daß ausdrücklich Vollbeschäftigung und damit eine Erhöhung des Arbeitsentgelts für den Fall des Wegfalls oder der Verminderung der Renten vorgesehen ist. Die Rentengewährung und die Höhe der gezahlten Rente dürfen aber nach der zwingenden Regelung des § 32 des SchwBeschG in keiner Weise, auch nicht in einer tariflichen oder betrieblichen Regelung, berücksichtigt werden. Der Zweck der Rentenzahlung besteht auch und gerade darin, dem Invaliden einen Ausgleich für die Mehraufwendungen zu gewähren, die durch sein Leiden bedingt sind. Regelungen wie die in den Richtlinien führen auch entgegen dem gesetzgeberischen Zweck des § 32 dazu, daß diejenigen Arbeitnehmer, die im Hinblick auf die Schwere ihrer Körperbehinderung besonders hohe Renten beziehen, solchen Arbeitnehmern gegenüber benachteiligt werden, die keine oder nur geringe Renten beziehen. Der Mehraufwand der versehrten Arbeitnehmer wird nicht mehr berücksichtigt.

Da die nichtige Bestimmung einen integrierenden und nicht wegzudenkenden Bestandteil der Betriebsvereinbarung bildet, ist die ganze Betriebsvereinbarung nichtig (§ 139 BGB). Die Beklagte hatte daher nicht das Recht, den Kläger im Krümpersystem zu beschäftigen. Da unstreitig der Kläger gegen die Herabsetzung seiner Arbeitszeit Widerspruch erhoben und sich zur vollen Dienstleistung bereit erklärt hat, ist die Beklagte durch die Ablehnung der Dienstleistung des Klägers in Annahmeverzug geraten. Sie ist daher nach § 615 BGB gehalten, dem Kläger den unstreitig entstandenen Verdienstausfall in Höhe der Klageforderung zu erstatten.

60

1. Ein Verstoß gegen die tarifliche Friedenspflicht liegt nicht nur dann vor, wenn eine vorzeitige Aufhebung des Tarifvertrags und Einführung günstigerer Arbeitsbedingungen im Tarifvertrag selbst kampfweise erstrebt werden, sondern auch dann, wenn durch Streik über-

tarifliche Arbeitsbedingungen auf dem Weg einer Betriebsvereinbarung oder von Einzelarbeitsverträgen durchgesetzt werden sollen.

2. Hat eine Gewerkschaft durch ihre Angestellten den tarifwidrigen Streik verursacht oder mitverursacht, so kann sie sich nicht darauf berufen, daß dieser Streik auch bei Erfüllung ihrer Friedenspflicht als wilder Streik ausgebrochen wäre.

3. § 282 BGB ist auch auf positive Vertragsverletzungen anwendbar.

4. Haben Arbeitsgericht und Landesarbeitsgericht die Klage als dem Grunde nach unbegründet abgewiesen, ohne sie der Höhe nach geprüft zu haben, so muß das Revisionsgericht im arbeitsgerichtlichen Verfahren, wenn es die Klage dem Grunde nach für gerechtfertigt erklärt, die Sache zur Entscheidung im Höheverfahren an das Berufungsgericht, nicht an die 1. Instanz, zurückverweisen.

BGB §§ 276, 278, 282.

I. Senat. Urteil vom 8. Februar 1957 i. S. B. (Kl.) w. I. G. M. f. d. B. (Bekl.) 1 AZR 169/55.

I. Arbeitsgericht Wuppertal. — II. Landesarbeitsgericht Düsseldorf.

Die Klägerin ist ein Unternehmen der metallverarbeitenden Industrie. Sie hatte mit ihrem Betriebsrat im Jahre 1951 eine Betriebsvereinbarung abgeschlossen, nach der sie ihren Arbeitnehmern zusätzlich zu den tariflichen Löhnen eine Teuerungszulage gewährte. Diese Betriebsvereinbarung war zeitlich begrenzt bis zum Ablauf eines Lohntarifvertrages, der zwischen der beklagten Gewerkschaft und dem Arbeitgeberverband, dem die Klägerin angehörte, abgeschlossen war. Dieser Lohntarifvertrag endigte am 31. Dezember 1952. Am 1. Januar 1953 stellte daraufhin die Klägerin die Zahlung der Teuerungszulage ein.

Die Arbeitnehmer der Klägerin versuchten, die Weiterzahlung der Teuerungszulage zu erreichen. Es fanden zwischen der Klägerin und dem Betriebsrat hierüber Verhandlungen statt, die jedoch erfolglos blieben. In diese Verhandlungen schalteten sich die Bezirkssekretäre der Bezirksleitung der Beklagten, H. und R., ein. Auch ihre Bemühungen, eine Vereinbarung über die Weiterzahlung der Teuerungszulage herbeizuführen, waren erfolglos.

In mehreren Zusammenkünften der Akkordarbeiter der Klägerin wurde über die Teuerungszulage verhandelt. In einer dieser Versammlungen wurde der Entschluß gefaßt, daß die Former in der Gießerei der Klägerin in der Weise kündigen sollten, daß 12 Former ihre Kündigung am 12. März 1953, 23 weitere Former ihre Kündigung am 19. März 1953 und weitere 57 Former ihre Kündigung am 26. März 1953 in der Weise aussprechen sollten, daß alle 92 Kündigungen zum 9. April 1953 wirksam wurden. Dieser Beschluß wurde durchgeführt, und 92 Former legten am 9. April 1953 die Arbeit nieder.

Am 7. April 1953 erging auf Antrag des Verbandes metallindustrieller Arbeitgeberverbände gegen die Bezirksleitung der Beklagten folgende einstweilige Verfügung:

„Den Antragsgegnerinnen wird bei Vermeidung einer Geldstrafe für jeden Fall der Zuwiderhandlung untersagt, ihre Mitglieder unter der Belegschaft der Firma Joachim Baumgart, Stahl- und Tempergießerei, Tönisheide, unmittelbar oder durch ihre Verwaltungsorgane im Bezirk der Antragsgegnerin

a) aufzufordern, ihr Arbeitsverhältnis bei der Fa. Baumgart zu kündigen und

b) ihnen für die Zeit nach dem Ausscheiden aus der Fa. Baumgart Streikunterstützung zu versprechen oder zu gewähren."

Der Betriebsvorsitzende der Klägerin, der sein Arbeitsverhältnis nicht gekündigt hatte, wurde am 13. April 1953 fristlos entlassen, weil er eine ihm zugewiesene Arbeit nicht ausgeführt hatte. Daraufhin legten weitere 89 Belegschaftsmitglieder der Klägerin die Arbeit nieder. Am 22. April 1953 entschied ein Schiedsgericht über die fristlose Entlassung des Betriebsratsvorsitzenden und erklärte diese für wirksam. Alsdann nahm der größte Teil der Belegschaftsmitglieder der Klägerin, die zum 9. April 1953 gekündigt oder am 13. April 1953 die Arbeit eingestellt haten, ihre Tätigkeit wieder auf.

Die Klägerin macht die Beklagte für den Schaden verantwortlich, der ihr durch die Arbeitsniederlegungen entstanden ist. Sie hat ihren Anspruch auf die Verletzung der Friedenspflicht durch die Vertreter der Beklagten, H. und R., gestützt. Sie hat vorgetragen, die Vertreter der Beklagten hätten die Arbeitnehmer nicht nur nicht von der Arbeitsniederlegung abgehalten, sondern die stufenweisen Kündigungen zum 9. April 1953 sogar veranlaßt und damit eine wesentliche Voraussetzung für den weiteren Streik vom 13. April 1953 gegeben. Sie hätten die Kündigungslisten geschrieben und unter den Belegschaftsmitgliedern den Eindruck erweckt, daß die Gewerkschaft hinter ihnen stehe und sie finanziell unterstützen werde. Für dieses Verhalten ihrer Erfüllungsgehilfen hafte die Beklagte.

Die Beklagte hat Klageabweisung beantragt und sich darauf berufen, daß ihre Sekretäre die Belegschaftsmitglieder der Klägerin nicht nur nicht zu Kampfmaßnahmen aufgefordert, sondern alles getan hätten, um diese von Kampfmaßnahmen abzuhalten. Wären die Gewerkschaftssekretäre in den Betriebsversammlungen nicht anwesend gewesen, so wäre es sofort zu einem Streik gekommen. Es sei das Verdienst ihrer Sekretäre, daß die Arbeitnehmer der Klägerin nicht zum Streik, sondern zur milderen Form der Kündigungen gegriffen hätten. Es sei für ihre Sekretäre nicht leicht gewesen, das durchzusetzen, da die Stimmung der Belegschaft sehr erregt gewesen sei und einzelne Belegschaftsmitglieder die Sekretäre, weil sie sich angeblich nicht ausreichend für sie einsetzten, sogar bedroht hätten.

Das Arbeitsgericht hat die Klage abgewiesen, weil es sich bei den Kündigungen nicht um Kampfmaßnahmen gehandelt habe, eine Verletzung der Friedenspflicht also ausscheide. Die Berufung der Klägerin hat das Landesarbeitsgericht zurückgewiesen, weil der der Klägerin entstandene Schaden jedenfalls nicht auf das Verhalten der Gewerkschaftssekretäre der Beklagten zurückzuführen sei. Vielmehr müsse auf Grund des Ergebnisses der Beweisaufnahme festgestellt werden, daß, wären die Gewerkschaftssekretäre nicht in den Betriebsversammlungen anwesend gewesen und hätten sie nicht auf die Belegschaftsmitglieder beruhigend eingewirkt, diese sofort in den Streik getreten wären.

Auf die Revision der Klägerin hat das Bundesarbeitsgericht das Urteil des Landesarbeitsgerichts aufgehoben und die Klageforderung dem Grunde nach für gerechtfertigt erklärt und die Sache zur Verhandlung über die Höhe zurückverwiesen.

Aus den Gründen:

Wie die tatsächlichen Feststellungen des Berufungsgerichts ergeben, haben die Gewerkschaftssekretäre H. und R. zu der stufenweise durchgeführten Kündigung der 92 Former im Betrieb der Klägerin geraten. Dadurch hat die Beklagte durch ihre Gewerkschaftssekretäre gegen die ihr der Klägerin gegenüber obliegende Friedenspflicht verstoßen.

Jede Tarifvertragspartei trifft die vertragliche Pflicht, selbst keine Arbeitskämpfe gegen den Tarifvertrag zu führen wie auch die Anstiftung oder Anreizung ihrer Mitglieder zum Arbeitskampf sowie jede Unterstützung oder Föürderung eines von den Mitgliedern beschlossenen oder gewollten Arbeitskampfes zu unterlassen. Jede Tarifpartei hat aber auch die positive Vertragspflicht, mit allen ihr zu Gebote stehenden Verbandsmitteln für den Arbeitsfrieden zu wirken und ihre

Mitglieder von der Eröffnung oder Weiterführung eines Arbeitskampfes gegen den Tarif abzuhalten.

Ein Verstoß gegen die tarifliche Friedenspflicht liegt nicht nur dann vor, wenn eine vorzeitige Aufhebung oder Abänderung des Tarifvertrages und die Einführung günstigerer Arbeitsbedingungen im Tarifvertrag selbst durch Arbeitskampfmaßnahmen erstrebt wird. Vielmehr wird auch dann die tarifliche Friedenspflicht verletzt, wenn kampfweise übertarifliche Arbeitsbedingungen auf dem Wege einer Betriebsvereinbarung oder durch Einzelarbeitsverträge durchgesetzt werden sollen (Hueck-Nipperdey, Lehrbuch, 6. Aufl., Bd. II, S. 239 mit Angaben). Daran ändert auch das sogenannte Günstigkeitsprinzip nichts. Zwar können danach günstigere Arbeitsbedingungen, als sie der Tarifvertrag vorsieht, im Arbeitsvertrag oder (in den Grenzen des § 59 BetrVG) in einer Betriebsvereinbarung vereinbart werden. Aber Solche Arbeitsbedingungen dürfen nicht kampfweise erstrebt und es darf nicht kampfweise versucht werden, sie aufrecht zu erhalten.

Im vorliegenden Fall war die die Teuerungszulage enthaltende Betriebsvereinbarung von vornherein auf die Zeit des geltenden Lohnabkommens und nach mehrmaliger Verlängerung bis zum 31. Dezember 1952 befristet. Mit dem Ablauf der Frist hatte sie ihre Wirkung verloren, und sie hatte schon um deswillen keinerlei Nachwirkung auf die Arbeitsverhältnisse, weil sie ausdrücklich befristet war. Ein Arbeitskampf, der um die Weiterzahlung der abgelaufenen Teuerungszulagen geführt wurde, war tarifwidrig. Ein solcher Arbeitskampf stellte auch keinen zulässigen Abwehrkampf dar, da die Klägerin ihrerseits keinen Arbeitskampf geführt hatte.

Die Beklagte haftet für ihre genannten Gewerkschaftssekretäre als ihre Erfüllungsgehilfen nach § 278 BGB, ohne daß ihr nach dem Gesetz die Möglichkeit eines Entlastungsbeweises zur Verfügung steht. Der Tarifvertrag ist in seinem schuldrechtlichen Teil, insbesondere hinsichtlich der Friedenspflicht, ein Vertrag zugunsten Dritter, nämlich der Mitglieder der anderen Tarifvertragspartei. Danach ist der Anspruch der Klägerin auf Ersatz des Schadens, der ihr durch die Vertragsverletzung der Erfüllungsgehilfen der Beklagten entstanden ist, begründet.

Das Berufungsgericht hat festgestellt, daß die beiden Gewerkschaftssekretäre, um einen sofortigen Ausbruch des Arbeitskampfes zu verhindern, zur Kündigung der Former in drei Wellen nach Maßgabe der verschiedenen Kündigungsfristen, aber einheitlich zum 9. April 1953, geraten haben. Sie haben diese Aktion angeraten und damit gutgeheißen. Sie haben keineswegs von den zur Verhinderung des Kampfes möglichen gewerkschaftlichen Mitteln den Arbeitnehmern gegenüber Gebrauch gemacht, namentlich nicht ausdrücklich jede gewerkschaftliche Unterstützung vor diesen Kündigungen versagt, was ihre Pflicht gewesen wäre. Sie haben dadurch die tarifliche Friedenspflicht verletzt.

Die von den Gewerkschaftssekretären angeratenen Massenkündigungen sind rechtlich als Streik anzusehen, der die Weiterzahlung der Teuerungszulage erzwingen sollte. Daß die Kündigungen unter Einhaltung der Kündigungsfristen erfolgt sind, schließt die Annahme eines Arbeitskampfes, eines Streiks, nicht aus; denn die Kündigungen erfolgten als Massenkündigungen planmäßig, um kampfweise ein tarifwidriges Ziel durchzusetzen.

Daß es sich im vorliegenden Fall um eine bloße Abänderungskündigung gehandelt habe, ist nicht anzunehmen. Im übrigen muß im allgemeinen eine organisierte Massenänderungskündigung mit einem tarifwidrigen Ziel als Kampfmaßnahme, sei es als Streik, sei es als Aussperrung, angesehen werden. Danach sind auch im vorliegenden Fall die Massenkündigungen rechtlich als Streik zu bewerten. Dieser Streik war tarifwidrig, da er die Weiterzahlung der abgelaufenen Teuerungszulage erzwingen wollte.

Zu Unrecht hat das Berufungsgericht angenommen, daß die Haftung der Beklagten deshalb entfalle, weil der Streik auch dann und vielleicht noch eher ausgebrochen wäre, wenn die beiden Gewerkschaftssekretäre nicht die Kündigung in drei Wellen angeraten hätten. Die Gewerkschaftssekretäre haben den nach der Behauptung der Beklagten bereits vorliegenden Streikplan dahin gestaltet, daß sie statt zu einem sofortigen Streik zum Ausspruch der Massenkündigung in drei Wellen rieten. Entgegen ihrer Friedenspflicht haben sie danach nicht nur nicht die Belegschaftsmitglieder der Klägerin von jedem Streik gegen den Tarifvertrag abgehalten, sondern sie haben ihnen einen ihrer Ansicht nach zur Erreichung des erstrebten Zieles geeigneteren Weg gewiesen. Aber auch dieser Weg verstieß gegen die tarifliche Friedenspflicht.

Unerheblich ist in diesem Zusammenhang die einstweilige Verfügung vom 7. April 1953, der die Beklagte nachgekommen sein will. Die tarifwidrige Handlung der Gewerkschaftsvertreter lag bei Erlaß dieser einstweiligen Verfügung bereits vor, und sie ist mit dem 9. April 1953 in Wirkung gesetzt worden.

Zu Unrecht hat das Berufungsgericht den Kausalzusammenhang zwischen der Handlung der Erfüllungsgehilfen der Beklagten und dem entstandenen Schaden verneint. Da auch der Weg der Massenkündigung gegen die tarifliche Friedenspflicht verstieß, scheidet für die Frage des Kausalzusammenhangs die angeblich bereits bestehende Streikabsicht der Belegschaft aus; denn infolge des Rates der Gewerkschaftssekretäre sollte dieser sofortige Streik gerade nicht durchgeführt werden. Damit war der ursprünglich gefaßte Streikplan erledigt, und als Schadensursache tritt das nunmehr gewählte Verfahren des Arbeitskampfes in der Form der Massenkündigung und damit eines hierdurch eingeleiteten Streiks ein. Von einer überholenden Kausalität, von der das Berufungsgericht ausgeht, kann hier keine Rede sein; denn durch die Maßnahmen der Gewerkschaftssekretäre wurde eine Kausalkette in Bewegung gesetzt, die zu dem erstrebten Erfolg führte und die unabhängig ist von der angeblich vorher bestehenden Streikabsicht.

Die Frage des Kausalzusammenhangs zwischen der Verletzung der tariflichen Friedenspflicht und dem entstandenen Schaden könnte allenfalls dann aufgeworfen werden, wenn die Beklagte durch ihre Erfüllungsgehilfen alles getan hätte, um den tarifwidrigen Streik zu verhindern, ohne aber damit bei den Arbeitnehmern Erfolg zu haben. Hier haben die Gewerkschaftssekretäre jedoch etwas anderes getan, nämlich auf den Streik zum 9. April 1953 hingewirkt und dadurch eindeutig gegen ihre Friedenspflicht verstoßen. In einem solchen Fall hat die Beklagte durch ihre Erfüllungsgehilfen den Schaden verursacht oder jedenfalls mitverursacht, und sie kann sich deshalb nicht darauf berufen, daß der tarifwidrige Streik auch bei Erfüllung ihrer Pflicht als wilder Streik ausgebrochen wäre. Würde man eine solche Einwendung zulassen, so würde man beinahe jeden Schadenersatzanspruch aus Tarifbruch illusorisch machen und damit das Prinzip der Friedenspflicht und die Funktion des Tarifvertrags als Friedensvertrag entwerten.

Das Berufungsgericht hat von seinem unzutreffenden Rechtsstandpunkt hinsichtlich des ursächlichen Zusammenhangs aus die Schuld der beiden Gewerkschaftssekretäre dahingestellt sein lassen. Dieser Umstand nötigt jedoch nicht zur Zurückverweisung der Sache in die Vorinstanz, da sich ein solches Verschulden bereits aus den tatsächlichen Feststellungen des Berufungsrichters ergibt (§ 565 Abs. 3 Ziff. 1 ZPO).

Nach § 282 BGB, der auch auf positive Vertragsverletzungen anzuwenden ist (vgl. Palandt, BGB, 15. Aufl., § 282 Anm. 1, ist das Verschulden bei vertragswidrigem Verhalten zu vermuten. Ein solches Verschulden folgt vorliegend schon aus der Feststellung des Berufungsgerichts, daß die Gewerkschaftssekretäre zu den Massenkündigungen geraten haben. Demgegenüber hat die Beklagte einen schlüssigen Beweis dahin, daß ein Verschulden ihrer Erfüllungsgehilfen nicht vorgelegen habe, nicht angetreten. Auch wenn die Gewerkschaftssekretäre geglaubt haben, die von ihnen veranlaßte Kündigungsaktion sei nicht tarifwidrig, so würde das an ihrem Verschulden, und zwar an ihrem Vorsatz nichts ändern. Sie mußten bei gehöriger Anspannung ihrer Sorgfaltspflicht erkennen, daß der Kampf tarifwidrig war (vgl. Enneccerus-Nipperdey, Allg. Teil, § 213 II, S. 933).

Die Beklagte kann sich auch nicht darauf berufen, daß den Gewerkschaftssekretären kein anderer Weg geblieben sei, als zu den Massenkündigungen zu raten. Das Vorbringen der Beklagten reicht in dieser Hinsicht nicht aus zu der Feststellung, daß die Gewerkschaftssekretäre etwa durch unwiderstehlichen Zwang oder gegenwärtige Drohung zu dieser Erklärung veranlaßt worden seien.

Ferner kann sich die Beklagte auch nicht auf ein Mitverschulden der Klägerin berufen. Es war keineswegs Pflicht der Klägerin, nach Ausspruch der Kündigungen, deren Auswirkungen einen Streik in Gang setzten, die Arbeitsplätze der Former sofort neu zu besetzen. Es kann dahingestellt bleiben, ob die Klägerin eine solche Verpflichtung getroffen haben würde, wenn die Arbeitnehmer nach dem 9. April 1953 für längere Zeit ihre Arbeit nicht wieder aufgenommen haben würden. Vorliegend hat jedoch das Berufungsgericht festgestellt, daß die Wiederaufnahme der Arbeit alsbald nach dem Spruch der Schiedsstelle vom 22. April 1953 erfolgt ist. In dieser verhältnismäßig kurzen Zeit bestand für die Klägerin, die wie bei jedem normalen Streik mit der Wiederaufnahme der Arbeit durch ihre alten Belegschaftsangehörigen rechnen konnte, keine Verpflichtung im Sinne des § 254 BGB, die Arbeitsplätze mit neuen Arbeitnehmern zu besetzen.

Nach alledem haftet die Beklagte für den der Klägerin durch die Massenkündigungen entstandenen Schaden, ohne sich auf ein Mitverschulden der Klägerin berufen zu können. Vielmehr ist die Teilklage dem Grunde nach zur Entscheidung reif. Lediglich zur Entscheidung über die Höhe bedarf es der Zurückverweisung. Die Urteile der Vorinstanzen müssen deshalb aufgehoben werden.

Im Arbeitsgerichtsverfahren ist ein selbständig anfechtbares Grundurteil nicht vorgesehen (§ 61 Abs. 5 ArbGG). Selbst wenn ein Gericht erster Instanz lediglich den Grund des Klageanspruchs geprüft hat und zur Klageabweisung gekommen ist, muß das Berufungsgericht, das den Grund des Klageanspruchs bejaht, über die Höhe der Klageforderung ohne Zurückverweisung selbst entscheiden (Dietz-Nikisch, ArbGG, § 61 Anm. 34). Aus diesem Grunde muß die Zurückverweisung zur Verhandlung und Entscheidung über die Höhe des Klageanspruchs an das Berufungsgericht, das auch über die Kosten des gesamten Rechtsstreits zu befinden haben wird, erfolgen.

61

1. Über das Teilnahmerecht des Gewerkschaftsvertreters an einer Betriebsversammlung ist im arbeitsgerichtlichen Beschlußverfahren zu entscheiden, auch wenn es sich um eine Betriebsversammlung nach § 16 BetrVG handelt.

2. Auch im arbeitsgerichtlichen Beschlußverfahren bedarf es eines Rechtsschutzinteresses. Dieses muß noch im Zeitpunkt der rechtskräftigen Entscheidung vorliegen.

3. Bei der Prüfung des Rechtsschutzinteresses ist eine gewisse Großzügigkeit geboten. Jedoch genügt nicht eine nur entfernte Möglichkeit, um das Rechtsschutzinteresse zu begründen.

ArbGG § 2 Abs. 1 Ziffer 4; BetrVG §§ 16, 45, 82.

I. Senat. Beschluß vom 8. Februar 1957 i. S. D. G. GmbH & Co. (Antragsgeg.) w. 1. I.G Chemie (Antragsst.), 2. Betr.Rat der Komm.Ges. D. G. GmbH (Bet.) 1 ABR 11/55.

I. Arbeitsgericht Dortmund. — II. Landesarbeitsgericht Hamm/Westf.

Aus den Gründen:

I.

Im Betriebe der Beschwerdeführerin bestand bis Anfang des Jahres 1955 kein Betriebsrat. Um ihn zu bilden, luden mehrere Mitglieder der Belegschaft zu einer Betriebsversammlung zum 24. Februar 1955 ein.

Die Einladung enthielt folgende Tagesordnung:

1. Bestellung eines Wahlvorstandes für die Betriebsratswahl,
2. Verschiedenes.

Die im Betrieb der Beschwerdeführerin vertretene Industrie-Gewerkschaft Chemie war der Ansicht, daß im Betrieb der Beschwerdeführerin ein Betriebsrat nicht gebildet werden dürfe, da es sich nicht um einen selbständigen Betrieb handele. Ein Vertreter dieser I.-G. wollte deshalb an der Betriebsversammlung vom 24. Februar 1955 teilnehmen, um darauf hinzuwirken, daß von der Bestellung des Wahlvorstandes Abstand genommen würde. Die Beschwerdeführerin verweigerte ihm die Teilnahme an der Betriebsversammlung. In dieser wurde ein Wahlvorstand gebildet. Später wurde auch der Betriebsrat gewählt. Diese Wahl wurde nicht angefochten.

Die I.-G. Chemie hat am 28. März 1955 im Beschlußverfahren den Antrag gestellt, festzustellen, daß die Arbeitgeberin nicht berechtigt gewesen sei, dem Vertreter der Gewerkschaft die Teilnahme an der erwähnten Betriebsversammlung zu verbieten.

II.

Auf die Rechtsbeschwerde müssen die diesem Antrag stattgebenden Beschlüsse der Vorinstanzen aufgehoben, der Antrag der Gewerkschaft muß gebührenfrei abgewiesen werden.

1. Gegen die Berechtigung der Industrie-Gewerkschaft, den Antrag im Beschlußverfahren zu stellen, bestehen keine Bedenken. § 10 ArbGG bejaht ausdrücklich die Parteifähigkeit der Gewerkschaften im arbeitsgerichtlichen Verfahren. Das Interesse der Antragstellerin als Gewerkschaft an der begehrten Feststellung ergibt sich daraus, daß es gerade ihr Beauftragter war, dessen Teilnahme an der Betriebsversammlung die Arbeitgeberin verhindert hat.

2. Das Teilnahmerecht eines Beauftragten einer Industrie-Gewerkschaft an einer Betriebsversammlung ist im arbeitsgerichtlichen Beschlußverfahren nachzuprüfen. Diese Frage, die im Gesetz selbst nicht ausdrücklich geregelt ist, ist von Amts wegen zu prüfen, da Urteils- und Beschlußverfahren einander ausschließen (Dietz, BetrVG, 2. Aufl., § 82 Anm. 4).

In der ursprünglichen Fassung des Gesetzes war die Betriebsversammlung ausdrücklich genannt (§ 82 Abs. 1 lit. f.). Die Tatsache, daß die Neufassung des § 82 BetrVG gemäß § 121 ArbGG die Betriebsversammlung nicht mehr ausdrücklich erwähnt, läßt jedoch nicht schon den sicheren Schluß darauf zu, daß der Gesetzgeber die Streitfragen, die mit einer Betriebsversammlung zusammenhängen, nicht mehr dem Beschlußverfahren zuweisen wollte. Zwar ist die von Dietz (BetrVG, 2. Aufl., § 82 Anm. 43) vertretene Ansicht, eine solche ausdrückliche Erwähnung sei deshalb nicht erforderlich, weil die Betriebsversammlung stets von dem Betriebsrat einberufen und geleitet werde und somit die mit einer Betriebsversammlung zusammenhängenden Streitfragen bereits unter den Begriff der Tätigkeit des Betriebsrats fielen, nicht immer zutreffend; denn wie der vorliegende Fall zeigt, gibt es auch Betriebsversammlungen, die nichts mit einem Betriebsrat zu tun haben, da ein solcher noch nicht besteht. Gleichwohl kann dem Umstand, daß in der Neufassung des Gesetzes die Betriebsversammlung nicht mehr erwähnt ist, keine entscheidende Bedeutung zukommen.

Wenn auch davon auszugehen ist, daß der Gesetzgeber mit § 82 BetrVG eine erschöpfende Aufzählung beabsichtigt hat (Nipperdey, Das neue Arbeitsgerichtsgesetz, BB 53, S. 509; Galperin, BetrVG, 2. Aufl., § 82 Anm. 1; Fitting-Kraegeloh, BetrVG, 3. Aufl., § 82 Anm. 2; Rohlfing-Rewolle, ArbGG, § 2 Anm. 19 und § 80 Anm. 1; Dersch-Volkmar, ArbGG, 6. Aufl., § 80 Anm. 2; Dietz-Nikisch, ArbGG, § 2 Anm. 147; Dietz, BetrVG, 2. Aufl., § 82 Anm. 2), so ist doch als Wille des Gesetzgebers festzustellen, daß er in den §§ 2 Abs. 1 Ziff. 4 ArbGG, 82 BetrVG auch wirklich alle betriebsverfassungsrechtlichen Streitfragen erfassen wollte. Daß bei der Aufzählung nun tatsächlich alle denkbaren Fälle auch ausdrücklich aufgeführt werden mußten, ist wegen der Vielzahl dieser Fälle nicht zu fordern. Angesichts des erkennbaren Willens des Gesetzgebers zu einer Gesamtregelung kann ihm nicht die Absicht unterstellt werden, gerade hinsichtlich der Betriebsversammlung einen nicht justiziablen Raum zu schaffen. Es bestand kein Anlaß, einen solchen Fall ungeregelt zu lassen und ihn namentlich von der gerichtlichen Beurteilung im Beschlußverfahren auszuschließen, in die er nach der Systematik des Gesetzes gehört. Erst recht bestand kein Grund, für solche Fälle einen Rechtsweg gar nicht vorzusehen. Dafür spricht schließlich, daß das Beschlußverfahren, nach dem die in den genannten Vorschriften erwähnten Fälle entschieden werden, dadurch gegenüber der früheren gesetzlichen Regelung eine höhere Bedeutung erhalten hat, daß jetzt in ihm eine Vollstreckung möglich ist. Alle diese Gesichtspunkte zwingen zu der Annahme, daß auch die mit einer Betriebsversammlung zusammenhängenden Fragen im Beschlußverfahren zu entscheiden sind.

Aus diesen Gründen ist der durchaus herrschenden Auffassung beizutreten, daß auch das Teilnahmerecht eines Beauftragten einer Gewerkschaft an einer Betriebsversammlung im Beschlußverfahren zu klären ist. Wenn Dietz (a. a. O. § 45 Anm. 11) hierbei eine Ausnahme machen will für den Fall, daß sich der Arbeitgeber darauf beruft, der Gewerkschaftsvertreter wolle sein Teilnahmerecht mißbrauchen, so kann dem nicht gefolgt werden. Eine solche Unterscheidung ist sachlich nicht berechtigt. Vielmehr müssen alle Streitfragen über das Teilnahmerecht eines Gewerkschaftsvertreters an einer Betriebsversammlung einheitlich behandelt werden. Sie fallen sämtlich unter die §§ 82 BetrVG, 2. Abs. 1 Ziff. 4 ArbGG; denn bei der Auslegung dieser gesetzlichen Bestimmungen ist eine gewisse Großzügigkeit geboten, da die Streitigkeiten, die sich aus dem Betriebsverfassungsrecht ergeben, hier vollzählig erfaßt werden sollen (Nipperdey, BB 53, S. 509; Galperin,

BetrVG, 2. Aufl., § 82 Anm. 8; Dersch-Volkmar, ArbGG, 6. Aufl., § 80 Anm. 2; Dietz, BetrVG, 2. Aufl., § 82 Anm. 2, der hier ebenfalls für eine analoge Anwendung eintritt).

§ 82 Abs. 1 a BetrVG handelt von der Wahl des Betriebsrats. Bei der gebotenen weiten Auslegung ist dem Landesarbeitsgericht darin zuzustimmen, daß auch die mit der Betriebsversammlung des § 16 BetrVG zusammenhängenden Fragen unter diese Gesetzesbestimmung gebracht werden müssen. Die Betriebsversammlung nach § 16 BetrVG dient der Bestellung des Wahlvorstandes und ist ein Akt der Vorbereitung der Betriebsratswahl, auch wenn es sich hier zunächst nur um die Bestellung des Wahlvorstandes handelt. Auch die hiermit zusammenhängenden Fragen müssen also im Beschlußverfahren geklärt werden (vgl. Dietz, BetrVG, 2. Aufl., § 16 Anm. 19; Dietz-Nikisch, ArbGG, § 2 Anm. 160; Grüll, ArbGG, § 2 zu Nr. 4 D; Fitting-Kraegeloh, BetrVG, 3. Aufl., § 16 Anm. 4; Erdmann, BetrVG, 2. Aufl., § 82 Anm. 9; Galperin, BetrVG, 2. Aufl., § 82 Anm. 6 und 10); denn ein Betriebsrat kann nicht gebildet werden ohne eine Wahl. Die Wahl setzt einen Wahlvorstand voraus. Der Wahlvorstand wird, solange kein Betriebsrat vorhanden ist, in einer Betriebsversammlung nach § 16 BetrVG gebildet. Falls Streit darüber herrscht, ob ein Gewerkschaftsvertreter an einer Betriebsversammlung teilnehmen darf, ist das eine Frage, die mit der Betriebsversammlung selbst zusammenhängt. Wenn in einer Betriebsversammlung nach den §§ 41 ff. BetrVG das Teilnahmerecht des Gewerkschaftsvertreters umstritten ist, weil ihn der Betriebsrat nicht zuläßt, ist das Beschlußverfahren vorgeschrieben (Galperin, BetrVG, 2. Aufl., § 45 Anm. 4; Fitting-Kraegeloh, BetrVG, 3. Aufl., § 45 Anm. 1; Dietz-Nikisch, ArbGG, § 2 Anm. 179). Eine hiervon abweichende Zuständigkeit oder Verfahrensart für die Fälle anzunehmen, in denen nicht der Betriebsrat, sondern der Arbeitgeber das Teilnahmerecht strittig macht, entbehrt der sachlichen Berechtigung. Das kann unbeschadet der Frage, ob ein Teilnahmerecht im Falle des § 16 BetrVG überhaupt besteht, nicht unterschiedlich geregelt sein, je nachdem, ob es sich um eine Betriebsversammlung nach § 16 oder nach den §§ 41 ff. BetrVG handelt. Auch für eine solche Unterscheidung wäre ein sachlicher Grund nicht vorhanden. Die Zulässigkeit des Beschlußverfahrens muß deshalb bejaht werden.

3. Wenn auch dem Vorderrichter zuzugeben ist, daß sich die Vorschrift des § 45 BetrVG, nach der den Gewerkschaftssekretären der Zutritt zu allen Betriebsversammlungen gestattet ist, auch auf eine Betriebsversammlung nach § 16 BetrVG bezieht, daß ferner von der

Antragsgegnerin ein ausreichender Grund zur Untersagung der Teilnahme eines Gewerkschaftsvertreters an der Betriebsversammlung vom 24. Februar 1955 nicht dargetan worden ist, so kann der Antrag der Industrie-Gewerkschaft doch deshalb keinen Erfolg haben, weil für ihn kein Rechtsschutzinteresse vorliegt. Eines solchen Rechtsschutzinteresses bedarf es auch im arbeitsgerichtlichen Beschlußverfahren (Dietz-Nikisch, ArbGG, § 81 Anm. 20; Dersch-Volkmar, ArbGG, 6. Aufl., § 80, Anm. 2 und § 81 Anm. 1 c; Rohlfing-Rewolle, ArbGG, § 81 Anm. 1). Auch ein Beschlußverfahren beschränkt sich in seiner Wirkung auf die jeweiligen Beteiligten, ohne Auswirkungen auf außenstehende Dritte zu haben. Das Rechtsschutzinteresse muß noch im Zeitpunkt der rechtskräftigen Entscheidung vorliegen (RAG ARS Bd. 4 S. 64).

Zwar ist das Beschlußverfahren ein Verfahren besonderer Art, das nicht — auch nicht hinsichtlich des Rechtsschutzinteresses — in jeder Richtung mit dem Urteilsverfahren gleich behandelt werden kann. Es dient weniger der richterlichen Feststellung streitiger Leistungsansprüche als vielmehr in der Regel der Abgrenzung gegenseitiger Kompetenzen im Bereich des Betriebsverfassungsrechts (Dersch-Volkmar, ArbGG, 3. Aufl., § 81 Anm. 1 c; Dietz-Nikisch, ArbGG, § 81 Anm. 19 und 20). Hieraus ergibt sich, daß entsprechend dieser Zielsetzung die Frage des Rechtsschutzinteresses nicht den strengen Anforderungen des Zivilprozeßrechts (§ 256 ZPO) unterliegt, sondern daß bei der Beurteilung dieser Frage eine gewisse Großzügigkeit am Platze ist. Andererseits soll durch das Beschlußverfahren zur Erhaltung und Wiederherstellung des betrieblichen Friedens beigetragen werden. Auch dieser Gesichtspunkt kann bei der Prüfung des Rechtsschutzinteresses nicht außer Betracht bleiben.

Was den im Streitfall zu beurteilenden Antrag der Industrie-Gewerkschaft angeht, so hat er seinem Wortlaut nach lediglich das Teilnahmerecht an der Betriebsversammlung vom 24. Februar 1955 zum Gegenstand. Er bedarf also von Anfang an ein in der Vergangenheit liegendes Ereignis. Zu keinem Zeitpunkt bestand die Möglichkeit, daß ein diesem Antrag entsprechender Beschluß des Gerichts auf den Willen der Antragsgegnerin, den Gewerkschaftsvertreter zur Betriebsversammlung vom 24. Februar 1955 nicht zuzulassen, einen Einfluß hätte ausüben oder die verweigerte Zustimmung der Antragsgegnerin zur Teilnahme des Gewerkschaftsvertreters an dieser Betriebsversammlung hätte ersetzen können. Ein Beschlußverfahren, das zudem mehrere Instanzen vorsieht, in dem eine einstweilige Verfügung nicht zulässig ist (Dietz-Nikisch, § 85 Anm. 30), und die gerichtlichen Aussprüche erst mit ihrer formellen Rechtskraft vollstreckbar werden, kann also praktisch Auswirkungen im Sinne einer gerichtlichen Korrektur des Verhaltens der Arbeitgeberin niemals haben.

Der Senat ist jedoch nicht der Auffassung, daß das Rechtsschutzinteresse der Antragstellerin an der begehrten Feststellung schon deshalb zu verneinen ist, weil sich der Antrag von vornherein auf ein in der Vergangenheit liegendes Ereignis bezogen hat. Vielmehr sind auch in einem solchen Fall und bei wortgetreuer Auslegung des Antrags Umstände denkbar, die ein Rechtsschutzinteresse als gegeben erscheinen lassen. Solche Umstände liegen dann vor, wenn eine gerichtliche Entscheidung über einen solchen Antrag Bedeutung haben kann für Vorgänge, die durch das nach Ansicht der Antragstellerin zu mißbilligende Verhalten der Antragsgegnerin beeinflußt worden sind.

Zwar ist im vorliegenden Fall nicht ersichtlich, daß das Verhalten der Antragsgegnerin Folgen in der Richtung haben könnte, daß aus ihm Schadenersatzansprüche hergeleitet werden könnten oder daß es Anlaß zur Einleitung eines Strafverfahrens nach § 78 BetrVG bieten könnte; denn dafür, daß ein Schaden entstanden wäre, ist nichts hervorgetreten, und ein Verstoß der Arbeitgeberin gegen § 45 BetrVG ist in § 78 a. a. O. nicht unter Strafschutz gestellt. Immerhin ist im Streitfall die Möglichkeit nicht auszuschließen, daß die von der Antragsgegnerin verhinderte Einwirkung des Geweukschaftsvertreters auf die Belegschaft, auch wenn sie sich im zulässigen Rahmen hielt, diese von der Wahl des Wahlvorstandes abgehalten hätte, so daß es auch nicht zur Bildung eines Betriebsrats gekommen wäre. Ein Rechtschutzinteresse der Industrie-Gewerkschaft an der begehrten Feststellung bestand somit trotz ihrer Berechtigung, nach § 17 BetrVG den Zweifel darüber, ob ein Betriebsrat gebildet werden mußte, gerichtlich klären zu lassen, auch noch nach der Beendigung der Betriebsversammlung vom 24. Februar 1955, obwohl durch den von der Industrie-Gewerkschaft erstrebten Gerichtsbeschluß eine Teilnahme des Gewerkschaftsvertreters gerade an dieser Versammlung auf keine Weise mehr herbeigeführt werden konnte.

Ein solches Rechtsschutzinteresse kam aber in dem Augenblick in Fortfall, in dem die Vorbereitung zur Betriebsratswahl beendet war und die eigentliche Wahl stattfand; denn von diesem Zeitpunkt ab stand der Industrie-Gewerkschaft nach § 18 BetrVG das Recht zu, die Unwirksamkeit der Wahl im Beschlußverfahren geltend zu machen, sei es, daß sie von ihrem ursprünglichen Antrag zum Anfechtungsantrag überging, sei es, daß sie ihren ursprünglichen Antrag zurücknahm und ein neues Verfahren in Gang brachte mit dem Ziel, die Unwirksamkeit der Wahl gerichtlich feststellen zu lassen. In diesem Stadium noch mehrere getrennte, im Ergebnis dasselbe Ziel verfolgende Verfahren zuzulassen, würde dem Grundsatz der Prozeßökonomie widersprechen.

Erst recht kann das Rechtsschutzinteresse für den gestellten Antrag von dem Zeitpunkt ab nicht mehr bejaht werden, in dem die Frist zur Anfechtung der Betriebsratswahl abgelaufen war (§ 18 BetrVG), ohne daß die Antragstellerin von ihrem Anfechtungsrecht Gebrauch gemacht hatte. Es entspricht dem oben erwähnten Grundsatz, nach dem das Beschlußverfahren auch der Befriedung im Betrieb dienen soll, daß betriebsverfassungsrechtliche Fragen hinsichtlich ihrer Rechtsgültigkeit nicht allzu lange in der Schwebe bleiben, sondern einer alsbaldigen Klärung zugeführt werden. So ist auch die Befristung des Antragsrechts nach § 17 BetrVG und des Anfechtungsrechts hinsichtlich der Betriebsratswahl zu verstehen. Es würde eine Rechtsunsicherheit im Betrieb zur Folge haben, wollte man einem Antrag, der lediglich eine Vorfrage bezüglich der Gültigkeit oder Ungültigkeit einer solchen Wahl betrifft, das Rechtsschutzinteresse noch dann zugestehen, wenn die Wahl selbst der Nachprüfbarkeit infolge Ablaufs der Anfechtungsfrist entzogen ist. Deshalb kann dem Antrag der Industrie-Gewerkschaft in seiner vorliegenden Form nicht entsprochen werden.

Nun ist allerdings als eine der Besonderheiten des Beschlußverfahrens gegenüber dem Urteilsverfahren zu berücksichtigen, daß jenes weitgehend der Parteidisposition entzogen und dem Offizialverfahren angenähert ist (§ 83 ArbGG). Hieraus folgt, daß das Gericht an die Anträge der Beteiligten nicht in dem Umfang gebunden ist, wie es im Urteilsverfahren der Fall ist, sondern in ihrer Auslegung einen weiteren Spielraum hat. Der Senat trägt daher keine Bedenken, den Antrag der Industrie-Gewerkschaft gemäß ihrem Vorbringen auch dahin auszulegen, daß mit ihm die Feststellung begehrt wird, daß die Arbeitgeberin generell nicht berechtigt sei, den Gewerkschaftsvertreter von Betriebsversammlungen im Betrieb der Antragsgegnerin auszuschließen, sei es, daß es sich um eine Betriebsversammlung nach § 16 BetrVG, sei es, daß es sich um eine solche nach den §§ 41 ff. BetrVG handelt.

Aber auch für einen solchen Antrag liegt das Rechtsschutzinteresse nicht vor. Dieses wäre nur dann gegeben, wenn zu erwarten wäre, daß sich ein Vorfall wie der vom 24. Februar 1955 wiederholen würde. In diesem Fall wäre das Rechtsschutzinteresse allerdings deshalb zu bejahen, weil durch eine Entscheidung im vorliegenden Verfahren Klarheit zwischen den Beteiligten auch für die Zukunft geschaffen würde.

Es wäre zu erwarten, daß sie sich nach einer solchen Entscheidung richten würden, so daß ein erneuter Streitfall wie der vom 24. Februar 1955 vermieden würde.

Diese Voraussetzungen liegen jedoch nach Ansicht des Senats nicht vor; denn eine Betriebsversammlung nach § 16 BetrVG wird, da nunmehr ein Betriebsrat bei der Antragsgegnerin besteht, aller Voraussicht nach nicht mehr einberufen werden. In Zukunft muß der Wahlvorstand für eine Neuwahl vielmehr nicht in einer Betriebsversammlung nach § 16 BetrVG gewählt, sondern vom amtierenden Betriebsrat bestellt werden (§ 15 BetrVG). Die Wahrscheinlichkeit, daß infolge Fortfalls des gesamten Betriebsrats sich doch noch die Notwendigkeit ergeben könnte, eine Betriebsversammlung nach § 16 BetrVG einzuberufen, ist so gering, daß ein solcher Fall außer Betracht gelassen werden muß. Wollte man ihn berücksichtigen, so würde das auf die Beantwortung einer abstrakten Rechtsfrage hinauslaufen. Das ist jedoch nicht die Aufgabe des arbeitsgerichtlichen Beschlußverfahrens.

Soweit sich der Antrag der Industrie-Gewerkschaft auf die Feststellung beziehen könnte, daß die Antragsgegnerin nicht berechtigt sei, einen Gewerkschaftsvertreter von einer Betriebsversammlung im Sinn der §§ 41 ff. BetrVG auszuschließen, fehlt schon jeder Anhaltspunkt dafür, daß die Antragsgegnerin eine solche Absicht bisher jemals geäußert hätte. Das Vorbringen der Antragsgegnerin, dem Gewerkschaftsvertreter stehe nicht das Recht zu, gerade an einer Betriebsversammlung im Sinne des § 16 BetrVG teilzunehmen, spricht vielmehr dafür, daß sie nur in diesem Fall sich für berechtigt hält, das Teilnahmerecht des Gewerkschaftsvertreters in Abrede zu stellen. Es ist deshalb auch insoweit für den Antrag der Industrie-Gewerkschaft kein Feststellungsinteresse gegeben.

Es ist zwar nicht völlig ausgeschlossen, daß vor einer Neuwahl der amtierende Betriebsrat nach § 42 BetrVG eine außerordentliche Betriebsversammlung einberuft, um auf dieser über die Zulässigkeit der Wahl eines Betriebsrats im Betrieb der Antragsgegnerin eine Aussprache herbeizuführen, daß dann die Antragsgegnerin wiederum ihren ablehnenden Standpunkt hinsichtlich des Teilnahmerechts eines Gewerkschaftsvertreters einnähme und diesen nicht zur Versammlung zuließe. Aber auch ein solcher Fall ist so unwahrscheinlich, daß er nicht ausreicht, um ein Rechtsschutzinteresse der Industrie-Gewerkschaft zu begründen. Das ergibt sich auch daraus, daß die Antragstellerin bei der ersten Betriebsratswahl im Betrieb der Antragsgegnerin von ihrem Recht nach § 17 Abs. 2 BetrVG und von ihrem Anfechtungsrecht keinen Gebrauch gemacht hat. Daraus ist zu schließen, daß sie ihre Bedenken gegen die Zulässigkeit der Bildung eines Betriebsrats im Betrieb der Antragsgegnerin offenbar fallen gelassen hat. Notfalls kann sie, sollte sie diese Bedenken doch noch haben, anläßlich der Neuwahl des Betriebsrats gegen diese gemäß § 2 Abs. 1 Ziff. 4 ArbGG das Gericht anrufen und ihre Rechtsansicht in einem solchen Verfahren vortragen.

Ist nach alledem ein Rechtsschutzinteresse der Industrie-Gewerkschaft an der begehrten Feststellung auf keine Weise zu begründen, so kann sich die Antragstellerin schließlich auch nicht darauf berufen, sie wolle sich und ihren Gewerkschaftsvertreter durch das vorliegende Verfahren von einem Makel reinigen. Dieser Vortrag verkennt den oben näher gekennzeichneten Sinn des Beschlußverfahrens. Es ist verfehlt, hiermit das Feststellungsinteresse begründen zu wollen; denn das Beschlußverfahren dient nicht dazu, sich gegen möglicherweise unberechtigte Vorwürfe zu wehren.

Da ein Rechtsschutzinteresse für den Antrag der Industrie-Gewerkschaft in der gestellten Form wie auch bei weitest möglicher Auslegung nicht festzustellen ist, ist der Antrag unter Aufhebung der vorinstanzlichen Beschlüsse zurückzuweisen.

62

1. Erst der genaue, ggf. durch Auslegung zu ermittelnde Inhalt des Wettbewerbsverbots eines technischen Angestellten läßt die Beurteilung zu, ob das Wettbewerbsverbot sittenwidrig ist (§ 138 BGB), ob es das Fortkommen des Angestellten unbillig erschwert (§ 133 f. GewO) und ob der Angestellte ihm zuwiderhandelt.

2. Die Art. 2 und 12 GG stehen der Gültigkeit eines Wettbewerbsverbots auf jeden Fall an sich nicht entgegen.

3. Das Fehlen einer Entschädigung ist bei einem Wettbewerbsverbot eines technischen Angestellten für die Frage der Sittenwidrigkeit (§ 138 BGB) und der Erschwerung seines Fortkommens (§ 133 f. GewO) von Bedeutung.

GG Art. 2 u. 12; BGB § 138; GewO § 133 f.

II. Senat. Urteil vom 21. Februar 1957 i. S. G. (Kl.) w. D. (Bekl.)
2 AZR 301/56.

I. Arbeitsgericht Bochum. — II. Landesarbeitsgericht Hamm/Westf.

Die Klägerin stellt seit mehreren Jahrzehnten in einem Betriebe in B. auf Grund einer eigenen Entwicklungsarbeit Luftkühler und andere wärmetechnische Apparate her. Sie beliefert in- und ausländische Kunden.

Der Beklagte ist „Maschinenbauingenieur". Er hat eine „Ingenieurschule" absolviert; die nähere Art dieser Schule, seiner Ausbildung oder der Abschlußprüfung ergibt das Vorderurteil nicht. Unmittelbar nach der Absolvierung dieser Schule stellte ihn die Klägerin mit dem Vertrag vom 30. Mai 1952 als Ingenieur ein. Die Klägerin beschäftigte ihn als „Konstrukteur" in der Hauptsache von Luftkondensationsanlagen und Wasserstoffkühlern; im übrigen ist die nähere Art seiner Tätigkeit bei der Klägerin nicht geklärt. Sein anfängliches Monatsgehalt von 300,— DM erhöhte sich allmählich auf 660,— DM.

Ähnlich wie mit ihren anderen Angestellten vereinbuarte die Klägerin auch mit dem Beklagten schriftlich am 14. April 1955, daß für den Beklagten auf die Dauer von 2 Jahren nach seinem Ausscheiden „Konkurrenzverbot besteht" mit folgendem Inhalt:

„Verboten ist jede der Konkurrenz der G. (Klägerin) und der H. KG. dienende selbständige Tätigkeit oder unselbständige Tätigkeit für Fremde einschl. finanzieller Beteiligung oder Unterstützung."

Auf Grund einer eigenen Kündigung schied der Beklagte am 31. Januar 1956 bei der Klägerin aus; seitdem arbeitet er für die Firma P. KG. Diese stellt Preßluftkühler und wärmetechnische Anlagen her und zwar gleichfalls in einem Betriebe in B. Auf dem Gebiete des Kühlerbaues steht sie im Wettbewerb mit der Klägerin; der technische Bau der Kühler ist aber an sich verschieden. Bereits im Jahre 1954 waren andere, auch technische Angestellte der Klägerin zu der Firma P. KG. übergegangen. Gerade dieser Umstand hatte die Klägerin zur Vereinbarung des Konkurrenzverbots mit ihren Angestellten veranlaßt.

Die Klägerin bittet, dem Beklagten die Tätigkeit bei der Firma P. KG. zu untersagen, ursprünglich hilfsweise gegen eine angemessene Karenzentschädigung.

Das Arbeitsgericht hat den Beklagten antragsgemäß verurteilt, der Klägerin aber die Zahlung einer Karenzentschädigung aufgegeben.

Das Landesarbeitsgericht hat die Berufung des Beklagten zurückgewiesen und auf die Berufung der Klägerin ihre Verpflichtung zur Zahlung der Karenzentschädigung aufgehoben; dem Beklagten hat es die Tätigkeit bei der Firma P. KG. „bei Vermeidung einer Geldstrafe von 5000,— DM" untersagt.

Die Revision des Beklagten führte zur Aufhebung und Zurückverweisung aus folgenden

Gründen:

I. Die Entscheidung des Rechtsstreits hängt in erster Linie davon ab, welchen Inhalt das Wettbewerbsverbot überhaupt hat, d. h. welche Tätigkeit im einzelnen dem Beklagten durch das Wettbewerbsverbot untersagt ist. Erst wenn dieser Inhalt des Wettbewerbsverbots klargestellt ist, kann weiter geprüft werden, ob das Wettbewerbsverbot mit diesem Inhalt gegen die guten Sitten verstößt (§ 138 BGB), verneinendenfalls, ob die dem Beklagten auferlegte Beschränkung nach Zeit, Ort und Gegenstand unbillig sein Fortkommen erschwert (§ 133 f. GewO), und schließlich, ob der Beklagte durch seine Tätigkeit bei der Firma P. KG. gegen dieses Wettbewerbsverbot verstößt.

Das am weiteseten gehende Verbot würde den Inhalt haben, daß dem Beklagten jedwede Tätigkeit, gleichgültig welche, in einem Konkurrenzunternehmen untersagt ist. In diesem Sinne legt, wenigstens in der Revisionsinstanz, die Klägerin selbst das Wettbewerbsverbot nicht aus. Sie sieht vielmehr nur eine solche Tätigkeit in einem Konkurrenzbetrieb als verboten an, die „die Konkurrenzgefahr akut macht", gibt dem Verbot also einen etwas beschränkteren Inhalt. Die Revision dagegen will das vereinbarte Wettbewerbsverbot nur dahin verstanden wissen, daß der Beklagte bei einer neuen Arbeitgeberin auf dem Spezialgebiet, das er bei der Klägerin bearbeitet hat, „funktionell und gegenständlich nicht tätig sein darf", daß also die „Tätigkeitsmerkmale seiner Beschäftigung bei der Klägerin und die bei der neuen Arbeitgeberin identisch sein müssen".

1. Die Klarstellung dieses tragenden Ausgangspunktes der Entscheidung läßt das angefochtene Urteil vermissen. Im Beginn seiner Entscheidungsgründe begnügt es sich mit der Feststellung, daß für den Beklagten nach seinem Ausscheiden bei der Klägerin für die Dauer von zwei Jahren „Konkurrenzverbot besteht" und daß „jede" — gemeint ist: der Konkurrenz — „der Klägerin und ihrer Schwesterfirma, der H. KG, dienende unselbständige Tätigkeit für andere Firmen verboten" ist. Die Frage, ob das Konkurrenzverbot den — oben erörterten — weitesten Inhalt oder nur den von der Klägerin in der Revisionsinstanz umschriebenen beschränkteren oder gar nur den engen, von der Revision (dem Beklagten) behaupteten Inhalt hat, wirft es für seine grundlegenden Erörterungen überhaupt nicht auf.

Erst in einem ganz anderen Zusammenhang, nämlich gelegentlich der von ihm angestellten Prüfung, ob das Interesse der Klägerin an der Einhaltung des Wettbewerbsverbots im konkreten Fall berechtigt ist, macht es Ausführungen, aus denen eine Auslegung der Konkurrenzklausel entnommen werden kann. Ohne auf den Wortlaut der zwischen den Parteien getroffenen Vereinbarung vom 14. April 1955 näher einzugehen, entnimmt es aus der „weiten Fassung der Klausel", daß sich die Klägerin soweit wie möglich gegen den Verrat von Betriebsgeheimnissen, technischen Spezialkenntnissen und sonstigen technischen Sonderheiten bei den Konstruktionsmethoden habe schützen wollen. Dann führt es weiter aus, welche einzelnen Tatbestände es für schutzwürdig ansieht.

2. Diese lediglich im Rahmen der Prüfung der Schutzwürdigkeit des Interesses der Klägerin an der Einhaltung des Wettbewerbsverbots getroffene Auslegung legt es nahe, daß das Landesarbeitsgericht die Auslegungsregeln der §§ 133, 157 BGB überhaupt nicht beachtet hat. Es versteht eben die „weite Fassung der Klausel" nur in dem von ihm beschriebenen Sinne; dabei unterläßt es darzutun, inwiefern die Fassung eigentlich weit ist; wenn sie lediglich jede der Konkurrenz der Klägerin und ihrer Schwesterfirma dienende unselbständige Tätigkeit für Fremde ausschließen soll, so ist noch nicht einzusehen, daß dieses Verbot in jedem Falle sehr weit geht. Nach § 133 BGB hätte das Landesarbeitsgericht den erklärten wirklichen Willen der Parteien erforschen und weiterhin nach § 157 BGB die hier erklärte konkrete Wettbewerbsklausel nach Treu und Glauben mit Rücksicht auf die Verkehrssitte auslegen sollen. Darauf, welchen Inhalt eine beliebige abstrakte Wettbewerbsklausel haben kann, kommt es weniger an. Das Landesarbeitsgericht geht aber überwiegend von abstrakten Überlegungen, „von dem Sinn einer Wettbewerbsklausel", „von dem Schutzzweck einer Wettbewerbsklausel", nicht aber von dem genauen Inhalt der getroffenen Vereinbarung und nicht von der besonderen Situation aus, aus der heraus die Wettbewerbsklausel hier getroffen worden ist.

3. Die Auslegung, die das Landesarbeitsgericht dem Wettbewerbsverbot gibt, ist aber auch nicht frei von Widersprüchen. Zunächst legt das Landesarbeitsgericht die Klausel in dem weitesten Sinne aus, also in dem Sinn, daß dem Beklagten jede beliebige Tätigkeit in einem Konkurrenzunternehmen verboten ist. Hiermit ist es aber nicht vereinbar, daß das Landesarbeitsgericht dann in späteren Ausführungen der Wettbewerbsklausel nur einen beschränkteren, etwa den von der Klägerin in der Revisionsinstanz behaupteten Inhalt gibt; es beschränkt

nämlich die verbotene Tätigkeit auf den Fall, daß wenigstens die Gefahr der Zugänglichmachung von Betriebsgeheimnissen und sonstigen Spezialkenntnissen zum Nachteil der Klägerin gegeben sein müsse.

Gerade auch diese nicht widerspruchslosen Ausführungen lassen erkennen, daß das Landesarbeitsgericht überhaupt die verschiedenen Auslegungsmöglichkeiten der hier vereinbarten Wettbewerbsklausel vom 14. April 1955 nicht klar durchdacht hat. Die von dem Beklagten vorgetragene Auslegung zieht es überhaupt nicht deutlich in den Bereich seiner Erörterungen; dies legt es nahe, daß es diese Möglichkeit der Auslegung übersehen hat. Hätte es sich die verschiedenen möglichen Bedeutungen, welche die hier vereinbarte Wettbewerbsklausel haben kann, genau vor Augen gehalten, so wäre es möglicherweise zu einer anderen Auslegung gelangt.

4. Sind somit die Erörterungen, die das Landesarbeitsgericht zu dem Inhalt der Wettbewerbsklausel anstellt, so mangelhaft, daß sie nicht als Grundlage für die Urteilsfindung dienen können, so ist andererseits aber das Bundesarbeitsgericht auch nicht in der Lage, von sich aus die richtige Auslegung zu finden. Denn dazu bedarf es noch weiterer tatsächlicher Aufklärungen, die ihm verschlossen sind.

Zunächst ist die Situation, die zu der Vereinbarung der Wettbewerbsklausel geführt hat, nicht in allen Einzelheiten klar. Fest steht nur, daß aus dem Betriebe der Klägerin in den Betrieb der Firma P. KG. einige Arbeitnehmer hinübergewechselt sind. Diese Abwanderung allein kann sowohl für eine weite wie für eine enge Auslegung sprechen. Einen besseren Aufschluß könnte aber die Feststellung ergeben, welche einzelnen Arbeitskräfte zu der Firma P. KG. abgewandert sind, welche einzelnen Gegenstände die Klägerin und die Firma P. KG. des näheren überhaupt herstellen und ob und welche Spezialkenntnisse und Betriebserfahrung für die erfolgreiche Produktion dieser Gegenstände erforderlich sind, sowie ob eine Konkurrenzfirma diese Gegenstände nicht ohne weiteres durch einfache Nachahmung der Produkte der Klägerin auch herstellen kann. Umgekehrt könnten natürlich auch die nähere Vorbildung des Beklagten, der das Wettbewerbsverbot doch eingegangen ist, seine Fähigkeit und Bereitschaft, sich in ein neues Arbeitsgebiet bei einer anderen Firma einzuarbeiten, für die Auslegung von Bedeutung sein.

5. Genau so wenig wie das Bundesarbeitsgericht hiernach in der Lage ist, von sich aus durch Auslegung den näheren Inhalt der Wettbewerbsklausel zu finden, kann es die erst gegenüber diesem Inhalt zu treffende, für die Entscheidung des Rechtsstreits notwendige recht-

liche Beurteilung abschließend vornehmen, nämlich ob dieser Inhalt gegen die guten Sitten verstößt, verneinendenfalls, ob die dem Beklagten auferlegte Beschränkung nach Zeit, Ort und Gegenstand unbillig sein Fortkommen erschwert, und schließlich, ob der Beklagte durch seine Tätigkeit bei der Firma P. KG. gegen dieses Wettbewerbsverbot verstößt.

Abgesehen davon, daß es bei dem möglichen verschiedenen Inhalt der Wettbewerbsklausel nicht angeht, im voraus für jede dieser Möglichkeiten die verschiedenen rechtlichen Folgerungen abschließend zu finden, bedarf es auch in dieser Richtung noch der weiteren Aufklärung.

a) Fehl geht freilich die Ausführung der Revision, daß das Wettbewerbsverbot in jedem Falle gegen Art. 2 und 12 GG verstoße. Selbst wenn man diese Grundrechte nicht auf das Verhältnis des einzelnen zu der hoheitlichen Gewalt beschränkt, sondern, wie es auf jeden Fall wohl bei Art. 2 GG an sich notwendig erscheint, als Ordnungssätze für das soziale Leben ansieht, die unmittelbare Bedeutung auch für den Rechtsverkehr der Bürger untereinander haben (BAG 1, 193), stehen sie der Gültigkeit eines frei vereinbarten Wettbewerbsverbots nicht ohne weiteres entgegen. Wollen diese Grundrechte schon für den Verkehr der Staatsbürger untereinander Bedeutung haben, so ist ihr Anliegen, daß jeder seine Persönlichkeit frei entfalten und seinen Beruf und Arbeitsplatz frei wählen darf, für das Wettbewerbsverbot schon durch die Bestimmungen des § 138 BGB und § 133 f. GewO nicht nur genügend geschützt, sondern auch näher konkretisiert; nur im Rahmen dieser gesetzlichen Bestimmung käme daher im Falle eines Wettbewerbsverbotes dem Anliegen der bezeichneten Grundrechte eine — mittelbare — Bedeutung zu.

b) Die Frage der Sittenwidrigkeit und der unbilligen Erschwerung ds Fortkommens wird nur dann beantwortet werden können, wenn das Lebensalter des Beklagten, die genaue Art seiner Vorbildung und die Bedeutung seiner etwaigen Abschlußprüfung festgestellt sind. Auch wird von Erheblichkeit sein, ob er die allgemeine — nicht spezielle — Berufserfahrung, die er bei der Klägerin gesammelt hat, nicht auch in jedem anderen Produktionszweige mit Erfolg verwerten kann oder ob seine mehrjährige Tätigkeit für die Klägerin für andere Produktionszweige im wesentlichen bedeutungslos ist. Weiterhin erscheint es nicht ausgeschlossen, daß der durch die Einhaltung der Wettbewerbsklausel etwa erzwungene Übergang in einen anderen Produktionszweig, jedenfalls auf weite Sicht gesehen, die berufliche Leistungsfähigkeit des Beklagten erhöht und dieser Vorteil den augenblicklichen Nachteil aufwiegt, daß der Beklagte vielleicht sich zunächst erst in eine neues Spezialfach einarbeiten muß. Ferner werden die Aussichten auf die Erlangung einer gleichartigen Stellung, die der Beklagte bei der derzeitigen wirtschaftlichen Situation hat, nicht unberücksichtigt bleiben dürfen.

c) Entgegen den Ausführungen des Landesarbeitsgerichts wird aber dem Fehlen der Karenzentschädigung bei der Prüfung der Frage, ob das Fortkommen des Beklagten unbillig erschwert oder die Konkurrenzklausel etwa gar sittenwidrig ist, eine nicht geringe Bedeutung beizumessen sein. Seine gegenteilige Auffassung entnimmt das Landesarbeitsgericht dem Umstande, daß die Gewerbeordnung die Gültigkeit der Wettbewerbsklausel für technische Angestellte — im Gegensatz zu § 74 Abs. 2 HGB für Handlungsgehilfen — von der Zahlung einer Karenzentschädigung eben nicht abhängig macht. Indes kann aus dieser gesetzlichen Regelung nichts für die Frage der unbilligen Erschwerung des Fortkommens des technischen Angestellten entnommen werden. Es ist selbstverständlich, daß der technische Angestellte, wenn er für die Dauer der Beschränkung seiner Berufstätigkeit eine Entschädigung bezieht, diese Zeit besser überbrücken und daher leichter fortkommen kann als ohne eine solche Entschädigung. Da aber bei der Prüfung der Frage, ob das Fortkommen des Angestellten durch das Wettbewerbsverbot unbillig erschwert ist, wegen der notwendigen Prüfung des konkreten Falles alle Gesichtspunkte zu berücksichtigen sind, kann dabei auch an der Frage der Karenzentschädigung nicht vorbeigegangen werden (RG in Recht 1914, Beilage Nr. 893).

d) Schließlich ist auch, jedenfalls für den möglichen Fall der engen Auslegung des Konkurrenzverbotes in dem von der Revision vorgetragenen Sinne, die Frage offen, ob der Beklagte durch seine Tätigkeit für die Firma P. KG. diesem Konkurrenzverbot zuwiderhandelt. Der Beklagte war bei der Klägerin als Konstrukteur für Luftkondensationsanlagen und Wasserstoffkühler tätig. Solche Kühlertypen wie die der Klägerin stellt die Firma P. KG. aber nicht her; nach den Ausführungen des Landesarbeitsgerichts besteht nur jederzeit die Möglichkeit, daß sie auch diese Typen herstellt. Welche einzelnen Arbeitsgebiete der Beklagte bei der Firma P. KG. bearbeitet, klärt das Landesarbeitsgericht überhaupt nicht mit Sicherheit; die Ausführung im Tatbestand, der Zeuge W. habe die Angaben des Beklagten über dessen Tätigkeit bestätigt, enthalten ohne ein Urteil darüber, daß das Gericht dem Zeugen glaubt, keine solche tatsächliche Feststellung. Nach den Behauptungen des Beklagten stellt er Preßluftkühler her, also wohl andere Kühler als die Klägerin, und er wird als Wärmetechniker ausgebildet. Daß diese

Tätigkeit aber der Konkurrenz der Klägerin und der H. KG. dient, ist jedenfalls nicht ohne weiteres ersichtlich.

6. Da hiernach das angefochtene Urteil jedenfalls mit der ihm gegebenen Begründung nicht aufrecht erhalten werden, das Bundesarbeitsgericht aber selbst in der Sache nicht entscheiden kann, muß das angefochtene Urteil aufgehoben und die Sache an das Landesarbeitsgericht zurückverwiesen werden, damit es die fehlende tatsächliche Aufklärung nachholt, die Wettbewerbsklausel auslegt, zu ihrer Wirksamkeit Stellung nimmt und gegebenenfalls prüft, ob der Beklagte der Wettbewerbsklausel mit dem festzustellenden Inhalt zuwiderhandelt.

Sollte das Landesarbeitsgericht zu dem Ergebnis kommen, daß der Beklagte durch seine Tätigkeit bei der Firma P. KG. dem Wettbewerbsverbot zuwiderhandelt, und demnach nach § 890 Abs. 2 ZPO für den Fall, daß der Beklagte seine Tätigkeit bei der Firma P. KG. nicht aufgibt, eine Strafe androhen wollen, so wird es zu prüfen haben, ob es überhaupt angebracht ist, wie es das angefochtene Urteil tut, die Art und Höhe der Strafe bereits anzugeben. Jedenfalls ist die in dem angefochtenen Urteil dem Beklagten angedrohte Geldstrafe von 5000,– DM deshalb ungenau, weil dem Beklagten eine Dauerunterlassung aufgegeben wird, und daher nicht zu erkennen ist, ob die angedrohte Geldstrafe von 5000,– DM die Höchststrafe für die Zuwiderhandlung während der gesamten Zeit, für die das Wettbewerbsverbot gilt, oder nur für jeden Tag der Zuwiderhandlung sein soll. Das Landesarbeitsgericht wird also insbesondere prüfen müssen, wenn es die Art und die Höhe der Strafe überhaupt angeben will, ob es angebracht ist, für jeden Tag der Zuwiderhandlung das zu verhängende Höchstmaß der Geldstrafe zu bestimmen.

63

Bestimmt ein Tarifvertrag, daß die Entlohnung derjenigen Arbeitnehmer, die ihren Tätigkeitsmerkmalen nach nicht unter diesen Tarif fallen, nach den jeweiligen Lohn- und Gehaltsfachtarifen erfolgt, so hat diese Bestimmung keine konstitutive Bedeutung. Sie besagt nur, daß der Tarifvertrag hinter etwa bestehenden anderen für die Arbeitsverhältnisse geltenden Tarifverträgen zurücktreten soll, aber nur dann, wenn eine Tarifbindung an diese anderen Tarifverträge als solche sowie eine entsprechende Tarifzuständigkeit des in Bezug genommenen Tarifvertrages besteht. Die Tarifvertragsparteien können somit ihre Befugnis und ihre Zuständigkeit, Normen zu setzen, nicht durch Verweisung auf

einen jeweils unter anderen Tarifvertragsparteien geltenden Tarifvertrag ganz oder teilweise auf diese anderen Tarifparteien delegieren.

TVG §§ 3, 4 u. 9; ZPO § 256.

I. Senat. Urteil vom 27. Juli 1956 i. S. O & H. (Bekl.) w. R. (Kl.) 1 AZR 430/54.

I. Arbeitsgericht Frankfurt am Main. — II. Landesarbeitsgericht Frankfurt am Main.

Der Kläger ist als gelernter Schneider bei der Beklagten tätig und erhält einen Stundenlohn von 1,50 DM. Er ist Mitglied der Gewerkschaft Handel, Banken und Versicherungen. Die Beklagte, die ihrerseits Mitglied der „Arbeitsgemeinschaft der Mittel- und Großbetriebe des Einzelhandels im Lande Hessen e. V." ist, betreibt Einzelhandel mit Fertigkleidung. Sie unterhält dabei sowohl eine Werkstatt für die Neuanfertigung von Herrenmaßkleidung als auch eine Änderungswerkstätte für Herrenbekleidung. In dieser ist der Kläger beschäftigt.

Für den Groß- und Einzelhandel im Wirtschaftsgebiet Hessen besteht eine Tarifordnung vom 31. März 1939. Darin heißt es (§ 1 Abs. 3), daß für Facharbeiter die zuständige Sondertarifordnung gelte. Für das Schneiderhandwerk galt die Sondertarifordnung für die Herrenmaßschneiderei im Deutschen Reich vom 3. Juni 1938. Am 25. Januar 1951 schlossen die Arbeitsgemeinschaft des Bekleidungshandwerks des Bundesgebiets (deren Mitglied die Beklagte nicht ist) und die Gewerkschaft Textil und Bekleidung (der auch der Kläger nicht angehört) einen Manteltarifvertrag für das Herrenmaßschneiderhandwerk in der Bundesrepublik. In seinem § 1 Abs. 2 heißt es, daß er auch für gewerbliche Gefolgschaftsmitglieder selbständiger Betriebsabteilungen und Werkstätten der Bekleidungsindustrie u n d d e s E i n z e l h a n d e l s gelten solle, in denen Herrenoberbekleidung geändert oder nach Maß hergestellt wird. Nach § 14 dieses Tarifvertrages sind die Betriebe der Herrenmaßschneiderei in Leistungsklassen einzustufen. Bei Meinungsverschiedenheit über die Einstufung entscheiden die Tarifvertragsparteien. Zu diesem Manteltarifvertrag schlossen dieselben Tarifvertragsparteien am 25. März 1953 einen Lohntarifvertrag mit einem in gleicher Weise festgelegten Geltungsbereich. Darin wurde die Höhe des Lohnes u. a. auch von der Leistungsklasse des Betriebes abhängig gemacht. Am 15. November 1953 schlossen weiter der Landesverband des Hessischen Einzelhandels e. V. einerseits und die Gewerkschaft Handel, Banken und Versicherungen andererseits eine tarifliche Vereinbarung. Darin heißt es u. a. (Ziffer 4): „Die Entlohnung derjenigen Arbeitnehmer, die ihren Tätigkeitsmerkmalen nach nicht unter die

Tarifordnung des Einzelhandels fallen, erfolgt nach den jeweiligen Lohn- und Gehaltsfachtarifen unter Berücksichtigung der entsprechenden Tätigkeitsmerkmale."

Der Kläger ist der Ansicht, daß der Lohntarifvertrag für das Herrenmaßschneiderhandwerk vom 25. März 1953 für die Höhe seines Lohnes maßgebend sei. Die Beklagte gehöre in die Leistungsklasse S. Daraus ergebe sich ein Stundenlohn von 1,65 DM. Der Kläger verlangt daher eine der Höhe nach streitlose Lohn-Differenz von 20,93 DM.

Das Arbeitsgericht hat die Klage als unzulässig abgewiesen, weil zwar der Lohntarifvertrag des Herrenmaßschneiderhandwerks vom 25. März 1953 Anwendung finde, über die Einstufung in Leistungsklassen aber allein die Tarifvertragsparteien zu befinden hätten und ohnedem über die Höhe des Lohnes nicht entschieden werden könne. Im zweiten Rechtszuge hat der Kläger den Antrag gestellt, festzustellen, daß für das Arbeitsverhältnis der Parteien der Lohntarifvertrag des Herrenmaßschneiderhandwerks vom 25. März 1953 Anwendung finde.

Die Beklagte hat sich mit der Klageänderung zwar einverstanden erklärt, im übrigen aber um Abweisung dieses Antrags (in erster Linie als unzulässig, in zweiter Linie als unbegründet) gebeten. Das Landesarbeitsgericht hat das Urteil des Arbeitsgerichts aufgehoben und nach dem zuletzt gestellten Klageantrag erkannt. Die Revision der Beklagten führte zur Abweisung der Klage.

Aus den Gründen:

Der in der Berufungsinstanz vom Kläger gestellte Antrag, festzustellen, daß für das Arbeitsverhältnis der Parteien der Lohntarif des Herrenmaßschneiderhandwerks vom 25. März 1953 Anwendung finde, ist zulässig. Bedenken, die gegen die Zulässigkeit deshalb erhoben werden könnten dahingehend, daß es sich nicht mehr um die Feststellung des Bestehens oder Nichtbestehens eines „Rechtsverhältnisses" im Sinne des § 256 ZPO handele, treten gegenüber der Erwägung zurück, daß mit der Feststellung eine unmittelbare Vorfrage des Rechtsstreits und mit ihrer Ablehnung der Streit der Parteien in vollem Umfange entschieden würde. Daraus ergibt sich gleichzeitig das Feststellungsinteresse des Klägers (RAG in ARS 33, 330). Dieses kann nicht deswegen verneint werden, weil vor oder bei einer späteren Leistungsklage noch die Einstufung der Beklagten in eine Leistungsklasse erfolgen muß. Denn durch die jetzt begehrte Feststellung wird zum mindesten ein wesentlicher Teil der Unsicherheit über den Anspruch beseitigt. Auch die von der Beklagten hervorgehobene Möglichkeit, daß der Kläger, selbst wenn er in diesem Rechtstreit obsiege, bei einer Leistungsklage unterliegen könnte, weil die Einstufung ihm nicht günstig sein werde, beseitigt die Ungewißheit nicht, läßt daher das Feststellungsinteresse bestehen.

In der Sache kann der klägerische Anspruch nicht etwa darauf gestützt werden, daß der Geltungsbereich des Lohntarifvertrags für das Herrenmaßschneiderhandwerk (der zwischen der Arbeitsgemeinschaft des Bekleidungshandwerks und der Gewerkschaft Textil und Bekleidung, deren Mitglieder die Parteien beide nicht sind, abgeschlossen ist) deshalb Anwendung finde, weil er seinen fachlichen Geltungsbereich (im Anschluß an die Tarifordnung vom 3. Juli 1938) auf Änderungswerkstätten des Einzelhandels ausdehnt. Denn eine Tarifbindung kann nach § 3 TVG nur dann eintreten, wenn Arbeitnehmer und Arbeitgeber Mitglieder der Tarifvertragsparteien sind. Das ist nicht der Fall.

Eine Bindung der Parteien an den letztgenannten Tarifvertrag kann auch nicht aus § 1 Abs. 3 der — im wesentlichen noch gültigen — Tarifordnung für den Groß- und Einzelhandel im Wirtschaftsgebiet Hessen vom 31. März 1939 (RABl. VI S. 803) hergeleitet werden. Darin bestand zwar ein Vorbehalt zu Gunsten fachlicher Sondertarifordnungen. Sofern besondere fachliche Arbeit im Einzelhandel geleistet wird, sollte sie nach der jeweiligen für dieses Fachgebiet in Betracht kommenden Sondertarifordnung entlohnt werden. Der Kläger läßt dazu vortragen, daß an Stelle der fachlichen Sondertarifordnung (nämlich, wie er meint, hier der Sondertarifordnung für die Herrenmaßschneiderei vom 3. Juli 1938) nunmehr der Tarifvertrag für das Herrenmaßschneiderhandwerk getreten sei. Diese Auffassung ist unzutreffend. Durch den Tarifvertrag über das Herrenmaßschneiderhandwerk ist die Sondertarifordnung für die Herrenmaßschneiderei von 1938 zunächst gemäß § 9 TVG außer Kraft getreten. Damit ist aber der Tarifvertrag über das Herrenmaßschneiderhandwerk nicht an die Stelle jener Sondertarifordnung und mit der Wirkung einer Tarifordnung an ihre Stelle getreten. Der Tarifvertrag für die Herrenmaßschneiderei ist nicht selbst — etwa kraft des Vorbehalts in der noch bestehenden Tarifordnung für den Groß- und Einzelhandel im Wirtschaftsgebiet Hessen vom 31. März 1939 — eine Sondertarifordnung geworden, die sich nun auch auf Nichtmitglieder der Tarifvertragsparteien erstrecken könnte. Ein Tarifvertrag kann, soweit er nicht für allgemeinverbindlich erklärt wird, eine Normenwirkung nur auf die nach § 3 TVG tarifgebundenen Mitglieder der Tarifvertragsparteien ausüben. Auch kann das Prinzip der Tarifeinheit nicht von außen her durchbrochen werden. Selbst wenn also der Tarif für das Herrenmaßschneiderhandwerk sich fachliche Gültigkeit für Schneiderwerkstätten des Einzelhandels beilegt, in denen Herrenoberbekleidung geändert oder nach Maß hergestellt wird, so entsteht doch keine Tarifbindung solcher Parteien, die nicht Mitglieder der Arbeitsgemeinschaft des Bekleidungshandwerks einerseits oder der Gewerkschaft Textil andererseits sind.

Es kann also — wie auch der Berufungsrichter richtig erkannt hat — allein in Betracht gezogen werden, ob der klägerische Anspruch sich aus der tariflichen Vereinbarung zwischen dem Landesverband des Hessischen Einzelhandels e. V. und der Gewerkschaft Handel, Banken und Versicherungen vom 15. November 1953 ergibt, und zwar aus deren Ziffer 4, wo es heißt, daß die Entlohnung derjenigen Arbeitnehmer, die ihren Tätigkeitsmerkmalen nach nicht unter die Tarifordnung des Einzelhandels fallen, nach den jeweiligen Lohn- und Gehalts fach tarifen unter Berücksichtigung der entsprechenden Tätigkeitsmerkmale erfolge.

Daß der Kläger als Mitglied der Gewerkschaft Handel, Banken und Versicherungen an den Einzelhandelstarif vom 15. November 1953 tarifgebunden ist, steht außer Streit. Aber auch die Tarifgebundenheit der Beklagten muß im Gegensatz zu ihrer in der Revision vorgetragenen Behauptung als vom Tatrichter festgestellt angesehen werden. Das Landesarbeitsgericht legt zu Beginn des Tatbestands seines Urteils als streitlos dar, daß die Beklagte Mitglied der Arbeitsgemeinschaft der Mittel- und Großbetriebe des Einzelhandels im Lande Hessen e. V. und damit Mitglied des Landesverbands des Hessischen Einzelhandels e. V. ist. Das ist eine tatsächliche Feststellung, die in der Revisionsinstanz unangreifbar ist. Für den Fall, daß sie nicht zutrifft, hätte eine Berichtigung des Tatbestands gemäß § 320 ZPO herbeigeführt werden müssen. Es mag sein, daß die Feststellung des Landesarbeitsgerichts keine nähere Erläuterung des Zusammenhangs der Mitgliedschaften im einzelnen ergibt. Damit kann aber das festgestellte Ergebnis, daß nämlich die Beklagte als Mitglied der Arbeitsgemeinschaft auch Mitglied des Landesverbands ist, nicht angegriffen werden. Eine besondere Verfahrensrüge, daß diese Feststellung unter Verletzung des § 286 ZPO erfolgt sei, hat die Beklagte nicht erhoben.

Entscheidend ist daher, ob der Lohntarif für das Herenmaßschneiderhandwerk auf das Arbeitsverhältnis der Parteien deswegen Anwendung findet, weil in Ziffer 4 der Tarifvereinbarung des Landesverbands des Hessischen Einzelhandels mit der Gewerkschaft Handel, Banken und Versicherungen vom 15. November 1953 für die Entlohnung von besonderen Facharbeiten im Einzelhandel auf den „jeweiligen Lohn- und Gehaltsfachtarif unter Berücksichtigung der entsprechenden Tätigkeitsmerkmale" verwiesen ist.

Gegen die Tarifzuständigkeit (Hueck-Nipperdey-Tophoven, § 2 Anm. 36) der Tarifvertragsparteien, die unter dem 15. November 1953 das Gehalts- und Lohnabkommen für den Einzelhandel geschlossen haben, bestehen zwar keine Bedenken. Denn der Landesverband des Hessischen Einzelhandels und die Gewerkschaft Handel, Banken und Versicherungen können alle im Einzelhandel vorkommenden Arbeitsverhältnisse regeln. Dazu gehören auch vorkommende Sondergebiete, wie hier die Änderungswerkstätten für Herrenbekleidung. Es erhebt sich aber die Frage, inwieweit eine so allgemeine Bezugnahme auf andere Tarifverträge, wie sie in Ziffer 4 der Vereinbarung vom 15. November 1953 aufgestellt ist („Die Entlohnung ... erfolgt ... nach den jeweiligen Lohn- und Gehaltsfachtarifen."), konstitutive Bedeutung haben soll und kann. Dabei kann hier dahingestellt bleiben, ob durch die Bezugnahme auf einen ganz bestimmten Tarifvertrag, der an sich unter den Tarifparteien und deren Mitgliedern nicht gilt, dieser fremde Tarifvertrag in Geltung gesetzt werden kann. Es geht jedenfalls nicht an, mit einer allgemeinen Blankettverweisung dem jeweiligen Tarifvertrag anderer Fachgebiete normative Geltung verschaffen zu wollen, so daß die eigentlichen Tarifvertragsparteien keine Kontrolle mehr haben oder — wie hier (vgl. a. a. O. Ziffer 4 Abs. 2 „Sie (sc. die Facharbeiter) erhalten nur die Erhöhungen, wie sie dort (sc. in den jeweiligen Fachtarifen) abgeschlossen werden.") — keinen Einfluß mehr nehmen wollen und können. Das würde bedeuten, daß Tarifvertragsparteien ihre Befugnis und Zuständigkeit, Normen zu setzen, durch Verweisung auf einen jeweils unter anderen Tarifvertragsparteien geltenden Tarifvertrag ganz oder teilweise auf diese anderen Tarifvertragsparteien delegieren könnten. Den Tarifpartnern ist die Tariffähigkeit und Tarifzuständigkeit aber um deswillen verliehen, weil sie selbst innerhalb ihres personellen und fachlichen Bereichs Normen setzen sollen. Die Delegierung der Tarifzuständigkeit auf andere Tarifparteien (also hier eine Delegierung der Tarifzuständigkeit der Arbeitsgemeinschaft des Einzelhandels und der Gewerkschaft Handel, Banken und Versicherungen auf die Gewerkschaft Textil und Bekleidung und den Verband des Herrenmaßschneiderhandwerks) würde auch das Prinzip der Tarifeinheit (vgl. Hueck-Nipperdey-Tophoven, a. a. O. Bem. 16 zu § 14) in bedenklichster Weise gefährden. Sie ist daher nicht zulässig.

Da der vorliegenden Bezugnahme auf andere Fachtarife eine konstitutive Bedeutung nicht zukommt, so kann die erwähnte Ziffer 4 der Vereinbarung vom 15. November 1953 nur dahin ausgelegt werden, daß die Vereinbarung vom 15. November 1953 hinter etwa bestehende andere für die Arbeitsverhältnisse geltende Tarifverträge zurücktreten soll, aber nur dann, wenn eine Tarifbindung nach § 3 TVG an diese anderen Tarifverträge als solche sowie entsprechende Tarifzuständigkeit besteht. Da eine solche selbständige Tarifbindung an den Herrenmaßschneidertarif aber nicht besteht, weil die hier streitenden Parteien nicht Mitglieder der Verbände sind, die den Tarifvertrag für das Herrenmaßschneidergewerbe geschlossen haben und weil die Parteien des Herrenmaßschneidertarifs nicht zuständig sind, Arbeitsverhältnisse im Einzelhandel zu regeln, so ergibt sich für den Kläger ein selbständiger Anspruch aus Ziffer 4 der Tarifvereinbarung für den Einzelhandel vom 15. November 1953 nicht.

Die Feststellungsklage, daß das Arbeitsverhältnis der Parteien unter den Lohntarifvertrag für das Herrenmaßschneiderhandwerk falle, ist unbegründet. Unter Aufhebung der angefochtenen Entscheidung mußte die Klage abgewiesen werden. Dabei mußte auch das Urteil des Arbeitsgerichts aufgehoben werden, weil dort die Klage unrichtigerweise als unzulässig verworfen war.

64

Hat eine bei Abschluß des Arbeitsvertrags ohne ihr Wissen bereits schwangere Arbeitnehmerin einen Vertrag geschlossen, nach dem sie nur mit Arbeiten beschäftigt werden kann, die nach § 4 des MuSchG verboten sind, so verstößt der Arbeitsvertrag gegen ein gesetzliches Verbot und ist nach § 134 BGB rechtsunwirksam.

MuSchG §§ 4, 10; BGB § 134.

I. Senat. Urteil vom 27. November 1956 i. S. F. (Kl.) w. H. (Bekl.) 1 AZR 540/55.

I. Arbeitsgericht Hamburg. — II. Landesarbeitsgericht Hamburg.

Die Klägerin war vom 5. Februar bis 4. März 1955 im Wäschereibetrieb des Beklagten gegen einen Wochenlohn von 52,90 DM netto tätig. Der Betrieb des Beklagten wurde vor der Einstellung der Klägerin nur von ihm und seiner Ehefrau geführt. Beide standen bereits im höheren Lebensalter. Die Klägerin war ihre einzige fremde Arbeitskraft. Nachdem die Parteien den Arbeitsvertrag geschlossen hatten, erfuhr die Klägerin vor Antritt ihrer Arbeit, daß sie schwanger sei. Am ersten oder zweiten Tag nach Beginn ihrer Tätigkeit teilte sie der Ehefrau des Beklagten ihre Schwangerschaft mit. Von dieser erfuhr es alsbald der Beklagte. Er erklärte darauf der Klägerin — wie er vorträgt, auf deren Bitten —, daß er sie versuchsweise weiterbeschäftigen wolle. Als die Klägerin im Laufe ihrer Tätigkeit einmal ohnmächtig geworden war, kündigte der Beklagte am 25. Februar das Arbeitsverhältnis fristgemäß zum 4. März 1955.

Die Klägerin hält diese Kündigung für unwirksam und hat Klage erhoben mit dem Antrag, festzustellen, daß das Arbeitsverhältnis der Parteien durch die am 25. Februar 1955 zum 4. März 1955 ausgesprochene Kündigung nicht aufgelöst sei.

Das Arbeitsgericht hat der Klage stattgegeben.

Das Landesarbeitsgericht hat unter Aufhebung des arbeitsgerichtlichen Urteils die Klage abgewiesen und die Revision zugelassen. Die Revision der Klägerin wurde zurückgewiesen aus folgenden

Gründen:

Das Berufungsgericht hat festgestellt, daß die vertraglich von der Klägerin übernommenen Tätigkeiten ausschließlich im Heben, Tragen und Befördern schwerer Lasten bestehen oder in Arbeiten, die im Stehen oder unter Strecken, Beugen und Bücken des Körpers ausgeführt werden müssen, und in Arbeiten, bei denen die Klägerin der Einwirkung von Hitze, Nässe und Dämpfen ausgesetzt ist. Es handelt sich insoweit um tatsächliche Feststellungen, die mit der Revision nicht angegriffen werden können. Die von der Klägerin insoweit erhobene Verfahrensrüge, daß nämlich das Landesarbeitsgericht den zugrunde liegenden Sachverhalt nicht erschöpfend ermittelt und daher gegen die ihm nach § 139 ZPO obliegende Aufklärungspflicht verstoßen habe, greift nicht durch. Die Revision meint, daß der Berufungsrichter noch in den Einzelheiten hätte klären müssen, welche Arbeiten die Klägerin während ihrer Beschäftigungszeit im Betriebe tatsächlich ausgeführt habe. Eine in dieser Hinsicht erschöpfende Aufklärung des Sachverhalts hätte ergeben, daß sie vorwiegend mit leichteren Arbeiten, z. B. Wäsche sortieren, Wäsche packen und Wäsche zusammenlegen, beschäftigt gewesen sei. Das Landesarbeitsgericht hat jedoch aus Art und Umfang des Wäschereibetriebes, der nach den Feststellungen des Landesarbeitsgerichts ein Kleinstbetrieb war, den nicht zu beanstandenden Schluß gezogen, daß die Arbeit der Klägerin nach Lage der Dinge nur in den vom

Landesarbeitsgericht angenommenen Tätigkeiten bestehen kann. Diese Feststellung konnte es unbedenklich auf Grund eigener Kenntnis und Erfahrung treffen. Eine weitere Aufklärungspflicht kam hier nicht in Betracht.

Das Landesarbeitsgericht hat auch ohne Rechtsirrtum festgestellt, daß die Tätigkeit der Klägerin in ihrem gesamten Umfang unter die nach § 4 des MuSchG verbotenen Arten der Arbeit fällt. Es hat darauf hingewiesen, daß im Gegensatz zu der Vorschrift des § 3 die Beschäftigung einer Arbeitnehmerin mit den nach § 4 des'MuSchG vorgesehenen Arbeiten auch dann nicht zulässig ist, wenn die werdende Mutter sich zu der Arbeitsleistung ausdrücklich bereit erklärt hat. Daraus, daß hiernach die Klägerin ausschließlich Tätigkeiten verrichtete, die nach § 4 des MuSchG verboten sind, hat das Landesarbeitsgericht weiter zu Recht den rechtlichen Schluß gezogen, daß der Arbeitsvertrag der Parteien gegen ein gesetzliches Verbot verstößt und nach § 134 BGB rechtsunwirksam ist. Dazu hat das Landesarbeitsgericht ohne Rechtsirrtum ausgeführt, daß Verbotsgesetze die Nichtigkeit des Rechtsgeschäftes nach § 134 BGB auch ohne ausdrückliche Androhung der Nichtigkeit begründen, wenn sich das Verbot gegen den Inhalt eines solchen Rechtsgeschäftes und nicht nur gegen seine äußere Vornahme richtet. Es hat weiter ohne Rechtsirrtum ausgeführt, daß zwar in der Regel die Nichtigkeit aus einem Verbotsgesetz nur dann folgt, wenn das Verbot sich gegen beide Teile richtet, daß es jedoch für die Feststellung der Nichtigkeit dann, wenn das Gesetz den mit dem Rechtsgeschäft bezweckten Erfolg schlechthin verhindern will, genügt, wenn der vom Verbot nicht unmittelbar betroffene Teil zu dem verbotenen Handeln des anderen mitwirkt. Zutreffend hat das Landesarbeitsgericht in dieser Hinsicht erkannt, daß das Verbot des § 4 des MuSchG zwar einseitig den Arbeitgeber trifft (verboten ist die „Beschäftigung") und daß der Arbeitgeber allein sich strafbar macht, daß es sich aber um einen Fall handelt, in dem das Gesetz den Erfolg des Rechtsgeschäfts überhaupt verhindern will, selbst gegen den Willen der werdenden Mutter (im Gegensatz zu den Verboten des § 3 MuSchG).

Die Auffassung der Klägerin, der Vertrag sei inhaltlich dahin gegangen, daß die Klägerin in einer kleinen Wäscherei als gewerbliche Arbeitnehmerin beschäftigt werden sollte, im übrigen aber in diesem allgemeinen Rahmen die volle Dispositionsbefugnis des Arbeitgebers vertraglich vorbehalten geblieben sei und daher der Vertragsinhalt als solcher nicht gegen die Verbote des § 4 des MuSchG verstoße, verkennt die tatsächlichen Gegebenheiten. Wenn nämlich hier — wie es das Landesarbeitsgericht tatsächlich festgestellt hat — für den Arbeitgeber, der seine einzige Arbeitnehmerin beschäftigen wollte, überhaupt von vornherein nichts weiter übrig blieb, als die Klägerin mit verbotener Arbeit zu beschäftigen und die inhaltliche Bestimmung der Arbeit nach den Gegebenheiten des Betriebes jedenfalls völlig überwiegend gar keine andere sein konnte, so hat das Landesarbeitsgericht zutreffend daraus geschlossen, daß der Inhalt des unter den Parteien geschlossenen Vertrages gegen eine gesetzliche Vorschrift verstieß. Es muß daher § 134, wie es das Landesarbeitsgericht mit Recht meint, angewendet werden. Es war hier unwesentlich, ob der Vertrag von Anfang an als nichtig anzusehen oder nach den jetzt herrschenden arbeitsrechtlichen Grundsätzen nur ex nunc nichtig ist. Denn Lohn für die Vergangenheit vor dem 4. März 1955 wird nicht mehr in Anspruch genommen. Jedenfalls ist das Arbeitsverhältnis fehlerhaft mit der Wirkung, daß es von den Parteien jederzeit aufgehoben werden und jede Partei sich einseitig von ihm lossagen kann (vgl. dazu Hueck-Nipperdey, 6. Aufl., I § 32; Nikisch, 2. Aufl., § 23).

Zwar ist es richtig, daß die Nichtigkeit des Arbeitsvertrages nur insoweit besteht, als sich nicht aus dem Gesetz etwas anderes ergibt. Das ist jedoch entgegen der Auffassung der Klägerin nicht der Fall. Die Klägerin will ihre Ansicht insbesondere aus § 10 MuSchG herleiten, nach dem bei einem durch die Beschäftigungsverbote des § 4 a. a. O. veranlaßten völligen oder teilweisen Aussetzen der Arbeit ein bestimmtes Arbeitsentgelt weiterzuzahlen ist. Diese Vorschrift hat jedoch im Auge, daß das Arbeitsverhältnis rechtswirksam bereits bestand, als die Schwangerschaft eintrat. Sie kann nicht dafür herangezogen werden, daß ein von Anbeginn fehlerhafter Vertrag rechtlich als gültig zu betrachten wäre. Der Sinn des MuSchG ist es, der werdenden Mutter den Arbeitsplatz und ihre wirtschaftliche Versorgung zu gewährleisten, nicht dagegen die Eingehung eines Arbeitsvertrages selbst, d. h. den Erwerb des Arbeitsplatzes unter allen Umständen zu sichern. Hiernach hat das Landesarbeitsgericht zu Recht den Vertrag als unwirksam angesehen mit der Rechtsfolge, daß der Beklagte sich ohne Kündigung durch einfache Erklärung und jederzeit für die Zukunft von diesem fehlerhaften Vertrage lossagen konnte.

Auf die Frage, ob auch eine Anfechtung Platz greifen konnte, brauchte nicht eingegangen zu werden, weil die Klage schon wegen der Unwirksamkeit des Vertrages abgewiesen werden mußte.

65

1. Art. 6 Abs. 5 GG hat keine unmittelbare normative Bedeutung. Es ist ein Rechtssatz programmatischer Art, der direktive Vorschriften für die künftige Bundesgesetzgebung enthält.

2. Art. 6 Abs. 5 GG ist gegenüber Art. 3 Abs. 3 GG eine Sondervorschrift und geht daher letzterer vor.

3. Der Kinderzuschlag im öffentlichen Dienst ist eine Beisteuer des Dienstherrn zum Unterhalt, den der Arbeitnehmer seinen Kindern gewährt oder zu gewähren hat.

4. Die Regelung des Kinderzuschlags für uneheliche Kinder ist auf dem Hintergrund der vom Bürgerlichen Gesetzbuch bestimmten Unterhaltspflicht des unehelichen Vaters und der unehelichen Mutter gegenüber ihren unehelichen Kindern zu betrachten.

5. Die Regelung, daß die uneheliche Mutter den Kinderzuschlag für ihr uneheliches Kind erhält, wenn sie überwiegend für seinen Unterhalt aufkommt, während der uneheliche Vater den Kinderzuschlag nur erhält, wenn er für den vollen Unterhalt des Kindes aufkommt, benachteiligt nicht die uneheliche Mutter. Der Grundsatz der Gleichberechtigung von Mann und Frau ist jedenfalls im Hinblick auf die Frauenrechte nicht verletzt.

6. Die Regelung, daß die uneheliche Mutter nur dann den Unterhalt für das uneheliche Kind überwiegend gewährt, wenn die Unterhaltsleistungen für das Kind von dritter Seite 40,— DM monatlich nicht übersteigen, verstößt gleichfalls nicht gegen die Gleichberechtigung von Mann und Frau.

7. Auch eine Waisenrente ist eine Versorgungsleistung im Sinne der Nr. 67 Abs. 6 BV.

Art. 3 Abs. 2 u. 3; Art. 6 Abs. 5 BGB; § 1708 Abs. 1; § 1709 Abs. 1; § 1710 Abs. 1; § 1707; § 1589 Abs. 2 ATO; § 12 Abs. 1; TO.B i. d. F. d. Tarifverträge v. 6. 8. 1953 u. 28. 12. 1954; § 6 Abs. 8; § 14 Abs. 2; § 45; Bes.Ges.

I. Senat. Urteil vom 7. Dezember 1956 i. S. G. (Kl.) v. Land Bremen (Bekl.) 1 AZR 431/55.

I. Arbeitsgericht Bremen. — II. Landesarbeitsgericht Bremen.

Die Klägerin ist seit dem 26. September 1951 bei dem beklagten Land als Putzfrau beschäftigt. Sie arbeitet wöchentlich 30 Stunden. Die Klägerin wird nach den Bestimmungen der TO.B für Arbeiter im öffentlichen Dienst vom 1. April 1938 in Verbindung mit der Allgemeinen Tarifordnung für Arbeitnehmer im öffentlichen Dienst (ATO) vom 1. April 1938 sowie den zu beiden Tarifordnungen ergangenen Allgemeinen Dienstordnungen und den ergänzend zwischen der Tarifgemeinschaft Deutscher Länder und der Gewerkschaft ÖTV abgeschlossenen Tarifverträgen bezahlt.

Die Klägerin hat ein uneheliches Kind I. L., das am 13. September 1940 geboren wurde. Sie ist Vormund dieses Kindes und hat es in ihre häusliche Gemeinschaft aufgenommen. Der Vater des Kindes ist in Rußland vermißt.

Das Kind bezieht zur Zeit von der Landesversicherungsanstalt Oldenburg-Bremen eine Waisenrente von monatlich 32,— DM und vom Versorgungsamt Bremen eine Versorgungsrente von monatlich 21,— DM, zusammen monatlich 53,— DM.

Das beklagte Land zahlt an die Klägerin für dieses Kind kein Kindergeld.

Die Klägerin ist der Ansicht, sie habe Anspruch auf Kindergeld gemäß §§ 5 Abs. 1, 6 TO.B, 12 ATO, weil sie ihr uneheliches Kind versorge. Sie hat daher Klage erhoben und beantragt,

die Beklagte zu verurteilen, an sie 300,— DM brutto als Teilbetrag zu zahlen.

Das Arbeitsgericht hat die Klage abgewiesen. Die hiergegen eingelegte Berufung der Klägerin hat das Landesarbeitsgericht bis auf einen Teilbterag von 35,— DM netto, der der Klägerin zugesprochen wurde, unter Zulassung der Revision als unbegründet zurückgewiesen.

In den Entscheidungsgründen hat das Landesarbeitsgericht ausgeführt, der Klägerin stehe ein Anspruch auf Kinderzuschlag nicht zu, weil sie für ihr uneheliches Kind von der Landesversicherungsanstalt Oldenburg-Bremen eine Waisenrente von monatlich 32,— DM, außerdem vom Versorgungsamt Bremen eine Rente von monatlich 21,— DM erhalte. Auf Grund der einschlägigen tariflichen Bestimungen, insbesondere der Tarifverträge vom 6. August 1953 und 28. Dezember 1954 für Arbeiter im öffentlichen Dienst, seien die entsprechenden beamtenrechtlichen Besoldungsvorschriften anzuwenden. Nach § 14 Abs. 2 Ziffer 4 des Besoldungsgesetzes i. V. mit Nr. 67 Abs. 6 der hierzu erlassenen Ausführungsbestimmungen der Bundesminister der Finanzen und des Inneren sei aber für die Zahlung eines Kinderzuschlags an eine Arbeitnehmerin für ihr uneheliches Kind Voraussetzung, daß diese den Unterhalt des Kindes als Mutter überwiegend bestreite. Dies sei aber nur dann der Fall, wenn die Unterhaltsleistungen des Vaters (Erzeugers) oder die dem Kinde von dritter Seite zufließenden Versorgungsleistungen 40,—

DM monatlich nicht übersteigen. Das Kind beziehe aber Versorgungsleistungen in Höhe von insgesamt 53,— DM monatlich; daher bestreite die Klägerin den Unterhalt für das Kind nach den hier anzuwendenden Vorschriften nicht überwiegend. Das Landesarbeitsgericht hat weiter eingehend ausgeführt, daß und warum diese dem Beamtenrecht entnommene tarifliche Regelung weder dem Art. 6 GG, noch dem Art. 3 GG widerspreche.

Mit der Revision rügt die Klägerin Verletzung der Art. 3, 6 GG. Sie führt aus, die Regelung des durch den Tarifvertrag vom 6. August 1953 neugefaßten § 6 TO.B widerspreche dem GG. Die weibliche Arbeitnehmerin, die Mutter eines unehelichen Kindes sei, werde hinsichtlich ihres Anspruchs auf Kinderzuschlag für dieses Kind gegenüber einem männlichen Arbeitnehmer, der für sein uneheliches Kind zu sorgen habe, grundlos schlechtergestellt. Auch werde eine Arbeiterin des öffentlichen Dienstes mit einem unehelichen Kind hinsichtlich des Anspruchs auf Kinderzuschlag ungerechtfertigt schlechter behandelt als eine verheiratete Arbeiterin mit einem ehelichen Kind. Die Revision blieb erfolglos.

Aus den Gründen:

Gemäß § 12 Abs. 1 Buchst. e), f) ATO i. d. F. der Tarifverträge vom 6. August 1953 und 28. Dezember 1954 werden Kinderzuschläge als Familienlohn gewährt:

> für uneheliche Kinder eines weiblichen Arbeitnehmers, wenn der Unterhalt überwiegend von dem weiblichen Arbeitnehmer gewährt wird,
> für uneheliche Kinder eines männlichen Arbeitnehmers, wenn er das Kind in seinen Hausstand aufgenommen hat oder auf andere Weise nachweislich für seinen vollen Unterhalt aufkommt;
> in beiden Fällen jedoch nur, wenn die Vaterschaft des Arbeitnehmers festgestellt ist.

Für eheliche Kinder werden an Arbeiter und Angestellte des öffentlichen Dienstes Kinderzuschläge ohne Unterschied, ob es sich um einen weiblichen oder männlichen Arbeitnehmer handelt, gewährt (§ 12 Abs. 1 Buchst. a) ATO). Nach § 6 Abs. 8 TO.B i. d. F. derselben Tarifverträge gelten im übrigen die Bestimmungen über die Gewährung des Kinderzuschlags an die Bundesbeamten in der jeweils geltenden Fassung entsprechend. Über die Gewährung von Kinderzuschlag an Bundesbeamte bestimmt nun § 14 Abs. 2 des Besoldungsgesetzes vom 16. Dezember 1927 i. V. mit den zur Änderung und Ergänzung des Besoldungsrechts ergangenen Gesetzen vom 30. August 1952 und 27. März 1953, „daß hinsichtlich der Kinderzuschläge den ehelichen Kindern gleichstehen uneheliche Kinder, wenn die Vaterschaft des Beamten festgestellt ist, und er das Kind in seinen Hausstand aufgenommen hat oder auf andere Weise nachweislich für seinen vollen Unterhalt aufkommt, oder wenn Unterhalt überwiegend von den weiblichen Beamten als Mutter gewährt wird."

Ergänzend wird in Nr. 67 Abs. 6 der auf Grund des § 45 des Besoldungsgesetzes ergangenen Ausführungsbestimmungen (BV) bestimmt, „daß ein weiblicher Beamter seinem unehelichen Kind dann überwiegend den Unterhalt gewährt, wenn die Unterhaltsleistungen des Vaters oder die dem Kind zufließenden Versorgungsleistungen 40,— DM monatlich nicht übersteigen."

Diese Regelung des Kinderzuschlags im öffentlichen Dienst für Angestellte und Arbeiter verletzt nicht die Bestimmungen des Art. 6 Abs. 5 GG. Danach sind unehelichen Kindern durch die Gesetzgebung die gleichen Bedingungen für ihre leibliche und seelische Entwicklung und ihre Stellung in der Gesellschaft zu schaffen wie den ehelichen Kindern. Diese Bestimmung hat keine unmittelbare normative Bedeutung. Sie wirkt nicht derogatorisch auf die bisherige Gesetzgebung. Es ist ein Rechtssatz programmatischer Art, der direktive Vorschriften für die k ü n f t i g e Gesetzgebung enthält (vgl. v. Mangoldt-Klein, GG 2. Aufl. 1955 Art. 6 Anm. VI; Bonner Kommentar zum GG, Art. 6 Erl. II 5; OGHBrZ NJW 1949 S. 751 u. a.). Die künftige Gesetzgebung der Bundesrepublik hat dieser verfassungsrechtlichen Anforderung Rechnung zu tragen. Ob künftige Gesetze, insbesondere auf dem Gebiete des Familienrechts, des Rechts der unehelichen Kinder und anderen Rechtsgebieten, den Anforderungen dieser Verfassungsbestimmung entsprechen, ist hier nicht zu entscheiden. Dies nachzuprüfen würde auch nicht zur Zuständigkeit des Bundesarbeitsgerichts, sondern des Bundesverfassungsgerichts gehören.

Irrig wäre die Annahme, daß Tarifverträge durch den direktiven Satz des Art. 6 Abs. 5 GG beeinflußt würden. Zwar hat der Senat verschiedentlich ausgesprochen, daß die Tarifvertragspartner bei Abschluß von Tarifverträgen an die Beachtung des Art. 3 Abs. 2, Abs. 3 GG gebunden sind (BAG 1, 258 ff.). Das hat aber seinen Grund darin, daß Art. 3 Abs. 2, Abs. 3 GG unmitelbar geltende Normen gemäß Art. 1 Abs. 3 GG sind.

Der Grundsatz der Gleichberechtigung von Mann und Frau ist unmittelbar geltendes, Gesetzgebung, Verwaltung und Rechtsprechung bindendes Grundrecht und nicht nur direktiver Satz für die künftige

Gesetzgebung des Bundes. Außerdem ergibt sich aus Art. 6 Abs. 5 GG, daß sich die Direktive für die künftige Gestaltung des Rechts der unehelichen Kinder offensichtlich an die künftige Bundesgesetzgebung wendet, nicht jedoch auch an die Tarifverträge schließenden Parteien.

Irrig ist der Hinweis der Revision, eine unterschiedliche Behandlung unehelicher und ehelicher Kinder verbiete sich durch die Vorschrift des Art. 3 Abs. 3 GG. Dort sei ausdrücklich ausgesprochen, daß niemand wegen seiner Abstammung benachteiligt oder bevorzugt werden dürfe. Unter Abstammung falle auch die Frage, ob jemand ehelicher oder unehelicher Abstammung sei. Es kann hier dahingestellt bleiben, ob diese Auffassung der Revision richtig ist. Denn selbst wenn dies der Fall wäre, so übersieht die Revision, daß Art. 6 Abs. 5 GG, der kein unmittelbar geltendes Grundrecht enthält, sondern eine Direktive für die künftige Gesetzgebung aufstellt, gegenüber Art. 3 Abs. 3 GG eine Sondervorschrift ist und daher letzterer vorgeht. Der Verfassungsgesetzgeber hat die Gestaltung des Rechts der unehelichen Kinder hinsichtlich der in Art. 6 Abs. 5 GG ausgesprochenen Gleichstellung mit den ehelichen Kindern der künftigen Gesetzgebung vorbehalten.

Was den Art. 6 Abs. 4 GG betrifft, nach dem jede Mutter Anspruch auf den Schutz und die Fürsorge der Gemeinschaft hat, so brauchte der Senat nicht zu entscheiden, ob dieser Verfassungssatz nur die gleiche rechtliche Bedeutung hat wie der soeben erörterte Art. 6 Abs. 5 (so namentlich v. Mangoldt-Klein Art. 6 Anm. V; Bonner Kommentar zum GG, Art. 6 Erl. II 5; Giese, GG 4. Aufl. Art. 6 Erl. II 4; Nawiasky-Leusser, Komm. 2. Bayer. Verf. Art. 125 Erl. 3; Zinn-Stein, Komm. 2. Hess. Verf. Art. 30 Erl. 1; OVG Hamburg MDR 1952, S. 764) oder ob ihm eine unmittelbar normative grundrechtliche Bedeutung zukommt (so OVG Münster, JZ 1953 S. 152 u. Scheffler ebenda; s. a. BGHZ 6, 360). Auch wenn man das letztere annimmt, so ist jedenfalls ein Verstoß gegen Art. 6 Abs. 4 GG im vorliegenden Fall nicht ersichtlich.

Es kann sich also nur darum handeln, ob die tariflichen und gesetzlichen Bestimmungen über die Kinderzuschläge für uneheliche Kinder an männliche und weibliche Arbeitnehmer dem Grundsatz der Gleichberechtigung von Mann und Frau (Art. 3 Abs. 2, Abs. 3 GG) widersprechen. Dies würde nur dann der Fall sein, wenn ein weiblicher Arbeitnehmer hinsichtlich eines Anspruchs auf Kinderzuschlag für sein uneheliches Kind nur seines Geschlechts wegen anders oder schlechter behandelt würde als der entsprechende männliche Arbeitnehmer. Dies trifft aber nicht zu.

Die Bedeutung des Art. 3 Abs. 2 GG liegt darin, daß er in Konkretisierung des in Art. 3 Abs. 1 GG niedergelegten allgemeinen Gleichheitssatzes die Ermessensfreiheit des Gesetzgebers für Differenzierungen in der Behandlung von Mann und Frau einschränkt. Der Geschlechtsunterschied soll grundsätzlich für die rechtliche Behandlung von Mann und Frau keine Rolle mehr spielen, es sei denn, die Nichtbeachtung des Geschlechtsunterschieds würde Willkür bedeuten (BAG 1, 53). Bei der Prüfung, ob gesetzliche Vorschriften — hierzu gehören auch die materiellrechtlichen, das Einzelarbeitsverhältnis beherrschenden Tarifnormen (BAG 1, 258) — dem Grundsatz der Gleichberechtigung von Mann und Frau widersprechen, kommt es darauf an, ob der vom Gesetzgeber ins Auge gefaßte typische Tatbestand dem Gleichberechtigungsgrundsatz von Mann und Frau entsprechend geregelt ist oder nicht. Es kann nicht darauf ankommen, ob Einzelfälle denkbar sind, die, isoliert betrachtet, bei der Anwendung gesetzlicher Bestimmungen ein Ergebnis herbeiführen, das unter dem Gesichtspunkt des Gleichberechtigungsgrundsatzes bedenklich erscheinen mag. Auch im Rahmen des Art. 3 Abs. 2, Abs. 3 GG gilt es, für die Prüfung einer Verfassungswidrigkeit von Gesetzesnormen festzuhalten, daß der Gesetzgeber grundsätzlich nur auf typische Tatbestände abstellen, nicht aber jeden denkbaren Einzelfall konkret regeln kann (vgl. BAG 1, 56). Deshalb können die sich mit einzelnen denkbaren Grenzfällen befassenden Ausführungen des Berufungsurteils bei der Prüfung, ob die genannten Bestimmungen über die Kinderzuschläge für uneheliche Kinder dem Gleichberechtigungsgrundsatz widersprechen, auf sich beruhen.

Die Regelung des Kinderzuschlags für männliche und weibliche Beamte und Arbeitnehmer des öffentlichen Dienstes mit unehelichen Kindern ist nur verständlich, wenn man sie auf dem Hintergrund der vom Gesetz statuierten Unterhaltsverpflichtung des unehelichen Vaters seinerseits und der unehelichen Mutter gegenüber ihren unehelichen Kindern andererseits betrachtet. Denn der Kinderzuschlag im öffentlichen Dienst ist eine Beisteuer des Dienstherrn zum Unterhalt, den der Beamte, Angestellte oder Arbeiter seinen Kindern gewährt oder zu gewähren hat (vgl. Ambrosius, Das Besoldungsrecht der Beamten, 1954, S. 281).

Nach den Vorschriften des bis zu einer Neuregelung weiterhin maßgebenden Bürgerlichen Gesetzbuchs hat der Vater seinem unehelichen Kind bis zur Vollendung des 16. Lebensjahres den der Lebensstellung der Mutter entsprechenden Unterhalt zu gewähren. Der Unterhalt umfaßt den gesamten Lebensbedarf sowie die Kosten der Erziehung und der Vorbildung zu einem Beruf (§ 1708 Abs. 1 BGB). Der Vater ist vor der Mutter und den mütterlichen Verwandten dem Kind unterhaltspflichtig (§ 1709 Abs. 1 BGB). Dieser Verpflichtung hat der Vater grundsätzlich durch Entrichtung einer Geldrente nachzukommen (§ 1710 Abs. 1 BGB). Dem entspricht die gesetzliche und von den einschlägigen Tarifen übernommene Regelung, die dem unehelichen Vater, der den vollen Unterhalt für sein Kind leistet, den Kinderzuschlag gewährt. Inwiefern diese Regelung die uneheliche Mutter benachteiligen soll, ist nicht einzusehen. Denn während der Vater des unehelichen Kindes den Kinderzuschlag nur dann erhält, wenn er nachweislich für den vollen Unterhalt aufkommt, seine gesetzliche Unterhaltsverpflichtung also voll erfüllt, erhält ihn die Mutter des unehelichen Kindes schon dann, wenn sie nur überwiegend dem Kind den Unterhalt gewährt.

Die Revision weist nun darauf hin, daß der Vater des unehelichen Kindes im Gegensatz zu der Mutter schon dann den Kinderzuschlag bekomme, wenn er das Kind in seinen Hausstand aufgenommen habe, während die Mutter ihn in diesem Fall nicht ohne weiteres erhalte. Dabei wird aber übersehen, daß hier der Gesetzgeber einen Ausnahmefall im Auge hat. Normalerweise befindet sich das uneheliche Kind im Hausstand, jedenfalls aber bei seiner Mutter, die das Recht und die Pflicht hat, für die Person des Kindes zu sorgen (§ 1707 BGB). Dies wird vom Gesetzgeber mit Recht als typisch angesehen. Hingegen wird es für den Vater des unehelichen Kindes, der im Sinne des noch geltenden Gesetzes mit diesem nicht als verwandt gilt (§ 1589 Abs. 2 BGB), als typisch angesehen, daß er für das uneheliche Kind lediglich durch Zahlung des Unterhalts aufzukommen hat. Nimmt aber der uneheliche Vater ausnahmsweise das Kind in seinen Hausstand auf, so geht der Gesetzgeber davon aus, daß der Vater in diesem Fall auch für den vollen Unterhalt des Kindes aufkommt. Der Gesetzgeber denkt nicht etwa daran, daß der Vater das Kind in seinen Hausstand aufgenommen hat und die Unterhaltsrente für das Kind von dritter Seite gezahlt wird, sondern daß der Vater durch Aufnahme des Kindes in seinen Hausstand ihm den vollen Unterhalt gewährt. Das zeigt die Wortfassung des Gesetzes wie auch des § 12 Abs. 1 Buchst. f) ATO an: „... in seinen Hausstand aufgenommen hat oder auf andere Weise für seinen vollen Unterhalt aufkommt." Die Worte „oder auf andere Weise" beweisen, daß die erste Alternative in dem Sinne zu verstehen ist, der uneheliche Vater müsse durch die Aufnahme des Kindes in seinen Hausstand für seinen vollen Unterhalt aufkommen. Würde es in einem Ausnahmefall anders liegen, dann hätte der Vater nach Wortlaut, Sinn und Zweck des Gesetzes eben keinen Anspruch auf den Kinderzuschlag. Der Vater erhält also den Kinderzuschlag immer nur bei voller Erfüllung seiner Unterhaltsverpflichtung, während die Mutter den Kinderzuschlag schon dann erhält, wenn sie überwiegend Unterhalt leistet.

Nun wird zwar in Nr. 67 Abs. 6 der Besoldungsvorschriften (BV) zu § 14 Abs. 2 Besoldungsgesetz bestimmt, daß ein weiblicher Beamter oder eine Arbeitnehmerin des öffentlichen Dienstes nur dann den Unterhalt für ihr uneheliches Kind überwiegend gewährt, wenn die Unterhaltsleistungen des Vaters oder die dem Kind zufließenden Versorgungsleistungen 40,— DM monatlich nicht übersteigen. Aber auch diese Vorschrift, die die des § 14 Abs. 2 Besoldungsgesetz und die entsprechenden tariflichen Bestimmungen nur ausführt, kann nicht wegen Verstoßes gegen Art. 3 Abs. 2 GG angegriffen werden. Denn während der Vater des unehelichen Kindes keinen Kinderzuschlag erhält, wenn auch nur 1,— DM Unterhalt von dritter Seite für das Kind zugesteuert wird, erhält die Mutter eines solchen Kindes erst dann den Kinderzuschlag nicht, wenn Leistungen Dritter über 40,— DM hinaus dem Kind zufließen. Die Frau ist also auch in dieser Hinsicht — auf den typischen Fall abgestellt — dem Mann gegenüber nicht benachteiligt, sondern eher bevorzugt. Daher ist es auch ganz gleichgültig, ob die 40,— DM-Grenze angesichts der Lebenshaltungskosten im allgemeinen gerechtfertigt ist oder nicht. Jedoch sei darauf hingewiesen, daß bei der Festsetzung der 40,— DM-Grenze durchaus vertretbare Gesichtspunkte eine Rolle gespielt haben. Der unehelichen Mutter soll nämlich dann kein Kinderzuschlag zustehen, wenn sie von anderer Seite Unterhaltsleistungen für das Kind erhält, die wesentlich über den Betrag des Kinderzuschlags (25,— DM, bzw. 30,— DM, bzw. 35,— DM monatlich; vgl. § 1, Ia des Tarifvertrags vom 6. 8. 1953) hinausgehen. Andernfalls würde der weibliche Arbeitnehmer nicht nur, wie schon jetzt, gegenüber dem männlichen mit unehelichem Kind, sondern auch gegenüber dem mit ehelichen Kindern besser gestellt sein. Dieser muß in aller Regel für den vollen Unterhalt seiner ehelichen Kinder allein aufkommen (vgl. Ambrosius a. a. O., § 14 Abs. 2 Besoldungsgesetz, Nr. 67 Abs. 6 BV, Anm. 11).

Nun hat das angefochtene Urteil festgestellt, daß für das uneheliche Kind der Klägerin von der Landesversicherungsanstalt Oldenburg-Bremen sowie vom Versorgungsamt Bremen insgesamt 53,— DM monatlich, also über 40,— DM hinaus, zugesteuert werden. Daraus ergibt sich, daß das Berufungsurteil mit Recht der Klägerin den Anspruch auf Kinderzuschlag für dieses Kind abgesprochen hat. Inwiefern unter Versorgungsleistungen im Sinne der Nr. 67 Abs. 6 BV nur solche Leistungen verstanden werden könnten, die seitens des Arbeitgebers ohne Beitragspflicht der Arbeitnehmer gezahlt werden, oder die über den Rahmen der Leistungen der gesetzlichen Sozialversicherung hinausgehen, wie die Revision meint, ist nicht einzusehen. Denn auch eine Waisenrente ist eine Versorgungsleistung. Sie tritt ihrem Sinn und Zweck nach an die Stelle dessen, was sonst derjenige zu leisten hätte, der unterhaltspflichtig wäre. Würde der uneheliche Vater des Kindes noch leben und zum Unterhalt in der gleichen Höhe wie das Versorgungsamt beitragen, so könnte kein Zweifel daran bestehen, daß dieser Betrag anzurechnen wäre. Es ist nicht einzusehen, warum es nunmehr anders sein sollte.

66

1. Soweit die Arbeitnehmer einer Gesellschaft mit beschränkter Haftung zur Leistung kaufmännischer Dienste gegen Entgelt angestellt sind, sind sie auch dann Handlungsgehilfen, wenn die Gesellschaft selbst kein Handelsgewerbe im Sinne der §§ 1 bis 3 HGB betreibt.

2. Wer in einem Wirtschaftsprüfungsunternehmen als Angestellter die Steuer- und Rechtsfragen von Kunden des Unternehmens bearbeitet, übt eine kaufmännische Tätigkeit aus.

HGB §§ 6, 59, 74; GmbH Ges. § 13.

II. Senat. Urteil vom 12. Dezember 1956 i. S. R.-R.-Ges.mbH. (Kl.) w. Dr. Sch. (Bekl.) 2 AZR 11/56.

I. Arbeitsgericht Essen. — II. Landesarbeitsgericht Düsseldorf.

Der Beklagte, der früher im höheren Dienst der Finanzverwaltung tätig war und Volljurist ist, war vom 20. Februar 1950 bis 31. Dezember 1954 bei der Klägerin beschäftigt. Sein Aufgabengebiet bestand in erster Linie in der Bearbeitung von Steuer- und Rechtsfragen; es galt ferner als vereinbart, daß er auch alle sonstigen im Rahmen seiner Tätigkeit anfallenden Aufgaben ausüben sollte, sofern die Klägerin dies auf Grund der Auftragslage für erforderlich hielt. Ziffer 10 des Vertrages bestimmte:

„Es wird vereinbart, daß Sie nach Ausscheiden aus unseren Diensten bei von uns betreuten Firmen nur mit unserer Zustimmung tätig werden dürfen. Diese Vereinbarung gilt für zwei Jahre vom Zeitpunkt der Auflösung Ihres Anstellungsverhältnisses mit uns gerechnet."

Auf Grund einer Änderung des Vertrages vom 30. April 1951 wurde dem Beklagten Prokura erteilt.

Am 1. Januar 1955 trat der Beklagte, nachdem er am 23. Juni 1954 sein Anstellungsverhältnis zum 31. Dezember 1954 gekündigt hatte, in die Dienste der W. GmbH des Wirtschaftsprüfers Dr. R., der bis dahin zusammen mit den Wirtschaftsprüfern Dr. R. und Z. Gesellschafter und Geschäftsführer der Klägerin gewesen, aus dieser aber auf Grund von Differenzen zwischen den Gesellschafter-Geschäftsführern ausgeschieden war. Die Klägerin ist der Ansicht, daß die Tätigkeit des Beklagten bei der W. GmbH gegen Ziff. 10 des Vertrages verstoße und hat gegen den Beklagten Klage auf Unterlassung und auf Auskunfterteilung erhoben.

Arbeitsgericht und Landesarbeitsgericht haben die Klage abgewiesen. Die Revision wurde zurückgewiesen aus folgenden

Gründen:

Das Landesarbeitsgericht hat die Klage abgewiesen, weil die Wettbewerbsklausel, auf welche die Ansprüche der Klägerin gestützt werden, gemäß §§ 74 ff. HGB unverbindlich sei. Die Klägerin handele gemäß § 13 Abs. 3 GmbHGes. als Handelsgesellschaft, auf die gemäß § 6 HGB die Vorschriften über Kaufleute Anwendung fänden, ohne daß es wie bei einem Kaufmann nach § 1 HGB des Betriebes eines Handelsgewerbes bedürfe. Handelsgeschäfte seien gemäß § 343 HGB alle Geschäfte eines Kaufmanns, die zum Betrieb seines Handelsgewerbes gehörten. Die von der Klägerin betriebene Annahme und Erledigung von Wirtschaftsaufträgen gegen Entgelt seien Geschäfte in diesem Sinne. Bei diesen Geschäften habe der Beklagte unmittelbar mitgewirkt; er habe kaufmännische Dienste geleistet, ohne daß es darauf ankomme, welche dieser Arbeiten er im einzelnen verrichtet habe. Ob die kaufmännischen Dienste des Beklagten höherer oder niederer Art gewesen seien, sei unerheblich, weil § 59 HGB insoweit keine unterschiedliche Behandlung der Handlungsgehilfen vorsehe.

Wenn, wie die Klägerin meine, die Betätigung mehrerer Wirtschaftsprüfer, die sich zu einer Sozietät in Form einer Gesellschaft bürgerlichen Rechts zusammengeschlossen hätten, keine kaufmännische, sondern eine freiberufliche sei und deshalb auch deren Angestellte keine Handlungsgehilfen seien, so sei die Rechtslage bei der Gesellschaft mit beschränkter Haftung jedenfalls eine andere. Durch den Zusammenschluß zu einer GmbH werde das Unternehmen ein kaufmännisches und würden die Geschäfte zu Handelsgeschäften und die Angestellten zu Handlungsgehilfen. Die Klägerin könne sich auch nicht darauf berufen, daß durch den Zusammenschluß der Gesellschafter zu einer GmbH nur die Haftung beschränkt werden sollte, im übrigen aber eine Gesellschaft bürgerlichen Rechts beabsichtigt gewesen sei. Die Folgen, die sich aus dem Zusammenschluß zu einer GmbH ergäben, seien gesetzlich festgelegt. Diese gesetzlichen Bestimmungen seien zwingenden Rechts.

Da der Beklagte kaufmännische Dienste geleistet habe und somit Handlungsgehilfe sei, sei das zwischen den Parteien vereinbarte Wettbewerbsverbot gemäß § 74 Abs. 2 HGB unverbindlich. Es verstoße aber auch gegen § 74a Abs. 1 Satz 1 HGB, weil es nicht zum Schutze eines berechtigten Geschäftsinteresses der Klägerin diene. Ein solches läge nur vor, wenn das Fernhalten des Beklagten von den ihm verbotenen Handlungen der Klägerin einen geschäftlichen Vorteil bringen würde. Diese Voraussetzung wäre nur dann gegeben, wenn Firmen, die bis zum 31. Dezember 1954 von der Klägerin betreut worden seien, bei ihr verblieben wären, falls der Beklagte nicht bei ihnen tätig würde. Das wäre jedoch nicht der Fall, weil die in Betracht kommenden Firmen unstreitig nicht dem Beklagten, sondern dem früheren Geschäftsführer der Klägerin, Dr. Ru., zu dessen neugegründeter Wirtschaftsprüfungsgesellschaft gefolgt seien.

Die gegenüber dieser Begründung erhobene Rüge der Revision, das Landesarbeitsgericht habe die §§ 611 und 622 BGB durch Nichtanwendung und die §§ 59, 74 ff., 343 HGB durch Anwendung verletzt, ist unbegründet. Es ist dem Landesarbeitsgericht vielmehr darin zu folgen, daß der Beklagte Handlungsgehilfe im Sinne des § 59 HGB war und daß daher die mit ihm abgeschlossene Wettbewerbsklausel mangels Vereinbarung einer Entschädigung gemäß § 74 Abs. 2 HGB unverbindlich ist.

1. Gemäß § 59 HGB ist Handlungsgehilfe, wer in einem Handelsgewerbe zur Leistung kaufmännischer Dienste angestellt ist. Es ist der Revision zwar zuzugeben, daß die Klägerin kein Handelsgewerbe im Sinne des § 1 HGB betreibt. Darauf kommt es aber im vorliegenden Fall nicht an. Gemäß § 13 Abs. 3 GmbHG gilt die Klägerin nämlich als Handelsgesellschaft, da sie ihre Rechtsgeschäfte in der Rechtsform einer

Gesellschaft mit beschränkter Haftung betreibt. Nicht erforderlich ist, daß die Gesellschaft auch ein Handelsgewerbe im Sinne der §§ 1 bis 3 HGB betreibt, um sie als Handelsgesellschaft im Sinne des HGB in Erscheinung treten zu lassen. Jede Gesellschaft mit beschränkter Haftung gilt vielmehr, selbst wenn sie nur ideelle Zwecke verfolgt, als Handelsgesellschaft nach dem HGB, ganz gleich, was der Gegenstand ihres Unternehmens ist und ob sie überhaupt einem besonderen Zweck dient (vgl. Baumbach-Hueck, GmbHG 6. Aufl., § 13 Anm. 3; Scholz GmbHG, 3. Aufl., § 13 Anm. 14; Vogel, GmbHG 2. Aufl., § 13 Anm. 3).

Ist somit die Klägerin eine Handelsgesellschaft im Sinne des Handelsgesetzbuches, so finden auf sie gemäß § 6 Abs. 1 HGB die in betreff der Kaufleute gegebenen Vorschriften Anwendung. Die Gesellschaft mit beschränker Haftung ist zwangsläufig Vollkaufmann, auch wenn sie überhaupt kein Handelsgewerbe betreibt. Sie ist damit nicht nur den Vorschriften der §§ 1 bis 5 HGB, sondern auch allen übrigen für Kaufleute gegebenen Vorschriften unterstellt (vgl. Baumbach-Duden, HGB 11. Aufl., § 6 Anm. 3; Heinemann-Kötter, HGB 20. Aufl., § 6 Anm. 3; Schlegelberger, HGB 3. Aufl., § 6 Anm. 1; Staub, HGB 12. und 13. Aufl., § 6 Anm. 2; Würdiger, HGB 2. Aufl., § 6 Anm. 2). Infolgedessen sind auch die von ihr betriebenen Geschäfte Handelsgeschäfte im Sinne des § 343 HGB (Baumbach-Duden, HGB 11. Aufl., § 343 Anm. 1c; Schlegelberger, HGB 3. Aufl., § 343 Anm. 4), und es findet auf ihre Arbeitnehmer auch § 59 HGB Anwendung, soweit diese kaufmännische Dienste leisten (Würdiger, HGB 2. Aufl., § 6 Anm. 2, § 59 Anm. 4).

Dieses Ergebnis steht auch nicht im Widerspruch mit der Berufsordnung für Wirtschaftsprüfer, auf die sich die Revision beruft. § 24 Ziff. 5 dieser Berufsordnung bestimmt:

> „Als Berufe oder Tätigkeiten, die hiernach nicht mit der gleichzeitigen hauptberuflichen Tätigkeit als Wirtschaftsprüfer oder als vereidigter Buchprüfer vereinbar sind, gelten insbesondere:
>
> 1. jede kaufmännische und gewerbliche Tätigkeit, vor allem die gewerbsmäßige Vermittlung und das Betreiben von Finanzgeschäften mit Ausnahme von solchen, die nicht von den Treuhandfunktionen zu trennen sind ..."

Aus dieser Fassung ergibt sich eindeutig, daß nur kaufmännische Betätigungen verboten sein sollen, die außerhalb der eigentlichen Funktion als Wirtschaftsprüfer liegen. Gilt aber, wie sich aus vorstehenden Ausführungen ergibt, die Tätigkeit von Wirtschaftsprüfern, die in der Form einer Gesellschaft mit beschränkter Haftung betrieben wird, als kaufmännische Tätigkeit im Sinne des HGB, so muß sie zwangsläufig im Sinne der Berufsordnung auch zulässig sein.

Zu Unrecht stützt sich die Revision auf die Entscheidung des Reichsgerichts DJZ 1913 S. 233. In dieser Entscheidung hat das Reichsgericht den Standpunkt vertreten, daß die kurzfristige Verjährung des § 196, Abs. 1 Ziff. 1 BGB nicht zur Anwendung käme, weil die Beklagte eine Gesellschaft mit beschränkter Haftung war, die keinen Gewerbebetrieb unterhielt. Für den Ausschluß der kurzen Verjährung des § 196 Abs. 1 Ziff. 1 BGB ist in der Tat Voraussetzung, daß die Leistung für den Gewerbebetrieb des Schuldners erfolgt (so auch Baumbach-Hueck, GmbHG, § 13 Anm. 3; OLG 28, 42). Im vorliegenden Fall kommt es dagegen, wie gesagt, gar nicht auf das Vorliegen eines Gewerbebetriebes an. Die von der Revision angeführte Entscheidung des Reichsgerichts JW 1918 S. 767 (Nr. 2) kann für den vorliegenden Fall überhaupt nicht herangezogen werden, da sie sich auf den Begriff des Gewerbebetriebs im Sinne des Warenumsatzstempelgesetzes vom 26. Juni 1916 bezieht.

2. Finden somit auf die Klägerin die für Kaufleute geltenden Vorschriften des HGB Anwendung, zu denen auch § 59 HGB gehört, so fragt sich weiter, ob der Beklagte bei der Klägerin zur Leistung kaufmännischer Dienste gegen Entgelt angestellt war, d. h. ob er Handlungsgehilfe war. Der Auffassung der Revision, die Tätigkeit des Beklagten, die in erster Linie die Bearbeitung von Steuer- und Rechtsfragen betraf, gelte nach dem Sprachgebrauch des gewöhnlichen Lebens und nach der Verkehrsauffassung nicht als eine kaufmännische, sondern als die eines Rechtskundigen nach Art eines Syndikus, kann nicht gefolgt werden. Nach der Verkehrsauffassung sind als kaufmännische solche Dienste anzusehen, zu deren Erledigung ein gewisses Maß kaufmännischer Kenntnisse und Erfahrungen, mindestens aber kaufmännische Übung gehört (RAG 2, 133 = ARS 3, 188; 7, 250 ff. = ARS 11, 317 ff.; Schlegelberger, HGB 3. Aufl., § 59 Anm. 22; Würdiger, HGB 2. Aufl., § 59 Anm. 5). Es mag dahingestellt bleiben, ob ein Banksyndikus, der lediglich intern seine Bank in Rechtsfragen berät, ein Handlungsgehilfe ist oder nicht. Der Beklagte bearbeitete aber, wie sich eindeutig aus seinem Anstellungsvertrag ergibt, die Steuer- und Rechtsfragen gerade von Kunden der Klägerin, eine Tätigkeit, die im Hinblick auf den Unternehmenszweck der Klägerin unzweifelhaft in das Gebiet kaufmännischer Angelegenheiten fällt. Das wird dadurch unterstrichen, daß dem Beklagten auch Prokura erteilt war (Würdiger, a. a. O., Anm. 7), die gemäß § 49 HGB zu allen Arten von gerichtlichen und außer-

gerichtlichen Geschäften und Rechtshandlungen ermächtigt, die der Betrieb eines Handelsgewerbes mit sich bringt. Zwar regelt die Prokura nur das Außenverhältnis; es ist zulässig, im Innenverhältnis die Befugnis des Prokuristen, geschäftliche Verfügungen zu treffen, einzuschränken oder sogar ganz zu entziehen. Derartige Fälle kommen aber letztlich nur gelegentlich vor, z. B. wenn ein verdienter alter Angestellter nach fünfundzwanzig- oder vierzigjähriger Dienstzeit Prokura erhält, um ihn zu ehren, ohne daß er intern berechtigt wird, von dieser Prokura irgendwie Gebrauch zu machen. Daß eine solche „Ehrenprokura" im vorliegenden Fall vorläge, hat die Klägerin aber selbst nicht behauptet, ist auch nach Lage der Sache nach aller Erfahrung nicht anzunehmen. Die Klägerin kann sich auch nicht auf die Entscheidung RAG ARS 36, 264 ff. stützen, in der das Reichsarbeitsgericht feststellt, daß das Rechtsverhältnis zwischen einer Treuhand-Aktiengesellschaft und Wirtschaftsprüfern, die vertraglich die Leitung einer Filiale derselben übernommen haben, ein Dienstvertrag ist, auf den die §§ 611 bis 630 BGB Anwendung finden. Mit Recht hat das Landesarbeitsgericht ausgeführt, in dem genannten Urteil werde nur festgestellt, daß das Rechtsverhältnis zwischen einer Treuhand-Aktiengesellschaft und Wirtschaftsprüfern, die eine Filiale derselben leiten, ein Dienstvertrag und nicht etwa — was seinerzeit strittig war — ein gesellschaftlicher Vertrag ist. Mit dem Problem, ob ein solcher Wirtschaftsprüfer ein Handlungsgehilfe ist oder nicht, hat sich das Reichsarbeitsgericht überhaupt nicht befaßt.

3. Auf die Entscheidungen des Landesarbeitsgerichts Frankfurt Main — AP 51 Nr. 137 — und des Landesarbeitsgerichts Hamburg — AP 50 Nr. 297 — kann sich die Klägerin schon deshalb nicht stützen, weil diese über eine Tätigkeit bei einem Kaufmann überhaupt nichts besagen. Mit Recht hat Hueck in seiner Anmerkung zu letzterer Entscheidung ausgeführt, daß alle Arbeitnehmer, die in einem kaufmännischen Betrieb kaufmännische Dienste leisten, gleichmäßig als kaufmännische Angestellte zu behandeln sind, ohne Rücksicht darauf, ob es sich um höhere oder niedere Dienste handelt.

Lassen somit die Ausführungen des Landesarbeitsgerichts keinen Rechtsirrtum erkennen, so ist auch seine Schlußfolgerung, daß die zwischen den Parteien vereinbarte Wettbewerbsklausel unverbindlich ist, richtig, da sich die Klägerin unstreitig nicht zur Zahlung einer Entschädigung im Rahmen des § 74 Abs. 2 HGB verpflichtet hat.

4. Die Revision rügt ferner eine Verletzung der §§ 157, 241 BGB bei Würdigung der Mandatsschutzvereinbarung des Vertrages vom

20. Februar 1951/30. April 1951. Diese Rüge könnte nur in Betracht kommen, wenn § 74a HGB zur Anwendung käme. Da jedoch das Wettbewerbsverbot gemäß § 74 Abs. 2 HGB unverbindlich ist, kommt es auf § 74a HGB überhaupt nicht an. Diese Bestimmung bezieht sich nämlich nur auf den Fall, daß eine nach § 74 HGB gültige Wettbewerbsklausel vereinbart ist. Die zwischen den Parteien insoweit getroffene Vereinbarung ist aber, wie oben festgestellt, unverbindlich.

67

1. Hat sich in einer Ruhegeldregelung der Arbeitgeber den Widerruf des Ruhegeldversprechens vorbehalten, so ist in entsprechender Anwendung der Grundsätze des § 315 BGB zu prüfen, ob der Widerruf nach billigem Ermessen vorzunehmen ist oder im freien Belieben des Arbeitgebers steht. Kann der Arbeitgeber den Widerruf nach freiem Belieben erklären, dann braucht er nur seine, nicht die Interessen des Arbeitnehmers zu berücksichtigen. Auch in diesem Falle muß er sich in den Grenzen der guten Sitten halten und darf sich nicht über das Verbot des Rechtsmißbrauchs und der Willkür hinwegsetzen, d. h. er darf sich bei seinem Widerruf nicht auf Gründe stützen, die offensichtlich unsachlich sind. Insoweit unterliegt auch der dem freien Belieben anheimgestellte Widerruf der gerichtlichen Nachprüfung.

2. Kann jedoch der Arbeitgeber den Widerruf eines Ruhegeldes nur nach billigem Ermessen vornehmen, dann hat er sich gleichsam wie ein Unparteiischer seine Interessen und die Belange des Arbeitnehmers zu vergegenwärtigen, sie gegeneinander abzuwägen und danach seine Entscheidung zu treffen. Der Arbeitgeber muß im Streitfall die Billigkeit seiner Entscheidung durch Anführung besonderer sachlicher Gründe, die zu dem Widerruf geführt haben, dartun und nachweisen.

3. Die Frage, wann der Widerruf nach billigem Ermessen und wann er nach freiem Belieben des Arbeitgebers vorzunehmen ist, hat das Gesetz durch die Bestimmung des § 315 Abs. 1 BGB zunächst dahin entschieden, daß im Zweifel billiges Ermessen maßgebend ist. Daraus ergibt sich, daß der Arbeitgeber, wenn er sich auf freies Belieben beruft, dartun und eventuell beweisen muß, daß dies ausdrücklich oder jedenfalls unzweideutig vereinbart ist.

4. Ist die Ruhegeldzusage unter einer der in der Praxis üblichen Formeln, z. B. „freiwillig und ohne Rechtsanspruch", oder „jederzeitiger Widerruf vorbehalten", oder „ein Rechtsanspruch auf die Leistung be-

steht nicht", oder „die Leistungen sind unverbindlich" oder mit einer ähnlichen Formel gegeben, dann wird im allgemeinen, wenn nicht besondere Umstände eine andere Auslegung rechtfertigen, anzunehmen sein, daß der Widerruf dem freien Belieben des Arbeitgebers, jedoch mit den im Leitsatz 1 Satz 3 gegebenen Grenzen, unterliegt.

5. Anders ist jedoch die Rechtslage, wenn der Arbeitnehmer auf Grund einer allgemeinen Ruhegehaltsregelung bereits in den Ruhestand getreten ist und Ruhegeld bezieht oder der Eintritt der Ruhegeldberechtigung unmittelbar bevorsteht. In diesem Zeitpunkt hat sich die Rechtsstellung des Arbeitnehmers, dem das Ruhegeld widerruflich zugesagt worden ist, so verfestigt, daß ein Widerruf nach freiem Belieben nicht mehr zugelassen werden kann. Ein solches freies Belieben steht bei einer betrieblichen Ruhegeldregelung mit den Grundgedanken des Ruhestandsverhältnisses, das dem Pensionär allein oder teilweise eine Grundlage für die Bestreitung seiner Lebensverhältnisse bietet, in Widerspruch.

6. Der Gleichbehandlungsgrundsatz erfordert es nicht, daß die zukünftigen Pensionäre den schon vorhandenen gleichgestellt werden.

BGB § 315; BGB § 242 Ruhegeld.

I. Senat. Urteil vom 14. Dezember 1956 i. S. d. Firma F. (Bekl.) w. R. u. a. (Kl.) 1 AZR 531/55.

I. Arbeitsgericht Hannover. — II. Landesarbeitsgericht Hannover.

Alle drei Kläger waren seit Jahrzehnten bei der Beklagten tätig gewesen. Die Kläger zu 2) und 3) schieden im Jahre 1951 aus ihrem Arbeitsverhältnis aus und erhielten neben ihrer Rente aus der öffentlichen Sozialversicherung von der Beklagten eine Unterstützung in Höhe von 40,— DM monatlich bis einschließlich November 1954. Der Kläger zu 1), der zum 30. Juli 1954 ausgeschieden war, beanspruchte ebenfalls diese Unterstützung und reichte, als die Beklagte die Zahlung ablehnte, eine Klage ein. In jenem Rechtsstreit erging Anerkenntnisurteil des Arbeitsgerichts Hannover vom 24. November 1954 über ebenfalls 40,— DM monatlich.

Die Rentenzuschüsse werden bei der Beklagten seit Anfang des letzten Krieges gezahlt, ohne daß eine besondere selbständige oder unselbständige Unterstützungskasse gebildet war oder besondere Rücklagen gemacht wurden. Die bisherige Übung wurde nach dem Zusammenbruch des Jahres 1945 beibehalten und in einer Sitzungsniederschrift des sogenannten Arbeiterrates vom 10. Juli 1945 bestätigt, in der gleichzeitig hervorgehoben wurde, daß ein Rechtsanspruch nicht bestehe.

Nach Erlaß des Anerkenntnisurteils zu Gunsten des Klägers zu 1) richtete die Beklagte an ihre insgesamt acht Pensionäre (darunter die drei Kläger) folgendes Schreiben:

„Wir sehen uns zu unserem Bedauern gezwungen, Ihnen mitzuteilen, daß wir die bisherigen Zahlungen mit Ablauf des Monats November d. J. einstellen müssen.

Bei der gegenwärtigen finanz- und tarifrechtlichen Situation wird die Altersversorgung nach Forderung der Arbeitnehmer-Vertretungen künftig einen Bestandteil der Tarifverträge bilden, wie auch die Abgaben für Rentenzahlungen von Staatswegen derart in die Höhe geschraubt werden, daß eine befriedigende Deckung von dort aus zu erwarten ist, wie auch die jetzige Rentenerhöhung beweist.

Diese Maßnahme wird generell durchgeführt, so daß das Prinzip der Gleichbehandlung gewahrt bleibt."

Die Kläger halten diese Maßnahme nicht für gerechtfertigt und haben deshalb die Rente für die Monate Dezember 1954 und Januar bzw. Februar 1955 eingeklagt. Außerdem begehren die Kläger zu 2) und 3) die Feststellung, daß die Beklagte auch über die eingeklagten Teilbeträge hinaus verpflichtet sei, weiterhin 40,— DM monatlich zu zahlen.

Die Beklagte gibt zwar zu, daß sie sich nicht in einer finanziellen Notlage befindet, es bestehe jedoch ein ausreichender Anlaß zum Widerruf der Unterstützung, da sie entsprechende Deckungsrücklagen nicht gebildet habe und auf Grund eines versicherungsmathematischen Gutachtens nunmehr zu der Erkenntnis gekommen sei, daß der Betrieb zukünftig durch steigende Unterstützungsleistung an eine immer größere Zahl von Arbeitnehmern in nicht tragbarer Weise finanziell belastet werde.

Arbeitsgericht und Landesarbeitsgericht haben der Klage entsprochen. Die Revision hatte keinen Erfolg.

Aus den Gründen:

Das Berufungsgericht hat ohne Rechtsirrtum festgestellt, daß es sich bei den Rentenzahlungen um eine jederzeit widerrufliche Ruhegeldverpflichtung handelt.

I. Hat sich in einer Ruhegeldregelung der Arbeitgeber den Widerruf des Ruhegeldversprechens vorbehalten, so ist in entsprechender Anwendung der Grundsätze des § 315 BGB zu prüfen, ob der Widerruf nach billigem Ermessen vorzunehmen ist oder im freien Belieben des

Arbeitgebers steht (Urteil des Senats vom 13. Juli 1956 — 1 AZR 361/54, AP Nr. 13 zu § 242 BGB Ruhegeld). Kann der Arbeitgeber den Widerruf nach freiem Belieben erklären, dann braucht er nur seine, nicht die Interessen des Arbeitnehmers zu berücksichtigen. Auch in diesem Falle muß er sich in den Grenzen der guten Sitten halten und darf sich nicht über das Verbot des Rechtsmißbrauchs und der Willkür hinwegsetzen, d. h. er darf sich bei seinem Widerruf nicht auf Gründe stützen, die offensichtlich unsachlich sind. Insoweit unterliegt auch der dem freien Belieben anheimgestellte Widerruf der gerichtlichen Nachprüfung.

Kann jedoch der Arbeitgeber den Widerruf eines Ruhegeldes nur nach billigem Ermessen vornehmen, dann hat er sich gleichsam wie ein Unparteiischer seine Interessen und die Belange des Arbeitnehmers zu vergegenwärtigen, sie gegeneinander abzuwägen und danach seine Entscheidung zu treffen. Der Arbeitgeber muß im Streitfall die Billigkeit seiner Entscheidung durch Anführung besonderer sachlicher Gründe, die zu dem Widerruf geführt haben, dartun und eventuell beweisen.

Die Frage, wann der Widerruf nach billigem Ermessen und wann er nach freiem Belieben des Arbeitgebers vorzunehmen ist, hat das Gesetz durch die Bestimmung des § 315 Abs. 1 BGB zunächst dahin entschieden, daß im Zweifel billiges Ermessen maßgebend ist. Daraus ergibt sich, daß der Arbeitgeber, wenn er sich auf freies Belieben beruft, dartun und im Streitfall beweisen muß, daß dies ausdrücklich oder jedenfalls unzweideutig vereinbart ist. Ist die Ruhegeldzusage unter einer der in der Praxis üblichen Formeln, z. B. „freiwillig und ohne Rechtsanspruch", oder „jederzeitiger Widerruf vorbehalten", oder „ein Rechtsanspruch auf die Leistung besteht nicht", oder „die Leistungen sind unverbindlich" oder mit einer ähnlichen Formel gegeben, dann wird im allgemeinen, wenn nicht besondere Umstände eine andere Auslegung rechtfertigen, anzunehmen sein, daß der Widerruf dem freien Belieben des Arbeitgebers unterliegt, das jedoch durch das Verbot des Rechtsmißbrauchs, der Willkür und des Verstoßes gegen die guten Sitten begrenzt bleibt.

Anders ist jedoch die Rechtslage, wenn der Arbeitnehmer auf Grund einer allgemeinen Ruhegehaltsregelung bereits in den Ruhestand getreten ist und Ruhegeld bezieht oder der Eintritt der Ruhegeldberechtigung unmittelbar bevorsteht. In diesem Zeitpunkt hat sich die Rechtsstellung des Arbeitnehmers, dem das Ruhegeld widerruflich zugesagt worden ist, so verfestigt, daß ein Widerruf nach freiem Belieben nicht mehr zugelassen werden kann. Ein solches freies Belieben steht bei einer betrieblichen Ruhegeldregelung mit dem Grundgedanken des nunmehr eingetretenen Ruhestandsverhältnisses in Widerspruch. Es kann jetzt nicht mehr zugelassen werden, daß der Arbeitgeber nur seine Interessen bei Ausübung des Widerrufs berücksichtigt. Denn die Tatsache, daß die Rente dem Pensionär, der regelmäßig zudem nicht mehr arbeitsfähig ist, nunmehr bestimmungsgemäß unmittelbar ganz oder teilweise die Grundlage für die Bestreitung seines Lebensunterhalts bieten soll, erfordert es zwingend, eine Abwägung vorzunehmen und dem berechtigten Interesse des Pensionärs Rechnung zu tragen. Ein vorbehaltener jederzeitiger Widerruf kann daher nach Eintritt des Ruhestandes vom Arbeitgeber nur nach billigem Ermessen ausgeübt werden.

II. Der Widerruf konnte daher im vorliegenden Falle nur nach billigem Ermessen ausgeübt werden, da alle Kläger bereits im Ruhestand lebten. Ohne Rechtsirrtum hat das Berufungsgericht angenommen, daß der Widerruf der Billigkeit nicht entspricht. Ob er — wie das Berufungsgericht darüber hinaus meint — geradezu willkürlich ist, konnte dahingestellt bleiben.

Was zunächst die beiden im Widerrufsschreiben vom November 1954 genannten Gründe angeht, so entbehren sie einer sachlichen Rechtfertigung. Es fehlt ein sachlicher Anlaß, ein betriebliches Ruhegeld zu widerrufen, weil etwa zukünftig die Altersversorgung tariflich geregelt werden könnte oder weil nach Erhöhung der Beiträge für die staatlichen Renten künftig etwa eine ausreichende Versorgung aller Rentenempfänger aus öffentlichen Mitteln gesichert sei. Das alles kann zum mindesten solange nicht gelten, als die Änderungen nicht eingetreten sind. Die Beklagte hat weiter auf die Tatsache hingewiesen, daß sie mit steigenden Unterstützungsleistungen zu rechnen habe und dadurch — zwar nicht gegenwärtig, aber doch in Zukunft — einer für sie nicht tragbaren finanziellen Belastung ausgesetzt sei. Nach Meinung der Revision müsse sie dem eingeholten versicherungsmathematischen Gutachten entsprechend einen Deckungsfonds von weit über 100 000,— DM bilden. Gegenüber diesem Vorbringen der Revision hat jedoch schon das Berufungsgericht zu Recht darauf hingewiesen, daß die Pensionsverpflichtungen des Arbeitgebers nicht von der Einstellung entsprechender Posten in die Jahresbilanz abhängig sind. Die Ruhegeldverpflichtung ist die Voraussetzung für die Einstellung eines etwaigen Bilanzpostens und nicht umgekehrt der Bilanzposten die Voraussetzung für einen Ruhegeldempfang (AP Nr. 3 zu § 242 BGB Ruhegeld). Das Berufungsgericht hat daher auch zu Recht davon abgesehen, die von der Beklagten insoweit angetretenen Beweise zu erheben. Die von der Revision dieserhalb erhobene Verfahrensrüge ist unbegründet. Die Beklagte gibt selbst zu, daß die gegenwärtige Belastung mit Unterstützungzahlungen in Höhe von rd. 400,– DM monatlich für den Betrieb finanziell nicht ins Gewicht fällt.

III. Wenn die Beklagte zukünftig dadurch, daß ein Arbeitnehmer nach dem anderen die Altersgrenze erreicht oder arbeitsunfähig wird, finanziell durch steigende Leistung in untragbarer Weise belastet zu werden glaubt, so ist sie nicht gehindert, gegenüber den noch nicht in den Ruhestand getretenen Arbeitnehmern ihr Ruhegeldversprechen nach freiem Belieben, d. h. unter Berücksichtigung nur des eigenen sachlichen Interesses zu widerrufen, weil der freie Widerruf bei den noch im aktiven Arbeitsverhältnis stehenden Arbeitnehmern nicht an die Grundsätze des billigen Ermessens gebunden ist. Auch erfordert es der Gleichbehandlungsgrundsatz nicht, daß die zukünftigen Pensionäre den schon vorhandenen gleichgestellt werden.

68

1. Dem Arbeitgeber war es in den ersten Jahren nach der bedingungslosen Kapitulation Deutschlands (8. Mai 1945) grundsätzlich nicht zuzumuten, mit Arbeitnehmern das Arbeitsverhältnis fortzusetzen, deren sofortige Entlassung ihm von der Militärregierung befohlen worden war. Ein solcher Befehl ist als wichtiger Grund für eine fristlose Kündigung anzusehen.

2. Der sogenannte Berry-Erlaß des damaligen britischen Befehlshabers von Hamburg vom Jahre 1947 enthält keine materiell-rechtlichen Normen. Insbesondere gewährt dieser Erlaß Arbeitnehmern, die auf Grund Befehls der Militäregierung von ihrem Arbeitgeber fristlos entlassen worden waren, keinen materiell-rechtlichen Wiedereinstellungsanspruch.

3. Auch bei aufgelösten Arbeitsverhältnissen können sich aus der beiderseitigen Treuepflicht und vor allem aus der Fürsorgepflicht des Arbeitgebers, von denen das Arbeitsverhältnis beherrscht wird, in besonderen Fällen Nachwirkungen der vertraglichen Bindung ergeben. Insbesondere kann aus diesen Gründen ein Arbeitnehmer unter Umständen unter dem Gesichtspunkt der Rehabilitierung gegenüber dem ehemaligen Arbeitgeber einen Anspruch auf Wiedereinstellung haben.

4. Es ist gerechtfertigt und geboten, dem Arbeitgeber unter Umständen die Wiedereinstellung eines wegen angeblicher nationalsozialistischer Belastung entlassenen Arbeitnehmers, der im Entnazifizierungsverfahren als nicht belastet erklärt worden ist und deswegen nicht zu den Betroffenen zählt, zuzumuten.

5. Auch beim Vorliegen eines schutzwerten Rehabilitierungsinteresses besteht der Wiedereinstellungsanspruch des Arbeitnehmers keineswegs in jedem Fall und unter allen Umständen. Jeder einzelne Fall muß unter Beachtung der Grundsätze von Treu und Glauben, der Treue- und Fürsorgepflicht nach der jeweils gegebenen besonderen Sachlage entschieden werden. Dem berechtigten Rehabilitierungsinteresse des Arbeitnehmers kann insbesondere ein schutzwertes Interesse des Arbeitgebers gegenüberstehen, das im einzelnen Fall einen Wiedereinstellungsanspruch hinfällig machen kann.

6. Betroffen im Sinne des § 4 des Hamburgischen Gesetzes zum Abschluß der Entnazifizierung vom 10. Mai 1950 ist derjenige, der im Entnazifizierungsverfahren als belastet bezeichnet und in eine der dafür vorgesehenen Kategorien eingestuft ist.

7. Ein Arbeitnehmer, der nach Abschluß des Entnazifizierungsverfahrens auf Grund schutzwerten Rehabilitierungsinteresses einen Wiedereinstellungsanspruch hatte, ist ruhegehaltsrechtlich so zu stellen, wie er stehen würde, wenn er wiedereingestellt worden wäre.

BGB (Ruhegeld) § 242; §§ 4, 5 des Hamburgischen Gesetzes zum Abschluß der Entnazifizierung vom 10. Mai 1950.

I. Senat. Urteil vom 14. Dezember 1956 i. S. Sch. (Kl.) w. N. Sparkasse (Bekl.) 1 AZR 29/55.

I. Arbeitsgericht Hamburg. — II. Landesarbeitsgericht Hamburg.

Der im Jahre 1892 geborene Kläger trat im Oktober 1933 als Angestellter in die Dienste der Beklagten. Er war seit dem 1. Mai 1933 Mitglied der NSDAP und bekleidete in den Jahren 1934 bis 1937 das Amt eines „Blockwarts". Während des Krieges war er zum Wehrdienst eingezogen.

Im Herbst 1945 wollte der Kläger bei der Beklagten seinen Dienst wieder antreten. Die britische Militärregierung verlangte jedoch in einem an die Beklagte gerichteten Schreiben vom 13. Dezember 1945 die Entlassung des namentlich bezeichneten Klägers. Das Schreiben hat folgenden Wortlaut:

„Notice of Removal"

„1. You will remove the above named from the appointment indicated above.

2. The removal will be made effective forthwith."

Auf Grund dieser Anordnung der Militärregierung schrieb die Beklagte am 20. Dezember 1945 dem Kläger, er sei auf Befehl der Militärregierung mit sofortiger Wirkung entlassen. Im Januar 1946 erhielt der Kläger seine Arbeitspapiere zugesandt.

Nachdem der Kläger in das Land Niedersachsen verzogen war, wurde das dort laufende Entnazifizierungsverfahren durch Beschluß der Deutschen Entnazifizierungsbehörde in St. vom 9. März 1949 eingestellt, da der Kläger nur als unbedeutend belastet erscheine und daher nicht zu den im Entnazifizierungsverfahren zu überprüfenden Personenkreis gehöre. Daraufhin bot der Kläger seine Dienste der Beklagten wieder an. Diese lehnte jedoch eine Weiterbeschäftigung oder Wiedereinstellung des Klägers ab mit der Begründung, der Betriebsrat habe die nach § 4 des Hamburgischen Gesetzes zum Abschluß der Entnazifizierung vom 10. Mai 1950 erforderliche Genehmigung nicht erteilt.

Darauf beschritt der Kläger den Klageweg. In einem Vorprozeß (2 Ca 7684/51 des Arbeitsgerichts Hamburg, 20 Sa 306/51 des Landesarbeitsgerichts Hamburg) verlangte der Kläger zunächst Auskunftserteilung über die Höhe der ihm zustehenden aktiven sowie der Ruhegeldbezüge. Ferner klagte er auf Zahlung eines Teilbetrages von 350,— DM seines Gehaltes oder Ruhegeldes. Dabei stützte sich der Kläger hinsichtlich seines Anspruchs auf Ruhegeld auf eine betriebliche Übung bei der Beklagten. Hiernach erhalten alle Arbeitnehmer ein Ruhegeld, die eine Dienstzeit von 10 Jahren aufzuweisen haben und entweder arbeitsunfähig sind oder das 65. Lebensjahr vollendet haben. Unstreitig erfüllte der Kläger sowohl zur Zeit seiner Entlassung als auch heute noch nur die erstere Voraussetzung. Im übrigen ist die Zahlung von Ruhegeld an in den Ruhestand tretende Arbeitnehmer der Beklagten weder einzelvertraglich, noch durch Kollektivvereinbarungen geregelt.

Im Vorprozeß unterlag der Kläger, weil das Landesarbeitsgericht im Berufungsrechtszug seine Klage in vollem Umfang mit der Begründung abwies, das Arbeitsverhältnis der Parteien sei durch die fristlose Kündigung der Beklagten vom 20. Dezember 1945 rechtswirksam beendet worden; auch habe der Kläger nicht den Beweis für seine Behauptung erbringen können, ihm sei die Gewährung eines Ruhegeldes seinerzeit versprochen worden.

Im Mai 1953 klagte der Kläger erneut. Er beantragt nunmehr:

1. dem Kläger Auskunft darüber zu geben, wie hoch sich nach dem aktiven Gehalt des Klägers im Zeitpunkt seiner Entlassung sein Ruhegehaltsanspruch ab 1. Januar 1951 nach den bei der Beklagten geltenden Grundsätzen der Ruhegehaltsgewährung und nach dem Grundsatz der Gleichbehandlung aller Angestellten belaufe,
2. an den Kläger einen Teilbetrag von 350,– DM unter Verrechnung auf sein Ruhegehalt ab 1. Januar 1951 zu zahlen entsprechend dem Ergebnis der Auskunft nach Ziffer 1 des Antrages und unter Abzug von 81,57 DM, mit denen die Beklagte wegen einer Kostenforderung aufgerechnet habe,

hilfsweise:

3. festzustellen, daß die Beklagte verpflichtet sei, dem Kläger für die Monate Januar und Februar 1951 dasjenige Ruhegehalt zu zahlen, das sich unter Anrechnung des Eigenverdienstes des Klägers in dem gleichen Zeitraum ergibt,

äußerstenfalls:

4. die Beklagte zu verurteilen, an den Kläger beim Nachweis seiner Arbeitsunfähigkeit oder der Vollendung des 65. Lebensjahres eine monatliche Unterstützung von 175,– DM bis zu seinem Tode zu zahlen und zwar ohne Anrechnung der Angestelltenrente, jedoch unter Anrechnung eines eigenen Erwerbseinkommens, soweit dieses den Betrag von monatlich 175,– DM übersteigt.

Das Arbeitsgericht hat die Klage abgewiesen. Das Landesarbeitsgericht Hamburg hat das arbeitsgerichtliche Urteil insoweit abgeändert, als es die Beklagte verurteilte, an den Kläger von der Vollendung seines 65. Lebensjahres oder von Eintritt seiner Arbeitsunfähigkeit ab eine monatliche Rente von 100,– DM netto zu zahlen. Diese Verpflichtung der Beklagten solle entfallen, solange der Kläger ein Arbeitseinkommen von mehr als 100,– DM monatlich bezieht. Im übrigen wurde unter Zulassung der Revision die Berufung des Klägers zurückgewiesen.

Mit der Revision beantragt der Kläger,

I. 1. Dem Kläger Auskunft darüber zu erteilen, wie hoch sich auf der Grundlage seines aktiven Gehaltes im Zeitpunkte seiner Entlassung vom 20. 12. 1945 sein Ruhegehaltsanspruch ab 1. Januar 1951 nach den Grundsätzen der Ruhegehaltsgewährung bei der Beklagten und nach dem Grundsatz der Gleichbehandlung aller Angestellten stellt,

2. an den Kläger einen Betrag von 350,— DM zu zahlen auf sein Ruhegehalt ab 1. Januar 1951, zu verrechnen auf das ihm zustehende monatliche Ruhegehalt entsprechend dem Ergebnis der Auskunft der Beklagten auf Grund des Antrages I. 1. der Klage,

II. hilfsweise festzustellen, daß die Beklagte verpflichtet ist, dem Kläger für die Monate Januar und Februar 1951 dasjenige Ruhegehalt zu zahlen, das sich ergibt, wenn das auf der üblichen Grundlage berechnete Ruhegehalt per 31. Dezember 1950 vermindert wird um denjenigen Betrag, den der Kläger in den gleichen Monaten anderweit verdient hat,

III. in zweiter Linie hilfsweise die Beklagte zu verurteilen, an den Kläger bei Nachweis seiner Arbeitsunfähigkeit oder bei Nachweis der Vollendung seines 65. Lebensjahres monatlich eine Unterstützung von 175,— DM von diesem Zeitpunkte bis zum Tode des Klägers zu zahlen und zwar ohne Anrechnung seiner Angestelltenrente, jedoch unter Anrechnung eines eigenen Erwerbseinkommens trotz Arbeitsunfähigkeit und trotz Vollendung seines 65. Lebensjahres, soweit dieses etwaige eigene Arbeitseinkommen den Betrag von monatlich 175,— DM übersteigt.

Die Beklagte beantragt ihrerseits,

das angefochtene Urteil aufzuheben und die Klage in vollem Umfang abzuweisen.

Die Revisionen hatten nur teilweise Erfolg.

Aus den Gründen:

Das Berufungsurteil ist nicht frei von Rechtsirrtum. Zwar kann der Kläger die Rechtswirksamkeit der seinerzeit auf Befehl der Militärregierung ausgesprochenen fristlosen Entlassung nicht mit Erfolg angreifen. Nach der ständigen Rechtsprechung der Gerichte für Arbeitssachen waren Entlassungsbefehle der Militärregierung zur damaligen Zeit ein wichtiger Grund, Arbeitnehmern fristlos zu kündigen. Denn es war dem Arbeitgeber angesichts eines Befehls der Militärregierung grundsätzlich nicht zuzumuten, mit Arbeitnehmern, die durch einen solchen Befehl betroffen wurden, das Arbeitsverhältnis fortzusetzen. Das Arbeitsverhältnis der Parteien ist also erloschen. Daraus folgt, daß der Kläger keine Ruhegeldansprüche für die Zeit seit seiner Einreihung in die Gruppe der im Sinne des Entnazifizierungsrechts Nichtbetroffenen erheben kann. Wie der Senat bereits in seinem Urteil vom 13. Juli 1956 — 1 AZR 492/54 (AP Nr. 15 zu § 242 BGB Ruhegehalt) ausgeführt hat, muß ein Ruhegeldanspruch im Gegensatz zum Urlaubsanspruch auf einer besonderen rechtlichen Grundlage beruhen, die nicht in reinen Billigkeitserwägungen gesehen werden kann. Dem Kläger ist aber weder einzelvertraglich ein Ruhegeldanspruch zugesagt worden, noch besteht bei der Beklagten, wie sich aus den Feststellungen des angefochtenen Urteils ergibt, eine kollektive Vereinbarung, aus der heraus der Kläger Ansprüche herleiten könnte. Der Kläger kann sich für die genannte Zeit auch nicht auf die bei der Beklagten bestehende betriebliche Übung berufen, nach der unter gewissen Voraussetzungen ihre Arbeitnehmer ein Ruhegeld erhalten. Denn zur damaligen Zeit waren diese Voraussetzungen nicht gegeben. Der Kläger war zwar über 10 Jahre bei der Beklagten beschäftigt, aber er hatte weder das 65. Lebensjahr vollendet, noch war er arbeitsunfähig. Des weiteren kann sich der Kläger für die in Frage kommende Zeit auch nicht auf den arbeitsrechtlichen Grundsatz der Gleichbehandlung berufen. Denn das Berufungsgericht hat festgestellt, daß es sich nur um Einzelfälle besonderer Art gehandelt hat, in denen die Beklagte von den normalen auf betrieblicher Übung beruhenden Voraussetzungen der Ruhegeldgewährung abgesehen hat. Ein Anspruch auf Ruhegeld für die fragliche Zeit würde nur dann in Frage kommen, wenn die Beklagte wider Treu und Glauben den Eintritt der Voraussetzungen für die Ruhegeldberechtigung des Klägers vereitelt hätte (§ 162 BGB). Dafür fehlt es jedoch an jeglichem Anhaltspunkt.

Daher mußte der Klageantrag des Klägers, mit dem er Auskunft darüber verlangt, wie sich nach dem bei der Beklagten geltenden Grundsatz der Ruhegehaltsgewährung und nach dem Grundsatz der Gleichbehandlung sein Ruhegehaltsanspruch ab 1. Januar 1951 beläuft, abgewiesen werden. Desgleichen mußten der Klageantrag zu I 2 und der Hilfsantrag zu II abgewiesen werden, weil der Kläger mit ihnen Ruhegeldansprüche für die Zeit geltend gemacht hat, in der die Voraussetzungen nach der Betriebsübung bei der Beklagten noch nicht vorhanden waren.

Ob der vom Kläger hilfsweise gestellte Klageantrag zu III begründet ist, hängt davon an, ob und unter welchen Umständen die Beklagte nach rechtskräftigem Abschluß des Entnazifizierungsverfahrens im Jahre 1949 verpflichtet gewesen wäre, den Kläger wieder einzustellen.

Der Kläger kann sich zur Begründung seines Anspruchs auf Ruhegeld allerdings nicht auf den sogenannten Berry-Erlaß des damaligen britischen Befehlshabers von Hamburg vom Jahre 1947 berufen. Zwar sah dieser Erlaß eine Wiedereinstellung von Arbeitnehmern vor, die wegen angeblicher nationalsozialistischer Belastung auf Anordnung der Militärregierung entlassen worden waren, und bei denen sich im Laufe des Entnazifizierungsverfahrens herausgestellt hatte, daß eine Belastung durch den Nationalsozialismus, wie sie ursprünglich angenommen worden war, nicht vorlag. Der Berry-Erlaß enthält jedoch keine materiellrechtlichen Normen derart, daß die Beklagte verpflichtet gewesen wäre, seinerzeit den Kläger auf Grund dieses Erlasses wieder einzustellen. Der Berry-Erlaß ist niemals ordnungsgemäß in einem Gesetz- oder Verordnungsblatt, auch nicht im Amtsblatt der Militärregierung, verkündet worden. Auch sein Inhalt war bestenfalls eine Anweisung der Militärregierung an einen bestimmten Personenkreis. Eine solche Anweisung konnte aber keine unmittelbare normative Bedeutung für die Beziehungen der Parteien haben.

Hingegen kann ein Arbeitnehmer unter Umständen unter dem Gesichtspunkt der Rehabilitierung gegenüber dem ehemaligen Arbeitgeber einen Anspruch auf Wiedereinstellung haben. Denn auch bei aufgelösten Arbeitsverhältnissen können sich aus der beiderseitigen Treuepflicht und vor allem aus der Fürsorgepflicht des Arbeitgebers, von denen das Arbeitsverhältnis beherrscht ist, in besonderen Fällen Nachwirkungen der vertraglichen Bindung ergeben. Der Arbeitgeber kann gegebenenfalls verpflichtet sein, z. B. einen wegen Verdachts einer strafbaren Handlung zu Recht entlassenen Arbeitnehmer wieder einzustellen, wenn der gegen ihn sprechende Verdacht entkräftet oder gar die Unschuld des Arbeitnehmers nachgewiesen worden ist (vgl. BGH, Urt. v. 13. 7. 1956 in NJW 1956 S. 1513). Es würde, wie der BGH mit Recht ausgeführt hat, eine große Härte und Unbilligkeit bedeuten, in einem solchen Fall dem gänzlich unverschuldet entlassenen Arbeitnehmer stets die Möglichkeit der Weiterbeschäftigung durch Wiedereinstellung zu versagen. Dieses vom Bundesgerichtshof im genannten Urteil vom 13. Juli 1956 entwickelte Prinzip muß auch auf Fälle der vorliegenden Art angewandt werden. Danach ist es gerechtfertigt und geboten, dem Arbeitgeber unter Umständen die Wiedereinstellung eines wegen angeblicher nationalsozialistischer Belastung entlassenen Arbeitnehmers, der, wie der Kläger, durch Beschluß des Entnazifizierungsausschusses in St. vom 9. März 1949 als nicht zu dem zu überprüfenden Personenkreis gehörig erklärt worden ist und somit nicht zu den Betroffenen zählt, zuzumuten. Dem kann nicht entgegengehalten werden, der Kläger dürfe doch nicht besser gestellt sein als ein anderer Arbeitnehmer, dem aus irgend einem anderen Grunde gekündigt wurde, und der dann ja auch mangels Vorliegens der allgemeinen betriebsüblichen Voraussetzungen kein Ruhegeld beanspruchen könne. Hier wird verkannt, daß im Falle des Klägers ein schutzwertes Rehabilitierungsinteresse vorliegt, das bei anderen von der Beklagten genannten vormalen Kündigungen eben nicht in Frage kommt.

Allerdings besteht auch beim Vorliegen eines schutzwerten Rehabilitierungsinteresses ein Wiederherstellungsanspruch des Arbeitnehmers keineswegs in jedem Fall und unter allen Umständen. Vielmehr muß jeder einzelne Fall unter Beachtung der Grundsätze von Treu und Glauben, der Treue- und Fürsorgepflicht nach der jeweils gegebenen besonderen Sachlage entschieden werden. Dabei ist eine erschöpfende Berücksichtigung aller in Betracht kommenden Umstände erforderlich. Es ist insbesondere zu prüfen, ob dem berechtigten Rehabilitierungsinteresse des Arbeitnehmers etwa ein besonders schutzwertes Interesse des Arbeitgebers gegenübersteht, das im einzelnen Falle einen Wiedereinstellungsanspruch hinfällig machen kann. Auf Seiten des ausgeschiedenen und Wiedereinstellung beanspruchendenArbeitnehmers sind die Dauer des früheren Arbeitsverhältnisses, seine persönliche soziale Lage, seine beruflichen Leistungen sowie seine wirtschaftlichen Verhältnisse zu berücksichtigen, außerdem die Möglichkeit und gegebenenfalls die Höhe eines anderweit zu erzielenden oder gar erzielten Verdienstes zu prüfen. Zu Gunsten des ehemaligen Arbeitgebers fällt in die Waagschale, ob er sich inzwischen anderweit vertraglich gebunden hat, und den Arbeitsplatz des Arbeitnehmers besetzen mußte. Im letzteren Falle kann es allerdings dem Arbeitgeber unter Umständen zugemutet werden, den Arbeitnehmer auf einem anderen geeigneten Arbeitsplatz des Betriebes zu verwenden.

Demgegenüber ist die Begründung des Berufungsurteils, die Beklagte habe den Kläger schon deswegen nicht wieder einstellen können, weil nach § 4 des Hamburgischen Gesetzes zum Abschluß der Entnazifizierung vom 10. Mai 1950 (GVBl. I S. 98) die Betroffenen in ihren früheren Betrieb nur mit Zustimmung des Betriebsrats wieder eingestellt werden dürfen, diese Zustimmung aber im Falle des Klägers verweigert worden sei, nicht durchschlagend. Das Berufungsgericht verkennt die Bedeutung dieser Gesetzesvorschrift. Denn unter den Betroffenen sind nicht etwa allgemein Personen zu verstehen, für die überhaupt ein Entnazifizierungsverfahren in Frage kam, sondern nur diejenigen, die im Entnazifizierungsverfahren als belastet bezeichnet und in eine der dafür vorgesehenen Kategorien eingestuft worden sind. Daß der Begriff Betroffene im Sinne dieses Gesetzes nur so zu verstehen ist, ergibt sich auch aus § 5, wonach die Wiedereinstellung oder Wiederbeschäftigung eines Betroffenen in keinem Fall zur Entlassung oder Beeinträchtigung eines Nichtbetroffenen führen darf. Betroffener im Sinne des Hamburgischen Gesetzes zum Abschluß der Entnazifizierung ist also nur derjenige, der im Entnazifizierungsverfahren als belastet angesehen worden ist. Der Kläger ist aber, wie schon ausgeführt, gerade nicht als belastet bezeichnet worden und deshalb auch nicht Betroffener im Sinne des Hamburgischen Gesetzes zum Abschluß der Entnazifizierung. Unschädlich ist es, daß das Entnazifizierungsverfahren nicht in Hamburg, sondern im Lande Niedersachsen durchgeführt und abgeschlossen worden ist. Es besteht kein Grund, den Entnazifizierungsbeschluß der zuständigen Entnazifizierungsbehörde in St. nicht auch für das Hamburgische Staatsgebiet gelten zu lassen, zumal sowohl Hamburg als auch Niedersachsen der britischen Zone angehörten, und in der Hauptsache für beide Gebiete im wesentlichen die gleichen Entnazifizierungsvorschriften bestanden.

Nach allem kommt es darauf an, ob unter Zugrundelegung der vom Senat aufgestellten Grundsätze die Beklagte verpflichtet gewesen wäre, den Kläger nach rechtskräftigem Abschluß des Entnazifizierungsverfahrens als Nichtbetroffenen im Hinblick auf sein schutzwertes Rehabilitierungsinteresse wieder einzustellen. Wäre dies der Fall gewesen, so würde der Ruhegeldanspruch des Klägers, wie er ihn im Klageantrag zu III begehrt, begründet sein. Denn die Beklagte muß ihn dann jedenfalls ruhegehaltsrechtlich so stellen, wie er stehen würde, wenn er seinerzeit wieder eingestellt worden wäre.

Deshalb mußte auf die Revision des Klägers das angefochtene Urteil aufgehoben und zur anderweiten Verhandlung und Entscheidung an das Berufungsgericht zurückverwiesen werden. Das Berufungsgericht wird im Wege des § 139 ZPO die Parteien zu einem ergänzenden Sachvortrag aufzufordern haben und insbesondere prüfen müssen, ob die Versagung der Zustimmung des Betriebsrats der einzige stichhaltige Grund für die Beklagte war, den Kläger nicht wieder einzustellen. Das Berufungsgericht wird die schutzwerten Interessen beider Parteien gegeneinander abzuwägen haben, wobei allerdings die Beklagte nicht mehr mit Gründen gehört werden kann, die in dem etwaigen früheren politischen Verhalten des Klägers liegen. Sollte das Berufungsgericht sodann zu dem Ergebnis kommen, daß der Kläger seinerzeit wieder einzustellen war, so ist zu prüfen, ob und wann seit diesem Zeitpunkt die nach der Betriebsübung bei der Beklagten geltenden Voraussetzungen für die Entstehung des Ruhegeldanspruches eingetreten oder noch nicht eingetreten sind. Der Anspruch des Klägers ist alsdann insoweit berechtigt, als er von der Beklagten begehrt, daß sie an ihn beim Nachweis seiner Arbeitsunfähigkeit oder der Vollendung des 65. Lebensjahres bis zu seinem Tode ein monatliches Ruhegehalt in der nach der Betriebsübung bei der Beklagten maßgebenden Höhe zahlt. Auch die Frage einer etwaigen Anrechnung anderweiten Verdienstes muß sich dann gleichfalls nach der kraft Betriebsübung bei der Beklagten geltenden Ruhegeldordnung richten.

69

In den Fällen der Kündigung eines Betriebsratsmitgliedes bei Betriebsstillegung oder Stillegung der Betriebsabteilung, in der das Betriebsratsmitglied beschäftigt ist (§ 13 Abs. 2 und 3 KSchG), handelt es sich um eine ordentliche Kündigung. Das Betriebsratsmitglied, dem gekündigt worden ist, braucht solchen Falles für seine Klage die Dreiwochenfrist des § 3 KSchG nicht einzuhalten.

KSchG § 13 Abs. 2 und 3, § 3.

I. Senat. Urteil vom 1. Februar 1957 i. S. Sch. (Kl.) w. C. Sp., F. K. GmbH (Bekl.) 1 AZR 478/54.

I. Arbeitsgericht Ludwigshafen. — II. Landesarbeitsgericht Mainz.

Der jetzt 56 Jahre alte, verheiratete Kläger stand seit 1937 in Diensten der Beklagten. Zunächst als Zimmermann beschäftigt, wurde er 1941 mit der Aufsicht über die Schreinerei, 1945 mit der Aufsicht über die Bauabteilung betraut. In dieser wurden früher 17, im Herbst 1953 noch 10 Arbeiter beschäftigt. Der Kläger war Meister und wurde am 1. September 1946 in das Angestelltenverhältnis übernommen. Er war als Angestelltenvertreter Mitglied des Betriebsrats und dessen stellvertretender Vorsitzender.

Die Beklagte nahm im Herbst 1953 Rationalisierungsmaßnahmen vor und sprach in diesem Zusammenhang mit Zustimmung des Landesarbeitsamts Kündigungen aus. In der Bauabteilung wurde 7 Arbeitern gekündigt, so daß 3 Arbeiter verblieben. Dem Kläger kündigte die Beklagte am 9. September 1953 zum 31. März 1954. Gleichzeitig bot sie ihm an, als Lohnempfänger weiter tätig zu sein, was der Kläger ablehnte. Als Grund für diese Kündigung gab sie die Auflösung der Bauabteilung an.

Im Februar 1954 versuchte ein Gewerkschaftsvertreter, bei der Beklagten im Interesse des Klägers zu intervenieren. Dieser Versuch blieb erfolglos. Der Kläger erhob am 6. April 1954 Klage mit dem Antrag auf Feststellung, daß die ihm gegenüber ausgesprochene Kündigung vom 9. September 1953 zum 31. März 1954 unwirksam sei. Er hat vorgetragen, es könne nicht von einer Stillegung, sondern nur von einer Verkleinerung der Bauabteilung die Rede sein. Diese stellte keine selbständige Abteilung dar. Die 3 Arbeiter der Bauabteilung, denen nicht gekündigt worden sei, würden wenigstens teilweise mit ihren früheren Arbeiten weiter beschäftigt. Sie bedürften nach wie vor der Beaufsichtigung durch einen Meister. In 2. Instanz hat der Kläger behauptet und unter Beweis gestellt, es sei der Beklagten möglich, ihn anstelle des inzwischen pensionierten Abteilungsmeisters in der Rohrpresserei weiter zu beschäftigen, wozu eine besondere Vorbildung nicht erforderlich sei.

Die Beklagte hat Klageabweisung beantragt und vorgetragen, die 3 Arbeiter der — als selbständige Betriebsabteilung anzusehenden — Bauabteilung, denen nicht gekündigt worden sei, seien infolge der Auflösung der Bauabteilung anderen Abteilungen zugewiesen worden, so daß eine Beaufsichtigung durch einen besonderen Meister nicht mehr erforderlich sei. Später sei auch die Schreinerei aufgelöst worden. In anderen Abteilungen könne sie den Kläger nicht als Meister beschäftigen, da er dazu fachlich nicht geeignet sei und alle übrigen Meisterstellen besetzt seien. Schließlich sei die Klage verspätet eingereicht.

Das Arbeitsgericht und das Landesarbeitsgericht haben die Klage abgewiesen. Die Revision des Klägers führte zur Aufhebung und Zurückverweisung an das Landesarbeitsgericht.

Aus den Gründen:

Das Landesarbeitsgericht hat die Klage abgewiesen, weil sie nicht innerhalb der Dreiwochenfrist des § 3 KSchG erhoben worden ist. Es hat ausgeführt, daß auch eine Kündigung nach § 13 Abs. 2 und 3 KSchG eine außerordentliche Kündigung darstelle, die aus wichtigem Grund erfolge. Auf eine solche Kündigung finde gemäß § 11 Abs. 1 Satz 2 KSchG die Fristbestimmung des § 3 KSchG Anwendung.

Dieser u. a. auch von Küchenhoff (RdA 1955 S. 256 ff.) vertretenen, von der Revision bekämpften Ansicht vermag sich der Senat nicht anzuschließen.

Der Kündigungsschutz der Betriebsratsmitglieder ist in § 13 KSchG besonders geregelt. Diese Bestimmung findet sich im 2. Abschnitt des KSchG, während die Vorschrift, wonach eine Kündigungsschutzklage binnen 3 Wochen nach Zugang der Kündigung erhoben werden muß (§ 3), im 1. Abschnitt des Gesetzes steht. Nach § 11 Abs. 4 KSchG finden die Vorschriften des 1. Abschnittes, nach dessen § 3 die Klage innerhalb von 3 Wochen nach Zugang der Kündigung erhoben werden muß, auf eine Kündigung, die bereits aus anderen als den in § 1 Abs. 2 und 3 bezeichneten Gründen rechtsunwirksam ist, keine Anwendung.

Es kann dahingestellt bleiben, ob dann eine Ausnahme zu machen ist, wenn die Kündigung eines Betriebsratsmitglieds aus einem Grunde erfolgt, der den Arbeitgeber nach dem Gesetz zur Kündigung des Arbeitsverhältnisses ohne Einhaltung einer Kündigungsfrist berechtigt. Für diesen Fall wird im Hinblick auf § 11 Abs. 1 Satz 2 KSchG teilweise die Ansicht vertreten, daß die Dreiwochenfrist eingehalten werden müsse (vgl. die Zusammenstellung bei Hueck, KSchG, 3. Aufl., § 13 Anm. 31). Hier handelt es sich aber nicht um die fristlose Kündigung aus wichtigem Grunde. Vielmehr beruft sich die Beklagte zur Rechtfertigung ihrer Kündigung auf § 13 Abs. 3 in Verbindung mit Abs. 2 KSchG, nämlich darauf, daß die Betriebsabteilung, in der der Kläger beschäftigt war, stillgelegt worden und eine Übernahme in eine andere Abteilung aus betrieblichen Gründen nicht möglich sei.

Eine auf einen solchen Tatbestand gestützte Kündigung erfüllt nicht die Vorausetzungen des Begriffs der außerordentlichen Kündigung im Sinne des § 11 Abs. 1 Satz 1 und 2 KSchG. Das ergibt sich namentlich daraus, daß § 13 Abs. 2 a. a. O. die Kündigung „frühestens" zum Zeitpunkt der Stillegung zuläßt, es sei denn, daß die Kündigung zu einem früheren Zeitpunkt durch zwingende betriebliche Erfordernisse bedingt ist. Bei einer nach Gesetz oder Vertrag längeren Kündigungsfrist ist sonach die Kündigung erst zu deren Ablauf möglich. Hieraus folgt, daß in § 13 Abs. 2 und 3 KSchG keine Befugnisse zu einer außerordentlichen fristlosen Kündigung begründet worden sind. Vielmehr wird hier bestimmt, daß eine ordentliche Kündigung bei Stillegung zulässig ist, aber frühestens zu dem Stillegungszeitpunkt. Da somit die aus den Gründen des § 13 Abs. 2 und 3 KSchG erklärten Kündigungen ordentliche Kündigungen sind, ist auf sie gemäß § 11 Abs. 4 KSchG die Dreiwochenfrist des § 3 a. a. O. nicht anzuwenden. Ebenso Hueck, KSchG, 3. Aufl., § 13, Anm. 9 und Anm. 31 am Ende und LAG Hamm, AP 54 Nr. 7.

Es ist der Beklagten zuzugeben, daß hierdurch der Gedanke, der zur Schaffung des § 3 KSchG geführt hat, beeinträchtigt wird, nämlich: die Frage der Wirksamkeit einer Kündigung innerhalb einer möglichst kurz bemessenen Frist zu klären. Aber diese Beeinträchtigung der Rechtssicherheit bei einer Anzahl von Kündigungen hat der Gesetzgeber bewußt in Kauf genommen, wie die Herausnahme dieser Kündigungen aus der Regelung des 1. Abschnittes des KSchG im § 11 Abs. 3 und 4 zeigt. Eine Änderung dieser Rechtslage, mag sie noch so erwünscht sein, dürfen die an das Gesetz gebundenen Gerichte nicht vornehmen; sie muß vielmehr nach dem Grundsatz der Gewaltentrennung dem Gesetzgeber überlassen bleiben.

Ist nach alledem die Klage nicht schon deshalb unbegründet, weil der Kläger die Dreiwochenfrist des § 3 KSchG nicht eingehalten hat, so greift auch der von der Beklagten geltend gemachte Einwand der Verwirkung nicht durch. Der Kläger ist seiner Rechte aus dem KSchG nicht dadurch verlustig gegangen, daß er rund 7 Monate mit der Einreichung der Klage gewartet hat. Allein infolge Zeitablaufs tritt eine Verwirkung noch nicht ein. Zu diesem Zeitablauf muß vielmehr ein Verhalten des Gläubigers hinzukommen, das bei dem Schuldner zu der berechtigten Annahme führt, daß nichts mehr gefordert werden solle. Weiter muß hinzukommen, daß sich der Schuldner auf Grund des Verhaltens des Gläubigers darauf eingerichtet hat, daß keine Forderung mehr gestellt werde. Eine Verwirkung liegt demnach nur dann vor, wenn es auf Grund der vorgenannten Umstände gegen Treu und Glauben verstoßen würde, nunmehr doch noch die Forderung geltend zu machen.

Dafür, daß diese Voraussetzungen vorliegen, ist im Streitfall nichts hervorgetreten. Die Beklagte hat nach den Feststellungen des Landesarbeitsgerichts nichts dafür vorgetragen, daß der Kläger jemals zu erkennen gegeben hätte, er sei mit der Kündigung einverstanden und wolle nichts gegen sie unternehmen. Wenn der Kläger von September 1953 bis Februar 1954 gewartet hat, ohne gegen die Kündigung anzugehen, so ist diese Frist zwar verhältnismäßig lang. Die Länge der Zeit allein ist jedoch nicht entscheidend. Es kommt hinzu, daß dem Kläger auf Grund seiner langen Betriebszugehörigkeit eine längere Kündigungsfrist zustand, und zwar bis zum 31. März 1954. Nach den Feststellungen der Vorinstanz hat der Kläger noch innerhalb dieser Kündigungsfrist den Versuch gemacht, durch Vermittlung der Gewerkschaft mit der Beklagten zu einer Vereinbarung zu kommen. Hieraus konnte die Beklagte also erkennen, daß der Kläger gegen die Kündigung Einwendungen erheben wollte. Daß sich die Beklagte, hätte der Kläger diesen Versuch oder eine persönliche Gegenvorstellung eher unternommen, anders eingerichtet haben würde, als sie es in Wirklichkeit getan hat, ist nicht festgestellt. Eine Verwirkung scheidet hiernach aus, zumal der Kläger die Klage wenige Tage nach Ablauf der Kündigungsfrist eingereicht hat.

In dem von der Beklagten behaupteten Fall der Stillegung einer Betriebsabteilung schreibt § 13 Abs. 3 Satz 1 KSchG vor, daß das Betriebsratsmitglied, das der stillzulegenden Betriebsabteilung angehört hat, in eine andere Betriebsabteilung zu übernehmen ist. Ist dies aus betrieblichen Gründen nicht möglich, so steht die Stillegung einer Betriebsabteilung sinngemäß der Stillegung des ganzen Betriebes gleich, und die Kündigung ist zum Zeitpunkt der Stillegung der Abteilung zulässig. Zwar hat die Beklagte dem Kläger eine andere Stellung in ihrem Betrieb angeboten, aber nicht als Meister, sondern als Lohnempfänger. Sie hat ihm somit sowohl einen geringerwertigen Arbeitsposten wie auch eine geringere Entlohnung angeboten. Das kann nicht als eine Erfüllung der Verpflichtung der Beklagten aus § 13 Abs. 3 Satz 1 KSchG angesehen werden, und der Kläger war danach berechtigt, dieses Angebot abzulehnen. Seine Ablehnung steht seiner Klage somit auch nicht entgegen.

Das Berufungsgericht hat von seinem rechtsirrtümlichen Standpunkt hinsichtlich der Dreiwochenfrist aus die Frage nicht geprüft, ob die Kündigung im Hinblick auf § 13 Abs. 3 in Verbindung mit Abs. 2 KSchG zulässig ist oder nicht. Das angefochtene Urteil muß deshalb aufgehoben und die Sache zur anderweiten Verhandlung und Entscheidung an das Berufungsgericht zurückverwiesen werden. Das Berufungsgericht wird in der neuen Verhandlung zu prüfen haben, ob es sich um eine Stillegung einer Betriebsabteilung im Sinne des § 13 Abs. 3 KSchG handelt. Wird diese Frage bejaht, so wird der Vorderrichter weiter zu prüfen haben, ob es aus betrieblichen Gründen unmöglich war, den Kläger auf einen einigermaßen gleichwertigen Arbeitsposten zu im wesentlichen gleichen Arbeitsbedingungen in eine andere Betriebsabteilung zu übernehmen. Erst wenn auch die Unmöglichkeit einer solchen Übernahme festgestellt werden kann, entfällt der besondere Kündigungsschutz des Klägers als Betriebsratsmitglied.

70

1. Die Entscheidung über das Betriebsrisiko, d. h. die Pflicht zur Lohnzahlung bei solchen Ereignissen, die weder vom Arbeitgeber noch vom Arbeitnehmer des betreffenden Betriebs verschuldet sind, kann nicht auf Grund der Vorschriften des BGB (§ 323 oder § 615) getroffen werden.

2. Während der Arbeitgeber grundsätzlich das Betriebsrisiko trägt, findet dieser Grundsatz keine Anwendung, wenn auf Grund des Verhaltens der Arbeitnehmer eine Beschäftigungsmöglichkeit nicht besteht. Im Falle eines Teilstreiks wie auch im Falle eines Streiks in einem fremden Betrieb ist der Arbeitgeber nicht verpflichtet, denjenigen Arbeitnehmern, für die eine Beschäftigungsmöglichkeit nicht besteht, den Lohn weiterzuzahlen.

3. Die Lohnzahlungspflicht bleibt dagegen bestehen, wenn der Fortfall der Beschäftigungsmöglichkeit auf eine Aussperrung zurückzuführen ist.

BGB §§ 323, 611, 615.

1. Senat. Urteil vom 8. Februar 1957 i. S. St. (Kl.) w. S. (Bekl.)
1 AZR 338/55

I. Arbeitsgericht Hamburg. — II. Landesarbeitsgericht Hamburg.

Die Klägerin war bei der Beklagten, einer Backwarenfabrik, als Arbeiterin tätig. Die Beklagte betrieb ihre Backöfen mit Gas. Infolge eines von der Gewerkschaft durchgeführten Streiks der Arbeitnehmer in den Versorgungsbetrieben der Stadt Hamburg war der Gasdruck in der Zeit vom 5. bis zum 10. August 1954 unzureichend, so daß die Beklagte einen Teil ihrer Arbeitnehmer, u. a. die Klägerin, nicht beschäftigen konnte. Sie verweigerte für diese Zeit die Lohnzahlung.

Die Parteien sind sich darüber einig, daß die Klägerin trotz zeitweiligen Wegfalls der Verkehrsmittel in der Lage gewesen wäre, ihre Arbeitsstelle zu erreichen, wenn die Beklagte sie hätte beschäftigen können. Sie sind sich weiter darüber einig, daß die Klägerin ihre Arbeitskraft angeboten hat.

Die Klägerin hat mit der Klage ihre Lohnforderung für die Zeit vom 5. bis zum 10. August 1954 geltend gemacht und zur Begründung ausgeführt, daß sich die Beklagte in Annahmeverzug befunden habe. Ihre, der Klägerin, Forderung sei berechtigt, da das Betriebsrisiko ausschließlich von der Beklagten getragen werden müsse.

Die Beklagte hat Klageabweisung begehrt, da es ihr infolge des Streiks in den Versorgungsbetrieben nicht möglich gewesen sei, die Klägerin zu beschäftigen. Das Risiko für die Folgen eines Streiks, auch wenn dieser in einem fremden Betrieb stattfinde, treffe ausschließlich die Arbeitnehmer.

Die Klage hatte in keinem Rechtszug Erfolg.

Aus den Gründen:

In Übereinstimmung mit der seit der Entscheidung des Reichsgerichts vom 6. Februar 1923 (RGZ Bd. 106 S. 272) immer mehr zur Herrschaft gelangten Ansicht ist der Senat der Auffassung, daß die Entscheidung über das Betriebsrisiko, d. h. über die Verpflichtung zur Lohnzahlung bei solchen Ereignissen, die weder vom Arbeitgeber noch vom Arbeitnehmer des betreffenden Betriebs verschuldet sind, nicht auf Grund der Vorschriften des Bürgerlichen Gesetzbuchs (§ 323 oder § 615) getroffen werden kann. Der Gesetzgeber des Bürgerlichen Gesetzbuchs vom Jahre 1896 hat weder die rechtlichen noch die sozialen Probleme, die sich in dieser Frage ergeben, mit hinreichender Klarheit sehen können. Es liegt daher ein Tatbestand vor, der nicht nach den Vorschriften des Bürgerlichen Gesetzbuchs zu beurteilen ist. Das wird auch überwiegend von der Praxis der Gerichte und vom Schrifttum angenommen (vgl. Hueck-Nipperdey, Lehrbuch des Arbeitsrechts, 6. Aufl. (1957) Bd. 1 § 44 [mit zahlreichen Angaben]).

Es kann hiernach nicht schon aus der Vorschrift des § 323 BGB, wonach im Falle einer von keiner Seite zu vertretenden Unmöglichkeit der Anspruch auf die Gegenleistung entfällt, die Lohnzahlungspflicht des Arbeitgebers verneint werden. Ebensowenig kann in jedem Fall des Betriebsrisikos Annahmeverzug des Arbeitgebers angenommen (§ 615 BGB) und daher der Lohnanspruch bejaht werden. Schließlich vermag sich der Senat auch nicht der von Nikisch (Arbeitsrecht, 2. Aufl., Bd. 1 S. 192 f.) vertretenen Auffassung anzuschließen, daß der Arbeitnehmer sich nicht zur Leistung ständig und regelmäßig wiederkehrender Arbeit verpflichte, daß seine Vertragspflicht vielmehr darin bestehe, in den Dienst des Arbeitgebers zu treten und bis zum Ende der Vertragszeit darin zu verharren, so daß er dafür entlohnt werde, daß er in Erfüllung dieser Verpflichtung mit seiner Arbeitskraft dem Arbeitgeber zur Verfügung stehe. Die Lohnzahlungspflicht könne daher nicht entfallen, weil der Arbeitgeber von den Diensten keinen Gebrauch mache und keinen Gebrauch machen könne. Der Arbeitgeber erhalte die ihm nach dem Vertrag zustehende Leistung und müsse deshalb die Gegenleistung erbringen. Wie bereits der Zweite Senat des Bundesarbeitsgerichts (AP Nr. 2 zu § 611 BGB, Lohnanspruch) entschieden hat, geht der Inhalt des Arbeitsverhältnisses auf der Arbeitnehmerseite nach dem Gesetz (§ 611 BGB) auf die Leistung der vereinbarten Dienste. Dieser Ansicht tritt der Senat in Übereinstimmung mit der herrschenden Lehre bei (vgl. Hueck-Nipperdey, Lehrbuch, 6. Aufl., Bd. 1 § 104 ff.).

Besteht somit hinsichtlich der Regelung des Betriebsrisikos eine Lücke im Gesetz, so ergibt sich die Lösung aus den in der bisherigen Entwicklung durch Rechtsprechung und Wissenschaft herausgearbeiteten Grundsätzen. Sie beruhen auf den allgemeinen Grundgedanken des Arbeitsrechts und auf den Prinzipien unserer Wirtschaftsverfassung, die auch das geltende Arbeitsrecht beherrschen.

Danach gilt in erster Linie der Grundsatz, daß der Arbeitgeber das Betriebsrisiko trägt. Der Arbeitgeber muß, wenn die Arbeit aus im Betrieb liegenden Gründen nicht geleistet werden kann, gleichwohl den vollen Lohn weiterzahlen. Das folgt daraus, daß der Arbeitgeber, der den Betrieb und die betriebliche Gestaltung organisiert, leitet, die Verantwortung trägt und die Erträge bezieht, seinen Arbeitnehmern dafür einstehen muß, daß der Betriebsorganismus in Funktion bleibt und die Arbeitsmittel zur Verfügung stehen, die dem Arbeitnehmer die Arbeit und damit die Erzielung des Lohnes ermöglichen. (Dabei braucht hier zu der Frage nicht Stellung genommen zu werden, ob eine Ausnahme dann gilt, wenn das den Betriebsstillstand herbeiführende Ereignis den Betrieb so schwer trifft, daß bei Zahlung der vollen Löhne die Existenz des Betriebes gefährdet würde; denn für eine solche Annahme bietet der vorliegende Fall keine Anhaltspunkte.)

Dieses Grundprinzip des Betriebsrisikos kann jedoch dann keine Anwendung finden, wenn die Unmöglichkeit der Beschäftigung auf das Verhalten der Arbeitnehmer zurückzuführen ist. Das gilt nach der Auffassung des Senats, der sich dabei in Übereinstimmung mit der überwiegenden Meinung befindet (Hueck-Nipperdey, Lehrbuch, 6. Aufl. (1957) Bd. 1, § 44; Dietz in AP 54 zu Nr. 28 unter Berufung auf Potthoff, Arbeitsrecht, 1923, S. 673 und Titze in JW 22, S. 550; Sitbrecht, Das Recht im Arbeitskampf, 2. Aufl., S. 48 f.; Enneccerus-Lehmann, Schuldrecht, 1950, S. 590, Anm. 7; Schnorr v. Carolsfeld, Arbeitsrecht, 1954, S. 220; Nikisch, Lehrbuch, 2. Aufl., Bd. 1 S. 497 (trotz seiner abweichenden Grundauffassung); LAG Frankfurt, AP 52, Nr. 10; Hannover, AP 54, Nr. 28; Hamburg, ArbR Blattei „Arbeitsausfall" II, Entsch. 32 mit zust. Anmerkung von Bulla; anderer Ansicht

Bötticher, Waffengleichheit und Gleichbehandlung der Arbeitnehmer im kollektiven Arbeitsrecht, 1956, S. 13) nicht nur für den Fall des vom Arbeitgeber nicht verschuldeten Teilstreiks im eigenen Betrieb, sondern auch dann, wenn die gänzliche oder teilweise Betriebsstillegung oder Betriebshinderung nicht durch Streik im eigenen, sondern durch einen Streik der Arbeitnehmer eines anderen Betriebes veranlaßt ist. Auch hier ist die Berücksichtigung der Solidarität der Arbeitnehmer untereinander entscheidend, die, wie das Bestehen der Gewerkschaften zeigt, über den einzelnen Betrieb hinausreicht.

Auch der Umstand, daß ein Streik nur von einer Gewerkschaft ausgeht, die Arbeitswilligen aber einer anderen Gewerkschaft angehören oder gar nicht organisiert sind, kann daran nichts ändern. Denn einmal haben die Gewerkschaften die Möglichkeit, gegenseitig aufeinander einzuwirken, da sie im allgemeinen einem zentralen Verband angehören oder doch durch die Solidarität der Interessen verbunden sind. Zum anderen aber handelt es sich um Wirkungen, die der kollektive Zusammenschluß der Arbeitnehmer mit sich bringt und die deshalb ganz allgemein der Arbeitnehmerseite aufzuerlegen sind. Auch kommt unter den heutigen Verhältnissen, wie die Erfahrung lehrt, der Erfolg eines Streiks in einem Betrieb vielfach auch anderen Arbeitnehmern zugute, so daß es auch nicht gerechtfertigt erscheint, eine Unterscheidung danach vorzunehmen, ob es sich bei den Arbeitswilligen um Arbeiter oder Angestellte handelt (abw. Nikisch S. 498; Molitor, BB 1953, S. 886). Einer Aussperrung bedarf es nicht, um das Entfallen der Lohnzahlungspflicht herbeizuführen (abw. Hueck-Nipperdey, Lehrbuch. 6. Aufl., Bd. 2, S. 617).

Das vorstehend Gesagte gilt jedenfalls für den gewerkschaftlichen Streik, d. h. für den von einer Gewerkschaft beschlossenen oder nachträglich gebilligten und übernommenen Streik. Dabei kommt es nicht darauf an, ob dieser Streik in dem anderen Betrieb als solcher rechtmäßig ist oder nicht. Der Senat hatte im vorliegenden Fall jedoch keinen Anlaß zu entscheiden, ob die Rechtslage auch dann die gleiche ist, wenn es sich bei dem Streik in dem anderen Betrieb um einen sogenannten wilden Streik handelt; denn hier lag, wie unter den Parteien unstreitig und auch gerichtsbekannt ist, ein gewerkschaftlicher Streik vor.

Der Senat befindet sich mit dieser seiner Rechtsauffassung auch in Übereinstimmung mit der Entscheidung des Großen Senats zum Arbeitskampf und zu den dort entwickelten Prinzipien vom kollektivrechtlichen Wesen des Streiks, vom Kampfrisiko und von der Kampfparität oder Waffengleichheit (BAG Bd. 1 S. 291 ff., insbesondere S. 311). Aus dem kollektivrechtlichen Wesen des Streiks folgt jedenfalls für den — hier allein zu beurteilenden — gewerkschaftlichen Streik notwendig die Überbürdung des Betriebsrisikos auf die Arbeitnehmerseite. Das Prinzip der Kampfparität oder Waffengleichheit würde gestört, wenn Angehörige des den Arbeitskampf nicht betreibenden Sozialpartners zu Leistungen gezwungen werden könnten, für die sie nur auf Grund von Kampfmaßnahmen des anderen Sozialpartners keine Gegenleistungen erhalten. Der Kampfpartei würde zu Unrecht ein Teil des Kampfrisikos abgenommen, das sie sonst in Betracht ziehen muß, wenn durch ihren Streik in anderen Betrieben nicht gearbeitet werden kann und Lohnausfälle entstehen. Es wäre möglich — ebenso wie beim Teilstreik durch Schlüsselkräfte — durch einen „billigen Streik", z. B. in einem Versorgungsbetrieb mit der Folge der Unterbrechung zahlreicher anderer Betriebe, einen sehr starken Druck auszuüben, ohne Risiko, da die Arbeitgeber in diesen Betrieben den Lohn zahlen müßten (solange sie nicht aussperren).

Aus dem Prinzip der Kampfparität oder Waffengleichheit folgt aber auch, daß umgekehrt bei der Anwendung des Kampfmittels der Aussperrung auch die Arbeitgeber die unter ihnen bestehende Solidarität gegen sich gelten lassen müssen. Würde also in einem Betrieb infolge der Aussperrung in einem anderen Betrieb die Arbeit ohne Verschulden der Arbeitsvertragsparteien nicht geleistet werden können, so würde in diesem Fall der Arbeitgeber das Betriebsrisiko tragen und die Löhne auch ohne die Arbeitsleistung zu zahlen haben.

Den Prinzipien des Arbeitskampfes und des kollektiven Arbeitsrechts überhaupt, das von den Sozialpartnern getragen wird und für dessen Gestaltung sie die Verantwortung zu tragen haben, würde es widersprechen, wollte man die Frage der Lohnfortzahlungspflicht des Arbeitgebers danach beurteilen, ob die nicht am Arbeitskampf beteiligten Arbeitnehmer oder Arbeitgeber mit den im Kampf Stehenden sympathisieren oder nicht. Abgesehen davon, daß alsdann nicht zu überbrückende Beweisschwierigkeiten auftauchen würden und die Entscheidung oft von reinen Zufälligkeiten abhängig wäre, würde eine solche Lösung nur geeignet sein, reine Lippenbekenntnisse entgegen innerer anderer Überzeugung hervorzurufen und noch zu belohnen.

Der Senat verkennt nicht, daß im Falle der Betriebsstörung durch Streik in einem fremden Betrieb sich für den Arbeitnehmer, der auf seinen Lohn angewiesen ist und seinen gesamten Lebenszuschnitt auf die Lohnfortzahlung abgestellt hat, Härten ergeben können. Andererseits darf nicht übersehen werden, daß dann auch den Arbeitgeber Verluste treffen, da sich eine solche Arbeitsbehinderung auf Produktion und Verdienst schädigend auswirkt, während die Generalunkosten im allgemeinen weiterlaufen. Bei der Abwägung der beiderseitigen Interessenlage müssen nach dem Grundsatz der Kampfparität der Arbeitnehmerseite die Folgen eines Streiks, der Arbeitgeberseite die einer Aussperrung in einem fremden Betrieb zugerechnet werden.

Aus diesen Gründen ist der Rechtsauffassung des Berufungsgerichts beizutreten.

71

1. Die Lösung bestehender Tarifkonkurrenzen ist nicht nach dem sogenannten Günstigkeitsprinzip möglich.

2. Die Lösung von Tarifkonkurrenzen ist aus dem Grundsatz der Spezialität zu suchen; der Tarifvertrag ist maßgebend, der der Eigenart des Betriebes und den besonderen Bedürfnissen seiner Arbeitnehmer nach der tatsächlichen Ausgestaltung der Arbeitsverhältnisse am besten Rechnung trägt.

3. Maßgebend ist die Art der Arbeit, die der überwiegende Teil der Arbeitnehmer nach der tatsächlichen Ausgestaltung der Arbeitsverhältnisse und der von ihm verlangten Arbeit überwiegend zu leisten hat.

4. Zeitigt die Prüfung zu 3 keine eindeutigen Ergebnisse, so ist auch darauf abzustellen, zu welchem Wirtschaftszweig ein mehrere Betriebszweige umfassender, aber einheitlicher Betrieb nach der Verkehrsanschauung gerechnet wird.

5. Ein durch Mitgliedschaft zur Tarifpartei tarifgebundener Arbeitgeber kann einem Tariflohnanspruch aus einem räumlich, fachlich und persönlich anwendbaren Tarifvertrag nicht entgegensetzen, die Tarifvertragspartei vertrete nur die Interessen solcher Wirtschaftskreise, deren Betriebe eine andere Zielsetzung hätten als sein eigener Betrieb.

TVG (Tarifkonkurrenz) § 3

I. Senat. Urteil vom 22. Februar 1957 i. S. W. u. a. (Kl.) w. P. (Bekl.) 1 AZR 536/55.

I. Arbeitsgericht Hamm i. W. — II. Landesarbeitsgericht Hamm i. W.

Die Kläger sind Mitglieder der Gewerkschaft Nahrung, Genuß und Gaststätten im DGB. Der Beklagte ist Mitglied des westfälisch-lippischen Müllerbundes und des Verbandes der Futtermittelindustrie.

Er betreibt eine Mühle, in der in ganz geringem Umfange Feinmehl hergestellt, insbesondere aber Getreide für Futterzwecke verschrotet wird. Weiterhin wird in dem Betrieb des Beklagten Mischfutter hergestellt. Schließlich betreibt der Beklagte den Handel mit Futtermitteln. In diesem Betrieb arbeiten die Kläger.

Zwischen der Gewerkschaft, der die Kläger angehören, und dem westfälisch-lippischen Müllerbund besteht ein Manteltarifvertrag vom 18. März 1953 für die gewerblichen Arbeitnehmer in den Betrieben des westfälischen Müllerbundes. Dieser Tarifvertrag erstreckt sich räumlich auf den Landesteil Westfalen-Lippe, fachlich auf den westfälisch-lippischen Müllerbund und persönlich auf alle der Gewerkschaft Nahrung, Genuß und Gaststätten angehörenden Arbeitnehmer. Nach dem diesen Manteltarifvertrag ergänzenden Lohntarifvertrag vom 6. November 1951 entlohnt der Beklagte seine Arbeitnehmer, darunter auch die Kläger.

Zwischen der Gewerkschaft Nahrung, Genuß und Gaststätten und dem Fachverband der Futtermittelindustrie besteht ein Manteltarifvertrag für die Futtermittelindustrie vom 21. Mai 1953, der sich räumlich auf das Land Nordrhein-Westfalen, fachlich auf alle dem Fachverband der Futtermittelindustrie, Bezirksgruppe Nordrhein-Westfalen, angeschlossenen Betriebe und persönlich auf alle gewerblichen Arbeitnehmer erstreckt. Der diesen Manteltarifvertrag ergänzende Lohntarifvertrag vom 19. Juli 1954 sieht günstigere Löhne als der Tarifvertrag mit dem westfälisch-lippischen Müllerbund vor, nach dem der Beklagte seine Arbeitnehmer bezahlt. Die Parteien streiten darüber, ob die Kläger nach dem zwischen der Gewerkschaft Nahrung, Genuß und Gaststätten und dem Müllerbund abgeschlossenen Tarifvertrag („Müllertarif") oder nach dem zwischen der gleichen Gewerkschaft und dem Fachverband für die Futtermittelindustrie abgeschlossenen Tarifvertrag („Futtermitteltarif") bezahlt werden müssen. Die Kläger verlangen die Zahlung nach dem Futtermitteltarif und haben die Differenz für die Zeit vom 1. Juli bis 23. Oktober 1954 geltend gemacht. Dazu haben sie vorgetragen, das Schwergewicht des Betriebes des Beklagten liege im Futtermittelgeschäft, während der Beklagte die Ansicht vertritt, die Müllerei sei der Hauptgegenstand seines Unternehmens.

Die Vorinstanzen haben die Klage abgewiesen. Die Revision der Kläger führte zur Aufhebung und Zurückverweisung an das Landesarbeitsgericht.

Aus den Gründen:

Für den Betrieb des Beklagten überschneiden sich der Müllertarif und der Futtermitteltarif. Beide Tarife könnten räumlich, betrieblich, fachlich und persönlich auf die Arbeitsverhältnisse der Kläger zu dem Beklagten angewendet werden. Kläger und Beklagter sind tarifgebunden an beide tarifliche Regelungen, denn die Kläger sind Mitglieder der tarifschließenden Gewerkschaft und der Beklagte gehört sowohl dem westfälisch-lippischen Müllerbund wie aber auch dem Fachverband für die Futtermittelindustrie an.

Die Lösung der sich aus dieser Tarifkonkurrenz ergebenden Fragen ist nicht in der Weise möglich, daß geprüft wird, welcher Tarifvertrag die Arbeitnehmer günstiger stellt. Das sogenannte Günstigkeitsprinzip bezieht sich nur auf das Verhältnis der einzelvertraglich vereinbarten oder auf Betriebsvereinbarung beruhenden Arbeitsbedingungen zu den auf dieses Einzelarbeitsverhältnis grundsätzlich einwirkenden Normen eines Tarifvertrags; nur für diesen Fall sieht § 4 Abs. 1 TVG vor, daß die Normen des Tarifvertrags die günstigeren einzelvertraglichen Abreden unberührt lassen. Der gleiche Grundsatz kann aber nicht auf Fälle echter Tarifkonkurrenz mit der Wirkung übertragen werden, daß die Normen des günstigeren Tarifvertrags vor denen des ungünstigeren Tarifvertrags angewendet werden (vgl. Hueck-Nipperdey-Tophoven, TVG, 3. Aufl., § 4 Anm. 101). Die Lösung ist vielmehr unter Wahrung des Grundsatzes der Tarifeinheit aus dem sogenannten Spezialitätsprinzip zu suchen, also aus dem Grundsatz, daß der Tarifvertrag anzuwenden ist, der der Eigenart und den besonderen Bedürfnissen des Betriebes und seiner Arbeitnehmer am besten Rechnung trägt (vgl. Hueck-Nipperdey-Tophoven, a. a. O. Anm. 106; Hueck-Nipperdey, Lehrbuch des Arbeitsrechts, 6. Aufl., Band 2, Lieferung 2, § 33).

In dieser Richtung hätte das Landesarbeitsgericht also den Sachverhalt aufklären und die insoweit angebotenen Beweise ausschöpfen müssen; die so gewonnenen Ergebnisse hätte es seiner Entscheidung zu Grunde legen müssen.

Während das Arbeitsgericht es bei seiner Entscheidung ausschließlich auf das Verhältnis zwischen dem Umsatz, den der Beklagte aus seiner Betätigung als Unternehmer einer Mühle erzielt (dazu zählt das Arbeitsgericht auch das Schroten von Getreide für Futterzwecke zum Absatz in unvermischter Form) einerseits und dem Umsatz aus der Betätigung als Hersteller und Händler von Mischfutter andererseits abstellt (62,03 % zu 37,97 %), hat das Landesarbeitsgericht insoweit zwar eingehendere Erwägungen angestellt, letztlich aber doch allein die Umsatzzahlen seiner Entscheidung zu Grunde gelegt. Um diese Umsatzzahlen ermitteln zu können, hat es eingehend erörtert, ob das Verschroten von Getreide und der Verkauf des so gewonnenen Produktes als Tätigkeit einer Mühle oder aber als Betätigung auf dem Gebiet der Futtermittelindustrie anzusehen sind. Dabei geht das Landesarbeitsgericht davon aus, daß der Begriff der Futtermittelindustrie nur die Herstellung von Mischfutter umfaßt.

Nach dem ihrer Entscheidung unterbreiteten Sachverhalt hätten die Vorinstanzen es aber nicht allein auf die Ermittlung der Umsatzzahlen abstellen dürfen, sondern sie hätten zur Grundlage ihrer Entscheidungen die ganze innere Ausrichtung des Betriebes der Beklagten, die gesamte tatsächliche Ausgestaltung der Arbeitsverhältnisse und insbesondere die Art, in der der überwiegende Teil der Arbeiter zur Arbeit eingesetzt war, machen müssen. Weder die Firmenbezeichnung des Arbeitgebers (hier Klostermühle) noch die Umsatzzahlen auf den verschiedenen Betätigungsgebieten des einheitlichen Betriebes geben insoweit einen sicheren Aufschluß. Maßgebend ist vielmehr die gesamte tatsächliche Ausgestaltung der Arbeitsverhältnisse und insbesondere die Art der Arbeit, die von der überwiegenden Zahl der Arbeitnehmer verlangt wird. Denn die Tarifverträge wollen diesen Bereich des Wirtschaftslebens regeln und einheitlich ordnen (sog. Ordnungsfunktion des Tarifvertrages). Aus Gründen der Tarifeinheit kann zwar nicht auf die Art der Arbeitsleistung des einzelnen Arbeitnehmers abgestellt werden, maßgebend ist vielmehr die Art der gemeinschaftlichen Leistung, die nach der wirtschaftlichen Zielsetzung des Betriebes von der überwiegenden Zahl der beschäftigten Arbeitnehmer durch die gemeinsame Arbeit im Betrieb erbracht werden soll. Damit ist für die Frage, welcher der mehreren in Betracht kommenden Tarifverträge auf die Arbeitsverhältnisse in einem einheitlichen Betrieb anzuwenden ist, die überwiegende Tätigkeit der überwiegenden Zahl der Arbeitnehmer maßgebend. Es ist also nicht, jedenfalls nicht in erster Linie, auf den in den einzelnen Zweigen des einheitlichen Betriebes erzielten Umsatz oder gar den wirtschaftlichen Erfolg dieser einzelnen Zweige des einheitlichen Betriebes abzustellen, sondern auf die Art der von der Mehrheit der Arbeitnehmer zu leistenden Arbeit. Dies ergibt sich schon daraus, daß die normativen Bestimmungen des Tarifvertrags die Einzelarbeitsverhältnisse der tarifgebundenen Arbeiter in einem einheitlichen Betrieb einheitlich ordnen sollen. Ziel des Tarifvertrags ist also die durch diesen Tarifvertrag einheitlich geordnete Entlohnung der Arbeitnehmer. Diesem Ziel entspricht es, daß in Fällen echter Tarifkonkurrenz der Tarifvertrag, der die geeignetste Grundlage für die einheitliche tarifliche Ordnung der Arbeitsverhältnisse im Betrieb im Hinblick auf die ganze Ausrichtung des Betriebes und die Ausgestaltung der Arbeitsleistung und die von der Mehrheit der Arbeitnehmer zu leistende Arbeit bildet, vor dem weniger geeigneten Tarifvertrag den Vorrang haben muß.

Das Landesarbeitsgericht hätte also zur Grundlage seiner Entscheidung nähere Feststellungen darüber treffen müssen, welche Arbeit die Mehrheit der Arbeitnehmer des Beklagten im Betrieb nach der Ausgestaltung dieses von dem Beklagten einheitlich geführten Betriebs zu leisten hat. Hat die Mehrheit der Arbeitnehmer Müllereitätigkeit zu leisten, so liegt ein Mühlenbetrieb vor, die Arbeitsverhältnisse unterstehen dann dem Müllertarif. Hat die Mehrheit der Arbeitnehmer Futtermittel herzustellen und ist daher der Betrieb arbeitsmäßig vorwiegend auf die Herstellung von Futtermitteln ausgerichtet, so ist der Futtermitteltarif anzuwenden.

Das Landesarbeitsgericht ist bei seiner Entscheidung davon ausgegangen, daß es im wesentlichen aus den Umsatzzahlen geschlossen hat, die Mehrheit der Arbeitnehmer leiste eine Arbeit als Müller, nicht aber eine Arbeit zur Herstellung von Futtermitteln. Dieser Schluß des Landesarbeitsgerichts ist ohne nähere tatsächliche Feststellungen nicht haltbar. Die Frage des Umsatzes ist eine Frage der unternehmerischen Betätigung des Betriebsinhabers, nicht aber eine Frage der tatsächlichen Ausgestaltung der Arbeitsverhältnisse, wie sie der Betriebsinhaber in seiner Eigenschaft als Arbeitgeber vorgenommen hat. Der Unterschied in den Umsatzzahlen bei mehreren Zweigen eines einheitlichen Betriebes besagt für sich allein nichts darüber, welche Arbeit die Mehrheit der Arbeitnehmer tatsächlich zu leisten hat. Aus den Umsatzzahlen allein kann insbesondere nicht das Gepräge eines Betriebes hinsichtlich der tatsächlichen Ausgestaltung der Arbeitsverhältnisse und der Art der von der überwiegenden Zahl der Arbeitnehmer überwiegend verlangten Arbeit festgestellt werden. Es ist vielmehr durchaus denkbar, daß in einem Zweig eines aus mehreren Zweigen bestehenden einheitlichen Betriebes ein sehr kleiner Umsatz erzielt wird, gleichwohl aber der Betrieb selbst arbeitsmäßig gerade durch den Betriebszweig gekennzeichnet wird, der nur zu einem kleineren Umsatz als dem der anderen Betriebszweige geführt hat.

Aus den Feststellungen des Landesarbeitsgerichts, die sich ausschließlich mit dem Umsatz in den einzelnen Betriebszweigen beschäftigen, ist also die Lösung der hier vorliegenden Tarifkonkurrenz nicht eindeutig möglich. Deshalb mußte das Urteil des Landesarbeitsgerichts aufgehoben und die Sache zur erneuten Verhandlung und Entscheidung zurückverwiesen werden.

Das Landesarbeitsgericht wird zunächst zu prüfen haben, in welcher Weise der überwiegende Teil der Arbeitnehmer des Beklagten überwiegend zur Arbeit eingesetzt ist. Diese Prüfung wird sich auf einen längeren Zeitraum erstrecken müssen, denn nur so kann festgestellt werden, wie die Arbeitsverhältnisse der Arbeitnehmer des Beklagten in ihrem gewöhnlichen Ablauf tatsächlich ausgestaltet sind. Sofern diese Prüfung nicht eindeutige Ergebnisse zeitigen sollte, wird das Landesarbeitsgericht weiterhin zu prüfen haben, ob ein Betrieb der Art, wie ihn der Beklagte führt, nach den Anschauungen des Verkehrs zu den Müllereibetrieben oder zu den Futtermittelbetrieben gerechnet wird. Aus dem Sachvortrag der Parteien und insbesondere aus dem von dem Arbeitsgericht eingeholten Gutachten des Sachverständigen ist zu ersehen, daß der Betrieb Getreide für Futterzwecke verschrotet und dann dieses verschrotete Getreide zum Teil ohne weitere Be- oder Verarbeitung als Futtermittel absetzt, zum anderen Teil aber selbst zu Mischfutter verarbeitet und dann dieses Mischfutter in den Verkehr bringt. Feinmehl wird nach den Feststellungen des Sachverständigen nicht oder nur in ganz geringem Umfange hergestellt. Die Herstellung von Futermitteln — unvermischtes verschrotetes Getreide und Mischfutter — überwiegt also ganz eindeutig gegenüber der Feinmehlherstellung. Bei dieser Sachlage wird sich die von dem Landesarbeitsgericht eingeleitete Beweisaufnahme darauf zu erstrecken haben, ob nach der Verkehrsanschauung in den beteiligten Wirtschaftskreisen ein so wie der des Beklagten arbeitender Betrieb als Futtermittelbetrieb und als Bestandteil der Futtermittelindustrie angesehen wird oder aber ob er trotz der nur geringfügigen Herstellung von Feinmehlen noch als Müllereibetrieb anzusehen ist. Eine Beweisaufnahme dahin, welcher Betrieb im einzelnen nach der Werkeinstellung zu der Futtermittelindustrie gerechnet wird und ob insbesondere auch Mühlenbetriebe, die Getreide verschroten, als Betriebe der Futtermittelindustrie anzusprechen sind, könnte zur Aufklärung der für die Entscheidung des Rechtsstreits erheblichen Frage, ob gerade der Betrieb des Beklagten im Hinblick auf seine ganze Ausrichtung als Futtermittelbetrieb anzusehen ist, nicht ausreichend beitragen. Es mag durchaus zutreffen, daß Mühlen, die Feinmehl herstellen und daneben noch Schrot für Futterzwecke anfertigen, als Mühlenbetriebe nach der Verkehrsanschauung angesehen werden und durch die Herstellung von Getreideschrot nicht ihre Zielsetzung als Mühlenbetrieb verlieren. Etwas ganz anderes ist es aber, wenn ein Betrieb sich ganz überwiegend mit der Herstellung von verschrotetem Getreide (auch dies ist nach dem Futtermittelgesetz vom 22. Dezember 1926 — RGBl. I S. 525 — Futtermittel) und von Mischfutter befaßt und daneben nur noch in ganz geringfügigem Umfange Feinmehl herstellt. Die ganze Beweisaufnahme muß so ausgerichtet werden, daß die Beweisfrage den tatsächlichen Gegebenheiten gerecht wird. Aufgabe des Gerichts ist es ,sowohl bei einer auf Antrag der Parteien durchzuführenden Beweisaufnahme wie aber auch bei der von Amts wegen zulässigen Begutachtung durch Sachverständige die Beweisfrage so zu stellen, daß den Sachverständigen und den um Auskunft ersuchten Stellen die tatsächlichen Umstände, die für die Beurteilung erheblich sein können, mitgeteilt werden.

Sofern sich weder bei der Prüfung, mit welchen Arbeiten die überwiegende Zahl der Arbeitnehmer des Beklagten überwiegend beschäftigt ist, noch bei der Prüfung der Frage, ob der Betrieb des Beklagten nach der Verkehrsanschauung als Mühlenbetrieb oder als Futtermittelbetrieb anzusehen ist, eindeutige Ergebnisse erzielen lassen, kann letztlich auch auf die Umsatzzahlen in den einzelnen Betriebszweigen und auf die Struktur des Betriebes, die der Beklagte als Unternehmer seinem Betrieb gegeben hat, und schließlich auch auf den Unternehmenszweck abgestellt werden. Diese Gesichtspunkte können unterstützend mitverwertet werden, dürfen aber nicht zur Lösung der Frage einer bestehenden Tarifkonkurrenz allein und ausschließlich benutzt werden.

Daraus, daß der Verband der Futtermittelindustrie im wesentlichen nach der vom Landesarbeitsgericht eingeholten Auskunft dieses Verbandes nur die Interessen der M i s c h futtermittelherstellung vertreten will, läßt sich für die Lösung der Tarifkonkurrenz entgegen der Annahme des Landesarbeitsgerichts nichts schließen. Der Beklagte ist Mitglied des Futtermittelverbandes und damit als Mitglied gebunden auch an die Tarife, die dieser Verband im Rahmen seiner Tariffähigkeit abschließt (§ 3 TVG). Mit tarifrechtlichen Grundsätzen wäre es unvereinbar, wenn der Beklagte seine Tarifgebundenheit an den von dem Verband für Futtermittelindustrie abgeschlossenen Tarifvertrag damit bestreiten könnte, daß er geltend macht, dieser Tarifvertrag sei von einer tariffähigen Organisation abgeschlossen worden, der er zwar als Mitglied angehöre, die aber seine wirtschaftlichen Interessen nur auf einem in seinem Betrieb untergeordneten Teil der Gesamtbetätigung seines Betriebes vertrete. Ist ein Arbeitgeber durch die Mitgliedschaft zu einer Tarifpartei tarifgebunden und gilt der Tarifvertrag nach seinem Inhalt räumlich, fachlich und persönlich für seinen Betrieb, so kann er nicht geltend machen, daß dieser Tarifvertrag im Hinblick auf die Art, wie sein Betrieb überwiegend ausgestaltet sei, für ihn unanwendbar sei. Dies würde klar gegen die Grundsätze des § 3 TVG verstoßen und die Ordnungsfunktion, die der Tarifvertrag hinsichtlich der erfaßten Arbeitsverhältnisse für einen einheitlichen Betrieb hat, vereiteln. Dem Landesarbeitsgericht ist also insoweit ein Rechtsfehler unterlaufen, als es darauf abstellt, daß der Verband für die Futtermittelindustrie nur solche Betriebe umfasse, die Mischfutter im Sinne des § 3 Abs. 2 des Futtermittelgesetzes herstellen. Auf die Zweckrichtung des Verbandes, der den Tarifvertrag abgeschlossen hat, kommt es nicht an, da der Beklagte die Mitgliedschaft zu diesem Verband erworben hat.

72

1. Unterhält der einzige persönlich haftende Gesellschafter einer Kommanditgesellschaft die Mitgliedschaft zu einer tariffähigen Arbeitgeberorganisation, so ist davon auszugehen, daß die Kommanditgesellschaft selbst Mitglied der Organisation und damit tarifgebunden ist.

2. Innungen des Handwerks sind tariffähig.

3. Die Tariffähigkeit der Spitzenorganisationen und der Abschluß von Tarifverträgen durch die Spitzenorganisationen nimmt den tariffähigen Unterorganisationen nicht die Tariffähigkeit und steht dem Abschluß regionaler Tarifverträge nicht entgegen.

4. Regionale Tarifverträge können von der Lohngruppeneinteilung nach dem von den Spitzenorganisationen abgeschlossenen Tarifvertrag abweichen.

5. Im Falle einer solchen Tarifkonkurrenz geht der räumlich engere dem räumlich weiteren Tarifvertrag vor.

HGB § 164; TVG § 2; TVG § 3.

I. Senat. Urteil vom 22. Februar 1957 i. S. der Firma Sch. KG (Bekl.) w. M. u. a. (Kl.) 1 AZR 426/56

I. Arbeitsgericht Bremen. — II. Landesarbeitsgericht Bremen.

Die Beklagte, eine Kommanditgesellschaft, deren einziger persönlich haftender Gesellschafter seit 1941 der Kaufmann L. ist, beschäftigt sich mit Schuhreparaturen. L. gehörte bereits seit 1931 der Schuhmacherinnung Bremen an, die ihrerseits dem „Landesinnungsverband des niedersächsischen Schuhmacherhandwerks einschließlich Bremen" angehört. Diese Mitgliedschaft des L. bei der Schuhmacherinnung Bremen bestand bis zum 31. März 1956. Die Innung erhob Beiträge, die von der Beklagten getragen wurden. Die Beklagte selbst ist jedoch nicht in den Mitgliedslisten der Schuhmacherinnung Bremen verzeichnet.

Die Klägerinnen B. M. und K. M. sind bei der Beklagten als Beifahrerinnen im Zustell- und Abholdienst beschäftigt. Die Klägerin I. Sch. ist bei der Beklagten mit Schuhputzarbeiten und ähnlichen Arbeiten beschäftigt. Alle drei Klägerinnen gehören seit dem Sommer 1955 der I. G. Leder als Mitglieder an. Die Klägerinnen haben in der Zeit vom 26. November 1955 bis zum 1. Januar 1956 einen Stundenlohn von 0,90 DM und vom 2. Januar 1956 bis zum 20. Januar 1956 einen solchen von 0,92 DM erhalten.

Seit dem 7. März 1951 besteht zwischen dem Bundesverband des Deutschen Schuhmacherhandwerks (dem der o. a. Landesverband als Mitglied angehört) und der Gewerkschaft Leder ein Manteltarifvertrag, der sich räumlich auch auf das Gebiet des Landesinnungsverbandes Niedersachsen erstreckt und in § 7 eine Betriebsklassen- und Lohngruppeneinteilung enthält. Die Lohngruppeneinteilung unterscheidet:

a) gelernte Facharbeiterinnen,

b) angelernte Arbeitnehmer.

Der Manteltarifvertrag gilt für alle gewerblichen Arbeitnehmer mit Ausnahme der Lehrlinge und Angestellten.

Zwischen dem Landesinnungsverband des niedersächsischen Schuhmacherhandwerks und der I. G. Leder bestehen Lohntarifverträge. Der Lohntarifvertrag vom 2. Dezember 1954 sah eine Lohngruppe c) „sonstige angelernte Arbeitnehmer" vor. In einer Änderung vom 1. Dezember 1955, in Kraft seit dem 1. Januar 1956, wurde an die Stelle dieser Lohngruppe die Gruppe „sonstige Arbeitnehmer" gesetzt. Für diese Gruppe wurde ein Stundenlohn von 1,26 DM ausgeworfen. Der Manteltarifvertrag enthält eine Lohngruppe „sonstige Arbeitnehmer" nicht.

Die Klägerinnen machen jetzt noch die Differenz zwischen dem ihnen für die Zeit vom 2. bis 20. Januar 1956 gezahlten Stundenlohn von 0,92 DM und dem Tariflohn für „sonstige Arbeitnehmer" mit 1,26 DM in der rechnerisch unstreitigen Höhe von 65,69 DM geltend.

Die Beklagte bestreitet, daß die Klägerinnen Anspruch auf den Tariflohn für sonstige Arbeitnehmer haben. Sie hat dazu vorgetragen, sie selbst sei nicht Mitglied des Landesinnungsverbandes und damit nicht tarifgebunden. Insbesondere aber verstoße der Lohntarifvertrag gegen den Manteltarifvertrag insoweit, als dort eine Gruppe „sonstige Arbeitnehmer" eingeführt worden sei. Die Klägerinnen fielen schließlich auch deshalb nicht unter den Tarifvertrag, weil sie keine für das Schuhmacherhandwerk typische Arbeit leisteten.

Das Landesarbeitsgericht hat nach dem Klageantrag erkannt. Die Revisionen der Klägerinnen blieben erfolglos.

Aus den Gründen:

Die Revision stellt zunächst zur Nachprüfung, ob die Beklagte selbst (nicht nur ihr einziger persönlich haftender Gesellschafter) Mitglied der Schuhmacherinnung Bremen ist, die ihrerseits dem Landesinnungsverband des niedersächsischen Schuhmacherhandwerks angehört. Der Ansicht der Revision, die Beklagte sei nicht tarifgebunden und damit auch der von den Klägerinnen verfolgte Tariflohnanspruch als solcher unbegründet, kann nicht gefolgt werden.

Das Landesarbeitsgericht berücksichtigt die Tatsache, daß die Beklagte selbst nicht als Mitglied der Innung in deren Listen geführt wird, ist aber der Ansicht, daß sich „in tarifrechtlicher Hinsicht die Mitgliedschaft der Beklagten aus den besonderen Umständen des vorliegenden Falles zwingend schließen läßt". Insoweit führt das Landesarbeitsgericht an, die Tatsache, daß der alleinige persönlich haftende Gesellschafter der Beklagten Mitglied der Schuhmacherinnung Bremen sei, rechtfertige den Schluß, daß er die Mitgliedschaft zu der Tarifvertragspartei in seiner Eigenschaft als deren Leiter und Repräsentant für die Beklagte selbst aufrechterhalten habe. Wenn das Landesarbeitsgericht aus der Tatsache, daß der einzige persönlich haftende Gesellschafter einer Kommanditgesellschaft die Mitgliedschaft fortgeführt hat, darauf schließt, daß diese Mitgliedschaft auch für die Gesellschaft unterhalten werde, so befindet es sich im Einklang mit der auch im Schrifttum vertretenen Auffassung (vgl. Hueck-Nipperdey-Tophoven, TVG, 3. Aufl., § 3 Anm. 6; Hueck-Nipperdey, Lehrbuch des Arbeitsrechts, 6. Aufl., 2. Band, 2. Lieferung, S. 342). Auch der Senat schließt sich bei dem hier vorliegenden Sachverhalt dieser Auffassung an. L. war als alleiniger persönlich haftender Gesellschafter der Beklagten deren Repräsentant. Als solcher hat er, wie das Landesarbeitsgericht in seinen tatsächlichen Feststellungen ohne Rechtsfehler annimmt, auch für die Beklagte selbst die Mitgliedschaft zu der Tarifvertragspartei dadurch erworben, daß er seine bereits früher erworbene eigene Mitgliedschaft zu der Schuhmacherinnung Bremen in seiner Eigenschaft als Repräsentant der Beklagten für diese selbst fortgeführt und ausgewertet hat. Das Landesarbeitsgericht verkennt insbesondere bei seiner Würdigung nicht, daß L. bereits in die Schuhmacherinnung eingetreten ist, bevor er überhaupt Mitglied der beklagten Gesellschaft wurde. Das Landesarbeitsgericht legt seiner Entscheidung aber weiterhin zu Grunde, es hätten keine besonderen Gründe für eine Beibehaltung der Mitgliedschaft in der Person des L. ohne Berücksichtigung seiner Stellung als einziger persönlich haftender Gesellschafter der beklagten Kommanditgesellschaft bestanden. Wenn er also die Mitgliedschaft fortgeführt habe, so habe er dies für die Beklagte und in deren Interesse getan. Dieser Schluß des Landesarbeitsgerichts verstößt weder gegen wesentliche Auslegungsgrundsätze noch gegen die Denkgesetze. In diesem Zusammenhang gewinnt auch, wie das Landesarbeitsgericht zutreffend feststellt, die Tatsache Bedeutung, daß die an die Innung gezahlten Beiträge in ihrer Berechnung nicht auf die Person des L. als Einzelmitglied abgestellt waren, sondern auf die Verhältnisse der beklagten Gesellschaft selbst. Gegenüber dieser tatsächlichen Feststellung des Landesarbeitsgerichts ist ein Verfahrensangriff nicht erhoben worden. Insbesondere ist auch aus dem gesamten Sachverhalt die weitere Feststellung, die ebenfalls in zulässiger Weise von dem Landesarbeitsgericht getroffen worden ist, gerechtfertigt, daß auch die Innung die beklagte Gesellschaft als Mitglied aufnehmen und führen wollte. Dem steht nicht entgegen, daß die Innung die Beklagte nicht in ihren Listen als Mitglied verzeichnet hat. Die Eintragung der Beklagten in die Mitgliedslisten der Innung hat keine rechtsbegründende Bedeutung für den Mitgliedschaftserwerb, ein Unterlassen insoweit rechtfertigt also nicht den Schluß, die Beklagte sei nicht Mitglied der Innung. Ist sonach festzustellen, daß die Würdigung des Sachverhalts durch das Landesarbeitsgericht ohne Verfahrensverstoß vorgenommen worden ist, so ist die von der Revision gegen die Feststellung, auch die Beklagte sei Mitglied der Innung und damit tarifgebunden, erhobene Rüge unbegründet. Für die Entscheidung des Revisionsgerichts ist vielmehr davon auszugehen, daß die Beklagte Mitglied der Innung, damit mittelbar auch des Landesinnungsverbandes und schließlich auch des Bundesverbandes des Deutschen Schuhmacherhandwerkes ist. Sie gehört damit einer Tarifvertragspartei als Mitglied an.

Daß Innungen, Landesinnungen und die entsprechenden Bundesverbände des Handwerkes nicht etwa Zwangsverbände sind, sondern von dem Grundsatz der freiwilligen Mitgliedschaft getragen sind und als solche tariffähig sind, ist bereits von dem Senat im Einklang mit dem Schrifttum (vgl. Hueck-Nipperdey-Tophoven, TVG, 3. Aufl., § 2

Anm. 20) ausgesprochen worden (vgl. BAG 6. 12. 1956 — 2 AZR 192/56 —).

Damit ist, wie die Vorinstanzen zutreffend festgestellt haben, die Beklagte tarifgebunden sowohl an den Bundesmanteltarifvertrag wie aber auch an die Lohntarifverträge zwischen dem Landesinnungsverband und der I. G. Leder. Beide tariflichen Regelungen erstrecken sich fachlich, persönlich und räumlich auch auf die Beklagte.

Auch der weitere Angriff der Revision, das Landesarbeitsgericht habe verkannt, daß der Landesinnungsverband des niedersächsischen Schuhmacherhandwerkes sich seiner eigenen Tariffähigkeit jedenfalls insoweit begeben habe, als er die in dem Manteltarifvertrag des Bundesverbandes enthaltenen Vereinbarungen seines Bundesverbandes als für sich verbindlich anerkannt habe, ist unbegründet. Dieses Vorbringen könnte in der Revisionsinstanz nur beachtlich sein, wenn zum Ausdruck gebracht werden soll, bereits durch die Tatsache, daß eine Lohngruppeneinteilung in dem Manteltarifvertrag enthalten sei, entfalle eine Befugnis des Landesinnungsverbandes, die Lohngruppen nach anderen Gesichtspunkten zu bestimmen oder zusätzliche Lohngruppen einzuführen. Unbeachtlich in der Revisionsinstanz wäre das Vorbringen, wenn damit zum Ausdruck gebracht werden sollte, der Landesinnungsverband habe sich durch besondere Verpflichtung einer sonst bestehenden Befugnis zur Änderung oder Ergänzung der Lohngruppeneinteilung begeben. Denn alsdann läge in dieser Revisionsbegründung die Geltendmachung eines neuen tatsächlichen Vorbringens, das nicht Gegenstand der Entscheidung des Landesarbeitsgerichts gewesen ist und deshalb auch in der Revisionsinstanz nicht mehr vorgebracht werden kann.

Aber auch in diesem eingeschränkten Sinne ist der Angriff der Revision unbegründet. Es trifft zwar zu, daß der Manteltarif in § 7 die Lohnklassen

a) Gesellen,
b) gelernte Facharbeiterinnen,
c) angelernte Arbeitnehmer und
d) Schäftemacher

enthält, während der Lohntarif vom 1. Dezember 1955 — in Kraft seit dem 2. Januar 1956 — die Lohngruppen

a) Gesellen,
b) angelernte Arbeitnehmer,
c) sonstige Arbeitnehmer und
d) Schäftemacher

aufweist. Auch enthält § 7 Abs. 4 des Manteltarifvertrages nur insoweit eine ausdrückliche Verweisung auf noch regional zu treffende Vereinbarungen, als es sich um die Löhne und die Ortsklasseneinteilung handelt. Das Landesarbeitsgericht ist jedoch zutreffend davon ausgegangen, daß die Tatsache der Schaffung eines Manteltarifs auf Bundesebene durch den Bundesverband des Deutschen Schuhmacherhandwerks einerseits und die Gewerkschaft Leder andererseits nicht den regionalen tariffähigen Organisationen (Landesinnungsverband des niedersächsischen Schuhmacherhandwerks einerseits und I. G. Leder andererseits) die Tariffähigkeit nimmt. Nach § 2 Abs. 2 TVG sind die Spitzenverbände befugt, im Namen von Gewerkschaften und Vereinigungen von Arbeitgebern Tarifverträge abzuschließen; sie sind nach § 2 Abs. 3 TVG auch befugt, Tarifverträge im eigenen Namen abzuschließen. Aus der Tariffähigkeit der Spitzenverbände nach § 2 folgt aber nicht, daß dann, wenn die Spitzenorganisationen von dieser eigenen Tariffähigkeit Gebrauch gemacht haben, die Tariffähigkeit der zusammengeschlossenen Unterorganisation endet oder beschränkt wird. Die Tariffähigkeit der Unterorganisationen eines Spitzenverbandes wird durch die Tariffähigkeit des Spitzenverbandes selbst nicht beeinträchtigt, bleibt vielmehr ungeschmälert erhalten. Dies ergibt sich eindeutig aus dem systematischen Aufbau des § 2 TVG. Bei den Regelungen in § 2 Abs. 2 und 3 TVG handelt es sich um die Übertragung von zusätzlichen Befugnissen auf die Spitzenverbände, die neben die unberührt bleibenden Befugnisse der sonstigen tariffähigen Organisationen treten. Daraus folgt, daß die Unterorganisationen auch dann, wenn ihr Spitzenverband von der ihm durch das TVG verliehenen Tariffähigkeit Gebrauch macht, nach wie vor von ihrer eigenen Tariffähigkeit durch Abschluß von Tarifverträgen Gebrauch machen können. Sie haben diese Befugnis nicht nur insoweit, als der von dem Spitzenverband geschlossene Tarifvertrag Ergänzungen oder Änderungen der dort getroffenen Regelung durch noch von den Unterorganisationen zu schließende Tarifverträge ausdrücklich oder stillschweigend zuläßt, sondern auch dann, wenn der von den Spitzenorganisationen geschlossene Tarifvertrag die Arbeitsverhältnisse der Arbeitnehmer, die bei den Mitgliedern der Unterorganisationen arbeiten, abschließend regeln wollte. Dies ergibt sich bereits daraus, daß die Begründung der Tariffähigkeit der Spitzenorganisationen die Einführung einer zusätzlichen, erst durch das TVG ausdrücklich erwähnten Tariffähigkeit darstellt, nicht aber eine Beschneidung der unberührt gebliebenen Tariffähigkeit der Gewerkschaften, einzelner Arbeitgeber und der Vereinigungen von Arbeitgebern nach § 2 Abs. 1 TVG.

Auch der Grundsatz der Tarifgebundenheit nach § 3 TVG rechtfertigt keine andere Beurteilung. Denn die Tarifgebundenheit an einen von ihrer Spitzenorganisation abgeschlossenen Tarifvertrag erstreckt sich im Sinne des § 3 TVG nur auf die Mitglieder der Verbände, die den Spitzenorganisationen angehören (vgl. Hueck-Nipperdey-Tophoven, TVG, 3. Aufl., § 3 Anm. 8, S. 117), nicht auf die Unterorganisationen selbst. Diese Tarifgebundenheit bewirkt daher nicht eine Bindung der Unterorganisationen dieser Spitzenorganisationen dahin, daß diese gehindert wären, durch besondere Tarifverträge im Rahmen ihrer fortbestehenden Tariffähigkeit Regelungen zu treffen, die von denen des von den Spitzenorganisationen abgeschlossenen Tarifvertrags abweichen. § 3 TVG will vielmehr, wie in seinem systematischen Zusammenhang sein Abs. 2 zeigt, nur eine Tarifgebundenheit von Arbeitnehmern und Arbeitgebern als solchen normieren, nicht aber eine Tarifgebundenheit von tariffähigen Organisationen.

Auch mit der Erwägung, daß anderenfalls eine einheitliche Ausrichtung der Tarifpolitik der Spitzenorganisationen gefährdet oder verhindert würde, kann nicht die Ansicht gerechtfertigt werden, daß Unterorganisationen nur dann von den Grundsätzen der von den Spitzenverbänden vereinbarten Tarifverträge in auf regionaler Ebene abgeschlossenen Tarifverträgen abweichen können, wenn der von dem Spitzenverband abgeschlossene Tarifvertrag eine solche Abweichung ausdrücklich zuläßt oder sie jedenfalls nicht ausdrücklich verbietet. Es kann deshalb dahingestellt bleiben, ob § 7 Abs. 4 des Manteltarifvertrages zwischen dem Bundesverband des Deutschen Schuhmacherhandwerkes und der I. G. Leder auch eine Befugnis zur anderweiten Einteilung der Lohngruppen und zur Schaffung neuer Lohngruppen beinhaltet. Selbst wenn die Vertragsparteien des Manteltarifs das Gegenteil gewollt haben sollten und sogar die Schaffung neuer Lohngruppen oder die Änderung der Lohngruppeneinteilung durch regionale Verbände ausdrücklich hätten ausschließen wollen, würde eine solche Absicht — auch wenn sie im Tarifvertrag zum Ausdruck gekommen wäre — gleichwohl die regionalen tariffähigen Organisationen nicht hindern, derartige Regelungen im Rahmen ihrer eigenen fortbestehenden Tariffähigkeit zu treffen. Denn die Spitzenorganisationen können nicht durch Vereinbarungen untereinander die durch Gesetz begründeten Befugnisse tariffähiger regionaler Organisationen beschränken. Die Frage, ob ein Unterverband, der sich in Abweichung von dem durch die Spitzenorganisationen abgeschlossenen Tarifvertrag zu dem Abschluß eines regionalen Tarifvertrages bereit findet, damit gegen die Verbandsdisziplin verstößt, ist im Rahmen der nach dem TVG zu beurteilenden Frage der eigenen Tariffähigkeit der Unterorganisation unbeachtlich. Das Streben nach Wahrung der Verbandsdisziplin nimmt den tariffähigen Unterorganisationen der Spitzenorganisationen nicht die ihnen sonst zustehende eigene und nach Abschluß eines Tarifvertrags durch die Spitzenorganisationen fortbestehende Tariffähigkeit.

Es trifft zwar zu, daß solche Tarifverträge, die von den Spitzenorganisationen im eigenen Namen abgeschlossen sind, nur von den Spitzenorganisationen aufgehoben, geändert oder gekündigt werden können (vgl. Hueck-Nipperdey, Lehrbuch des Arbeitsrechts, 6. Aufl., 1955, Band 2, 2. Lieferung, § 20 IV 2, S. 307). Um eine solche Änderung des von dem Spitzenverband abgeschlossenen Tarifvertrages handelt es sich aber nicht, wenn die Unterorganisationen der Spitzenorganisationen im Rahmen ihrer eigenen Tariffähigkeit in Ergänzung und auch in Änderung des Tarifvertrages der Spitzenorganisationen eigene Tarifverträge abschließen, die neben dem im übrigen durch ihre Maßnahmen nicht berührten Tarifvertrag der Spitzenorganisationen angewendet werden sollen. Durch einen solchen regionalen Tarifvertrag wird der sonst fortgeltende überregionale Tarifvertrag nicht aufgehoben, geändert oder gekündigt. Dies wäre nur durch die Spitzenorganisationen zulässig. Beide Tarifverträge gelten vielmehr nebeneinander. Die Lösung von Widersprüchen zwischen beiden Tarifverträgen ist nach den Grundsätzen der Tarifkonkurrenz möglich und erforderlich.

Nach diesen Grundsätzen der Tarifkonkurrenz ist auch der vorliegende Fall zu beurteilen. Die Klägerinnen haben den Lohnanspruch nach dem Lohntarifvertrag, der auf regionaler Ebene zwischen dem Landesinnungsverband des niedersächsischen Schuhmacherhandwerks und der Gewerkschaft Leder geschlossen worden ist. Dieser Lohntarif ist deshalb auf die Arbeitsverhältnisse zwischen den Parteien anzuwenden, weil er gegenüber dem Manteltarif auf Bundesebene der räumlich engere ist.

Gegen die Feststellung des Landesarbeitsgerichts, daß dieser Lohntarifvertrag sich auf die Arbeitsverhältnisse der Klägerinnen nach der Art der von diesen zu leistenden Arbeiten erstreckt, ergeben sich keine Bedenken. Daß die Klägerinnen M. und M. als Beifahrerinnen im Zustell- und Abholdienst und die Klägerin Sch. als Schuhputzerin unter den Begriff „sonstige Arbeitnehmer" fallen, hat das Landesarbeitsgericht ohne Rechtsirrtum festgestellt. Unrichtig ist die Ansicht der Beklagten, die Klägerinnen fielen schon deshalb nicht unter den Lohntarif, weil sie keine „für das Schuhmacherhandwerk typischen

Arbeiten" verrichteten. Dieses Vorbringen scheitert schon an dem Grundsatz der Tarifeinheit; nach diesem Grundsatz sind alle in einem Betriebe arbeitenden Arbeitnehmer nach dem für diesen Betrieb maßgebenden Tarifvertrag zu behandeln, wenn der Tarifvertrag — wie es hier der Fall ist — den Betrieb als solchen erfaßt. Dem steht nicht entgegen, daß einzelne Arbeitnehmer eine Arbeit verrichten, die nicht zu den in diesem Betrieb typischen Arbeiten gehört. Der Lohntarif erstreckt sich auf alle im § 1 des MT vom 7. März 1951 genannten Arbeitnehmer, also auf alle gewerblichen Arbeitnehmer. Zu diesen gewerblichen Arbeitnehmern gehören auch die Klägerinnen.

Schließlich hat das Landesarbeitsgericht auch mit Recht ausgeführt, daß die Tarifgebundenheit der Beklagten nicht dadurch ihr Ende gefunden hat, daß der persönlich haftende Gesellschafter die Mitgliedschaft bei der Schuhmacherinnung Bremen zum 31. März 1956 beendet hat. Dies ergibt sich aus § 3 Abs. 3 TVG. Im übrigen betrifft der geltend gemachte Lohnanspruch auch eine Zeit, in der der persönlich haftende Gesellschafter die Mitgliedschaft noch nicht beendet hatte.

Sachregister

M

N

O

P

R

S

Gesetzesregister

Zusammenstellung der Entscheidungen nach der Zeitfolge

FSC
www.fsc.org
MIX
Papier | Fördert gute Waldnutzung
FSC® C083411

Kolibri 360 GmbH
Ferdinand-Jühlke-Straße 7
99095 Erfurt, Deutschland
produktsicherheit@kolibri360.de